The Frock-Coated Communist

The Life and Times of the Original Champagne Socialist

エンゲルス

マルクスに将軍と呼ばれた男

トリストラム・ハント

東郷えりか＝訳

筑摩書房

エンゲルス——マルクスに将軍と呼ばれた男

THE FROCK-COATED COMMUNIST

by

Tristram Hunt

First published in UK by Allen Lane, a member of the Penguin Group.
Japanese translation published by arrangement with
Tristram Hunt c/o Capel & Land Ltd.
through The English Agency (Japan) Ltd.

エンゲルス

■

目次

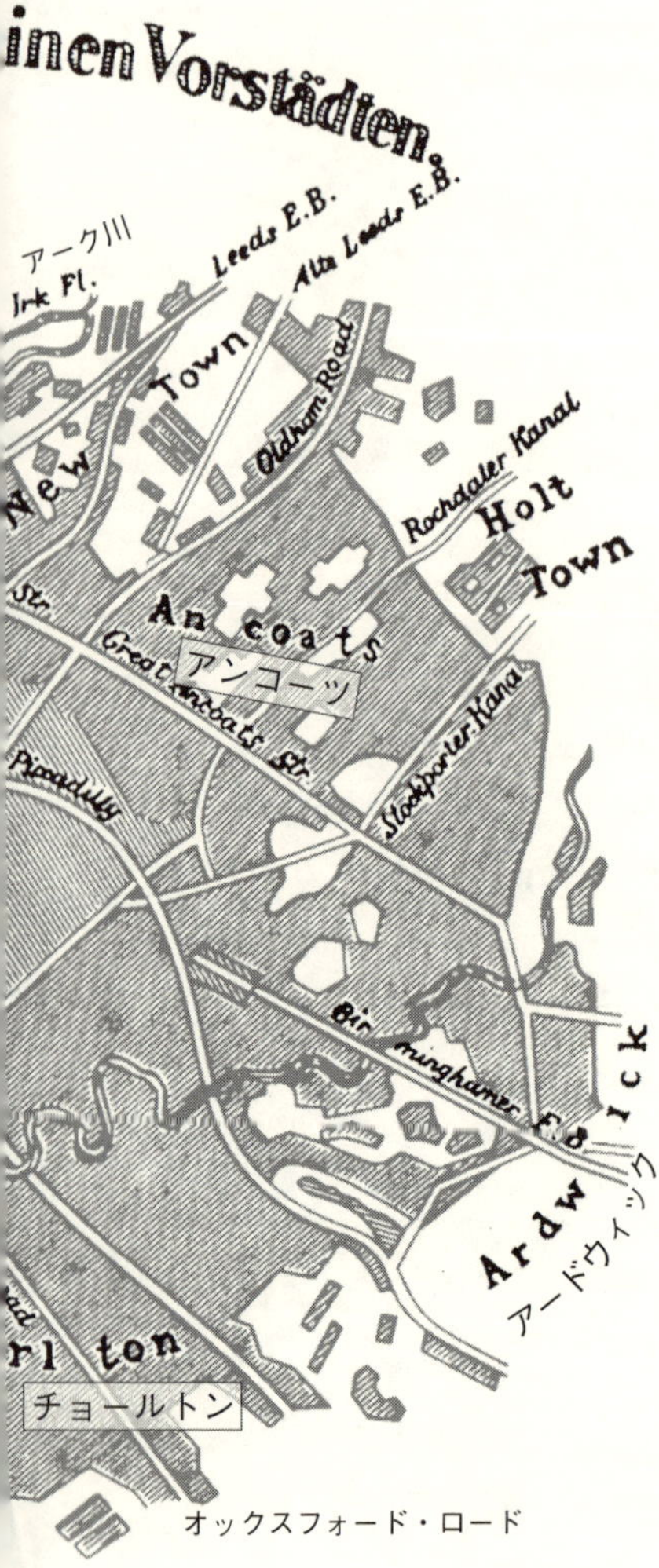

1. *die Börse.* 王立取引所

2. *die alte Kirche.* オールドチャーチ

3. *das Arbeitshaus.* 救貧院

4. *der Armenkirchhof Zwischen Beiden der Liverpooler & Leedser E.B. Hof.* リヴァプールとリーズ線の鉄道駅のあいだの貧者埋葬地

5. *St. Michael's Kirche.* セントマイケルズ教会

6. *Scotland Bridge über d. Irk.* スコットランド橋

Die Strasse von 2 nach 6 heisst Long Millgate.

7. *Ducie Bridge über d. Irk.* デュシー橋

8. *Little Ireland.* リトル・アイルランド

engl. Meilen.
69⅛ = 1° des Aequators.

zur rechten Hand abwärts schattirt.

マンチェスターの地図
『イギリスにおける労働者階級の状態』
1845年のドイツ語版より

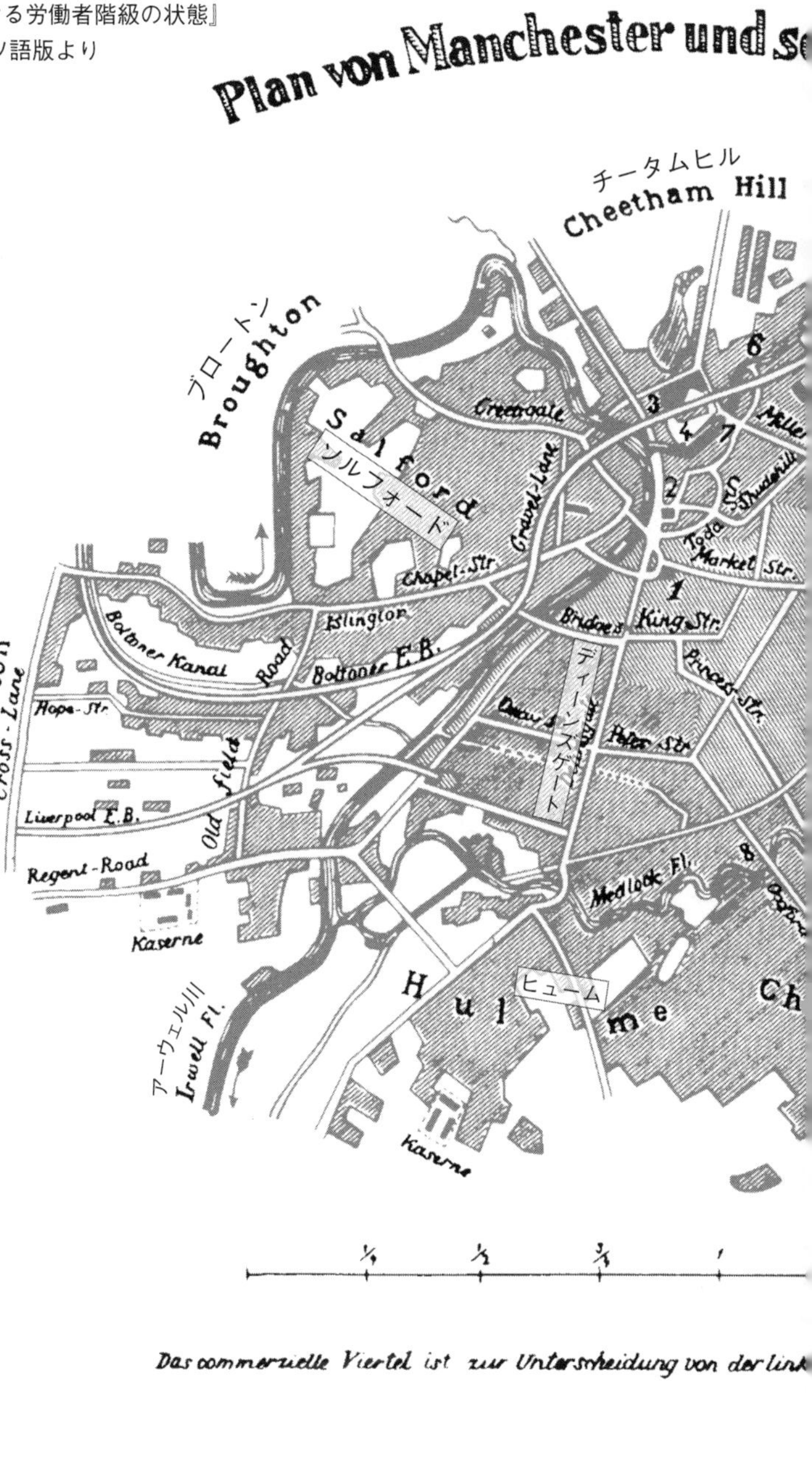

凡例

◎原著者による原註は本文中に＊1、＊2と番号を付し、巻末にまとめた。

◎原著者による補記は［　］に、翻訳者による訳註・補記は〔　〕にして記した。

◎マルクス、エンゲルスの著作や書簡などの引用については、基本的に原著者の引用した英文から新たに翻訳した。Marx-Engels Collected Works（New York, 1975-2005）からの引用は、大月書店版『マルクス＝エンゲルス全集』（全五三巻、一九五九－一九九一、大内兵衛・細川嘉六監訳）にて該当箇所を参照し、対応が確認できたものについては原註に大月書店版全集の巻数と頁番号を【巻数－頁】として付した。

序文　忘れられた影像

　一八六九年六月三十日、マンチェスターの工場経営者フリードリヒ・エンゲルスは、二〇年近く働いてきた、一族経営の企業内の仕事を手放した。チョールトン郊外の質素な自宅に戻ると、迎えにでていたのは、愛人のリジー・バーンズと、泊まりにきていた旧友カールの娘、エリノア・マルクスだった。「エンゲルスが強制労働を終える日がきたとき、私は彼のところにいて、これまでの年月に彼がくぐり抜けてきたに違いないものを見ました」と、エリノアはのちにエンゲルスの最後の出勤日について書いた。「その朝、職場にでかけるためにブーツを履きながら、『これで最後だ！』と叫んだときの彼の勝ち誇った声を、私は決して忘れません。数時間後、私たちは門のところに立って彼を待っていました。住んでいた家の向かいにある小さい草地を歩いてくる彼の姿が見えました。ステッキを宙で振り、歌をうたい、顔を輝かせていました。それから私たちはお祝いのご馳走を並べて、シャンパンを飲み、幸せな気分になりました」[*1]

　フリードリヒ・エンゲルスは繊維産業の有力者で、狐狩りを趣味とし、マンチェスターの王立取引所の会員であり、同市のシラー協会会長でもあった。彼は人生を幸せにするものをこよなく愛した。奔放かつ贅沢な暮らしを送り、大酒飲みであり、ロブスター・サラダ、シャトー・マルゴー・ワイン、ピルスナー・ビール、お金のかかる女性たち。だが、エンゲルスはその一方で、四〇年にわたってカール・マルクスに資金援助をつづけ、彼の子供たちの面倒を見て、怒りをなだめ、歴史上最も世に知られた思想上の共同経営《パートナーシップ》の片翼をになった。『共産主義者宣言《コミュニスト・マニフェスト》』の共著者となり、マルクス主義と呼ばれることになるものの共同創始者となったのである。二十世紀を通じて、毛沢東主席の中国から東ドイツのシュタージ国家まで、アフリカの反帝国主義闘争からソビエト連邦そのものまで、この説得力のある哲学がさまざまなかたちで、人類の三分の一をゆうに超える人びとの上に影を落とすことになった。しかも、社会主義世界の指導者たちはしばしば、その政策を説明するため、行き過ぎた行為を正当化するため、そして自分たちの体制を強化するために、マルクスではなくエンゲルスをまず頼った。解釈されては誤解され、引用されては間違って伝えられるなかで、フリードリヒ・エンゲルス――フロックコートを着たヴィクトリア朝時代の綿業王――は、グローバル共産主義の中心的な立役者の一人となったのである。

今日、エンゲルスを訪ねる旅は、モスクワのパヴェレツキー駅から始まる。帝政時代に建てられ、古びてはいるがロマンチックなターミナル駅から、錆びついた寝台列車が真夜中に、首都の南東数百キロに位置するロシア平原に向けて走りだす。きしみながら止まっては走る一四時間におよぶ旅を慰めてくれるのは、車掌室近くでゴボゴボと音を立てるサモワールしかないが、やがて列車はサラトフ市に到着する。街路樹の並ぶ広い通りと、かつての栄華を偲ばせる魅力的な雰囲気の街である。

この豊かな地方都市に据え付けられたぼろぼろの六車線の高速道路は、雄大なヴォルガ川をまたいでなおざりにされた姉妹都市エンゲリスにつながっている。エンゲリスにはサラトフのような垢抜けたところが何一つない。鉄道の貨物操作場と軽工業の錆びた残骸に占領された、忘れられたみすぼらしい場所である。市の中心街にエンゲルス広場がある。公営住宅団地に、スポーツバーとカジノとDVD店が点在するさびれたショッピング街、それにロシアの国産車ラーダやスプートニク〔サマーラ〕や怪しいフォード車で混雑するロータリーに囲まれ、さながら殺風景な練兵場といった趣だ。やたら気の滅入るこの殺伐とした光景のなかに、アメリカ資本主義を過剰に模倣した、共産主義後のロシアがある。そして、この自由市場の成れの果ての真っ只中に、フリードリヒ・エンゲルスその人の彫像が立っている。大理石の台座の上に四・五メートルの高さでそびえ、丸めた『共産主義者宣言』を握り、トレンチコートを着て、足元にはよく手入れされた市の花壇、その姿は輝かしく見える。

旧ソ連および東側ブロック一帯で、マルクスの彫像は（レーニン、スターリン、ベリアの像とともに）引き倒された。首を切られ、解体された彫像の残りは、記念碑の墓場に集められ、冷戦文化を見にくる観光客向けの皮肉な啓発物となっている。ところがどういうわけか、エンゲルス像はそのまま残され、いまなお彼の名を冠する町に睨みを利かせている。地元の住民やエンゲルス広場で夕方の散歩をする人びととの短い会話から察するに、彼がここに存在するのは愛着からでも崇拝の念からでもない。確かに、共産主義の共同創始者にたいする敵意などはまず感じられず、むしろ、何の感興も関心もないようすで、それが誰であるかも知らないのだろう。西欧の首都の広場で多様な台座の上にいる十九世紀の将軍や、忘れられて久しい社会改革者たちと同様に、エンゲルスは、名もなく、目立たない都市の壁紙の一部と成りはてたのだ。

彼の生地、ラインラントの町ヴッパータール（現在は近くにある金融とファッションの都市デュッセルドルフのベッドタウンとなっている）でも、無関心ぶりは如実に表われている。フリードリヒ・エンゲルス・シュトラッセとフリードリヒ・エンゲルス・アレーなどの通りはあるが、この町が輩出したいちばんの有名人を記念しようとする意気込みはほとんど感じられない。一九四三年にイギリス空軍による空襲で破壊されたエンゲルスの生家の跡地は空き地のまま残され、彼がこの地で生誕したことを示すものは、「科学的社会主義の共同創始者」としての彼の役割をささやかに記す、薄汚れた花崗岩の記念碑だけである。ヒイラギとツタに覆われた碑は、錆ついたプレハブと荒らされた電話ボックスに見下ろされ、荒れた公園の日陰の片隅に追いやられている。

スペイン、イギリス、アメリカは言うまでもなく、現在のロシアやドイツでも、エンゲルスは歴史の無愛想な節目に姿を消してしまった。かつて彼の名前が何百万もの人びとの口にのぼっていた場所で――マルクスの同志として、『空想から科学へ』（グローバル共産主義のバイブル）の著者として、弁証法的唯物論の理論家として、革命を企てる反乱者や左翼議員たちが都市の通りや広場に頻繁に落書きする名前として、通貨にも教科書にも顎鬚をたくわえ先を見据える顔で登場する人物として、あるいはマルクス、レーニン、スターリンと並んで、メーデーのパレードで特大の旗や社会主義レアリズムの広告用掲示板から見下ろしていた人物として――いまやその名は、東側でも西側でも、ほとんど記憶に留められていない。一九七二年に東ドイツで刊行された公式の伝記は当然のようにこう主張していた。「いまやわれらが国土において、エンゲルスの名前を聞いたことがなく、彼の業績の重要性が知られていない場所はまずない」[*2]。今日、彼はあまりにも無害であるため、その彫像は引き倒されもしないのだ。

彼の同僚のカール・マルクスについては、同じことは言えない。ベルリンの壁が崩れ、フランシス・フクヤマが自信たっぷりに「歴史の終焉」を宣言してから二〇年を経たいま、マルクスの評判は驚くべき復興を見ている。カンボジアの大量虐殺《キリングフィールド》を引き起こし、シベリアに強制労働収容所をつくらせた化物とされたマルクスは、いまや現代の資本主義を最も鋭く分析した人物へと変貌を遂げた。「マルクス株一五〇年ぶりに再上昇」と、『ニューヨークタイムズ』紙は『共産主義者宣言』の刊行一五〇周年を記念して書いた。同書はほかのどんな本にもまして、「富を生みだす資本主義の力は止めようがないことを認識し、それが世界を征服することを予測し、諸国の経済と文化は必然的にグローバル化し、たがいに対立し、苦痛を伴う結果がもたらされると警告した」[*3]ものであった、と。西側の政府、産業、および金融機関が二十一世紀への変わり目に自由市場原理主義の経済的大嵐――メキシコとアジアにおける金融メルトダウン、中国とインドの産業化、ロシアとアルゼンチンにおける中流階級の没落、大量の人口移動、二〇〇七年から二〇〇九年の世界各地における「資本主義の危機」――に直面するかたわらで、この十数年間、マルクスの声はカッサンドラー〔予言者〕のように響き渡り始めた。一九八九年以後、新自由主義的な資本主義こそ正しいとの合意が形成され、共産主義の歴史的崩壊を踏まえてフクヤマの言うイデオロギー的進化の最終形が構築されるはずだったが、そのすべてがぐらついてきたようだった。そして舞台のそでで出番を待っていたのがマルクスだった。「彼が戻ってきた」と、『タイムズ』紙は書き立てた。二〇〇八年秋に株価が大暴落し、銀行が国有化され、フランスのニコラ・サルコジ大統領が『資本論』をめくる姿が写真撮影された（同書の売り上げはドイツのベストセラーのトップにまで急上昇した）ときのことである。ローマ教皇ベネディクト十六世ですらマルクスの「偉大な分析能力」をたたえる気になった。[*4]イギリスの経済学者メグナド・デサイは、熱がこもる一方のマルクスに関する論文の一部で、すでにこの現象を「マルクスの復讐」と名づけている。[*5]

この再評価の動きは、妥協せず、容赦なく、強迫的なまでに破壊的な資本主義の本質を最初に指摘したのがマルクスだというのが、いまでは普遍的に認められた真実となったからだ。「それ〔資本主義の担い手としてのブルジョワ階級〕は人間をその〈生まれながらの上位者〉と結びつけていた雑多な封建的絆を容赦なく断ち切り、そのあとに残された人と人の結びつきと言えば、むきだしの私利追求、すなわち無情な〈現金支払い〉しかない」と、『共産主義者宣言』は表現した。「それ〔ブルジョワ階級〕は熱い信仰心や騎士道的熱意、俗物的センチメンタリズムの天にも昇るような恍惚感をも、利己的な打算という冷水のなかで溺れさせたのである」[*6]。資本主義が言語、文化、伝統、国家までをも破壊して進むことを明らかにしたのはマルクスだった。彼はグローバル化がアメリカ化の代名詞になるずっと以前にこう書いた。「要するに、それ〔ブルジョワ階級〕は自分の姿に似せて世界をつくるのである」。二〇〇五年にベストセラーになった評伝『世界精神マルクス』で、フランスの政治家兼銀行家のジャック・アタリはマルクスを、グローバル化を説明した最初の偉大な理論家であるとした。新自由主義の〈教義〉を毎週伝道している『エコノミスト』誌ですら、彼が「資本主義の恐るべき生産力を予測したこと」を称賛しなければならなかった。「共産主義以後のマルクス」と題した二〇〇二年の記事で同誌が認めたように、「資本主義はこれまでに想像もしなかった度合いで技術革新に拍車をかけるだろうと彼は考えた。巨大企業が世界の産業を独占するようになると考えた彼は正しかった」[*7]。アタリの本はまた、フランシス・ウィーンの一般向けの伝記（『カール・マルクスの生涯』）とともに、奮闘したジャーナリストとして、親しみのもてる悪党として、愛情豊かな父親として、マルクスに同情的な光を当てる一助にもなった[*8]。一九六〇年代以降、われわれはカール・マルクスの初期の哲学的ヒューマニズムについてはすでに知っていた。これは、疎外と道徳に関心があった『経済学・哲学草稿』を書いた若きマルクスと、のちの唯物論者となった大人のマルクスとのあいだに「認識論的断絶」があることを、ルイ・アルチュセールが「発見」したことが大きい。いまではマルクスには、円熟した、魅力的で、驚くほど現代的な人物という伝記的補足がなされているのである。

この寛大な新しい位置関係のなかで、フリードリヒ・エンゲルスはどこに収まるのだろうか？　同様に夥しい数の伝記が存在しない現状で、またおそらくは一九八九年以後に意識的に忘却されたことの一環で、エンゲルスは大衆の記憶からかき消された。[*9] あるいは、より懸念すべきこととして、イデオロギーを論ずる一部の人びとのあいだで、彼は二十世紀のマルクス＝レーニン主義の恐ろしい行き過ぎの責任を押しつけられている。したがって、マルクス株が上昇するにつれ、エンゲルス株は下落したのだ。近年の傾向はますます、倫理的で人道主義のカール・マルクスを、機械的で科学を崇拝するエンゲルスから引き離すものとなり、共産主義政権下のロシア、中国および東南アジアにおける国家犯罪を是認したとして、エンゲルスを非難するようになっている。一九七〇年代なかばには早くも、E・P・トンプソンが「エンゲルス老人を鞭で打たれる身代わりの少年に変え、のちの時代のマルクス主義を非難するときは、あらゆる罪を彼になすりつけようとする」動きがあることを指摘している。「マルクスとレーニンは無罪とし、エンゲルスだけを被告席に取り残すような申し立ては、私には受け入れられない」[*10]。同様に、リチャード・N・ハントも次のように述べている。「近年、一部の人びとのあいだで、エンゲルスを古典的マルクス主義のゴミ箱として、この制度の見苦しい名残はなんでも掃き入れられる都合のよい器として扱うのが流行っており、後世の失敗はなんであれ、責めを負うべき人間にされている」[*11]。こうして、パリ時代のノートから浮かびあがる魅力的なマルクスにたいし、『反デューリング論』の陰気なエンゲルスは不利なかたちで比較されている。たとえば、マルクス主義研究者のノーマン・レヴィンは、「エンゲリズム〔原文ママ〕が結果として直接スターリン時代の弁証法的唯物論を導いた……歴史には定められた発展の道が存在すると主張することによって、あらかじめ決められた歴史の発展が社会主義へ向かっていると主張することによって、エンゲルスはソビエト体制のロシアが歴史を成就したかのように見せた。すでに社会主義を達成していたからである……

スターリン時代、世界がマルクス主義だとして理解していたものは、実際にはエンゲリズムだったのだ」[*12]。エンゲルスは突然、二十世紀のイデオロギー的過激主義の貧乏くじを引いたまま取り残され、かたやマルクスはグローバル資本主義を予言した、好ましい、ポスト政治的な〔政党政治の時代以降の〕存在としてブランド再生されたのである。

もちろん、われわれがフリードリヒ・エンゲルスについて知っていて、関心をいだくのは、おもにマルクスとの共同作業ゆえであるのは確かだ。献身的なエンゲルスが、つねに「第二バイオリン」を弾くように心がけていたパートナーシップである。「マルクスは天才だった。われわれその他の者は、せいぜい才能がある程度に過ぎない。彼なくしては、この理論は今日あるようなかたちには決してならなかっただろう。したがって、これは当然、マルクスの名を冠するべきものである」と、彼は友人の死後、最終的にこう発表した[*13]。同じくらい真実であるのは、二十世紀のマルクス-レーニン主義の公式イデオロギーの多くがそのお墨付きを、たとえ曲解していたにせよ、エンゲルスがのちに体系化したマルクス主義の原理に求めていたことだ。一九八九年以後の論争で舞いあがった埃も落ち着き、マルクスとエンゲルスの社会主義がもはやソ連のレーニン主義の長い影によって自動的に隠されなくなったいまになって、マルクスを新たに見直すことが可能になったように、われわれはようやくエンゲルスについても新たに取り組み始めることができる。「共産主義は急進主義の遺産を汚し、略奪した」と、トニー・ジャットは二十世紀に歪んだかたちで推進された「独裁的な逸脱」について書いた。「今日、われわれが社会的進歩という壮大な物語もなく、政治的に説得力のある社会正義のプロジェクトもない世界に直面しているとすれば、それは多分にレーニンとその後継者らが井戸に毒を入れたからである」[*14]。その歴史の潮流は少なくとも退き始めているため、いまならあの「ロンドンの老人たち」の生涯や功績に立ち返ることは可能であり、価値がある。彼らはグローバル資本主義にたいする洞察力に満ちた批評を与えてくれるだけでなく、近代性と発展の本質、宗教とイデオロギー、植民地主義と「リベラルな介入主義」、グローバル金融危機、都市理論、フェミニズム、さらにはダーウィン主義と生殖倫理にいたるまで、新たな視点を与えてくれるからだ。

こうしたすべてのことに、エンゲルスは深く貢献した。ヴィクトリア朝中期にマンチェスターで綿企業を経営し、南アメリカの大農園からランカシャー州の工場やイギリス支配下のインドにまでおよぶ世界貿易の経済連鎖に日々携わっていたため、グローバル資本主義の仕組みに関する彼の経験こそが、マルクスの『資本論』のページに盛り込まれたのだった。それは、工場の生活やスラムの暮らし、武装闘争、通りから通りへの政治活動などといった彼の経験が、やはり共産主義の理論を発展させるための情報をもたらしたのと同じである。さらに、家族構成、科学的手法、軍事理論、植民地解放といった問題で、自分やマルクスの考えを展開させてゆくことにおいて、はるかに冒険的であったのもやはりフリードリヒ・エンゲルスだった。マルクスが十九世紀後半に経済理論により深く没頭するにつれて、エンゲルスは政治、環境、民主主義の問題を、意外なほど現代にも通ずる方法で自由に検討した。マルクスの声が今日再び聞かれるようになったのであれば、これはまたエンゲルスの謙虚さを引きはがし、因習を打破する彼の豊かな考えを、マルクスの記憶とは別個に追究すべき時でもある。

伝記を書くためにエンゲルスの経歴を調べていくと、この哲学的な能力を生みだした個人的な背景がじつに魅力的に映る。彼の長い生涯は、矛盾に満ち、際限なく犠牲を強いられつつ、十九世紀の大革命時代を駆け抜けた。エンゲルスはマンチェスターではチャーティスト運動に関与し、一八四八年から四九年にはドイツでバリケードによる市街戦に加わり、一八七一年にはパリ・コミューン支持者たちを鼓舞し、一八九〇年代のロンドンでは、イギリスの労働運動の難産を目の当たりにした。彼は実践を信じ、みずからの革命的共産主義の理論を実践して生きることを信じる人間だった。それでも、その機会に恵まれることはめったになく、欲求不満な人生を送っていた。というのも、マルクスと出会った当初から、自分の野心は友人の天賦の才のために、共産主義の理念のためにあきらめることを決心していたからだ。人生の盛りに二〇年という長い年月にわたって、彼はマンチェスターの工場経営者としての自己嫌悪に陥る立場に耐え、マルクスが『資本論』を書きあげるための資金と自由を保証したのだ。共産主義者であることにおいてきわめて重要な自己犠牲の概念は、この運動が生まれた当初からそこにあったのである。

マルクスにたいするエンゲルスのこの並外れた敬意は、しばしば苦痛に満ちた矛盾の人生を招いた。もちろん、矛盾の力学——対立物の相互浸透や否定の否定——はマルクス主義理論の中心にあった。共産主義に転向した当初から、プロイセンの裕福なカルヴァン派貿易商の御曹司であったエンゲルスは、その緊張を紛れもなく個人的に体験していた。したがって、この伝記は狐狩りをする男の回顧録でもある。女たらしで、シャンパン好きの資本家が、歳月を経るうちに、自分の階級利益に反するだけでなく、その創始者の性格とはまったく相容れない、ピューリタン的で単調な信条へと変貌するイデオロギーの確立をいかに助けたかを語るものだ。エンゲルス自身はその紳士的なライフスタイルと平等主義的な理想のあいだの矛盾を決して認めようとはしなかっただろう。だが、彼を批評する人は当時も、そして間違いなく今日もそれに気づいている。

実際には、内向きな自己反省はエンゲルスにとって馴染み深い習慣ではなかった。むしろ、彼はみずからの生涯の仕事を、カール・マルクスの哲学的理念と政治プロジェクトにたいする単純な奉仕活動と見なしていた。街頭に繰りだす政治活動であれ、『資本論』に一次資料を提供することであれ、宣伝文を考えだすことであれ、論敵を追及することであれ、あるいはマルクス思想を未踏の分野にまで拡大することであれ、エンゲルスは軍人の鑑のように規律正しかった。「支配者である人民のぶどう畑で働く私たちは、困難に直面するたびに、エンゲルスを訪ねます」と、エリノア・マルクスは一八九〇年に書いた。「そして、彼への訴えが徒労に終わることは一度もありませんでした」。つねに戦略的に考え、しばしば目上に楯突き、軍人であると同時に知識人でもあったエンゲルスは、まさに〈将軍〉だった。このあだ名は彼の軍事評論を見てエリノアがつけたものだが、すぐさま定着した。この呼び名は明らかに、この人物のより深い真実をじつによく表わしていたからだ。単に彼の完璧な身だしなみや背筋のまっすぐな立ち居振る舞いだけでなく、マルクス主義のプロジェクトにおける彼の役割を象徴した、全般におよぶ統制感、人を鼓舞する統率力、それに冷静な専門家気質である。十九世紀におけるマルクス主義の成功に、これほど大きな貢献をはたした人はほかにはいない。

だが、将軍の威力もその軍隊しだいである。多くのマルクス主義の歴史家は、大衆のより大きな歴史を犠牲にした一人の人間の伝記を間違いなく軽んじるだろう。とはいえ、それではひどく制限的なマルクス主義の解釈に屈して、エンゲルス自身の原則にこだわらない魅力的な考え方を無視することになる。彼は伝記（とりわけイギリス軍の将軍の生涯）にいつまでも関心をいだきつづけただけでなく、「人は己の歴史をつくる……そのなかで各人はみずから意識して望んだ目的を追うものであり、さまざまな方向に活動するこれら多くの意思と、外界におよぼす多様な影響の結果こそが、まさしく歴史を構成するのである」と主張した。エンゲルスにとって、歴史はある意味では、個人の欲望の問題だった。「意思は情熱か熟考によって決まる。だが、情熱か熟考かを即座に決断するてこは、きわめて異なる種類のものだ」。それらは外部の要因やイデオロギー、個人的な憎しみ、あるいは個人の気まぐれですらあるかもしれない。問題は、「一方、こうした動機の背後には、どんな原動力があるのか？　当事者の心のなかで、これらの動機へと変貌を遂げる歴史的な原因は何か？」[*15]である。みずからの歴史をつくり、いまもわれわれの歴史に影響をおよぼしつづける男の、そのような情熱や欲望、個人的な憎しみや毎回の気まぐれ——および原動力や歴史的原因——を解き明かすことが、本書の野望である。

第1章

シオンのジークフリート

エンゲルスの小川で

「ともに喜んでおくれ、親愛なるカール。善良なる主は私たちの祈りを聞き入れ、二十八日、火曜日の夜九時に、赤ん坊を授けてくださった。健康で五体満足の男の子だ。私たちはこの子にたいし、また出産のあいだ母子に慈悲深い助力と配慮を賜ったことにたいし、心の底から主に感謝し、賛美する」。一八二〇年十一月末にラインラントの実業家フリードリヒ・エンゲルスは、難産の末に長男で同名の子が誕生したことを義弟のカール・スネトラーゲに喜び勇んで告げた。すぐさま息子の精神面の状態を気にかけた父エンゲルスは、主が「この子を丈夫で、敬虔な人間に育てる知恵を授け、私たちという手本を介して最良の教えを与えられるようお導きくださいますように！」と、彼自身の希望を書いている。[*1]この祈りは見事なまでに報われないままとなった。

赤ん坊のフリードリヒは、革命家となる将来など何一つにおわせるもののない家族と文化のなかに迎え入れられた。しかし、まもなくそれを声高に否定するようになった。家庭崩壊したわけでもなければ、父親を亡くしたのでも、寂しい子供時代を送ったのでもなく、学校でいじめに遭ったわけでもない。代わりに、彼には愛情深い両親と、甘やかす祖父母、大勢のきょうだい、安定した豊かな暮らしと、一族が代々培ってきた具体的な目的意識があった。「おそらくそのような家庭に生まれた息子は誰一人として、そこからまるで異なった道を歩み始めたりはしないのでしょう。フリードリヒは家族から〈醜いアヒルの子〉だと思われていたに違いありません」と、エリノア・マルクスは一八九〇年の、まだエンゲルス一族の傷が生々しかった時代に書いた。「おそらく彼らはまだ〈アヒルの子〉が実際には〈白鳥〉だったことを理解していないのでしょう」[*2]

エンゲルスが育ったのは、ラインラントのバルメンの町にある、俗世間から隔離された安全な界隈内で、ほとんど身内ばかりと言ってよい環境だった。彼の家の通りをはさんだ向かい側には、父親が生まれた後期バロックの四階建ての一軒家が建っていた（現在は寂れたエンゲルス生家記念館になっている）。近くには、おじに当たるヨハン・カスパー三世とアウグストの家が見えた。湯気を立て悪臭をだす麻糸の漂白場がそのあいだに点在し、それが彼らの財源だった。工場も、作業員のための長屋も、貿易商たちの屋敷も、初期の産業モデル村にも似たかたちで入り交じっていた。フリードリヒ・エンゲルスは十九世紀の産業炉の真っ只中に産み落とされたのである。彼が生涯の研究対象とした歴史的転化——都市化、産業化、社会階級と産業技術——は、誕生したときにすでにそろっていたのだ。「名家カスパー・エンゲルスの工場と家屋は、漂白場とともに、小規模な半円形の都市を形成しているかのようだ」と、バルメンの住宅街の状況に関する一八一六年の報告書は裏づける。[*3] ヴッパー川につづく、この湿地の多いじめじめした一帯は正式には「赤い小川」と呼ばれていたが、一九〇〇年代初期には、まだ広く「エンゲルスの小川」として知られていた。

エンゲルスの家系は十六世紀末のラインラントの農場までさかのぼることができるが、一族が裕福になったのは、エンゲルスの曾祖父に当たるヨハン・カスパー・エンゲルス一世（一七一五〜八七年）が十八世紀後半にヴッパータールにやってきてからだ。農業から工業に鞍替えしたカスパーはヴッパー川――ライン川の支流の一つ――の石灰を含まない水と、その水で麻糸を漂白することから手に入る富に目を付けた。ポケットには二五ターラー〔大型銀貨〕しかなく、ほかには（一家の言い伝えによれば）背中の荷かごしかもたずにやってきた彼は、ヴッパー川沿いの深い谷の傾斜地にしがみつくような小さな町バルメンに住み着くことにした。勤勉な起業家の彼は、漂白場まで完備した紡績業を始めて大いに成功し、やがていち早くレースの編み機を備えた工房を創設した。息子たちに譲り渡したころには、会社はバルメンでも有数の企業となっていた。

それでも、カスパー・エンゲルス・ウント・ゾーネ商会は、単なる現金支払いの結びつき以上のものを社風としていた。のちにエンジン全開の産業化のもとで強いられたほど、労働者と雇い主のあいだの境目が明確でなかった時代に、エンゲルス家は家父長主義に利潤追求を融合させ、その思いやりのある雇用形態と、児童就労を禁ずる姿勢で広く知られていた。数世代にわたって、エンゲルス家は従業員たちに住居や菜園、それに学校までも提供するようになり、食糧不足のときは穀物の共同組合が設立された。その結果、エンゲルスはリボン織工や指物師、職人たちと気軽に入り交じりながら幼年時代を過ごし、階級にこだわらない気安さが彼のなかに育まれた。その経験がのちに〔イギリスの〕ソルフォードのスラム街やパリの共産主義者クラブで役立つことになる。

ヨハン・カスパーの息子たちは家業を受け継ぎ、事業を拡大して絹リボンの生産も始めた。一七八七年に彼が没するころには、エンゲルス家は商売を繁盛させつつ高邁な社会貢献活動にも従事することで、ヴッパータールの地域内で傑出した社会的地位を築くようになった。エンゲルスの祖父ヨハン・カスパー二世は、一八〇八年に市会議員に任命され、バルメンの福音主義の合同教会の創立者の一人となった。[*4] だが、家業が三代目――エンゲルスの父親とおじたち――に受け継がれると、一家の結束力は失われた。度重なる諍いの末に、一八三七年に三人の兄弟は誰が事業を継ぐかをくじ引きで決めることにした。父フリードリヒ・エンゲルスは負けて、新たに事業を起こすことになり、二人のオランダ人ゴットフリート（ゴッドフリー）とペーター・エルメン兄弟とともに合名会社を始めた。彼はそこで急速に起業家としての才能を発揮し、新会社エルメン＆エンゲルス商会は麻の漂白から綿糸紡績へと多角化をはかり、マンチェスターに一連の縫糸工場を立ちあげ、一八四一年にはバルメンと近くのエンゲルスキルヒェンにも工場を建設した。

これが当時の商人工場主のエリート（いわゆるファブリカンテン）の世界で、エンゲルスはそのなかで育った。産業と商業、市民としての義務と家への忠誠に取り囲まれた子供時代である。もちろん、エンゲルス家のような裕福な家庭――「正面はたいがい切石で覆われ、最高の建築様式で建てられた広々とした贅沢な家」と評された場所に住んでいた――は産業化がおよぼした非情な影響から守られていた。しかし、彼らとてそれをまったく避けるわけにはいかなかった。ヨハン・カスパーの例に倣って、産業がもたらす希望の分け前に与《あずか》ろうと、同じように決意を固めた何万人もの労働者たちがヴッパー川沿いへ押し寄せてきていたからだ。

一八一〇年には一万六〇〇〇人だったバルメンの人口は、一八四〇年には四万人を超えていた。バルメンとエルバーフェルトを合わせた人口は、七万人を超えた。一八四〇年代の〔イギリスの〕ニューカッスルやハルとほぼ同じ規模である。この流域の労働人口は、染色職人一一〇〇人、紡績工二〇〇〇人、さまざまな素材の織工一万二五〇〇人、リボン織工と縁飾り職人一万六〇〇〇人から構成されていた。大多数は質素な家屋や小さな工房で仕事をしていたが、かなり大きな新世代の漂白場と紡織工場も登場しており、一八三〇年代にはこの流域だけでも二〇〇近い工場が操業していた。「ここはヴッパー川の両岸周辺で奮闘する細長い町だ」と、一八四〇年代にこの町を訪ねた人は書いた。「一部の地域は立派に建設され、道もきちんと舗装されている。だが、町の大半はきわめて不規則でひどく狭い通りからなる……。川そのものは胸が悪くなる代物で、あらゆる下水が集まる開渠の汚水溜めとなり、染色用の施設からでてくるさまざまな色を一緒くたにして、一つの濁った不透明色に変化させ、それを目にしたよそ者を身震いさせる」[*5]

かつては〔イギリスの〕ペナイン山脈やダービーシャー州ダーウェント渓谷――上方には緑の野原と森があり、谷底には澄んだ急流が走り、工場や工房のために初期に水力を提供してくれた渓谷――にも例えられたヴッパータールの渓谷は、まもなく汚染され、人口過密の「ドイツのマンチェスター」と呼ばれるにふさわしい状況となった。「紫の波になった細い川の流れは、煙を吐く工場の建物と糸の散らばった漂白場のあいだを、ときには速く、ときには淀みながら流れている」というのが、エンゲルスが自分の生地をのちに描写した言葉である。「だが、その真っ赤な色は流血の戦いがあったためではない……ただ単にトルコ赤〔アカネ染め〕を使用して染色を繰り返したためなのだ」。エンゲルスは幼少期より工房や漂白場の刺激性の悪臭のなかで、産業化によるこの秘薬にさらされていた。深刻な貧困もこれみよがしの富も覆い隠す、涙目と鼻血を引き起こす公害である。感受性の強い少年であった彼は、そのすべてを吸収した。[*6]

プロテスタントの倫理と資本主義の精神

産業のほかにも、ヴッパータールを訪れた人は別のものに気づいた。「バルメンもエルバーフェルトも、強い宗教的感情に支配された場所である。教会は大きく、礼拝者数も多く、いずれの土地にも独自の聖書、宣教師、および宗教関連の冊子刊行協会がある」[7]。当時のスケッチからは、森のようにそびえる教会の尖塔が、工場の煙突の並ぶスカイラインのなかで場所争いをする様子がわかる。エンゲルスにとって、ヴッパータールは「反啓蒙主義者の理想郷《シオン》」にほかならなかった。バルメンとエルバーフェルトを支配していた時代精神は敬虔主義の過激な形態だった。もともと十七世紀末に登場したドイツ・ルター派（プロテスタント）教会内の運動で、「キリスト教の戒律のより厳格で献身的かつ実践的な形態」を強調するものだった[8]。運動が盛んになり、多様化するにつれて、この一派はルター派教会の形式構造や神学とは距離を置くことが多くなり、ヴッパータールに沿って、罪や個人の救済、および俗世の放棄を予言するカルヴァン派の倫理と結びつくようになった。その結果、内省的な宗教となり、神の手が人生におけるすべての細々とした神秘に働いているとの考えが広まった。エンゲルスの両親のあいだで交わされた書簡にもそれは明らかに見て取れる。一八三五年、死の床にいる実父の看病をしているエンゲルスの母エリーゼへの手紙で、夫は神の全能の慈悲を信じることに慰めを求めるように勧めた。「愛する父上の病に、君がそれほど落ち着いて対応していることを私はうれしく思い、神に感謝する」と、夫は自宅から書き送った。「主がこれまでお導きになってくれたことを感謝するだけのもっともな理由が私たちにはみなある……父上は力と健康にあふれたおおむね幸せな人生を送られてきたのだし、善良なる主はいまこの年老いた人を優しく、苦痛もなく御許へ連れてゆこうとされているようだ。死を免れない人間として、これ以上に何を望めるだろうか？」神の意志はごく些細な出来事にも場違いに現われた。「君のジャガイモはどうも調子が悪いようだ、愛するエリーゼよ」と、父エンゲルスは妻がオステンドで休暇中に悪い予感を伝えた。「すくすくと育っているように見えたのだが、いまやそこらじゅうに蔓延するあの病気にやはり罹っている……この症状はこの農場ではこれまで見たことのないものだが、いまでは疫病のようにほぼ各国に広まっている」。その

エンゲルスの両親、フリードリヒとエリーゼ。ブルジョワ階級の正しい親の模範（Engels Haus Museum, Wuppertal）

意味するところは明らかだった。「まるで神を認めないこの時代に、私たちがいかに主に依存し、私たちの運命がどれほど御手に委ねられているかを、神が人類にお示しになりたいかのようだ[*9]」

こうしたプロテスタントの流儀に従って、ヴッパー川の敬虔な信者たちは万人祭司の考えに則り、聖書釈義の難解な作業とともに、仲介者を挟まず、個人の祈りを通して救済を求めた。教会は宗教上の有益な役割をはたしていたが、聖餐式〔カトリックの聖体拝領に相当〕を執り行なうことよりも、教団員のつながりと説教を通してその任務を遂行していた。父フリードリヒ・エンゲルスの心理面の厳格さは、傲慢になりがちなこのきわめて個人的信仰におおむね由来するかもしれない。そして、少なくとも最初のうちは彼の長男もその信仰をもっていた。エンゲルスはエルバーフェルト改革派福音主義の教区教会で洗礼を受けた。「教義においては完全にカルヴァン派で、聖書に精通し、深い信仰心をもつことでよく知られた模範的な改革派教会」である。[*10]一八三七年に、エンゲルスは信仰告白式を記念して、それにふさわしい福音派的な詩を書いた。

主イエス・キリスト、神の一人息子、
ああ、天の玉座から降りて
われの魂を救い給え。
至福に、汝の父の神聖な光に、
包まれながら降りてきて
われに汝を選ぶことを許し給え。[*11]

敬虔主義にはその裏に奇妙な一面があった。カルヴァン派の予定説の概念にもとづいて、世界の物質的現実と冷酷にかかわるものだ。時の初めに、神は救われる者と永遠に呪われた者を決めていた。自分が選ばれた者なのか地獄落ちを宣告された者か、みずからの状態については誰にも定かにはわからないものの、選択されたことの確かな証拠の一つがこの世における成功だという考えだった。プロテスタントの倫理と資本主義の精神は、それこそマックス・ヴェーバー風に、ヴッパータールの教会や工場にも大いに行き渡っていた。勤勉さと繁栄は神の恩寵の印であり、最も熱心な牧師は、往々にして非常に成功した貿易商であった。ヨハン・カスパー・エンゲルス二世もそうした一人で、分別と節度を重んじる彼の感覚は、信仰と商売の双方における彼の気質をよく表わしていた。「精神的な問題においても、私たちは己の利益に目を向けなければならない」と、彼は一八一三年に息子のフリードリヒ〔エンゲルスの父〕に語った。「こうした問題においても、私は商売人として考え、いちばんよい価格を求める。なにしろ、誰かとつまらないことに一時間を無駄にしたいと思ったところで、その相手が一分でも私に返してくれることはないのだから」[*12]

すべての時間が神の時間であれば、一分を無駄にすることは罪なのである。となれば人生は明らかに楽しみや社交のためのものではありえなかった。そして実際、バルメンのファブリカンテンたちは、禁欲主義、勤勉さ、個人としての実直さ、および慎みを尊重する、ピューリタンのような倫理観をもっていた。エンゲルスの伝記を最初に書いた作家、グスタフ・マイヤーが記したように、十九世紀初めに、エルバーフェルト－バルメンの福音派教区は、地元自治体に劇場建設に反対する嘆願書をだした。舞台の誘惑はヴッパータールの勤勉さとは相容れないと主張したのである。敬虔主義者にとって、「娯楽」は異教徒による神への冒瀆の一つだった。[*13] 詩人のフェルディナント・フライリヒラートはエルバーフェルトを「退屈で、いかにも田舎くさくて、陰鬱かつ悪口の多い、呪われた巣」だと非難し、エンゲルスは成人してからこの町の陰気な大衆文化を思いだして身震いしている。[*14]「まあ、無教養で俗物的なわれわれヴッパータールの人間にとって、デュッセルドルフはいつも小パリでした。敬虔なバルメンやエルバーフェルトの紳士たちはそこに愛人を囲い、劇場に通って、正しい至高のひとときを過ごしていたのです」と、彼はドイツ社会民主党員のテオドール・クーノに語り、不快げにこう付け加えた。「ところが、自分の反動主義的な家族が暮らす場所では、空はいつも灰色に見えるのです」。[*15] そのようなピューリタン的な公衆道徳は政治権力と教会の権威が密接に結びついた結果だった。エルバーフェルトの教会で信徒をまとめる有力な長老たちは、聖俗双方の領域におよぶ影響力を駆使して、市の公共機関にも権限を振るった。

そして教会権力はその影響力を増すばかりだった。一八三〇年代の農業恐慌と不況のあと、牧師たちのメッセージはさらに教条的で神秘主義的に、千年至福説のようにすらなっていった。カリスマの説教師、フリードリヒ・ヴィルヘルム・クルマッハー博士に導かれた、信仰復興運動がヴッパータールを支配していた。「彼は説教壇でのたうち回り、あらゆる方向に身体を折り曲げ、神経を高ぶらせて拳を打ちつけ、騎兵馬のように足を踏み鳴らし、叫ぶので、窓がとどろき、通りにいる人びとは震えた」と、若きエンゲルスは書いた。「そのうちに信徒はすすり泣き始めた。最初は少女たちがしくしくと泣き、そこへ年取った女性たちも胸の張り裂けるようなソプラノで加わり、その不快な音《カコフォニー》は、衰弱し、酔っ払った敬虔主義者たちの嘆き悲しむ声によって完璧なものとなった……こうしたどよめきのあいだずっと、クルマッハーの力強い声が響き渡り、信徒全員を前にして数え切れないほど地獄ゆきの宣告を下しては、忌まわしい場面を描写した」[*16]

エンゲルス家はそれほど熱烈なプロテスタントではなかった。実際、この宗教熱に閉口して、一八四〇年代になると、バルメンの主要な一族の多くは教会活動から身を引き始め、代わりに家庭内の炉辺に関心を向けるようになった。イングランドではヴィクトリア朝時代に福音派の復興によって家父長制や家庭生活をたたえる方向へ向かったが（ウィリアム・クーパーの感傷的な詩や、ジョン・クローディアス・ラウドンの美しい庭造りや、ハナー・モアの小説などを思いだしてみてほしい）、バルメンの貿易商たちの絵に描いたようなお屋敷でも、家族の絆の大切さを文化面から新たに強調する動きが見られた。家族という単位を擁護するこの猛烈な動きは、郊外の（住宅地特有の）道徳的価値観とでも言うべきかたちで表現された。カーテンをきっちりと閉め、堕落した外の世界を締めだし、家庭内儀礼の単純な喜びに精神の回復を求めようとするブルジョワ上層の願望——読書、刺繍、ピアノ演奏、クリスマスの祝賀に誕生会などである。「ピアノがあるというのは、じつに素敵で家庭的だ！」と、エンゲルスの父親は愚直で自信過剰なほど喜びに満ちて言った。[*17]その後の年月に、この応接間文化は「ビーダーマイヤー」という痛烈な名称で要約されるようになる。これは「ビーダー」という簡素さを謙遜した意味の形容詞を、よくある苗字のマイヤーと組み合わせたもので、この時代の中流階級の見た目のスタイル、文学、価値観を表わす[*18]。

のちに軽蔑の対象になるとはいえ、これはエンゲルスや彼の三人の弟たち、四人の妹たちが育つには、たとえつねに楽しくはなくとも、思いやりに満ちた安全な環境だった。何よりも、彼らの両親はたがいに深く愛し合っていた。「君は信じないかもしれないが、私は一日中、君のことを考えていて、家のなかの何を見ても満足感を覚えなかった」と、父エンゲルスは、そのころハムの実家に帰省していたエリーゼに書き送り、手紙の最後はこう締めくくった。「君に愛情を込めた言葉を二言三言……。いいかい、私は急にまた恋に夢中になった気がする。本当に真面目な話、ベスト（真珠貝ボタンのついたやつだ、わかるだろう）の下に恋い焦がれている箇所があるのが感じられる。四週間も耐えられるとは思わない」。実際、一八二〇年代初期からの彼の手紙は、妻にたいする愛情を最も情熱的に表現したものばかりなのだ。「正直に言って、愛しいエリーゼよ、私の心は二人が再び結ばれる日を待ち望んでいる。いまは何もかもを君に打ち明けたい気持ちを、つねに感じているからだ[*19]」。エンゲルスの母親は商売人ではなく、むしろ知的な一族の出身で（ファン・ハー家は校長や文献学者を輩出した）、夫よりもはるかに寛大でユーモアに富み、反体制的な気質すらもっていた。あるクリスマスには、エンゲルスにゲーテの詩集すら贈っている。ゲーテはバルメンの社会では「無神論の男」として顧みられなかった作家だが、エンゲルスにとっては「ドイツで最も偉大な人物」である[*20]。一方、エリーゼの父に当たるゲルハルト・ファン・ハー牧師は、思春期のエンゲルスに古代ギリシャ・ローマ神話の世界を紹介した。孫息子の豊かな想像力のなかに強く根づくことになるテーマである。「ああ、親愛なるおじいさん、いつも僕らにとても親切なおじいさん」と、エンゲルスはある詩のような感謝の手紙を書き始めた。

僕らの作業がうまく進まないときはいつも助けてくださり、うちに泊まっていらしたときは、たくさんの美しい話を語ってくださったケルキュオンとテセウス、それに百目の怪物アルゴス、ミノタウロス、アリアドネ、海で溺れたアイゲウス、金羊毛、アルゴナウタイ、反乱するイアソン[*21]……

この居心地よい環境のなかで、エンゲルスの父は従来、やたらに信心深く、金の亡者で不幸せな俗物《ペリシテ》として描かれてきた。それは少なからず、彼の息子がのちに辛辣な性格描写をしたせいでもある。ペリシテ人というのは、エンゲルスがゲーテから拝借したお気に入りの罵り言葉であったことを、付け加えるべきだろう。「ペリシテ人は不安を空虚な太鼓腹に詰め込み、神が哀れみをかけてくることを望む」。しかし、父エンゲルスがエリーゼに宛てた手紙を読むと、この人物のまるで異なった側面が見えてくる。確かに、勘定高く、愛国心にあふれ、信仰心の篤い人だが、優しい息子であり、子煩悩な父親であり、妻に惚れ込んだ夫でもあった。事業に関する多くのことを妻と相談して決めており、しばしば妻に助言を求めた。ピューリタン的と評されることが多いが、音楽にも熱心で、ピアノ、チェロ、バスーンを演奏することができ、家庭内のコンサート以上のこともいくらか楽しんだ。それでも、父親と絶縁状態になったのちもエンゲルスがずっと親しくしていたのは、母親のほうだった。「珍しく人間味にあふれ……僕が本当に愛する母がいなければ、頑固一徹で独裁的な親父にたいし、一瞬たりとも、ほんのわずかにでも譲歩しようなどという気は起こらなかっただろう」と、エンゲルスは数年後に書いた。[22] 彼の子供時代は、事業と信仰の重みの下でときおり息苦しそうに見えたとしても、音楽や笑い、愛情に満ちた温かい礎もあったのである。

ロマン主義の洗礼

「フリードリヒは先週、かなり凡庸な成績をもらってきました。ご存じのとおり、傍目には行儀よくなったけれども、前にあれだけ厳しくお仕置きされた割には、罰を恐れて無条件に従うまでにはいたっていないようだ」と、父エンゲルスは一八三五年八月に、死の間際にある父を看病しにハムに帰省しているエリーゼに手厳しくこう書いた。「だから今日、彼の机に貸出図書館から借りてきたいかがわしい本があるのを見つけて、私はまた憂鬱になった。十三世紀の騎士の話だ。あんな本を机に無造作に置いておくとは驚きだ。神があの子の気質をよく見張ってくださいますように。それ以外の点では優秀なのに、私はしばしばこの子を恐ろしく思う」[23]

　父親にとってはひどく残念なことに、フリードリヒは早い時期からバルメンの暮らしの敬虔主義的な抑圧に苛立ち始めた。最初に教育を受けたのは地元の都市学校《シュタットシューレ》だったが、この学校では知的野心は総じて奨励されていなかった。十四歳のとき、彼はエルバーフェルトの市立のギムナジウムに転校し、ルター派の学校長の家に下宿することになった。プロイセンの一流校の一つとも言われたリベラルなこのギムナジウムで、エンゲルスの語学の才能は確実に育まれ、クラウゼン博士（「生徒のあいだに詩情をかきたてることのできた唯一の人物。ヴッパータールの俗物《ペリシテ》のあいだでは、消滅するに違いない感情だ」）の指導のもとで、古代ゲルマニアの神話と騎士道物語《ロマンス》への関心がしだいに高まった。最終学年の成績表にはこう記されている。「エンゲルスはドイツの民族文学史とドイツの古典を読むことに、称賛すべき関心を示した」[24]

実際、ロマンチックな愛国主義は、エンゲルス少年に早くから知的影響をおよぼしたものの一つだった。後年、彼は味気なく、非人間的なマルクス主義者として不当に非難されるようになる――それどころか、マルクス主義そのものがしばしば啓蒙思想の〔単一の基本的要素に還元して説明する〕還元主義的な派生物として説明される――が、エンゲルスを哲学へ導いた最初の萌芽は、西洋文化の正典のなかでも最も理想化された書物のなかに見出されることになる。政治においてフランス革命と啓蒙思想の普遍的合理主義が行き過ぎると、それにたいする反動の一環として、ヨーロッパ各地でロマン主義が花開いた。一七〇〇年代末から、民族ごとの言語、文化、伝統および習慣などの特殊性が、ヨーロッパ各地の知的生活のなかで自信を取り戻し、自己主張を始めた。スコットランドでは、そうした運動はケルトの神話作者ジェームズ・マクファーソンによって主導され、のちに歴史小説ウェイヴァリーシリーズを書いたウォルター・スコットに受け継がれた。フランスでは、シャトーブリアンの『キリスト教精髄』が大いに非難されてきたカトリック教会をたたえたし、かたやジョゼフ・ド・メーストルは啓蒙主義を、人間の本質をうわべでしか理解していないとしてこきおろした。そして、イングランドでは、コールリッジの「老水夫の歌」をはじめ、ワーズワースやブレイクの詩が国民的伝統の特殊性にこだわり、共通の文化、言語、理性というコスモポリタンな概念を意識的に侮辱した。「イングランドでも、ドイツでも、スペインでも、昔からある土着の伝統が、迷信すら加わって新たに勢いづき、尊重されるようになった」と、ヒュー・トレヴァー＝ローパー〔イギリスの歴史家〕は述べる。「百科全書派の合理主義者から見れば軽蔑に値するように思われる社会の慣習的な古い組織や、昔から根づいている信仰などが、いまや新たな尊厳を獲得した」[*25]

そして、それがどこにもまして顕著に見られたのがドイツだった。何十年にもわたって美学、文化、政治の各方面の運動が広がり、たがいに相補うと同時に相容れない状況になるなかで、ロマン主義は体系化されないままの存在でありつづける。しかし、啓蒙思想が予測可能で不変の人間の本質に専念するとすれば、ロマン主義はその反対のことを強調した。偏狭で平凡な現状を抜けだそうとする人びとのあいだの非理性的で、感情的、想像的、かつ忙《せわ》しない欲望などだ。[*26] 知的面では、ドイツのロマン主義の端緒は、シュトゥルム・ウント・ドラング〔十八世紀の革新的文学運動、疾風怒濤とよく訳される〕の劇作家たちや、自己に没頭する情熱的な生き方を描いたゲーテの名著『若きウェルテルの悩み』(一七一四年)までたどれる。対照的に、作家のヨハン・ゴットフリート・フォン・ヘルダーやJ・G・ハマンはより意識的にナショナリスト的な反応を見せ、啓蒙されたフランスの礼儀正しさに反発して、文化を構築するために泥臭いドイツ語の重要性を強調した。自著『言語起源論』のなかで、ヘルダーは独自の音色をもった竪琴として言語を描き、各国の言語は特定の民族、つまりフォルク(「観念を通して精神と結びつき、嗜好や衝動を通して感情に、印象や形状を通して五感に、法や制度を通して市民社会に結びつく、目につかない、隠れた媒体」)の特別な産物であるとした。そのため、一つの民族の本質は原始的な民話、歌、文学を通してたどることができるというものだ。奇妙に民主的なこの文化の概念は、ドイツ民族の、とりわけ中世への関心を高める一助となった。ストラスブールにそびえるゴシック大聖堂、宗教改革以前のカトリック教会、陳腐なおとぎ話やデューラーの芸術作品などがすべて、ドイツ民族が共有する偉大さのかけがえのない象徴となった。スタール夫人がベストセラーとなった歴史書『ドイツ論』で述べたように、テュートン人〔テウトネス族、ゲルマン系だったとされる〕は「ローマ人によって征服されず、未開の状態から中世のキリスト教へと直接移行したため、「彼らの想像力は古い塔や狭間胸壁、あるいは騎士や魔女や亡霊のなかを自由に駆け巡る。そして、孤独のなかで考えた不可解な出来事が、彼らの詩の中心的な部分をなしている」[*27] のだった。

フリードリヒ・シラーは、このロマン主義に向かう衝動を美的なものに変え、中世の有機的社会の崩壊は、美と創造性からなる幅広い倫理によってのみ食い止められ、後戻りさせられるだろうと述べた。この呼びかけに、一七九八年にフリードリヒとアウグスト・ヴィルヘルム・シュレーゲル兄弟が応じ、イェーナを拠点に雑誌『アテネーウム』を発刊することでドイツ・ロマン主義の黄金時代を生みだした。この雑誌のページを通して、ロマン主義の芸術家、詩人、放浪者や神秘主義者が舞台中央に躍りでた。カスパー・ダーフィト・フリードリヒが描く、広大な森や激しい滝を前にしてみずからと向き合う英雄的テーマの陰鬱な絵画。E・T・A・ホフマンのとらえどころのない超越的な楽譜。そしてシラーの自由、反乱、裏切りの詩は、個人の経験がすべてであるこの内向きでロマン主義的な精神をとらえた。

急進化する愛国者

だが、シラーとシュレーゲルが社会の絆を再び強めるために芸術家の使命を強調したのにたいし、彼らの同時代人である哲学者のノヴァーリスやヨハン・ゴットリープ・フィヒテは、ヘルダーの原民族主義《プロトナショナリズム》的考えを復活させようと試みた。フォルクに関する彼の愛国的な概念は、一八〇六年にプロイセンがイェーナの戦いでフランスのナポレオン・ボナパルト皇帝の武力に屈したのちには、ことのほか先見の明のあるものとなった。[*28] その後のフランス帝国の支配は、おおむね啓蒙的な性質のものであったにもかかわらず——その民法典〔いわゆるナポレオン法典〕は、ホーエンツォレルン家がプロイセンで認めたよりはるかに多くの言論の自由と、憲法による自由、およびユダヤ人の権利を与えるものだった——異国の占領下に置かれることは歓迎される状況とは言いがたく、フランスに統治された期間は虐げられたゲルマン人としての自己認識《アイデンティティ》を強めるばかりとなった。フィヒテはこの感情を、一八〇七年から〇八年にかけてベルリン・アカデミー〔プロイセン科学アカデミー〕で「ドイツ国民に告ぐ」という一連の挑発的な講義で醸成した。講義のなかで彼は、独立した国民・国家というヘルダーの概念を感情的な新たな高みにまで押しあげた。その〔言語・文化的な単位としての〕民族《フォルク》との一体感を通してのみ、個人は完全な自由を実現することができる、と彼はフランスの支配下で苦労するベルリンの聴衆に向かって断言した。かたや〔政治的な単位としての〕国民・国家《ナツィオン》そのものは、魂と目的をもった美しい、有機的な存在である、というものだった。

その結果、自分たちの言葉で書かれたドイツの過去にたいして新たな関心がほとばしるように生まれ、この国で最も有名な言語〔文献〕学者で童話愛好家であるヤーコプとヴィルヘルム・グリム兄弟によってそれが具体化された。すでにドイツの慣習、法、言語の考古学情報を提供する雑誌『アルトドイチェ・ヴァルダー〔古いドイツの森〕』を発刊していた彼らは、一八一五年に新たな訴えを発表した。「このたび一つの社会を創設した。これからドイツ全土に広げるつもりの社会で、ドイツの農民一般のあいだに見出せる既存の歌や物語を記録し、集めることを目的とするものである」。これは「想像上の国家建設」の作業である。ベストセラーとなった『子供たちと家庭の童話』〔グリム童話の原題〕に取り入れられたおとぎ話や民話の多くが、フランスのユグノー出身の中流階級の女性たちから聞いたものだったという事実にもかかわらず、これらの童話はドイツ国民の伝統にさらなる創作された厚みを加えることになった。*29

詩や民話の陰では、オペラや小説がロマン主義の強硬な政治を声高に主張した。ナポレオンがワーテルローの戦いで敗れ、その後、ウィーン会議で外交を通じて領土が分割されて、一八一五年にヨーロッパにようやく平和が戻ると、ラインラントはプロイセンによって併合され、フランスから引き離された。産業化し、都市化したラインの自由思想の世界は、こうしてベルリンのホーエンツォレルン家の君主制と、その面白味に欠けるユンカー気質の支配下に入ることになった。階級制と権威の利点を、より広いドイツ文化に見られるどんな土地固有の精神よりもはるかに優遇する社会的精神である。それでも、プロイセン一帯で――およびのちにドイツを構成するその他の公国や王国や自由都市の内部でも――ノヴァーリスの詩やフィヒテのナショナリズムに感化されて育ったロマン主義および進歩主義の愛国者たちが、もっと統一された、もっと自由なドイツ国家を支持するために動員されていた。創作された伝統にもとづく伝説や言語に鼓舞された急進派たちが、いまやフランス占領時代の記憶と啓蒙主義の尊大さを、新たに揺り起こされた国民感情で浄化したいと考えるようになった。

一八一五年にイェーナで始まり、ブルシェンシャフト（学生結社連合）がゲルマン民族の祖国《パトリア》という観念にもとづいて、立憲政治に向けた改革運動を始めた。彼らはリュッツオウの義勇兵（一八一三年のライプツィヒの戦いでフランス軍と果敢に戦った武装学生と知識人からなるとされる、愛国的な自由部隊）の黒、赤、金の三色を身にまとい、優柔不断なプロイセン王のフリードリヒ・ヴィルヘルム三世よりも、父祖の地に忠誠を誓った。当時、国王は憲法制定に向けた当初の計画から手を引き始めていた。この愛国熱に駆られた集団の一部は、一五〇の体操クラブと総勢一〇万人の合唱団というかたちで存在を示し、プロイセン各地でバラードを歌い、父祖の地をたたえる祭りを組織した。合唱団運動は、一八一七年十月に、ドイツ全土の学生がヴァルトブルク城（マルティン・ルターが新約聖書をドイツ語に翻訳した場所）に集り、宗教改革三〇〇周年とライプツィヒの戦い四周年を祝ったときに頂点に達した。一連の力強い愛国的シンボルの周囲に築かれた急進的な政治文化を通して、ナポレオンにたいするプロイセンの戦いは、新興のドイツ独立国家の壮大な物語のなかに織り込まれていった。*30

そのいずれもが、オーストリアとドイツの連邦の君主や首相たちにとってきわめて厄介なものになっていた。彼らは国家ではなく王朝を、民主制ではなく王制を熱心に信奉していたのだ。一八一九年十一月のカールスバート決議によって彼らはそれに対抗し、学生結社を弾圧し、明文化された憲法に関する議論はすべて打ち切られ、大学は警察の監視下に置かれ、報道・出版の自由は制圧された。背後で操っていたのはオーストリアの首相、クレメンス・フォン・メッテルニヒ伯爵で、その容赦ない恐怖政治はプロイセンの当局の上に驚くほどの支配力を発揮していた。王室に代わって一八二〇年代にロマン主義の急進派を弾圧するために試みられた、周到な作戦である。

若きロマン主義者の奔放な徒弟時代

このロマン主義はバルメンまで、反啓蒙主義者の住むあの内向きシオンの地まで、どれだけ浸透したのだろうか？　ここではなにしろ、ゲーテすらただの「無神論の男」だったのだ。それでも、自分で読んだ中世の騎士道物語とクラウゼン博士に鼓舞されて、フリードリヒ・エンゲルス少年はこのドイツのナショナリズムの復興によって大いに想像力をかきたてられていた。一八三六年には、信仰告白式に書いた頌歌とくらべるとまるで敬虔でない短い詩を書いている。「射手ウィリアム・テル」、「戦う騎士ブイヨン」（第一回十字軍指導者）と中世の『ニーベルンゲンの歌』にでてくる竜を退治するジークフリートなど、ロマンあふれる伝説のなかの偉業をたたえるものだ。彼はドイツの民族劇場《フォルクスビューネ》の民主的伝統とグリム兄弟の功績を擁護する小論を書いた。「昔ながらの口調で書かれたこれらの古い民衆の本は、誤植もあり、木版画もお粗末だが、私にとっては並外れた詩的魅力をもっている」と、彼は明るく宣言した。「これらの書物は私をこの人工的な現代の〈状況と混乱と微細な区分〉からずっと自然に近い世界へといざなう」[*31]。ドイツの国民的象徴で、印刷術の父、ヨハネス・グーテンベルクの生涯を崇める詩もあった。さらに、ドイツの田園の崇高な輝きを謳ったものすらあった（「ライン川のぶどうの香りのする流域や、地平線と一体になった遠くの蒼い山々、金色の日の光で満たされた緑の野原やぶどう園を眺める」[*32]）。長い生涯を通して、エンゲルスは若い時分に身につけたこの文化的な愛国主義と決別することはなかった。プロレタリアートの国際的連帯を支持し、無断で祖国に戻れば死刑に処すという条件で追放されても、エンゲルスは意外にもジークフリートとその壮大な運命の英雄的な世界への感情的な共感を心に留めつづけていた。

しかし、彼の父親がこうした共感をいだくことは決してなかった。学業をつづけることをエンゲルスが望み、校長からも優れた評価を得たにもかかわらず、一八三七年に彼はギムナジウムから突然引き戻され、家業に従事させられた。すでに息子の困った文学好きや疑わしい信仰心を案じていた父エンゲルスは、クラウゼン博士を取り巻く逸脱した知識人の集まりから彼を引き離すことに、なんら良心の呵責は感じていなかった。大学で法律を勉強し、おそらくは公務員職に就きたい、あるいは詩人にすらなりたいというフリードリヒの願い――いずれもJ・C・L・ハンシュケ校長が書いたエンゲルスの最後の成績表にほのめかされており、エンゲルスがいかに「これまで彼が考えていた勉学ではなく、人生における表向きの職業として〔事業を〕選ぶように勧められたか」について触れている――は、叶わないことになった。[*33] 代わりに、一年におよぶ辛い期間、彼は麻や綿、紡績や機織、漂白に染色といった面白味に欠ける謎の手ほどきを受けた。一八三八年の夏、父と息子はイングランドに出張し、マンチェスターで絹を販売し、ロンドンでグレージ（生糸）が購入できるよう手はずを整え、エルメン＆エンゲルス商会の事業を監督した。彼らは北ドイツのブレーメン経由で帰郷し、この都市でエンゲルスは商売に関する見習いの次の段階に進むことになった。国際資本主義の集中講義である。

自由都市でハンザ同盟の貿易都市でもあったブレーメンの海沿いの空気は、バルメンの低地の霧よりは、エンゲルスにとってずっと過ごしやすいものとなった。もちろん、ここもまた信仰心の篤い土地だった（「彼らの心はジャン・カルヴァンの教えに磨きこすられている」と、この都市のある住民はこぼした）が、ドイツの主要港の一つとして、ここは商業中心地であると同時に学問の中心でもあった。

ザクセンの領事で麻の輸出業者ハインリヒ・ロイポルトのもとで見習いとなったエンゲルスは、この商社で事務員として働き、親切な聖職者のゲオルク・ゴットフリート・トレヴィナルスのもとに下宿した。バルメンのビーダーマイヤー的な上品さに息を詰まらせたあとでは、くつろいだ雰囲気のトレヴィナルス家はどんちゃん騒ぎのように感じられた。「僕らは小麦粉のカップに指輪を入れて、それを口で取りだそうとするお馴染みのゲームを楽しんだ」と、ある日曜の午後の余暇について彼は妹の一人に書き送った。「みんなが順番にやった――牧師の奥さん、女の子たち、画家、それに僕。牧師さんは隅のソファに座って、葉巻の煙越しにこの浮かれ騒ぎを見ていた。牧師の奥さんは指輪を取ろうとして全身粉だらけになって、笑いが止まらなくなった……そのあと、おたがいの顔に小麦粉を投げつけた。僕が〔焼いた〕コルクで顔を黒くしたら、誰もが笑い、僕が笑いだしたら、さらに笑いが広がり、大きくなった」[*34]

　これは彼がお気に入りの妹、「ガチョウ」のマリーに送りつづけた、一連の手紙の一通に過ぎない。これらの書簡は、生涯を通して変わらなかったエンゲルスの性格の一端をのぞかせる。いたずらとおしゃべりが好きで、ときには辛辣なほどのユーモアのセンス（それといい勝負であったのがカール・マルクスだった）、それに人生を謳歌しようとする単純な願望である。彼の手紙はあだ名や駄洒落や落書き、譜面までがあちこちに書き込まれているうえに、実らなかった恋の自慢話や酒飲みの武勇伝や悪ふざけが書き連ねてある。周期的に意気消沈するマルクスとは異なり、エンゲルスはめったに気分が落ち込むことはなかった。肉体的にも知的にも、エンゲルスはヴィクトリア朝時代の行動派の人物だったのであり、感情的に内省するタイプではなかった。新しい言語を学習することであれ、図書館の本を読みあさるときや、テュートン人的な衝動に駆られてハイキングに夢中になるときであれ、エンゲルスは動き回り、どんな状況でも最高のものを追求するためにその落ち着かないエネルギーを注がなければならなかった。ヴィクトリア朝時代の急進派、ジョージ・ジュリアン・ハーニーが記したように、「彼は何事においても、取り澄ましているとか、よそよそしいということはなかった……。彼自身が笑い上戸で、その笑いはまわりに伝わった。喜びをかきたてる人で、周囲の誰をも愉快な気分にさせた[*35]」

ブレーメンにおけるエンゲルスの仕事は、おもに外国の取引先とのやりとりを処理することだった。ハバナへ送る荷物や、ボルティモアへの手紙、西インド諸島に出荷するハム、ハイチからきたドミンゴのコーヒー豆の委託販売品（「これは緑がかっているが、通常は灰色であり、よい豆を一〇粒選ぼうとすれば、四つの悪い豆と六つの石と一五グラムほどの土がでてくる[*36]」）などである。この事務員見習いの仕事を通して、彼は輸出事業や通貨の取引、関税の表も裏も知るようになった。資本主義のメカニズムについての詳細な知識であり、彼にとってはその後の年月に、大いに役立つものとなった。しかし、エンゲルスのように強い憧れをいだく若きロマン主義者には、気の滅入るものだった。そして、父親も間違いなく警告しただろうが、小人閑居して不善をなすのである。「いまでは事務所内にビールをたっぷり仕入れてある。テーブルの下にも、ストーブの後ろにも、戸棚の後ろにも、どこにでもビール瓶がある」と、彼はマリーに自慢した。「これまで食後にまっすぐにデスクに戻らなければならないのが、いつもなんとも憂鬱だった。じつに恐ろしく怠惰になっているのでね。これを改善しようと、食品包装場の屋根裏に極上のハンモックを二つ吊って、そこで食後は葉巻を吸いながら揺られ、ときには少しばかりうたた寝もするようになった[*37]」

くつろいだ職場環境を楽しむことに加えて、エンゲルスはブレーメンのリベラルな社会の恩恵も受けるようになった。彼はダンスの教室に登録し、街の書店を隈なく訪ね歩き（政治的にきわどい書物を輸入する手助けもし）、乗馬にでかけ、あちこちを旅行し、ヴェーザー川をときには一日に四度も泳いで渡った。彼はまたフェンシングにも熱を入れた。すぐに攻撃的になりやすく、友人や家族、政治的理念の名誉を守ることにかけてはさらに激しやすいエンゲルスは、剣術が気に入った。「ここで過去四週間に二度の決闘をした」と、彼はある手紙で熱く語った。「最初の男は、僕がやつの耳に一発お見舞いしたあとに言った『間抜け』という侮辱的な言葉を撤回した……。もう一人の男とは昨日闘って、額の上をじつに見事に一突きしてやった。上からまっすぐに。まさしく一級のプリム〔第一の構え〕だった[*38]」

喧嘩好きな性分を抑えるために、彼は室内楽のコンサートにもでかけ、作曲もいくつか試み、〈歌のアカデミー〉にも参加した――これは彼のバリトンを鍛えるためであるのと同じくらい、若い女性と出会うチャンスを求めてのことだった。エンゲルスはいかつい美男子ではなかったにしろ、上品な魅力にあふれた男だったからだ。身長は一八〇センチほど、「澄んで、輝いた目」をしており、黒っぽい艶のある髪にとても滑らかな肌をしていた。一八四〇年代に彼と出会ったドイツの共産主義者フリードリヒ・レスナーはエンゲルスについて、「背が高くすらりとしており、身のこなしは素早くきびきびとし、話し方は簡潔できっぱりとし、姿勢はまっすぐで、軍人を思わせるものがある[*39]」と、描写した。端麗な容姿には、わずかに虚栄心も漂わせていた。エンゲルスの友人たちは彼がとりわけ「外見にこだわっていた。彼はいつでも身なりを整え、徹底的に清潔にしていた[*40]」と記憶している。

後年、彼の若々しい外見は多くの女性崇拝者を惹きつけることになったが、ブレーメンでは自分の少年っぽさを、意地でも髭を生やす戦略でごまかしていた。「この前の日曜の夜、僕らは〔公会堂の地下室で〕口髭の会を開いた。口髭を生やせるすべての若者に事前に回状で知らせておいたんだ。ついにすべての俗物《ペリシテ》たちをおびえさせる時がきた、それには口髭を生やすこと以上にうまい手はない！とね」。つねづね詩人であったエンゲルスは、その晩に繰り広げられた大酒宴にふさわしい乾杯の音頭を作詞した。

ペリシテ人は剛毛の重荷を避ける
顔をホイッスルのごとくきれいに剃って。
ペリシテ人ではないのだから、
僕らは口髭を自由に伸ばせる。
男らしく口髭を蓄える
すべてのキリスト教徒に長寿を。
そしてあらゆるペリシテ人は地獄に落ちよ
口髭をなくし、禁じたがゆえに。[*41]

この男らしい華々しさには、単なる楽しみやゲーム以上のものがあった。合唱団に加わり、口髭を蓄えること（エンゲルスは後年の顎鬚と同じくらい、極端にこれについて自慢に思っていた）は、メッテルニヒのカールスバート決議のあとの、監視され、権威主義的な時代には、ちょっとした政治主張になっていた。新聞および政治結社で表現の自由が弾圧された結果、ドイツ全土で日常生活がかえって驚くほど政治問題化するようになった。服装、記章、音楽、それに髭ですら、共和制の愛国主義を誇示するために利用された。バイエルン王国当局は治安上の理由から口髭すら違法にするようになった。エンゲルスはこの反体制文化を奉じていた。口髭を生やし、合唱団の遠足に参加したのに加えて、彼はトレヴィナルス牧師の妻にお願いして、リュッツオウ義勇兵の黒、赤、金の三色で財布に刺繍を施してもらい、またドイツの偉大な作曲家ベートーヴェンをやたらと称賛するようになった。「昨晩は

「僕はいま哲学と批判的神学で非常に忙しい」。探求心旺盛な知識人
エンゲルス 19 歳の自画像（Topfoto）

なんという交響曲であったことか！」と、彼はハ短調〔第五番〕〔運命〕とエロイカ〔第三番、英雄〕が演奏された夕べのコンサートを聴きにいったあと、マリーに書いた。「君だってこれまでの人生でこれほどのものは聴いたことがないわけだ……第三楽章と第四楽章のトロンボーンは、なんと見事で若々しく、自由を喜びいっぱいにたたえていたことか！」[*42]

政治的熱情の萌芽

エンゲルスの政治教育――ロマン主義から社会主義への旅――もまたブレーメンで始まり、彼は〈ベルリンの青年ドイツ作家集団〉を見出した。十九世紀初頭のヨーロッパでは、ジュゼッペ・マッツィーニの〈青年《ジョーヴィネ》イタリア〉から、イギリスのジョン・マナーズ卿のトーリー党貴族による排他的な〈イギリス青年党〉から、〈青年アイルランド〉の共和主義的な集団まで、多岐にわたる「青年」運動が各地で湧き起こった。いずれも、ロマン主義的な独立国家という思想にもとづく愛国心の復興を唱えるものだった。〈青年ドイツ《ユンゲス・ドイチュラント》〉は政治的なプロジェクトとはほとんど見なされず、どちらかと言えば緩く提携した、「現実主義的な」文学グループで、反体制で急進的リベラル主義の詩人、ルートヴィヒ・ベルネを中心とする集団だった。ロマン主義的な芸術の時代は、行動の時代へと変わるべきだと彼らの不文律は主張していた。ベルネはメッテルニヒの権威主義に断固として反対し、ゲーテをはじめとするロマン主義の高尚な担い手たちがとってきた、政治的に無抵抗の弱腰の態度を酷評した。「天から燃える舌を授かったというのに、これまであなたは正義を擁護したことがあるのか？」と、彼はこのヴァイマルの賢人を問い詰め、諸侯やパトロンに廷臣のように追従したゲーテの経歴をあざ笑った。[*43]

ベルネが求めたのは、リベラルな近代的統治制度のもとでの文化的、知的な自由であり、従来のロマン主義のノスタルジックな森と廃墟に憧れる保守主義などは、なんら顧みなかった。メッテルニヒの検閲にひっかかってパリに亡命していた彼は、共和主義的な政策へと移行しつつ、プロイセンによるラインラントの占領にたいし、皮肉交じりの辛辣な言葉を投げつけていた。〈青年ドイツ〉の世界でベルネのもとに結集したのは、詩人のハインリヒ・ハイネ、小説家のハインリヒ・ラウベ、それにジャーナリストのカール・グツコーだった。グツコーの悪評は、一八三五年に発表した小説『懐疑する女ヴァリー』によるものだった。性的解放を主張するきわどい物語と神への冒瀆と文化的解放を掛け合わせた小説である。結婚、家庭生活、および聖書のもつ意味に関してリベラルな考え方をする「新しい女性」ヒロインのヴァリーは、ビーダーマイヤー的な社会にたいし思いつく限りほぼすべての悪感情をいだくにいたった。そのような公衆道徳と政治の安定を脅かす危険な侮辱行為にたいしては、メッテルニヒはためらうことなく行動し、一八三五年にはドイツ連邦議会を動かして、ハイネ、グツコー、ラウベのすべての作品を発禁処分にした。

エンゲルスは、〈青年ドイツ〉がロマンチックな中世趣味を拒絶したことに、強く共感をいだいた。文学レベルでは、過去の英雄的神話に惹かれつづけたものの、ドイツの政治の将来は中世の封建制度への懐古主義に後退するわけにはいかないと、彼は同じくらい確信していた。その代わりに、彼は急進的かつ進歩的な愛国主義の綱領への共感を表明した。フリードリヒ・ヴィルヘルム三世の治世初期には、こうした考え方は心をそそられる実現可能なものに思われた。これは民主主義への呼びかけではなかったが、封建的な小王国とその絶対主義的な支配者による地方根性から、ドイツを解放するためのものだった。何よりも、エンゲルスが書いているように、〈青年ドイツ〉が望んだものは、「国家行政への国民の参加であり、それはすなわち憲法制定をめぐる問題だった。さらに、ユダヤ人の解放があり、あらゆる宗教的強制や、あらゆる世襲貴族制度の廃止などであった。それにたいして誰が反対などしようか？」[44]

この政治的旅路でエンゲルスをかきたてていたのは、「天才であり、予言者」のパーシー・ビッシュ・シェリー（彼はバイロンやコールリッジとともにシェリーも読んでいた）の詩だった。[45] 事務所に縛りつけられていたエンゲルスは間違いなく、シェリーの反抗的で男らしい生き方、英雄的虚勢に興奮させられたに違いない。反動的な父親との仲違い、不幸な恋愛沙汰、それに向こう見ずな無頓着さなどである。だが、エンゲルスをさらに惹きつけたのは、シェリーの政治的情熱だった。『シャーロット王女の死に関する国民への声明』（一八一七年）は、「明らかにマルクス主義者以前」のシェリーの作品で、エンゲルスもまだ気づいていなかったが、王族の死と、三人の労働者が処刑された最近の事件にたいする世論の反応を対比させることで、政治的な抑圧を経済的な搾取とじかに結びつけたものだった。[46] むしろ、この段階における思想としては、エンゲルスは共和主義で、反宗教的で、社会的にリベラルな信条に惹かれていた。シェリーが『マブ女王』（一八一二年）のなかで探究したものである。

自然が拒むのは君主であり、人間ではない。
拒むのは臣民であって、市民ではない。
王と臣民は敵同士であり、勝ち目のないゲームを
永久にたがいの手のなかでつづけるからだ。
争われているのは悪徳と窮乏だ。

重商主義の事業にたいするシェリーの思想にも、エンゲルスが共感していたのは間違いない。

商売！　その毒を吐く陰のもとでは
どんなひそやかな美徳も生まれようとはしない。
それでも貧困と富裕は同じ手で、
呪いをばらまき萎れさせ、開け放つのだ。
早死にや非業の死の扉を。

商業に従事する人生を余儀なくされたエンゲルスのためにあつらえたような、みずからを解放する思想がここにはあった。それでも、シェリーが『自由に寄せる歌』のなかで政治的自由をたたえたこともまたエンゲルスの心の琴線に触れ、一八四〇年に「夕べ」と題した詩を書いてそれに応えている（冒頭には、シェリーの警句「明日がくる！」を添えて）。

僕も、自由の吟遊詩人一座の一人なのだ。
ベルネのオークの大木の枝に向かって
僕は滑翔した。谷間では専制君主が
ドイツ一帯を抑圧する鎖をその手で締めつけた。
そう、僕は勇気あるそれらの鳥たちの一羽
自由の明るく優美な海を渡って飛んでゆく鳥たち……

シェリーのギリシャ賛美の叙事詩『ヘラス』も同様に、エンゲルスがますます傾倒するナショナリズムに訴えるものがあった。それどころか、ギリシャ独立の大義はラインラントでも共感を呼び、一八二〇年代には何十という地元の結社が出現して、オスマン朝にたいする闘争を支援した。それは、民族自治を熱狂的に目指すドイツ自体の代理紛争のようなものとして利用されていた。[*47] エンゲルス自身も「海賊物語」という物語を以前に書いたことがあり、トルコ人を相手に戦う一人の若者と、「ギリシャ人の自由のための戦い……まだ自由を求める人びと」の突飛な話を描いている。[*48] シェリーの生涯と作品はエンゲルスにさまざまな側面でひらめきを与え、ブレーメンに足止めされた一八四〇年の退屈な夏に、彼は『はにかみ草』を翻訳して出版する計画すら立てた。のちに彼はエリノア・マルクスに、当時、「僕らはみなシェリーを暗記していた」と打ち明けている。[*49]

さほど顕著にではないが、フランスで起きた数々の出来事もエンゲルスの政治的立場に影響を与えていた。このころのエンゲルスはまだ、のちに彼が考えるほど、一七八九年〔のフランス革命〕を画期的な出来事だったとは見なしておらず、この段階では一八三〇年七月のブルジョワ革命のほうに魅了されていた。この七月革命で〔フランスの〕シャルル十世は退位させられ、憲法によって規定された立憲君主であるルイ・フィリップに取って代わられた。〈青年ドイツ〉にとって、これは「自由」が実現した究極の事例だった。「あらゆるものが日の光となり、包装紙に包まれ、一緒になって私の魂をかきたて激しく燃えあがらせる」と、ハイネはこの知らせを聞いたときのことを追想した。「大胆かつ情熱的な希望が、黄金の果実のなる木のように湧き起こる」。[*50] パリで高慢な君主に対峙するかたちで民意が見事に展開されたことは、ラインラントの産業地帯沿いでも、一連の反プロイセン暴動となって幅広く支持された。かつてはラインラントを占領して罵られたが、いまや国民を解放したことで再び称賛されたフランスとその七月革命の日々は、進歩、自由、および愛国主義の名において、時代遅れになった権威主義の転覆を象徴していた。エンゲルスのその後の人生における革命的共産主義にくらべると、このブルジョワ階級による立憲主義——法の支配、勢力の均衡、報道・出版の自由——

への彼の支持は、かなり穏健なものだった。しかし、当時はそれでも充分に心を浮き立たせるものだったのだ。「僕は〈青年ドイツ〉の一員にならなければならない。いや、すでに身も心もそうなっている」と、彼は一八三九年に書いた。「夜も眠れない。すべてもろもろの世紀の思想のせいだ。郵便局に行ってプロイセンの紋章を見ると、僕は自由の精神に取りつかれる。新聞を読むたびに、自由の進歩を探し求める」[*51]

「ヴッパータールだより」

社交に勤《いそ》しみ、トレヴィナルス家の遊びやゲームに参加し、会計事務の仕事をする合間の空いた時間に、エンゲルスは執筆活動で自由を追求し始めた。歴史的にはエンゲルスの文体はマルクスのものに劣ると見なされてきた。批評家はエンゲルスの重苦しく客観的な散文を、マルクスの交差対句法を駆使したウィットに富む華やかなスタイルと対比しがちだった。これは不公平だ。なにしろ、エンゲルスは実際には、一八八〇年代に徹底して科学的な文章へと方向転換する以前は、私的な書簡でも広く世間に向けた文書においても優雅な書き手であったからだ。そうは言うものの、彼の弁護が順調に始まるわけではない。

誇り高く自由な、砂漠の息子たちは、
歩みきてわれらに、面と向かって挨拶する。
だが誇りはすっかり消え、
自由は跡形もなく失われた。
金《かね》に手招きされ、彼らはそれに跳びつく

（かつては喜びのために、砂丘から砂丘へと跳ねまわっていた
あの少年のように）。彼らは黙り込む、誰もが、
哀歌のような調べを歌う者を除いて。

「ベドウィン」――エンゲルスの最初の刊行された作品――は東洋風の詩で、ベドウィンの民の気高い野蛮さが、西洋文明と接することによって失われてゆくことを嘆いたものだ。かつては「誇り高く自由」に歩いていた彼らが、いまやパリの劇場ではした金のために奴隷のように演技をするようになっている、と。十八歳の作品にしても、これはぎこちない。それでも、日々、退屈な商用通信を交わすなかで、エンゲルスがシェリーのようなロマンチックな野心をいだきつづけたことはわかる。この作品は実際には、ヴッパータールの最も著名な詩人兼事務員であるフェルディナント・フライリヒラートに捧げたものだった。バルメンのアイネルン&ゾーネ商会での仕事と、盛んな文筆活動を両立させた人物である。ラインラントの地方都市の凡庸な暮らし（「この忌々しい巣」と、彼は表現した）から、フライリヒラートは異国情緒豊かな部族の夢の国や、美しい黒人の姫たちが住む、太陽の照りつける光景を思い浮かべた。事務仕事に飽きたエンゲルスは魅了され、多くの詩のなかで臆面もなく、ムーア人王子や、誇り高い野蛮さ、堕落した文明といったフライリヒラートの比喩を借用した。

それでも、エンゲルスはドイツの神話上の過去への若者らしい文学的情熱を捨て去ることはできず、一八三九年四月に民族の英雄ジークフリートの生涯にまつわる未完の叙事詩的戯曲を執筆している。くよくよ考えるのをやめ、行動を起こせという要求を繰り返すもので、戦いが始まり、竜が殺される話だ。何よりも興味深いのは、ジークフリートと父のジークハルトとのあいだの心理的葛藤に、エンゲルスが重きを置いた点だ。息子は自由になりたがる（「私に軍馬と剣をお与えください／遠い国まで旅

にでられるように／これまでもたびたび懇願してきたように」）が、王は「もう年齢をわきまえるべき時だ」と考える（「国政を学びもせずに／熊と取っ組み合うことをあいつは求めている」）。舌戦のあと、父はようやくあきらめ、ジークフリートは自分の人生を自由に歩めるようになった（「私は山の渓流のようになりたい／みずからの手であらゆる道を切り開いて」）。心理学的な洞察力などさしてなくても、グスタフ・マイヤーが述べたように、この未完の戯曲が「エンゲルス家において、フリードリヒの職業選択をめぐって繰り広げられた争いを事実上、具現化したもの」であることはわかる。[*52]

韻文詩よりも才能が見られたのは、ジャーナリズムにおけるエンゲルスの散文であった。「ベドウィン」はブレーメンの新聞『ブレーミッシェス・コンヴェルサツィオンスブラット』に発表され、エンゲルスは――まともな物書きなら誰もがやるように――すぐさま彼の原稿が書き換えられて台無しにされたことについて文句をつけた（「最後の行が勝手に変更されたため、どうにも収拾のつかない混乱が生じた」）。[*53]そのため、彼はカール・グツコーの新聞『テレグラフ・フュア・ドイチュラント』に投稿先を変え、〈青年ドイツ〉集団出身の早熟な文化批評家として名を成し始めた。というよりむしろ、自分で選んだ、中世風のふさわしいペンネーム、「フリードリヒ・オスヴァルト」を名乗るようになった。エンゲルスの経歴を特徴づける緊張の兆しが、このときすでに表われていた。彼は自分の意見や批評を広く聞いてもらいたがっていたが、同時にストレスや苦痛はなんとか避けようともしていた。一族に公然と背を向ければ、必然的にそれを受けることになる。彼自身が経済的な安定を確保するためにも、両親に世間で恥をさらさせないためにも、エンゲルスは「オスヴァルト」として二重生活を始めることになった。

『テレグラフ』紙のスタイルは文芸欄を活用するものだった。プロイセンの検閲によって、詳細にわたる政治解説の発表は禁じられていたため、進歩的な新聞は文学や文化記事、ときには旅行記や旅行情報の形態まで利用して批判を織り込んだ。書き手は知的なのらくら者に扮して、郷土の文化や料理、記憶、神話に思いを馳せながら、社会的、政治的な主張を盛り込んだ。景観描写や船旅の旅行記、詩は、エンゲルスがリベラルで、ナショナリスト的な感性を表明する際にちょうど必要とされるロマン主義的な覆いを、うまく与えてくれた。こうして、「ジークフリート」の生まれ故郷クサンテンを巡る旅行記の体裁で、エンゲルスは自由と若さにまかせて保守主義への批判を開始することになった。書き手がこの町に入ると、〔焼香・奏楽のある〕盛式ミサの音が大聖堂から聞こえてくる。感情的な「オスヴァルト」にとって、気分の高ぶりは抑えようがないほどとなる。「十九世紀の息子よ、おまえもその心を奪われるがよい。これらの音色はおまえよりも強く、荒々しい男たちをも魅了してきたのだ！」彼はジークフリートの神話に夢中になり、そこから近代に通じるメッセージを引きだす。プロイセンの国家とそこに君臨したばかりの君主、信仰心の篤い保守主義者フリードリヒ・ヴィルヘルム四世による、うんざりする、つまらない官僚主義を前にして英雄的な侮蔑の念をいだき、エネルギーを求め、行動する必要性である。「ジークフリートは〈青年ドイツ〉の代表なのだ。まだ人生の制約にとらわれていない心を胸にいだくわれわれはみな、それが何を意味するのか知っている」[*54]

エンゲルスが『テレグラフ』に書いた大半の実質的な文章は、それにくらべて誇張した表現がいちじるしく少ない。一八三〇年代には、ラインラントの繊維産業は、工業化の進んだイギリスとの競争に挑むことが、ますます困難になりつつあった。バルメンの職人たちの旧式な下請けの習慣――繊維製品が家内制手工業で生産されるもの――は、ランカシャーの機械化された効率のよい工場とはくらべものにならなかった。ツォルフェアアイン〔プロイセン主導の関税同盟〕による自由貿易が行なわれていたドイツ国内ですら、ライン川流域の繊維製品における強みが、ザクセン、シレジアとの競合で失われるにつれ、情勢は厳しくなっていった。絹織物やリボンにたいするフランスの需要がその不振の一部を解消してくれたが、これは流行に左右される変動しやすい市場であり、需要が急減しやすいものだった。こうした経済的な変化は、バルメンの労働者の置かれた状況を着実に悪化させており、エンゲルス家がかつて誇っていたような家父長的温情《パターナリスト》に満ちた企業構造は、徐々に崩れていった。ギルドが解散し、収入が絞りとられ、労働条件が悪化するにつれ、昔ながらの徒弟制度による社会経済も、技術レベルに合わせた賃金格差も、まともな給料をもらっていた男性労働者もその土台が揺るがされるようになった。そうしたものに代わって、労働者と工場主のあいだには歴然とした溝が新たに生まれた。それは繊維経済の末端にいる人びと──手紡ぎ職人や、靴下職人、織工など──にとっては、収入と立場が急速に失われることを意味していた。

この新しい経済の現実は、根無し草で生産手段をもたない臨時雇いの都市労働者で定期的な雇用や保障が得られない人びとにたいし、ジャーナリストや社会評論家が「貧困層」あるいは「プロレタリアート」という言葉を使用する頻度が増えたことに反映されていた。失業中または不完全雇用された何千人もの刃物研ぎ職人、靴屋、仕立屋、年季明けで修業の旅にでている熟練職人《ジャーニーマン》や繊維産業労働者で、ラインラントの町や都市に押し寄せてきた人びとだ。ケルンのような都市では、人口の二〇％から三〇％が貧民救済を受けていた。ドイツの社会理論家ローベルト・フォン・モールは、近代の工場労働者──今後も見習い訓練を受けて、親方になったり、財産を相続したり、技能を獲得したりする可能性が低い人びと──を、「車に鎖で縛られたイクシオン〔ギリシャ神話に登場する王〕のようにつながれた農奴」に似ている、と描写した。政治改革者のテオドール・フォン・シェーンは、プロレタリアートを「家や財産をもたない人びと」の同義語として使用した。[*55]

しかし、「フリードリヒ・オスヴァルト」はそれとはやや異なった試みをした。のちに自分独自のスタイルだと考えるようになる方法で、エンゲルスは人びとのあいだに入ってゆき、驚くほど熟考された社会・文化の報道記事を書きあげた。貧困の本質やプロレタリアートの意味に関する上から目線の社会理論は、この工場主の息子には見られなかった。代わりに、彼の「ヴッパータールだより」——一八三九年に『テレグラフ』で発表されたもの——は比類のない信頼性のある内容で、気落ちし、酒浸りになり、意欲を失った地域を自分の目で見た経験を語るものだった。エンゲルスが祖国のあるべき姿としてロマンチックに理想化したもの——愛国心に満ちた強壮な民族《フォルク》の住む、ヘルダーやフィヒテ、グリム兄弟が想像した国——と、バルメンの暮らしの現実を比較したとき、その失望感は目に見えるほどだった。「ここにはドイツのほぼどこにでも存在する、活気ある健全な人びとの暮らしは跡形もない。確かに、一見そのようにも見える。毎晩、歌をうたいながら通りを歩いてゆく人びとの陽気な声が聞こえるからだ。しかし、それはこれまで酔っ払いの口から発せられたなかでも、最も下品で卑猥な歌なのだ。ドイツ各地で親しまれてきた、われわれが誇ってしかるべき民謡などは一つも聞こえてこない[*56]」

工場主の十九歳の跡継ぎによって書かれた「ヴッパータールだより」は、資本主義が人間に課した人的損失を、見事なまでに容赦なく批判したものとなった。エンゲルスは赤く染まったヴッパー川や、「煙を吐く建物と、糸が散乱した漂白場」に注意を向ける。織機の上に前かがみになっている織工たちや、「人びとが酸素よりも石炭の煙と埃を吸い込む天井の低い部屋で」働く工場労働者たちの窮状を追う。児童の就労や、彼がのちにルンペンプロレタリアート（「完全に意欲を失った人びとで、住所不定であるか定職に就かず、前の晩を堆肥の山か階段で過ごしていなければ、夜明けとともに避難場所や干草の山、あるいは馬小屋などから這いでてくる」）と名づける人びとの壮絶な貧困を嘆く。さらに、革職人のあいだでアルコール依存症が蔓延しており、五人に三人はシュナップス〔強い酒〕の飲みすぎで死亡していることも彼は記す。何十年を経たのちも、産業化するバルメンのこの記憶は彼の脳裏から離れなかった。「一八二〇年代の終わりに、安価なシュナップスが突如としてライン川下流とマルク〔伯領〕の産業地帯を征服したのを私はまだよく覚えている」と、エンゲルスは一八七六年に安いアルコール飲料が社会にもたらした影響に関する小論に書いた。「とくにベルク〔公〕国、なかでもエルバーフェルト－バルメンでは、労働人口の大半が飲酒の犠牲になった。夜の九時から大勢で群がり、腕を組み、通りを端から端まで占領しながら、「塩漬けの男たち《サウスト》」〔酔っ払いの意味〕は千鳥足で進み、口々にわめきつつ宿屋から宿屋へ飲み歩き、ようやく家路に着いた」[*57]

「ヴッパータールだより」の文章は辛辣なものだったが、口髭を生やした剣の使い手で、文芸欄の執筆者でもあり、不自由のない生活をしていた勤勉な知識人のエンゲルスは、ヴッパータールのこれらの不運な人びとに、個人的に同情を覚えていたのだろうか？　共産主義作家による公式な伝記は、エンゲルスの政策が「労働者たちを前にした純粋かつ深い責任感にもとづくものだった。彼らの苦難は、没趣味でも事務的でも、冷淡でもないエンゲルスを悲しませた」[*58]と明言する。確かに、エンゲルスの作品を読んだ人なら誰でも、不正とその原因にたいする明確なイメージを感じとるが、著者が感情的に動かされていたのか、そのような惨状を見て思想的に奮起していたのかは定かではない。この段階で言えることは、バルメンの最下層の人びとにたいする彼の感情の強さは、おそらく労働者の苦境を思いやったものであるのと同じくらい、彼の父の世代にたいする反抗的な敵対心の産物だったということである。

動機がなんであれ、『テレグラフ』のコラムには、さながら子供時代より綿密に記され、着実に蓄積されてきたかのように、批判的評論が矢継ぎ早に送られた。ヴッパータールの雇用者のけちくさい俗悪ぶりは、町の設計に反映されていた。「なんの特徴もない、活気のない通り」に、お粗末な造りの教会、未完成のままの公共の記念碑などである。ブレーメンで暮らして目が肥えてきたエンゲルスにしてみれば、この町のいわゆる教育を受けたエリート層も俗物に過ぎなかった。ヴッパータール沿いでは〈青年ドイツ〉の話題もごくわずかにしかなく、ただ馬や人、それに召使たちについての無用な噂話が果てしなくつづいていた。「これらの人びとの暮らしはお粗末だが、彼らはそれにすっかり満足している。日中は信じがたいほどの情熱と関心をもって、帳簿管理に没頭する。夜になると決められた時間に社交の集まりに顔をだし、そこでトランプをし、政治について語って喫煙をし、九時になった途端に家へと帰ってゆく」。なかでも最悪なのは？「父親は息子たちをこうした方針に沿って熱心に育てる。父親と同じ道を歩みそうなあらゆる兆候を見せる息子たちである」。それが自分の人生を賭けようと思う運命でないことは、エンゲルスにはすでに明らかだった。

労働条件や産業化による社会的なツケを批判したとはいえ、「ヴッパータールだより」におけるエンゲルスの本来の目的は資本主義そのものではなかった。彼はまだ私的所有の仕組や、分業、剰余労働価値の本質を本当に理解してはいなかった。彼の憤りの真の対象は、子供時代の敬虔主義だった。これは宗教の教義がおよぼす社会的ツケにうんざりした若者が、自分の一族を導いてきた倫理観を、意識的に研究し拒絶したものなのだ。学業も理性も進歩も、聖人面をしたクルマッハーやその信者たちの手で握りつぶされ、みな阻止されてきた。そして工場の労働者は、さながらシュナップスを飲むように、八方塞がりの窮状を抜けだす神秘的な道筋として、敬虔主義の情熱を受け入れてきた。一方、信心深さを大げさに吹聴してきた工場主たちほど、労働者を最も搾取する雇用者としてよく知られており、選ばれた者だと自分が信じるがゆえに、人間としてあるべき振る舞いをする必要などないかのようだった。エンゲルスからすれば、ヴッパータールは偽善的道徳と宗教の流れの下に沈もうとしていた。「この地域全体が敬虔主義と俗物根性の海に沈没しつつあり、そこからは花の咲き乱れる美しい島が浮かびあがってくることはない」[*59]

山岳派オスヴァルト。ロマン主義の空想家エンゲルスの肖像写真、1840年
（People's History Museum, Manchester）

「ハハハ！　『テレグラフ』の記事を誰が書いたか知っているかい？　執筆者はこの文章の書き手だよ。でも、これについて他言はしないよう忠告する。とんでもなく厄介な目に僕が巻き込まれかねないからね」。エンゲルスの「ヴッパータールだより」はヴッパータール沿いで大いに歓迎され、世論の嵐を巻き起こした。クルマッハーへの詳細にわたる個人的批判は、敬虔主義と貧困とが結びついていることとあいまって強烈なものになった。そして「フリードリヒ・オスヴァルト」は、この論争に有頂天になりつつも、まだバルメンの主要な息子たちの一人であることを暴露するだけの心の準備はできていなかった。そこで彼は安全なブレーメンから、ヴッパータールの一部の友人たちと仲間内でほくそ笑み、楽しむことで満足していた。[*60] 彼の文通相手は昔の同級生であるフリードリヒとヴィルヘルム・グレーバー兄弟だった。彼らは正統派教会の牧師の息子たちで、自分たちも牧師になる訓練を受けていた。一八三九年から一八四一年までにエンゲルスが二人に書いた彼らしい率直な一連の手紙から、ブレーメンで暮らした年月のあいだにエンゲルスの知性面に生じた最も重要な変化を読みとることができる。信仰の喪失である。

社会主義への道が世俗主義によって開かれたというのは、十九世紀の精神史を扱う歴史学の決まり文句となっている。ロバート・オーエンからベアトリス・ウェブ、アニー・ベサントにいたるまで、精神的な旅が新しい人類宗教となって頂点に達した人びとにとって、キリスト教の否定はお馴染みの通過儀礼となっていた。しかし、キリスト教が見え透いたものになったからと言って、その真理に説得力がなくなるわけではない。「まあ、僕は一度も敬虔主義であったことはない。一時は神秘主義だったが、それは過去のこと《テンピ・パッサティ》だ。いまでは正直者になって、ほかの連中とくらべればリベラルで、超自然主義だ」というのが、一八三九年四月にエンゲルスがグレーバー兄弟に信仰面における自分の気質を説明したものだった。彼は長年、ヴッパータールの敬虔主義が奉じる偏狭な精神主義には不満を感じていたが、十九歳の時点では、キリスト教の中心的教義を否定するまでには、まだとうていいたっていなかった。ブレーメンの暮らしの知的リベラリズムのなかで、エンゲルスは自分の教会には予定説と地獄落ち以上のものを求めたいと感じるようになっていた。原罪の考えに彼はますます悩まされるようになり、キリスト教から受け継いだものを、〈青年ドイツ〉から吸収した進歩的で合理的な考え方と、どうにか結びつけたいと願っていた。「率直に言おう。僕はいまでは理性の試練に耐える教えだけを、神聖なものとして見なすようになっている」と、彼はフリードリヒ・グレーバーに告げてから、聖書のなかの多くの矛盾を指摘し、神の慈悲について疑問を呈し、近年のクルマッハーの説教で語られた一連の天文学上の間違いを露呈させることに、とりわけ喜びを見出していた。[*61]

一八三九年の夏には、信仰上の危機にたいする受け入れ可能な妥協案を、フリードリヒ・シュライアマハーの教えに見出したかもしれないと彼は考えた。シュライアマハーの説く贖罪の神学は、近代の理性の要求とも相容れる直感的な心の宗教に重きを置くもので、「偽善者の住む僕らの谷」の業火と地獄落ちとはまるで異なった信仰のように思われた。エンゲルスにとって、シュライアマハーは「〈青年ドイツ〉の意味するところのキリストの言葉を教える」人だと言われていた。しかし、それすらエンゲルスが十九世紀初頭ヨーロッパの神学上の爆弾に出合ったのちは、色あせて見えた。ダーフィト・フリードリヒ・シュトラウスの『批判的に検証されたイエスの生涯』は一八三五年から三六年に刊行され、多くの若者にとって恐ろしいほどの非宗教的な啓示となった。「この本が人におよぼした魔力は、筆舌に尽くしがたい」と、リベラルな哲学者ルドルフ・ハイムはそれについて語った。「いままでこれほど楽しく、徹底して本を読んだことはなかった……目から鱗が落ち、自分の道に一条の太い光が射し込んだかのようだ[*62]」

シュトラウスの書は聖書が文字どおり真実かどうかに、じかに疑問を投げかけたものだった。福音書は絶対に確かな聖なる書ではなく、むしろそれぞれの時代に歴史的および文化的に生みだされた偶然の産物なのだと彼は見なした。福音書はユダヤ人の神話、または人間の発展におけるどこか特定の段階を想像のなかで表現しており、したがっていまの時代には当てはまらないものとして接することが望ましい、と彼は断言した。同様に、人物としてのキリストは、「人類」という概念の表現として最もよく理解されていた。『イエスの生涯』の影響は、聖書を知的探究および聖書研究のより厳密なプロセスにかけたことであり、エンゲルスは意気込んでその先頭に立った。「僕はいま哲学と批判的神学で非常に忙しい。十八歳にもなって、シュトラウスを知るようになれば……何も考えずにすべてを読むか、あるいはヴッパータールの信仰を疑い始めるしかない」と、彼はグレーバー兄弟に気取って告げた。それから数カ月のあいだ、エンゲルスは何度も聖書の矛盾の話題に戻りつづけた。キリスト教の年表に新しい地質学的な発見が与えた衝撃や、原罪にたいする疑問などである。しかし、フリードリヒ・グレーバーへの手紙のなかで彼が語っているように、生まれたときから教化されてきたことを捨て去るのは、容易でもなければ、快いプロセスでもなかった。

僕は毎日、というよりむしろ、ほぼ一日中、真理を求めて祈っている。疑問をもち始めてからずっとそうしてきたが、まだ君と同じ信仰に戻ることはできない……。こう書いているいま、僕の目は涙であふれている……確かに、君は温かいベッドにいるように、信仰のなかに気持ちよく横になっている。そして、神が神であるのかないのか、僕ら人間が決めなければならないときに、くぐり抜けなければならない争いのことは何も知らない。最初に疑問をいだいたときに感じる荷の重さも、昔の信仰の重荷も知らない。それに賛成するのか反対するのか、それを奉じつづけるのか、捨て去るのか決断しなければならないときに。[63]

一八三九年十月には、疑念はなくなった。エンゲルスにはもう秋を思わせる「ドーヴァー海岸」〔マシュー・アーノルドがのちに信仰の危機を綴った詩〕の引き潮の憂鬱は感じられなかった。いったん決断が下されると、彼はその新しい精神的状態を楽しむようになった。「僕はもうシュトラウス主義者になった」と、彼はヴィルヘルム・グレーバーに淡々と告げた。「惨めなヘボ詩人である僕は、天才ダーフィト・フリードリヒ・シュトラウスの翼の下に潜り込んだのだ……信仰よ、さらば《アディオス》！　信仰など海綿のように穴だらけなのだ[64]」。エンゲルスはのちにみずから述べたように、伝統的なキリスト教の見地から、「完全にすっかり逸脱」していた。そして、これまでどおり、彼は新たに選んだ立場をゆるぎない確信をもって支持し、フリードリヒ・グレーバーを「シュトラウス〔駝鳥を意味する〕主義者を狙う大狩人」だと揶揄した。[65]

冗談を言う陰で、エンゲルスは自分の精神的な旅が結論に達したことに安堵したかのようであった。一つの信仰を失ったあと、彼は別の信条へとすみやかに移った。キリスト教への信念が崩れたあとに残された心理的な空虚は、同じくらい説得力のあるイデオロギーによって満たされたのだ。なにしろ、シュトラウスは足がかりに過ぎないことがわかったからだ。「僕はヘーゲル主義者になる瀬戸際にある。もちろんまだ、そうなるかどうかはわからないが、シュトラウスがヘーゲルへの道筋を照らしてくれたので、そうしたことも大いにありうるものとなっている[66]」。シュトラウスによる聖書批判の目的は、決してキリスト教そのものが偽りであることを示すものではなかった。むしろ、彼はその教養が新しい科学と学習の時代にはもはや充分でないことを示そうとしたのである。シュトラウスの野心は、読者たちを精神的発展においてキリスト教後の次の段階へ進ませることにあった。それがヘーゲル哲学だったのだ。[*67]「これから僕はボーレ（果物、スパイス入りのアルコール）のグラスを傾けながら、ヘーゲルを研究するところだ」というのが、ヨーロッパの最も難解かつ神秘的で頭脳明晰な哲学者の作品をひもとくエンゲルスの賢明な方法だった。しかし、それは格闘するだけの価値のあるものとなった。ヘーゲルの著作はのちにエンゲルスを社会主義への道へと押しやったからだ。その後の時代に、マルクスによるヘーゲル弁証法の再解釈が共産主義のイデオロギーに大きくのしかかるようになるが、エンゲルスが独学したこの段階では、最大の関心の的となったのはヘーゲルの純粋な哲学だった。

ヘーゲルの哲学体系の中心には、「心」または「精神」（翻訳できないことで悪名高い「ガイスト」（英語のゴースト。ドイツ語で幽霊の意味もある））を実現または展開することからなる歴史の解釈があった。〈精神〉、または自意識をもった理性が、恒久的に動きつづけており、それだけが世界のなかで真に現実をなしているというものだ。それが展開することが、人類史の物語なのである。エンゲルスはヘーゲルが『歴史哲学』で繰り広げた、この合理的で秩序正しい過去の発展という新しい考えにすぐさま魅了された。同書は一八二二年から二三年にベルリン大学で行なわれた彼の講義内容を、（没後に聴講した学生たちが）書き写したものである。「ヘーゲルの考え方をその他すべての哲学者の手法から際立たせているのは、その根底にある並外れた歴史感覚だった」と、エンゲルスはのちに述べている。[*68]〈精神〉の歴史を推進してきたものは、人間の諸事における自由の理念《イデー》の具体的な実現であり、その自由の達成こそが〈精神〉の絶対的かつ最終的な目的となっていた。要するに、歴史の流れとは目的論的に文明のなかで自由と理性が有機的に成長するのを見ることなのであり、それは最終的には〈精神〉の実現となって頂点に達するのだった。ヘーゲルの言葉を借りれば、「世界の歴史は自由の意識の進歩にほかならない」のである。あらゆる段階において、たとえ気まぐれで絶望的に思われるときでも、そのような方向で進んでいたのである。混沌とし無秩序な人間の諸事の陰でも、抜け目のない狡猾な理性は着実に働いていたからだ。

真の自由とは——言語、文化、および〈民族の精神〉となって具現化された——理性と合理性の産物でしかありえないので、人間は判断を下せるようになって初めて自由になれるのだった。集団的自由が合理的な自己意識として最初に目覚めたのは、ヘーゲルによれば、ギリシャの都市国家の登場によってだったが、まもなくローマ帝国の抑圧的な法律主義のもとで本質から切り離され、硬化していった。そこへキリスト教がこのすべてを含む進歩の物語に加わるのだが、それもまた合理的な発展の枠組内に収まるのだった。神と共有する思考能力を介して、人は自己意識をもつようになり、神とも和解したのである。しかし、ギリシャからローマへと移り変わるにつれ、キリスト教もまた弁証法的にみずからに代わるものを用意する。すなわち、〈キリストにおいて〉有限のものと無限のものとが和解する、すなわち人間と神の和解を宣言することで、中世の信仰は自由社会の、より高められた自己意識の基礎を築くのである。そこでは、個人の自律性は公共の制度として統合されるようになる。これは近代では信仰や礼拝よりも、哲学的知識および人道的文化が優先することによって生じる。大学や学校だけでなく、コンサート会場や議会までもが、教会の仕事を組み込むものとなるのだ。

その意味では、キリスト教の潜在的な合理性が近代世界の日常生活の隅々に行きわたるに等しい。その価値はいまではさまざまなかたちで家庭や、市民社会や、国家のなかで具体化されている。エンゲルスがこうしたもろもろのうちで、とくに受け入れていたのは、現代の汎神論（厳密に言えば、汎理神論）の考えだった。これは神性と進歩する人間性を融合させたもので、神への憧れと離反という敬虔主義的気風の固定化した対立から彼を解放する、喜ばしい弁証法的総合《ジンテーゼ》なのであった。「シュトラウスを通して、僕はヘーゲル派への道をまっすぐに進み始めた……。神に関するヘーゲルの考えは、すでに僕のものとなり、したがって僕は〈現代の汎神論者〉の仲間入りをしているところだ」と、エンゲルスはまもなく縁を切ることになるグレーバー兄弟宛の最後の手紙の一通に書いた。[*69]

それまでの数カ月間、疑問と混乱に悩まされたあと、エンゲルスは彼ならではの情熱をもって、新しいヘーゲルの信条を奉ずるようになった。グッコーの『テレグラフ』紙の古典的な文芸欄に、「景観」（一八四〇年）と題して、エンゲルスは北海を渡る航海でさわやかな水しぶきとまばゆい太陽を楽しんだことを、「最後の哲学者［ヘーゲル］が言う神のイデーであり、十九世紀の思想界最大の傑作を、私が初めて理解し始めたこと」になぞらえ、「私は同じように幸せに満ちたスリルを味わい、まるでさわやかな海風が澄み切った空から私に向かって吹き降ろしてきたかのようだった」と書いた。エンゲルスは生命力に満ちた自然という新しい神につかのまの慰めを見出した。ガレス・ステドマン・ジョーンズが述べるように、ヘーゲルは「彼のヴッパータールの信仰が描きだした恐ろしい輪郭に取って代わる、安全で心休まる場所」を与えてくれたのである。[*70]

エンゲルスの知性面を織り成すその他の要素は、単純に消え去りはしなかった。ヘーゲル哲学とともに、まだドイツ・ロマン主義への情熱も、〈青年ドイツ〉のリベラルな立憲主義の魅力も、シェリーや一八三〇年七月の共和主義的な衝動も残っていたのだ。これらの糸がブレーメンで彼が書いた最後の記事の一つに寄り集まっている。ドイツの作家カール・イマーマンの『メモラビリエン』の書評は、エンゲルスに心の叫び《クリ・ド・クール》をあげさせる機会となった。それは「新しい哲学」を、彼のお気に入りのジークフリート風の英雄的な比喩表現と織り交ぜたものだった。「イデーの宮殿が建つ深い森を恐れる者は、剣でそのなかを切り進み、キスとともに王の眠れる娘を起こさない者は、彼女にも、その王国にもふさわしくない。でかけて行って、田舎の牧師や商人、査定人にでもなればよいし、いくらでも敬虔かつ立派に、妻を娶って、子供を儲けるなり、自分の好きなことはなんでもすればよいが、時代は彼をその世紀の息子とは見なさないだろう[*71]」

一八四一年初めには、エンゲルスはブレーメンの事務所に縛りつけられていては、自分もその世紀の息子の一人と認められる望みはとうてい保証されないという結論に達した。「やることと言えば、フェンシングに飲み食い、寝る、つまらない仕事しかない。それだけだ《ヴォワラ・トゥ》」と、彼はマリーに書いた。彼はバルメンに戻ったが、そのロマン主義的で高慢な魂にとって、実家や家業のための事務作業はさらに退屈なものに映った。そこで一八四一年九月に、彼は軍務に服するようにというプロイセンの国家からの要請に応じて、プロイセン近衛砲兵隊、第一二中隊で一年間の兵役を「志願」した。プロイセンの首都ベルリンは、地方の繊維貿易商のこのブルジョワの息子に、イデーを擁護するために彼がちょうど必要としていたお膳立てを与えることになった。この地でついに、彼は近代の軍務に就いた現代版ジークフリートとして、自分の正体を現わしたのである。

第2章

竜の種

哲学上の取っ組み合い

「今日のベルリンにいる誰にでも聞くがいい。ドイツの世論を支配する闘いがどの分野で繰り広げられているのかを」と、エンゲルスは一八四一年に書いた。「そして、その人が世界を支配する精神の力について何かしら知っていれば、その戦場は大学だと答えるだろう。とりわけ第六講堂だ。シェリングが啓示の哲学の講義をしている場所だ」[*1]。フリードリヒ・ヴィルヘルム・ヨーゼフ・フォン・シェリングのような強気の哲学者にとっても、これは教えるのに怖気づくようなクラスだったに違いない。別の人物によれば、それは「途方もない聴衆で……えり抜きで、夥しく、多種多様」であった。講堂に座っていたのは、十九世紀が生んだ最も優秀な若者たちとも言える面々だった。最前列で熱心にノートをとっていたのは、〔聴講生であった〕独学者エンゲルスだ。当時、彼は単に「哲学を独学した若輩者」と、喜んで自称していた。彼の横には美術史家およびルネサンス学者となりつつあるヤーコプ・ブルクハルトが腰掛けていた。のちに無政府主義者になるミハイル・バクーニン（彼はこの講義を「おもしろいが、あまり重要ではない」と一蹴した）、それに哲学者のセーレン・キェルケゴールもいた。シェリングは「かなり鼻持ちならないナンセンス」を語っているばかりか、さらに悪いことに、この高名な哲学者は自分の講義を時間を超過して終わらせるという、学問上における重罪を犯しているとキェルケゴールは考えた。「そんなことはベルリンでは許されず、不満やささやきが漏れた」[*2]

だが、エンゲルスは白髪まじりで碧眼のシェリングと、自分の英雄であるヘーゲルにたいする彼の容赦ない批判に魅了された。シェリングは毎週、哲学上の大論戦を繰り広げ、歴史における神の直接的な力を強調することで、ヘーゲルの汎神論のほころびを探そうとした。それは啓示と理性の対決だった。「若き日々の旧友同士が、チュービンゲンの神学校のルームメイト同士が、四〇年後に論敵として再び真っ向から対峙しているのだ。一方は一〇年前に死去したが、弟子たちのあいだでこれまで以上に存在感を増している。もう一方は、弟子たちいわく、三〇年にわたって知的には死んだも同然だったが、いまや突然、生命のあらゆる力と権力をわがもの顔にしている」。そして、エンゲルスは自分がどちらに共感するのかを確信していた。自分が講堂にいるのは、「偉大な人物の墓が荒らされるのを守る」ためであると彼は語った。[*3]

ベルリンに滞在する表向きの任務はプロイセン王室を擁護するための軍事訓練だったが、エンゲルスはその王室を覆すための思想上の武器を身につけることに時間を費やしていた。彼は出来る限り練兵場を離れて大学キャンパスに向かった。六ポンド・カノン砲よりもはるかに殺傷力のあることが証明される原理を手に入れることに専念するためである。そして、彼は敵地においてそれをじつに熱心に行なったのである。

一八四一年にエンゲルスがやってきたベルリンは、ホーエンツォレルン王朝を記念する都市へと急速に変貌しつつあった。一八四〇年代なかばには四〇万人ほどに達していた住民は、その前の半世紀にわたって多くのことを目の当たりにしてきた。プロイセン王フリードリヒ・ヴィルヘルム三世は敗走し、一八〇六年には皇帝ナポレオンがブランデンブルク門から凱旋行進した。一八一三年にはロシア軍によって解放され、それとともに改革、ロマン主義、そして反動が相次いだ。このうち最後の反動勢力は一八二〇年代と三〇年代に、フリードリヒ・ヴィルヘルムが新古典主義の建築ブームで王室の権威の復古を示したことによって勝利を遂げた。建築家カール・フリードリヒ・シンケルのもとで、途方もない公共スペースと王室の壮大さを誇示した近代ベルリンが築きあげられた。シンケルのドーリア式のシャウスピエルハウス（現在のベルリン王立劇場）、凝った彫刻を施したシュロスブリュッケ〔王宮橋〕、ウンターーデンリンデン通り沿いのローマ帝国風ノイエ・ヴァッヘ衛兵所、さらに彼の傑作であるパンテオンに着想を得た旧博物館、そのすべてが新たに台頭した東プロイセン平原の宮廷、軍隊および貴族のベルリンを表わしていた。後年、エンゲルスはこうしたことすべてがいかに忌まわしいものだったかを述懐した。「ブルジョワ階級はほとんど形成されておらず、口の軽いプチ・ブルジョワ階級がいるばかりだ。なんら進取的ではない、へつらう人びとで、労働者はまだまるで組織されておらず、大量の役人に、貴族および宮廷の取り巻きがいて、全体としての気質は単に住民というだけのものである」[*4]

しかし、この絶えず分割されてきた都市ではありがちなことだが、ここには別の顔のベルリンもあった。彼がいたクプファーグラーベン兵舎の練兵場のそばには、カフェ、居酒屋、ワイン酒場などがひしめく繁華街があった。[*5] 一八三〇年代なかばには、ベルリンには市の中心街だけでも一〇〇軒を超えるカフェがあり、新聞は公認のものも非公認のものも発刊され、討論のためのクラブや酒場があった。政治や文学談話で賑わう菓子屋《コンディトライ》文化がジャンダルメンマルクト地区周辺に登場し、それぞれのカフェには独自の贔屓客がいた。フリードリヒシュトラッセとリンデンの角にあった店、クランツラーは、将校の常連がいることと洒落た内装ゆえに、「ベルリン近衛将校のヴァルハラ」として知られていた。証券取引所の近くのカフェ、クルタンには銀行員や実業家が出入りした。シンケルのシャウスピエルハウスと道路を隔てた場所にあるカフェ、シュテーリは、この都市の芸術家、俳優、それに「文学分子」たちの溜まり場だった。[*6]

近くのフリードリヒ・ヴィルヘルム大学——創設者のヴィルヘルム・フォン・フンボルトに因んで、一九四九年にフンボルト大学と改名——もまた、カフェの客の多くを供給していた。一八〇〇年代初めのリベラルだった時代に、フリードリヒ・ヴィルヘルム三世から啓蒙された市民のための教育制度をつくるよう任命され、フンボルトと文部大臣のフォン・アルテンシュタイン男爵が、ベルリンに驚くほど優秀な人材を集めた。エンゲルスが一時期信奉していた神学者、フリードリヒ・シュライアマハーも教授に任命された。反動的なカール・フォン・サヴィニーは法学を教えていた。ゲオルク・ニーバーは歴史の講義をしていた。一八一八年にはヘーゲルがフィヒテから哲学講座を受け継いだ。ヘーゲルを教授陣に迎えると、大学は当然ながらヘーゲル派の思想の中心地となった。それに閉口して、シュテーリの常連だった詩人のハインリヒ・ハイネは一八二三年に、「ヘーゲルの論理を通して、昔からありとあらゆるものを理解してきた」知ったかぶりたちが住んでいる、「厚い砂と薄い紅茶」の街を離れることへの解放感を表わした。[*7]

このあふれんばかりのヘーゲル理論を、誰もがハイネほどうんざりし、冷めた目で見ていたわけではない。とりわけ新しい国王のフリードリヒ・ヴィルヘルム四世（一八四〇年に父王の跡を継いだ）と、その総理大臣であるヨハン・アルベルト・フリードリヒ・アイヒホルンはそうではなかった。報道および出版の自由と政治改革にわずかに手をだしたのち、ホーエンツォレルン家は政治的多元主義への不信感を再び見せ始めた。フリードリヒ・ヴィルヘルムは「寛容さを見せることから始め、その後、封建主義へと移行し、最後は警察の犬による政府を創設した」と、エンゲルスは述べた。[*8] こうして一八四一年に、左翼思想家にたいする大々的な弾圧の一環として、総理は白髪になりつつある六十六歳のシェリングをベルリンに呼び戻し、ヘーゲルの種子が最初に撒かれた当の大学で、「ヘーゲル主義という竜の種を根絶やしにすること」にしたのである。これが第六講堂のリングサイドの席から、エンゲルスが大いに楽しんだ哲学上の取っ組み合いだった。

青年ヘーゲル派

ヘーゲル哲学はなぜプロイセン当局にそれほど恐れられたのだろうか? ヘーゲル哲学が、フォン・フンボルトやフリードリヒ・ヴィルヘルム三世を苛立たせていたわけではない。彼らはヘーゲル派として知られる哲学者を、重要な教授職や国家の要職に任命していたのだ。「ヘーゲルの哲学体系は、いわばプロイセン王国の王室哲学の地位にまで押しあげられた」と、エンゲルスはのちにこの時代を振り返っている。そのあいだに、「ヘーゲルの考え方は、意識的にせよ無意識のうちにせよ、きわめて多様な学問の分野にまで広く浸透し、大衆文学や日刊紙ですら徐々に変化させた」。ところが、そのような公式のお墨付きが撤回されることになったのである。[*9]

このような食い違いが生じた原因は、しばしば矛盾するヘーゲルの二通りの読み方にある。一つ目は保守的なものだ。もし歴史が、理性から自由に向かうこの勝利の行進を監督する過程なのだとすれば、連続するそれぞれの時代はそれ以前の時代にくらべ、かならずより進歩し、合理的で、自由なものと見なしうるのであり、その時代のあらゆる要素――芸術、音楽、宗教、文学、統治形態――は、それ以前のものより高い段階の理性を表わすことになる。国家の場合には、これはとりわけよく当てはまり、ヘーゲルは国家を政府と市民社会の双方を包含する有機体を意味するものと解釈した。

ヘーゲルにとって、国家とは個人の意志が、法の遵守を介して、普遍的な理性の壮大な命令と和解する手段なのであった。「個人は義務のなかに……ただの自然の衝動からの解放を見出す……。個人は義務のなかに実質的な自由を得るのである」[*10]。真の自由は、人の主観的な感性が、国家という媒体を通して発露するなかで、〈精神《ガイスト》〉の進歩的発展と同調したときに生まれた。ヘーゲルによれば、近代国家は「究極の目的である、自由の実現と、〈地上に存在する神の理念〉と、個々の人生に価値を与える唯一のものである現実」を表わしていた[*11]。理論的には、近代国家は進歩と理性と自由のイデーを具現化していたのだ。各個人は己を知る自由という秘薬を手に入れるために国家に服従しなければならなかった。

一八〇六年のイェーナの敗戦のあとつかの間、プロイセン王国が実際に『法の哲学』に述べられたようなヘーゲルの合理的な自由の理想を象徴するかのように見える時期が存在した。なにしろこれは、一八〇六年に軍事的な屈辱を味わうことで、フリードリヒ・ヴィルヘルム三世が改革を余儀なくされ、その後、カール・フォン・シュタイン男爵とカール・アウグスト・フォン・ハルデンベルク侯爵という、進歩的な大臣たちがリベラルな改革を実施した時代であったからだ。代々課せられてきた使役は廃止され、ユダヤ人は解放され、経済統制は解除され、民主的な代議制の方向へと時代は徐々に移行しつつあった。この自由化プロジェクトの一環として、ヘーゲルはハイデルベルク大学から連れてこられ、新たに建設されたベルリン大学（そこで彼は一八三一年にコレラで病死するまで哲学講座を開いた）で、この動きに知的側面から承認を与えることになった。「ヘーゲルのほうも改革されたプロイセン王国を、〈理性〉の政治的実現をその内なる目的と真髄にすることによって、世界史における地位を獲得した国家の事例としてたたえた」と、ヘーゲルの伝記を書いたジョン・エドワード・トゥーズは述べた。[*12] そして、ヘーゲルがこの国を哲学的に高めたことが、フリードリヒ・ヴィルヘルム三世の官僚組織に豊かで、精神的な威厳を与えたことは間違いない。

国家は生きた存在であり、その法律と政治構造には理性と自由にもとづいた明確な目的があるのだとする彼の主張は、国家の目的をいちじるしく高めた。国家は私的所有を守り、領土を防衛し、法の支配を敷くだけではない。代わりに国家は、絶対的な理性の実現を象徴することで、はるかに高邁な目的をもつようになったのだ。そして、ヘーゲル哲学の細かい現象学は、ベルリンの宮廷の一部には通じなかったかもしれないが、この権威にたいする崇拝が政治にもたらす好機は、廷臣たちもすぐに察知した。「ヘーゲルの著作はプロイセンの官僚制度に過度の正当性を与えた。改革の時代においてその行政機関内部で拡大する権力が正当化を求めていたのである」と、プロイセン史家のクリストファー・クラークは述べる。「国家はもはや主権と権力の座であるだけではない。それは歴史をつくる原動力であり、あるいは歴史そのものを具現化したものですらあった」。[*13] フリードリヒ・ヴィルヘルムとフォン・シュタインが大学の講堂に正統なヘーゲル派、もしくは「ヘーゲル右派」を喜んで詰め込んだのは不思議ではない。

一方でヘーゲルの急進的な弟子たちは、師の著作をさらに進歩的に解釈するようになった。実際のプロイセン王国――専制主義や宗教的制限を強め、立憲改革の可能性を減らすもの――に直面して、ヘーゲルの弟子の多くは自分たちの恩師（かつてフランス革命を記念して自由の木を植えた人）が、このような状況を理性の頂点だと本当に信じていたなどと認めることはできなかった。むしろ、エンゲルスが述べたように、一八四〇年にフリードリヒ・ヴィルヘルム四世が王位を継承するとともに、「正統派の信心家ぶりと絶対主義の封建的反動が王座に就いた」とき、歴史は確実に非進歩的な方向へ向かっているように思われた。[*14] 王権神授説を心底信じているわけではなかったとしても、フリードリヒ・ヴィルヘルム四世は明らかに、キリスト教にもとづく君主制という誇大な考えをいだいていた。国王は神秘的で神聖な絆によって国民と結びついており、議会も憲法もそれを汚すことはできないというものだ。フリードリヒ・ヴィルヘルム四世が見張りに立つ治世は、進歩の時代になることはなかった。代わりに、伝統、継続、序列をゆるぎなく推し進めるものとなった。そして、プロイセンの大学キャンパスで議論されている新しい左派ヘーゲル主義は、そのような保守的な教義とは相容れないことがますます鮮明になった。

ヘーゲルに関して言えば、危険であるのは弁証法だった。「ヘーゲル体系に重きを置く人間はどちらの側にいても、かなり保守的だったろう。弁証法的方法を重要視する人は誰でも、宗教においても政治においてもいちばん反対の対極に立つ可能性があった」と、のちにエンゲルスはその違いについて説明した。この「弁証法的進歩」こそ、歴史の歩みそのものなのであった。それぞれの時代と支配的な思想は、のちの時代によって否定され、組み込まれていった。「位置《ポジション》、対置《オポジション》、配置《コンポジション》」と、若いカール・マルクスは説明した。「あるいは、ギリシャ語を使えば、テーシス〔正〕、アンチテーシス〔反〕、シンテーシス〔合〕となる。ヘーゲル用語を知らない人には、常套句を使おう。肯定、否定、否定の否定だ[15]」。したがって、歴史上の〈精神〉の実現は、既存のすべての政治制度とそこで支配的な意識の形態が果てしなく批判され——それぞれは、内部で緊張が高まることで次々に崩され——るが、しまいに合理性と自由が支配するようになる。「そこにヘーゲル哲学の本当の重要性と革命的な性質がある」と、エンゲルスは表現した。「歴史上のさまざまな制度は、人間社会が低い段階から高いものへと発展する無限の行程における移行段階に過ぎない……。それ〔弁証法〕に照らし合わせれば、最終的、絶対的、神聖なものは何もない[16]」

この解釈はとびきり強力なイデオロギー上の溶剤の役目をはたした。ヘーゲルの急進的な読者層にとって、もはや未来永劫不変の真理は存在しなくなったからだ。どの文明も独自の現実、哲学、および宗教をもち、いずれも否定されれ包含されやすいものとなった。そのうえ、これはそれ以前のどんな哲学にも言えるだけでなく、ヘーゲル自身の考えにも当てはまるのだった。公費で雇われていたこのベルリンの教授は、改革時代のプロイセン王国——シュタインやハルデンベルク、フンボルトの時代——が歴史上の理性の頂点かもしれないと考える、重大な間違いを犯していたのだ。だが、実際には、それもまた移行段階でしかなく、やがては否定されることになった。シェリングの講義をずっと聴講しつづけた懐疑的な学生たちにとって、ヘーゲルの哲学的手法はプロイセンの現状を正当化する手段ではなく、ホーエンツォレルンの王国を進歩的に批判するための道具を与えるものだった。これら〈左派〉もしくは〈青年ヘーゲル派〉にとって、ヘーゲル哲学は行動への拍車となり、彼の著作は自由な改革への要求となった。

フォイエルバッハのヘーゲル批判

社会主義の揺籃期には往々にして見られたことだが、最も鋭い攻撃力を生みだしたのは宗教だった。ヘーゲルはプロイセン王国を理性の最終的な成就と見なしたのと同様に、自分のルター派の信仰から、一八二〇年代に支配的だったプロテスタント派キリスト教の狭い概念を、精神生活の最高善《スムム・ボヌム》だと是認していた。ここでもまた、歴史は都合よくちょうどヘーゲル自身の時代の文化および宗教の慣習のなかで頂点に達しようとしていたかのようだった。そして、政治においてそうであったように宗教においても、青年ヘーゲル派はヘーゲルがみずからの歴史主義を評価せず、彼が自由の実現だと考えたものが、イデーへの道沿いにもう一歩進んだだけであることを理解していなかった点を批判した。現代のヨーロッパのキリスト教は、ローマの多神教や古代インドのヒンドゥーの信仰とどう違うというのか、と彼らは問いかけた。どれも、ただその時代の産物だったのではないのか？　一八四二年にライプツィヒで「シェリングと啓示」という題名で発表された、シェリングにたいする匿名の批判のなかで、エンゲルスは、青年ヘーゲル派は「もはやキリスト教を」批判的研究のおよばない聖域とは「見なさない」だろうと述べた。「キリスト教のあらゆる基本原理や、これまで宗教そのものと呼ばれていたものですら、理性の容赦ない批判の前にさらけだされたのだ」[*17]

こうした宗教批判の基礎は、福音書は伝説であると再解釈したダーフィト・シュトラウスによって築かれた。ヘーゲルのもとで学んだ神学者で哲学者のブルーノ・バウアーは、この批判をさらにもう一段階進めて、文化的構築物としてキリスト教を詳細に分析した。「冷たい外見の下で、内なる火を燃やす、きわめて断固とした男」として知られたバウアーは、弁証法は激しい知的論争の過程を経てのみ進展できると考えた。それぞれの時代ごとの真理は、理性の前に引き剥がされなければならなかった。そして、バウアーはそのような理性的な攻撃の過程から、キリスト教は近代において、自意識的な自由の発展への障害になるという結論に達した。人間の外にいる神を崇拝し、信条や教義に服従することが、人をその本質から「疎外」して〔引き離して〕いたのだ。神秘主義的な従属が儀式によって求められつづける限り、人間が自己意識をもったり、自由を実現したりする可能性はない。バウアーは弁証法を示して、そのような疎外は歴史の前進を妨げているため、乗り越えなければならないと宣言した。

このもったいぶった形而上学的主張の陰には、ホーエンツォレルン王家とその統治権を正当化するキリスト教の原則に真っ向から政治的に挑戦する意図が隠されていた。かつては国家の防壁と見なされていたヘーゲル哲学が、今度はプロイセンの宗教・政治基盤を揺るがすために利用されたのだ。当然のことながら、フリードリヒ・ヴィルヘルム四世は愕然とし、一八四二年三月には反逆的なブルー

「一撃で矛盾を粉々に打ち砕いた」『キリスト教の本質』の著者ルートヴィヒ・フォイエルバッハ（AKG, London）

ノ・バウアーをボン大学の教職から追放した。しかし青年ヘーゲル派の勢力を抑えるには、学部内の左遷では事足りなかった。次の一斉射撃は、ルートヴィヒ・フォイエルバッハの『キリスト教の本質』（一八四一年）ですでに仕掛けられていたからだ。これによってついに、ヘーゲル主義の保守的な残党は一掃された。エンゲルスはこう述懐した。「この本は一撃で、単に唯物論を再び王座に据えることで、矛盾を粉々に打ち砕いた……。自然と人のほかには、何も存在しない。そしてわれわれの宗教的空想が生みだした高尚な存在などというものは、われわれ自身の本質の空想的な反映に過ぎないのだ。魔法は解けた。体系は粉砕されたのだ……。人はみずからこの本がもたらす解放力を経験し、それがどういうものかを知ったに違いない。いたるところに熱意が感じられた。一時期、われわれは誰もがフォイエルバッハ主義者だった*18」

フォイエルバッハもヘーゲルのかつての弟子で、バウアーと同じくらいキリスト教に弁証法を応用することに熱心だった。バウアーの疎外の概念を発展させ、宗教の進歩は、人がその人間的、肉感的な自己から徐々に離脱するものとして理解しなければならないとフォイエルバッハは主張した。キリスト教の神格においては、人は自分の姿に似せて神をつくりだした。ところがこの具象化された神が完璧になるあまり、その精神的な権威の前に人はへりくだり始めた。その結果、当初の力関係が逆転した。「人――これが宗教の鍵である――はみずからの本質を客観視し、それから自分自身を客観視されたこの自己イメージの客体とすることで、主体に変換しているのである」。そして人が自分の外にいるこの神を熱心に崇拝すればするほど、内面においてはますます貧しくなった。これはゼロサムの〔合計がゼロとなる〕関係だったのだ。神が繁栄するには、人は貶められなければならないのである。「宗教はその根本的な本質によって、人間と実体からなる自然を疲弊させ、この実体をあの世的な神の亡霊のもとへ運ぶ。すると、この神は人間と自然に、みずからの余剰なものの一部を受け取る許可を恭しく与えるのである」と、エンゲルスはそれを表わした。「〔自分の存在にたいする明確な〕意識をもたず、同時に信仰ももたないため、人間は実体をもつことができず、真理、理性、および自然に絶望せざるをえない」。一八四四年に書かれた『ヘーゲル法哲学批判』序説のなかで、カール・マルクスはより簡潔にそれを表現している。「宗教は抑圧された者のため息であり、心のない世界の心であり、魂のない状況の魂である。それは人びとの阿片なのだ」[*19]

青年ヘーゲル派の批判精神に則って、フォイエルバッハはそれから攻撃の矛先をかつての師であるヘーゲルその人に向けることで、学問上の親殺しを実行した。キリスト教の神学とヘーゲルの哲学（あるいは「合理的神秘主義」）の実質的な違いは何なのか、フォイエルバッハは知りたがった。どちらも自己疎外に関する形而上学的思想体系で、一方は神を、もう一方はさらに漠然としたガイストを崇めるものではないのか？　「思弁的神学〔つまり、ヘーゲル主義〕は、それが神の本質をこの世に移行するがゆえに、通常の神学からは際立っている。つまり思弁的神学は、恐怖や無知から通常の神学によってあの世へ送りだされた神の本質を、この世において想像し、決定し、実現するのである」[*20]。哲学は思考の世界にもちこまれた宗教にほかならなかったのである。

人間をその存在の現実と引き離すことに関しては、ヘーゲル哲学とキリスト教のあいだに選択すべきものはまずないだろう、とフォイエルバッハは述べた。彼はその双方への決別を主張した。神あるいはイデーの代わりに、彼は人を求めたのだ。神学ではなく人類学を。「ヘーゲル哲学を手放し損ねる人は、神学も放棄し損ねる。自然または現実は、イデーによって事実と仮定されているとするヘーゲルの学説は、自然は神によって創造されたとする神学の教理を合理的に表現したに過ぎない」[*21]。そして人が本当の本質を、その「類的存在」を取り戻そうとするのであれば、いずれも捨て去らなければならない。観念論者のヘーゲルは存在から思考を引きだすのではなく、思考から存在を引きだすという間違いを犯し、そのため現実をさかさまにしてしまったのだ。フォイエルバッハが強く主張したのは、観念論ではなく、唯物論だった。ヘーゲルの形而上学的な理屈や〈精神〉の軽やかな行進の代わりに、人間の自然な、肉体的な、「直接の」存在という体験された現実に焦点を絞ったのだ。

ビール知識人たちの放縦

こうしたことはいずれも、六ポンド滑腔砲や七ポンド榴弾砲の操作を学ぶはずだった若い砲兵にとっては頭の痛いものだった。しかし、エンゲルスにとっては、練兵場の訓練も弾道計算の魅力もたちまち薄れた。個人所得が充分にある志願兵で、兵舎ではなく自分の下宿に住むことが許されていたので、彼は日々を講堂や読書室、それに快楽主義的なベルリンのビール酒場で過ごしていた。軍隊生活で彼が本当に楽しんだのは、一つだけだった。「ちなみに、僕の軍服はとても上等だ」と、彼はベルリンに着いてすぐに妹のマリーに書いた。「青い服で二本の太い黄色の線入りの黒い襟があり、袖には黄色い線入りの黒い見返し、上着の裾に赤い縁飾りがついている。さらに、赤い肩章には白い縁がついている。断じて言うが、その効果ときたらじつにすばらしく、僕はショーを演じられるほどだ」。エンゲルスは派手な衣装に目を見張ってくれる礼儀正しい社会を何よりも喜んだ。「これのおかげで僕は先日、現在ここに滞在している詩人のリュッケルトに、厚かましくも恥をかかせてやることになった。詩を朗読中の彼の目の前に座ったところ、気の毒に僕の光るボタンに目がくらみ、何を言おうとしていたのか忘れてしまったんだ……僕はまもなく砲手に昇格する。これは一種の下士官で、そうなれば縁飾りに金モールがつけられる」[*22]

彼は犬も手に入れた。「ナーメンローザー」つまり名無しと、遊び心たっぷりに名づけられた、顔立ちのよいスパニエル犬で、彼はこの犬をお気に入りのラインラント料理の店に連れてゆき、豚肉とザワークラウトを食べさせていた。「彼には酒飲みの素質が大いにあって、僕が夜レストランに行くと、いつもそばに座って分け前をもらうか、ほかのあらゆる客のテーブルに気兼ねなく顔をだす」。正式な訓練をするには元気すぎたが、この犬は一つだけ芸を覚えていた。「僕が『ナーメンローザー……あそこに貴族がいるぞ！』と言うと、彼はひどく怒りまくり、僕が指し示した人に向かって猛烈に唸るんだ」。一八四〇年代のベルリンでは、こうした出会いはかなり頻繁に起きたはずだ。[*23]

唸るスパニエル犬と過ごす夕べ以外には、エンゲルスはこの首都の主力産業である白ビールのグラスを傾けながら、若いヘーゲル派の思想家たちと哲学的な問題を徹底的に議論して時を過ごしていた。「僕らはシュテーレに集まり、夜になるとフリードリヒシュタットのどこかのバイエルン居酒屋か、懐具合がよければポストシュトラッセのワイン酒場へ行く」[*24]。内輪の集まりには、ブルーノ・バウアーと弟のエドガー、「自我」の哲学者マックス・シュティルナー、歴史家で仏教学者のカール・ケッペン、政治科学の講師カール・ナウヴェルク、ジャーナリストのエドゥアルト・マイエン、ハレ大学の講師の反逆者アーノルド・ルーゲなどが随時、顔をだしていた。彼らの因習打破的な気風は、哲学的な領域から公的人格にいたるまで、際限なく広がっていた。「ディ・フライエン」〔自由人〕——もしくはバウアーが名づけた「ビール知識人」——として知られた、この攻撃的で傲慢な知識人の集団は、近代の道徳、宗教、ブルジョワ的礼儀作法をこれみよがしに無視した。[*25] 初期の共産主義者で植字工見習いだったシュテファン・ボルンは「ブルーノ・バウアー、マックス・シュティルナー、それに彼らを取り巻く騒々しい連中の集まり」からなる世界をこう回想している。「彼らは解放された女性たちとの大っぴらな交際を通して、自分たちに注目を集めた」。エドガー・バウアーのポルノグラフィ好きはとりわけ、厳格な家庭で育った若いボルンには気がかりだった。「彼の部屋に足を踏み入れた途端、壁に掛けられた卑猥なリトグラフに唖然とした。さらに、[彼の短編小説の]校正刷りを読みながら私と始めた会話も、同じくらい嫌悪を催すものだった」[*26]

セックスや道徳の問題についてはつねにリベラルな考えをもっていたエンゲルスは、〈自由人〉のライフスタイルを即座に取り入れた。彼の父親が、ベルリンの厳格な宮廷社会で、息子が若者にありがちな急進主義と縁を切ることを期待していたとすれば、これほど失望させられることはなかったろう。それどころか、エンゲルスはこのころには青年ドイツの口先だけの理想主義を捨て去り(かつてグレーバー兄弟の信仰心に愛想をつかしたように)、バウアー、シュティルナー、ケッペンらに心底惚れこんでいた。[*27] そのような反体制文化の仲間の存在を知れば、品行方正な両親は恐ろしいショックを受けるだろうと考えるだけで、この一派の魅力は間違いなく増していた。エンゲルスは一連の新しい友人たちにすっかり魅了されていたため、〈自由人〉たちの羽目をはずした飲み会の様子をスケッチに残した。椅子は倒れ、飲みかけのワインのボトルが並び、怒ったエドガー・バウアーがテーブルを叩いており、冷静なマックス・シュティルナーは煙草をふかし、不機嫌な(あるいは酔っ払った)ケッペンはテーブルに着いたままで、喧嘩っ早いブルーノ・バウアーは拳を振りあげて、アーノルド・ルーゲに向かって突き進んでいる。争う人びとの頭上の空間には、プロイセンの大臣アイヒホルンを象徴する一匹のリス(ドイツ語でリスを意味するアイヒヒョーンヒェンをもじって)と、ギロチンが浮かんでいる。後者はブルーノ・バウアーを「神学のロベスピエール」として認めたものか、エンゲルス自身を意味する署名だろう。

『無礼にも脅かされながら奇跡的に救われた聖書、もしくは信仰の勝利』は、エンゲルスがエドガー・バウアーと共同執筆した風刺的な叙事詩だった。ブルーノ・バウアーがボン大学から追放されたことに抗議して書かれたものだが、『失楽園』風に若いヘーゲル学派たち（いずれも地獄行きの運命にある）の魂をめぐる魔王と神の闘いについての瞑想という形式をとっている。神学と哲学の強引なメドレーであるこの詩をいま読めば、上手に創作された学生の風刺作品ほどでしかない。それでも、ブルーノ・バウアーの描写には、ギルバートとサリヴァンの「われこそ現代の少将の鑑」にも似た、人の心を惹きつけるものがある。[*28]

私は現象論的な問題を学び、
悩みつつも、神学だって学んだ
美学も、形而上学も、論理学も、
まったく失敗だったわけではない

同様に、ヘーゲルも機知に富んだカメオ出演をする。

学問のために、私はあらゆる時間を費やした
それに無神論はもてるすべての力をだして教えた。
私が腰かける王座の上には自己意識を、

こうして神は打ち負かされたと考えた……

茶番の陰にこうした性格描写のより示唆に富む要素が、エンゲルス自身の描写に関してはとくに、見出すことができる。「フリードリヒ・オスヴァルト」、すなわち大志をいだくジークフリートで、大げさな筆致の文芸欄執筆者は、ベルリンのビール酒場でさらに過激な人物へと変身したのである。それはギロチンを準備するフランス革命家にほかならなかった。

いちばん左側にいる、長身で歩幅の広い人物は
オスヴァルト、灰色の上着に胡椒色のズボンを穿き
内面も胡椒のような、山岳派オスヴァルト
急進派の彼は、筋金入りで、揺るぎない。
くる日もくる日も、彼はギロチンを爪弾き
孤独な単旋律を奏でる、独唱曲《カヴァティーナ》の
あの昔ながらの悪魔の歌、その繰り返し《ルフラン》を彼はがなりたてる
隊列を組め《フォルメ・ヴォ・バタイヨン》！　武器を取れ《オー・ザルム》、市民《シトワイヤン》よ！

彼のすぐ背後には、その後の年月のオスヴァルト——およびエンゲルス——がよく知ることとなる別の人物が現われた。

つづいて荒々しく性急に躍りでるのは誰か？

トリーアの浅黒い男、際立った怪物ぶりの人物だ
彼はホップもスキップもしないが、ひとっ飛びに進み
大声でわめく。まるで天高くにある広大な天幕を
つかまえて地上に引きずり下ろすかのように、
彼は両腕を広げ、空に差し伸べる。
物騒な拳を振り、殺気だったようにわめく、
さながら一万もの悪魔に髪をつかまれたかのように。*29

「トリーアの浅黒い男」、カール・マルクスについて、ほかに言うべきことが何か残っているだろうか？「彼は最も深い印象を残した一つの現象である」というのが、モーゼス・ヘスによる彼の描写だった。「最も偉大な人物に会う心構えをせよ。おそらくいま生きているなかで唯一本物の哲学者である。公衆の面前に姿を現わせば、ドイツ中の人びとの目が彼に注がれる……彼は最も深い哲学的な真面目さと鋭い機知をかけ合わせる。ルソー、ヴォルテール、ドルバック〔唯物論哲学者〕、レッシング〔ドイツ啓蒙思想家〕、ハイネ、ヘーゲルが一人の人物のなかに――ごちゃ混ぜになることなく――合わさっているところなど、想像できるだろうか？　想像できれば、それがマルクス博士だ」。ケルンの実業家、グスタフ・メヴィセンは、同じくらい魅惑的な人物を描いている。「二十四歳の精力的な男で、黒い濃い毛が頬からも腕からも鼻からも耳からも飛びだしていた。彼は傲慢でせっかちで情熱的で、あふれんばかりの自信に満ちていたが、同時にきわめて誠実で学識豊かで、忙しない弁証家で、そのユダヤ人的な忙しない洞察力をもって、青年ヘーゲル派の学説のあらゆる命題を、最終的な結論へと推し進めた*30」

カール・マルクスと父ハインリヒ

マルクスはエンゲルスより二年前に、ライン川の別の支流（ヴッパー川ではなく、モーゼル川）の土手沿いにある、同じようなブルジョワ家庭に生まれたが、彼が受けた家庭教育は、エンゲルス家の厳格な敬虔主義とはいちじるしく異なっていた。ラインラント南西のこの地域では、一八〇六年のナポレオンによる占領以後、中間クラスの人びとのあいだで、明らかにリベラルな考え方が醸成されていた。弁護士で小規模なぶどう園も所有していたマルクスの父親ハインリヒは、フランス啓蒙主義の理念と、ルートヴィヒ・ベルネなどの青年ドイツ派の人びとが広めようとした、ラインラントのリベラリズムに染まっていた。ヴォルテールやルソーの言葉は暗記しており、ニュートンとライプニッツ〔ドイツの哲学者・数学者〕が彼の英雄であり、トリーア・カジノ・クラブで活動していた。そこでは同好の進歩派たちが、当時の政治面および文化面の論争についてあれこれ論じて夕べを過ごしていた。

しかし、ハインリヒは実際にはヒアシェル（またはヘイシェル）で、名前を変えてユダヤ教の信仰を捨て、一八一七年にルター派教会で洗礼を受けた人だった。プロイセンが一八一五年にフランス領だったラインラントを併合すると、トリーアのユダヤ人はナポレオン占領時代の自由を奪われ、公職に就くことや法律家となることを禁じられるなど、一連の制裁が加えられた。「パンなし」になるくらいならと、ハインリヒは改宗したのである。そうすることで彼は、一七〇〇年代初期までさかのぼる、トリーアの数名のラビを含む代々のラビの系譜も断念した。それでも、ハインリヒ――ニュートンの啓蒙思想の信奉者で、腹をすかせた九人の子供の父――は自分のユダヤの系統が絶えることについて、ひどく動揺はしなかったようだ。彼の妻のヘンリエッテのほうが、改宗に苦しんだ。彼女はイディッシュ語をしゃべり、自分や子供たちが洗礼を受けてからのちも長く、家庭内でいくつかのユダヤの慣習を守りつづけた。

　ハインリヒは巧妙に改宗したとはいえ、彼の視野の広い展望は、フリードリヒ・エンゲルス父の福音派の保守主義とはこれ以上にないほど異なるものだった。彼は明らかにもっと愛情豊かな父親でもあった。思春期のカールに宛てて父が書いた長い手紙は、甘やかすような、心からのもので、父親らしい正直な不安に満ちた内容だった。父親のしばしば熱のこもった心配そうな口調は、母親のヘンリエッテによって一層輪をかけたものとなった。家族にたいする彼女の近視眼的な愛情は、救い難い心配性へと発展した。それでも、マルクスの子供時代は、エンゲルスの幼少期と同様、総じて幸せなものので、姉妹たちと泥のパイをつくったり、学校で問題を起こしたりして過ごす日々だった。だが、十七歳でボン大学に入学するころには、カールは家族から距離を置き始めていた。むしろ、後年、親きょうだいから決然と離別したマルクスのやり方は、家族から離れるために苦しんだエンゲルスとくらべて、はるかに計画的なものだった。

　マルクスはむしろ、彼の感情的エネルギーをまるで別の家族、フォン・ヴェストファーレン家へと注いでいた。ルートヴィヒ・フォン・ヴェストファーレン男爵は、カトリック教徒が大多数のトリーアのなかのプロテスタントであり、プロイセン政府内でリベラルな思想のキャリア官僚になっていた。貴族の家系でありながら、彼はブルジョワのハインリヒ・マルクスと親交を結び、田舎を歩き回るハイキング旅行にでかけた際にはその優秀な息子のカールとの会話を楽しんだ。道中、この息子はシェイクスピアやホメーロスをたっぷりと暗唱してみせたのだ。だが、カールはルートヴィヒの娘で、美人のイェニー・フォン・ヴェストファーレンのほうにより関心があった。そして、誰もが驚いたことに、イェニー――プロイセン貴族の洗練された令嬢で、「トリーアでいちばんの美人」――は、毛深いユダヤ人少年の才気あふれる機知と大見得に惚れこんだのだ。一八三六年に、彼女は士官の婚約者

「黒イノシシ」、「イカサマ師」、「ムーア人〔モール〕」と呼ばれた若きカール・マルクス（RIA, Novosti）

との縁談を断り、のちに自分の「黒イノシシ」、「イカサマ師」と呼ぶようになる男性と将来の約束をしたのである。最終的に定着した呼び名は、彼女の「ムーア人」（もしくは「モール」）で、そこにはレヴァント的な神秘性と、毛深い東洋風の「異質感」が言外に込められていた。マルクス自身の家族は、ますます無謀になる彼の活動に難色を示したが、イェニーは彼が問題を起こし、急進派の学生となり、手に負えない性急な行動をとっても、ただそれを楽しんでいた。二人は一八四三年に結婚した。「彼らの愛は困難の連続の人生が与えるあらゆる試練にも打ち勝った」と、シュテファン・ボルンは表現した。「これほど幸せな結婚生活はまず知らない。彼らはたがいに喜びも悲しみも（多くは後者だが）分かち合い、あらゆる痛みも相手は完全に自分のものであるという相互の安心感で克服されていた」[*31]

少年時代のマルクスは、確かに腕白だった。両親から叱られてもいたが、同じくらい甘やかされていたので、一八三五年に自由に学生生活を送れるようになると、その結果は予想どおり慣習に逆らうものとなった。ボンでは、彼は法学部の講義を抜けだして〈トリーア酒場クラブ〉の会長になった。クラブでは騒々しい飲み会が開かれ、拘置所で夜を明かすこともあり、プロイセンの士官との決闘事件まで起こしたが、幸い左目の上に切り傷を負っただけで逃れることができた。「決闘は哲学とそれほど密接にかかわり合ったものなのかね?」と、父ハインリヒは空しく尋ねた。「こうした性向を、そしてそれが性向でないとすれば、この一時的熱狂を根づかせないようにするのだ。これではおまえ自身からも、父と母からも、人生が与えてくれる最良の希望を奪うはめになるだろう」

エンゲルスの剣術の腕前ははるかに信頼のおけるものであったし、彼の気質もまた然りだった。エンゲルスはめったに体調を崩すことはなかったが、マルクスは年中、知的および肉体的許容限度すれすれの状態にいるようだった。「九つもの講座は多すぎるように思うし、おまえの身体と精神が耐えられる以上のことはしないでもらいたい」。ハインリヒは大学生活を始める息子に警告した。「病弱な学者など、世の中で最も不幸な存在だ。したがって、健康を害するほどの勉強はしてはいけない」。マルクスはそれにはお構いなしに、生涯つづく喫煙の習慣に乗りだし、夜更けまで読書や研究に打ち込むようになった。これだけの仕事量に大酒飲みが組み合わされれば、その結果は致命的に近いものとなった。後年、ある「猛烈などんちゃん騒ぎ」のあと、雄牛のようなエンゲルスは翌朝、仕事に時間どおりしらふで現われたのにたいし、マルクスは二週間へばっていた。

一年間、ボンで無為に過ごしたあと、マルクスは法学の勉強をつづけるためにベルリンへ移った。ハインリヒは、このヘーゲル主義の中心地では、「新たな不道徳家どもが言葉をねじ曲げており、おかげで彼ら自身の耳にも聞こえなくなっている」のだと考え、息子を待ち受ける知性面の危機を警告する言葉とともに彼を送りだした。マルクスはもちろん、そのような忠告は気にも留めず、エンゲルスが練兵場を抜けだして講堂へ向かったようにそそくさと、法学の勉強に代わって哲学を学ぶようになった。彼がヘーゲル体系に転向するのに時間はかからなかった。いかにも自由人《ディ・フライエン》らしく、彼はフランツェジッシュ・シュトラッセのビール酒場で、青年ヘーゲル派の仲間とともにそれを祝った。アーノルド・ルーゲとブルーノ・バウアーとともに、彼はヒッペルのワイン酒場《ヴァインシュトゥーベ》を根城に、大酒を飲みながら哲学談義にふけるドクトルクラブを結成した。

故郷トリーアでは、ハインリヒがくやしがった。「なんということだ。おまえの振る舞いは支離滅裂で、あらゆる分野の知識をさまよい、ランプの薄暗い灯りのもとでかび臭い伝統をたどっている。ぼさぼさの頭で部屋着のまま過ごす学者的な退廃が、ビール・グラスによる退廃に取って代わったのだ」と、彼は息子に書いた。「世の中とのかかわりは、おまえのむさくるしい部屋だけに限られている。そこではおそらくイェニーとやらのラブレターも、おまえの父からの涙でにじんだ忠告の手紙も、お馴染みの乱雑さで散らばっているのだろう」。だが、哲学の火は灯されてしまったのであり、いまやマルクスには両親のつまらない心配事に割く時間はますますなくなっていた。ヘーゲル主義の哲学的高地に登るあいだ、両親からお金をせびりつづけることを除けば。ハインリヒは最期まで、息子の人生が向かいつつある方向に絶望しながら、一八三八年に結核で死去した。カール・マルクスは葬式には参列しなかった。そして、いかにも彼らしい涙もろい身勝手さで、その後生涯ずっとハインリヒの肖像画を身につけていた。

マルクスとの出会い

父親から解放され、カールは翌年、法学の学位をあきらめて、無味乾燥なものに聞こえるテーマ――「デモクリトスとエピクロスの自然哲学の差異」――で博士論文を書き始めた。だが、これは実際にはヘーゲル以後の当時のドイツ哲学を、ギリシャ哲学の似たような時代と照らし合わせた比較評論だった。論文の結論は、拡大をつづける人間の自己意識という名目で、青年ヘーゲル派の哲学評論プロジェクトを擁護していた。アイヒホルン、シェリング、および「ヘーゲル右派」の大学経営陣が目を光らせているもとでは、この論文がベルリンで審査を通る可能性はほとんどなかった。幸いにも、イェーナ大学は概してより柔軟であったので、一八四一年にカール・マルクスはフォン・ヴェストファーレン男爵に献辞を捧げた論文で博士号を取得した。

そうなると問題は、次に何をするかであった。父の死後、一家の財産は底をつき始めていたし、ボン大学でブルーノ・バウアーのもとで研究活動をする目論見は、一八四二年にバウアーが解雇されたことでつぶれてしまった。解決策はジャーナリズムだった。マルクスは自分の哲学分析をより具体的な政治的方向性をもつものに変えてゆき、検閲制度（これはたちまち検閲に引っかかった）、財産権、経済的困窮、およびプロイセンの行政に関する一連の記事を書いた。徐々に、マルクスは彼の革命的思考力を哲学的考察から、社会の現実へと向け始めていた。彼は当初、アーノルド・ルーゲの『ドイツ年誌』に書いていたが、やがてケルンに拠点を置く『ライン新聞』に参加した。一八四二年十月には、彼のエネルギー、政治的言い抜け、それに明らかな文才のおかげで、編集長の地位を確保するようになった。

彼の管理下で、同紙の発行部数は二倍になり、危険を覚悟のうえの挑発的な報道で全国的に知られるようになった。「あらゆる名ジャーナリストに欠かせない資質を彼がもっていることは、たちまち明白になった。権力にたいし真実を語る決意、友情や支持が必要となるかもしれない人びとについて書くときですら、恐れることなく断固とした姿勢を貫いた」[*32]。編集者としてのマルクスの勇気にたいするフランシス・ウィーンのこの評価には相当なものがある。ただし、経営者の機嫌を損ねないようにする、ジャーナリストにありがちな弱点をマルクスが克服していた、というわけではない。そして、この場合は、『ライン新聞』――「政治、商業および産業専門紙」と、題字には書かれていた――の創設者は、プロイセンの絶対主義から、ナポレオン時代に遂げられたリベラルな方向への発展を守ることに尽力する、ケルンを拠点とする有力商人だった。かならずしも政治的理由からではないが、彼らは宗教的寛容と言論の自由、および立憲的自由を保ちつづけたいと考え、ドイツ民族の統一に向けて画策していた。マルクスは、たとえ昔の友人たちの何人かを見捨てることになっても、彼らの命令には喜んで従った。

ラインラントのこれらの真面目なリベラル派たちにとって、ベルリンで悪名の高いディ・フライエンたちのふざけた行動——無神論、だらしない生活様式、政治的過激主義、酔っ払っての騒動——は、彼らの穏やかな改革主義の計画を台無しにする危険があった。彼らとのかかわりが自分の仕事の将来に差し障りがあることに気づくと、〈トリーア酒場クラブ〉の元会長で、〈博士クラブ〉の酔いどれ男はいまや読者にこう厳しく伝えるようになった。「乱暴沙汰やごろつきのような言動は、気高い目的のために真面目で男らしく冷静な人間が求められる時代においては、声高に、断固として拒絶しなければならない」。彼はルーゲに無遠慮な手紙すら書き、青年ヘーゲル派の寄稿者がいかに無責任に、検閲官を怒らせ、廃刊に追い込もうとしているかをこぼした。「[エドゥアルト]マイエン社は、世界革命を企む、思考の欠如した、山のような落書きを送ってよこしました。ぞんざいに書かれ、無神論と共産主義(これらの紳士方は一度も勉強したこともないものです)をいくらか加味したものです……共産主義と社会主義の思想を、軽い演劇批評のなかに潜り込ませるのは不適切であると、それどころか不道徳であると私は考え、共産主義について論ずるのであれば、まるで異なった、より根本的な扱いが必要であると断言しました」

こうした反目を考えれば、西洋の政治思想界でもきわめて影響力のある友情が、まったく幸先のよくないスタートを切ったのはさして驚くべきことではない。一八四二年十一月にエンゲルスが『ライン新聞』の事務所に立ち寄ったときのことである。「僕はそこで偶然マルクスに出会った。そして、それがわれわれの最初の、紛れもなく冷え切った出会いの場となった。マルクスはバウアー兄弟と対立する立場をとっていた。すなわち、彼は『ライン新聞』がおもに政治的議論や行動よりも、神学的プロパガンダや、無神論などの媒体となることだけでなく、エドガー・バウアーの戯言的な共産主義にも反対だと述べたのだ……。僕はバウアー兄弟と懇意にしていたので、僕も彼らの味方だと見なされていたし、かたや彼らのせいでマルクスを猜疑の目で見るようにもなった」[*33]。マルクスの側にもおそらく、少なからず妬みがあっただろう。彼は思想面での優劣をほのめかされると気難しくなることで有名で、一八四〇年代初期には、若いエンゲルスは評判を博していた。本名を隠してはいたものの、彼の「ヴッパータールだより」や、「シェリングと啓示」に関する小冊子、それに『テレグラフ・フュア・ドイチュラント』と『ライン新聞』に彼が書いた記事の多くは、急進派の紙上で前途有望な男として彼を印象づけていた。みずからもジャーナリストとしての存在感を確立しようと苦労していたマルクスにとって、この若いベルリンの士官を歓迎したい気分にはあまりならなかった。

いずれにせよ、エンゲルスはベルリンを離れるところだった。彼は一八四二年十月に兵役を終え、志願兵としての一年間にたいし標準的な表彰状を得たほか、「道徳と軍務の双方を遵守し、軍務にあるあいだ非常によい行動をとった」として認められていた[*34]。しかし、エンゲルスの父はそのような表向きの表彰状では納得せず、義弟のカール・スネトラーゲに宛てた手紙のなかで、自分とエリーゼがこの急進的な跡継ぎの帰郷に、どのように対処すべきか頭を痛めていることを漏らした。「子供のころから息子が極端な行動を取り易いことは承知していたので、ブレーメン時代から、自分の見解について一度も私に書いてよこしたことはなかったけれども、息子が一般的な考え方に従うようにはならないだろうとは確信していました」。だが、彼もエリーゼも自分たちの信仰を危険にさらすつもりはなかった。「しかし、息子にははっきりさせるつもりです。彼のためだけに、あるいは彼の存在ゆえに、宗教または政治に関する自分の見解を変えるつもりも、隠すつもりもないということを。われわれはこれまでどおりの暮らしを完全につづけるし、神の言葉やその他のキリスト教関連の書物を息子の前でも読むつもりです」。不安に駆られた敬虔な父親には、辛抱強くなる以外にすべはなかった。「彼の改宗は天からもたらされなければならない……それまで、群れのなかの黒い羊のような息子が家庭内にいて、父親たちの信仰に敵意を見せることに耐えるのはたいへんです」。考えられる解決策は一つだけあった。「息子にはたっぷりと仕事を与えられればと願っています。そして彼がどこにいようと、これ以上、危険なことに足を踏み入れさせないために、細心の注意を払って気づかれないよう監視します」[*35]。その計画とは、エンゲルスをマンチェスターに送りだし、〔近郊の特権都市〕ソルフォードのエルメン&エンゲルス商会を管理させることだった。そこなら息子は「イギリスの商業のやり方」を何かしら学び、エンゲルスキルヒェンの工場を手伝うために戻ってくるようになるだろう。確かに、木綿都市《コットンポリス》の轟音を立てる工場と、陰気な商人が集うサロンなら、さらに急進化するのを防げるのではないか？　これはまたもや、はかない望みとなった。マンチェスターへ向う道中、エンゲルスは共産主義と出合ったのである。

共産主義の系譜

歴史学者のエリック・ホブズボームは、マルクスとエンゲルスがいかに共産主義に遅れてやってきたかを書いている。彼らはどちらも、社会主義に関しても後発だった[*36]。一八三〇年代と四〇年代初めには、社会主義と共産主義という名称はしばしば同義に用いられていたが、両者はある程度区別のできる哲学的伝統にもとづき、いずれも異なった知識人と政治的系譜をもち、どちらもこれら二人のプロイセン人主人公たちが登場するずっと以前から隆盛を誇っていた[*37]。社会主義の起源はとりわけあやふやで、さまざまな形態があり、いくつもの起源までたどることができる。プラトンの『共和国』、旧約聖書の預言者ミカによって宣言された精神的な平等、ナザレのイエスが説いた兄弟愛〔博愛〕、サー・トマス・モアやトマソ・カンパネッラのユートピア的理想主義、あるいはパトニー討論の急進的な平等化運動などである。[38] しかし、近代的な形態では、社会主義はフランス革命の宗教およびイデオロギー的無政府主義から誕生した。一七九〇年代から一八〇〇年代初期には、ローマ・カトリック教会が衰退し、フランス全土に非キリスト教化が広まったあと、新たな宗教上の権力《プヴォワール・スピリチュエル》を求める動きが社会主義の一派と見なせるいくつもの派閥を生みだした。

　最初に登場した一派は、クロード・アンリ・ド・ルヴロワ・ド・サン＝シモン伯爵が創設したもので、彼はフランス貴族出身の戦争の英雄から革命支持者になり、さらに不動産投機家から有閑階級に懲罰を下す側になった人物だった。サン＝シモンはルイ十四世時代のヴェルサイユ宮殿にいた年代記編者の子孫で、社会は科学と産業の新しい重大な局面に入りつつあり、そのためには新しい形態の統治と信仰が必要であると考えていた。彼が提唱した「人類の科学」は、社会を「生理学的現象のように組織された機構」として理解するものだった。[39] 人間社会のもろもろのことを管理するための、この合理的なアプローチは、一七九〇年代にフランスが経験したような無政府状態をまさしく避けるものであるが、それが成功するためには、権力はアンシャン・レジームの不運な世襲制エリートたちから、実業家、科学者、技術者、芸術家へと移行する必要があった。彼らだけが社会を計画することができ、「そこではすべての個人が能力しだいで分類され、仕事しだいで報酬を受けるようになる」。政治は厳格な規律となり、「推測を確かなものに、形而上学を物理学へと」変えることになる。[40]「統治」という政治的行為は社会を「運営」する客観的なプロセスに取って代わられ、すべての個人が自分の潜在能力を発揮できるようになる。サン＝シモンが述べ、のちにマルクスがうまく改良して〔『ゴータ綱領批判』で〕使用した言葉のように、「それぞれの人から能力に応じて、それぞれの能力から仕事に応じて」である。

サン＝シモンの理想的な社会の中心には、産業の倫理があった。サン＝シモンの英雄たちは「産業階級」（実業家たち《レザンデユストリエル》）、つまり寄生生物ではなく生産者なのである。彼の敵はフランスの昔ながらの支配者――貴族、聖職者、官僚（彼が有閑階級《レゾワジフ》と名づけた人びと）――だけでなく、財産を相続したり、労働者から搾取したりする新しいブルジョワ階級の「怠け者」や「消費者」であった。来たる科学的な時代には、人間はほかの人間を利用するのをやめ、代わりに団結して自然を利用するようになるだろう。既存の私的所有、相続、競争のパターンは、社会が一致団結して、懸命に努力するうちに、廃れてゆくだろう。「すべての人が働くようになる。彼らは一つの職場に所属する労働者として自分を見なすようになり、彼らの努力は天から授かった私の先見性に従って人間の知恵を導く方向へ向けられるだろう。ニュートンの最高評議会が、彼らの仕事を管理するのである[*41]」

では、ニュートンの最高評議会とは、いったいなんであったのか？ サン＝シモンはこれを、新しい社会の統治機構として、サヴァン――「天賦の才をもつ人びと」――の集まりとして考案した。「人類を照らす松明」として活動する人びとである。このエリートのテクノクラートは〈発明室〉（二〇〇人の技術者と一〇〇人の芸術家が配置される）、〈実験室〉（一〇〇人の生物学者、一〇〇人の物理学者、一〇〇人の化学者）、〈実行室〉（その時代の主要な実業家や企業家）を統括する。アイザック・ニュートンが万有引力の法則によって宇宙の仕組を整理し直したように、数学者を議長とする最高評議会も同様に適切な普遍的法則にもとづいて、社会が円滑に運営されるように配慮する。

『新キリスト教』（一八二五年）のなかで、サン＝シモンはこうした考えをさらに押し進め、人類の世俗の宗教を奨励した。社会を効率よく統治することから、根本的な「キリスト教的道徳の原理」、つまり博愛への回帰にもとづく、調和する人類の新しい精神が生まれる。ここから、「極貧層の道徳と物理的存在を改善」する使命が生ずる。近代の資本主義を支えてきた非人道的で無駄の多い、不正な競争システムのもとでは、決して達成することのできない目的である。[42] 集団的行動を通じた道徳の復活や精神的発展のこの約束が、サン＝シモン派や、人気を博した彼らの博愛の福音へと発展した。人類が団結しさえれば、その生産的エネルギーはこの地上で「新しい調和」を生みだすことに注がれると、サン＝シモンは確信していた。

サン＝シモンが描いたポスト資本主義、ポスト・キリスト教的ユートピアの考えを、十九世紀初期のフランスの主要な社会主義者であるシャルル・フーリエも共有していた。進歩主義の英雄たちのなかでは、より人好きのする性格であった彼は、一七七二年に裕福な織物商人の家に生まれ、南仏の、とくにリヨンの絹織産業のある地域で、絹の仲買人および巡回販売人として生涯を過ごした。「私は市場の落とし子だ」と、彼は説明した。「商業施設で生まれ育った。商業の不正な行為は自分の目で目撃してきた[43]」。しかし、フーリエの社会主義は単なる経験からの産物ではなかった。パリの国立図書館で一年間、自然科学を学んで過ごしたあと、みずからを新コロンブスだと説明した彼は、近代文明の困窮や搾取、不幸を一撃で終わらせる人類の新しい科学を見出したと主張した。そうしたことすべてを、彼は一八〇八年に発表した奇妙な作品、『四運動の理論』で書き表わした。

レモネードの海と惑星同士の出合いに関する話の合間に、フーリエは単純な命題を提示した。男と女はその自然な、天与の情熱によって支配されている。それどころか、各個人は一二通りの情熱から引きだされた、きっかり八一〇種類の人格タイプの一つに分類され、自然の総合システムを織り成す社会、動物、有機物、および物質の四運動によって支配された世界に生きているのだとした（社会学のリンネとでも言うべき存在のフーリエは、リスト作成に長けていた）。これらの情熱のいずれかを抑えようと試みるのは、この時代の社会の恐ろしい過ちなのであった。「扉から追いだされた自然は、窓から戻ってくる」。しかし、これこそまさに十九世紀のフランスのブルジョワ階級が、一夫一婦制などの人為的な行動によって実行していたことで、そこからいかにもニュートン的に、「自然な情熱が無害であるのと同じくらい悪質」で不当な反情熱が生みだされた。たとえば、教会公認の一夫一婦制にたいする対抗する同等の反応は、フランスにおいて三二種類の異なった不義が存在することに見てとれた。フーリエの調和する社会では、市民は望みどおりに関係を始め、終わらせる完全な性的自由を許されることになる。女性は受胎を調節できるようになり、子供たちは実父か継父を選ぶ機会を与えられる。[44] 経済においても、性の問題と同様であった。無害な情熱を抑圧することが、野心を強欲さに変え、あらゆる喜びをもたらす仕事を食い物にし、搾取し寄生する仲買人をのさばらせていた。一七九〇年代のマルセイユの失業、貧困、飢えに不快感をいだいたフーリエは、資本主義の恐ろしい悪徳への嫌悪感をたびたびあらわにした。「それは倒産、投機、高利貸し、あらゆる種類の騙しなど、お決まりのものをすべて備えた嘘なのである」[45]。彼はとくに、汗水も垂らさず、糸も紡がず、ただ莫大な紙のお金による利益をもち去る商人階級を軽蔑した。

だが、資本主義の最大の罪は、それが人間の楽しみを否定することによって、人の魂を傷つけたことだった。より具体的には、快楽が金持ちだけのものとなったのだ。よい食べ物、愛、芸術といった贅沢を手に入れるにはお金が必要なので、金持ちだけが――フーリエをはじめとする――その他大勢の人びとが憧れる楽しみに耽ることができる。[46] この不正な事態は、ローマ・カトリック教会の貞操や清貧といった偽善的な教義のせいで、さらに悪化していた。欲求不満で孤独な巡回販売人のフーリエは、無一文であることにも、一夫一婦制の結婚生活の陳腐さにも、ほとんど美徳は見出していなかった。

従来の政治は、こうした人間の苦難にたいする答えをもちあわせなかった。近代社会の不自然な抑圧に対処する改革プログラムも、経済的調整も存在しなかったからだ。そこで答えとなったのは、既存の社会秩序を見捨て、人類をファランジュと呼ばれた一連の自治共同体のなかで再編成することだった。これらは「情念引力」の科学にもとづき、道徳家の視点ではなく、人間性の真実をよりどころとすることになっていた。各々のファランジュはそれぞれ異なる人格タイプに対応できるように組織されているので、理想的な人口は一六二〇人とされた。すべての住民に「性的最小限」が保証されることで、家父長制のブルジョワ社会で「色事」関係を歪めていた欲求不満や欲望は解消されることになる。フーリエは、ファランジュで生じることになる周到に演出された乱痴気騒ぎ——カトリックのミサを官能的に逆転させたもの——を、喜んで描写した。あらゆる形態の性的嗜好（近親相姦を含め）に対応するものである。

「性的最小限」とともに、「社会的最小限」も考慮された。性愛の尊重を復活させるのと同様に、フーリエの制度は仕事の尊厳も取り戻すものだった。近代の雇用の問題は、特定の能力の持ち主には不向きで単調な作業を与えることで、やはり人間が自然にもつ情熱の充足を否定することにあった。それに引き換え、ファランジュでは住民は、自然発生的に形成された友人や恋人同士の集団で、一日に八種類までの異なった仕事に従事することができる。この能力の解放は、男も女も自分たちの勤勉な熱意を満たすべく農地や工場、職場、工房、厨房へ意気揚々と向かうことで、才能を一気に開花させる。フーリエは、カトリック教会とは反対に、人間は苦しむために生まれてきたとは考えなかった。新しい共同体をつくりだせば、人間は生来の情熱に従って繁栄できるようになるのだった。

サン＝シモンにもフーリエにも、急進的な平等（フーリエの言葉を借りれば「社会毒」）の要求や、「人民」の名による権力の暴力的掌握への呼びかけは、どこにも見当たらない。彼らの社会主義は貴族的で、しばしばエキセントリックにもなったが、人間の充足感に着目した根本的に想像をかきたてる構想である。それどころか、フランス革命の流血と恐怖を経験し、それにたいする心構えがあった割には、どちらの思想家も既存の社会制度を暴力的に脅かすことには、ほとんど関心を示さなかった。その代わりに、彼らは緩やかに道徳を改革するプログラムを強く主張していた。既存の社会の不平等と不正から切り離された、調和する共同体によって主導されるものだ。エンゲルスが述べたように、「社会は悪例しか提示しなかった。それらを排除することが、理性の任務だった。したがって、新しい、より完全な社会秩序の制度を見出し、これを外部から宣伝活動によって社会に押しつけ、可能な場合にはどこでも、模範的体験例を示すことが必要であった」[*47]。アメリカでは、一八四〇年代にマサチューセッツ州ブルック・ファーム、テキサス州ダラス郡のラ・レユニオン、ニュージャージー州ラリタン・ベイ・ユニオンに一連の共同体が創設されたことで、フーリエ主義の構想の最も実践的な成果を見ることになった。だが、これらのファランジュも、アメリカ社会のそれ以外の人びとをフーリエ主義のプロジェクトに参加させる段になると不充分であった。そのような失敗から、エンゲルスは彼やマルクスの厳格で実際的な科学的社会主義にくらべ、サン＝シモンとフーリエを（ロバート・オーエンとともに）空想的社会主義者として見くびるようになった。エンゲルスはのちに、ブルジョワの結婚に関するフーリエの分析には深い意義があること、および彼の社会批判を大いに称賛していたことを明かした（「フーリエは世間体のよい社会の偽善や、その理論と実践の矛盾、その生き方全般の単調さを徹底的に洗いだした」）ものの、彼はこうしたユートピア思想家の失敗を批評して、プロレタリアートもしくは歴史を推し進める革命的勢力の機能を理解した。「これらの新しい社会制度はユートピア思想として最初から運命づけられていた。細部にわたってより完全に実現させようとすればするほど、いつのまにかただの空想のなかに陥るのがますます避けられなくなる」[*48]

十九世紀初期のフランスには、人格タイプや情熱に関する高尚なナンセンスに同じくらい苛立っていた思想家たちがほかにも存在した。それが共産主義者だった。エティエンヌ・カベやルイ＝オーギュスト・ブランキのような連中に率いられた、これらのパリの無法者一派は、一八三〇年代を通じて活動をつづけ、社会分析よりももっと直接的な政治改革に関心をもっていた。カベは「最も完璧な平等の土台の上に築かれた社会」への平和的な移行の道を主張したが、ブランキは革命を強く訴え、「グラキュース」・バブーフの殉死を礼賛した。一七九六年に革命後のフランスの不平等と貧困にたいし、人民の名において反乱を企てたが未遂に終わった人物である。不満をかかえたパリの労働者階級の一部に支持されたバブーフ主義もしくは共産主義《コミュニズム》（一八四〇年代初期に初めて幅広く浸透した用語）は、ファランジュやコミューンに引きこもるのではなく、既存の社会の再形成を目指した。彼らは革命時代の共和国主義の伝統を復活させて相続をやめさせ、私的所有を廃止することを求め、革命のあとに「国家規模の財産共有《コミュニティ・オヴ・グッズ》」を構想していた。ブランキと彼の支持者らは一八三九年に新しいエルサレムをつくろうと試みて失敗し、終身刑の判決を下されたが、ときおり保釈されることもあった。ベルリンとボンで酒を飲みながらヘーゲル哲学を論じることに興じていたマルクスとエンゲルスは、これらの初期の熱心な共産主義者とはほとんど無関係だった。ただし、ドイツにも一人だけ関係する人物がいた。共産主義者のラビと呼ばれた、もしくは「党の最初の共産主義者」とエンゲルスが評するようになったモーゼス・ヘスである。

共産主義者モーゼス・ヘス

マルクスとエンゲルス同様、ヘスもまたラインラントの出身で、一八一二年にボンで生まれた。当時、ボンはナポレオンの占領下にあり、アイザイア・バーリンの言葉を借りれば、「ユダヤ人ゲットーの門が勢いよく開き、何世紀ものあいだそこへ追い込まれていた被収容者は、昼の光のなかにでてゆくことが許されたのである」[49]。彼はマルクスと同様、大いなるセム語族の遺産を受け継いでおり、両親ともにラビを輩出した家系だった。しかし、彼の父親はシナゴーグの外に生活を求め、ケルンで製糖所を営んでいたので、ヘスは母方の「極端な正統派」の祖父のもとに預けられた。彼はこの祖父から、ユダヤ人がイスラエルから追放された物語を聞かされて育った。「厳格な老人の雪のように白い顎鬚は、これを読むと涙でぐっしょりと濡れ、われわれ子供たちももちろん、涙を流したり、すすり泣いたりせざるをえなかった[50]」

ヘスはこの情緒過多な遺産と決して縁を切ることはなかったものの、信仰のほうは捨てた。「私の主たる問題は、当然のことながら宗教だった。そこから、私はのちに倫理の原則へと移行した。まず検討すべきは、私の創唱宗教〔すなわちユダヤ教〕〔自然宗教にたいするもの〕だった。これは崩れ去った……。何も、何一つ残らなかった。私はこの世で最も惨めな人間だった。私は無神論者になった。私にとって世界は重荷となり、呪いとなった。私はそれを死骸として見ていた」[51]。エンゲルス父が息子のロマン主義にはほとんど我慢がならなかったように、ヘスの父も息子の鬱々とした内省など見向きもせず、家業である製糖所を手伝うようにと圧力をかけた。だが、ヘスは自分が道徳的妥協だと見なしていたものに加わる気にはなれず、一年間のヨーロッパの旅に逃避した。アイザイア・バーリンは当時の彼を愛情をこめて、「寛大で志高く、親切かつ感動的なほど純粋な心をもち、熱意にあふれるが、明敏すぎるわけではない若者で、自分の思想のために苦しむ覚悟があったどころか、意欲的であり、人類、楽観主義、抽象的なものへの情熱、およびより冷徹な家族たちが彼を誘導しようとしている実業の世界を嫌悪していた」と描写する[52]。

彼が自分の無神論にたいする解決策を見出したのは、一八三〇年代初期のパリで、共産主義の秘密結社とますます風変わりになるサン゠シモン主義者のあいだであった。彼より以前のエンゲルスのように、そして彼以後の何千もの人びとのように、ヘスは宗教的遺産を手放したことで生じた隙間を、新しい社会主義の人類の信条で満たした。彼は『神聖な人類史』（一八三七年）のなかで、自分の思想上の転向について書いている。同書は「貧困層」と「富裕な貴族社会」のあいだで広まりつつ社会的格差を強調し、バブーフ主義に影響された財産共有に答えがあると断定するもので、ドイツで共産主義思想について書いたごく初期の作品であり、ラインラントのリベラルな人びとのあいだで好感をもって受け入れられた。マルクスとエンゲルスが彼らの見解を体系化するよりはるか以前に、ヘスと、彼につづいた共産主義の職人、ヴィルヘルム・ヴァイトリングは、当時の精神的、社会的危機が解消される急進的で平等主義の共産社会の将来という考えをドイツの読者に紹介した。

ヘスにとって本格的な突破口が開けたのは、こうした共産主義思想を青年ヘーゲル派の思想と結びつけたときだった。その過程で欠かせなかったのは、オーギュスト・フォン・チェスコーフスキという魅力的な人物だった。彼の伝記作家が「アレクサンドル・ゲルツェンのポーランド版のようなもの」と描写したチェスコーフスキは、裕福で教養のある貴族で、クラクフおよびベルリンで教育を受けた人物である〔ゲルツェンは「社会主義の父」とも言われるロシアの哲学者〕。彼はそこで青年ヘーゲル派によるシェリングとの闘争に加わった。[*53] 軍隊の経験から、チェスコーフスキは行動を起こす必要性を感じ、まもなくヘーゲル派が果てしなく難解な哲学思索を繰り返すことに興味を失った。一八三八年に、彼は『歴史知識体系の序文』を出版した。これはヘーゲルの哲学を分析の道具から、社会志向の変革のための計画へと変えようと試みたものだった。弁証法は新たなジンテーゼ〔総合〕の時代に入りつつあり、そこでは、思想は行動と結びつかなければならないと、彼は主張した。ヨーロッパが必要としていたものは、「実際的活動の、つまり〈実習《プラクシス》〉の哲学で、社会生活にじかに影響をおよぼし、具体的な活動領域で将来を発展させるもの」なのであった。[*54] 青年ヘーゲル派がこよなく愛したビール漬けの無益な議論は、実際的な改革のプログラムへ移行させなければならなかった。

ヘスはたちまちチェスコーフスキの著作に魅了された。「精神の哲学が行動の哲学になる時期がきたのだ」と、彼は宣言した。宗教による疎外を終わらせる必要性を強調したルートヴィヒ・フォイエルバッハに戻り、ヘスは自分の思想をさらに一段階推し進めた。もちろん、人はキリスト教の神にたいする従属を終わらせることによってしか、自分の本質を再び取り戻すことはできない、とヘスは同調した。だが、そのような急進的な移行は個人的レベルで試みるべきではない。必要とされるのは、より広い、共同体レベルでのプロセスだった。「神学は人類学なのだ。それはそのとおりだが、それが真実のすべてではない。人という存在は、社会的で、共通の目的に向けて多様な個人が協同《コーオペレイション》することだ、ということも付け加えなければならない……そして人の本当の教義、本物のヒューマニズムは、人間の社交性の理論なのである。それはつまり、人類学は社会主義だということだ」[*55]。社会主義、もしくは共産主義が約束したことは（ヘスは、マルクスとエンゲルスのように、これらの名称を区別せずに使用した）、地上における楽園だったからだ。キリスト教が預言として表現していたすべてものが、愛と理性の永遠の法則のうえに築かれた真の人間社会において起こることになるのである[*56]。

この協同《い》による至高の状態に到達するには、当時の資本主義制度――じつに多くの近代における災いの原因――と至急に対峙する必要があった。ヘスは私的所有権の廃止を強く訴え、それとともに貨幣経済によってもたらされた疎外効果を終わらせるべきだとした。そうなって初めて、蔓延している利己主義と競争の文化を抑制し、代わりに自由と人間の仲間意識にもとづく新しい親睦が生まれるであろう、と。社会主義に向う壮大な歴史的移行のなかで、彼がコーロッパの三頭政治――フランス、イギリス、ドイツ――と呼ぶものの各構成員には、演ずべき特定の役割があった。ドイツは共産主義の哲学的基礎を提供することだった。フランスはすでに政治的行動主義という点では充分に進歩していた。そして産業化が進むイギリスは社会的関心を高めることだった。「貧困層と金持ちの貴族社会のあいだの対立はイングランドでのみ革命レベルにまで達するだろう。ちょうど精神主義と物質主義の対立がフランスで頂点に達し、国家と教会の反目がドイツでのみ最高潮に達しえたようなものである」[*57]

ヘスはこの「社会問題」——産業資本主義が人間におよぼすツケ——を最初に政治力学のなかにもち込んだ一人だった。「イングランドに迫りつつある大惨事について」と題した論文のなかで、ヘスは勢いを増しつつある嵐がいかに強力な社会経済的転換期の産物であったかを説明した。

イングランドで大惨事を引き起こすであろう明らかな原因は、政治的な性質のものではない。民衆の手から資本家の手に産業は移行し、かつては個々の商人によって小規模に営まれていた商売は、ますます大規模な資本家や、投機師や詐欺師によって支配され、土地財産は世襲法によって貴族の高利貸しの手に集中している……こうした状況はいずれもあらゆる場所で見られるが、イングランドにはとくに多い。そして、たとえそれだけではないにしろ、少なくともこれがわれわれを脅かす大惨事の主要かつ本質的な原因であり、それは政治的な性質のものではなく、社会的なものなのである。[*58]

ヘスの実際的で、社会的志向の理論は、どんどん青年ヘーゲル派をあからさまに共産主義的な方向へ惹きつけていった。一八四二年の秋には、エンゲルスによれば、青年ヘーゲル〈党〉の一部（彼自身もその一人だった）は、「政治変革が充分ではないと主張し、共有財産にもとづいた『社会』革命こそが、彼らの抽象的原理に見合った唯一の人類の状態であると宣言していた」[*59]

同様に明らかであったのは、イングランドが——その大規模な工場に、裕福な工場主、および途方もなく痛めつけられたプロレタリアートとともに——「迫りつつある大惨事」を引き起こす準備が整っていることだった。「イギリス人は、ほかのどの国民よりも実践的である。イングランドはわれわれの世紀にとって、かつての時代のフランスのようなものだ」[*60]。そして、フリードリヒ・エンゲルスが向かっていたのはそのイングランドなのであった。出発前、彼は自分から文通を始めていたモーゼス・ヘスのもとを訪ねた。ヘスはユダヤ人詩人であるベルトホルト・アウエルバッハへの手紙のなかで、このときの訪問について回想している。エンゲルスは内気でナイーブな、フランス革命の「革命家一年生」（アイン・アノ・1《アイン》・レヴォルツィオナール）、山岳派タイプだ、と彼は書いた。ヘスのもとでの個人指導が終わり、イングランドへの旅をつづけるころには、青年ヘーゲル派のエンゲルスは「きわめて熱心な共産主義者」に転向していた[*61]。

第3章　黒と白のマンチェスター

プラグ・プロット暴動

一八四二年八月二十七日に、『マンチェスター・ガーディアン』紙の一面に一件の広告が掲載された。「ヘイウッドのビール販売業者」ウィリアム・アシュワースが、自分は「本日以降に妻のアン・アシュワースが契約する可能性のあるいかなる借金にも、応じることはない」と告知した文の下に、エルメン&エンゲルス商会〔E&E〕が「当局、警察、および特別巡査だけでなく、親切な隣人たちにも、非常に効率よく防止策を講じ、弊社の業務および、過日の騒動のあいだ雇用していた従業員を保護する援助をすみやかに与えてくれたことにたいし、深い感謝の意」を表するために、広告をだしていた。それだけでなく、「E&Eは、この感謝の気持ちは社員一同心よりのものであることを、重ねて申しあげたい。従業員については、今回の全面的なストライキのあいだ例外なく、立派な姿勢と振る舞いを見せてくれたことを当然ながら付け加えておく」、と。要するに、エンゲルスの父と共同事業者たちは、いわゆるプラグ・プロット暴動を鎮圧したイギリス国家に感謝したいと述べていたのだ。これは、一八一九年のピータールーの虐殺で民主化運動に加わった何千もの人びとが、マンチェスターの義勇騎兵団のサーベルのもとに倒れて以来、労働者階級が最も威勢よく反抗した事件だった。[*1]

プラグ・プロット暴動にいたるまでの日々は、マンチェスター一帯で貧困が拡大し政治的な幻滅が広がった時代だった。「この地域を通り抜け、人びとの状況を見た人は誰でもすぐさま、広く蔓延する深刻かつ悲惨な貧困が、産業を停滞させ、家庭を困窮化させ、以前は幸せや満足感にあふれていた場所で、不満や惨状を拡大させているのを見てとるだろう」と、『マンチェスター・タイムズ』は一八四二年七月に報道した。[*2] だが、ランカシャー州の綿産業スラム街におけるそのような惨状の記事も、国会で議席を占める土地所有者や実業家、貿易商などには、ほとんど影響を与えなかった。その夏の初めに、労働者階級のチャーティスト運動による全国一〇〇万人規模の嘆願書が提出されると、下院議員たちは即座にそれを棄却した。嘆願書は六カ条の人民憲章によって、イギリスの政治の民主化を要求したものだった。そして議員らは今回、「飢えた四〇年代」の人的被害に関しても、同様に見下した態度を見せていた。

それどころか、マンチェスターの工場主たちは、嘆願書が棄却されたのち、一連の五〇%の賃金カットを敢行したのだ。それに対抗して、工場の労働者たちはランカシャーの湿原で大集会を開き、憲章を再び要求して、「充分な仕事に見合うだけの充分な賃金」を求めるお馴染みの声をあげた。周辺のアシュトンやハイドの村にある工場や炭鉱でのストライキがそれにつづき、労働者たちは工場の蒸気機関から排水栓《ドレン・プラグ》を引き抜いて〔停止させ〕、それを暴動の名称にした。騒動はボルトンで大きく広がり、一八四二年八月十日の水曜日の朝には、一万人ほどの男女がマンチェスターのアンコーツ地区にある広大な工場を不気味に取り巻いていた。落胆して武装し、ますます暴力的になる労働者たちは、店を襲い、工場に火をつけ、警察を襲った。

エルメン&エンゲルス商会の経営者たちが大いに称賛したように、当局の対応は迅速で手荒いものだった。騒擾《そうじよう》取締令が読みあげられて群衆は即座に解散させられ、軍隊が動員されて、中流階級から非常時の特別警察官が任命された。なかにはドイツの貿易商コミュニティのメンバーも含まれており、「口に葉巻をくわえ、手には太い警棒をもって市内を」歩き回った。[*3] 暴徒は一斉検挙され、八月下旬には徴兵された二〇〇〇人の部隊が列車で到着し、マンチェスターは占領下の都市のようであった。[*4]「通りには当局側による見間違いようのない警告の表示がだされていた」と、チャーティストのトマス・クーパーは述懐した。「おもな大通りは騎兵隊が行き来し、馬に引かせた大砲も一緒に移動していた」。[*5] そのような軍事力を見せつけられたうえに、景気が上向く気配もあったことから、抗議は鎮静化した。

だが、プラグ・プロット暴動は、羽振りのよいブルジョワ階級と貧困に苦しむプロレタリアートのあいだの格差が増したことに起因する、より深刻な社会病理の表面的な怒りに過ぎなかった。「近代の製造業の技術はマンチェスターで完成の域に達した」と、エンゲルスは書いた。「現代の製造業が労働者階級におよぼした影響は、必然的にここで最も自由に、完璧に発展するに違いない」。その結果、「敵は徐々に二大陣営へと分かれつつある――一方はブルジョワへ、もう一方は労働者へと」。[*6] そして、もう争いは終わったと考える者は誰もいなかった。

この社会的に分裂した都市は、二〇年ほどにわたってエンゲルスが暮らす街となり、産業化の体験を記録した傑作、『イギリスにおける労働者階級の状態』(一八四五年)を執筆するきっかけを彼に与えた。そして一八四〇年代なかばのマンチェスターで――倉庫や工場、証券取引、スラム、宿屋《パ》兼居酒屋《ブ》に囲まれながら――エンゲルスはマルクス主義の発展に欠かせない一連の知的およびイデオロギー的進歩を遂げた。ランカシャー州は、それまでエンゲルスが知っていた哲学に肉付けするのに欠かせないデータを与えてくれた。講堂があり、ビール酒場での議論が盛んなベルリンが精神の都市であったとすれば、マンチェスターは物質の都市だった。〔グレート・マンチェスター内の〕ディーンズゲートやグレートデュシー通り沿いでも、ソルフォードの貧民窟やオックスフォード・ロードの飛び地でも、エンゲルスは破壊的な影響力をもって産業化するイングランドの「事実に次ぐ事実、事実」を集めた。彼がドイツの哲学的遺産を、ロンドン、リーズ、マンチェスターの市内でみずからが目撃した無情な資本主義と階級分裂を結びつけたとき、共産主義はさらなる一歩を踏みだした。そしてフランス人はこの真実に「政治的」に、ドイツ人は「哲学的」に気づいたかもしれないが、イギリス人はこの結論を「実質的に、自国内で急増する窮乏、士気喪失、貧困によって」受け入れざるをえなかったのだとエンゲルスは考えた。[*7]

マンチェスターでは、これまで歴史学においてなんら役割を演じていなかった、もしくは卑しむべきものでしかなかった経済的事実が、少なくとも現代の世界においては疑う余地のない歴史的勢力であることに、私は明らかに気づかされた。経済的要因が、社会の異なる階級間の衝突の基本的な原因であったことを私は学んだ。そしてイギリスのように高度に産業化した国では、社会階級の衝突は党派間の争いの根源にあり、現代の政治史の道筋をたどるうえで、根本的な重要性を帯びていることに気づいた。[*8]

とはいえ、理解面ではそのような進展があっても、エンゲルス自身が置かれた状況の気まずい緊張状態は一向に改善されなかった。父親からの資金でマンチェスターに暮らしていた彼は、この地にブルジョワの見習いとして、工場主として滞在していたのだ。自分の政治信念がまるで異なった方向へと進んでいた時期に、彼はビジネスを学び、プロレタリアートから価値を絞りだす方策を練るよう使命を帯びていたのだ。若きエンゲルスは、労働者階級の抵抗を弾圧することに関しては、エルメン&エンゲルス商会の同僚に心から共感してはいなかったと言っても差し支えなさそうだ。

マンチェスターの地獄絵図

ヴィクトリア朝時代のマンチェスターについて、われわれが知っていると考えることのじつに多くがそれ自体、エンゲルスの産物であり、彼が書いた痛烈な文章なのだ。二十四歳という若さで書かれた『イギリスにおける労働者階級の状態』は、二十世紀になって都市化するイギリスの恐怖、搾取、それに階級闘争を簡潔に記した読み物となっていた。だが、エンゲルスの作品は、産業都市と、なかでもマンチェスターに関するずっと広範にわたる読み物——知られているものもあったが、エンゲルス自身は知らないものもあった——の一部をなしている。「ラショムからマンチェスターに入ると、オックスフォード・ロードの南端にあるこの町は、もうもうと立ち込める煙の渦のような様相を帯び、ダンテの地獄の入り口よりも人を寄せつけない」と、協同組合運動《コーオペラティヴ》のパイオニア、ジョージ・ジェイコブ・ホリヨークはマンチェスターについて典型的な反応を示した。「事前の知識がなければ、なかへ入る勇気は誰ももたないだろうと、私には思われた」[*9]

ヴィクトリア朝時代の人びとの頭のなかでは、木綿都市《コットンポリス》は近代性のあらゆる恐怖を象徴していた。ここは産業革命の〈衝撃都市〉であり、蒸気機関時代の恐ろしい変革を表わす不快な言い換えとなっていた。一八〇〇年から一八四一年のあいだに、マンチェスターおよび隣接するソルフォードの人口は、好景気の繊維産業を背景に、九万五〇〇〇人から三一万人以上にまで増加した。これらの産業は

〔ドイツの〕バルメンやエルバーフェルト同様に――新しいことを考え、事業を興す文化と、労働力の予備軍、それに綿の紡績にとって必要な湿気の多い気候のおかげで繁栄した。起業家で発明家でもあったリチャード・アークライト――ダーウェント川流域沿いで水力を利用して織機を動かす斬新な方法で、綿糸の製造を先駆けた人物――は、一七八〇年代末にマンチェスターで綿紡績の目的に蒸気動力を最初に利用した人だった。一八一六年には、彼のシュードヒルの工場に、さらに八五カ所の蒸気動力による工場が加わり、一万二〇〇〇人近い男女および子供を雇用するようになった。一八三〇年には、ランカシャー州に五五〇以上の綿の紡績・紡織工場が建ち並び、一〇万人をはるかに超える労働者が働くようになった。

　周囲のオールダムやアシュトン、ステーリーブリッジなどの町とは異なり、マンチェスターは単なる綿産業の中心地ではなかった。ここは市場であり、流通拠点であり、金融の中心でもあり、綿の工場と同じくらい、建設産業や近隣の市町村との商業上のつながりにも依存していた。マンチェスターの最も裕福な市民は、ヴィクトリア朝時代の伝説の工場主たちと同様に、銀行家や醸造家、あるいは貿易商などであった。[*10] とはいえ、煙に包まれた工場や、貧困層と〔ギリシャ神話の〕ミダス王ほどの金持ちが好対照をなすコットンポリスのイメージは、産業化の意味を探りたいと考える者にとっては、この街を磁石のごとくに変えていた。ここでは、ヨーロッパ文明に蒸気の時代が何をもたらしたのかが如実に示されていた。たとえば一八三三年には、アメリカで民主主義を勉強したばかりのアレクシ・ド・トクヴィルが、「この新しい黄泉の国《ハデス》」に向かった。マンチェスターに近づくにつれ、トクヴィルは「丘の上にそびえる三〇から四〇の工場」が、汚れた廃棄物を吐きだすのを目にした。実際には、彼はマンチェスターを見る前から、その音を聞いていた。なにしろ、ここを訪れる者は誰一人として「きしみ音を立てる機械の歯車」や、「炉の騒音」や、「ボイラーからでる蒸気の甲高い音」、

「規則的に刻む機織音」から逃れることはできないからだ。四方八方に広がる汚れた市内に入ると――エンゲルスがヴッパータールで感じたように――彼はここが「悪臭を放ち、川は淀み、通過する工場のせいで一〇〇〇もの色に染まっている」ことに気づいた。それでも、「この汚れた廃水から、人間の産業が最大の川となって流れでて、世界中を豊かにしている。この汚れた下水から、純金が流れでるのだ」[*11]

そう考えたのはこのフランス人観察者だけではない。一部には商業的なつてを通じて、また産業情報を求めての公式要請（イギリスの急速な繁栄に動揺したますます多くのプロイセン官僚から）で、ドイツから歴史家のフリードリヒ・フォン・ラウマー、作家のヨハンナ・ショーペンハウアー、プロイセンの官僚ヨハン・ゲオルク・マイール、それにオットー・フォン・ビスマルクまで大勢の訪問者が、ヒューム、チョールトン、アードウィックなどに詰めかけていた。マイールは「マンチェスターにある五階建て、六階建ての高さにそびえる何百もの工場」に魅せられた。「これらの建物の横にある巨大な煙突からは、黒い石炭の蒸気が吐きだされているので、ここでは強力な蒸気機関が使用されていることがわかる……。家々はそのために黒ずんでいる」[*12]。数年後、フランスからきたリベラルなジャーナリスト、レオン・フォーシェもやはり「この沼沢地から吐きだされる霧と、数え切れないほどの煙突から吹きでる煙の雲」に驚愕した。彼にとって同じくらい胸が悪くなるのは、河川の状態だった。「マンチェスターを流れる川は、染料の廃水であふれているため、染色バットのように見える。光景全体が憂鬱なものだ」[*13]

工場内で見られる光景も、同じくらい地獄絵だった。マンチェスターはその労働倫理で知られていた。「汝は聞いたか、健全な耳で」と、ヴィクトリア朝時代の賢人トマス・カーライルは問いかけた。「マンチェスターが月曜の朝、時計が五時半を告げると目覚めるのを。その一〇〇〇もの工場が、大西洋の潮流のとどろきのように一斉に動きだし、一億個もの糸巻きや紡錘がみなそこでハミングを始める。それはおそらく、汝がよく知っていればだが、ナイアガラと同じくらいか、それ以上に崇高なものなのだ」[*14]。工場主たちは、後述するように、効率よく時間を管理することにことさら熱心だった。のちに桂冠詩人となったロバート・サウジーがマンチェスターのある工場を訪れたとき、工場主は誇らしげに彼にこう告げた。「わが社には怠惰というものは存在しない」。児童労働者は朝五時には出社し、三〇分で朝食をすませ、三〇分で夕食をとったあと、夕方の六時に退社した。その時点で、次のシフトの子供たちと勤務交代する。「歯車は決して止まらない」[*15]。その結果、ドイツの紀行作家ヨハン・ゲオルク・コールによれば、新しい人種が誕生していた。「何千人もの男や女や子供があらゆる場所で長い行列をつくり、あらゆる方向に急ぎ足で向かっていた。彼らは一言も話さないが、綿の衣服に凍えた手を押し込みながら、舗道沿いに重い足取りで陰惨かつ単調な職場へと急いだ」[*16]。フランスの歴史家イポリット・テーヌは、マンチェスターは「ゼリーでつくられた壮大な兵舎であり、四〇万の人びとのための〈作業家屋〉であり、重労働を科す刑務所」に過ぎないと考えた。何万人ものを労働者が囲いに入れられ、厳しく管理されながら頭を使わない作業に従事し、「手は活発に、足は動くことなく、くる日もくる日も」過ごす様子に彼は愕然とした。「これ以上に怒りに満ち、人間の本能に逆らうような暮らしがありうるだろうか?」[*17]

当時の貧民街観光と並んで、ここには在住者によるかなり高度な都市批判の書物もあり、エンゲルスは夢中になってそれらを読んだ。なかでも雄弁な証言は、市の中心街にあるアードウィック&アンコーツ診療所に勤めていた医師、ジェームズ・フィリップス・ケイが書いたものだった。論議を呼んだ彼の一八三二年の著書『マンチェスターの綿製造業に雇用された労働者階級の心身の状況』は、「狭い小道や込み合った中庭、人口過密で悲惨な居住地で、貧困と疾病が社会不満と政治的混乱の原因を取り囲むところ」[*18]で、コレラ患者を回診したなかで遭遇した困窮に関する、なかばキリスト教的、なかば科学的な批判であった。エンゲルス同様、ケイはそのような前代未聞の繁栄を前にしてマンチェスターが不必要な苦しみを生みだしていること――「これほどの富裕さに囲まれ、眠れる巨人」――に、倫理的な怒りを覚えた。

そのような個人の記録とともに、エドウィン・チャドウィックのような公務員による公式刊行物もあった。『イギリスの労働人口の健康状態に関する報告』（一八四二年）のなかで、彼は急速な産業化が公衆衛生に与えた影響を厳しく評価した。「イングランドとウェールズで人生の盛りに予防可能なチフスに襲われ、命を奪われる毎年の死者数は、ワーテルローの戦いで連合軍がこうむった被害の二倍におよぶと思われる」[*19]。マンチェスターは、同市の救貧法検査官のリチャード・バロン・ハワード博士から、とくに強い非難を受けることになった。市内のいたるところの通りがいかに「舗装されておらず、排水管や主要な下水道もない」状態にあるかを、彼は描いた。「廃棄物や排泄物でひどく覆われ、泥が溜まってほとんど通れないほどであり、悪臭は耐え難いほどである……これらの場所の多くに、最も汚らわしい状態の汚物にまみれた便所や、覆いのない汚水溜め、詰まった排水溝、淀んだ水が溜まったドブ、堆肥の山、豚小屋などがあり、そこからはきわめて不快な悪臭が漂っていた」[*20]

そこには、誤解にもとづく当時の医学専門用語で言えば、衛生上だけでなく、道徳上の瘴気《しょうき》も潜んでいた。マンチェスターの労働者階級は無宗教である（さらに悪いことに、アイルランド人にはカトリック信者もいた）ことに加えて、ふしだらな性生活、飲酒、その他もろもろの堕落で悪名高かったが、同市の中流階級も低俗な物質主義を信奉していることで同じくらい知られていた。「大方の住民がいだく圧倒的な感情は、富を手に入れたいという欲望だ。そして彼らの見解では、その目的の達成を目標に掲げていないものはすべて、価値がないと見なされる」と、ある住民は評した。マンチェスターの人間は、「ヒバリやナイチンゲールの歌よりも、休みなく動く織機の音により多くの音楽を聴く。彼らにとって哲学など魅力はなく、詩に魅了されることもない。山、岩、谷、渓流も彼らを喜ばせたり、感歎させたりすることはない。彼らが近づくと、天才も身を縮める」[*21]。ふだんは忠実な『マンチェスター・ガーディアン』紙も、こう認めざるをえなかった。「イギリス人が商店主ばかりで構成される国民だとすれば、マンチェスターはつねにカウンターの後ろにいて、人びとを眺め、綿の空気を通して値踏みをするものとされる」[*22]。ドイツからやってきた人びともこう同感した。「仕事、利潤、欲望が、ここで思考されていることのすべてのようだ……人は数字を読み、ここにいるすべての人の顔から数字だけを読みとっている」[*23]

プロレタリアートとブルジョワを分断する金銭による生々しい境界線は、埋めることのできない社会の溝を表わしていた。キャノン・リチャード・パーキンソンはマンチェスターについて、「金持ちと貧乏人のあいだの距離がこれほど開いた町は、世界中どこにもない」と主張した。実際、「綿紡績の親方とその従業員のあいだには、ウェリントン公爵とその地所で働く最も貧しい作業員のあいだよりはるかに少ない会話しか、個人的に交わされなかった」[*24]。密集した都市空間内のこの分断――物理的に近くにいるのに、社会的には羨望を生む格差がある状態――は、レオン・フォーシェに強烈な印象を与えた。マンチェスターには「一つの町のなかに二つの町があり、一方の区画は広々として空気も新鮮で、健康的な暮らしを送れる食糧もある。だが、もう一方では、毒を吐きだし、命を縮めるあらゆるものがある」と、彼は描写した[*25]。一八四五年にベンジャミン・ディズレーリは、彼の宣言書であり小説である『シビル、あるいは二つの国民』の中心に、この階級分離の感覚を据えた。いまや一つの都市のなかに、金持ちと貧乏人が二つのまるで異なる民として暮らしている、と彼は嘆いた。「双方のあいだにはなんのやりとりも、なんの同情もない。まるで異なる地域の住民のように、あるいは異なる惑星の住民のように、おたがいの習慣、思考、感情について何も知らない……異なった血統で形成され」、異なった食べ物を食べ、異なった法律で統治されている。[*26] これは潔癖なまでにトーリー党を支持する側から見た、差し迫る階級闘争の衝撃的な描写であった。

もちろん、マンチェスターだけがそのような批判の目にさらされたわけではない。似たような事態はグラスゴー、リヴァプール、バーミンガム、ブラッドフォードについても語ることができた。同様に、リヨン、パリ、ベルリン、ハンブルクのスラム街や裏社会の民俗、都市の不道徳な暗部を暴く発見をテーマにした文学も、ヨーロッパではよく発達していた。しかし、マンチェスターにはそれ以外のものがあった。この都市は産業化の極限を表わしていたのだ。これは桁外れの都市化現象――今日の中国の急成長する都市やアフリカの巨大都市にも似ている――であり、知識人や活動家、哲学者、さらに芸術家までもが惹きつけられてきた。彼らはみなこの恐ろしい将来を体験したがった。だが、この都市の社会的危機をはるかに壮大な歴史的カンバスに描いたのは、フリードリヒ・エンゲルスの才能だった。

矛盾した立場

「イングランドで革命は起こりうるのか、その可能性は高いとすら言えるのか？　これがイングランドの将来を左右する問題だ」。[*27] 一八四二年にロンドンの港で下船した瞬間からエンゲルスは圧倒された。「建物がずらりと並び、両側に波止場があり……両岸沿いに無数の船が係留されている……こうしたことすべてがあまりにも大規模で印象深いため、人は冷静になることができず、イングランドの偉大さに驚嘆してわれわれを忘れてしまう」。だが、イギリスの社会危機に関するモーゼス・ヘスの予言に刺激され、彼は迫りくる大惨事の兆候がないか探し始めた。[*28] 彼はたちまち噂のプロレタリア階級に遭遇した。こうした商業的な繁栄のツケを払わねばならず、不正な制度を廃止すべく運命づけられている、と彼が主張するようになる人びとだ。「産業は国を豊かにするとはいえ、それによって財産をもたない、絶対的に貧しい人びとの階級、その日暮らしを送り、急速に数を増やし、のちに廃絶することのできない階級も生みだされる」と、彼はマルクスが編集長を務める『ライン新聞』に掲載された一連の記事に書いた。二人の関係が、当初の冷淡なものから徐々に進展していたことがここからわかる。産業化の悲惨な現実を目の当たりにし、エンゲルスは青年ヘーゲル派のガイストや意識、自由の概念を離れて、経済的現実を語る気取らない言語へと移行しつつあった。「景気にわずかな変動が生じただけでも、何千もの労働者が貧窮することになった。彼らのわずかばかりの貯えはすぐに底を尽き、そうなるとすぐさま飢死の危険に陥る。そしてこのような危機は数年おきに繰り返し起こりやすい」[*29]

だが、革命の前にやらねばならない父の会社の仕事があった。エルメン&エンゲルス商会は、フリードリヒ・エンゲルス父が自分の事業をエルメン兄弟に売却し、その売却資金を一八三七年に送金したことで創設された。同社を陰で動かしていたオランダ生まれのペーター・エルメンは、一八二〇年代なかばにマンチェスターにやってきた。彼は小さな工場を倍増させることから始め、二人の弟アントーニとゴットフリートの助けを借りてたたきあげで出世し、多国籍の綿糸事業を設立するまでにいたった人物だった。エンゲルス父からの投資を受けて、同社はソルフォードに綿糸を生産する新しい工場を開業することができた。マンチェスターの西にあるこの地区は、細番手のシルケット糸とその織物で知られており、その工場は――リヴァプール・マンチェスター鉄道路線沿いにあるウェイスト駅の隣にあって――マージー船渠《ドック》からの綿花の輸入にも、近くのアーウェル川から脱色と染色のための水を引くうえでも理想的な場所にあった。当時、王位に就いたばかりの若い女王に敬意を表して、愛国的にヴィクトリア・ミルと名づけられたこの新しい工場は、エルメン家の祖先が十六世紀に許可されたという二つの赤い塔の紋章を商標にした糸を大量に生産した。エンゲルスは手始めにウタツグミ《スロッスル》の部屋《ルーム》〔精紡機の立てる音からこう呼ばれた〕にある綿紡機の作業場で、四〇〇人の従業員の仲間入りをした。[30] 正確なことはわからないが、彼の住居は近くのエックルズ付近にあったと思われる。エンゲルスはあるときそこで煉瓦製造業のポーリング＆ヘンフレイと警察のあいだの争いを目撃した。地元の言い伝えでは、エンゲルスはクレセント・パブの常連で、エックルズの歴史家のF・R・ジョンストンは、彼が「グレープス・ホテルを根城に共産党下部組織」を形成しようとしていたとすら述べている。[31] のちにウィンターボトム・ブッククロス社として再生されたこのウェイストの工場は一九六〇年代まで存続したが、高速道路が建設されたため、そのころには〔エンゲルスという〕一人の産業ー社会主義者の脚注に過ぎなくなっていたこの場所は、解体せざるをえなくなった。[32]

綿産業の資本主義によって搾取された地域に住みながら、家業のために働いていたため、エンゲルスの置かれた立場の矛盾はたちまち痛いほど明白になった。数年後にマルクスに心情を吐露した手紙のなかで、彼は次のように述べた。「悪徳商売はあまりにも汚らわしい……何より汚らわしいのは、ブルジョワであるだけでなく、実際に工場主《マニュファクチュアラー》であるという事実だ。プロレタリアートに真っ向から対抗するブルジョワなのだ。親父の工場に数日間いるだけで、これまでどちらかと言えば見過ごしていた、この汚らわしさに充分に面と向き合わさせられた[33]」。しかし、たとえブルジョワ階級のために働いていても、エンゲルスが彼らと付き合わなければならないわけではなかった。「私は中流階級の人びととの社交も夕食会も、ポートワインやシャンパンもあきらめて、余暇はほぼもっぱら質素な労働者たちとの交流に費やしていた[34]」。彼が最初に訪ねたのは、オーエン科学館で働く質素な人びとだった。

オーエン派との関わり

ロバート・オーエンはエンゲルスが考える「空想的《ユートピア》社会主義者」の三人指導体制の最後の一人で、シャルル・フーリエとサン＝シモンとともに、夢想家の殿堂に加わった。彼らはいずれも、エンゲルスがのちに考えるように、科学的社会主義のような厳密さをもって歴史を充分に評価しなかったために立場を失った。しかし、オーエン自身は、マルクスやエンゲルスが考えもしなかったほど、はるかに現実的に社会正義を理解していたと主張できたのである。結婚によって繊維製造業を職業とするようになった彼は、スコットランドのニューラナークの工場を公正な雇用と地域結束のモデルにするべく試みた。オーエンの出発点となったのは、人間にとっては性格ではなく、条件付けが鍵であるというものだった。原罪というのは誤った考えであり、代わりに必要なのは、人間のあいだで協同による最善の状態を引きだすことを目的とした、教育的・社会的精神なのであった。オーエンはニューラナークで慈善心に富む、商業中心の独裁政治を行ない、労働時間の短縮、未成年雇用の禁止、アルコール飲料の販売制限、生活環境の改善、無償の初等教育の導入を試みた。『新社会観――人間性格形成論』（一八一三〜一四年）のなかで、彼は自分の取り組みがいかに社会全般に応用できるかを詳述した。同書は一八一九年の「綿工場と工場法」制定に一役買い、繊維産業界で働く九歳から十六歳の子供の労働時間を一二時間に制限した。

とはいえ、議会でどれだけ多くの改善条例が通過しても、ナポレオン戦争後の時代にイギリスが見舞われた構造的な貧困への解決策は、従来どおりの政治からは決してもたらされなかった。その根底にある欠点は組織的なキリスト教にあるのだとオーエンは判断し、それが人びとを迷信から後進的な状態につなぎとめ、社会に競争中心の気風（私的所有への固執に例証されるように）を生み、人間の本質を損なっているのだと考えた。オーエンは産業改革の原点から大きく逸脱して、社会を再生させるために道徳全般の改革を主張するようになった。これは「古い不道徳な世界」の不正から脱却して、フーリエと同様に、農業と産業にもとづく新しい社会を築くことを意味し、そこでは教育と協同が再生プロセスを促進させるものとされた。「子供は宗教や神学上の論争からも、ギリシャ語やラテン語からも苦しめられることはない」と、エンゲルスはハンプシャー州クィーン農場にあった初期のオーエン派集落を賞賛して書いた。「その代わりに、子供らは自然にも自分の身体にも知的能力にもより精通するようになる……彼らの道徳教育は一つの原則の応用に限定される。すなわち、自分がやられたくないことは、相手にもしない、というものだ。言い換えれば、完全な平等と博愛の実践である」[*35]。だが、フーリエのファランジュやサン＝シモン派と同様に、計画的なオーエン派共同体はイギリスでもアメリカでも費用ばかりがかかって短命に終わる結果となった。

オーエン派社会主義のなかでも、英国協同知識促進協会の庇護のもとに信奉者が集まっていた一派は、より生産的であった。「人間の利己的な感情は、競争原理と呼んで差し支えないかもしれない」と、オーエン派の指導者ウィリアム・ラヴィットは述べた。「それによって人間は、自分の欲求と性向を満足させるために、他者と競うようになるからだ。かたや協同というものは、人に慈善行為を促し、兄弟愛をいだかせる社会的感情と言えるかもしれない」。競争制度にもとづく経済は、本質的に不平等で不安定であるとして非難された。富は集中し、景気循環はより極端になり、貧困はさらに深刻化した。ロバート・オーエン自身が宗教改革と、結婚における「両性間の不自然でうわべだけの結合」を終わらせることにますます熱を入れる一方で、彼の支持者は協同と道徳的価値観にもとづく政治綱領を発展させることに専念していた。賃金は、市場の予測のつかない変動と雇用主の気まぐれで価値が決まる、搾取的な「賃金の原則」よりも、労働時間と公正な移転（要するに、充分な仕事に見合うだけの充分な賃金〉にもとづいて定められる。オーエン派の人びとはロンドンやブライトンで一連の協同組合店、物資の直接的な売買のための〈労働交換所〉、労働の目的を高めるための労働組合、〈科学館〉のネットワーク（万国全階級協会の旗印のもとで）を創設し、社会主義や仲間意識、理性にもとづく考え方を推進した。

なかでも最大かつ最も積極的な支部で、四四〇〇人の会員をかかえ、専用の科学館を備えたものがまずソルフォードにつくられた。やがて社会主義への関心が北西部に急速に広まったために、一八四〇年にはマンチェスターのキャンプフィールド内の広大な敷地に移設された。フランスの批評家レオン・フーシェはこの科学館を次のように追想している。

壮大な建物で、もっぱら機械工と職人たちの蓄財によって七〇〇〇ポンドの費用をかけて建てられたもので、講堂もある。市内で最も立派で広いホールだ。ここにはオーエン氏の弟子たちが賃借人として入っている。社会主義の学説に関する日曜日の講義に加え、ここでは昼間学校と日曜学校があり、オラトリオと祭りによって――地方への遠足や、労働者階級に安価で健全な娯楽を提供することで――支持者数を増やしている……。多額の資金が集められていることは、彼らが労働者階級のなかでも裕福な階層に属していることを証明する。日曜の夕べの集会はたいていい込み合っている。[*36]

一八四〇年代のマンチェスターの〈社会主義者集団〉は、多めに見積もると八〇〇〇人から一万人と言われ、日曜の夕べに科学館には三〇〇〇人もが詰め掛け、フリードリヒ・エンゲルスもその一人だった。バルメンの酔いどれ職人を見慣れていたエンゲルスは、イギリスの労働者階級が自分たちの考えを明確に述べることに大いに感銘を受けた。「科学館で、ごく普通の労働者が政治、宗教、社会の問題について明確に理解して語るのを聞けば、最初は驚きを禁じえない」[*37]。実際には、彼はしばしば「ファスチァン〔コーデュロイ〕の上着がいまにもほつれそうな労働者が、地理、天文学などの話題を、ドイツの最も教養あるブルジョワがもっている以上の知識を示してしゃべる」のを耳にした。これはルソーやヴォルテール、〔トマス・〕ペインなど、マンチェスターの労働者階級のあいだで――中流階級ではなく――根強い人気のあった作家の文学を貪欲に読みあさった成果だと、エンゲルスは考えた。「バイロンとシェリーはほぼ下層階級だけに広く読まれている。世間体のよい人間が机の上に後者の作品を置こうものなら、ひどく信用を失墜せずにはいられないだろう」[*38]

社会主義のさまざまな分派でもよく見られるように、オーエン派も自分たちの実践や式次第にキリスト教の儀式や作法を取り入れていた。「こうした集会の形式はそれぞれどことなく教会の集会に似ている。合唱隊席では、オーケストラの伴奏とともに合唱隊が社会主義の賛美歌をうたう」と、エンゲルスは書いた。「こうした楽曲はなかば宗教的な旋律や、完全に宗教的メロディに共産主義の歌詞がつけられたもので、演奏のあいだ聴衆は起立する」。その説教は、大声でがなり立てるクルマッハーのものよりは、ずっと質の高いものだった。「そこへ、かなり平然とした様子で、帽子もとらずに講師が演壇にやってくる……そして腰を下ろして演説をする。通常はかなり笑いを誘うものになる。このようなスピーチにおいて、イギリスの知性はあふれんばかりのユーモアを発揮する」。オーエン派の集会はときには、労働者階級や中流下層の人びとのための質素な交流会となった。日曜の夜のパーティでは、「紅茶とサンドイッチからなる通常の夕食がでて、平日にはダンスやコンサートがよく科学館で開かれ、人びとは大いに楽しんでいる」[*39]ときには、客寄せのために呼び物も手配された。一八四三年末には、有名な催眠術師のスペンサー・ホールが呼ばれ、唯物論者であるオーエン派の懐疑的な聴衆に、「若い女性を使って磁気骨相学の術を行ない、それによって神の存在や、魂の不滅さ、および唯物論の不正確さを証明しようとした」。エンゲルスはこの実演に明らかに興味をそそられており、科学館から戻ると、この偽科学を使って同様の実験を自分でも試してみた。「活発な十二歳の少年が、被験者となることを申しでた。目を優しく覗き込んだり、撫でたりすると、少年は苦もなく催眠状態に陥った……筋肉が硬直して、感覚を失うという、容易につくりだせる状況のほかに、感覚の特殊な過敏症状と結びついて意志が完全に受動的になった状態も発見した」。だが、弁証法的唯物論の共同創始者はそのようないかさまに簡単にだまされはしなかった。「われわれは足の親指に酩酊状態を生みだす器官を発見した。これに触れさえすれば、最高の酔っ払い喜劇を繰り広げることができる。しかし、被験者が何を期待されているかを理解させられるまで、どの器官も活動の兆候を見せなかったことはよく理解しなければならない。少年は練習によってすぐに上手にこなせるようになったため、わずかに示すだけも充分であった[*40]」

知的好奇心を満たすうえでより大きな価値があったのは、オーエン派の講師ジョン・ワッツだった。リボン織工でコヴェントリー機械工協会の元書記補佐であったワッツは、オーエン派の伝道師で、「政治経済」の辛辣な批評家だった。要するに、彼がアダム・スミスやトマス・マルサス、および自由貿易、分業、自由競争主義の風潮と同一視したものだ。エンゲルスはこの「並外れた男」と競争に関する彼の道徳的批判に多くを学ぶことになった。「通商の本質はあくどいものだ」と、ワッツは影響力のある小冊子『政治経済学者の事実と虚構』（一八四〇年）に書いた。「そして、ほかの何にもまして、われわれの生来の堕落はそれに起因する」。価値と貨幣賃金からなる資本主義制度——製造業者や工場主によって支えられており、彼らが生産手段を支配するがゆえに労働者との交渉で支配的立場に立てるもの――が、産業化したイギリスを見舞う経済危機の根本原因なのであった。資本主義制度は「労働はすべての富の源」だという真実を否定することを試みた。ワッツの解決策は産業化以前の形態への回帰、協同的な交換制度に戻ること――「すなわち、労働にたいする一定の報酬、現物支給を、生産物の一部かつ一定の割合とすること」――であった。同時に、アダム・スミスとは異なり、彼は分業のやる気をそぐ効果（「針金の截断や、ピンを尖らせたり、頭部分を切り落としたりするような仕事が、理性的存在として暮らすために適切な雇用となりうるのかどうかは、長い疑問の余地はない」）や工場の暮らしの惨状に抗議した（「この状況は、黒人たちの境遇よりもずっとマシなのだろうか？　慈善を施す必要など何もなく、同情すべきこともないのか？　だが、賃金の原則によるわれわれの〈政治経済〉の傾向は、物事のこうした状況を永続化させるものなのだ[*41]」）。

マンチェスター内では間違いなく勢いがあったにもかかわらず、一八三〇年代末になると、オーエン派は全国的な労働者階級の政治では勢力を失いつつあった。彼らの地位は、わかりやすい六カ条の要求を突きつけたチャーティストによって取って代わられた。その要求とは、青年男子普通選挙、秘密投票、毎年の選挙、同等の人口規模の選挙区、議員への歳費支給と、議員になるための最低財産資格の廃止（それによって労働者階級の代表も選出されるようにすること）であった。オーエン派の空想的野心とは対照的に、彼らが掲げた憲章《チャーター》は、労働者階級が置かれた状態への政治的解決策を見いだすための実際的な試みだった。これはランカシャー州でどこよりも熱烈に受け入れられ、マンチェスター政治連合が松明を掲げた行進や、カーサル・ムーア――いわゆるチャーティスト運動の聖なる山《モンテ・サクロ》――での「巨大集会」が組織された。一八三八年九月には三万人ほどがそれぞれの労働組合の旗のもとに集まり、チャーティスト運動の指導者ファーガス・オコナーの熱弁を聞いた。「普通選挙権こそが、流血の事態を食い止められる唯一の原則である……。それ〔普通選挙権〕を誰もが委ねられるまでは、真の代表を送ったことには決してならない。これは自然がすべての人の胸に刻んだもの、すなわち自衛の力であり、個々人が投じる票となって表わされたものだ」[42]。だが、民衆によるそのような力の誇示は、支配者層の不安を高めるばかりだった。一八三九年および一八四二年に再び、チャーティストの請願は下院で否決された。そうしたあからさまな侮辱はチャーティスト側の見解を過激化させ、中流階級の同盟から離脱させ、道徳に訴えるべきか実力行使すべきかをめぐる内部の激しい論争に発展した。

チャーティストへの接近

ある意味では、一八四二年のプラグ・プロット暴動はチャーティスト運動の政治的無能さを表わしたものだった。それでも、エンゲルスはこの運動の重要性にたいし、ほとんど疑問をいだかなかった。現代の解釈では、政治的透明性と道徳経済《モラル・エコノミー》の要求を予測した十八世紀の急進派政治の副産物として、チャーティスト運動を再評価する傾向があるが、エンゲルスの目には、この運動は労働者階級の「集団的意識」が要約された「階級運動」そのものとして映った[43]。彼はそこから、できるだけ多くを学びたいと考え、この運動への二通りの導入口を見つけた。彼の第一の入口は、チャーティスト運動の恐るべき子供《アンファン・テリブル》、ジョージ・ジュリアン・ハーニーを通じてである。ハーニーはこの運動の実力行使派としての立場を貫き、集会で赤い自由の帽子を見せびらかすことで、保守的な仲間を苛立たせて喜んだ。ロベスピエールを尊敬するハーニーは入獄と出獄を繰り返し、仲間のチャーティストたちと際限なく争い、最終的に党から除名されたが、人民憲章の要求を実現させるための最も確実な道は反乱だと確信しつづけた[44]。数十年後、彼はエンゲルス——「少年のような若さにあふれた顔つきの背の高いハンサムな若者」——がリーズの事務所に自分を訪ねてきたときのことを述懐している。「彼は『ノーザン・スター』［チャーティストの新聞］を定期購読し、チャーティスト運動に強い関心をもっていると語った。こうしてわれわれの友情は始まった」[*45]。マルクスとエンゲルスには毎度のことだが、この友情も不安定なものとなった。それでも半世紀にわたって――断続的な手紙のやりとりを通して――ハーニーとの友情はつづき、その間にハーニーはマンチェスターの状況にたいして忘れがたい評価をしている。「きみがマンチェスターへの嫌悪の念を表わすのを見て、驚きはしない」と、彼は一八五〇年にエンゲルスに書いた。「あそこは蛆虫どもの忌まわしく汚い住処だ。マンチェスターで自然死を遂げるくらいなら、ロンドンで絞首刑になったほうがマシだ」[*46]

エンゲルスのもう一人の主要な運動内のコンタクト先は、マンチェスターの手織り織工からチャーティストの活動家になったジェームズ・リーチだった。エンゲルスによれば、サウス・ランカシャーから全国憲章協会の代表に選ばれる以前、リーチは「産業のさまざまな分野で、工場や炭鉱で何年間も働いており、信頼に足る有能な男として私は個人的に知っていた」[*47]。彼もやはり、「綿業王たちだけでなく、その他すべての詐欺師どもに手に負えない厄介者」と見なされていた。一八四四年に彼が匿名で書いた問題の書、『工場からの動かしがたい事実』からすれば当然の評判である。「労働者階級」に捧げられた同書は、工場主による非道な慣習をじかに告発したものだった。そこには職場での些細な違反にたいする賃金の差し引きから、座り込んだ妊婦に罰金を科すことや、時計の操作、「年端もいかない未成年者」の雇用、さらには女性労働者の強制的な売春までが含まれていた。こうした証拠の多くはエンゲルスの本にも登場することになるほか、近代国家はブルジョワ階級の利益のための隠れ蓑に過ぎないという洞察にもつながった。「労働者階級はこれ［国家］をいつまでも盗賊の制度と変わりないものと見なし、それゆえ雇用者は法律を超えた権利を有することができ、その非道な企みにより、まずは彼らが喜んで違反と名づけるものを生みだし、その後それを処罰する。彼らは立法者であると同時に、裁判官であり、陪審員なのだ」[48]。マルクスとエンゲルスがのちに『共産主義者宣言』のなかで述べたように、「近代の国家権力は、ブルジョワ階級全体の庶務を管理する委員会に過ぎない[49]」

こうした親しい交友関係や労働者階級のチャーティスト運動にたいする個人的な熱意があったにもかかわらず、エンゲルスはイギリスの危機にたいする解決策が六カ条にあるとは考えなかった。第一に、彼らの社会主義は大陸ヨーロッパの進んだ考え（フーリエ主義やサン＝シモン主義、あるいはヘスの関係者など）とは異なり、「ほとんど発達していない」ばかりか、より重要なこととして、「社会悪は人民憲章では改善されない」からである[50]。民主的な小細工よりもっと抜本的なものが必要だった。これはエンゲルス青年がイギリスで助言を受けたもう一人の恩師、トマス・カーライルも大いに主張していた意見だった。

思慮深い論客であり、〔社会の進歩に逆行する〕反動主義者であったカーライルは、エンゲルスがイギリスの知識人で尊敬した唯一の人物だった。おそらくそれは彼がドイツ贔屓だったからでもあるだろう。『エディンバラ・レビュー』紙の批評家だったころにカーライルが発表した最初の作品は、ヨハン・パウル・リヒターの翻訳本で、そこから彼はゲーテ（ゲーテとは頻繁に文通していた）、シラー、ヘルダーの作品に夢中になり、ドイツ・ロマン主義をイギリスの読者に紹介する文化の輸入業者のような役割を担っていた。封建時代の失われた英雄の世界を懐かしむカーライルは、産業化したイギリスの惨状を中世のロマン主義時代と比較するようになり、やがて悲観しながらこう結論づけた。「もはや信心深い時代ではなくなった。神聖なものや精神的なものではなく、単に物質的で、すぐさま実際に使えるものだけがわれわれにとって重要なのである」[51]。十九世紀は「機械の時代」であり、かつては人と人を結んでいた社会的絆が、物質的な富を追い求めるなかで崩れ去っていた。「われわれはそれを社会と呼ぶ。そして完全な分離、隔離を公然と主張するようになる。われわれの暮らしは相互に助け合うものではない。むしろ〈公正な競争〉という名の、正式な戦争法のもとに覆い隠されているので、これは相互の敵意なのである。現金支払いだけが人間同士の唯一の関係ではないことを、あらゆる場でわれわれはすっかり忘れている」[*52]。こう考えると、人民憲章などの政治的な応急措置の要求――カーライルが当時人気のあった偽医者に因んで〈モリソンの丸薬〉と呼んで拒絶したもの――は、いわゆる「イングランドの状況」問題にたいし、なんら現実的な違いをもたらさなかったのである。カーライルにとって解決策は、信仰心の復活と英雄的で独裁的な指導体制を組み合わせることだった。〔ロンドン、チェルシー地区の〕チェーン・ロウにある彼の家の応接間には、壁の最高の場所にオリヴァー・クロムウェルとマルティン・ルターの両親の肖像画が飾られていた。

イギリスの中世と近代を比較したカーライルの『過去と現在』にたいする一八四四年の書評のなかで、エンゲルス（当時はまだ青年ヘーゲル派の急進派と足並みをそろえていた）はこう応じた。「われわれも原理の欠如や、内面の空虚さ、無気力、時代の不正直さと闘うことに関心がある」。だが、宗教は明らかに答えになりようがなかった。「カーライルが描くような無神論に、われわれは終止符を打ちたい。だが、それは宗教を通して失った実体を人間に戻すことによってである。神聖なものではなく、人間という実体として。そしてこれを戻すプロセスと言えば、自己意識を覚醒するだけなのである」[*53]。エンゲルスによれば、カーライルの決定的な弱点は、彼がドイツの文学は読んでも哲学を読んでいなかったことだった。フォイエルバッハを知らなければ、ゲーテを読んでも一部しか理解できない。それでも、エンゲルスがカーライルを尊敬していたのは、彼の並外れた散文のスタイル――「カーライルは英語という言語を、純然たる原材料であるかのように扱い、まったく新たに言葉を鋳造しなければ気が済まなかった」――および資本主義社会によってもたらされた惨状を、彼がオリンポスの神々のように高みから非難したことゆえだった。[*54]『イギリスにおける労働者階級の状態』のなかで、エンゲルスはカーライルと同様の歴史的たとえを使い(工場の働き手の立場を、ノルマン人貴族に鞭打たれていたサクソン人農奴の立場と対比させ、リベラルな「自由」という、飢え死にする自由を意味するに過ぎない偽善を強調した)、同じ公的情報源を用いた。彼はまたこの「チェルシーの賢人」からたびたびじかに引用もした。「工場主と職工たちの関係には人間的なものは何もない。純粋に経済的な関係である」と、エンゲルスは機械化し産業化したイギリスを非難したカーライルの大作『時代の徴候』からじかに引用して、産業の関係についての章に書いた。「工場主は資本であり、職工は労働力である……カーライルが言うように、彼〔工場主〕はこう主張する。『現金支払いだけが人と人の唯一の結びつきだ[*55]』」

エンゲルス、最初の愛人

「機械化時代」にたいするカーライルの非難、オーエン派の道徳刷新への呼びかけ、人民憲章の六カ条、ワッツとリーチの競争への攻撃はいずれも、エンゲルスのイデオロギー上の進化に役立ったが、彼はマンチェスターに読書をするためにいたわけではなかった。彼はそこで労働者階級の暮らしの現実と向き合い、仲間の「質素な労働者たち」のために「社交も夕食会も、ポートワインやシャンパンも」あきらめていたのである。だが、プロレタリアートの冥府に、少年のようなこのドイツ人探検家を導いたのは誰だったのか?　通りをともに歩く相手となった一人は、当時、「イングランドで最も不快な製造業の町」、ブラッドフォードで事務員をして不満をためていた社会主義の亡命者ゲオルク・ヴェールトだった。ヴェールトが呆れたことに、この毛織物の新興都市には、「劇場が一軒もなく、社交生活もなく、まともなホテルもなく、閲覧室もなければ、文明人もいない——いるのは破れたフロックコートにみすぼらしい帽子をかぶり、陰気な顔をしたヨークシャー人ばかり」なのであった。俗物根性に満ちたヨークシャーを抜けだすために、彼はペナイン山脈を越えてランカシャーにいる思想上の仲間を訪ね、そこで二人して四方八方に広がるマンチェスターを探索するのだった。[*56] エンゲルスはそれに加えて、この町のある地元民から個人的に関心をもたれていた。マンチェスターの裏社会との欠かせないつながりをもつメアリー・バーンズは、エンゲルスの生涯における最初の大恋愛の相手だった。

「彼女はとても可愛く、ウィットに富み、要するに魅力的な女性だったのです……。もちろん、彼女はマンチェスターの（アイルランド人の）女工だったので、字は読めて、いくらか書くこともできたとはいえ、教育はほとんど受けていませんでした。それでも、私の両親は……彼女のことを非常に気に入り、最大の愛情を込めていつも彼女のことを話していました」[*57]。エリノア・マルクスが又聞きした大雑把な、子供時代のこの記憶が、残念ながらエンゲルスのメアリーに関して伝わる最も詳しい説明の一つとなっている。一八二二年四月から一八二三年一月のいずれかの時期に誕生したメアリーは、アイルランド人染色工で工場の働き手であったマイケル・バーンズの娘だった。彼女の父親は一八二〇年代にマンチェスターにやってきて、メアリー・コンロイを最初の妻に娶った。一八四一年の国勢調査時には、マイケルは二番目の妻、メアリー・トゥーミーの夫として登場し、ディーンズゲートの大通りのすぐ近くの陰気な界隈に住んでいた。ただし、娘のメアリーとリディア（リジーと呼ばれていた）・バーンズは一緒ではなかった。一〇年後、マイケルと二人目のバーンズ夫人はニューブリッジ通りの救貧院で消息を絶っており、以降、彼は一八五八年のマンチェスターの死亡率統計の数値に過ぎなくなっている。[*58] しかし、メアリーのほうは健在だった。

エンゲルスが彼女と一八四三年の初めに出会ったことはわかっているが、それがどんな出会いであったかについては多くの議論がなされている。明白な証拠もないままに、エドマンド・ウィルソンはメアリーがエルメン&エンゲルス商会の工場で「自動機械」を操作していたと主張した[*59]。同様に、一八九〇年代にエンゲルスと知り合った社会主義者のマックス・ベアは、エンゲルスは「自分の父親の工場で働いていたアイルランド庶民の娘、メアリー・バーンズと同棲していた」と言明する[*60]。歴史家ハインリヒ・ゲムコーはメアリー・バーンズをより漠然と「同市にある多数の綿工場の一つで働いて」いたとする[*61]。しかし、エンゲルス自身は父の工場で雇われていた従業員女性たちの資質について、とくに褒めたことは一度もなかった。「背が高く、体格のよい娘は一人も見た記憶がない。彼女らはみな背が低く、ずんぐりしていて、不恰好で、身体のすべての発達面においてきわめて不細工である[*62]」。マンチェスターの年代記作家ロイ・ウィットフィールドによれば、より可能性として高いのは、メアリーとリジーはマンチェスターの工場で働いたのちに女中になり、そこで女あさりをするエンゲルスの目に留まったというものだ。歴史家のエドマンドとルース・フローはそれにたいし、エンゲルスはオーエン科学館の受付でオレンジを売っていたメアリーと出会ったという、ずっとロマンチックな伝説を唱えた[*63]。これなら確かにゲオルク・ヴェールトの風変わりな詩「メアリー」を説明するのに(やや安直すぎるが)役立つ。心をそそるよう工夫した詩のなかで、リヴァプールの波止場でオレンジを売る、フィニアン団員〔アイルランド共和国の建設を目指した秘密結社〕の快活な娘の暮らしが語られる。

アイルランドから潮に乗ってやってきた
ティペラリーから彼女はきた。
血管に熱い血が激しく流れる、

若い娘メアリー
そして岸辺に大胆に飛び移ったとき、
船乗りたちの叫び声があがった。
「ありがたや、娘っこメアリーは
まさしく野ばらのようだ！」[*64]

メアリーにまつわる憶測は、情報源が不足しているためにまちまちだ。彼女自身は読み書きができず、エンゲルスはのちに自分の生涯のこの時期の手紙の大半を焼き捨てている。そのうえ、エンゲルスはメアリーとの関係をおおっぴらにすることには、決して熱心ではなかった。彼の〈ガチョウ〉のマリー宛にも彼女に関して書き送った形跡がない。彼はマンチェスター内での自分の社会的地位だけでなく、粗探しの好きな両親との良好な関係も保ちつづけなければならなかったからだ。文字の読めないアイルランドの女工との同棲は、いずれの目的を遂行することも期待できなかった。みずからの階級に関する政治的きまり悪さのようなものもあったのかもしれない。綿業王にたいする社会主義者の数多くの非難の一つは、女性労働者をさながら封建時代のように食い物にしていることだったからだ。エンゲルス自身も『イギリスにおける労働者階級の状態』のなかでその件に触れている。「そのうえ工場の奴隷状態ときたら、ご多聞に漏れずどころか、ほかにもましてひどく、工場主に初夜権を与えるのを当然としている……工場はその主人のハーレムなのだ」[*65]。たとえメアリーがもはやエルメン＆エンゲルス商会の従業員ではなかったとしても、もしくは一度もそうではなかったとしても、社会主義者のあいだでは、プロレタリアートとブルジョワの、工場の働き手と工場主の、この種の性絡みの権力関係は、大いにひんしゅくを買っていた。

当初の出会いをめぐる社会的な事情や詳細はどうあれ、エンゲルスとメアリーは一八四三年から四四年にかけて関係をもつようになった。そして、のちの手紙が証言するように、二人のあいだには深い愛情があった一方で、エンゲルスにとっては産業化したマンチェスターの暗黒大陸に入り込む、きわめて有益な第一歩にもなったのである。メアリー・バーンズは彼の手を取って、冥界のペルセポネとなって活躍し、資本主義社会に関するエンゲルスの認識を非常に豊かなものにした。「彼女はマンチェスターにいるアイルランド移民社会の暮らしを、彼に紹介した」と、ある歴史家は言う。「彼女は外部の人間が入れば安全ではない界隈を、彼を連れて回った。彼女が、工場や働く人びとが味わっている家庭状況に関する情報源だった[*66]」。エンゲルスの共産主義理論の陰には、メアリーの物質的現実があったのである。

「才気あふれる小論」

フリードリヒ・エンゲルスの二つの世界――工場主としてのマンチェスターとメアリー・バーンズとのマンチェスター――は、哲学から政治経済へと彼の関心が移行するうえで深く影響をおよぼし、それがマルクス主義の形成にも痕跡を残した。特異な状況に身を置いていたため、エンゲルスは産業資本主義と労働者階級によるチャーティスト運動の政治をじかに体験して得た理解と、青年ヘーゲル派の伝統を融合させることができた。「ドイツの社会主義と共産主義は、何よりも理論的前提から発展した」と、エンゲルスは批判的に記した。「われわれドイツの理論家は、現実の状況によってじかに動かされてこの〈悪しき現実〉を改革するには、現実の世界についてあまりにもわずかにしか知らなかった[*67]」。一八四三年に『独仏年誌』(マルクスの最新の新聞)に寄稿して反響を呼んだ記事「国民経済学批判大綱」のなかで、彼は理論をこねくり回すベルリンのやり方を捨て、ヨーロッパにのしかかりつつある経済的矛盾と社会危機を、実情にもとづいて冷静に分析することで、彼のマンチェスターでの経験の成果を示した。この記事は、聖書を思わせる言葉で競争と市場操作を批判することによって、ジョン・ワッツの講義の影響力を示した。「商人たちの相互の羨望と欲望から生まれた、この政治経済、すなわち富裕化の科学は、その額に最も嫌悪すべき身勝手さが表われている」。人を夢中にさせる獣である資本主義は必然的に、イギリスの経済を継続的に果てしなく拡大させてしまうか、本質的に不安定な市場システムが縮小した場合には、通商危機という恐ろしい代替物を押しつけて、人を消耗させる。このことは、植民地にたいするイギリスの飽くなき渇望――「あなたがたは最果ての地までも文明化して、その卑劣な強欲さを発揮するための新たな土地を獲得した」――と、富を国内にますます集中させたことの副産物を説明していた。「中流階級はどんどん消滅しなければならず、世界はしまいに百万長者と貧民に、大土地所有者と貧しい農場の労働者に分裂することになる」。ある時点で、こうした緊張はみな血みどろの頂点に達することになる。[*68]

エンゲルスがイデオロギー面で遂げた最も顕著な進歩は、青年ヘーゲル派の疎外の概念を、政治経済の領域に応用したときに生じた。フォイエルバッハは宗教感情の観点からのみ疎外を次のように論じていた。「人は……みずからの本質を客観視し、それから自分自身を客観視されたこの自己イメージの客体にする」。だがエンゲルスにとって、人間の本質の否定に関与したのは、キリスト教だけではなかった。競争中心の資本主義にも、その財産、貨幣、交換の制度を通して、人間の真の本質を損なう疎外のプロセスがかかわっていたのだ。資本主義のもとで、人は本来の自分から切り離され、物の奴隷になった。「この［アダム・スミス、トマス・マルサス、および政治経済の］理論を通して、われわれは人間の最も深刻な退化、すなわち競争状態への依存を知るようになった。そのなかで人は私的所有によって最終的に消費財となり、その人間を生産するのも破壊するのもひとえに需要しだいとなった」[69]。これはフォイエルバッハとヘスから学んだものばかりではなく、アンコーツの工場の門外で職を求めている何千もの人びとを眺めることからも得た洞察だった。わずかな景気の変動によっても貧困に苦しむことを運命づけられた人びとである。

この疎外のプロセスの原動力、政治経済の根幹にあるもの——そしてオーエン派、フーリエ派、チャーティストがみな見過ごしていたもの——は、私的所有の役割だった。これがエンゲルスの「国民経済学批判大綱」の本質的なテーマだった。これは彼がその少し前に読んだフランスの社会主義者で無政府主義者のピエール・ジョゼフ・プルードンの『財産とは何か』（一八四〇年）に少なからず影響を受けたものだった。「それは盗品である」と、プルードンが答えたことで知られるものだ。利子や地代などの不労所得のかたちでの私有財産があるために、一人の人間が別の人を搾取することが可能になり、それが近代の資本主義の不公正を支えたと、プルードンは主張した。労働と所有に重点を置くプルードンの主張は、政治的な平等には私的所有の撤廃が必要だとする彼の確信とともに、若いエンゲルスの心の琴線にじかに触れた（プルードンの思考はあまりにも無政府主義的な経過をたどるものではあったが）。「私的所有と、この制度の結果である競争、非道徳、困窮が、本書では知性の力と本物の科学的探究によって展開されており、一冊の本としてこれほどまとまったものは以来一度も見たことがない」と、彼はオーエン派の雑誌『新道徳世界』にプルードンの著作について書いた[70]。

エンゲルスはプルードンが試みた以上に私的所有の概念をさらに発展させた。エンゲルスにしてみれば、そこにはマンチェスターで彼がその実態を見てきた政治経済の複雑な特徴のすべてが含まれていた。「たとえば、賃金、売買、価値、価格、金、その他」[71]。私的所有は資本主義の基本となる必須条件であり、それもまた排除しなければならない、と彼は結論づけた。「私的所有を撤廃すれば、こうした不自然な分裂は消滅する」。不和も個人主義もなくなり、利益と価値の真の本質が明らかになるだろう。「労働はそれ自体が報酬となり、これまで無視されてきた賃金の本当の意義が明るみにでる。すなわち、物の生産費用を決定するうえでの労働の意義になるのだ」。私的所有と個人の貪欲さに終止符を打つことで、ヘーゲル風に言えば、歴史の終焉と共産主義の到来とともに、「時代が向かっている壮大な変革――人類と自然との、また人間自身との和解」が成り立つのである。[*72] こうしたことすべてが、ほとんど名の知られていない二十三歳の工場主見習いによる早熟な、短い小論に書かれていたのだ。マルクスがパリのセーヌ川左岸のアパルトマンで、この「才気あふれる小論」に目を留めたのは不思議ではない。[*73] だが、「国民経済学批判大綱」はエンゲルスがマンチェスターで打ち立てた本格的な記念碑の前触れに過ぎなかった。

君の本をもう一度読み返し、自分がもはや若くはなれないことに気づいた。なんという力強さ、なんという痛烈さ、そしてなんという情熱をもってあのころの君は仕事に打ち込んでいたことか。当時の君は、心の内を明かさない学者特有の慣習に悩まされることもなかった！　あのころは、君の理論が明日とは言わずとも、いずれその翌日には厳然たる事実になるだろうと、読者に感じさせていた。それでも、その幻想そのものが論文全体に人間的な温かみとちょっとしたユーモアを与えていた。それにくらべてわれわれの後年の著作は――「黒と白」だったものが「灰色と灰色」になり――確実に不快なものに思われる。[*74]

『イギリスにおける労働者階級の状態』が出版されてから二〇年近くを経たのちに、マルクスはエンゲルスにそう書き送った。そして、マルクスは正しかった。今日、その妥協しない情熱ゆえに、この書は「イングランドの状況」に関する正典として――ディズレーリの『シビル、あるいは二つの国民』、カーライルの『過去と現在』、ディケンズの『ハード・タイムズ』、エリザベス・ギャスケルの『メアリー・バートン』と並んで——西洋文学で最も名の知れた主要な論争の書でありつづけている。しかし、彼の作品をこれら（階級区分を平和裏に撤廃することを望むキリスト教的な弱腰）の小説から際立たせたのは、容赦ない糾弾的文体だった。この書は、当時のほかの報告書では考えられないほど、自由放任主義の産業化と都市化がもたらした惨状をありのままに読者に突きつけた。「僕はイギリス人にすばらしい起訴状案を提出するつもりだ」と、エンゲルスは執筆途中でそう宣言した。「全世界を前に、殺人、盗みなどの罪を壮大な規模で犯したかどでイギリスのブルジョワ階級を告訴するのだ」[75]。この作品は歴史や統計を織り交ぜ、さまざまなテーマを網羅するものとなり、「大都市」から「アイルランド人移民」や「炭鉱で働くプロレタリアート」にまで言及し、それぞれについてブルジョワの足元にうんざりするほど罪状を並べ立てるものとなった。彼自身がじかに見聞きした話や、ジェームズ・リーチから引用した事例と並んで、エンゲルスはとりわけイギリス政府が発表した公式記録（「いわゆる青書」）を大量に利用するのを楽しんだ。「私はつねに自由党《リベラル》の情報源からの証拠を提示するようにし、ブルジョワ自身の言葉を面と向かって投げつけて、自由党《リベラル》のブルジョワ階級を打ち負かすように心がけた」[76]。これはマルクスが『資本論』で完成させた論争術だった。そのため『イギリスにおける労働者階級の状態』には、工場の委員会報告や法廷記録、『マンチェスター・ガーディアン』紙や『リヴァプール・マーキュリー』紙からの記事、それにピーター・ギャスケルやアンドリュー・ユーアなどのリベラル派による産業化する陽気なイギリスのばら色の報告の引用がぎっしりと詰まっていた。

マンチェスターへの攻撃

同書の強みはその厳密な議論と豊富な経験にあった。紙面から飛びだしてくるのは、エンゲルスがメアリー・バーンズとともに遭遇したマンチェスターの詳細な説明——その悪臭、騒音、汚れ、人間の惨事などだ。ドイツの社会民主主義者ヴィルヘルム・リープクネヒトがのちに述べたように、「フリードリヒ・エンゲルスは明晰な頭脳をもち、ロマンチックな曖昧さや感傷的なもやに惑わされることがないため、人や物を色眼鏡や霞のかかった空気を通して見ることはなく、つねに澄んだ明るい空気のなかで、澄んだ明るい目をしており、表面だけに留まらず、物事の底辺も見て、それらを徹底的に見通していた[*77]」。『イギリスにおける労働者階級の状態』は、この知的痛烈さの見事な結晶だったが、そこにはいかにもジャーナリスト的な許容と、青年ヘーゲル派の「幻像」や「理論上の戯言」を「現実の生きた物事」と対比させようとする彼の強い衝動も表わされていた[*78]。政治哲学と物質的現実のこの組み合わせは、彼の数ある論争の書の前例となった。「プロレタリアートの状況に関する知識は、社会主義の理論に確かな根拠を与えるうえで絶対必要である」と、彼は明言した[*79]。

エンゲルスの言葉による攻撃は、彼の序文によれば、「荷かごを狙ったものではあったが、ロバのほうにも、すなわちドイツのブルジョワ階級にも向けられていた[*80]」。産業化によってもたらされる社会的危機が大陸ヨーロッパに波及するのは時間の問題だったからだ。「ドイツのプロレタリアートの置かれた状況は、イギリスで見られる典型的な形態をとってはいないが、根底にはそれでも同様の社会秩序があり、それは遅かれ早かれ必然的に、北海の向こうですでに到達しているのと同様の極限に達するに違いない。国民の知性によって、社会制度全体に新たな土台を築く措置を講ずれば話は別だが[*81]」。一八四四年末にバルメンの実家に戻ってから書かれた『イギリスにおける労働者階級の状態』は、一八四五年にライプツィヒで、ドイツの読者向けに出版された（英語に翻訳されたのは、一八八五年にアメリカ版がでてからのことで、イギリス市場には一八九二年になってようやく登場した）。同書は産業化した都市の惨禍を描いた力作だった。「ヴッパータールだより」でバルメンの河川について報告した初期の作品を彷彿させる一節で、エンゲルスは〔マンチェスターのアーク川を見下ろす〕デュシー橋の上に立って、「この地区全体の典型的な」光景を書き留めた。「アーク川の川底、というより淀みには、瓦礫や廃棄物だらけの悪臭を放つ真っ黒い細い流れがあり、低い右岸にそれが堆積している。雨の降らない時期には、この岸にはそこかしこに、きわめて不快な黒々とした緑色の泥が溜まった場所が現われ、その底から毒気を含むガスの気泡が絶えず上がってきて、水面から一二ないし一五メートルは高さのある橋の上でも耐え難い悪臭を立ち昇らせる」。その付近で、エンゲルスは不潔な掘っ立て小屋のなかで、ジェームズ・フィリップス・ケイの足跡をたどる。「このような中庭の一つの、屋根付廊下のはずれにあるちょうど玄関のところに、扉のない便所がある。あまりにも汚く、住民は溜まった糞尿の不快な水溜りを通らないと、中庭に出入りできない」。その周囲には、これら「人間のための牛小屋」が何百棟もあり、人はそこでは動物の状態に貶められている。何百人もがじめじめした地下室に詰め掛け、子供たちは豚と同じ小屋に住んでいる。その近くを鉄道が通過し、便所も川も生活用水もすべてが合わさって一つのおぞましい混合状態になっているようだ。

マンチェスターの旧市街はかような具合で、この説明を読み直しながら、私は自分が誇張したのではなく、この不潔で荒廃した、とうてい人の住めない場所の実際の印象を伝えるには辛辣さがまるで足りないことを認めざるをえない。少なくとも二万から三万の住民をかかえたこの一地区の構造をよく表わす、清潔さや換気、健康など何一つ考慮しない姿勢である。そしてそのような地区が、イングランド第二の都市、世界初の工業都市の中心に存在するのである。[*82]

事態の悲惨さは、それに留まらなかった。市の南側の、オックスフォード・ロードのはずれに、マンチェスターに住む四万人ほどのアイルランド移民が密集している場所があった。メアリー・バーンズの仲間たちは同市のあらゆる住民のなかでもとくに搾取され、低賃金で酷使されていた。プロレタリアートのなかでいちばん底辺層《ルンペン》の人びとだ。

あばら家は古く、汚らしく、最も狭い部類で、通りはでこぼこで、深いわだちができており、場所によっては排水溝も舗装もない。大量の廃棄物や生ごみ、胸の悪くなるような汚物があらゆる方角にある水溜りに浮かんでいる……。これらの廃屋に住む輩は、割れて油布で修理してある窓や、ひび割れたドア、腐った戸口の側柱の奥で、あるいは暗く湿った地下室や、あまりにも多くのごみと悪臭のなかで、あたかも意図的に閉じ込められたようなこの空気のなかにいる。この連中は本当に人類のなかの最下層に達したに違いない。[*83]

「ティペラリー」のメアリー・バーンズを案内役にしていたにもかかわらず、エンゲルスは間違いなく、未熟で酔いどれで、薄汚れたアイルランド人という、中期ヴィクトリア朝時代の風刺的描写（その多くはトマス・カーライルによって体系化されていた）をそのまま継承していた。マンチェスターのじつに多様なアイルランド人社会内部の差異も、彼らが（ファーガス・オコナーとジェームズ・ブロンテア・オブライエンの指導のもとに）チャーティスト運動に欠かせない貢献をはたしたことも顧みず、エンゲルスは彼らを自堕落な集団として描いた。「アイルランド人は気楽で、陽気で、ジャガイモを食べる自然児だ」と、エンゲルスは説明した。彼らは「イギリスの工場の町で展開される機械仕掛けの、利己的で冷淡な大騒動」とはまったく相容れない。[*84]その結果、すぐにアルコールと堕落に身を落とす。

「アイルランド人は南国的な安直な性格や、そのがさつさゆえに、野蛮人よりいくらかマシな程度に位置している。あらゆる人間的な楽しみにたいする軽蔑も……その汚さも貧困も、すべてが酩酊状態を好むのだ」。アイルランド人のもう一つの欠点は家畜だった。「アイルランド人は、アラブ人が馬を愛でるように、豚を愛している……。彼らは豚とともに食べ、眠り、子供たちは豚と遊び、その上に乗っては、一緒に泥のなかを転げ回っている」[*85]。彼らが生きるのに必要とする糧の少なさが、必然的に地元の賃金価格を引き下げることになったため、アイルランド人が都市の暮らしにおよぼした影響は無害どころではなかった。これらの「野蛮なミレー族」〔イベリア半島から渡ったアイルランド人の祖先を指す〕が職をめぐって争う経済では、あらゆる場面で結果的に貧困が生じた。

アイルランド人の粗野で、野蛮な気質が、産業の劣悪な雇用条件を受け入れさせてしまうのだった。まるで自分の身に起きたことのように、エンゲルスは嬉々として工場の作業現場につきものの大怪我や身体の変形を徹底的に並べあげた。「膝は内側および後方へと曲がり、足首は変形して太くなり、脊柱は前方へ曲がるか片側へ寄ることが多い」と、彼は綿工場で長時間を過ごした影響について書いた。鉱業では、石炭や鉄鉱石を運ぶ労働があまりにも過酷であるため、子供が思春期を迎えるのが不自然に遅れた。そのうえ時間管理も過酷だった。「ブルジョワはプロレタリアートを奴隷制のくびきにつなぐがそれがどこよりも顕著に表われたのが工場システム内だった」。エンゲルスは工場規則の写しを前にして、「これによれば、三分の遅刻をした工員は誰でも一五分相当の賃金を差し引かれ、二〇分の遅刻ならば、一日の四分の一相当が引かれる。朝食時間までに出社しなかった者はすべて、月曜日に一シリング分の罰金が科せられ、そのあと一日おきに六ペンスが科される、といった具合である」。しかし、ジェームズ・リーチが最初に明らかにしたように、時間は変動しうる現象だった。「……工場の時計が一五分進められ、ドアが閉まっていることに工員が気づくと、なかで罰金帳簿をもった事務員が動き回っていて、多数の欠席者の名前を書いている」。こうしたことはいずれも、当時の過激な言い回しを使えば、労働者階級は「アメリカの黒人以下の奴隷」だったことを意味した。「なにしろ彼らはより厳しく監視され、それでいて人間らしく生き、人間のように考え、感じることを要求されているのだ！」[*86]

不潔な住居に、身体を消耗させるその日暮らし、職場での精神的・肉体的責め苦——「女たちは出産に適さない身体になり、子供は身体が変形し、男は衰弱し、四肢をつぶされ、どの世代も単にブルジョワ階級の財布を満たすためだけに、疾患や衰弱に蝕まれ、冒されている」——のせいで、飲酒と売春の悲惨な罠に落ちていった。[*87] シェフィールドでは確かにこうした事例が見られ、エンゲルスは次のように記した。「若い世代は日曜日をまる一日、通りに寝そべってコインを投げ、闘犬をさせて過ごすか、ジンを売る安酒場に足繁く通う……。となれば、誰もが証言するように、シェフィールドでは、早期の見境のない性行為や若い娘の売春が、とてつもなく頻繁に十四、五歳から始まるのも不思議ではない。残忍で自暴自棄な類の犯罪は、日常茶飯事である」。産業都市の住民が直面する苦境は、まさしくカーライルが警告したような社会崩壊だった。「残酷なまでの無関心、それぞれが無感動なまま自分の関心事に引きこもる状態がより不快かつ苛立たせるものになる……。人間が単子《モナド》に分解され、それぞれが別々の本質と別々の目的をもった原子の世界が、ここでは最も極端なかたちで繰り広げられている」[*88]。では、社会のこの惨状について、中流階級はどう考えていたのだろうか？「私はマンチェスターには一度、そのようなブルジョワとともに行き、不健康でお粗末な方法で建てられた家々や、労働者の居住区の醜悪な状況について話をし、これほどひどい構造の都市は見たことがないと主張した。相手の男はしまいまで黙って聞いてから、別れ際に街角でこう言った。『それでも、ここでは大量の金《かね》が生みだされているんです。ご機嫌よう』」[*89]

階級と都市

一見すると、エンゲルスの描くマンチェスターはなんら目的も構造ももたないかのよう――計画性もなく家が密集した混沌状態――に思われたが、実際には、同市の息苦しい形態の陰には、恐ろしい論理が存在した。のちにマルクスが『資本論』のなかで自由と平等の虚飾を剝いで、資本主義の「隠された生産拠点」を描いたように、エンゲルスも正統なヘーゲル派式に、同市の外観に惑わされることなくその本質を明らかにした。確かに、スラム街の住宅は川岸の崩れかけた斜面にでたらめに広がり、鉄道が古い界隈を通り抜けていたが、こうした発展は産業化社会の階級分裂を完全に反映したより広い都市の形態の一部なのであった。ほとんど前例を見ないほど、エンゲルスはこの都市の空間的動態――その通りや家、工場、それに倉庫を――社会的・政治的権力の表われとしてよく理解していた。ブルジョワとプロレタリアートのあいだの闘争は、綿紡績場《スロッツスル・ルーム》やチャーティストの集会に限られていたわけではなく、通りの配置や輸送システム、それに計画過程にも見られた。「町そのものが特殊なかたちで建設されているので、働く人びとのいる地区どころか、労働者にすら接することなく、そこに何年間も住むことも、日々この町に出入りすることも可能だろう……。このことはおもに、無意識かつ暗黙の了解によっても、意識的に明言された決定からも、労働者の住む地区は中流階級のために確保された市の区域から明確に分離されている事実によるものだ」。私的所有によってもたらされた社会格差が、市の石畳そのものに埋め込まれていたのだ。

エンゲルスの階級による地域区分《ゾーニング》の分析は、ディーンズゲートの大通り沿いから始まる。ここは豪商や綿業王たちが取引にやってくる場所だった。今日と同様、一八四〇年代にもこの通りは高級店や目立つ倉庫などが並ぶ小売および商業の中心地だった。そして、現代の多くの都市の中心街と同様に、

「界隈全体から居住者は退去してしまい、夜間は人気のない寂しい場所となる。狭い小路を薄暗いランタンを手に夜警や警官が歩き回るばかりである」。しかし、そこを取り巻く市内の周辺地区に、厳密な意味でのマンチェスターの、「純粋に労働者だけの界隈が商業地区の周囲に帯状に広がっている」。そして、この帯状部分から外れた、その先の郊外の「労働者地区に近接した規則正しくつくられた通り沿いに……とりわけチョールトンとチータムヒルの低地の地区に、中流のブルジョワ階級が暮らしている。上流のブルジョワ階級はもっと遠くのチョールトンやアードウィックの庭のある大邸宅や、チータムヒル、ブロートン、ペンドルトンの風通しのよい高台にあって、田舎の自由で健全な空気を吸える、居心地のよい立派な屋敷に住んでいる」。そして、こうした取り決めの最もすばらしい点は以下のとおりだ。

この成金貴族たちは労働者地区全体の真ん中を抜ける最短の道を通って、彼らの事業所まで向かうことができ、その右側にも左側にも潜む汚い貧困地区の真っ只中を、自分たちが通っていることを見る必要もない。取引所から市外のあらゆる方角へ通じている大通りは、両側にほぼ途切れ目なく店が立ち並び、中流および下流のブルジョワ階級の手で切り盛りされていて、自己の都合から見苦しくない清潔な外観を保ち、手入れすることができる……こうした店があれば、強靭な胃と脆弱な神経をもつ裕福な男女の目から、彼らの富を補充する役目を負う困窮や汚れを隠すのに充分なのである。*90

バルメンで、地元の染色工や織工と同じ地域に住んでいたエンゲルス自身もすっかり衝撃を受けたと述べた。「マンチェスターほど大通りから労働者階級を徹底的に締めだし、ブルジョワの目や神経を逆撫でしかねないものすべてが気を遣って隠されている事例は見たことがない」。都市形態がこのように画策されていたのは、偶然ではないと彼は確信した。「リベラルな工場主たちは、マンチェスターの有力者たちは、こうした微妙な建設方法の問題において、結局のところさほど潔白ではないと感じざるをえない」[*91]。もちろん、一つの都市に二つの民がいるという概念はお馴染みのもので、なかでもレオン・フォーシェがもっと早くから階級区分のあるマンチェスターの地理に注目している。だが、エンゲルス以前には誰も、その実態をこれほど鋭く感じとって描くことはなかった。

エンゲルスは完全に異なるレンズを通して都市を読む方式をつくりだした。階級権力が都市形態を最終的に決定するという理解である。これは三〇年ほどのちに第二帝政のパリを分析するなかで、彼が戻ったテーマだった。ジョルジュ＝ウジェーヌ・オスマン男爵が都市整備に乗りだしたおかげで、崩れかけた中世の都市だったパリは、ナポレオン三世の首都にふさわしく変貌を遂げていた。市場が建設され、下水道が敷かれ、街路樹が植えられ、教会と博物館は装飾を施し直され、なかでも破格であったのは、昔から労働者階級が暮らしていた地区に一連の大通りが建設されたことだった。その過程で二万七〇〇〇軒ほどの家屋が解体され、何万人もの労働者が市の中心街から強制的に、もしくは買収されて追いだされた。この計画がどのように——公衆衛生や輸送効率の観点から——美化されても、これは階級にもとづいた都市計画のはるかに顕著な事例であり、そこでは都市を織り成す要素はブルジョワの価値観を具体化したものであった。エンゲルスはそれを単純に「オスマン」と名づけた。

「オスマン」という言葉で私が意味するのは、われわれの大都市にある労働者階級の地区を、なかでも中心街に位置する区域を破壊するいままでは一般化した慣習だ。それが公衆衛生を考慮して行なわれたのか、町の美化のためなのか、あるいは中心街に位置する大きな事業所の需要ゆえなのか、鉄道や道路を敷設するといった交通上の要求からなのかはこの際どうでもいい。理由はさまざまでも、その結果はどこでも同じである。体裁の悪い横丁や小路は、この一大快挙へのブルジョワ階級からの惜しみない自画自賛の声とともに姿を消すが、それらの路地はすぐさま別の場所に、たいていはそのすぐ近くに再び現われるのである。[*92]

階級社会の未来展望

批評家や伝記作家は往々にして、エンゲルスが一八四〇年代のマンチェスターの通りを、ノートを手にして、目に付いたものを書き留め、あらかじめ熟考した感性などほとんどなく、ただ歩いたに過ぎなかったかのように述べてきた。スティーヴン・マーカスによれば、「エンゲルスは、自分自身の経験を好んで書いてきた。それに取り組み、利用し、解明し、ある程度は文字どおりその経験を創作し、それゆえ彼自身をもつくりだしていた。なにしろ、自分の経験を言葉に変えるなかで、彼は同時にその構造を一般化し、発見していたからだ[*93]」。同様に、歴史家のサイモン・ガンは「エンゲルスは大量の感覚印象から意味を引きだすために、容赦なく詳細にわたった報道スタイルをつくりだした」と書いている。[*94]マンチェスターの歴史家ジョナサン・スコフィールドはさらに踏み込んで、ランカシャー州の暮らしがいかにエンゲルスの思考を変え、それとともに共産主義の本質も変わったかを強調した。「マンチェスターがなければ、ソ連は存在しなかっただろう」と、彼は断言する。「そして、二十世紀の歴史は大いに違うものになっただろう[*95]」

こうした見立ての多くは、エンゲルスが社会的には鋭いが、哲学的には疎い記者だという通念に惑わされている。マルクスの協力者であって、彼の実際の功績は資本主義の状況に関するデータを提供することだけだった、というものだ。だが、一八四二年に共産主義に「転向」したあと、エンゲルスは産業社会がもつ政治的重要性について、明確な考えをもってマンチェスターにやってきた。彼がこの都市――「近代の製造業の技術が完成の域に達した場所」――にそれほど惹きつけられたのは、モーゼス・ヘスから社会革命の予言とともに教えられた共産主義の正当性を立証することを、ここがまさしく約束してくれるからだった。マンチェスターの役目はそれを裏付けることであって、理論を生みだすことではなかった。それはつまり、『イギリスにおける労働者階級の状態』が当時の都市旅行記文学のなかで際立つ存在となったのは、その生々しい描写にもかかわらず、説明的な奥深さではなく、論争を巻き起こす力があったからなのである。

このことが、イギリスの産業化の経緯に関する叙事詩的説明で始まる同書の興味深い冒頭部分――「人類の年代史において比類のない一つの歴史」――を説明している。この広範囲にまたがる物語で、ヨーロッパの主要国がそれぞれ共産主義に向かう行進のなかで役目をはたしているとする、ヘスの「三頭政治」への信念をエンゲルスは肯定した。「イギリスにとって産業革命は、フランスにとっての政治革命や、ドイツにとっての哲学革命と同じだけの重要性がある」[*96]。エンゲルスはいかに産業化の力学が、ギルドと徒弟制度にもとづいていた古い経済を無情にも崩壊させ、代わりに「大資本家と、みずからの階級を抜けだす望みのまったくない労働者」からなる階級区分を招いたかを明らかにした。なにしろ、イギリスの産業革命の大罪は、私的所有が不公正であるため、十九世紀の産業技術および経済面の進歩が人びとを公平に豊かにしなかった点にあるからだ。産業資本主義は潤沢な富を生み、マルサスの言う飢饉の恐怖を終わらせることにもなったが、不公正を定着化させた財産所有形態のせいで民衆のもとにはその恩恵はもたらされなかった。幅広い社会の繁栄へと発展する代わりに、産業化はプロレタリアートを生みだした。「自分の両手しかもたず、前の日に稼いだものを今日のうちに消費し、起こりうるあらゆる出来事に振り回され、生活するための最低限の糧を稼げる保証がどこにもなく、あらゆる危機によって、雇用者のあらゆる気まぐれによってパンを奪われるプロレタリアが、人間にとって考えうる限り最も不快で、非人間的な立場に置かれている」[*97]。社会階級が経済によって決定されるというこの概念が、やがてマルクス主義の最も影響力のある命題となる。

イギリスの猛烈な産業化から生じた、これらの絶望的に悲惨なプロレタリアが、同書の未熟な英雄たちなのだ。産業革命以前の——農民に農地とメイポール〔五月祭の柱〕と収穫があった——小作農の生活には田舎臭い「牧歌的素朴さ」はあったものの、エンゲルスによれば、「彼ら〔小作農〕は知性面では死んでいた」。「彼らは物言わぬ植生のなかで安穏としていたのであり、産業革命がなければ、確かに居心地よくロマンチックだったとしても、人間としてふさわしくはないこの暮らしから決して抜けだすことはなかっただろう」[*98]。労働者階級が村や愚かしい農村の暮らしから引き離され、工場に追い立てられて初めて、彼らはプロレタリアートとしての自分たちの目的を認識できるようになった。そして、エンゲルスはここでごく早い事例として、共産革命の前触れとしてのプロレタリアートの歴史的役割について言及する。その役割に関してきわめて重要なのは、都市における生活の状態である。人間が資本主義によって人間本来の姿から疎外されているという、エンゲルスが「国民経済学批判大綱」で切り開いた突破口が、重要なイデオロギー上の前置きとなった。ソルフォードとリトル・アイルランドのスラム街をエンゲルスが隈なく歩いたのは、ガレス・ステドマン・ジョーンズが述べるように、「宗教による疎外と——青年ヘーゲル派を加味した急進派共産主義風に説明すれば——金《かね》と私有財産をもつ支配者層と関連した、人間性の存在論的喪失というフォイエルバッハの概念を、比喩的にも文字どおりにも正当化するため」であった[*99]。産業都市のなかで、人は使役動物扱いされてきた。そのため、エンゲルスの文章には動物的比喩が随所にあり、豚や牛が際限なく登場する。『イギリスにおける労働者階級の状態』がマンチェスターの労働者階級の寝起きする場所について述べているように、「そのような住居では、肉体的に退化した民族しか、あらゆる人間性を奪われ、道徳的にも肉体的にも退化して獣性を帯びた者しか、居心地のよいわが家だと感じることはできない」[*100]

だが、そのような苦しみは必要なものだった。貧困にあえぐ大衆がどん底に落ちて初めて、人間性そのものを剝奪されて初めて、彼らは階級意識に目覚め始めるからだ。「こうして人類はその最も複雑で、最も残虐な発展を遂げる。こうして文明は奇跡を起こし、文明化されていた人間がほとんど野蛮な状態へと戻るのである」と、トクヴィルはそのプロセスを表現した。[*101] 労働運動の誕生の地として、マンチェスターはしたがって多大な犠牲の場となったが、それはまた償還〔捕われの身または罪から自由への救出〕の場でもあった。搾取を通して、究極的な解放がもたらされるからだ。エンゲルスがのちに「住宅問題」のなかで書いたように、「近代の大規模産業によって生みだされたプロレタリアートだけが、自分たちを土地に縛りつけてきたものを含め、受け継いできたあらゆる足枷から解放され、大都市へと追い立てられた者たちだけが、社会の大変革を成し遂げる立場にいて、それがあらゆる階級搾取とあらゆる階級支配を終わらせるのだ」[*102]

入念な都市計画を通して、中流階級は労働者階級を視界の外に、思考の外に追いやることを期待した。だが、プロレタリアートがスラム街に閉じ込められると、市内の空間配置は階級意識の醸成を加速するばかりだった。そのため、マンチェスターは中流階級の勝利の場であったが、命運の尽きる場ともなった。どの工場も、スラム街も、救貧院も、ブルジョワにとって死すべき運命を忘れないための「メメント・モリ」となった。彼らの輝かしい都市は、生ける屍の墓場なのだ。「中流階級は、穴だらけで、いつかは崩壊するやもしれない土地にしがみついているのである」と、エンゲルスは明言した。グラスゴーからロンドンまで、革命は避けがたいものとなった。「フランス革命と一七九四年に比肩する革命も、造作ないものとなるだろう」[*103]

一八四〇年代のマンチェスターに関するエンゲルスの一見、とりとめもなく思われる描写には、都市の目的にたいするこの感性が息づいている。これは単なる文芸欄の記事ではなく、政治的に説得力のあるしなやかなプロパガンダであったのである。あらゆるものが演ずべきイデオロギー上の役割をもつようになった。そのため、エンゲルスの説明のなかで労働者階級の声を聞くことは決してないし、マンチェスターで労働する大衆内部にいくつもの区分があるようにも感じられない。たとえば、道路清掃業者も綿紡績工と変わらないし、保守主義者《トーリー》とリベラル派も、カトリックとプロテスタントも違いが見られない。マンチェスターの複数の経済組織――綿工場だけでなく、流通、サービス、建設、小売りなど――は、さりげなく抹消され、団結した労働者と資本家のあいだの、都市全般にまたがる対立に変わっていた。同様に、同市の機械工協会、友愛会、労働者クラブ、政治政党や教会の裕福な労働者階級の市民社会も描かれていない。代わりに、エンゲルスはみずからの歴史的運命の実現を切望する体系化されたプロレタリアート像を示した。

プロレタリアートの歴史的役割に焦点を絞るこの考え方は、オーエン派やチャーティスト運動からエンゲルスの思想を大きく際立たせるものだ。彼らには、労働者階級を台頭させた広い社会経済勢力という感覚はほとんどなかった。また、ニューハーモニー村やファランジュ、あるいは憲章《チャーター》のための彼らの計画も、それに伴う社会革命を考慮してはいなかった。「彼らは歴史的発展を認識しておらず、目標がはたされて運動が解散できるまで政治活動をつづけるのではなく、国民を一夜にしてすぐさま共産主義の状態にすることを望んでいる……。彼らは代わりに博愛主義や普遍的な愛という、イングランドの現状にとってはるかに不毛なことを説教する……あまりにも抽象的で、あまりにも形而上学的で、ほとんど何も達成しないものだ」[*104]。必要なのは実際的な行動と、チャーティズムと社会主義の連合、そしてそれに伴った共産主義に向かう歴史の歩みであった。「革命は起こらねばならない。平和的解決策をもたらすにはすでに遅すぎる」と、エンゲルスは宣言した。一つの望みはできる限り多くのプロレタリアートを共産主義に転向させることで、革命に伴う暴力を軽減することだった。「プロレタリアートが社会主義的および共産主義的な分子を吸収するにつれて、革命からは流血の事態や復讐、野蛮さが減ってゆく」。たとえ共産主義的な将来を実現させる特定の任務をプロレタリアートが負っていても、新しい社会は昔からの対立がなくなるにつれて、すべての階級を受け入れるようになるからだ。「共産主義は労働者だけではなく、人類にかかわる問題なのである」[*105]

共産主義の未来においてブルジョワ階級とプロレタリアートのあいだの衝突が解消されると、その衝突の現場である近代の大都市も同様に、「資本主義的な生産様式が廃止されることによって」時代遅れのものとなる。[*106] 都市は労働運動の誕生を目の当たりにしたかもしれないが、その運動の勝利が、町と田舎のあいだの昔ながらの対立の消滅を知らしめていた。エンゲルスは後年の著作のなかで、近代の産業技術と計画経済があれば、都市部に商業を集中させる必要のないことが証明されるだろうと予測した。同様に、不衛生で悪化した環境――「大気や水、陸地の現在の汚染状態」――は、町と田舎が融合することで軽減されると考えた。こうして、都市部の急進主義を熱心に唱導したエンゲルスが、生涯を終えるころには市民生活のない恐ろしく技術中心の共産主義の将来を推奨していたという皮肉な事態になったのである。「町と田舎のあいだの対立の撤廃は単に可能だというだけではない。それは、ちょうど農業生産にとって必然であったように、産業生産そのものにとってじかに必要となったほか、公衆衛生面でも同様であった……。大都市では、取り除くには多くの時間と苦労を要する遺産を、文明がわれわれに残したのは確かである。だが、その過程がどれだけ長期化しようと、その遺産は取り除かなければならないし、そうなるであろう」[*107]

反響と影響

『イギリスにおける労働者階級の状態』がもたらした影響は、ドイツの急進派のあいだですぐさま明白になった。「知る限りにおいて、現代の大規模産業によって生みだされた社会状況を……ドイツ語で説明したのは、私が最初である」と、エンゲルスはのちに得意げに追想した。「当時まだ誕生したばかりで、空論を振りかざしていたドイツ社会主義に現実的根拠を与えるためである」[*108]。エルバーフェルトのある共産主義者によれば、「フリードリヒ・エンゲルスの書は、あらゆる神聖な戯言も不正も貶め、居酒屋に堂々と陣取っている」[*109]。ブルジョワ側の書評は、地元『バルメン・ツァイトゥング』紙のものを含め、酷評していたが、プロイセンの統計学者フリードリヒ・ルートヴィヒ・フォン・レデンは例外で、同書は「そのテーマにおいても、徹底ぶりと正確さの面でも、特別な注目」に値すると考えた。彼はとりわけエンゲルスが「プロレタリアートにたいするイギリスのブルジョワ階級の態度を目に見えて忠実に描写」したことに感銘を覚えた。「一方には、社会の重要な問題すべてにおいてブルジョワ階級が繰り広げる独裁制があり、他方には、無産階級の怒りと悔しさがある」[*110]。前述したように、マルクスはこの本と、そこに満載された、工場主が工場の時計を操作することから、労働者が置かれた物理的状況や、綿産業の経済史にいたるまでの有益なデータに魅了された。同書はマルクスが、資本主義の非人道的行為の具体的な証拠をたびたび求めた情報源だった。「イングランドで大規模産業が始まってから、一八四五年にいたるまでの時代に関する限り、随所でこれに触れるが、詳細については読者にエンゲルスの『イギリスにおける労働者階級の状態』を参照してもらうことにする」と、彼は『資本論』第一巻の初めのほうの註に書いた。「資本主義の生産方法の本質にたいするエンゲルスの洞察の深さは、彼の書が出版されて以来、登場した工場の報告書や鉱山に関する報告などによって実証されている」[111]

だが、エンゲルスは単なる事実の報告以上の貢献をした。マルクス主義の学者が高く評価することはめったにないが、『イギリスにおける労働者階級の状態』は（「国民経済学批判大綱」とともに）、共産主義理論の草分けとなる文献であった。エンゲルスは、ヴィルヘルム・リープクネヒトの言葉を借りれば、「脱ヘーゲル化」したのだ。産業化するマンチェスターでじかに人間の不公正を目撃したことが、ベルリン時代の「単なる抽象的な知識」を超えさせたのだった。驚くほどの知的な成熟さを見せて、二十四歳のエンゲルスは青年ヘーゲル派の疎外の概念を、ヴィクトリア朝時代のイギリスの物質的現実に当てはめ、そこから科学的社会主義の思想面の構造をつくりだしたのである。モーゼス・ヘスから学んだ理論的共産主義の萌芽は、マンチェスターで過ごした時代に大いに充実したものになった。後年、主流マルクス主義思想として見なされるもののじつに多く――階級分裂、現代の産業資本主義の不安定な本質、ブルジョワ階級によるみずからの墓掘り作業者の創出、社会主義革命の必然性――が、エンゲルスの優れたこの論争の書にいずれも最初に盛り込まれていたのである。[112] しかし、同書を最後に、その後三〇年にわたって、社会主義思想について彼が実質的な作品を著わすことはまずなかった。一八四四年の夏には、マンチェスターでの見習い期間は終了し、エルメン&エンゲルス商会の御曹司である後継者は故郷のバルメンに戻った。帰路、彼はパリに立ち寄り、カール・マルクスとはるかに温かい再会をはたした。そして、それ以降、エンゲルスのライフワークは管理者である「ムーア人」に譲り渡されたのである。

第4章

少々の忍耐と若干の威嚇

マルクスとエンゲルスのパリ

オノレ・ド・バルザックがブルジョワの支配するパリを描いた辛口の年代記『ゴリオ爺さん』では、最後の場面で若い主人公のラスティニャックが前に進みでてフランスの首都に立ち向かう。「明りが灯り始めていた。彼の視線はヴァンドーム広場の円柱と廃兵院のドームのあいだに、貪るように釘付けになった。そこには彼が入り込みたいと願っていたすばらしい世界が広がっていた。ブンブンと騒音を立てるその蜂の巣を、あらかじめその蜂蜜を吸いあげんばかりの表情で眺め、彼は壮大な言葉を吐いた。「今度はわれわれのあいだの闘いだ！」

パリはエンゲルスの人生の次の段階に、華々しい舞台を与えてくれた。そこは「ほかのどんな人びとにもまして、住民が快楽のための情熱と、歴史的な行動のための情熱をかけ合わせている」都市だと、彼は考えた。ラスティニャックと同様、野心に満ち、知識欲も性欲も旺盛なエンゲルスは、この都市のあらゆる娯楽を味わいたいと考えた。俗物的なバルメンと、スモッグと霧雨のマンチェスターを経験したあとで、パリは財力のある若者にとって無限の機会を与える街だった。バルザックが感嘆したように、「パリは大海だ。錘を投げ入れても、決して底に達することはない。測量し、描写するがよい。どんなに根気強く測量し、入念に海図に書き込んでも、真実を知るためにこの海の探検家がどれだけ回数を重ね、気を配っても、つねに未踏査の領域が残るだろう。未知の洞窟や花や真珠、怪物、夢に見たこともないものや、文学の海に潜る者が見過ごしたものがあるだろう」[*1]

この大都市を知り尽くしたいと考えたのは、エンゲルスだけではなかった。急進主義者にとっても、知識人や芸術家、哲学者にとっても、パリはヴァルター・ベンヤミンが言ったように、「十九世紀の首都」だった。青年ヘーゲル派のアーノルド・ルーゲはここを『世界の歴史がつくられ、つねにその新鮮な源がある大実験室」と呼んだ。「人生の勝利と敗北を味わうのは、パリにおいてだ。われわれの哲学ですら、われわれが時代の先をゆくこの分野ですら、パリで公表され、フランスの精神を染み込ませて初めて、勝利することができる」[*2]。モーゼス・ヘスの言うヨーロッパの三頭政治のごとく、パリの役割はその革命の本質を利用して、共産主義のための戦いに欠かせない活気を与えることだった。イギリスの物質的な不公正と、ドイツの哲学的な進歩に、フランスは政治的なダイナマイトを加えたのだ。マルクスはそれを興奮気味に「ゴールの雄鶏の鳴き声」と呼んだ。

より直接的なところで言うと、パリは近代の共産主義者同盟を結成するための背景をも提供した。マルクスとエンゲルスが自分たちの哲学を推進するために利用した政治組織である。エンゲルスはこの街で組織政治という黒魔術を学んだ。首都の下宿屋や工房のあいだで、エンゲルスはいずれ世界的規模の「共産党」として実を結ぶことになる運動を起こし始めた。政治活動——不正投票や選挙区の勝手な区割り手続き——とともに、十九世紀で最も有名な論争の書『共産主義者宣言』における、マルクスとの共同執筆作業が始まった。始まりはカフェ・ド・ラ・レジャンスでグラスを傾けながらであった。かつてベンジャミン・フランクリンや、ルイ・ナポレオン、ヴォルテールその人も利用したこのカフェは、このころにはますます自堕落になる若い二人のプロイセンの哲学者たちを客に迎えていた。

カール・マルクスと妊娠中の妻イェニーがパリにやってきたのは、一八四三年十月に、彼の『ライン新聞』が廃刊されたのちのことだった。ほかでもないツァーリ・ニコライ一世が同紙を読み、その反ロシア的論調に不満を述べ、プロイセン当局に同紙の発行許可を取り消させたためだ。マルクスは同僚の編集者アーノルド・ルーゲから、プロイセンを離れて、フランスで新たに創設された『独仏年誌』でジャーナリストとしてのキャリアを積んではどうかと誘われた。だが、数週間もしないうちに、編集者としてのマルクスの無規律ぶりが露呈すると、同誌に多額の自己資金を注ぎ込んでいたルーゲは自分の提案を後悔するようになった。「彼は何一つ終わらせず、すべてのものを中断し、つねに限りないほどの本の海にまた飛び込んでしまう」[*3]。だが、二人の隔たりは気質上のものだけではなかった。パリにやってくるとまもなく、マルクスはルーゲの青年ヘーゲル派とは一線を画すようになり、より明確に自分を共産主義者であると考え、パリの労働者階級の活動家を支持するようになった。「フランスの労働者の集会に一度出席なさるといいでしょう。そうすればこうした酷使された人びとのあいだに、若さあふれる潑剌感や高貴さが満ち溢れていることを信じられるはずです」と、マルクスは一八四四年八月にフォイエルバッハに書いた。「われわれの文明化社会にいるこれらの未開人たちのあいだで、歴史は人間の解放のために活動する実際的分子を準備しているのです」[*4]。さらに、フランス革命を研究し、アダム・スミスとデイヴィッド・リカードの政治経済の古典的作品（およびエンゲルスの「国民経済学批判大綱」）をつぶさに読んだ結果、マルクスは宗教による疎外の問題から、資本主義社会の物質的現実へと関心を向けるようになった。「一八四三年から四五年の年月は、彼の生涯のなかで最も決定的な時期だった」と、アイザイア・バーリンは明言する。「パリにおいて、彼は最終的な知的変貌を遂げた」[*5]

ヘーゲル主義の批評にあまり関心をもたなくなったマルクスは、いまや労働の分業とカーライルの現金支払いの結びつきが人間の本性におよぼす影響に惹きつけられていた。マンチェスターの労働者を観察したエンゲルスのように、マルクスは階級にもとづく資本主義が徐々に人間を自分自身から疎外していると考えた。そして、エンゲルス同様、彼はこの疎外の危機の解決策は、まさしく資本主義によって生みだされた無産階級、すなわちプロレタリアートの働き手のなかに存在すると考えた。彼らの歴史的役割は、政治経済の陰にある悪意に満ちた不公正、すなわち私的所有制度を乗り越えることによって、人間を自分自身に戻すこと（「人間の解放」）だ。「共産主義は私的所有を積極的に撤廃し、それによって人間の自己疎外を積極的に撤廃するものであり、そうすることで人による、人のための、本当の意味での人間の本質の再私有をはかるものである」と、マルクスは書いた。[*6]哲学面でこれほど明らかにうまが合ったということは、この二人の男がカフェ・ド・ラ・レジャンスで食前酒を飲み終えたころには、一八四二年に『ライン新聞』の事務所で冷ややかな出会いをした記憶は薄れていたことを意味した。一〇日以上にわたってビールで酔っぱらった日々を過ごしたあげくに、彼らは感情面でも思想面でも生涯つづくことになる絆を築いた。「一八四四年の夏にパリにいるマルクスを訪ねたとき、あらゆる理論分野で意見が完全に一致していることが明らかになり、われわれの共同作業はそのときから始まった」と、エンゲルスは回想する。[*7]

この知性同士の出会い、レーニンの言葉を借りれば「古代人のあいだの最も感動的な友情物語をも超越した」[*8]交友の本質はなんだったのだろうか？　説得力はないが、エドマンド・ウィルソンは、エンゲルスが実父には認めなかった「父としての権威」を、マルクスが与えていたと主張する。その反対にフランシス・ウィーンは、エンゲルスはマルクスに「一種の母親代わりとして」尽くしたとしているのが最もふさわしいのではないが、彼らの関係を家族にたとえれば、仲のよいいとこ同士と考えるのが最もふさわしいのではなかろうか。プロイセンのライン地方出身という、同じ背景をもち、それぞれいちじるしく異なる点はあるものの、二人は相互に補い合う性格として認め合った。「エンゲルスのほうが明るく、歪みの少ない、協調性のある気質であり、身体的にも知的にも、彼のほうが融通が利いて回復力に富んでいた」というのが、伝記作家のグスタフ・マイヤーの見解だ。[*9] 確かに、エンゲルスには「竜」の激しさが少なかった。「ムーア人的」な性急さも、われを忘れて知的探求に没頭することも、資本主義の人的損失にたいする個人的な怒りも少なかった。エンゲルスは、気を散らされて苦しむ共同研究者よりは超然としていたし、もっと徹底的に経験を重視した。マルクスの娘婿のポール・ラファルグはエンゲルスを、「年寄りのメイドのように几帳面」だと評した。[*10] エンゲルスは、水ぶくれやおできだらけのマルクスより身体も頑強だった。マルクスの個人的、金銭的なストレスは、身体中に怒りの点字のごとく読みとることができた。二人の筆跡に、彼らの性格の違いがいかに表われているかについては多くの人が言及している。エンゲルスの学問好きそうな均整のとれた手書き文字（そこかしこにユーモアにあふれた巧妙なイラストが飾られている）は、マルクスの怒りに満ち、インク染みのついた殴り書きと好対照をなしていた。それでも、マルクスの意図したことを解読できるのが、しばしばエンゲルスただ一人であったことは、彼らの友情を端的に表わしている。

その後四〇年にわたって、彼らの関係は最悪の事態に陥ったときもほとんど揺らぐことがなかった。「お金、知識――あらゆるものが二人のあいだでは共有されていた……。エンゲルスは友情をマルクスの家族全員に向けた。マルクスの娘たちは彼にとって子供同様で、娘たちは彼をもう一人のお父さんと呼んでいた。この友情は〔マルクスの〕死後もつづいた」というのが、ラファルグの解説である。[11]彼らの友情の基礎となったのは、責任の分担だった。パリ時代以降、エンゲルスは「われわれの見解」にイデオロギー上の根拠を与えることにかけて、マルクスのほうが能力的に優れていることを認めるようになった。彼は頭脳面におけるこの降格を、いつもながらの率直で、淡々とした調子で受け入れた。「四〇年にわたるマルクスとの共同作業以前とそのあいだ、理論の基礎を築くうえで私もある程度は独自の役割を担ったことは否定できない」と、エンゲルスは友人の死後に書いた。「しかし、その主要な基本原則の大部分は……マルクスのものであり……マルクスは天才だった。われわれその他の者はせいぜい才能がある程度に過ぎない。彼がいなければ、理論は間違いなく今日のような状態にはなっていなかっただろう。したがって、彼の名を冠するのは当然である」[12]。マルクスの天賦の才にたいするこの信念から、エンゲルスは身を引いて、彼独自の思想の発展は犠牲にしてでも、「マルクスのような優れた第一バイオリン」にたいする「第二バイオリン」を自分は担当すべきだと確信したのである。[13]そして、献身的なエンゲルスには、それ以外の方法で行動しうる人間がいるなどとはとうてい理解ができなかった。「天才を羨むことなど、誰にできるだろうか。その才能はあまりにも特別なもので、それをもたぬわれわれは、初めからそんな権利は手に入らないことを知っている。それでも、そんな才能を羨むとすれば、恐ろしいほど狭量にならなければならない」[14]。肝心なことは、エンゲルスが決してマルクスの思想に転向する必要がなかった点である。マルクスによれば、エンゲルスは「別の道を通って私と同じ結果に到達した」のであり、そのため彼らの哲学的立場の理論的および政治的意味合いを探ることに、エンゲルスも同じくらい専念していたのだ。違いは、「その他われわれすべてよりも、マルクスのほうが高みに立ち、遠くを見て、広く、素早く物事を見てとっていたこと」であった。[15]

青年ヘーゲル派との決別

彼らの関係が生みだした最初の成果は、『批判的批判の批判、ブルーノ・バウアーとその仲間への反駁』（一八四五年）であった。この小編は、マンチェスターとパリでの経験ののちに、青年ヘーゲル派の理想主義の残存者にたいし、二人が共通に感じていた苛立ちを表わしたもので、マルクスとエンゲルスが新たに奉じるようになった唯物論の公的宣言の役目もはたしていた。「天から地上へ降りてくるドイツの哲学とは好対照に、これは地上から天に昇る問題なのだ」と、彼らはこの哲学的断絶をのちに明確に表現している。「それはつまり、生身の人間に到達するために、人が言ったり、想像したり、考えたりすることから始めるのではなく……現実に活動する人間から始め、生活過程のイデオロギー的反映や反響の展開を明らかにする実際の生活過程にもとづくものである」[16]

この新しい考え方に沿って、マルクスとエンゲルスはこのころには観念論的な哲学思索を「常套句、常套句ばかりだ」と切り捨て、バウアー兄弟のベルリン一派を段階的な社会変革にたいする身勝手な障害物として糾弾した。「彼らドイツの哲学者にたいする闘いが宣言された。自分たちの単なる理論から、実際的な推論を引きだすのを拒み、人間には形而上学的な問題について思索する以外にすべきことはないとして満足している連中である」と、エンゲルスはのちにますます過激な論調でこの件に触れている。[17]「ビール知識人」とは袂を分かち、マルクスとエンゲルスはヘーゲルのイデーと精神《ガイスト》の影などを追うのではなく、社会・経済の状況に関心を注ぎたいと考えた。「ドイツでは、真の人間中心主義《ヒューマニズム》にとって、〈自己意識〉や〈精神〉を現実の個々の人間の代わりにする、精神主義や思弁的な理想主義ほど危険な敵はない」と、彼らは宣言した。[18]政治経済に関するマルクスの読書と、マンチェスターの綿工場で過ごしたエンゲルスの経験から、近代社会を形成するうえで私的所有がはたした決定的役割は二人には明らかになっていた。社会構造を決定するのは、「色あせ、主人を失ったヘーゲル哲学」ではなく物質的現実なのであり、証拠が必要ならば、過去を振り返りさえすれば事足りるのであった。歴史の唯物論的解釈を試験的に試みた初期の取り組みのなかで、エンゲルスは現実に血の通った人間による貢献を強調することによって、イデーが歴史のなかで役割をはたしたとするヘーゲルに反論した。「歴史は何もせず、莫大な富ももたず、どんな戦いも仕掛けない」と、彼はブルーノ・バウアーへの批判に書いた。「財産を所有し、行動を起こし、戦争をするのは、〈歴史〉ではなく、生身の人間なのだ。己の目的を達成するために人間を利用する、〈歴史〉と呼ばれる独立した存在などない。歴史は単に、目的をもった人間の活動に過ぎない」[19]

尊大なテーマを掲げたとはいえ、『批判的批判』はもともとバウアーらにたいする短い風刺としてつくりだされ、一八四四年九月にパリを離れてバルメンに向かう前に、エンゲルスが自分用の原稿として手早くまとめあげたものだった。「しばしのお別れを、親愛なるカール」と、エンゲルスは別れ際に書いた。「君と過ごした一〇日間に経験した陽気な気分もやる気も、取り戻せずにいる」[20]。彼は愚かにもその原稿を親愛なるカールのもとに残してきたため、そこでたちまちマルクスのものとわかる奔放な文体に書き換えられた。何よりもまず、長さが変わった。「『批判的批判』を君が二〇枚にまで膨らませた事実に、僕は少なからず驚いた……僕の名前を表題に残せば、奇妙に見えるだろう。僕はわずか一枚半しか書いていないのだから」と、エンゲルスは記した。さらに、政敵への非難のために不釣合いなほどのページが割かれていた。「『文学新聞』にたいしてわれわれ二人がいだく格別な軽蔑の念は、そのために費やしたページと好対照をなしている」。この小冊子のページ数の増加はまた、より実質的なプロジェクトから気をそらされがちなマルクスの深刻な弱点も早くから予感させていた。「どうか君の政治経済の本を終わらせるようにしてくれ。たとえ君自身はまだ納得のいかない点が多々あったとしても、そんなことは実際どうでもよいのだ。頭のなかは熟しており、鉄は熱いうちに打たねばならない」と、エンゲルスはその後数十年にわたって、うんざりしながら繰り返されることになるお馴染みの言葉で懇願した。「僕のようにやりたまえ。それまでには絶対に終わるという期限を自分で設定し、確実にすぐさま印刷にかけられるようにするんだ」。最後に、受けそうな題名をつけるジャーナリストならではのコツがあった。マルクスはバウアー学派を嘲笑的ににおわせながら、この小冊子を『聖家族、あるいは批判的批判の批判、ブルーノ・バウアーとその仲間への反駁』と名づけ直した。「この新しい題名のせいで……それでなくてもえらく立腹している信心深い親とのあいだで、おそらく僕は窮地に陥ることになるだろう。君はそんなことは知りえなかっただろうが[*21]」

「社会問題の気運」

『聖家族』が発刊される以前から、家庭内の状況は和やかとは言いがたいものだった。エンゲルスは二年間、実家を離れており、家業の「悪徳商売」に戻ることに同意していたとはいえ、父親との関係は緊迫したものになった。どちらも無神論の共産主義と福音派プロテスタントの信仰は相容れないことに気づいた。「僕はこの忌まわしい神の子羊的な表情に遭遇せずに、食べることも、飲むことも、寝ることも、屁をひることもできない」と、エンゲルスはマルクスにこぼした。「今日は一族全員が〔プロテスタントの聖体拝領に当たる〕聖餐式にぞろぞろとでかけ……今朝は憂鬱な顔がいつにもましてきわだっていた。さらに悪いことに、昨夜はエルバーフェルトでモーゼス・ヘスと過ごし、朝の二時まで共産主義について長々と語り合っていた。今日はもちろん、僕の朝帰りを待ちくたびれた家族の顔は、僕が留置所に入れられていたとでも言わんばかりだった」。妹のマリーが別の共産主義者エミール・ブランクと婚約したことも、事態をなんら改善するのに役立ちはしなかった。「もちろん、家のなかはいま地獄のような混乱状態にある」[22]。善良な敬虔主義者である父フリードリヒと母エリーゼは、おそらくどこですべてが間違ったのか自問していたことだろう。

こうした家庭内の騒動も、エンゲルス自身の「布教活動」の意欲を殺ぐことはなかった。パリからラインラントを通って帰省する途中、彼は社会主義の機運の高まりに大いに勇気づけられた。「ケルンに三日間滞在して、われわれがそこで繰り広げた途方もない宣伝活動に感嘆した」と、彼はマルクスに宛てた手紙に書いた。ヴッパータール沿いですら、あの反啓蒙主義者たちのシオンでも、進歩の兆しが見えた。「ここならわれわれの主義のための一等地となりうる。バルメンでは、警部補が共産主義者なのだ。おととい、僕はグラマースクールの教師をしている昔の級友に声をかけられた。彼は共産主義者とはなんの付き合いもないのに、すっかり入れ込んでいた」[23]。オーエン派の会報『新道徳世界』に書いた小論のなかで、エンゲルスは「社会主義がこの国で広まった急速さ」について言及している。やや蛇足ながら、エンゲルスはこう宣言した。「社会主義こそドイツにおける今日の問題である……蒸気船に乗っても、鉄道客車や郵便馬車を利用しても、なんらかの社会思想を受け入れていない人間に、社会を再編成するために、何かしらすべきだという意見に賛同しない人に出会わないことはない」。彼は次のようにほのめかしすらした。「私自身の一族は、かなり敬虔で忠誠心の篤い家系だが、そのなかにも六人以上はいて、それぞれがその他の家族に感化されることなく転向しているのである」[24]。そして、そのような成功を遂げた結果、「牧師連中はわれわれに反対する説教をしている……いまのところ彼らは若者の無神論だけを標的にしているが、近いうちに共産主義にたいする攻撃演説が始まるだろうと私は期待している」[25]

エンゲルスをとくに興奮させたのは、ドイツ諸国で農民一揆や産業ストライキの件数が増えていることで、なかでも一八四四年六月のシレジアのペータースヴァルダウにおける織工の反乱が有名になった。諸外国との産業技術面の競争に直面して、長年、貧困が深刻さを増したあと、かつては豊かで独立していた職人たちが絶望のあまり地元の綿工場を襲撃したのである。「社会問題」――加速する産業化を前にした貧困と搾取にどう対応するか――が世論の中心を占め始めるにつれ、シレジアとボヘミア全土で同様の暴動が勃発した。シレジアの織工は、ハインリヒ・ハイネの胸を打つ詩「シレジアの織工の歌」のおかげで、とりわけ注目を浴びていた。織工たちは失われた「古きドイツ」を嘆きながら、消えつつある社会のための経帷子を織る。

トンカラと鳴る織機に飛ぶ杼《ひ》
われらは一日中織り、一晩中織る
ドイツよ、おまえの死装束をわれらは織る
三重の呪いを織り込んで、
まだ織りつづけ、いつまでも織る!

エンゲルスはこの詩を英語に翻訳してから、「ハインリヒ・ハイネ、健在するあらゆるドイツ詩人のうち最も秀逸な人物がわれわれの仲間に加わった!」と誇らしげに宣言した。[*26]
エンゲルスの政治戦略は、高まる世論の関心を、彼が昔の恩師であるモーゼス・ヘスとともに主催する一連の公開講座と討論会を通して、あからさまに共産主義の方向へ向かわせることだった。一八四五年二月の最初の講座は、エルバーフェルトの有名な宿泊施設ツヴァイブルッカーホフで、町のリベラルなエリートたちのために開催された。聴衆は二〇〇人ほどにのぼり、地元の製造業や商社の重役から裁判所職員、地方検事までもが顔を揃えたが、エンゲルスはその前で共産主義の原理について簡単に説明し、聴衆からの質問を受けつけた。労働者階級――共産主義の未来を担うお手伝いたちでありながら、まだエルバーフェルトの高級宿に入ることを許可されていなかった人びと――だけがその窮状に関する議論の場にいなかった。シェリーの朗読で始まったその晩の催しを、エンゲルスはすばらしい快挙だと考えた。「エルバーフェルトとバルメンのすべてが、富豪の貴族から食料品店主までが代表を送り、除外されていたのはプロレタリアートだけだった……。議論は一時までつづいた。このテーマは途方もなく人びとを惹きつけた。話題はすべて共産主義で、われわれのもとには日々、新たな支持者がやってきた」[*27]

あるエルバーフェルトの住民はこの晩のことをやや別の角度から記憶していた。

> この催しが無害に見えるように、何人かのハープ奏者が雇われていた。集会の初めには社会をテーマにした詩が朗読された。それからヘスと〈フリードリヒ・オスヴァルト〉が演説を始めた。聴衆のなかにはスリルを求めてきた工場主たちがいた。彼らは笑いや野次が迷惑だともらした。資本主義社会の弁護は、地元の劇場支配人に任された。共産主義がもたらす可能性を彼が激しく攻撃すればするほど、名士たちは彼の健康を祝して乾杯した。[*28]

エンゲルスは大荒れの講演会を楽しんだ。「実際の、生身の人びとの前に立ち、彼らにじかに率直に訴えて、聴衆に自分が見え、聞こえるようにすることは、自分の心の目に映った抽象的な聴衆に向かって、恐ろしく抽象的に羽根ペンを走らせる作業とは、かなり異なるものである」。演説のなかで、エンゲルスは資本主義社会の不公正な本質について強調し、貧富の差が拡大し、中流階級が存在できなくなるにつれて、それが必然的に階級闘争に陥ると述べた。「中流の下層階級という、前世紀において国家の主要な基礎をなしていた地位の崩壊が、この闘争の最初の結果なのである。われわれは日々、社会のこの階級が資本の力によって押しつぶされるのを見ている」[*29]。資本主義的な生産様式につきものの、無駄、破産、失業が、周期的な通商の危機と市場の失敗の結果、増えてゆくにつれ、社会はより合理的な流通と交換の原則に沿った再編成を要求するようになる、と彼は主張した。その将来には共産主義の一形態が必要となり、そこでは競争は排除され、資本と労働は中央権力を介して効率よく配分される。犯罪は消え、人と社会のあいだの緊張は解消され、産業の進歩が少数の利潤よりも、万人の利益のために集められるにつれ、生産性は飛躍的に高まる。「労働力の最大の節約は、個人の力を社会の集団的力に融合させること、および従来はたがいに反発していた力のこの集約にもとづいた種類の組織にあります」[*30]。なだめるような口調で、エンゲルスは共産主義の将来につながる一連の実際的な政策を説明した。初等教育の完全普及に始まり、貧民救済制度の再編成と資本への累進課税がそれにつづいた。「したがって、みなさん、ご覧のとおり、これは一夜にして、国民の意思に反して財産共有制を導入することを意図したものではなく、単に目標とそれに向かって進む方法と手段を設定する問題なのです」と、彼は保守的な考えのエルバーフェルトの上層部に請け合った[*31]。実際、それはほとんど昔ながらの家父長主義《パターナリズム》〔への回帰〕の問題だった。「現代の奴隷たちの状況を人間らしいものにするために、自分たちの事業も相応の貢献をさせなければなりません」と、工場主の若い後継者は主張した[*32]。

危険分子指定

説教の口調はやわらかかったものの、エンゲルスは当局のありがたくない関心を集めるようになった。エルバーフェルトの市長はホテルの支配人たちに、今後も集会の場を提供すれば営業許可を取りン消すと脅した。市長はすぐさまラインラント州首相フライヘール・フォン・シュピーゲル＝ボーリングハウゼンに手紙を送り、反体制的な討論会について説明し、ヘスとエンゲルスを組織者《オルガナイザー》として名指しした。治安当局もやはり彼に目をつけていた。「バルメンのフリードリヒ・エンゲルスはたいへん信頼できる人物であるが、彼には文筆家として渡り歩く過激な共産主義者の息子がいる。息子の名前はフリードリヒである可能性がある」と、警察から内務省への報告に記されている。[*33] そのような情報にもとづいて、プロイセンの内務大臣は、エルバーフェルト＝バルメンで今後はいかなる共産主義の集会も禁止する法令を発布した。不運なエンゲルス父が不肖の息子のせいで辛酸をなめたことは、まもなくバルメンの上流社会の噂の的となった。ヴッパータールのある名士、ゲオルク・ゴットフリート・ゲルヴィヌスは、友人のオットー・フライヘール・フォン・ルーテンベルクに宛てた手紙のなかで、共産主義の洗脳という迫りくる危機について書いている。彼はエンゲルスを、「彼らがいかに若い商人を引き寄せ、自分たちの哲学に転向させるか」を示す歴然とした証拠だとして利用した。さらにエンゲルス父との会話も詳しく書いた。「父親は息子との確執にたいへん心を痛めていて、こう語っていました。『これが父親にどれだけの心痛を与えるか、あなたには想像できないでしょう。私の父がまずバルメンにプロテスタントの教区を設け、そこに私が教会を建て、[*34] 今度は息子がそれを壊しているわけです』――そこで私は答えました。『それがいまの時代なんですよ』」

エンゲルスの父親は確かに息子の政治活動に腹を立てていた。エンゲルスが性懲りもなくマルクスにその場面を描写したところによれば、「共産主義者として僕が公衆の面前に立ったために、父のなかで途方もない割合でブルジョワ的狂信が醸成された」[*35]。結局、家業は継ぎたくないとエンゲルスが告げたことへの対抗措置として、この家父長はエンゲルスの小遣いを減らし、革命家志望の息子には「犬の暮らしそのものを送らせ」家のなかをうろつかせることにした。「彼はいまでは家族とひどく不和になっている」と、エンゲルスのブラッドフォードの友人ゲオルク・ヴェールトは報告した。「彼は無神論で不信心だと見なされており、金持ちの親父さんは彼の生活費のためにもう一ペニヒも与えるつもりはない」[*36]。そこで、エンゲルスは一八四四年の秋のあいだ書斎にこもって『イギリスにおける労働者階級の状態』を執筆することにした。だが、それすら疑念をかきたてた。「僕が自室に座って仕事――もちろん、彼らも知るとおり共産主義のだ――をしていると、同じ顔つきだ」。このころには、マルクスは政治上好ましくない人物としてパリから追放され、ブリュッセルでどうにか亡命生活を送っていた。彼に傾倒していたエンゲルスは、この新しい友人に本の前払い金を渡す約束をした。警察が自分を逮捕する計画であることを噂に聞き、バルメンのブルジョワ階級の面前でこれ以上、両親の体面を汚すまいとして、エンゲルスはマルクスのもとに合流する決意をした。それは重大な一歩だった。一八四五年春にベルギーの国境を越えたころには、プロイセンへの帰国は、たとえマリーとエミールの結婚式に出席するためであっても、容易に許されないことは明らかになっていた。「おまえも知るとおり、きょうだいすべてのなかで、おまえをいちばん愛していたし、僕が最も信頼を置いていたのもいつもおまえだった」と、エンゲルスは失望している彼の「ガチョウ」に書き送った[*37]。

愛人問題と『ドイツ・イデオロギー』

マルクスと落ち合うや否や、二人はベルギーをあとにしてイギリスへ研究旅行にでかけた。エンゲルスはそこでメアリー・バーンズとよりを戻し（彼女はその後、二人とともに大陸側に渡ることになる）、マルクスは政治経済に没頭して、リベラルな経済学者の本をあれこれ読み、公式な政府刊行物を読みあさった。彼らのお気に入りの読書スポットは、十七世紀に建てられたマンチェスターのチータム図書館の、弓形に張りだした出窓にある席だった。彼らはこの図書館の一〇万冊の蔵書から、政治・社会関連のデータをあさった。「この数日間、二四年前に僕らが陣取っていたあの狭い張りだし窓の四角い机に、僕はよく座っていた」と、エンゲルスは一八七〇年にマルクスに書いた。「この場所が僕は大好きだ。色付きの窓のおかげで、あそこはいつも天気がいい」[*38]。厚いオーク材の机とステンドグラスは、現在もそこにあるが、いまではチータム音楽学校の若者たちが建てる騒音に囲まれ、産業都市マンチェスターの高層ビルやホテル、クレーンなどに見下ろされている。共産主義の創始者たちとのなんらかの直接的、物理的なつながりを求める巡礼者たちにとって、今日、この図書館は人気のある聖地となっている。ある観光ガイドによれば、「中国領事館からの人びとをここへ案内して、マルクスとエンゲルスが触れた古い書籍を取りだすたびに、彼らはむせび泣く」[*39]のだという。

このときの旅では、エンゲルスはマンチェスターに長く滞在はせず、一八四五年の夏の終わりには彼とマルクスはベルギーに戻っていた。その後の数カ月間は、二人がともに過ごした時期としてはきわめて幸せな日々となった。ブリュッセル市内のアパートメントに隣同士で、それぞれのパートナーとともに住んでいた彼らは、議論し、笑い、夜遅くまで酒を飲んでいた。「二人で朝の三時、四時まで書くという君たちのじつに哲学的な方法について妻に話したところ、そんな哲学は自分には向かないと抗議された」と、チャーティストのジュリアン・ハーニーは一八四六年三月にエンゲルスに冗談を言った。「しかも、自分がブリュッセルにいたなら、君らの奥さん方に交じってクーデター宣言をするそうだ」[*40]。エンゲルスはブリュッセルでは、社会主義のために全力を注ぐ機会を与えられていた。ベルギーでは悪徳商売の脅威はなく、代わりにマルクス、モーゼス・ヘス、(ブラッドフォードを離れブリュッセルにくるのを喜んだ)ゲオルク・ヴェールト、シュテファン・ボルン、詩人のフェルディナント・フライリヒラート、ジャーナリストのカール・ハインツェンとともに、酒場で酔っ払って夕べを過ごすことになった。ロシアの貴族でのちに無政府主義者となったミハイル・バクーニンは、この仲間から完全に締めだされており、彼は友人のゲオルク・ヘルヴェークに苦々しく次のように語った。「ドイツ人たち、あの職人のボルンシュテット〔『ブリュッセル・ドイツ語新聞』という民主化支持紙の編集者〕、マルクス、それにエンゲルス――とくにマルクス――はいつもの悪戯をここで企んでいる。自慢、悪巧み、口喧嘩、狭量な理論、実践面での臆病さ、人生や活動、簡素さについてのとりとめもない理論に満ちているが、それでいて実際には人生も行動も簡素さも完全に欠如している……。ブルジョワの一語が罵り言葉にされ、彼らはそれをうんざりするほど繰り返すが、自分たち自身、頭のてっぺんからつま先までブルジョワが染み付いている」[*41]

一見すると社交的な亡命者たちのこの集団には、社会的に小さな問題点が一つあった。つまり、ゲオルク・ヴェールトの言う「マンチェスターからきた小柄なイギリス女性」である。当時の手紙のやりとりのなかで、エンゲルスの「愛人」または「妻」として表現されたメアリー・バーンズは、明らかに誰からも好かれるわけではなかった。社会主義者のなかには、裕福な工場主の息子がブリュッセルのサロンで、プロレタリアの愛人を見せびらかすことに憤り、彼女とエンゲルスの関係に思想的な反感をいだく者もいた。シュテファン・ボルンによれば、「愛人をこの集まりに連れてくることについて、エンゲルスは自信過剰になっていた。ここはおもに労働者が足繁く通うところで、工場主の裕福な息子たちにたいする非難の声があがりやすかった。つまり、そういう息子たちは平民の娘たちを自分の友人に利用させるすべを知っている」[*42]。しかも、問題はメアリーだけではなかった。エンゲルスには、自分のほかの愛人――なかでも〈ジョゼフィーヌ嬢〉と〈フェリシー嬢〉がよく名を知られていた――を社会主義者仲間に紹介する癖があった。これはイェニー・マルクスのように、身分の高いルートヴィヒ・フォン・ヴェストファーレン男爵の娘で、自身も教育を受けた知的な女性にはとうてい受け入れ難い慣習だった。マックス・ベアによれば、マルクス夫妻は「心の奥底では、エンゲルスと彼の女友達を自分たちと同等とは決して見なさなかった……。空前絶後の偉大な革命家の一人であるマルクスは、道徳的潔癖さの点においては、ラビの先祖たちと同じくらい保守的で口うるさかった」[*43]。このピューリタニズム——または俗物根性か道徳的潔癖さ——が、ブリュッセルで社会主義者たちが催した数多くの宴会の一つにある晩、エンゲルスが当時の愛人同伴で現われたために表沙汰になったことがあった。シュテファン・ボルンはその場に居合わせた。

出席していたのはマルクス夫妻、エンゲルスと彼の……女友達。会場が広かったため、二組のカップルは離れた場所にいた。近づいて行ってマルクス夫妻に挨拶すると、彼は私を見て意味ありげな笑みを浮かべ、奥さんがこの……女友達とのあらゆる接触を頑なに拒んでいることを知らせた。道徳観《モーレス》を大切することにかけては、この貴婦人は妥協しなかった。誰かがそれを譲歩させようものなら、彼女は憤然として拒んだだろう[*44]。

ボルンがこの場面を述懐したのが何十年ものちのことで、マルクスとエンゲルスの双方と決裂してから長い年月を経たあとであることは留意に値する。やはりその場にはいなかったエリノア・マルクスは、「ばかばかしいブリュッセルの話」と彼女が呼ぶものにたいしては、つねに反論していた。「そもそもうちの両親を、髪を梳かしつけたプチ・ブルジョワの道徳規範と結びつけたりするのは、よほど彼らのことを知らない人だけでしょう」と、彼女はエンゲルスの死後、ドイツの社会主義者カール・カウツキーに送った長い手紙に書いた。「将軍〔エンゲルス〕がときどき奇妙な異性のお知り合いを同伴してきたことが実際にあったのは知っています。でも、私が知りうる限り、母はそのことをおもしろがっただけです。母は珍しいほどのユーモアのセンスの持ち主で、中流の偽善的な〈礼節〉などは絶対にもちあわせていませんでした[*45]」
ときに緊張を帯びることもあったこの親密で混乱した社交関係のなかから、非常に偉大なものが生みだされた。『ドイツ・イデオロギー』である。マルクスとエンゲルスが共同執筆したこの本も、彼らの生前に出版されることはなかった。この作品は、「ガリガリと齧るネズミどもの批判に」さらされて断念されたことで有名で、一九三二年になってようやく読者を得た。それでもこの本は、著者らに自分たちの思考を明確化する機会を与えるという目的は達成し、観念論から唯物論へさらに一歩前進したことを示していた。青年ヘーゲル派の遺産から自分たちを区別するさらなる意識的な行動だ。マルクスとエンゲルスではよくあることだが、彼らは自分たちの立場を、イデオロギー上の競争相手をしつこく攻撃することで確保した。このとき彼らが狙いを定めていた思想家は、哲学者のマックス・シュティルナーだった。そして、同じくらい毎度のことに、シュティルナーが浴びせられた毒舌のレベルは、マルクスとエンゲルスが彼から受けた知的恩恵とまさしく同レベルのものだった。

　ベルリンの青年ヘーゲル派友愛会の重鎮だったシュティルナーは、ヘーゲル主義にたいするフォイエルバッハの批判に納得していなかった。フォイエルバッハは観念論的哲学、すなわちヘーゲル主義も、キリスト教の神学とほとんど変わりないと主張していた。どちらも人が自分以外のものを、それがヘーゲルの言う〈精神《ガイスト》〉であれ、キリスト教の神であれ、崇拝するよう要求し、したがってどちらも人間の精神状態を悪化させた。フォイエルバッハによれば、解決策はいわば、人が「人間性を崇拝」することであった。だがシュティルナーは、フォイエルバッハによるヘーゲル批判は、フォイエルバッハ自身にも当てはまると考えた。フォイエルバッハはヘーゲルと同様に、キリストの神の代わりに人を隷属させる別の神を心に顕現させていた。ヘーゲルの場合はそれが〈精神〉であり、フォイエルバッハの場合は大文字のMで始まる〈人間《マン》〉なのだ。だが、シュティルナーに言わせれば、この

「HUMAN宗教は、キリスト教が最後に変身を遂げたかたちに過ぎない」のであった。一方、シュティルナーの『唯一者とその所有』(一八四五年)は、〈神〉、〈人間〉、〈精神〉、あるいは〈国家〉への献身による疎外の影響をなんら受けることのない、絶対的なエゴイズムを主張した。それは最高に無神論で、唯我論的で、究極的に虚無的な気風で、そのなかでエゴイストは「みずからを観念の道具、あるいは神の器だなどとは考えず、神の思し召しを感じることもなく、人類のさらなる発展のために自分が存在し、そのために自分の微力を捧げなければならないという妄想もいだかない。それでも、エゴイストは目一杯に自分の人生を生き、それによって人類がどれだけ繁栄しようがしまいが関心をもたない」[*46]。マルクスとエンゲルスには、個人の反逆というシュティルナーの主張や、彼個人の貴族的な資質を議論することに関心はなかったものの、フォイエルバッハの人間中心の哲学など改良された宗教とさして変わらないと彼が批判してくれたおかげで、彼らの唯物論的な傾向は一気に高まった。だが、シュティルナーが自己の倫理性にこだわりつづけたのにたいし、二人は彼の個人主義の哲学から、大衆行動の政治へ移行することを決心していた。エンゲルスはマルクスに宛てたやや張りつめた調子の手紙でこう説明した。「われわれはエゴから、その経験主義的な生身の個人から決別する必要がある。シュティルナーのように、この点に留まりつづけるのではなく、われわれ自身を〈人〉に昇格させるつもりであれば……。要するに、われわれの概念が、とくにわれわれの〈人〉が、本物となるつもりならば、経験主義と唯物論から出発しなければならない。われわれは特定の事例から一般的なものを演繹せねばならないのだ。それ自体とか、ヘーゲル流の、薄い大気からではなく[*47]」

この唯物論的な野心が『ドイツ・イデオロギー』の根拠となっていた。同書は社会構造——宗教、階級、政治制度——を、経済および科学技術のさまざまな勢力の産物と見なすマルクスとエンゲルスの見解を初めて明確にしたものだった。「アイデア、概念、意識の生産は、当初、人間の物質的活動および物質的交換とじかに織り合わさっている。……意識が生活を規定するのではなく、生活が意識を規定するのである」[*48]。生産の各段階は、太古の人びとの原始共産主義から、中世の封建制度や十九世紀の産業資本主義にいたるまで、社会のなかで異なった「交流形態」をとった。その最も顕著なものが財産制度で、社会階級、政治形態、宗教、文化運動がそれにつづいた。マルクスが後年述べたように、「社会的関係は生産力と密接に結びついている。新たな生産力を手に入れることで、人はその生産様式を変える。そして生産様式を変え、生活費を稼ぐ方法を変えるなかで、彼らはあらゆる社会的関係を変える。手で挽く石臼《ミル》ならば、封建的領主のいる社会になる。蒸気式の工場《ミル》であれば、産業資本家のいる社会となる」[*49]

歴史の唯物論的な解釈では、それぞれの文明は究極的にそれをかたちづくった生産様式の表現なのだと示唆された。すなわち、政治的・イデオロギー的上部構造は、いわゆる「生産関係」という財産形態を通して媒介された経済基盤によって決定されるというものである。このことは、国家の政治的上部構造に関することでは、とくによく当てはまる。それは単に「支配階級の人びとが彼らに共通の利益を主張し、そのなかに一つの時代の市民社会全体が凝縮されている形態」なのである[*50]。しかし、発展のある段階（たとえば、イングランド内戦〔清教徒革命〕のさなかにいかにも中世の君主であったチャールズ一世と、台頭するブルジョワ階級が衝突した時期など）では、生産から生みだされた物質的勢力が既存の財産制度にもとづく関係と、それに伴う政治、社会、イデオロギーの上部構造とぶつかるようになる。そうして、時が満ちて革命が起こるのである。政治制度が経済的基盤と相容れなくなると、その制度は、往々にして苦痛を伴う一連の変革のなかで、新しい基盤に合わせて再調整しなければならなくなる。そのようなことはいずれも、その政治的変化が自発的または無意識に起きたことを意味するものではなかった。支配層が必然的に反対することを考えれば、進歩は政治組織、大衆運動、それに現実の煽動を通して勝ち取るしかなかった。イングランド共和国《コモンウェルス》も、フランス共和国も、快く政権を譲り渡されたわけではなかった。「したがって、革命は必要なのである。それ以外の方法で支配者層を転覆させられないからだけでなく、彼らを転覆させる階級が、革命によってのみ、従来のあらゆるしがらみを取り除くことに成功し、社会を新たに創設できるためでもある」[*51]と、マルクスとエンゲルスは説明した。

『ドイツ・イデオロギー』はこのとき初めて、そのような新時代を切り開く変化の歴史的推進力が階級闘争であることを明らかにした。産業化した一八四〇年代という時代背景においては、革命を引き起こし、共産主義の未来を迎え入れるのは新しいプロレタリア階級の役目なのであった。彼らの解放を約束しただけでなく、全人類の状況を変える未来である。競争と私的所有が共産主義に取って代わられるにつれて、人間は「交換、生産、および人間相互の関係様式にたいする支配」を再び手に入れ、「人がみずからの生産物から疎外される状況」は解消することになる。労働が分業されることで、人間が「特定の、排他的な活動領域」に押し込まれる資本主義社会とは異なり、共産主義社会では生産を調整するので、「排他的な活動領域をもつ者は誰もなく、各人が希望するいかなる分野においても熟達することができ……今日は自分が一つの仕事をし、明日は別の作業をすることが、たとえば午前中は狩りをして、午後には魚を捕り、夕方には牛の世話をし、夕食後は批評するといったことが可能になる。ちょうど私が一度もハンターや漁師、カウボーイ、評論家にはならずとも、そうしてみたいと願うとおりになるのである」[*52]。だが、この望ましい未来はなぜか迎え入れてやる必要があるのだった。

「哲学者は世界をさまざまな方法で解釈しただけなのである。問題はそれを変革することだ」と、マルクスは一八四五年の「フォイエルバッハに関するテーゼ」のなかで宣言した。彼とエンゲルスがこの変革をもたらすために利用した乗り物がブント・デア・ゲレヒテン、〈正義者同盟〉だった。一八三〇年代にパリで結成されたこの同盟は、ドイツから亡命してきた仕立屋たちによる地下の共産主義社会の一部で、その政治思想の発端はバブーフの急進的平等主義にまでたどることができる。一八三九年に彼らはルイ＝オーギュスト・ブランキと共同して蜂起を画策したものの失敗に終わった。それによってブランキは投獄されたが、同盟のほかの三人の指導者たちは政治亡命を求めてイギリス海峡を渡った。「私は一八四三年に彼ら三人全員と知り合いになった」と、エンゲルスは述懐した。なかでも印象的だったのは、カール・シャッパーだった。「巨軀で、意志強固かつ精力にあふれ、いつでも市民としての暮らしと命を投げだす覚悟ができていた彼は、職業的革命家の鑑であった」[*53]。シャッパー、靴屋のハインリヒ・バウアー、それに時計職人のヨーゼフ・モル（「これら三人の真の男たち」と、エンゲルスは彼らを呼んだ）は、一八四〇年二月にドイツ人労働者教育協会をソーホーのグレート・ウィンドミル通りに同盟のための偽装組織として設立した。多分に、彼らがブランキ主義者らとのつながり――それとともに企みや陰謀、暴動にたいする共通の信念――を保ちつづけているため、エンゲルスは一八四三年にはこの同盟に加わるのを拒否した。しかし、彼とマルクスは一八四五年に社会主義者の国際協会、つまり〈友愛民主主義者協会〉を発展させる目論見の一環でイギリスに旅行した折には、彼らと一連の会合を開いた。ブリュッセルに戻ると、ドイツ人労働者協会と共産主義通信委員会を設立して、ヨーロッパ一帯で社会主義の煽動運動と労働者の教育を調整することで、彼らはこの仕事をつづけた。正義者同盟はこの運動のイギリスにおける公認の出先機関として活動することになった。

政治的には、共産主義通信委員会の直接の目的は民主主義を促進することだった。「今日では民主主義は共産主義なのである。民主主義はプロレタリアの原理となり、大衆の原理となった」と、エンゲルスは説明した。[*54] 民主主義は最終的にプロレタリアートによる政治支配へとつながり、よって共産主義になるのだった。それどころか、参政権を勝ち取ること自体が革命的な出来事となる。「共産主義も共産主義者も人びとを結束させる言葉ではなかった」と、同委員会の創設メンバーの一人であるシュテファン・ボルンは回想した。「実際、人びとはそれについてめったに話をしなかった。もっとずっと核心を突いていたのは、しだいに重要性を増していたフランスの選挙法を改革する運動だった」。[*55] 封建主義を崩壊させ、民主主義国家に向かうためには、気まずいものとはいえ、中流階級と結託することが必要であった。「貴族を打倒するには、より広い利害関係とより多くの財産をもち、断固とした勇気のある別の階級が必要である。すなわち、ブルジョワ階級である」。[*56] 一八四五年から一八四八年の革命まで、マルクスとエンゲルスは共産主義への途中経過として、ブルジョワの権力と自由民主主義の（必要であれば武力による）確立を揺るぎなく支持していた。プロレタリアートが一夜にして独裁制を敷くことはありえなかった。現状では代わりに、長期にわたって政治的に関与しつづけ、ブルジョワ民主主義革命に専念せざるを得なかった。「党内では、進歩に向けたあらゆるものを支持しなければならず、つまらない道徳的なためらいなどもってはいけない」と、同委員会はスターリン主義まがいの口調で宣言した。[*57] しかし、ブルジョワ階級はこの同盟に大いに安住する運命にはなかった。一八四八年の直前にエンゲルスが警告したように、「だからともかく勇敢に戦い給え、じつに優雅な資本の支配者たちよ！　いまはあなた方が必要なのだ。あちこちで、支配者としてすら必要とされている。中世と絶対王政の痕跡をわれわれが進む道から消さねばならない……。その報酬として、しばらくはあなた方が支配者となることも許されるだろう……だが、忘れないでくれ。『絞首刑執行人は戸口に立っている！』」[58]
　ヨーロッパの共産主義運動の内部の誰もが、たとえ一時的にでもブルジョワ階級と喜んで手を結ぼうとしたわけではない。有頂天になるような充足感を約束するプロレタリア革命を、すぐさま起こすことを夢見る者もいて、マルクスとエンゲルスの戦略を弱腰の漸進主義となんら変わらないと見なしていた。彼らの指導者は各地を回る仕立屋のヴィルヘルム・ヴァイトリングで、一八三九年のブランキ主義者の蜂起のあとフランスからスイスおよびオーストリアへ亡命した人物だった。彼はそこで正義者同盟の支部をつくり、熱狂的な下層階級の支持者を育成した。ヴァイトリングの泥臭い政治政策には、アダム・スミスもデイヴィッド・リカードもジェレミー・ベンサムもほとんど関係がなかった。代わりに、彼が主張する政策は、バブーフ派の共産主義と千年至福説のキリスト教、千年至福説のポピュリズムがひどく感情的に入り混じったものが含まれていた。キリスト教急進派のフェリシテ・ド・ラムネーの作品に傾倒していたヴァイトリングは、総勢四万人の前科者による軍隊を背景に、武力行使による強制的な共産主義の導入を訴えた。その後に訪れるのは、アダムとイヴの堕罪以前の財産共有に共同体、社会的調和で、それはヴァイトリングその人であるキリスト的な人物によってもたらされることになっていた。マルクスとエンゲルスが産業資本主義と近代の生産様式の複雑さと格闘していたころ、ヴァイトリングは十六世紀のミュンスター再洗礼派の終末論的な政策を復活させ、キリストの再臨をもたらすための彼らの血みどろの試みを再現していた。彼はみずからを共産主義殉教者列伝と結びつけたがり、プロイセンの看守によって負わされた、いまだ青黒い傷跡を聴衆に見せていた。マルクスとエンゲルスを大いに憤慨させたことに、ヴァイトリングの福音主義と原始共産主義を軽薄に混ぜ合わせた説は、ヨーロッパ大陸各地で何千人もの熱心な信奉者を惹きつけていた。そして当局から迫害されればされるほど、ヴァイトリングの正義に燃えた殉教の後光は燃え盛った。「彼はいまや偉大な人物、預言者になり、国から国へ追い立てられている」と、エンゲルスはあざ笑った。「彼は地上に楽園を実現させるための出来合いの処方箋をポケットにもち歩いていて、誰もがそれを盗もうとしているのだと妄想していた」[*59]

当然のことながら、ヨーロッパ大陸の社会主義者の重鎮たちは、ヴァイトリングの安直な方法にあきれはてていた。ロンドンでも、正義者同盟の「真の男たち」に軽くあしらわれたため、一八四六年にヴァイトリングは共産主義通信委員会を味方に引き入れたいと考え、ブリュッセルに姿を現わした。マルクスとエンゲルスはつねづねイデオロギー上の競合相手を糾弾しようと意気込んでいたので、これは壮絶な顔合わせとなった。「仕立屋の煽動者ヴァイトリングは金髪のハンサムな若者で、優雅に仕立てられたコートを着て、顎鬚を気障っぽく短く刈り込んでおり、私が予想していたような苦労人の厳格な労働者というよりは、訪問販売員のようだった」と、このブリュッセルの集会に居合わせたロシア人パヴェル・アンネンコフは記憶していた。思想家たちは「小さい緑色のテーブル」の周囲に集まった、と彼は報告する。「マルクスは鉛筆を手にもち、紙の上にライオンのような頭を乗りだしながらその一端に座っており、かたや彼といつも一緒にいて宣伝活動を担当する同志のエンゲルスは、イギリス人のように威厳があり真面目で、長身で姿勢のよい男で、彼が開会の言葉を述べた。労働の現状を変えるために身を捧げてきた人びとは、たがいの見解を説明するだけでなく、理論を学ぶための時間も機会ももてないあらゆる信奉者のために、旗印となりうる一つの共通の主義に合意する必要があると彼は語った」。だが、彼がさらに話をつづける前に――ヴァイトリングの怪しい主張が腹に据えかねて――マルクスがいきなり立ち上がり要求した。「教えてくれ、ヴァイトリング。ドイツで説教をしてこれほど世間を騒がせてきた君は、何を根拠に自分の活動を正当化し、今後それを何にもとづかせるつもりなのかね?」抽象的表現や聖書的な比喩を好んで用いたヴァイトリングが、必要なレベルの科学的厳密さを示せずにいると、マルクスはテーブルを叩いて叫んだ。「これまで無知が人を助けたためしはない！」[*60]

ヴァイトリングを叩きのめすだけでは充分ではなかった。誰が彼の追随者であるかも露呈させる必要があった。その筆頭にあげられたのがヘルマン・クリーゲだった。ニューヨークを本拠地とする『デア・フォルクス＝トリブン』の編集作業を通じて、アメリカのドイツ人社会にヴァイトリングの見解を広めようとした人物である。「彼は新聞を発刊し、そこで同盟の名を騙《かた》って、〈愛〉にもとづく、愛にあふれた、夢想的な愛による感情むきだしの共産主義を伝導した」と、エンゲルスは不満を述べた。イデオロギー上のそれほどの逸脱を前にしては、幅広い民衆の支持を得ることよりも、党の純粋さを強化することのほうが明らかにずっと重要だった。クリーゲが政治上の略奪行為を働いたことにたいし、ブリュッセルの共産主義通信委員会（この段階では一八人しかいなかった）は、最初の公的措置の一つとして、一人の創設メンバーを除外することを決意した。エンゲルスが署名した「クリーゲに反対する回状」は、かつての仲間を「子供じみた自惚れ」と「空想的な感情過多」ゆえに非難し、労働者の士気を挫き、公式な共産主義「路線」から許しがたいほど逸脱したことを糾弾する内容だった。クリーゲの罪は、ヴァイトリングの場合と同様、「世界史的重要性をもつ革命運動」であるからには、単なる「共同体の偉大な精神」と「愛の宗教」にたいする漠然とした願望以上のもののうえに築かれなければならないことに気づく能力が救いがたいほど欠如している点にあった。マルクスとエンゲルスの共産主義は、社会の解放におけるプロレタリアートの歴史的活動によって決まり、厳格になる一方の秩序だったプロセスなのである。エンゲルスはこう宣言した。「そして共産主義はもはや、想像によってつくりだされた、できる限り完璧な理想の社会をでっちあげることを意味しているのではなく、むしろプロレタリアートによって遂行される闘争の本質、条件、その結果として生じる全般的目標を見抜くものとなったのである」[*61]。ただそれを念じるだけでは充分ではなかった。プロレタリアートは将来を実現させるなかで、自分たちがはたす役割を理解する必要があった。そのために、クリーゲの誤った考えは封じ込めなければならず、エンゲルスは「回状をだしたところ、間違いなく効果があった」。それからまもなく、「クリーゲは同盟の舞台から姿を消した」[*62]。その後一五〇年間に、左翼政党内で除名、糾弾、および政治的粛清の名の下で行なわれたことは、三点の主張からなるこの冷淡な回状のなかに不気味に予兆されていた。そして、エンゲルスは当初からその先頭に立っていた。長年にわたって彼は、党の規律を強化し、イデオロギー上の異端者を追跡し、真の共産主義の信念を守るとなれば、総じて宗教裁判所長《グランド・インクイジター》役を演じることに喜びを味わいながら、マルクスへの愛情と忠誠を表明することになった。

　マルクスとエンゲルスが大陸の共産主義を牽引するうえで同じくらい脅威となったのは、ヴァイトリングのごく初歩的な共産主義のみならず、「真正」もしくは「哲学的」社会主義で、こちらはフランスの哲学者ピエール＝ジョゼフ・プルードンを中心とする一派だった。マルクスもエンゲルスと同様に、当初はプルードンと彼の一八四〇年の著書『財産とは何か』にきわめて感銘を受けていた。プルードンがマルクスに教えたものは、私的所有権の不公正は、ヴァイトリングが主張したような、怪しげな「財産共有」などでは解決しないということだった。プルードンはその代わりに、生産的な仕事によらないあらゆる収入を廃止し、公正な交換制度を設立することを提案した。物資が、そこに具体化された労働をもとに公正に取引される制度である。マルクスはプルードンの考え方にすっかり魅了され、一八四六年五月にプルードンに宛ててフランスの代表として共産主義通信委員会に参加してほしいとの招待状を送った。エンゲルスは「追伸」を書き加え、プルードンが彼らの提案した「計画を承認」し、協力を「どうか拒否なさらぬことを」心から願った。だが、マルクスはもう一つささやかな付け足しをする誘惑に勝てず、こうして同委員会の和やかで協力的な仮面はにわかにはずされた。「ところでパリのグリューン氏についてご忠告申しあげなければなりません。あの男は詐欺師の物書き以外の何者でもなく、イカサマ師の一種であり、新しい思想を不正にやりとりしようと狙っています[*63]」

あいにく、ブリュッセルの煽動家たちは図に乗りすぎていた。プルードンはいわゆる〈真正社会主義〉普及の先頭に立っているカール・グリューンと親しい関係にあったため、マルクスとエンゲルスのやり方は政治的な絶対主義だと決めつけた内容の手紙を書いてよこした。「ぜひ協力し合って社会の法則を発見する努力をしましょう……ただし、お願いですから、推測にもとづくあらゆる独断を廃止しておいて、今度はわれわれが別の種類の教義を人に吹き込むのはやめましょう……われわれ自身を新たな不寛容の指導者としないように、新しい宗教の唱道者を装うことはないように――たとえこの宗教が論理の宗教、理性そのものの宗教であったとしても[*64]」。マルクスとエンゲルスはこうした批判を快く思わず、つづく数カ月間に正真正銘の癇癪がプルードンにぶつけられた。攻撃が最高潮に達したのは、マルクスの辛辣な小冊子『哲学の貧困』（プルードンの『貧困の哲学』にたいするいつもながら交差《キアズマ》的な対応）であった。そこではプルードンのプチ・ブルジョワ的な哲学者ぶりや、労働交換にたいするユートピア的な計画、資本主義的関係を終わらせるうえでプロレタリアートがはたす歴史的役割を評価できない深刻な能力欠如が攻撃された。マルクスとエンゲルスの考えでは、これがグリューンとプルードンが考える真正社会主義の概念の問題点だった。それは労働者階級の歴史的な使命を無視し、共産主義が要求する社会の大変革を把握し損なった哲学だった。真正社会主義者は既存のブルジョワ体制の先を見越すことができず、その一方で彼らの姿勢全体は、「ブルジョワ社会の存在と、それに相応する経済的存在条件、およびそこに適応した政体を前提とするものだった[*65]」。それどころか、その偏狭な試みは、国際競争を前にして、プチ・ブルジョワ的生活の質を維持しようとするもので、最終的な共産主義の勝利の訪れを妨げるばかりだった。それは産業革命以前の協同というロマンチックな概念と結びついた哲学で、産業化の加速によって貧しくなった職人階級の狭量なニーズに卑屈に対応したものだった。真正社会主義の安直な工作にくらべれば、ヴァイトリングの救世主的な平等主義は少なくとも、共産主義プロジェクトが歴史におよぼした甚大さを評価してはいた。それでも、マルクスの哲学的批判がいかに説得力をもっていたとしても、プルードンとグリューンの信奉者はパリ市民とドイツから亡命してきた労働者階級のあいだに広く存在し、彼らが提唱する協同、適正価格の生産物、完全雇用などの政治的に実現可能な政策は大衆から支持されていた。だからこそ、〈宗教裁判所長〉のエンゲルスはそこで戦いを挑まなければならなかったのである。

名うての女たらし

「〔フランス〕大革命と七月革命のにおいはまだ周囲に漂っていた」と、シュテファン・ボルンは一八四〇年代のパリを追想した。「当時、そのようなものは何も存在しなかったドイツとは異なり、パリの労働者はすでに支配的なブルジョワ階級に明らかな対抗意識をもっていた」[*66]。一八四六年八月にエンゲルスがパリに配置されたのは、これらの労働者を正義者同盟に鞍替えさせ、これ以上プロレタリアートがグリューンの「真正社会主義者」やヴァイトリングの「仕立屋共産主義者」の手中に落ちないようにする明確な信念を伴うものだった。

フランスの首都は、バルザックのラスティニャックが描写したのと同じくらい誘惑的で危険な場所だった。そして、産業化するマンチェスターのように、そこはますます分断された都市と見なされるようになった。歴史的にはパリはつねづね異なった社会階級が地理的に密接して暮らしていることを誇っていた。あるアメリカの訪問者によれば、「厩舎の向かい側に宮殿があり、大聖堂が鶏の囲いの隣に」あった。だが、この時代には金持ちは貧乏人から離れ始め、あとには危険な最下層民が住む地区が残された。なかでも悪名高かったのは、恐ろしく人口過密になっていたシテ島――「薄暗い、曲がりくねった細い路地が迷路になり、裁判所からノートルダムまで延びている」――で、ここはウジェーヌ・シューが書いてヒットしたお粗末な金儲け作品『パリの秘密』(一八四二年)の冒頭場面となった。[*67]パリの西側の飛び地は富と特権に包まれていたが、中心部と東側の薄汚れた界隈には、この都市のますます反抗的になる「危険な階級」が住んでいた。この時代の小説家たちは自国の首都を、朽ちはててゆくおぞましい意地悪老婆として喜んで描いた。革命の勇敢な行為も、病気や売春、犯罪、ブルジョワ商人文化の軽薄な下品さによって徐々に汚されていった。政治経済学者ヴィクトール・コンシデランは一八四八年のパリをこう描写した。「壮大な腐敗の製造場所で、そこでは貧困、疫病……その他の病気が一斉に活動し、日の光もめったに射し込まない。[そこは]汚い穴蔵で、植物もしおれて枯れ、子供は七人中四人が幼児期に死亡する」[*68]

このルンペンプロレタリアートよりもいくらかマシな生活をどうにか送っていたのが、亡命者社会の熟練工たちだった。エンゲルスが関心を向けていたのは彼らだった。産業革命がフランスに到達したのは遅かったが、一八四〇年代には景気がようやく上向き始めていた。防衛部門の拡大と鉄道建設の増大、それに綿や絹産業、鉱業の発達があいまって、産業生産と輸出が急増した状態が持続するようになった。しかし、パリ市内では、工場の生産ラインにたいし、職人による工房システムが抵抗しつづけた。小さな工房にいる熟練職人がファッション中心の市場で販売をするという形態が、パリの雇用パターンの大半を占めていた。一八四八年に、パリには三五万人の労働者がいて、そのうち三分の一は繊維業界で働き、残りの大半は建設業と家具産業、宝飾、冶金業、および家事使用人に分類された。労働人口の多くはドイツ人で構成されており、エンゲルスは彼らを「そこらじゅうにいる」と表現した。一八四〇年代末には、その数は六万人にものぼり、その勢力は相当なものであったため、パリのいくつかの地区では、ほとんどフランス語を耳にすることがないほどだった[*69]。

彼らの支持政党をめぐる争いは激しかった。前述したように、フランスは長年、社会主義思想の中心地であり、フーリエとサン＝シモンの初期の時代のあと、一八四〇年代には急進的な政治が「社会問題」を背景に再浮上してきた。貧困、失業、都市部の棲み分けなどが、産業化につづいた。プルードンのあとには、ルイ・ブラン、エティエンヌ・カベ、ピエール・ルルーおよびジョルジュ・サンドが加わり、オーエン流の協同から血気盛んな共産主義まで、いずれも新しい社会の展望を示していた。こうした理論に最も熱心に耳を傾けるのは、搾取され貧困に苦しむドイツ人社会の人びとだった。そのあまりの多さに、一八四三年にプロイセン政府は国外に居住するドイツ人のかぶれた思想が、実際どれほど広まり、危険であるのか、調査に乗りだした。その結果の一つとして、マルクスは一八四五年にフランスから国外追放された。「パリからドイツの哲学者たちを追放しなければならない！」というのが、首都にはびこる反体制的パンフレット制作活動にたいし、国王ルイ・フィリップが見せた無理からぬ反応だった。

エンゲルスはこの競争の激しい政治市場に、みずからの自信（と父親が渋々と復活させた小遣い）のみを支えに入った。彼はパリの労働者階級からグリューンとヴァイトリングの逸脱した社会主義の系統を排除すべく、果敢に仕事に取りかかり始めた。彼の標的はサンタントワーヌの製造業地区に住む、いわゆるシュトラウビンガー、つまり真正社会主義に傾倒したドイツの職人および熟練職人だった。シュトラウビンガーの毎週の集会でエンゲルスが試みた方法は、ほかの政党組織に潜入工作をするうえでの模範的戦術となった。脅し、分割と統治、糾弾とイデオロギー面でのいじめを、残虐なまでに立てつづけに繰り返すのである。「少々の忍耐と若干の威嚇という手段で、僕は大多数を引き連れ、勝ち誇って集会をあとにした」と、彼はマルクスに自慢し、「そのあまりに威圧的な行動のために、アイザーマン老人〔指物師で正義者同盟のメンバー〕はもう顔を見せなくなった」と語った。一つエンゲルスが心配していた点は、シュトラウビンガーのあいだでイデオロギーが初歩的なレベルでしか理解されておらず、「あの連中はおそろしく無知」であることだった。問題は、彼らが比較的裕福であるため、階級意識の発達が阻害されていたことだ。「彼らのあいだには競争がなく、賃金はつねに同じ劣悪なレベルに留まっていた。親方との軋轢にしても、賃金の問題に目を向けるどころか、職人のプライドなどを問題にしている」。エンゲルスの理想としては、彼らがもっとずっと貧しく、どん底の状態にいてもらいたかったのだ。

エンゲルスはこれらの近視眼的に満足している労働者たちに、次の集会で共産主義の本当の意味を詳しく説明する決心をした。彼はここで、マルクスの教義をきわめて理解しやすく、精力的に普及する活動家としての人生に乗りだしたのである。マルクス主義の目的は明らかだ、と彼は説明した。

1　ブルジョワ階級ではなく、プロレタリアートの利益が優先するようにすること。
2　私的所有を廃止することで、それを成し遂げること。
3　こうした目的を達成するうえで、武力による民主革命以外の方法を認めないこと。

彼はそれからシュトラウビンガーが熱心な共産主義者であるのか、それとも空想的な討論仲間に過ぎないのかを即座に決めるために、この目的に関する投票を呼びかけ、後者であればこれ以上の時間を無駄にするつもりはないと伝えた。「当初はほぼ全員が僕に批判的だったが、最後にはアイザーマンと三人のグリューン派だけが反対していた」と、エンゲルスは報告した。グリューンとその弟子たちの反プロレタリア的でプチ・ブルジョワ的な感情を彼がひどくきつい口調で非難したため、集会は最終的に一三対二の多数決で、彼の主張する共産主義の定義に賛成した。このことから、エンゲルスのディベート能力だけでなく、この会合が親密なものであったことも、いくらか窺える。[*70]

パリでも、エルバーフェルトと同様、彼の功績が当局の目をすり抜けることはなかった。関心をもった人びとのなかには市警察もいた。彼らはサンタントワーヌ界隈で増えつづける社会混乱を、反政府的なシュトラウビンガーの小集団を弾圧する口実として利用した。グリューン派の人びとがエンゲルスを煽動者として名指ししたため、まもなくパリのどこへ行こうが彼の後をスパイや密告者の雑多な集団が付け回すようになった。おそらく夜ごとに討議をし、手続き動議の投票をする生活に飽きていたのか、エンゲルスは警察による嫌がらせを口実にして、社会主義研究の夕べからパリの上流社会の肉欲的娯楽に喜んで飛び込んだ。「この二週間、僕を尾行してきた怪しげな人物が本当に密告者であれば、そのうちの何人かはそうだと確信しているが、警視庁は最近、モンテスキュー、ヴァレンティノ、プラドなどのダンスホールの入場券を大量に支給したに違いない」と、彼はマルクスに語った。「僕はドゥレセール氏〔パリの警視総監〕には、何人かのグリゼット〔若い女工兼娼婦〕との愉快な出会いと非常に多くの快楽をもたらしてくれたことを恩義に感じている。僕はパリで過ごせる最後となるかもしれない昼も夜も、存分に楽しみたかったからだ」[*71]

二十代なかばになると、エンゲルスは名うての女たらしになり、その洗練された端麗な容姿と奔放な態度で数多くの愛人をもつようになった。マンチェスターでメアリー・バーンズから気取らない抱擁をされてまもないうちに、彼は「清算」しなければならない「色事」についてマルクスに書き送った。[*72] 一八四五年一月には、それは「恐るべき結末になった。つまらない些事で君を煩わしはしないが、この件でできることは何もなく、もうすでにうんざりしている」[*73]。夏のあいだはブリュッセルで、「妻」のメアリーと元の鞘に収まっていたが、秋にはパリで堅物のシュテファン・ボルンがエンゲルスの連れが引き起こしたどんちゃん騒ぎと、「パレ・ロワイヤル劇場でのドタバタ風刺劇」を観劇するエンゲルスに唖然としている。[*74] エンゲルスは次々に愛人をかかえ（どうやら彼の「傲慢な態度」は「女性とのあいだでは功を奏する」ことがわかったようだ）、いかがわしい芸術家の取り巻きとともに飲んだくれの夕べを過ごし、この時代の彼の階級の多くの人びとと同様、お金を払って性交渉をすることになんら良心の呵責は感じていなかった。一年もたたないうちに、彼は売春を「プロレタリアートがブルジョワ階級によって搾取される最も具体的な――肉体をじかに攻撃する――例」として非難することになるのだが、この当時はそんな遠慮をすることはなかった。[*75]「君も絶対、退屈なブリュッセルを一度抜けだして、パリにやってくるべきだ。僕のほうは大いに君と酒盛りをして騒ぎたい気分だ」と、彼は家庭的なマルクスを急き立てた。「五〇〇〇フランの収入があれば、僕は働いて崩れ落ちるまで女性たちと楽しむほかは何もしないだろう。フランス女性がいなければ、人生なんて生きるに値しない。でも、グリゼットたちがいる限り、いいもんだ！」[*76] エンゲルスにとっては幸いなことに、女性関係となると、私生活でもイデオロギー面でもうまい具合に融合するのだった。彼は性欲旺盛で、女性たちに囲まれることが好きだっただけでなく、一夫一婦制の結婚を尊ぶブルジョワの道徳心にたいする生来の嫌悪感ももちあわせていた。こうした傾向はやがて、社会主義フェミニズムの首尾一貫した理論へと発展するのだが、二十代なかばの時点では、それはパリの夜遊びに有頂天になる若者の楽しみの一環に過ぎなかった。

エンゲルスの女遊びには、陰湿な側面もあった。マルクスとの交遊が始まって以来、モーゼス・ヘスにたいするエンゲルスの態度は冷ややかになっていた。社会主義の潮流に彼を最初に導いたこの

「共産主義のラビ」を、イデオロギー的に混乱した決断力のない人間としてますます見くびるようになったのだ。ヘスがグリューンの真正社会主義への共感を強めていたことが、その疑わしい傾向を示す明確な証拠となった。遊び場の二人組のいじめっ子のように、マルクスとエンゲルスはヘスの妻に関心を向けることで、政治を個人的な問題にすることにした。ケルン警察の報告によると、シビル・ヘスは娼婦からお針子に転身した女性だった。ヘスは愛着心からと同じくらい、政治的に転向させるために、彼女をどん底生活から救いだした。アイザイア・バーリンによれば、「彼は人びとのあいだの愛の必要性と、人間同士の平等の必要性を表わす行動を起こしたいと考えていた」。だが、シビルはすぐに目移りするタイプだった。[*77]

一八四六年七月に、エンゲルスはパスポートをもたないヘス夫人がブリュッセルから国境を越えてフランスに密入国するのを手伝うことにした。二人がパリに到着するや否や、エンゲルスはマルクス宛の一連の手紙のなかで、軽蔑的に彼女の名前を書き立てるという、騎士からぬ振る舞いをしていた。「ヘス夫人は旦那探しに乗りだしている。彼女はヘスのことなど歯牙にもかけない。万一、手頃な人物がいれば、フォーブール・サンタントワーヌのグゼル夫人に知らせてくれ。とくに競合するわけではないので、急ぐ必要はない」。九月には、エンゲルスは自分がお相手を務めることにしたらしく、そのすぐあとで「ののしったり悪態をついたり」するヘス夫人を「フォーブール・サンタントワーヌのいちばん端」まで送り返したと、マルクスに書いた。彼をとりわけ喜ばせたのは、知らずのうちに不貞を働かれたヘス（もはやシェイクスピアの『ヘンリー四世』のハル王子――つまりエンゲルス――から追放される放蕩仲間のファルスタッフに過ぎなくなっていた）が、ちょうどそのころ彼らの友情を取り戻そうとしていたことだった。一八四七年一月にヘスが最終的にパリにやってくると、エンゲルスは得意げにこう書いた。「僕の待遇があまりにも冷たく軽蔑に満ちていたので、もう彼は戻ってはこないだろう。僕がしてやったことと言えば、彼がドイツからもってきた淋病に関する助言をいくらか与えたことくらいだ」。当然のことだが、エンゲルスが妻を誘惑したことをヘスが発見するにいたって、二人の友情は破局を迎えた。ブリュッセルに戻ると、ヘスはかつての弟子をけなし始めた。エンゲルスのほうはまるで意に介さない様子だった。「モーゼスがピストルを振りかざし、ブリュッセルの全市民を前に妻を寝取られた事実を暴露する光景は……見物だったろう」と、彼はマルクスに書いた。しかし、エンゲルスを間違いなく不安にさせたのは、「レイプに関するばかげた嘘」をヘスがついていることだった。これはまったくの戯言だ、と彼は友人に請け合った。「彼には昔のことも、合意のうえだということも、その後のことも細部にわたって充分に証拠を示して、動転させることができる。なにしろ、去年の七月にここパリで初めて、このバラームの雌ロバは僕に、正式《イン・オプティマ・フォルマ》に、あきらめの入り混じった愛の告白をし、家庭における最も内密な夜の秘話を打ち明けてくれたのだ！　僕にたいする彼女の激しい欲望は、報われない愛そのものだ」。彼はさらに無作法にこうつづけた。「妻を寝取られたジークフリート」は、「僕の現在、過去、将来の愛人すべてにたいし、まったく自由に報復すればよく」、そのためのリストまでつくっている。だが、もしヘスが名誉の問題としてこの件にまだこだわるのであれば、ブレーメンの富裕層のあいだで決闘を学んだエンゲルスとしては、「正々堂々と戦うつもり」だった。[*78]

　エンゲルスは本当にモーゼス・ヘスの妻を強姦したのだろうか？　「横柄な態度」を自称するエンゲルスは、パリにいた時代は確かにちょっとした性犯罪者であったが、彼が暴力的手段に訴えたことはありえそうもない。より可能性が高いのは、二人が浮気をして――モーゼス・ヘスを侮辱したいというエンゲルス側の欲求もあって――それがこじれた、というものだ。とはいえ、エリノア・マルクスが一八九八年にカール・カウツキーに書いた手紙に、やや興味深い一節がある。書簡のなかで彼女は、ふだんは開けっぴろげなマルクス一家のなかで、珍しくもみ消されたパリの出来事について言及している。「つまり、私が確かに知っていたその一件には女性が絡んでいて、耳にしたいくつかの言葉からすると、どうもそのうえあまり評判のよくない人だったということです。でも、それがいったいどんなことだったのか——大目に見られ、あとはもみ消された出来事だということ以外は——私にはわかりません」。それは「愚かな若者の戯言だった」のだと、彼女は自分自身にもカウツキーにも請け合った。[*79]

『共産主義者宣言』

感心なことに、エンゲルスは次々に女性をくどきながらも、政治面での前進も遂げていた。一八四七年六月に、正義者同盟の大会がロンドンで開かれ、マルクスとエンゲルスも新会員として招かれた。大会の目的は、シャッパー、バウアー、モルにブリュッセルの委員会と協力させ、以前の秘密結社的な体質を抜けださせて、より開かれた政治綱領に変えることだった。マルクスは家計がまたもや悪化していたため、ブリュッセルの代表団はドイツの教師で共産主義者のヴィルヘルム・ヴォルフが代表を務めることになり、かたやエンゲルスはパリ支部の会合で苦闘したあげくに、その代表として選出された。「エンゲルスは代表になりたがっていたが、彼が指名されるのは非常に難しいことに私は気づいた」と、シュテファン・ボルンは述懐した。「彼にたいする強い反対意見があった。成功したのは——規則に反して——この候補者に賛成ではなく、反対である人に挙手を求める方式にしたからだ。この手口は、いまでは忌まわしいものに思われる。『よくやった』と、エンゲルスは帰宅の途に着いたときに私に言った」[*80]

この大会は、共産党の発展においてきわめて重要な瞬間となった。代表団は名称を正義者同盟から共産主義者同盟に変えることで合意し、標語は「人類はみな兄弟だ」から、もっとずっと大げさな「万国の労働者、団結せよ！」に変更された。エンゲルスはこの大会で同盟のために、彼らの政治哲学的立場を示す「革命用教理問答《カテキズム》」を作成する任務を負った。その結果が「共産主義の信条表明の草案」となり、題名そのものが初期の共産主義運動の特徴であった宗教的熱狂と個人的献身の融合であることを露呈していた。

問1　あなたは共産主義者か？

答　はい。

問2　共産主義者の目的は何か？

答　社会を構成するすべての人が、みずからの能力と権力を完全に自由に、かつ、この社会の基本的条件を侵害することなく発展させ、発揮させられるように社会を組織することだ。

問3　それをどのように達成したいのか？

答　私的所有を廃止し、代わりに財貨共有制《コミュニティ・オヴ・プロパティ》〔共産〕にすることで。[81]

二十数問までつづく信条表明の草案は、マルクスとエンゲルスが忌み嫌った真正社会主義や空想的社会主義と似た部分も多く含む妥協の文書で、柄にもなく次のような曖昧な一節まで含まれていた。「各人が幸せになるべく努力する。それぞれの人の幸せはすべての人の幸せと切り離せないものである」[82]。だが、この信条表明には非常に才気あふれた大衆受けしそうな要素もあり、それが最終的に『共産主義者宣言』となった。プロレタリアートの出現と、社会主義革命を到来させるうえで彼らがはたす歴史上の役割が、この問答の根幹にあった。同様に、エンゲルスの文章は、彼とマルクスがそれまでの五年間に発展させた歴史と社会の唯物論的な解釈で満ちていた。政治革命は生産関係と生産様式のあいだに分離が見られるかどうかに左右されると、この文書は宣言した。すなわち、革命が起こるかどうかは、政治的・社会的上部構造が経済的基盤と一致しているかどうかで決まるのだ。しかし、この偶然性は、共産主義者が望ましい条件を実現させるために闘うことをまったく許さないわけではない。「もし、最終的に、抑圧されたプロレタリアートがこうして革命へと追い込まれれば、われわれは言葉だけでなく行動によっても、プロレタリアートの大義を守るだろう」。「プロレタリアートの政治的解放」の道に沿った最初の一歩は、「民主的な憲法」を確保することだった。そのあとに私的所有の制限、国有工場の創設、一般の公教育、それに結婚制度の潜在的な改革などがつづいた。*83

エンゲルスは大会が終了すると、一連の活発なシャトル外交に身を投じたが、マルクスはいくつもの公式渡航禁止令がでていたため、その任には加わらなかった。エンゲルスはロンドンからブリュッセルに戻ると、共産主義ネットワークを牛耳ろうとするドイツの競合派閥にたいしてマルクス主義の立場を強化し、そのあとでパリに戻って、地元の共産主義者同盟の支部に「信条表明」を売り込んだ。「僕はすぐに宣伝活動班をつくり、あちこちを駆け回って演説をぶった」と、彼はマルクスに報告した。「即座に地区［共産主義者同盟の委員会］に選出され、通信役を任された」。委員会全体に「信条表明」を採用させるには、代替案を宣伝し歩いているモーゼス・ヘスの裏をかかなければならなかった。ここでもまた、「モージ［ヘス］に非道な仕掛け」をした際に、エンゲルスの政治手腕が露骨に現われた。「先週の金曜日に地区で、僕がこれ［ヘスの案］を一つひとつ検討していると、まだ半分も終わらないうちから、みんなはもう充分だと明言した。なんら反対されることなく、僕は新しい案を起草する仕事を任された。来週の金曜日には地区で討論されて、委員会には内緒で密かにロンドンまで送られる予定だ。当然だが、この件は誰にも知られてはならない。さもないと僕らはみな解任されて、えらい騒ぎになるだろう」[84]

一八四七年十月にエンゲルスが作成した次の草稿は、十一月にまたロンドンで予定されていた第二回共産主義者同盟の大会に備えて「共産主義の原理」と名づけられた。「原理」の大半は「信条表明」と文体も内容も似たものだったが、唯物論が目に見えて増えており、かつての空想的社会主義が軽視されていた。プロレタリア革命の必要性がよりおおっぴらに主張されたほか、グローバル化する資本主義の性質と労働者の連帯も新たに強調された。「したがって、いまイギリスやフランスで労働者がみずからを解放しているのであれば、ほかのすべての国々でも革命へとつながるはずであり、それは遅かれ早かれそのような国々でも労働者の解放をもたらすであろう」。だがそれまでは、グローバル化した資本主義のプロセスを受け入れることになった。「現代の社会であらゆる苦難や商業的危機を生みだしている大規模産業のまさしくその本質が、別の社会組織のもとではその同じ苦難や破壊的な景気変動を打ち砕く当の本質なのだ」。『ドイツ・イデオロギー』のなかで、エンゲルスは社会秩序が「もはや既存の条件に対応しなく」なれば革命が起こる、と明言した。「共産主義の原理」では、エンゲルスは私的所有の廃止と民主的憲法の制定という公約は維持したが、いまや社会主義に向けた移行段階について幅広いリストを提供していた。その一つで、フーリエ派やオーエン派の伝統へ後戻りしたようなものが、次の誓約だった。「農業にも、工業にも従事する市民のための公共住宅として、都市と田舎の暮らし双方の利点を合わせつつ、一方へ偏ったりいずれかが不利になったりすることがないよう、国有地に大建造物」を建てるというものだ。エンゲルスはまた、来たる共産主義の秩序では男女両性間の関係が変わるだろうとも主張した。「私的所有がなくなり、子供たちは社会で教育するようになるので、既存の結婚生活の二つの基盤――私的所有を通して妻が夫に依存し、子供が親に依存する――が消滅する」からである。[85]

一九一四年まで刊行されなかったが、「共産主義の原理」が、『共産主義者宣言』の基礎となった。「この大会は決定的なものにしなければならない」と、エンゲルスは一緒にロンドンの大会に向かう前にマルクスを促した。「信条表明について少しばかり検討してみてくれ。問答形式はやめて、これを共産主義者宣言と呼ぶのが最善だと僕は思う」。グレート・ウィンドミル通りのレッド・ライオン・パブの上階にあったドイツ人労働者教育協会の本部内で一八四七年十一月に密かに開かれた第二回大会は、一〇日間におよぶ疲労困憊の日程のなかで、「原理」をさんざんにこきおろすものになった。だが、マルクスは議事を進めた。「彼の演説は短く、説得力があり、その論理は有無を言わせぬものがあった。余分なことは決して言わなかった。すべての言葉にアイデアが込められ、どのアイデアも彼の議論の連鎖のなかの欠かせない環となっていた[*86]」と、エンゲルスは報告した。最後には、「あらゆる矛盾と疑問がようやく消えて片づけられ、新しい基本原理が全会一致で採択され、マルクスと私が宣言を立案する任務を請け負った。これはそのあとすぐに実行された[*87]」

「信条表明」と「共産主義の原理」の、荒削りで重苦しいところもある草案から、『共産主義者宣言』の淀みない散文が出現した。「ユートピア的な自信と道徳的情熱、鋭い分析、および——少なからず——皮肉を交えた文学的能弁さというこの絶妙な組み合わせは、最終的に十九世紀においておそらく最もよく知られた、そして間違いなく最も広く翻訳された小冊子となった」と、エリック・ホブズボームは洗練された言葉でこれを描写した。マルクスとエンゲルスはロンドンで『共産主義者宣言』の共同執筆作業を始め、のちにブリュッセルでもつづけた。だが、最終版を発表したのはマルクスであり、委員会の総意が盛り込まれていないおかげで、同書はこれほど読みやすいものとなった。その叙事詩的な書きだし——「ヨーロッパに亡霊が出没する——共産主義という亡霊が」から、挑戦的な結びの言葉——「プロレタリアには失うものは束縛されていた鎖しかない。彼らには勝ち取るべき世界がある。万国の労働者、団結せよ！」にいたるまで——これは、英雄的な調子で一気に書かれた論争の書なのである。とはいえ、同盟の会議でも、草案を練る過程でも、知的に困難な作業の多くはエンゲルスが担った。ドイツの社会主義指導者ヴィルヘルム・リープクネヒトはそれをきちんと見抜いていた。「何を一方が提供し、もう一方は何をしたのか？　そんなことはくだらない質問だ！　これは一つの鋳型からつくられていて、マルクスとエンゲルスは一心同体なのだ。生涯にわたってあらゆる作業でも計画でも二人がそうであったように、『共産主義者宣言』においても切り離すことはできない」[*88]

『共産主義者宣言』はプロレタリアートの出現に関する説明では、おそらくエンゲルスの過去の著作に多くを負っていることは明らかだ。たとえば、「仕事が見つかる限り生きており、その労働が資本を増やす限り仕事を見つける労働者の階級」の部分である。この社会経済的な説明は、社会を共産主義へと移行させるうえで産業革命がはたした役割を大前提としており、『イギリスにおける労働者階級の状態』のページからじかに引用したようなものだ。イギリスのプロレタリアートが歩んだ特異な歴史がにわかに、労働者階級の発展を表わす一般論となったのである。[*89]『共産主義者宣言』は、エンゲルスがすでに概説した多くの考えを繰り返し、再び強調している。同書はブルジョワ社会の不道徳な本質を次のように攻撃した。「それは人間を〈生まれつきの上位者〉と結びつけていた雑多な封建的絆を容赦なく断ち切り、そのあとに残された人と人の結びつきと言えば、むきだしの私利追求、すなわち無情な〈現金支払い〉しかない」。また、ブルジョワ政府の階級的偏見をあらわにし、「近代の国家権力はブルジョワ階級全体の庶務を管理する委員会に過ぎない」とした。ブルジョワ階級が何よりも、「みずからの墓掘人」を生産していることへの痛烈な皮肉も指摘した。そして共産主義の中心的な要求は、「一文に要約できる。私的所有の廃止である」と、繰り返した。

マルクスは、農業・工業共同体の設置計画や結婚制度の解消を示唆する言葉（共産主義を批判する人びとの恰好の標的）をはじめ、エンゲルスの十八番をいくつか割愛した。その代わりに、彼はエンゲルスにはとうてい習得できなかったであろう修辞的な飛躍をやってのけた。

人間の活動がどれほどのものをもたらしうるかを初めて示したのは、ブルジョワ階級であった。エジプトのピラミッドも、ローマの水道も、ゴシックの大聖堂もはるかに凌ぐ奇跡を成し遂げたのである。かつての民族の集団移動も十字軍も形無しにする大遠征を実行したのだ。
ブルジョワ階級は生産手段を、それによって生産関係を、ひいては社会の関係全体をつねに大改革せずには存在できない……。固定化され、堅く凍りついていたあらゆる関係は、古くからの因習と由緒ある考えもろとも押し流され、新たに形成されたものはみな、定着するまでもなく時代遅れとなる。堅固なものもみな解けて雲散霧消し、神聖なものは世俗化し、人はついに正気に返って自分の暮らしの現状、および同胞との関係に直面せざるをえなくなる。*90

このような大げさな予想を連ねた割には、『共産主義者宣言』は発刊された当時はなんの衝撃ももたらさなかった。同書は一八四八年二月にドイツ人労働者教育協会のロンドン出版部から刊行されたが、圧倒的な「沈黙の申し合わせ」に遭った。共産主義者同盟の数百名のメンバーがそれを読み、英語版は一八五〇年にジュリアン・ハーニーの『レッド・リパブリカン』紙に連載されたが、この小冊子は広く売りだされることもなければ、目立った影響力をもつこともなかった。これは何よりも、歴史がすでに同書に追いついていたからだった。すでに多くを達成していたマルクスのブルジョワ階級は、第二の策を講じようとしていた。フランス王ルイ・フィリップの王政の抹消である。一八四八年二月二十四日の朝、アレクシ・ド・トクヴィルはパリのアパルトマンをでて冷たい風に顔を向け、「空気に革命のにおいがする」と断言した。その午後には、カプシン大通りは血にまみれ、シャンゼリゼ沿いの街路樹はバリケードをつくるために切り倒され、一八三〇年の七月王政は露と化した。「われわれの時代、民主主義の時代が明けている。テュイルリー宮殿とパレ・ロワイヤルの炎はプロレタリアートの夜明けだ」と、エンゲルスは叫んだ。[*91] ゴールの雄鶏が時を告げていた。パリはその目的をはたしつつあった。革命が到来したのだ。

第5章

限りなく豊作の四八年

「夜中の十二時半に、木曜日の革命に関する晴れがましい知らせとともに列車が到着した。そして群衆全体が、にわかに爆発的に熱狂して、共和国万歳と叫んだ」[*1]。フランスの王政が崩壊したとき、マルクスとエンゲルスは間違った時間に間違った場所にいて、ブリュッセルの鉄道駅のあたりをうろつきながら、最新情報の断片に飛びついていた。それは反乱を画策する二人が一八四八年にヨーロッパ大陸各地で起きた一連の革命の後を追いかけるなかで、その後一年半にわたってつづくお馴染みのパターンとなった。ときには革命の末尾に追いつくこともあり、その尾を引っ張ることもたまにはあったが、たいていは革命に先導されていた。それは期待に胸を膨らませながらも、欲求不満に駆られた一時期だった。

マルクスとエンゲルスから見れば、一八四八年の一連の驚くべき事件はブルジョワ民主主義革命の典型に思われた。ヨーロッパの時代遅れの政治と法制度は、進歩する一方の資本主義の生産様式とは相容れなくなり、新しい経済的現実に適応せざるをえなくなっていた。産業化する基部と封建的な上部構造の不均衡を考えれば、台頭するブルジョワ階級によって主導された革命こそが、明らかに次の段階であった。そして、中流階級が古い世界を始末する汚れ仕事を終えたあとには、今度はブルジョワ革命がプロレタリアの支配に引き継がれるはずだった。

議論ばかりがつづいたそれまでの一〇年間のあとで——「常套句、常套句ばかりだ」——一八四八年の革命が提供していたのは、興味をそそられる実践の見込みと、歴史に助っ人を与えるチャンスであった。進歩の必然性にはほとんど目もくれずに、マルクスとエンゲルスは政治組織、新聞の宣伝活動、そして最終的には軍の反乱という徹底した工作を通じて、来たる革命を加速させるべく試みた。『共産主義者宣言』が刊行されると、マルクスとエンゲルスはヨーロッパを縦横に——ブリュッセルからベルン、パリ、ケルンへと——移動し、逮捕令状とプロイセンのスパイをかわしながら、ヨーロッパのアンシャン・レジームの崩壊を促進させた。

エンゲルス自身は、とりわけ満足した気分で戦場を離れることになった。なにしろ、この自称山派の学生剣士で兵舎室内ボクサーは、ついに前線に立つ軍事体験をいくらか味わうことができたからだ。少年時代の冒険の夢を実現させた彼は、バルメンの故郷に赤旗を掲げ、プロイセン歩兵部隊に対抗する奇襲部隊を発足させたが、やがて砲火を浴びて黒い森を抜けて逃亡することになった。それはバリケード上での流血沙汰であり、みずからの生死をかけた革命のための闘争でもあった。その後何十年ものあいだ、彼は敵にも味方にもこの一時期をめったに忘れさせることはなかった。

二月革命の波及

個人的にはそのような英雄行為を成し遂げたとはいえ、現実は厄介だった。一八四八年から四九年にかけて各地で起きた革命——デンマーク、シチリア、サルデーニャ、ピエモンテ、フランス、プロイセン、ザクセン、ハンガリー、オーストリア——は、マルクスとエンゲルスが理想化した階級蜂起とはほど遠いものだった。人びとはむしろ景気不安から、国民・民族としての自己認識《ナショナル・アイデンティティ》や、君主制を打倒する共和主義の要求、民主的な自治政府といった多種多様な動機に駆られていた。こうした蜂起、フロンド、反乱、革命——等々、さまざまに呼ばれる現象——は、労働者からの支持、急進的な指導力、あるいは反革命勢力の反撃力しだいで、急速に敗北に終わりやすいものでもある。そうした変わりやすい、最終的には目的を達成できない運命ゆえに、歴史家のA・J・P・テイラーは一八四八年をヨーロッパが「転換し損なった」転換点として描くようになった。そして、マルクスとエンゲルスにとって、大いに誇張されたこの「民主主義の時代」は、個人的な失望とともにイデオロギー面の再検討の時期となった。

　一八四八年の春にヨーロッパを吹き荒れた記録的な大嵐は、〔シチリア島の〕パレルモ市の「手のひらほどの小さい雲」から始まった。この地では、ブルボン家の国王フェルディナンド二世〔両シチリア王〕と、ナポリを本拠地とするこの王の超然とした統治体制にたいする貴族の不満が高まり、一月に暴動となって発展したのだ。長年つづいた遠方のナポリからの強引な支配に不満をいだいたシチリアの有力者が、大きな経済的不満の高まりに乗じて、一八一六年以前の自治政府による議会を復活させようとした。組織立った街頭デモはたちまち警察にたいする攻撃へと発展した。まもなくバリケードが築かれ、国王軍は兵舎を引き払って本土に移り、ブルボン王朝は退位させられた。ものの数週間で暫定政権が発足し、新しい議会が選出された。

　発端はシチリアだったが、その余波は、社会的圧力が高まっていたうえに、歳入の落ち込みから議会を召集して新規に課税せざるをえなくなるにつれ、ヨーロッパ各地の王宮にも伝わった。こうした国民議会は通常、課税によって王室財政を改善させる権限をもっていたが、いまや政治家たちは代わりに、憲法の制定を要求していた。これが「三月前期」、つまりフォアマルツの時代であった。当時はヨーロッパ大陸諸国の首都で、漠然とした期待感が新聞紙上にも国会にも満ちていた。一〇年におよぶ不作で穀物の価格が上がり、不景気になって、飢饉の不安が高まったために政情不安が悪化した。一八四五年には広い範囲で凶作となったために、方々で地方経済が立ちゆかなくなった。一方、金融危機が深刻になって都市の市場では信用が失墜し、金融部門が危機に陥り、商売は不調になった。食品価格は高騰し、可処分所得は急減して、失業率が高まった。こうしたことすべてが、一八一五年のウィーン会議以降、ヨーロッパを支配してきた王政にたいする民衆の不満を助長した。しかし、マルクスがまず予測したように、ゴールの雄鶏の鳴き声がなければ、そのようなくすぶった憤りを、ヨーロッパ全土を覆う大火に変えることはできない。

一八四八年のフランスの二月革命によって、パリの労働者はヨーロッパの共産主義の最前線に再び立つようになった。パレルモの蜂起につづいて、フランスの急進派は成年男子の普通選挙権と経済改革を訴える野外の「改革宴会」――フランス革命にまでさかのぼる民衆が不満を表明するための伝統的行動――を催し始めた。一七八九年の大革命に懐古の情がいだかれるようになったのを背景に、パリの劇場では観客たちが革命歌を大声でうたい、上流階級が集う舞踏会の外で威嚇するように詠唱するようになった。国王ルイ・フィリップの下で首相を務めるリベラルな歴史家フランソワ・ギゾーは、宴会を禁止し、国民軍を召集することでこの危機に対処したが、結果は芳しくなかった。ギゾーは一八四八年二月二十三日に政治的生け贄として群衆の前に突きだされた。翌日には、ルイ・フィリップ自身が廃位させられ、イギリスへ亡命した。お祭り騒ぎはすぐにパリの街頭デモと化し、神経質になった兵士にデモ参加者が偶発的に撃たれると、首都はお馴染みの革命の筋書きをたどることになった。ベルギーに足止めを食らったマルクスとエンゲルスは、大陸を吹き荒れる革命の嵐にブリュッセルを迂回させまいと必死になった。もしくは、彼らがのちにジュリアン・ハーニーへの手紙に書いたように、地元の人びとにも「フランス人が勝ち取った利益を、ベルギーの政治制度にふさわしい方法で手に入れ」させたかったのだ。マルクスの考えでは、そのような「平和的だが精力的な煽動」とは、町役場の外で集会を開き、町議会に請願書をだすことを意味しており、彼は亡父の遺産から調達した資金でベルギーの労働者のために武器を買うこともひそかに考えていた。[*2] しかし、狡猾なレオポルド一世には、イギリス海峡を渡って亡命したルイ・フィリップの後を追う気持ちなどまったくなかった。そして、ベルギー警察はドイツからの厄介な客人たちをすぐさま弾圧した。一八四八年三月三日に、マルクスは二四時間以内の国外退去を命じられ、その後まもなく、エンゲルスもあとにつづいた。

十九世紀の中心地にふさわしく、パリはヨーロッパ全土で蜂起を促す引き金となり、自由と民主主義、ナショナリズム、および共和主義への期待が、ワーテルローの戦いにおけるナポレオンの敗北以来、大陸の政治を支配してきた保守主義の体制——君主制とアンシャン・レジームの専制政治——に挑むようになった。急進派にとって、パン騒動と地方の反乱は憲法制定と民族自決を強く印象づけるまたとない機会となった。一八四八年三月の初めに、ウィーンでオーストリア議会が学生運動と労働者に乗っ取られ、バリケードがたちまち築かれた。ハプスブルクの軍隊は反撃し、流血の惨事となった。それでも、アンシャン・レジームの傲慢さの象徴のようなオーストリア宰相のクレメンス・フォン・メッテルニヒを救うことはできず、彼はイギリスへ亡命せざるをえなくなった。ハプスブルクの君主制が揺らぐにつれて、イタリア北部の国家がロンバルディア、ピエモンテ、ヴェネツィア、ミラノの都市部の貧困層とともに蜂起して反乱へと発展した。ミラノは有名な「五日間」のあいだにラデツキー元帥指揮下のオーストリア軍から、とりわけ激しい反撃を受けることになった。一五〇〇カ所のバリケードが一夜にして撤去され、市内の狭い路地が熾烈な市街戦の場となった事件である。しかし、マルクスとエンゲルスが向かったのは、革命の実験室であり、いまでは第二共和制が敷かれたパリであった。

かつてマルクスとエンゲルスを苦しめ、追いだしたこの都市が、今回は彼ら二人と共産主義者同盟の執行委員会を熱意をもって公式に迎えたのだ。臨時政権が発足し、社会主義の哲学者ルイ・ブランや、急進派のジャーナリスト、フェルディナン・フロコンなど、穏健派の共和主義者の幹部が顔を揃えた。このフロコンの発行する『ラ・レフォルム』紙に、エンゲルスは以前、寄稿していたことがある。彼らは共産主義の革命家たちを誇らしげに歓迎し、パリの裏道を警察の密告者に追い立てられることに慣れていたエンゲルスは、状況の変化を浮かれ楽しんだ。「最近、僕はテュイルリー宮殿のジョワンヴィル公の続き部屋で、アンベール老人と昼食をとった。彼はブリュッセルに亡命していた男だったが、いまではテュイルリー宮の監督者となった」と、彼は義弟エミール・ブランクに自慢した。[*3]例のごとく、手紙の残りの部分は、新たに発足した政権の言い逃れや愚かさ、弱点を非難する言葉で埋め尽くされていた。

故郷ドイツの反応

パリは魅力にあふれ、公式にも歓迎してくれたが、ここは一時的な足場に過ぎなかった。マルクスへの手紙に書いたように、エンゲルスは心のなかではドイツへの郷愁に駆られていた。「フリードリヒ・ヴィルヘルム四世が一歩も譲らないでいてくれさえすれば！　そうしたら、すべてが都合よく運び、数カ月もすれば、われわれはドイツで革命を起こせるだろう。彼がこれまでの封建体制に固執してくれさえすれば！　だが、この気まぐれで気のふれた人物が何をするかは、悪魔のみぞ知る」[*4]。祖国へ革命を輸出したいと願ったのは、エンゲルス一人ではなかった。パリに亡命している大量のドイツ人も同様にライン川を越えて、待ちこがれた民主共和国を樹立させたがっていた。そのために、職人義勇兵からなるドイツ人部隊がパリの郊外で誕生し、いまにもプロイセンへ行軍して一連の軍事攻撃を仕掛けんばかりとなった。当然のことながら、フランスの暫定政府は喜んでこれらのシュトラウビンガーの厄介者たちを追い払い、国境まで行かせるために一日五〇サンチームの補助金を提供した。

マルクスとエンゲルスは、真っ向からの攻撃というこのお粗末な構想が失敗する運命にあることを確信しており、実際そのとおりになった。彼らはもっとよく考慮された方法を好み、『ドイツにおける共産党の要求』のなかでそれを概説した。奇妙なことに、『共産主義者宣言』の語り口の切迫感にくらべれば、この小冊子は緊急の革命も、私的所有にたいする全面的な攻撃も要求してはいなかった。むしろ、これはブルジョワ革命を提案するものだった。それは複雑なプロセスであり、亡命者で構成されたぎこちない旅団が一夜にして実現させられるものではなかった。優先すべきは、ドイツのユンカー階級〔東部ドイツの地主貴族〕を政治・軍事面の権力の座から追いだし、普通選挙、報道・出版の自由、法の支配、および議会の権威にもとづくブルジョワの共和制に向けて歩むことだった。この段階で、共産主義者同盟の願いは、ドイツのブルジョワ、プチ・ブルジョワ、労働者階級、さらには農民層までを、民主主義を目指す階級を超えた同盟で結びつけることだった。提案された戦略は、暴力的な政治行動よりも、宣伝活動と組織化を呼びかけるものだった。その地固めをするために、マルクスとエンゲルスは〈ドイツ労働者クラブ〉を創設し、三〇〇人ほどの共産主義活動家をラインラントへひそかに送り込んだ。

彼らはそこによく耕された土壌を見つけた。一八四八年に起きた現象の一部は、蒸気機関車と電報が軍隊と武器だけでなく、情報と思想の急速な移動を実現させるにつれ、大衆政治がヨーロッパ各地の出来事に呼応したその速度にあった。電報と急速に拡大する新聞産業は事件を連続して報道しつづけた。一八四八年二月のパリのテュイルリー宮殿の放火事件こそ、怒りに燃え、過激化したドイツの大衆が必要とした一押しだった。ヨーロッパはどこもみなそうだったが、一八四〇年代なかばから景気の落ち込みとあいまって不作がつづき、食料品価格が高騰し、それに伴って生活水準が悪化した。地方で飢えが広がり、都市ではパン騒動が起こり、失業率が高まるにつれ、王侯然としたドイツの貴族政権にとって、危険な政治風土が生みだされていた。バイエルンでは、二月革命の知らせはすぐさまルートヴィヒ一世（農民のあいだに広まっていた困窮状態に目もくれず、愛人のローラ・モンテスとの下品な遊びに熱中していた）を退位させ、息子のマクシミリアン二世が即位することになった。ザクセンでは、フリードリヒ・アウグスト二世が、選挙権の拡大と議会の召集などの改革を目指した「三月内閣」を発足させる要求に屈した。ドイツ諸国では各地で「公開の集会による民主主義」が盛んになり、請願書が起草され、大規模集会が開かれ、熟練職人、農民、労働者、学生からなる大群衆が町役場や宮殿でピケを張った。歴史家のジェームズ・J・シーハンによれば、「第一次世界大戦直前の数カ月間の例外はあるかもしれないが、ドイツ史のなかでこれほど自然発生的な社会行動と劇的な政変の可能性があったのは、この時期をおいてほかにない[*5]」

革命は公式には一八四八年三月なかばにプロイセンに到達した。ベルリンはとりわけ不景気による影響をひどくこうむり、製造業が落ち込んで失業率が危険な水準まで高まっていた。一方、請願、集会や会合など、いつもながらの手段によって、首都一帯に恐るべき勢いで野営地が出現し、軍との小競り合いが頻発した。大方の予想に反して、フリードリヒ・ヴィルヘルム四世は一歩も譲らないどころか、抜け目なく反乱の合間を縫って舵取りを試み、検閲を緩和して、（ザクセンのように）憲法制定の進歩的な改革を掲げる「三月内閣」パッケージを提案した。譲歩案が発表されると、歓声をあげる群衆とともにベルリンのムードはすぐに明るくなり、人びとは慈悲深い君主の姿を一目見ようと王宮広場に群がった。フリードリヒ・ヴィルヘルムが喝采を浴びているあいだ、さほど啓蒙されていない軍事司令官たちは竜騎兵の大隊を使って広場から群衆を追い払おうと計画していた。部隊が接近してきたとき、二人の士官の銃が暴発した。負傷者は誰もいなかったが、熱に浮かされた――もっともながらベルリンの士官階級にたいする猜疑心に駆られた――首都の群衆は、軍が自分たちに向かってきたと考えた。彼らはバリケードを築き、間に合わせの飛び道具を使って応戦し、ヨーロッパで最も悲惨な流血の三月革命が始まった。一日で、三〇〇人を超える抗議者（大半が職人と公共事業に雇われていた人夫）が殺され、軍側にも一〇〇人近い犠牲者がでた。大虐殺事件のあと、フリードリヒ・ヴィルヘルム四世は死者と対面することを余儀なくされた。国王夫妻が「恐怖で顔面蒼白になって」群衆の前に立ったとき、エリーザベト王妃はこうささやいたと言われている。「これでギロチン台が揃えば完璧ですね[*6]」。まさにそのような運命を避けるために、国王はさらなる譲歩を重ねた。市内から軍隊を撤退させ、屈辱的な呼びかけを発して、プロイセン王国をより自由化することを約束したのだ。国王はまた統一と自由民主主義に向けた一歩として、全ドイツ国民議会の召集への支持も宣言した。

君主制が後退したことで、マルクスとエンゲルスのブルジョワ革命の機は熟した。マルクスとエンゲルスは、血塗られたベルリンの通り――「そこにしがみつく卑劣なブルジョワ階級」と「官僚、貴族、宮廷でうろつく人間のくず」ゆえに、よい思い出のない都市――ではなく、ラインラントの都市ケルンでドイツの政治に再び参入することを選んだ。マルクスには新聞業界にいたころの有益なつてがまだケルンにはあったし、産業化が進み、プロレタリアートは増加しており、製造業を営む裕福な上層部が同市を「あらゆる点でこの当時ドイツで最も進んだ地域[*7]」にしていた。都市化と産業化の進んだラインラントは、来たる革命の前線に立つことを運命づけられていた。また、検閲の緩いケルンの政治体制は、『ライン新聞』を復活させようとするマルクスの計画にとって最適の本拠地となった。

とはいえ、この立地にも特有の難点はあった。なかでも難題は、肉屋の息子で、スラム街住民の有能な医者でもあったアンドレアス・ゴットシャルクだった。ゴットシャルクはケルンで勇敢に三月革命を指揮して市庁舎に侵入し、選挙改正と常備軍の廃止と言論の自由を要求した。騒ぎを起こしたかどで、彼は逮捕されて投獄され、ベルリン暴動後に釈放された。マルクスとエンゲルスがやってきたころには、ゴットシャルクは八〇〇〇人の会員をかかえた〈労働者連合〉の先頭に立ち、ケルンの市政の多くを動かすことができた。当然ながらそのような正真正銘のプロレタリア的行動はマルクスの癇に障り、〈民主主義協会〉として知られる競合する労働者組織を創設することで彼はそれに応じた。これはケルンの労働者階級運動を分裂させる、見え透いた試みだった。もっとも、公正を期すれば、この分裂は本当のイデオロギー上の違いにもいくらかもとづいていた。ゴットシャルクはモーゼス・ヘス、カール・グリューン、および「真正社会主義」思想派の信奉者だった。資本主義制度の秩序を公正な交換様式に向けて平和裏につくり直すことを主張する一派である。マルクスとエンゲルスの共産主義の多くを無視したゴットシャルクの社会主義は、階級闘争の力学やプロレタリア革命に向かう歴史的発展には触れないものだった。〈労働者連合〉は代わりに、党政治を超えた人類の融和的理想にもとづく協同と相互主義を掛け合わせたものを支持していた。マルクスとエンゲルスがプチ・ブルジョワ的、空想的、あるいは素人的などと、さまざまな言い方ではねつけていた綱領である。

皮肉なことに、そのような立場ゆえに実際には真正社会主義者たちは、マルクスやエンゲルスよりも支配的ブルジョワ階級といっそう対立するようになった。彼らはブルジョワによる民主的支配の中間段階を設ける必要を、なんら認めていなかったからだ。彼らは封建制度の名残から社会主義へ、一足飛びに移行することを望んだ。「抑圧された者たちの解放について、君らは一度も真摯に考えたことはない」と、ゴットシャルクはこの二人のプロイセン知識人を嘲笑った。「労働者の困窮も貧者の飢えも、君らには科学的、理論上の関心でしかない……。労働者が引き起こす洪水はすでに資本を破壊すべく準備を整え始めているが、君らは彼らの反乱を信じていない。君らは革命の永続性も信じていないし、革命の可能性すら信じていない」[*8]。カール・グリューンの言葉を借りれば、立憲政治の追求など「有産階級の尊大な願望」であり、真正社会主義者とは無縁のものだった。彼らは来たる全ドイツ国民議会のための選挙をボイコットした。この決定はたちまち〈労働者連合〉を、マルクスとエンゲルスが入念に考案したブルジョワ民主主義革命のための計画と衝突させることになった[*9]。

マルクスとエンゲルスは、共産主義への移行の一環としてブルジョワ民主主義を広めるためにプロイセンに帰郷しており、労働者の協同組合に関する甘ったるい戯言に付き合うつもりはなかった。時代遅れで封建的なドイツは――たとえば、労働者階級が発達した先進的で産業化したイギリスとは対照的に――まだプロレタリア革命を迎える段階にはなかった。そうした無益な目論見にたいする彼らの敵意は、マルクスの『新ライン新聞』の紙面ですぐに明らかになった。同紙はストライキや急進的な議会、およびプロレタリア暴動の兆候には、あからさまにわずかな紙面しか割かなかった。実際、同紙はケルンの急進派労働者階級に激しい敵意をもっていたため、歴史家のオスカー・J・ハーメンはこの新聞が反動的なライバル紙の『ケルン新聞』よりもはるかに低賃金で、臨時雇いの印刷工を使って発刊されていたとすら書いている[*10]。マルクスとエンゲルスの政治戦略は明らかだった。『新ライン新聞』を「民主主義運動の機関誌」にすることだった。だが、エンゲルスによれば、それは「あらゆる場所で、あらゆる点で具体的にプロレタリアの特徴を強調しつつも、その旗にまだきっぱりと記すことのできない民主主義」[*11]だった。長い目で見れば、そのような民主主義的な取り組みは、プロレタリアートの意識を高め、政治手段で武装させ、機が熟せばブルジョワ階級に取って代わらせるものとなる。『新ライン新聞』はくる週もくる週も、プロイセンの官僚とユンカー貴族に侮辱の言葉を投げつけたが、同紙が主張していた改革はかなり穏健なもので、普通選挙、封建制度の撤廃、失業者への支援を中心とするものだった。マルクスの激烈な新聞口調にもかかわらず、同紙は実際にはきわめて穏健な、ブルジョワに都合のよい綱領を、革命の第一段階として主張していた。そして、それは大成功を収め、日々の売り上げが五〇〇〇部近くにまで急増した。

中道的で、自由民主主義的な立場を取っていることを考えれば、この地方の中流階級から同紙への投資を集めるのがさほど困難になるとはマルクスもエンゲルスも考えなかった。そこで、まるで見当違いな自信から、ヴッパータールのブルジョワ階級を懐柔するためにバルメンにエンゲルスが派遣された。このときの帰省もやはり問題をはらんだものとなった。「CとA・エルメンは、今日、僕が彼らの事務所に入ってゆくと、傍目にもわかるほど震えていた」と、彼はエミール・ブランクに楽しげに報告した。驚くべきことではないが、資金集めは成功しなかった。バルメンのブルジョワ階級は共産主義者の計画に充分に気づいていたのだ。「実際には、つまるところ、この地の急進派ブルジョワですら、われわれを将来の主たる敵として見なし、ごく近い将来、彼らに向けることになる武器をわれわれにもたせるつもりはないのである」。エンゲルスは厚かましくも家族に『新ライン新聞』への出資を依頼すらした。彼の叔父のアウグストはバルメンの町議会で反動主義者として名を知られており、弟のヘルマンは、反革命派の地方義勇隊を指揮していたのだが。父親に関しては、「親父さんからは、何かしらを引きだせた試しがない。彼にしてみれば、『ケルン新聞』ですら煽動の温床であり、一〇〇〇ターラー銀貨をわれわれに差しだすよりは、むしろ一〇〇〇房のぶどうを投げつけるだろう」[*12]

マルクスとエンゲルスが『新ライン新聞』に援助してもらうために、実際に勧誘できたごくわずかな投資家たちも、フランクフルトで開催されている選挙後まもない国民議会について、エンゲルスがその創刊号で皮肉たっぷりの痛烈な批判を書いたために、一斉に彼らを見捨てた。彼が共産主義者同盟の歴史に書いたように、「月末には、もはや一人も〔投資家は〕いなかった」[*13]。しかし、同紙はどうにか奮闘しつづけ、マルクスがドイツ国内の政治報道の大部分を担当し、エンゲルスはおもに海外および軍事問題に専念した。というのも、株主が懸念したにもかかわらず、『新ライン新聞』は原則としてフランクフルトの国民議会を非常に支持していたからだ。マルクスとエンゲルスはただ、革命に必須の最初のステップとして、ドイツを統一されたブルジョワ国家に変貌させる作業を、議会の代表がさらに前進させ、加速させることを望んでいた。問題は、国民議会に話し方のくどい法律家、役人、学者ばかりが勢揃いして、内向きの議論を際限なく繰り返す「議会機能低下症」に罹っていることだった。無益な会合が一度開かれたのちに、エンゲルスはそれを「年寄りのくたびれた政治家たちがはからずも己の滑稽さと、行動だけでなく思考能力も欠如していることを露呈した舞台でしかない」と一蹴した[*14]。そのような長引く議論には犠牲が伴った。ドイツに点在する王国や公国を、一つのブルジョワ共和国につくり直すのであれば、革命のための希少な機会は即座につかまなければならない。フランクフルトの代表団が手続きや手順について演説を繰り返すなかで、反動勢力が再結集していた。パリでは、彼らはすでに攻撃にでていた。

反動のパリ

フランスの臨時政府の政治的蜜月は長くはつづかなかった。悪化する財政を立て直すために共和主義の行政は増税を決断せざるをえず、一八四八年四月に行なわれたフランスの憲法制定会議のための選挙では、廃位させられた王家に忠誠を誓う地方の保守派が再び勢いづいてきた。選挙では、社会主義と共和主義の候補は大敗を喫し、選出された八七六議席のうち、わずか一〇〇議席を占めたに過ぎなかった。いったん権力を掌握すると、保守派は臨時政府の要となってきた政策、すなわちルイ・ブランの国立作業場の計画を撤廃すべく、すみやかに行動した。この政策は行動する「真正社会主義」として考案され、パリで失業している男性住民に、まともな賃金が支払われる公共事業式の仕事（首都周辺のさまざまな工房で実施され、人びとが自分で応募するもの）か、充分な失業手当給付金を与えるものだった。しかし、この制度はたちまち、この巨大な福祉救済の制度の恩恵をこうむろうと、パリに移住してきた何万人もの労働者や怠け者や身勝手な人間に悪用された。費用が破壊的に膨れあがり、懐具合のよい怠け者が増え、賃金をつり上げて競争せざるをえなくなった私企業の雇用主の怒りはいやますばかりだった。この現状に直面して、保守主義に転向した議会は、工房制度を廃止して、失業者を軍隊に入れるか、故郷の低賃金の仕事に戻らせる意向を発表した。民衆からの反発を恐れて、議会は急進派の政治団体と再び人気を博してきた改革宴会を取り締まる一連の措置を講じた。一八四八年六月に、政府は財政援助を受けているパリの一二万人余りの労働者にたいし、兵役につくか、故郷へ戻るよう指示する最後通告を発した。貧困が蔓延するパリ東部地区では、労働者らは「仕事か死を！」「パンか死を！」という旗を掲げて街頭暴動を起こすという挙にでた。翌朝には、見上げるようなバリケードが再び築かれた。[*15]

革命の火が再燃するなか、エンゲルスは苛立ちながらケルンに足止めされていた。しかしそんな地理的障害も、パリの事件について、まるで弾丸がかすめんばかりに、息もつかせぬ報道記事を彼が『新ライン新聞』に書く妨げにはならなかった。エンゲルスにとって一八四八年六月がじつに励みとなったのは、二月の革命とは異なり、フランスがかくも迅速にブルジョワ革命からプロレタリア革命へと移行したために、「反乱が純粋に労働者の蜂起である」ことだった。それ以上に、これはプロレタリアートが国際的に連帯した一時期だった。「人びとは二月の事件のようにバリケードの上に立って『祖国のために死なん』と歌っていたわけではない。六月二十三日の労働者たちは自分の生存をかけて戦っていたのであり、父祖の地は彼らにとってあらゆる意味を失っていた。このときの蜂起を古代ローマの奴隷の反乱にたとえて、ジャコバン派志望のエンゲルスは「パリは血で染まった」とたたえ、五万人規模の反乱が「かつて起きた最大の革命へと発展し、プロレタリアート対ブルジョワ階級の革命になった」ことを賞賛した。[*16]『フランスにおける階級闘争』のなかで、マルクスはのちにこの六月の日々は、「労働者と資本のあいだの戦争」にまで達したと主張した。近代の研究者は一般にこの蜂起にプロレタリアが関与していた度合いについて（これはむしろ伝統的な職人主導の反乱だとして）懐疑的であったが、政府の対応にむきだしの階級対立が見られたのは間違いない。

反撃を指揮したのは、アルジェリア制圧で名を馳せた、陸軍大臣に就任したばかりの残虐な軍人ルイ・ウジェーヌ・カヴェニャックだった。カヴェニャックの軍隊は騎兵隊を突撃させて大通りから人びとを追い払い、ぶどう弾〔帆布製の袋に小弾を詰めた対人用の砲弾〕でバリケードを粉砕し、その日の締めには炸裂弾と焼夷型のコングリーヴ・ロケットの集中砲火を浴びせた。国境のドイツ側で、エンゲルスはこうしたことすべてを間接的な情報をもとに、社会主義の殉教物語にあふれた散文で記事にした。「国民衛兵の強力な分遣隊がクレリー通りのバリケードに側面攻撃を加えた」と、彼は一八四八年六月二十八日の『新ライン新聞』に書いた。

バリケードを守っていた大半の人は退却した。七人の男性と二人の女性、それも若く美しいグリゼットだけが持ち場を離れなかった。七人のうちの一人が旗を掲げてバリケードを登った。ほかの者たちは発砲する。国民衛兵が反撃し、旗手が倒れる。するとグリゼットの一人で、身だしなみがよく背の高い美しい娘が腕をむきだしにして旗をつかみ、バリケードを登って、国民衛兵に向かって進む。射撃はつづき、この娘が彼らの銃剣の近くまでやってきたとき、ブルジョワの国民衛兵が彼女を撃ち倒した。もう一人のグリゼットがすぐさま前方に飛びだし、旗をつかみ、仲間の頭をもちあげる。息絶えていることを知ると、怒りに任せて国民衛兵に向かって石を投げる。彼女もまたブルジョワ階級の弾丸を浴びて倒れる。*17

パリ市街の無政府状態は、ヨーロッパ各地で苦境に立っていた当局のまさしく思うつぼだった。夏の終わりには、プロイセンの反動勢力は国民議会のリベラルな要望にたいして、ずっと大胆に反撃するようになった。彼らは急進派の多い地区を通って行軍し、共和主義や社会主義の団体を弾圧した。『新ライン新聞』の社員はたびたび嫌がらせを受け、マルクスとエンゲルスはほぼ毎週、治安判事の前に連れだされ、「検事正を侮辱または中傷した」か、「反乱を煽った」など、その他さまざまな破壊行為をしたかどで告訴された。ケルンの労働者は治安委員会を設置し、ケルンの北にある荒れ地、ヴォリンゲン近くのフューリンガー・ハイデで大集会を組織することで、勢力を増す反革命暴動に対抗した。九月十七日に八〇〇〇人ほどの労働者と社会主義者たちが、舳先に赤旗を翻らせた艀《はしけ》に分乗し、彼らを鼓舞するエンゲルスの演説を聞きにライン川をさかのぼってきた。演説のなかでエンゲルスは、プロイセン当局との闘争では、ケルン市民は「自分たちの命と財産を捧げる覚悟だ」と断言した。*18 一〇日後、市内には戒厳令が敷かれた。集会は禁止され、市民軍は解散させられ、すべての新聞が発刊停止になった。

マルクスは幸い、ヴォリンゲンの集会に参加していなかった。だが、『新ライン新聞』の残りの編集委員会のメンバーには反逆罪で逮捕令状がだされた。ヴィルヘルム・ヴォルフはプファルツ選帝侯領に逃れ、ゲオルク・ヴェールトはヘッセン・ダルムシュタット方伯領内のビンゲンに向かい、カール・シャッパーはまっすぐ監獄行きとなった。ケルンの検事正はとりわけ「貿易商」のフリードリヒ・エンゲルスを捕まえることに躍起になっていた。逮捕状に「普通の」額に、「均整のとれた」口、「良好な」歯並び、「卵形」の顔、「健康的な」肌に「細身」の体軀であると説明された人物である。あいにく、エンゲルスの母親が朝のコーヒーを飲みながら『ケルン新聞』で、この指名手配記事を目にした。「これであなたは本当に一線を越えてしまった」と、恥をかかされた母エリーゼは息子を叱責した。「これ以上、深入りしないでくれと私がたびたび懇願したのに、あなたは他人の言うことにばかり耳を傾け、自分の母親の頼みなど一顧だにしませんでした。私がこのところ何を感じ、苦しんできたかは神さまだけがご存じです」。世間の恥さらしになったことは、母を悲嘆に暮れさせるには充分だった。「あなたのことしか考えられないし、思い浮かぶのはたいていあなたがまだ私のそばで遊ぶ小さな子供だったころの姿なのです。当時はどんなに幸せだったか。私があなたに希望をいだかなかったことがあるでしょうか」。唯一の解決策は、彼が友人たちからの危険な影響を受けないところへ逃れ、大西洋を渡って商業で身を立て直すことだった。「親愛なるフリードリヒ、悲しむ哀れな母親の言葉があなたにとってまだなんらかの意味をもつのであれば、お父さまの助言に従って渡米し、これまでたどってきた道をあきらめることです。あなたほどの知識があれば、よい勤め口が間違いなくうまく見つかるでしょう」[*19]。彼女ほど息子をよく知らない人はまずいなかっただろう。

ヴォルフとヴェールトと同様に、エンゲルスもそのころには逃亡生活に入っていた。バルメンに急いで立ち寄ったあと（ありがたいことに、両親は不在だった）、彼はブリュッセルに向かった。だが、ベルギー当局は彼のような人物のことは知り尽くしていた。彼が共産主義仲間のエルンスト・ドロンケとともに入国した知らせが警察に届くと、ある新聞はこう報じた。「警部が彼らを市庁舎に連れてゆき、そこからプティ・カルムの留置場に連行したが、一、二時間後には〔乗降口を施錠した〕封印列車で南鉄道駅まで移送された」[20]。一八四八年十月五日には、「放浪者」追放の権限を行使し——共産主義者に対処する際に好んで用いられた戦術——ベルギー警察はあっさりと二人の自由の闘士をパリ行きの列車に放り込んだ。エンゲルスとドロンケが夜通し移動しているあいだに、ヨーロッパには火が放たれていた。革命勢力と反革命勢力間の戦いが大陸各地に広まっていた。フランスでは、独裁者ルイ・ナポレオンが権力の座に就くための行軍を始めていた。ウィーンでは、皇帝軍が重砲を移動して革命家たちを議会から追いだすために砲撃していた。プラハでは、チェコ人の蜂起がハプスブルク側勢力によって鎮圧され、その後、ハプスブルク軍の関心はすぐさま北イタリア再侵略に向けられた。ベルリンでは、プロイセン軍が市を奪回する瀬戸際にあった。ケルンでは、マルクスの『新ライン新聞』が「六月と十月の無益な虐殺」に報復する唯一の手段として、「革命的テロリズム」を要求していた。[21] そこで、フリードリヒ・エンゲルスは約束されたプロレタリアートの夜明けに、何が生じるように働きかけたのだろうか？　彼は闘争に戻ったのか？　パリで思想の宣伝活動をしたのか？　労働者の擁護基金を援助したのだろうか？　そうではない。彼はそうしたものすべてから逃れて徒歩旅行にでかけたのである。

　彼の旅はパリから始まった。だが、カヴェニャックの一斉射撃の効果を見て、彼の気分はたちまち沈んだ。「パリは死んでいた。あれはもはやパリではない。大通りにはブルジョワと警察のスパイのほかは誰もいない。ダンスホールも劇場も人がいない……一八四七年のパリがまた戻ってきていたが、あのころ労働者があらゆるものにもたらしていた活気も、生気も、熱気も、興奮もない」[22]。彼はここを去らざるをえなかった。この都市の「美しい亡骸」に背を向けて、エンゲルスはフランスの奥地《ラ・フランス・プロフォンド》に向かった。二十八歳の逃亡者は、革命の要求には愛想が尽きたかのように見えた。彼の感覚的で、フーリエ主義とも言える性格の側面が再び頭をもたげてきて、反乱者に要求される退屈な暮らしを捨てて、フランスの田舎で女道楽と食道楽にうつつを抜かすようになったのだ。

パリからジュネーヴまでの国境を越えての流浪の旅を、エンゲルスは十代のころに書いた最も美文調の散文を彷彿とさせる、自意識過剰な文芸欄向けの作品として記録した。この未刊の旅行記には、短い政治評論も含まれている。たとえば、かつてパリの国立作業場にいた――この当時は強制的に帰郷させられていた――何人かの人びとに出会い、彼らの思想の堕落した状態に驚愕したときなどである。「彼らの階級の利害にも、労働者に密接にかかわる時事問題にも、関心をもっている気配がない。彼らはもはやどんな新聞も読んでいる様子がない……。まだここにきてから二カ月にしかならないのに、彼らはすでに田舎者に成りはてる寸前にあった」[*23]。しかし、旅行記の主部は政治にはあまり触れておらず、ワイン、女性、風光明媚なロワール川流域にはるかに関心を注いでいた。「大通りにはニレ、セイヨウトネリコ、ニセアカシアやクリの街路樹が植えられている」と、彼は田舎について語る。「谷底は豊かな牧草地と肥沃な農地がつづき、切り株のあいだに青々としたクローバーが芽をだしていた」

彼の文章はときに高級市場向けワイン協会のツアー・パンフレットとさほど変わらなくなっていた。「ボルドーからブルゴーニュまで……プティ・マコンにシャブリ、シャンベルタンまで……さらにそれから発泡性のシャンパンまで、なんと変化に富んでいることか！　わずか数本のボトルで、ムサールのカドリーユからラ・マルセイエーズまで、歓喜に満ちたカンカンから革命の大嵐のような熱気まで、あらゆる中間形態を味わうことができ、最後にはシャンパンで再び世界で最も楽しいカーニバル的な雰囲気に酔いしれることができる！」ヨーロッパ各地で革命家たちがバリケードの上で命を捧げていたとき、エンゲルスは「赤をまとった」オーセールの町に到着しながら、軽口をたたいていた。

ここでは一つの会館だけでなく、町全体が赤で彩られている……赤黒い流れは側溝にもあふれ、石畳にも飛び散り、不吉な様子の泡立つ赤黒い液体が、顎鬚を生やした不吉な男たちによって大きなたらいで通りを運ばれていた。恐怖に包まれた赤い共和国は休みなく働きつづけているようだった……。しかし、オーセールの赤い共和国はきわめて無害だ。それはブルゴーニュのぶどうを収穫する赤い共和国だったのだ。

仲間の革命家たちは、そんな冗談を喜んだだろうか？　構うことはない。「一八四八年は限りなく豊作で……四六年をも上回り、おそらく三四年すらも超えるものだったからだ！」分類好きの彼は、フランスのぶどう畑や村で出会う女性たちが、地元のワインと同じくらい変化に富んでいることを発見した。彼の個人的な好みは「サン・ブリやヴェルマントンのこざっぱりと身支度を整え、髪をきれいに梳《くしけず》った細身のブルゴーニュの女性」であり、「セーヌ川とロワール川のあいだの泥臭く汚れた、もつれ髪の若いモロシアの野牛たち」ではなかった。エンゲルスは総じて、過度にえり好みはしなかった。それは単純な喜びを味わう幕間の時間で、「ワイン農家の人びとと娘たちとともに草のなかに寝転び、ぶどうを食べ、ワインを飲み、おしゃべりをして笑い、それから丘をずんずんと登る」ような生活だった。[*24]

エンゲルスの民族観

満ち足りた気分のエンゲルスがフランスの国境を越えて、十一月初めにスイスへ入ったころには、ドイツの反革命勢力は、一八四八年三月の進展を覆すべく着々と手を打ち始めていた。フリードリヒ・ヴィルヘルム四世は改革をあきらめ、ブランデンブルク将軍の反動的戦略を受け入れていた。将軍はベルリン市内へまっすぐ部隊を進め、プロイセンの議会を中断し、急進派の新聞を発禁処分にして、戒厳令を敷いた。驚くには値しないが、エンゲルスは反逆罪で告訴される可能性のあるケルンに戻ることには熱心ではなかった。代わりに、彼はベルンに潜伏して（冬のスイスで風邪をひくことを案じた母親からの秘密の資金に支えられ）、気乗りのしないまま地元の〈労働者連合〉に顔をだして、ブルゴーニュの野原で転げ回っていた時期に見逃していた、革命事件に関する情報交換にほとんどの時間を費やした。

エンゲルスはとりわけコシュート・ラヨシュに先導されたハンガリーの蜂起に関心をもった。オーストリア・ハプスブルク家の王政にたいするこのナショナリストの反乱は、十八世紀末以来、醸成されたものだった。マジャルの文化がロマン主義によって復興を遂げ、それとともにハプスブルク帝国内の国々にまたがる数百万人のスラヴ系住民にたいする偏見も、ますます露骨になっていた時代である。この文化の復興は、オーストリアの干渉からの解放を民族として決意することを提唱する、ハンガリーの啓蒙貴族に主導され、長年のあいだに団結力のある政治・社会改革運動へと発展した。パリとウィーンで起きた激変に感化されて、コシュート・ラヨシュと仲間の貴族たちは無血革命で議会を制して、一連の反封建的な「三月法」を制定してハンガリーの主権を取り戻した。しかし、ハンガリーはそれまで一度もロマン主義者が想像するような統一民族国家であった試しはなかったので、マジャル人の台頭はハプスブルク側の勢力だけでなく、不満をいだいたセルビア、クロアチア、ルーマニアの少数民族の抵抗にも直面した。一八四八年から四九年の冬には、オーストリア・クロアチア軍とコシュートのナショナリズムに燃えるマジャル軍とのあいだで、一連の激しい戦闘が繰り広げられ、最終的にハンガリー人がブダ゠ペシュトを占拠した。[*25] この軍事作戦はエンゲルスにとって幾重にも興味をそそられるものだった。以前にトマス・カーライルと彼の主張する歴史の英雄崇拝論を批判してはいるものの、エンゲルスは英雄的軍人政治家に魅せられていた。なかでも彼は、ウェリントン、ナポレオン、クロムウェルを英雄視していた。同様に、彼はコシュートも明らかに高潔な大義のために戦う「真の革命的人物」と見なしていた。ハンガリー貴族など貴族の反乱《フロンド》に過ぎないという大方の意見には耳を傾けず、エンゲルスはナショナリズムの大志と共和主義の精神、それに国家戦略を掲げるマジャル人の大義を支援した。いずれもアンシャン・レジームの君主制を転覆させ、ブルジョワ民主革命を組織するのに欠かせないものだ。

いささか不快な言い回しで、彼はマジャル人の反スラヴ的偏見も支持していた。唯物論的な階級分析は当面そっちのけで、人種と民族遺産をない交ぜにした明らかに非科学的な見解を取り入れたエンゲルスは、スラヴ人を「歴史のない」あるいは「非歴史的」な民族と彼が名づける人類の下位集団の一部と決めつけた。革命的な進歩を阻みがちであるため、排除する必要がある民族である。エンゲルスは以前、一八四八年九月のケルン大会の準備期間にこのことをしやかな民族哲学をほのめかしていた。当時、ラインラントではマルメの和議にたいし混乱が起きていた。これはプロイセンに押しつけられた屈辱的な協定で、シュレスヴィヒ公国から撤退して、デンマークがこの地を併合することを強制的に合意させられたものだ。革命を支持するナショナリストにとって、それは統一ドイツに向けた動きを弱体化させ、後退させるものだった。そしてエンゲルスはこの条約をめぐる議論を「残虐で下劣で、海賊的な古代スカンディナヴィア人の民族的特徴」を糾弾する口実として利用し、それが「恒常的に酩酊状態にあり、野蛮で凶暴な激情と涙もろい感傷とが交互に現われる」スカンディナヴィア文化を生みだしている、と主張した。この独断的な偏見の背景には、その他の公国よりもプロイセンのほうが民族・国民的に優れているという、気掛かりな議論があった。「フランスがフランドル、ロレーヌ、アルザスを占領し、遅かれ早かれベルギーも配下に収めることになるのと同じ権利にもとづいて、ドイツもシュレスヴィヒを占領する。これは未開にたいする文明の、停滞にたいする進歩の権利なのである」と、エンゲルスは『新ライン新聞』の記事に書いた。[26]

ウクライナの歴史家ローマン・ロスドルスキーはかなり以前に、エンゲルスの「非歴史的」人間論はヘーゲルから借り受けたものではないかと示唆している。ヘーゲルは『精神哲学』のなかで国を創設できた民族だけが――本来備わっている「天賦の精神的能力」のおかげで――歴史的進歩の一部と見なすことができると主張した。「国家を形成しなかった民族……は、厳密に言えば、歴史はもたない。国家が興隆する以前に存在した民族や、いまだに未開の状態で存在する人びとと同様だ」と、ヘーゲルは断言した。[27] それは勝手な区分けで、「民族としての生存能力」がなんであるかについて曖昧な基準しか設けておらず、主として一国がブルジョワ階級を生みだす能力と、それとともに起業家、資本家、労働者を輩出できるか否かを中心に据えているかのようだった。それでも、その概念からエンゲルスは、国をもたないさまざまな民族を非歴史的として顧みないようになり、統一した国民国家に向けたマルクス主義の進歩の概念に彼らが反対することに、生来の反革命的な要素があると考えた。そのなかに彼はフランスのブルターニュ人、スコットランドのゲール人、スペインのバスク人、そしてもちろん、スラヴ人を含めた。「ヨーロッパのどの国にも、国内のどこかの隅にいくつかの滅びた民族の生き残りがいる」と、彼は「マジャル人の闘争」に関する小論に書いた。そして、「こうした民族の生き残りがつねに反革命の熱狂的な旗手となり、彼らが全滅するか、民族気質を喪失するまでそうありつづける。ちょうど彼らの存在そのものが総じて、歴史の偉大な革命への抵抗であるように」。[28] こうした古い民族性と歴史の進歩のあいだの闘争の典型例は、おそらく北アメリカで起こっていたのだろう。カリフォルニア、テキサスをはじめとする領土をアメリカがメキシコの手から奪いとった場所だ。エンゲルスは植民地におけるこの土地の横領を全面的に支持していた。「あのすばらしいカリフォルニアが、それをどうすることもできなかった怠け者のメキシコ人から奪われた」ことの、どこが不運だというのか、とエンゲルスは問いかけた。メキシコ人は金鉱を活用し、太平洋の海岸線に都市を築き、鉄道を建設して、世界貿易を変貌させただろうか？　何一つそんなことはやらなかった。「カリフォルニアおよびテキサスに住む若干のスペイン系の人間の独立はそのせいで犠牲になり、場所によっては正義や、その他の道義に反する行為もあるかもしれない。しかし、世界史的な重要性をもつそのような事実とくらべれば、そんなことは問題だろうか？[29]」

　エンゲルスにとって、「非歴史的」民族の征服は、スラヴ民族に関してとりわけ当てはまるものだった。彼らはハプスブルク家と帝政ロシアと同盟を組んで、コシュートのマジャル人に対抗するという、究極の反革命的犯罪を実行したからだ。二十世紀にじつに多くの独裁者が同様の発言を繰り返したように、エンゲルスは進歩と歴史のために民族を浄化する政策を主張した。「ヨーロッパの真っ只中にそのような先住民族が存在するのは時代遅れだと考えるくらいには、僕は充分に権威主義者だ」と、彼はエドゥアルト・ベルンシュタインに宛てた手紙でスラヴ人について述べた。「彼らと、牛を盗む彼らの権利は、ヨーロッパのプロレタリアートの利益のために容赦なく犠牲にしなければならないだろう[30]」。それは醜い、残虐なイデオロギーであり、快楽的なワイン試飲旅行からものの数週間で、「スラヴの未開人どもにたいする血みどろの復讐」を呼びかける人間に豹変するあたりに、エンゲルスには心底から冷徹なものが感じられる。「次の世界大戦は、地球の表面から反動的な階級と王朝だけでなく、反動的な民族全体も姿を消す結果となるだろう。そしてそれもまた、一歩前進することなのだ[31]」

　一八四八年十二月には、エンゲルスは革命を傍観していることに飽きてしまい、「運動」に戻りたくなった。「いまではゴットシャルクと［フリードリヒ・］アネク［ケルン労働者連合の共同代表者］も釈放されたのだから、僕もじきに戻れるのではないだろうか?」と、彼はケルンにいるマルクスに懇願するように書き、法律面の動向を探った。ベルンでの思索に耽る暮らしの魅力――「異国の土地でのらりくらりとする」――も色あせ始めていた。「スイスで自由に暮らすよりも、ケルンで身柄を拘束されて尋問されるほうがマシだと、僕は早々と結論に達しつつある」。そして、ライン地方の革命精神は、ブランデンブルク将軍が猛威を振るったにもかかわらず、プロイセンの報復主義に完全に屈してはいなかった。それどころか、民主的な気運をかき消さないために、フランクフルト国民議会の左翼一派は少し前に〈中央三月連盟〉を結成して、四八年三月のリベラルな決着を守ろうとしていた。一八四九年の春には五〇万人以上の会員をもつにいたった。闘争は少しも終わってはいなかったのである。

一方、『新ライン新聞』はマルクスが同紙をより明白に左翼側に方向転換させたあと、真の声を見出した。革命の「失敗」は意志薄弱なリベラル派によってもたらされたとして公然と非難し始めたマルクスは、ブルジョワ民主主義運動とは一線を画した、労働者階級のための独立した政治路線を発展させることに目を向けた。一八四八年の労働者と中流階級の同盟は明らかに修正を迫られており、プロレタリア支配に向かうより明確な道筋を示す必要があった。マルクスが『新ライン新聞』で功績を成し遂げたころが、おそらくエンゲルスにとって最良の一時期だったろう。「過去にもそれ以後も、『新ライン新聞』ほどの力と影響力をもってプロレタリアートの大衆を効果的に鼓舞することができたドイツの新聞はなかった。そして、それは何よりもマルクスのおかげなのだ[*32]」。エンゲルスは同紙が好戦的な方向に転換したことを喜び、一八四九年一月にケルンに戻ったあと書いた最初の記事の一つで、ブルジョワ階級に騙されてきたことについて自分自身と仲間の活動家を責めた。「フランスとドイツで革命が起きたあとで、なぜわれわれはこれほどの寛容さ、寛大さ、配慮、親切心を示したのであろうか。ブルジョワが再び台頭し、われわれが裏切られ、計算高い反革命に首を踏みつけられるのを望まないのだとすれば?」[*33]

ハプスブルク軍を圧倒したコシュートの軍事ストライキに刺激され、エンゲルスはハンガリーの反乱者の戦術をドイツにもちこもうと試みた。一八四九年初めの彼の構想は、フランクフルトと南ドイツで蜂起し、マジャルの反乱に加わってより広範な革命同盟を結成し、ドイツとオーストリアの反動的な王政に対抗しようというものだった。ラインの革命家たちが野戦でプロイセン軍を破ることはとうてい望めないので、ゲリラ戦を有効に取り入れる戦略が必要だった。ハンガリーからの教訓は明らかだった。「大衆蜂起、革命戦争、あらゆる場所にゲリラ分遣隊を送ること——それこそ小国が大国に打ち勝つ唯一の方法であり、それによって非力な軍がより組織化された強い軍隊に抵抗できる立場に立てるのである」[*34]。そしていまこそ、行動すべきときだった。一八四九年三月には、議会機能低下症のフランクフルトの人びともついに、本格的な帝国憲法を採用することを投票で決め、ドイツ諸国は一つの連邦権威のもとに結束することになったからだ。この画期的な政治決定が、本格的な立憲君主制の基礎を敷き、単一通貨、料金体系と防衛政策の一元化をもたらした。しかし、すべてはプロイセン国王のフリードリヒ・ヴィルヘルム四世が、民主的な議会と協調して、立憲君主制の制限範囲を快く受容するかどうかにかかっていた。封建的な大君主で、王権神授説を信じて疑わなかった国王が、そんなことを認めなかったのは言うまでもない。「このいわゆる王冠は、本当は王冠などではまったくなく、実際には犬の首輪であり、それとともに彼らは私を一八四八年の革命に繋ぎ止めたいのだ」というのが、議会の提案にたいする王の高慢な答えだった。[*35]〈中央三月連盟〉をはじめとする急進派にとって、提案された帝国憲法は彼らが闘ってきたすべてを象徴するものだった。彼らはそれを易々と手放すつもりはなかった。ライン地方ヴェストファーレンが憲法を支持して立ち上がると、フリードリヒ・ヴィルヘルムはプロイセンの在郷軍《ラントヴェーア》を労働者に向かわせた。一八四九年四月には、ドイツ西部および南部で革命の色が再び濃くなった。かつて中流階級の民主主義者や対立より交渉を好む憲法論者が保持していた指導的地位を、好戦的な共産主義者や社会主義者が占めるようになったのだ。政治的解決の現実味が薄れ始めると、暴力に訴えようという不穏な空気が再び満ちてきた。「各地で人びとが集団を組織し、指導者を選んで、武器・弾薬を準備している」と、エンゲルスは興奮して報告した。[*36] 五月三日に、ザクセン王アウグスト二世が議会を解散し、フリードリヒ・ヴィルヘルムとともに帝国憲法を認めるのを拒むと、ドレスデンで暴動が起こった。通りには労働者や革命家があふれだし、ザクセン軍とプロイセン軍の両軍と戦った。バリケードを築いていたのは、エンゲルスのベルリン時代の級友で、いまや無政府主義の活動家のミハイル・バクーニンに、ベルリンの労働者友愛会を数カ月ほど運営してきた上品で気取ったシュテファン・ボルン、それにドレスデン・オペラの指揮者に任命されたばかりのリヒャルト・ヴァーグナー〔ワーグナー〕らだった。ラインラントも南部から合図を受け、デュッセルドルフ、イーザーローン、ゾーリンゲン、さらにヴッパータールまでもが反乱に加わった。革命戦争とゲリラ戦に関してあれこれ研究し、プロイセン王国を非難する若者らしい記事を書き、ばか笑いをする実業家たちに共産主義がもたらしうるものを語りながら、モーゼス・ヘスと長い夕べを過ごしてきたが、ついに、革命の時が到来したのだとエンゲルスは確信した。「『新ライン新聞』もまた、エルバーフェルトのバリケードに代表を送っていた」と、ヴッパータールの地元民であるエンゲルスは誇らしげに述べた。[*37]

エルバーフェルトからの追放

一八四九年五月に、プロイセン当局への対抗勢力がラインラント一帯に広がると、エルバーフェルトの労働者は市を見下ろすビアホールに集まり、民主主義者や急進派の抵抗運動と奮起を促す演説に耳を傾けた。その結果、革命派による市民軍が結成されたが、地元の市の警備隊は賢明にも彼らの武装解除を思いとどまった。デュッセルドルフから軍隊が反乱に対抗して到着したが、市長は軍に撤退を命じた。軍はこれを拒否し、五月十日には郡政委員も逃げだし、エルバーフェルトは武装反乱状態に陥った。[*38]「キプドルフの中心部と下ホフカンプからは、すべてがバリケードで閉鎖された」と、エルバーフェルトの外科医アレクサンダー・パーゲンステッヘルは回想した。「古いバリケードを修理して強化し、新たなものを築くのに忙しい男たちがいた」[*39]。抵抗運動をまとめるために、エルバーフェルト政治クラブは治安委員会を創設した。そこには（より熱心な活動家をうんざりさせたことに）現職の市議会メンバーも含まれていた。

この微妙な状況のなかに、エンゲルスが乗り込んだ。きちんと手順を踏んで――「グレーフラートの武器庫を襲撃してゾーリンゲンの労働者が押収した弾薬筒二箱分とともに」――エルバーフェルトに到着するとすぐに、彼は治安委員会に出頭した。革命家としての評判を聞いていたので、委員会は彼の動機が正確にはなんであるか知りたがった。エンゲルスはケルンの労働者から送り込まれたと偽りの答えを返し、プロイセン側の予測される反撃にたいし、自分ならばなんらかの軍事援助ができるかもしれないと素知らぬ顔で提案した。しかし、そんなことよりはるかに重要なこととして、「ベルク地方の生まれであるため、ベルク地方で最初の民衆による軍事蜂起が起こった場合に、その場にいることは名誉の問題だと彼は考えていた」。そして、彼の画策する急進的な赤い政治工作については、エルバーフェルトの善良なる豊かな中産階級は、なんら疑う必要はなかった。「自分は軍事問題だけにかかわることを望んでおり、運動の政治的側面にはなんら関与したくないと彼は言った」[*40]。愚かにも治安委員会はそのような詭弁を真に受け、彼にバリケードを点検して大砲の設置場所を決め、防御態勢を整える任務を与えた。土木工兵の一団を集めて、エンゲルスは数カ所の防御物を築き直し、狭いヴッパータール沿いで考えうるあらゆる侵入箇所を強化した[*41]。しかし、この「筋金入り」の急進派が、革命を期待させるエルバーフェルトのバリケードの現場を利用しないわけがなかった。

「ハスペラー橋の近くのバリケードは、三、四門の小口径のニュルンベルク礼砲が装備されており、そこを乗り越えたあと、私は障壁の代わりになっている近くの家の前で呼び止められた」と、不安になったパーゲンステッヘルは書き、こうつづけた。「その家は見張り小屋に改造されており、バルメンからきたエンゲルス博士が指揮をとっていた[*42]」。エンゲルスは現場をそれにふさわしく飾っていた。「市長宅に近いバリケードでは、市長の家のカーテンを引き裂いた赤い布切れが掲げられ、若者たちは同じ布から自分たち用に腰に巻く布や帯をこしらえていた。こうした印は、すべてが共和国のためであることとの証拠と考えられていた。もちろん、赤い共和国なのだが[*43]」。治安委員会もようやく目が覚めた。これは誰もが恐れていたように、赤い急進派の乗っ取りであり、この町で最も悪評高い共産主義者による煽動だったのだ。「赤い共和国の旗がついに寒々とした通りに翻ったとき、われわれ善良なエルバーフェルトの住民は目から鱗が落ちたかのようになった」というのが、一八四九年五月の事件についてある地元紙が書いた論評だった[*44]。

エルバーフェルトのバリケードでエンゲルスが過ごした日々をめぐっては、すばらしく多くの俗説や伝説がある。なかでも最高なのは、フリードリヒ・エンゲルス父がハスペラー橋で反乱者の息子が砲手たちを指揮している現場にでくわしたというものだ。地元の住民で、バルメンの工場主であるフリードリヒ・フォン・アイネルンが報告したような、「バリケード上にいる息子」と「威厳に満ちた老工場主」の（しかも教会へ向かう途中の）苦渋に満ちた出会いは、現実にしてはあまりにもでき過ぎとすら感じられる[*45]。そして実際、こうした鉢合わせが起きた証拠はかなり薄そうだ。同様に、アレクサンダー・パーゲンステッヘルは、エルバーフェルトの聖職者ダニエル・フォン・デア・ハイトが、母親と兄弟とともに人質にとられ、身代金を要求された事件にエンゲルスがかかわったと示唆する。この場合もまた、悲嘆に暮れたパーゲンステッヘルを別とすれば、それを裏づける根拠は乏しい。確かに真実であるのは、エルバーフェルトでエンゲルスが過ごした期間は短く、多くの人びとに疎まれてもいたということだ。治安委員会のメンバーである法廷弁護士のヘーヒスターにしてみれば、エンゲルスは「夢想家で、あらゆるものを台無しにするような輩」だった。[*46] そして、彼がドイツの三色旗を赤旗に取り替えたことの評判は、まるで芳しくなかった。ともに反乱側に加わった製図講師ヨーゼフ・ケルナーによると、「翌日の早朝には人びとがひどく怒りだしたため、赤い布切れを素早く撤去して、エンゲルスを市内から排除しなければ、反撃の暴動が起きてエンゲルスが虐待されるのを防げなかっただろう」。[*47] 最後通牒を突きつけるのはヘーヒスターとなった。彼はエンゲルスに近づき、(エンゲルス自身が記した言葉によれば)次のように述べた。「君の振る舞いに関してはまったく何一つ反対すべきことはないが、それでも君の存在はエルバーフェルトのブルジョワ階級に最大の警戒心をかきたてている。人びとは君がいまにも赤い共和国を宣言するのではないかと恐れており、総じて君が立ち去ることを望んでいる」[*48]

エンゲルスは立腹し、こう要求した。「そういう要望があるなら僕の前に文書のかたちで提出されるべきであり、治安委員会のすべてのメンバーがそれに署名すべきだ」。これがブルジョワ階級にはったりをかける試みだったとすれば、それは惨めに失敗した。彼らはすぐさま署名入りの文書をもって戻り、公共の場でさらに恥をかかせるために、それをエルバーフェルトのあちこちに張りだしたのだ。「バルメンの市民で、近年はケルンに在住するフリードリヒ・エンゲルスによってこの町でこれまで示された活動についてはは充分に感謝するものの、彼の存在はこの運動の性格について誤解を生じさせうるため、本日中に当市の管区を立ち去ることを要求する」。これ以上に明確には表現しようがなかっただろう。エンゲルスによれば、「武装労働者と義勇軍は治安委員会の決定に憤然としていた。エンゲルスは残るべきだと彼らは要求し、『命をかけて守る』と言った」[49]。しかし、飽くまで無私無欲を貫き、エンゲルスはこの決定を受け入れ、残されたわずかばかりの尊厳を保ちながらエルバーフェルトを去る決心をした。彼が去ると、この町は昔ながらの中庸に戻っていった。一週間後にプロイセン軍が、ヴッパータールを襲撃すべく準備を整えて到着したときには、バリケードは解体され、赤旗もすべて撤去されていた。エルバーフェルトを去るとき、エンゲルスは最後に辛辣な言葉を、義弟アドルフ・フォン・グリースハイムからの手紙で浴びせられていた。エンゲルスが世間に繰り返し恥をさらしたことにたいし感情を爆発させた手紙だった。逮捕令状がでて実家が警察に家宅捜索され、近所ではてしなく噂されたことにたいし、グリースハイムはこう書いた。「もし君に家族がいて、私のように家族のことを案じるならば、落ち着きのない暮らしを改めるだろう。愛する者たちに和やかに囲まれていれば、恩知らずで卑怯な厄介者たちの薄情な一味には望みようもないものを、この短い人生のなかで得られるだろう……。まるで君はまだ、救いようのない人類のために自分を犠牲にするという、あたかも社会的キリストになって、目的を達成するために自分の利己心を捧げているつもりなのかもしれないが」[50]

実戦と敗走

エンゲルス（「特徴：ひどく早口で近視」）に逮捕令状がもう一通だされ、赤インクで印刷されたメロドラマ的な最終号で『新ライン新聞』が完全に廃刊されたあと、ドイツの民衆蜂起にたいする共産主義の影響は終わったように見えた。しかし、マルクスとエンゲルスは革命のチャンスが残っている限りあきらめるつもりはなかった。彼らは重い足取りでケルンを去ってフランクフルトへ向かい、そこからバーデン、シュパイアー、カイザースラウテルン、ビンゲンへと移動した。表向きは帝国憲法のための武装闘争を支援することだったが、現実にはより急進的な政治的要求のための手段として反乱を起こすためであった。エンゲルスの考えでは、ドイツの南西端、バーデンとプファルツ選帝侯領に、最後の反乱の条件がそろい、最も有望に見えた。エンゲルスはこう書いた。「約束を守らず、二枚舌を使い、政敵を冷酷に迫害した政府への憎しみで、全住民が団結している。反動的階級である貴族、官僚、および大ブルジョワ階級は少数である」[*51]

あいにく、バーデンの革命への願望は、臆病な指導体制によって徐々に蝕まれていた。指導者となった地元の弁護士ローレンツ・ペーター・ブレンターノが、反逆罪を犯す不安を払いのけられなかったのである。そのうえ、ブレンターノ一派には明らかに革命をやり遂げるだけの厳格さが欠けているように見えた。「人びとはあくびをしておしゃべりをし、小話をして下手な冗談を飛ばしながら戦略を練り、役所から役所へ歩き回っては、できる限り時間をつぶし、またそう努めてもいた」と、闘争に関する報告でエンゲルスはその救いがたい現場を描写した。いつもながら、マルクスとエンゲルスは責任者の能力に関する彼らの見解を吹聴した。そのうちにエンゲルスが指導部の弱点をあまりにも正確に分析し、来たるプロイセンの猛襲をあからさまに描写し過ぎたため、これほど士気をくじくのは体制の敵に違いないという理由で、スパイとして逮捕されてしまった。留置場で一日を過ごしたあと、共産主義活動家がいろいろとりなしたおかげで彼は釈放された。この革命に真の希望を見出せず、マルクスは当時すでにバーデンの反乱を見限ってパリへ戻っていった。エンゲルスも立ち去る準備をしていたとき、元プロイセン軍士官で、いまでは反乱側の司令官となっていたアウグスト・フォン・ヴィリヒが八〇〇人の労働者義勇兵と学徒兵を連れてカイザースラウテルンに行軍してきた。「軍事訓練を受ける機会をみすみす手放すにはおよばず……私も幅広の剣を腰に留めて、ヴィリヒに加わるためにでかけた」[52]と、エンゲルスは記した。エンゲルスはすぐさま副官に命じられた。彼にとって、ヴィリヒはバーデン゠プファルツ革命軍内でなんらかの価値のある一握りの人間の一人だった。戦闘においては、彼のことを「勇敢かつ冷静で機敏であり、状況をすぐに正確に読み取ることができる」と評価した。紛争地帯の外では彼はおそろしく退屈な男――「多かれ少なかれ《プリュス・ウ・モワン》退屈な思想家で、真正社会主義者」だった。[53]それでも、プロイセン軍は一八四八年の革命で残されたこの最後の砦を包囲し始めていたため、エルバーフェルトを強制的に立ち退かされたあとで、ここには本格的な戦闘の機会があった。

「男は誰でも兵士にならなかった自分、あるいは海にでなかった自分を軽蔑するものだ」と、サミュエル・ジョンソン〔十八世紀イギリスの文学者〕は断じた。そして、エンゲルスは間違いなく自分のことを、戦場を経験した人間として考えることに重きを置いていた。バーデンの軍事作戦後にイェニー・マルクスに宛てた長い手紙のなかで、エンゲルスはほとんど得意満面だった。「弾丸がかすめる音など、実際にはかなり些細なものです」と、彼は無頓着に報告した。「それに、軍事作戦全体ではやたらに臆病さが目につきましたが、戦闘で腰抜けだった者は十数人ほどしか見ませんでした」[54]。エンゲルスは四つの戦闘にかかわり、「そのうち二つはかなり重要なもの」だったが、ほとんどの時間は小競り合いと退却を空しく繰り返すことで過ごした。「藪の茂った丘をわずかに登っただけで開けた場所にでた。すると、反対側の林のはずれからプロイセン軍の狙撃兵が尖弾をわれわれ目がけて撃ってきた。斜面付近でなすすべもなく這い回り、やや神経質になっている義勇兵をさらに数名集めて、できる限り身を隠せる場所に彼らを配置し、地形を間近に観察した」[55]といったものが、エンゲルスの『ドイツ帝国憲法戦役』に書かれたかなり典型的な記録である。そして、彼はヴィリヒや一部の士官、および隊内の労働者部隊のことは大いに称賛したが、学生部隊については独学者らしく、完全に軽蔑の念を抱いていた。「全戦役のあいだ、学生たちは総じて不満げで内気な若い紳士となっていた。彼らはつねに作戦のあらゆる計画に口をはさみたがり、足が痛むと文句を言い、軍事作戦中にも休暇旅行のような快適さがすべて得られないと不平をこぼす」[*56]

カールスルーエの南、ドイツの最西端にあるムルク川沿いのラシュタット要塞で、エンゲルスはこの作戦で最大の戦闘に加わった。そして、イェニーに説明したように、「よく誇張されてきた砲火のもとでは、勇敢さなど人がもちうるごく普通の素質なのだ」ということを発見した。[*57] 総勢一万三〇〇〇人の革命軍の四倍ほどの規模があるプロイセン軍と相対して、エンゲルスは勇敢に戦い、手柄を立てた。彼はヴィリヒ軍の労働者部隊を率いて、プロイセン第一軍団と戦闘を繰り広げ、ムルク川沿いの一連の小競り合いに参戦した。実際のところ、エンゲルスはこの軍事行動のあいだずっと部隊と積極的にかつ気安く協力し、戦闘では「エネルギーと勇気」を示したことで仲間の兵士たちから広くたたえられた。[*58] しかし、ヴィリヒの部隊はプロイセン軍よりも武器でも戦術面でも組織力が劣っていたため、勝てる見込みはなかった。ラシュタットの戦いは手痛い敗北となり、共産主義者同盟を創設した一人であるヨーゼフ・モルも戦死した。

総崩れになったあと、革命軍で最後まで抵抗した残党は黒い森を抜けて南のスイス国境へと逃げた。ヴィリヒとエンゲルスは最後の抵抗を示すべきだと主張したが、もはや傷つき疲れはてた部隊の支持を得ることはできなかった。「われわれはロットシュテッテンを抜けて国境まで行軍し、その夜はまだドイツの地で露営し、[七月]十二日の朝、ライフルを発射してスイス領に足を踏み入れた。バーデン＝プファルツ軍のなかではいちばん最後だった」[*59]。バーデン＝プファルツの軍事行動は、その不運な発端から指導部の分裂と悲惨な兵站業務まで、失敗する運命にある計画だった。しかし、エンゲルスにとってはある重大な目的をはたした。彼は血を味わい、いまでは仲間の革命家の目をまっすぐに見られるようになったのだ。「最終的に《アン・ファン》、僕は無傷ですべてを切り抜けたし、つまるところ《オー・ブー・デュ・コント》、『新ライン新聞』のメンバーの一人が現場にいたのはよかったのです。なにしろ、民主主義のならず者の全集団がバーデン＝プファルツ軍にいて、いまや自分たちが成し遂げもしなかった英雄的行為について自慢していたのですから」[*60]。マルクスも彼らの対外的イメージという観点からこの軍事行動の重要性を認めた。「君が実際の戦闘に参加しなければ、その浮かれ騒ぎにたいするわれわれの見解を唱えることはできなかっただろう」と、彼はパリから書いた。マルクスはエンゲルスに、できる限り早くこの革命的試みに関する信頼のおける記事を書きあげるよう促すようになった。「この話は売れて、君に金が入るようになる」と確信していたからだ[*61]。

安全だが退屈なスイスに、亡命を求める数千人の政治難民とともに戻ってきたエンゲルスは、マルクスの助言に従って『ドイツ帝国憲法戦役』を一気に書きあげた。これは砲火のもとでの武勲によって自分の評判を固めるためであるのと同時に、一八四八年以後の非難合戦の概要を明らかにするためでもあった。責任を問われるべき張本人で、四八年の全収穫を無駄にしたかどで非難されているのは、労働者を騙して反乱に加わらせ、反革命が表面化した途端に彼らを見捨てたプチ・ブルジョワ階級なのであった。辛辣な序章のなかで、エンゲルスは彼らをこう決めつけた。「わずかな危険でも近づけば、たちまち臆病風に吹かれて、慎重かつ計算高くなる。自分たちが引き起こした運動に別の階級が飛びつき、大きく取り込まれた途端に、愕然として警戒し、揺れ動く」。急進派の民主主義者や共産主義者、あるいはプロレタリアートの側に落ち度はなかった。むしろ、革命の約束を裏切ったブルジョワ階級から「背中を刺された」のであった。その後の年月に、ブルジョワの言い逃れにたいするエンゲルスの侮蔑の念──「無政府状態に戻ることが、すなわち本当に決定的な闘争が起こるわずかな機会でもあればたちまち、「ブルジョワは」恐怖に陥り震えながら、現場から退却する」――は、一つの政治イデオロギーを形成してゆく。[*62] ヨーロッパが転換に失敗すると、マルクスとエンゲルスはブルジョワ‐民主主義からプロレタリアの革命に移行する二段階革命論全体を見直さなければならないことに気づいた。そして、今回、彼らにはその時間があった。

マルクスがパリにきて一カ月もすると、反動勢力が彼に追いついてきた。当局から「ブルターニュのポンティノ湿地」に流刑にすると脅され、彼はロンドンへ亡命することを選んだ。「だから、君はすぐにロンドンに発たなければいけない」と、彼はローザンヌで腐っているエンゲルスに書いた。「いずれにせよ、君の身の安全上、必要だ。プロイセン軍なら君を二度でも撃つだろう。(1) バーデンの件で、(2) エルバーフェルトの件で。そもそも、何一つできないスイスになぜ滞在するのだ……。ロンドンで仕事に取りかかろう」。[*63] しかし、反革命的な時代にお尋ね者が、まだ戦火のくすぶるヨーロッパ大陸を通って脱出をはかるのはそれほど容易ではなかった。フランスとドイツには入国できなかったため、彼はピエモンテ経由でジェノヴァに向かい、ロンドン行きのコーニッシュ・ダイヤモンド号に乗り込んだ。バーデンの軍事行動で血を浴びた戦闘経験者エンゲルスは、マルクスのもとに急ぎ、四八年の革命には見事に蜂起しなかった一つの国の首都で、肩を寄せ合う亡命者や国外追放者、革命家、共産主義者からなる離散集団に加わった。大陸の動乱からは隔絶されたヴィクトリア朝時代の保守的なイングランドが、その後四〇年にわたって彼の住む場所となった。

第6章 さまざまな灰色のマンチェスター

土曜日に僕は狐狩りにでかけた。馬上に七時間だ。こうした活動のあとはいつも、数日間は途方もない興奮状態になる。僕の知るなかで最高の肉体的快楽だ。狩猟場にいた馬の乗り手で僕よりも上手な人間は二人しか見かけなかったが、彼らのほうが乗っている馬もよかった。これは本当に僕の健康を申し分ない状態にする。少なくとも二〇人は落馬するか馬から下り、二頭の馬が乗り潰され、一匹の狐が殺された（僕は仕留める現場に居合わせた）。*1

バルメンのバリケード上に赤旗を掲げてから一〇年もたたないうちに、フリードリヒ・エンゲルスは驚くべき性格の変化を遂げたようだった。四九年の革命家はいまやマンチェスター社会の重鎮となっていたのだ。チェシャー狩猟《ハント》で馬を走らせ、名門のアルバート・クラブとブレイズノーズ・クラブの会員で、健康的な市郊外の住民であり、エルメン&エンゲルス商会の礼儀正しく勤勉な社員で、共同経営者にするには最適の人物である。「あなたが国をでて、偉大な綿業王になる途上にあることをたいへんうれしく思います」と、イェニー・マルクスは夫の友人を称賛して書いた。[*2] エリーゼとフリードリヒ・エンゲルス夫妻もついに、彼らの黒い羊である息子が一族の会社内のふさわしい場所に落ち着いたことで、安心して暮らせるようになったかのようだった。急進派の若者たちの多くがそうであるように、彼もまた煽動者から時代遅れの人間に変わったのだろうか？ それとも、あの「オスヴァルト」青年のように、これもまた別の顔に過ぎなかったのか？

実際には、エンゲルスの生涯の中年時代は惨めな時代だった。彼は再びマンチェスターに追放され、不面目にもエルメン＆エンゲルス商会に復職せざるをえず、そこで綿貿易に携わって二〇年を過ごした。これは、神経を使い、気力の萎えるような犠牲の日々だった。カール・マルクスはこの時期をエンゲルスの「疾風怒濤《シュトゥルム・ウント・ドラング》」の日々と呼んだ。そして、それは少なからずマルクスのせいであった。一八五〇年から七〇年まで、エンゲルスは彼の人生に意味を与えていたものの大半――知的な探求、政治活動、マルクスとの共同作業――をあきらめて、科学的社会主義の理念のために尽くした。「われわれ二人はともに共同経営会社《パートナーシップ》を営んでいるのだ」と、マルクスはなだめるように説明した。「そのなかで、私は事業の理論的、党派的な側面に自分の時間を費やしている」[*3]。かたやエンゲルスの仕事は、家業の商売に精をだすことで財政面の支援をすることだった。マルクスと、彼の増えつづける家族と、そして何よりも重要なことに、『資本論』の執筆を支えるために、エンゲルスは己の経済的安定と哲学的研究、さらには自分の名声すら喜んで捧げたのだ。マンチェスター時代はみずから第二バイオリンを選ぶという、高い代償を要求したのである。

窮乏と孤立

「ロンドンで一八四八年から政治亡命して追放された人間の内面の歴史を外部から書くというアイデ

アを誰かが思いついたとすれば、なんという哀愁を帯びたページを同時代人の記録に加えることになっただろう」と、ロシアからの亡命者アレクサンドル・ゲルツェンは回顧録に書いた。「なんという苦しみ、なんという窮乏、なんという涙……そしてなんと些細で狭量で、知的能力や資力、理解力のなんたる貧しさ、なんという論争の頑迷さ、なんという傷ついた虚栄心のつまらなさ」[*4]

エンゲルスが一八四九年にコーニッシュ・ダイヤモンド号から下船し、チェルシーおよびのちにソーホーに部屋を借りたとき、彼が再び足を踏み入れたのはまさにこうした光景で、プロイセンのスパイがいたるところにいて、監視の網はますます狭まっていた。「どこへゆくにも、彼らに尾行されずには一歩も進めない」と、エンゲルスは一八五〇年六月に『スペクテイター』紙への寄稿文のなかで公然と抗議した。「われわれは乗合馬車に乗るにも、コーヒーハウスに入るにも、こうした見知らぬ友人が少なくとも一人は一緒であるという特別待遇を受けずにはいられない……彼らの大半はとうてい清潔にも上品にも見えません」[*5]。一方、共産主義者同盟中央委員会の人事争いや、ロンドン・ドイツ人労働者教育協会の会員資格をめぐる喧嘩や、困窮した亡命者のための慈善基金の分配に関する取っ組み合いで月日は過ぎていった。マルクスとエンゲルスは、既存のドイツ難民救済委員会を弱体化させて、独自にドイツ難民のための社会民主主義救済委員会を設立することで、すぐさま昔の状態に戻った。プロイセンの狙撃手から逃れ、スイスの退屈な日々に耐えたあとでは、この袋の鼠のような破れかぶれの政治活動は、ブリュッセルやパリ時代のよき日々に戻ったような、喜ばしいものだった。「全体的に見れば、ここではすべてはかなり順調にいっている」と、エンゲルスはパリで出版を手がけている友人ヤーコプ・シャーベリッツに書いた。「[グスタフ・]シュトルーヴェと[カール・]ハインツェンは〈労働者協会〉と僕ら自身にたいしてありとあらゆる陰謀を企てているが、成功はしていない。彼らは穏健派の信条を掲げて僕らの協会から追いだされ泣き叫ぶ連中とともに、会員限定のクラブを結成しており、ハインツェンはそこで共産主義者の有害な学説について不満を述べている」。[*6]幸福な日々である。

グレート・ウィンドミル通りを中心とした、このビール漬けで紫煙に包まれた世界では、さながら政治のタイムワープを楽しむように同じドラマが繰り返された。「革命あるいは反革命が失敗に終わるたびに、国外へ逃れた亡命者のあいだで熱を帯びた活動が盛んになる」と、エンゲルスは後年書いた。

さまざまな色合いの党派が形成され、たがいに泥沼に陥らせたとか、裏切ったとか、その他あらゆる大罪を犯したと言って非難し合う。彼らは祖国との密接な関係も保ちつづけ、組織し、共謀し、チラシや新聞を刷り、二四時間以内に初めから出直しだと断言し、勝利は確実だとして、それを期待して官職を分配する。当然ながら、失望に次ぐ失望となり……非難の応酬となり、大論争という結果になる。[*7]

一八四八年の失敗――ブルジョワ民主主義革命が、アンシャン・レジームの反動を食らって崩壊したこと――がどれほど大きなものであったかも、大陸ヨーロッパを反革命感情が制してしまったことも、ともかく充分に理解されることはなかった。グレート・ウィンドミル通りの共産主義者たちはまだ君主制の転覆は差し迫っていると信じていた。「革命はじつに急速に進んでいるので、誰もがその接近を目にするに違いない」と、エンゲルスは一八五〇年三月(ちょうどボナパルトの第二帝政がまもなく表舞台に上がろうとしていたころ)にフランスの政治情勢について自信たっぷりに予測した。[*8]マルクスとエンゲルスは革命前のわずかに息をつけるこの時間を利用して、組織化された自主的な労働者階級運動がどのくらい待ち望まれているのかを再確認したいと考えた。大陸における革命が失敗して以来、彼らが概略を示してきた「背中を刺された」という理論――ブルジョワ階級は支配者階級とのあいだに解決の兆しが見えた途端に労働者の大義を進んで犠牲にするというもの――は、より幅広い政治戦略へと発展した。一八五〇年の「中央委員会から同盟員への呼びかけ」のなかで、マルクスとエンゲルスはいかに労働者の協会システムだけが、来たるブルジョワ革命がもたらす政治的利益を、リベラルな同盟の罠に落ちることなく利用できるかを説明した。「要するに、勝利した瞬間から、不信を向けるべきはもはや敗北した反動的勢力にではなく、労働者のかつての同盟者なのである」と、彼らは戒めた。[*9] そこで必要とされたものが、のちにレフ・トロツキーが私物化する表現を使えば、「永続革命」であり、権力を握るためにプロレタリアートがこれまで以上に攻撃的に関与するものであった。ブルジョワが結束する可能性を排除するには、最初の民主的革命後にもはや平穏な時期はありえない。

とはいえ、それと同時に革命は、社会経済的基盤が整わないうちに急き立てることはできなかった。そして、ケルンでもそうであったように、この政治的にどっちつかずの状況になると、彼らは共産主義者同盟の大多数の会員と反目し合う状態になった。ロンドンではカール・シャッパーと、エンゲルスの元上官であるアウグスト・ヴィリヒがこの同盟の主導的立場におり、どちらも即座の軍事行動を主張していた。マルクスとエンゲルスにしてみれば、そのような主張はお粗末なテロリズムであり、早計ゆえに共産主義の理念にとって脅威であった。そのうえ、マルクスはヴィリヒのうぬぼれた虚勢と退役軍人的なオーラが我慢ならなかった（正真正銘の革命家としての実績ほど彼を苛立たせるものはなかった）。必然的に、彼はこの勲章をもつ階級闘争家に決闘を申し込むはめになり、そのあと腹立ち紛れに共産主義者同盟中央委員会を再びドイツに戻すことになった。

しかし、意見の相違はヴィリヒとシャッパーだけに留まらなかった。マルクスとエンゲルスはドイツ人コミュニティの指導者ゴットフリート・キンケルだけでなく、ベルリン時代からの彼らの旧友であったアーノルド・ルーゲともうまくやってゆけなかった。彼らはシュトルーヴェとハインツェンも好きになれなかったし、イタリアから亡命してきたナショナリストのジュゼッペ・マッツィーニや、フランスの社会主義者ルイ・ブランやアレクサンドル＝オーギュスト・ルドリュ＝ロラン、彼らのかつての英雄コシュート・ラヨシュ、あるいはチャーティスト運動仲間のジュリアン・ハーニーですら好まなかった。エンゲルスは徹頭徹尾、政治的には完全孤立の展望を描いた。「ついに――何年ぶりかで初めて――われわれは再び、人気もいらなければ、どんな国のどんな党派の支援も不要であることを示す機会を手に入れた」と、彼はマルクスに書いた。共産主義の理論家としての彼らの役目は、歴史の流れを記録し、近づきつつある資本主義の矛盾を強調して、プロレタリアートを革命における義務に備えさせることだった。この政治的な孤立は心の底ではエンゲルスの、犠牲と殉教に熱狂する、ほとんどピューリタン的な情熱に訴えるものだったようだ。「われわれのような人間が、公的な役職に就くことを疫病のように退けるわれわれが、どうして〈政党〉などに収まりうるだろうか？」と、彼はマルクスに問いかけた。*10

さらにありがたくなかったのは、ロンドンの滞在に伴う貧困だった。イェニー・マルクスは一八四九年九月に三人の幼い子供と、もうじき生まれる四番目とともに夫の後を追って海峡を渡った。ハインリヒ・グイド（「フォークシー」というあだ名がついた）と名づけられたお腹の子は、一八四九年十一月五日に生まれたために、そんな煽動的な愛称がつけられた〔一五七〇年の火薬陰謀事件を記念するガイ・フォークス・デイで、大反逆の罪で処刑されたグイド・フォークスに因む〕。しかし、フリーランスのジャーナリストとしての不定期の収入と、わずかばかりの出版契約があるばかりで、『新ライン新聞』を再刊しようとする試みは失敗に終わり、マルクスは家族を養える立場にはなかった。イェニー・マルクスはのちにこの時代を、「たいへん困難で、厳しい欠乏状態がつづき、本当に悲惨な」一時期だったと書いている。[*11] 栄養不足の兄や姉たちと一緒にぼろぼろのアパートに押し込められ、グイドは貧困と疲労のなかで乳児期を過ごすことになった。「生まれて以来、この子は一晩中ぐっすり眠ることはなく、せいぜい二、三時間でした。最近、激しいけいれんも起こしていて、つねに死と惨めな生のあいだを行き来しています。苦しみのあまり激しく乳を吸うので、私の胸はヒリヒリと痛みました。傷口が塞がらないのです。彼の小さな震える口のなかに、よく血がほとばしりでました」と、イェニーは共産主義の友人であるヨーゼフ・ヴァイデマイヤーに宛てた、資金集めのための絶望的な手紙のなかに書いた。[*12] イェニー・フォン・ヴェストファーレンのような由緒正しい貴婦人にとっては、マルクスが請求書から逃れ、巧みな話術で新しい住まいを手に入れたがために、ロンドン中をパン屋や肉屋、牛乳屋や管財人から追い回されるはめに陥ったことは屈辱的だった。それは心身を衰弱させ、侮辱的な時代であり、幼いグイドはその影響をこうむった。「お知らせせまでに、うちのチビの火薬陰謀家フォークシーは、今朝の十時に死亡した」と、マルクスは一八五〇年十一月にエンゲルスに書いた。「ここがどんな状態かは想像がつくだろう……。もし気が向いたら、妻に一言書いてやってくれ。彼女はかなり参っている」。[*13] イェニーとカール・マルクスはほかにも二人の子供、フランツィスカとエドガー(「マッシュ大佐」)を、貧困と湿気、および疾病という、まさしく同じ有害なカクテルのために失うことになった。

エンゲルスの財政状況も、ソーホーのディーン通りにあるマルクスのアパートから通りを少し行った先にあるマックルスフィールド通りに寝泊まりしていたころは少しも芳しくなく、難民社会への支援を呼びかけながら、さまざまな出版契約にこぎつけようとしていた。マルクスのような扶養家族はいなかったが、彼も同様の無収入状態に直面していた。通常は息子に甘い両親も、あまりにも多くの逮捕令状がだされたあと、ついに仕送りをやめてしまったからだ。「あなたが生活できるようにお金を送るのは都合がよいのかもしれません」と、エリーゼは再度の催促にたいし書いた。「でも、私が罪深いと考える思想や原理を広めようとしている息子に、金銭的な援助をすべきだとあなたに要求されるのはとうてい尋常ではないと思います」[*14]。ソーホーでの革命の機会が失われていく一方で、マルクスの苦境をますます懸念するようになったエンゲルスは、避けられない事態に備えることにした。自分の食い扶持を稼ぎ、マルクスと彼らの理念を支えられる唯一の方法は、家族に頭を下げて和解し、家業に戻ることだった。妹のマリーが家族のあいだの外交を巧みにこなしてくれた。「お兄さんは当面、自分の収入を確保するために、真剣に事業を始めたいと願っているのかもしれないと、私たちはふと思いいたりました。お兄さんたちの党に成功するそれ相応の見込みがでてきて、党のためにまた活動を始めてしまえば、事業からはすぐに手を引くのかもしれませんが」と、彼女は上手に言葉を選んで手紙を書き、両親からの祝福とともにエンゲルスに送った[*15]。会社に復帰するのは楽しくはないかもしれないが、家業にとっては有益だろう、と彼の父親は付け加えた。これといった選択肢もほかになく、エンゲルスは臨時で働くことにし、労働者の革命が必要となれば、バリケードに戻れるようにした。エンゲルスによれば、彼の父は「少なくとも三年間は僕にここで働いてもらいたがるだろうが、僕はたとえ三年でも、長期の義務を負いはしなかった。それに執筆活動についても、革命が起きた場合に僕がこの会社に居つづけることについても、何も求められなかった。そんなことは親父の頭には浮かびもしないのだろう。いまでは家の連中はすっかり安心している！」[*16]彼らがそう思ったのも無理はない。エンゲルスは家業のために一九年間働くことになったからだ。

ブルジョワ化の進行

四八年の革命の失敗が、マンチェスターほど切実に嘆かれた場所はなかった。〔ロンドン南部の〕ケニントン共有地《コモン》の混乱——六カ条を突きつけるために国家へ乗り込もうとしたチャーティストの夢が、民衆の無気力と政府の弾圧と雨でつぶれた場所——は、イギリスの労働者階級の急進主義が崩壊する兆しを告げていた。民主主義を叫んだ一五万人のデモ隊は、八万五〇〇〇人の特別巡査と、七〇〇〇人の軍と五〇〇〇人の警察、および一二〇〇人のチェルシーの年金受給者と、ウェリントン公爵にまで迎え受けられた。それは霧雨のなかで不発に終わった出来事であり、チャーティストはテムズ川を二輪馬車で急いで渡り、請願書を国会に提出するはめになった。ヨーロッパ諸国の首都が炎に包まれる一方で、階級意識の強かったはずのイギリスのプロレタリアートは見事に決起し損なったのである。社会・政治改革を求めるチャーティストの呼びかけが最も大きく鳴り響いていたランカシャーの工場や荒れ地一帯では、失望が明らかに見てとれた。だが、こうしたことはすべて変わりゆく都市と同調したものだった。

一八四六年の穀物法の撤廃——穀物価格を人為的に高く保つためにナポレオン戦争後に導入された重要な関税で、長年、土地持ち貴族のための補助金だとして非難の的となっていた——は、自由貿易、国家の最小限の干渉、開かれた市場、および民主主義を哲学とする、いわゆる「マンチェスター学派」の勝利を記していた。ジョン・ブライトとリチャード・コブデンという二人の国会議員の主導のもとに緩く組織化され、中流階級を意識したこの政治運動は、保護関税と多額の政府支出〔往々にして帝国主義と結びついたもの〕を終わらせることを強く求めたが、組織化された労働者の利害に多くの共感をいだくものではなかった。そして、かつて階級闘争や労働争議、プロレタリア革命などの恐るべき将来を予兆していた都市マンチェスターが、この運動の心のふるさととなった。ヴィクトリア朝中期の急成長に直面して、この産業革命の「衝撃の都市」は、いまや中流階級の支配領域に変貌を遂げた。「木綿都市《コットンポリス》」にとって、これは工場閉鎖やストライキ、松明集会などの時代ではなく、温泉・大浴場や洗濯屋、図書館に公園、機械工協会や友愛会の時代になったのだ。

かつて歩いた道をたどるなかで、エンゲルスには『労働者の状態』がすでに時代遅れになっていることが感じられた。リトル・アイルランドの代わりに、いたるところで新しい重商主義の秩序の兆候が現われていた。贅沢な造りの礼拝堂、ルネサンス時代の宮殿《パラッツィ》をかたどった複数階の倉庫、それから何よりも象徴的なのは、自由貿易会館の基礎部分が、穀物法の勝利を記念するために、一八一九年のピータールーの虐殺〔選挙法改正を求める集会が鎮圧された事件〕の現場に無情にも建てられたことである。ヴェローナのグラン・グアルディア宮殿を模した同会館は、A・J・P・テイラーの言葉を借りれば、「アメリカ合衆国のように、一つの命題に捧げられていた。これまでつくられた何よりも高貴で有益なものだ……。マンチェスターの人びとはイングランドの貴族と郷紳《ジェントリ》を、無血ながら決定的なクレシーの戦い〔百年戦争中にイングランドが勝利した戦い〕で打ち倒したのである。自由貿易会館は彼らの勝利の象徴だった」[*17]。急進的だったマンチェスターはすっかり中立的になったため、一八五一年十月には同市は女王を迎えるにもふさわしい場所となった。ヴィクトリア女王とアルバート公がヴィクトリア橋を渡ってイタリア風のアーチの下をくぐった華々しい市内パレードは、ブルジョワの誇りと地方都市の自尊心を示す壮麗な行列となり、最後はさまざまな名誉を市議会に与える儀式となって終わった。マンチェスターの意義――商業、宗教的寛容、市民社会、政治による自治――が、これで王室によって認可されたのだ。『マンチェスター・ガーディアン』紙によれば、同市は「秩序正しく、地道で、平和的な中流階級の産業にもとづく共同体」としてのみずからの姿を示した[*18]。

エンゲルスにとってこのブルジョワの自己満足は、手痛い歓迎会となった。彼の旧友で師でもあったオーエン派の講師ジョン・ワッツですら、すべてを覆い尽くすこの独りよがりのリベラリズムに同調していた。「先日、ジョン・ワッツに会いに行った。あの男は詐欺商法で腕をあげたようで、いまではディーンズゲートにずっと大きな店を構えている」と、エンゲルスはマルクスに書いた。「彼は申し分のない急進派の凡人になった……。彼が語ってくれた若干の事例からすると、ブルジョワ・リベラリズムを誇示することで、仕立屋業を繁盛させる方法をよく知っていることが明らかになった[*19]」。なかでも恥ずべきことは、ワッツがあの急進的目標をもった偉大な広場《アゴラ》、オーエン科学館を売却して、新しい図書館と読書室のためのスペースを設けたことだった。「ここにいる自由貿易論者は繁栄または半繁栄を利用し、ジョン・ワッツを仲買人にしてプロレタリアートを買収している[*20]」

元チャーティストのトマス・クーパーも同様に、かつての同志がブルジョワ的傾向を帯びてきたことに困惑していた。「昔のチャーティスト時代には、確かに、ランカシャーの労働者は大多数がぼろを着ており、その多くは食べるものにもよくこと欠いていた。しかし、彼らの知性はどこへ行っても明確に示されていた」と、彼は自伝に書いた。「彼らが政治的正義に関する壮大な理論を集団で討議する姿が見られた……。いまではランカシャーにそんな集団はいない。代わりに身なりのよい労働者が、ポケットに手を突っ込んで歩きながら、〈協同組合[*21]〉だの、それにたいする出資金だの、社会を築くことについて話しているのを聞くことになる」。エンゲルスは惨めな思いで、このブルジョワ化の進行を眺めた。「イギリスのプロレタリアートは実際、ますますブルジョワになりつつあるので、あらゆる国民のなかで最もブルジョワ的なこの国民の最終的な目的は、ブルジョワ階級と並んで、ブルジョワ貴族とブルジョワ・プロレタリアートをもつことになるだろう」と、彼はこぼした[*22]。一八五〇年代の初め、エンゲルスは社会主義者のアーネスト・ジョーンズの指導力と、死に体となったチャーティストを蘇生させる試みにある程度の信頼を置いていた。彼は「これらの連中と小規模のグループを発足させるか、定期的な会合を開いて、彼らとともに〔共産主義者〕『宣言《マニフェスト》』について議論する」つもりすらあった。[*23] しかし、ジョーンズがマルクスとエンゲルスのこの正典に全面的に従おうとせず、中流階級の改革者とあまりにも多くの妥協をはかると、エンゲルスは彼を見限った。「イギリスのプロレタリアート革命のエネルギーは完全に消滅した」と、彼は一八六三年に結論づけた。[*24]

ヴィクトリア朝中期の急成長を牽引し、プロレタリアートの野心をくじいたのは、勢いを取り戻した綿産業だった。アメリカ、オーストラリア、中国の新たな市場が生まれたために収益は増しており、一方、生産技術の改善によって生産性は向上しつづけた。好景気はとりわけランカシャー州で顕著となり、同州では二〇〇〇カ所の工場が三〇万台の動力織機を昼夜を問わず動かすなかで、賃金率と雇用が増加していた。一八六〇年のその絶頂期には、綿産業はイギリスの輸出総額の四〇％ほども占めていた。エルメン＆エンゲルス商会は、ミシンが発明され、ちょうど彼らが扱うタイプの縫い糸の需要が高まったおかげで、その取引で大儲けをした。同社の社運は一八五一年に、ゴットフリート・エルメンが綿糸に艶をだす発明で特許権を取ったことでさらに上向いた。それによって彼らの製品は「ダイヤモンド糸」という独占的な旗印のもとで市場に売りだされた。注文が殺到したために、同社はサウスゲート七番地に（ゴールデン・ライオン・パブの中庭を見下ろす倉庫へ）事務所を移転し、ソルフォードのヴィクトリア工場に加えて、エックルズのリトル・ボルトンに新たにベンクリフ工場を購入した。

父との和解

健全な貸借対照表の陰には、いつもながらの社内の内輪もめがあった。エルメン＆エンゲルス商会は四人のパートナー――ペーター、ゴットフリート、アントーニ・エルメン兄弟とともに、フリードリヒ・エンゲルス父――が所有していた。この英独複合企業のマンチェスター支店は、ペーターとゴットフリート・エルメンによってもっぱら経営されており、エンゲルスの父はラインラントのエンゲルスキルヒェン工場で時間を過ごしていた。エルメン&エンゲルスを経営するほかに、ペーターとゴットフリートは別の印刷工場と漂白業も副業で経営していた。エルメン・ブラザーズというこの会社は厳密にはエルメン&エンゲルス商会からは独立していたが、同じ事務所から経営され、たまたまエルメン&エンゲルスの主要な仕入先でもあった。エンゲルス父はこの馴れ合いの慣行によって自分は騙されていると確信しており、息子――単なる通信係および庶務として雇われていた――に同社の財務状況を探り、詐欺商法を暴いてもらいたがった。

もっとともながら、エルメン兄弟は従業員に内部監査役が加わることに大喜びはせず、新入社員の生活をできる限り居心地の悪いものにした。彼らは八年前にエンゲルスが見習いだったころをよく覚えていた。「彼は会社のためになるべく少なく働き、ほとんどの時間を政治集会とマンチェスターの社会状況の研究に費やしていた」[*25]。そして今回、エンゲルス自身の言葉によれば、ペーター・エルメンは、「自分の茂みを罠にした狐のようにぐるぐると回り、僕にとってここでは事態があまりにも刺激的になるよう努めている――あの愚かな悪党は、僕を苛立たせられると思い込んでいるのだ!」とはいえ、エルメン兄弟も、ペーターとゴットフリートが会社の支配権を巡って争っていたために、独自の問題をかかえていた。「いがみ合う二人の兄弟のあいだで、自分の身をしっかり隠すようになさい」とイェニー・マルクスは、エンゲルスが大きな綿糸の包みを送ったあとで、職場での処世術に関して忠告した。「彼らが争えば、あなたは間違いなく、尊敬するパパにとって必要不可欠な立場に置かれるようになります。私の頭のなかでは、あなたはすでにフリードリヒ・エンゲルス・ジュニアとして、エンゲルス・シニアのパートナーとして見えています」[26]
誰もが予期しなかったことは、エンゲルスが仕事においてこれほどの勤勉さと効率のよさを示すようになることだった。彼は帳簿を調べ、エルメン＆エンゲルスをエルメン・ブラザーズから分離することを試み、エンゲルス家の事業全般に模範的なほど熱心に気を配ったのである。「親父は僕の商用通信文に惚れ込んでいて、僕が自分を大いに犠牲にしてここに留まっていることを評価している」と、この怪しげな資本家はマルクスに通報した。[27] それどころか、この仕事上で芽生えつつある関係のおかげで、父と息子は和解への道を順調にたどっていた。一八五一年六月には、彼らは真偽の疑わしいバルメンの橋の一件以来、初めてマンチェスターで再会した。「おそらく四六時中一緒にはいないほうがよいだろうと思います。だっていつも仕事の話をするわけにはいかないでしょうし、政治の話題は、おたがいの見解がじつに違っているので、避けたほうが無難ですから」というのが、再会を前にして心配する彼の母親の忠告だった。[28] 彼女の言うとおりだった。この旅行はおおむね成功だったと考えられているが、エンゲルスは「親父がここにあと数日長く滞在していたら、僕らはいがみ合っていただろう」と感じた。「たとえば、滞在最後の日に、親父はエルメン家の一人がその場に居合わせている機会を利用しようとした……プロイセンの制度をたたえる破格詩を唱え、僕にはお構いなしに楽しむためだ。一、二言、言って、怒った顔を見せたら、もちろん分をわきまえるようになったが」[29]
家族との関係は改善し、エルメン兄弟を煽る楽しみもあって、簿記に挑戦する知的なやりがいすら当初はあったが、エンゲルスが忌まわしい悪徳商売に戻ったという現実は否定しようがなかった。会社生活が彼の学問やジャーナリスト業や社会主義活動を絶えず侵害するにつれて、当時の彼の手紙は、「呪われた商売」や「きたない商売」に言及する言葉にあふれるようになった。それは味気ない、退屈な生活だった。「僕はラム酒と水を飲み、猛勉強をし、〈インチキと退屈のあいだで〉時間を過ごしている」と、彼は一八五一年に友人のエルンスト・ドロンケに書いた。マルクスにはさらに率直にこう書いた。「ここでは退屈で死にそうだ」[*30]。政治的にも、この仕事のツケはあった。ブルジョワの工場主としてのエンゲルスの立場は、どう見ても共産主義者の世界で彼とマルクスの立場を揺るがす危険があったからだ。「いまに見ているといい。薄のろどもが、あのエンゲルスは何を追っているんだと言いだすだろう。われわれの名前であの男が何を語り、われわれに何をしろと言えるんだ？　あいつはマンチェスターで労働者を搾取しているというのに、等々。もちろん、いまは少しも気にしていないが、いずれそういう事態になる運命にある」と、彼はマルクスに打ち明けた[*31]。そしてそうした非難は確かに、彼に向けられていた。たとえば、バルメンの若い実業家で家族ぐるみの付き合いである友人フリードリヒ・フォン・アイネルンは、一八六〇年にエンゲルスを訪ねて、ウェールズの徒歩旅行に彼を連れだし（この旅の途中でエンゲルスはハイネの「帰郷」の詩を歌った）、多くの疑問を投げかけた。「彼の討論の手法に奨励されて」と、アイネルンは次のように回想した。

工場主として、この時代で指折りの悪徳な「大資本家産業」の共同所有者としての彼の立場は、その理論といちじるしく相容れない状態に彼を置くことになるに違いないと、私は忘れずに指摘した。彼が実際に自分の相当な財力を使って、「見放された人びと」の面倒をじかに見るとでも言うなら、話は別だが。しかし、彼の教えによれば、普遍的な経済的自由の目標は、国際労働力の組織的な協力を通してのみ達成できるのだから、そのような些細な援助は無意味で、むしろ運動のあらゆる組織を混乱させるものだとして彼は顧みなかった。彼には自分の生活上の基本的自由にどんな制限も設けるつもりはないようだった。個人所得は、彼がふさわしいと思うように、自分で使うのである[*32]。

批判は根拠のないものではなかった。自社の従業員の「面倒をじかに見る」となると、エンゲルスはちょっとしたいじめっ子にもなりえたからだ。「ゴットフリートが僕のためにからきし能力のない三人の男を雇った……そのうち一人か二人はクビにしなければならないだろう」と、彼は一八六五年に、柔軟な労働法を大いに擁護しながら書き送った。一カ月後、管理上の過失があったあと解雇が言い渡された。「ある男の杜撰さに関する限り、あれが限度で、彼はクビになった」[*33]。公平を期すれば、事務員たちとは対照的に、エルメン&エンゲルスの明白な労働者階級の工員たちは、平均よりもよい労働条件を享受していたと言われる。一八七一年のベンクリフ疾病および埋葬協会――この地区にエルメン&エンゲルスの第二工場があった――の年次集会からの報告書は、「清潔で身なりのよい若い女性たちが次々に村を通る」と言及し、「これほどよい待遇で、恒常的に働き手が雇われている工場はほとんどない」と述べている[*34]。

エンゲルス自身の雇用条件も、同様に厚遇だった。仕事はつまらなく、自己嫌悪に陥らされるものではあったとはいえ、年収一〇〇ポンドに、年間二〇〇ポンドの「経費および交際費」が加算された額に始まり、かなりの高給をもらっていた。一八五〇年代なかばからはエンゲルスは五%の利潤ももらえるようになり、五〇年代の終わりにはそれが七・五%に上がっていた。一八五六年には、同社利益のエンゲルスの分け前は四〇八ポンドに達し、一八六〇年には九七八ポンドという相当な額に増えていたので、彼の年収は一〇〇〇ポンドを超え、今日の貨幣価値に換算すれば、ほぼ一〇万ポンドになる[※]。

とはいえ気まずい真実は、エンゲルスの豊かな収入が、マンチェスターのプロレタリアートの労働力を搾取した直接の結果だったということだ。彼とマルクスがあれほど細部にわたって非難した諸悪そのものが、彼らの生活様式と哲学に資金を供給していたのだ。エンゲルスはいつもマルクス（エルメン&エンゲルスの市場独占によって最も恩恵をこうむることの多かった人）よりもこの政治的な矛盾に悩まされていたが、それでも小切手を換金していた。疑いなく擁護できるのは、工場の労働者たちからのお金がなければ、エンゲルスはマルクスが資本主義を科学的に分析するうえで重大な進歩を遂げるための資金をだせなかっただろうという点だ。「労働者階級に反対する人であれば、もちろん、エンゲルスが仕事をあきらめ、自分の収入を放棄することをより好んだだろう」というのが、エンゲルスが暴利をむさぼったことにたいするのちの共産主義者の公式見解だった。「そうなれば、彼はこの件でマルクスを援助できなかっただろうし、『資本論』は書かれることなく、労働者階級が政治的にも理論的にも独立する過程は遅れただろう」。しかし幸い、「エンゲルスは工場主および貿易商として自分が生みだした利益を、労働者階級の解放に向けた闘争に貢献するものと見なし、生涯ずっとそれに応じてその利益を使った[*35]」と。

マンチェスターからロンドンにいるマルクスに送った最初の手紙のなかで、エンゲルスはすでに自分の給与の一部を送ることを約束している。エンゲルスとマルクスのあいだには、綿貿易で彼が稼ぎだすことで、共産主義の大義のためにマルクスが知的労作を生みだす資金を賄うという合意が明確に交わされたことはなかった。ただ単に二人の共同作業《パートナーシップ》をどう進めるかが暗黙の了解となっていたのである。そしてその資金は、エンゲルスが仕事に従事した残りの歳月のあいだずっと、春の激流のように南へと流れ込んだ。エルメン&エンゲルスの現金箱からゴットフリート・エルメンが事務所にいない隙にくすねた郵便為替や切手、五ポンド紙幣や数ポンドの小銭もあったし、給料日になれば、はるかに高額の資金もやってきた。そのうえ、食べ物がぎっしり詰まった籠や木箱入りのワイン、そして女の子たちには誕生日のプレゼントもあった。「親愛なるエンゲルス氏」と、イェニーがよく呼びかけていた人物は、彼の年収の半分以上を常時、マルクス家のために割り当てていた。総計すると、彼が雇用されていた二〇年のあいだに三〇〇〇ポンドから四〇〇〇ポンド（今日に換算すれば三〇万ポンドから四〇万ポンド）になる。それでも、お金が潤沢にあったことはなかった。「この手紙を君に書くくらいなら、自分の親指を切り落としたほうがまだマシであることは間違いない。自分の人生の半分を誰かに依存しているのは、本当に心のつぶれる思いだ」というのが、緊急の融資を請うマルクスからの手紙の典型的な書きだしである。[*36]「私のために君が大いに──どうにか成し遂げられる範囲を超えてすら──尽力してくれたことを考えると、悲嘆の叫びで君を年中うんざりさせなければならないのを、私がどれほど嫌悪しているか言う必要もまずない」と、別の手紙の初めには書かれている。「君が最後に送ってくれた金と、ほかに借金した一ポンドは、学校の授業料を払うためになくなった。そうすれば、一月にその倍の額を借金することがないからね。肉屋と食料品屋からは、それぞれ一〇ポンドと一二ポンドの借用書を、一月九日を支払い期限にして書かせられた」。[*37]マルクスがとりわけ弱気になっているときは、無心の手紙を妻に書かせた。「あなたにお金の問題で手紙を書かなければならないのは、私にとって心苦しい仕事です。すでに私たちをあまりにもたびたび援助していただい

※当時の背景をいくらか説明すると、社会評論家のダドリー・バクスターが、一八六一年の国勢調査を利用して、ヴィクトリア朝中期のイングランドの収入に関する階級分析を行なっている。中流階級に入り込むには、課税対象となる一〇〇ポンド以上の収入を稼ぐことであり、聖職者、陸軍士官、医師、公務員、法廷弁護士などは通常、二五〇ポンドから三五〇ポンドの給与で働いていた。裕福な中流の上の階級に加わるには、一〇〇〇ポンドから五〇〇〇ポンドの年収を稼げなければならなかった、とバクスターは考えた。エンゲルスの裕福さとは対照的に、ヴィクトリア朝時代の別の偉大な作家のアンソニー・トロロープは、郵便局員として日中働いて稼ぐ年収一四〇ポンドで、やりくりしなければならなかった。

ているのですから。でも、今回私にはほかに頼るすべが、まったく何もないのです」と、イェニーは一八五三年四月に懇願した。「何か送ってもらえないでしょうか？　パン屋からは、もうパンは掛けでは金曜日までしか売れないと警告されています[*38]」

多くの伝記作家が指摘してきたように、マルクスは貧乏ではなかった。マルクスの伝記を書いたデイヴィッド・マクレランの慎重な判断によれば、「彼の難題は、自分で家計をやりくりできないことに加えて、本当の貧困よりも、外見を保ちたいという欲求から生じたものだった[*39]」。エンゲルスからの援助とジャーナリストとしての活動や出版契約、それに臨時の遺産などを合わせると、年収二〇〇ポンドほどになる。ということは、ソーホーでの困窮した年月のあと、彼の懐具合は多くの中流階級にくらべてはるかに健全だったことになる。しかし、マルクスは金遣いが荒く（「これまで誰も〈金《かね》〉について、当の現金がこれほど不足しているときに書いたことはあるまい」）、奢侈にふけっては緊縮財政という救いようのないサイクルで饗宴と飢えを繰り返していた。棚ぼた式の収入があるたびに、一家はより大きな新しい家に——ソーホーからケンティッシュ・タウン、そしてチョーク・ファームへと——引っ越し、それに伴う費用が積み重なって、エンゲルスがそれに対処しなければならなくなった。「私の家が身分不相応なのは確かだし、そのうえ今年わが家は以前よりもよい暮らしをした」と、マルクスはお洒落なモデナ・ヴィラズへ移り住んだあとでエンゲルスに書いた。「でも、子供たちの将来を保証することを考え、社会的に地位を確立するには、この方法しかない……単に商売上の見地からしても、完全にプロレタリアの家庭生活を送るのはこの状況では好ましくない[*40]」。そこに難しい点があった。カールとイェニー・マルクスは、自由奔放なエンゲルスには考えられないほど、体裁を保ち、娘たちによい結婚相手を見つけ、礼儀正しい社会に自分たちの居場所を確保すること——つまり、ブルジョワであること——を、はるかに気にしていたのだ。「子供たちのために」と、イェニー・マルクスは弁解して、エンゲルスの寛大さに感謝するでもなく説明した。「私たちはすでに通常のきちんとした中流階級の生活を受け入れていたのです。あらゆることがブルジョワ的暮らしをもたらし、私たちをそれに巻き込むために企まれていたのです」[41]。予言者的哲学者のマルクスとしては、家族を養うために仕事に就いて、自分を貶めるつもりなどなかった。したがって、会社という踏み車につなぎとめられ、上昇志向の強い彼らの生活様式を支える資金を提供したのはエンゲルスだったのだ。だからこそ、事態の好転を必死に願う、実在のミコーバー氏〔ディケンズの『デイヴィッド・カッパーフィールド』に登場する貧乏人〕としてマルクスを描くのは間違っているのである。エンゲルスのおかげで、彼はいつも事態が好転することを知っていたからだ。「カールは郵便屋がもったいぶって二度ノックするときは、とてつもなく喜んでいました」と、イェニーは一八五四年に彼らの恩人に書いた。「『ほら《ヴォアラ》フリードリヒだ、二ポンドだよ。助かった！』彼はそう叫びました」[42]。マルクスがエンゲルスのことを陰で、「チッティ氏」と呼んでいたのも不思議ではない〔チッティは小切手や借金証書などを指す〕。

書簡から見えるもの

現金とともに、心に響く手紙もやりとりされていた。パリ、ブリュッセル、およびケルンでは何年間もごく近所に暮らしていたマルクスとエンゲルスは、おたがいの距離を絶望的な思いで嘆いたが、後世の人間はその恩恵をこうむった。一八五〇年代から六〇年代は、彼らがヴィクトリア朝中期の郵政改革――ペニー・ブラック〔世界初の切手〕、郵便局、円柱郵便ポスト――を存分に利用したため、二人の文通の黄金時代となった。マンチェスターで真夜中前に投函された手紙は、翌日の午後一時までにはマルクスに届いた。午前九時までに発送された手紙は、同日の午後六時までに彼が手にしていた。そしてこの手紙の宝庫は、彼ら個々の不安や焦燥、情熱、失望などを洞察する比類のない機会を与えてくれる。放屁談や妻を寝取られた亡命者や酒飲み競争に関する話があふれている。フランシス・ウィーンの言葉を借りれば、「歴史と噂話、政治経済、それに少年のような猥談、高邁な理想に低俗な親密さのきわどいごった煮」である。[*43] 書簡は二人の男たちがお悔やみを述べ、仕事では励まし、政治戦略に関し批判するなかで、彼らのあいだに育まれた愛情の深さを物語る解説でもある。郵便では心温まる写真もやりとりされた。会社で働くエンゲルスと書斎にこもるマルクスにとって、郵便は一日のハイライトだった。「それからムーアが、うちではよく父をそう呼んでいたのですが、まるで書き手がその場にいるように、手紙に向かってよくしゃべっていたのを覚えています。『いや、そういうわけではない』、『そのとおりだ』等々。でも、何よりも記憶しているのは、ムーアがときどきエンゲルスの手紙を読んで、頰に涙が伝わるまで笑い転げていたことです[*44]」と、エリノア・マルクスは追想した。「二人はほぼ毎日たがいに手紙を書いていました」

当初、マンチェスター－ロンドン間を往復した書簡の相当な部分は、ついに経済危機が訪れそうな垂涎ものの状況に焦点が絞られていた。マルクスとエンゲルスが共産主義者同盟のヴィリヒとシャッパーの派閥と相容れなかったのは、一部には徹底した唯物論者として、革命は適切な経済状況になって初めて起こりうると彼らが確信していたために引き起こされたものだった。反乱や暴動を起こそうとしても、一八四八年から四九年の事件があれほど歯がゆいかたちで証明したように、社会経済的な前提条件が整わなければ、いずれも失敗に終わる運命にあった。革命派社会主義に必要なものは、活動家たちが政治的結果に備えられるように、財政破綻が迫った場合に前もって知らせる警告だった。そして幸いにも、この運動は敵陣の背後にある人物を送り込んでいた。木綿都市《コットンポリス》の会計事務所に座りながら、エンゲルスは国際資本主義の状況に関する主要な情報源となったのである。

「鉄道への投機は再び目を見張るような水準に達している――一月一日からほとんどの株は四〇％値

上がりし、最悪の銘柄がどれよりも上がった。末恐ろしい！《サ・プロメ》」と、彼は仕事を始めて半年後にマルクスに報告した。資本主義が非難される日は、明らかにもうすぐそこまで迫っていた。東インド市場は在庫過剰になり、かたやイギリスの織物産業は安価な綿が大量に押し寄せることで大きな打撃を食らっていた。「市場の暴落がそのような大豊作と同時に起これば、状況はまさに楽しいものになるだろう。ペーター・エルメンはすでにそう考えるだけでちびっているから、この小者のアマガエルはかなりよいバロメーターだ」と、エンゲルスは一八五一年七月に書いた。ロンドンとリヴァプールでは倒産が増え始め、市場は過剰供給となり、エンゲルスは一八五二年三月までには暴落が起こるはずだと主張した。[*45]「だがこうしたことはいずれも当て推量である」と、彼は三月二日に考慮し、いくらか予測を修整した。「それが九月になることも充分あるだろう。とはいえ、これは困った事態になるはずだ。これまでこれほど多様で大量の商品が市場に押しつけられた試しはなく、またこれほど大規模な生産手段が存在したこともないからだ」。それを台無しにするものとして唯一考えうるのは、合同機械工組合による労働条件の改善を求めるストライキで、そのせいで機械製造が滞っていた。労働者の擁護者たるエンゲルスは、そのような救いがたい利己的な行為が「それ〔暴落〕を少なくとも一カ月は引き延ばす」だろうと考えた。[*46]それでも三月が終わって四月になり、一八五二年が一八五三年になっても、審判の日はどういうわけか決してすぐ手の届くところにはなかった。代わりに、生産は増加し、輸出は盛んになり、賃金は上がり、生活水準は向上し、ヴィクトリア朝中期の急成長は容赦なくつづいた。

　一八五六年九月には、マンチェスター取引所の予言者も再び声を取り戻していた。「今回、これまでに経験したことのないような怒りの日《ディエス・イレ》が訪れるだろう。ヨーロッパの産業全体が滅び、すべての市場が物余りの状態になり……、有産階級はみな窮地に陥り、ブルジョワ階級は完全に破産し、戦争も浪費も極限状態になる」。ついにエンゲルスも部分的には正しくなった。繊維市場における過剰生産が、予想外の原料費の高騰とあいまって、綿産業にたいする信頼の失墜へと結びつき、やがて銀行の取り付け騒ぎや企業の倒産が相次いだ。世界経済は、砂糖、コーヒー、綿、絹の価格が急落するにつれて、アメリカからイギリス、ドイツを経由してインドにいたるまで揺り動かされた。「アメリカの暴落はすばらしく、まだ少しも留まるところを知らない」と、エンゲルスは一八五七年十月に有頂天になって書いた。「イギリスへの波紋は、リヴァプール・バラ銀行で始まったようだ。好都合《タン・ミュー》だ。ということは、今後三、四年で景気は再び悪化するだろう。ヌ・ザヴォン・マントゥナン・ドゥ・ラ・シャンス。いまがチャンスだ」。革命のための条件は揃った。攻撃を開始しなければならない！「人びとの血圧を上げるには、慢性的に抑圧された時代が必要だ」。一八四八年は偽りの夜明けだったのであり、今回が本物であることが、いまやこれまでになく明らかになっていた。「やるかやられるかの状況」である。だが、暴落が始まってから二カ月しても、プロレタリアートはまだその使命に気づかなかった。「まだ革命の兆しはわずかしかない。長い繁栄の時代に人びとの士気は恐ろしいほど挫かれてきたためだ」と、エンゲルスは一八五七年十二月に憂鬱そうに記した。そして、翌春には景気は再びインドと中国の発展しつつある市場を背景にもち直していた。*[47]

　エンゲルスが最後にいちばん期待をかけていたのは、アメリカの南北戦争だった。一八六一年四月に、北軍は南部の港を封鎖し始め、海上輸送や保険の費用、それに何よりも中級オーリンズ綿の価格が徐々に上がり、イギリスにおける生産と雇用にも深刻な影響がおよんだ。アメリカ南部からの輸入は、一八六〇年には綿花が二六〇万梱《こり》だったのが、一八六二年には七万二〇〇〇梱未満に減少した。エイブラハム・リンカンの理想と奴隷制度に反対する北部を、恐れることなく支持したランカシャー州の何十万人もの職工は、労働時間を短縮させられたのち、解雇された。収入の減少は北西部の広域の経済をむしばみ始め、閉店が相次ぎ、貯蓄は減り、食糧暴動が起きた。一八六二年十一月には、ほぼ二〇万人の労働者がランカシャー一帯のさまざまな救済委員会から援助を受けるようになった。現代の経済史家は、ランカシャーの「綿飢饉」は南北戦争で輸入が制限されていたことの直接的な結果であるのと同じくらい、供給過剰になった世界市場によって生みだされたものでもあったろうと考える。だが、いずれにせよ結果は同じだった。「あらゆる俗物どもが冷や汗をかいていることは、すぐさまわかるだろう」と、エンゲルスが一八六五年四月に報告したのは、リヴァプールの貿易産業が揺らぎ、失業した一二万五〇〇〇人の労働者がマンチェスターの通りをうろつくようになった時期だった。「スコットランドでも大勢の人が同様にとどめを刺されているので、いずれそのうち銀行が傾くようになり、そうなればすべてが終わるだろう」[*48]。綿を基盤とする多くの企業の例に漏れず、エルメン&エンゲルスもじかに影響をこうむった。工場では半日労働を取り入れ、売れ残りの在庫が積み重なるうちに利益は吹き飛び、役員の給料すら削減されることになった。エンゲルスにとっては、個人的にどれだけの犠牲がおよんでも、これは革命を起こす新たなチャンスだった。「当地では困窮状態はしだいに激しさを増している」と彼は、栄養不良、肺炎、チフス、結核の症例が増えるなかで記した。「来月には、労働者自身も顔にあきらめと苦難の表情を浮かべて、手持ち無沙汰で過ごすことに飽きてくるだろうと私は思う」[*49]

実際には、その正反対の事態となった。マンチェスターの綿工場で働く労働者は、ヴィクトリア朝中期の人びとの総意のシンボルとなり、尊厳と決断力をもって貧困に耐えたがために頭を撫でられることになった。より大きな道徳的使命のために自制心を発揮した模範例というわけである。「職工階級の指導者たちはおおむね北軍の政策を強く支持しており、奴隷制をはっきりと憎み、民主主義を断固として信奉している」と、R・アーサー・アーノルドは『綿飢饉の歴史』に書いた[*50]。政府の検査官の一人は「製造業の歴史におけるどんな時代にも、これほど急激かつ深刻な苦しみに、人びとがこれほど黙々と服従し、これほど辛抱強く自尊心をもって耐えてきたことはなかった[*51]」と考えた。工場の労働者たちは暴動を起こす代わりに、揺らぐことなく禁欲的にグローバル市場の気まぐれを受け入れたのであり、ヴィクトリア朝時代の公式見解にしてみれば、自助努力する立派な労働者階級がようやく大人になったようであった。元急進派でブルジョワの擁護者に転向したジョン・ワッツは、そのような忍耐は日曜学校のよい影響を表わし、文学や協同の精神を高めるものになると考えた[*52]。マンチェスターのプロレタリアートは消耗しきっていて、階級闘争を求める意欲に欠けるのではないかと、当初エンゲルスが恐れていたすべてが、恐ろしいほど正しかったことが判明したのである。

革命は延期され、エンゲルスは本業に――というよりはむしろ、複数の仕事に――戻った。というのも、マルクスは彼が個人的に仕事として契約していた唯一の作品を書きあげるために、いまやこの協力者に全面的に頼らなければならなかったからだ。一八五一年の初めに、元フーリエ派で、このころには奴隷制に反対する進歩派の『ニューヨーク・デイリー・トリビューン』紙の社長であったチャールズ・デイナがマルクスに、イギリスとヨーロッパの諸問題に関する記事の寄稿を依頼した。ところが、マルクスは英語の作文力に問題があったため、ドイツ語の原稿をエンゲルスが英語に翻訳しなければならなかった。そしてこれはたいていエンゲルスが自分でそれを書くことを意味していた。「もし君が、ドイツの状況に関する〔英語の〕記事を、金曜日の朝までに私のもとに届けてくれれば、これはすばらしい始まりとなるだろう」と、マルクスはコラムの執筆依頼を受けて、友人にもったいぶって告げた[*53]。エンゲルスはそれに素直に答えた。「どんな内容にすべきかすぐに書いて連絡してくれ――それを毎回読み切りにしたいのか、連載ものにするのか、（2）どんな立場をとるべきなのか[*54]」。原稿料――一回当たり二ポンド――は相当なもので、同紙には二〇万人以上の読者がいたが、マルクスは明らかに哲学者がやるには卑しい仕事だと考えていた。「次々にくる新聞の屑には閉口する」と、彼は実際に自分で記事を書かざるをえなくなると憤慨した。「やたらに時間を使われ、集中して仕事ができず、結局、何にもならないのだ」[*55]。しかし、マンチェスターであくせく働き、苛立っている同志にとってはそれでも構わないのであった。「エンゲルスは本当は働き過ぎなのだが」と、マルクスはアメリカの友人アドルフ・クラスに堂々と説明した。「歩く百科事典そのものである彼は、飲んでいようがしらふだろうが、昼夜を問わず、どんな時間でも仕事をすることができて、速筆だし、飲み込みが恐ろしく速い[*56]」

彼は間違ってはいなかった。エンゲルスは優秀なジャーナリストで、ほとんどのテーマに関して文章を適度な長さで、期日までに仕上げることができた。「今晩、僕は君の記事の最終部分を翻訳して、明日か火曜日には〈ドイツ〉についての記事にとりかかることにする」と、いつもながら忠実なエンゲルスの回答には書いてある[*57]。しかし、それはつまらない仕事であり、『ニューヨーク・デイリー・トリビューン』紙に掲載されたごく少数の記事しか、エンゲルスの通常の知的レベルに達するものはなかった。マンチェスターとロンドンのあいだでは、翻訳や新しい記事への提案、不慣れなテーマについての情報提供の依頼、簡潔さの要求（「君は記事をこんなに長くするのを本当にやめなければいけない。デイナは縦欄一列ないし一列半以上のものを欲しがるはずがない」）、文体への批判（「一般紙に書いているのだから、戦争の記事はもう少し彩りを加えなければだめだ」）、および、原稿をかならずリヴァプール汽船に間に合わせるようにという緊急依頼の書簡などが頻繁に往復した[*58]。しかし、マルクスはいつも喜んで手柄をすべて自分のものにしていた。「あなたの記事で、うちの主人がアメリカの西部、東部、南部一帯で話題を呼んでいることは、お気に召したかしら?」と、イェニーは無作法にも尋ねた。エンゲルスが書いた一八四八年から四九年の歴史、「ドイツにおける革命と反革命」が『トリビューン』紙の読者のあいだで高い評価を得たあとのことだった。

書簡は一方通行だったわけではない。手紙からはマルクスが『資本論』に関する考えを、エンゲルスと相談しながら発展させていた度合いも明らかになる。同書の初期の推進力の多くは、エンゲルス自身によるものだった。早くも一八五一年には、彼はマルクスをたしなめている。「大切なのは、君がもう一度、充実した内容の本で世間にデビューをはたすことだ……長期にわたってドイツの書籍市場に登場しないことで生じた呪縛を解くことが、絶対に不可欠だ[59]」。九年後、まだ近々出版できるという明らかな見通しがないなかで、エンゲルスは彼に些細な学問上の屁理屈をこねて無駄に遅らせている著作の決定的な重要性を思いださせた。「肝心なことは、これが執筆され、出版されることだ。君が考えている弱点など、あのロバどもには絶対に見つからない。それに不穏な時代になって、君が『資本論』を完成させる前に、すべてが中断させられたら、君にいったい何が残されるというのだ？[60]」

最終的に、大英博物館の読書室内の定席となった七番座席で、マルクスは本腰を入れて作品を書き始めた。そして、まもなく専門的資料を依頼して、エンゲルスを悩ませ始めた。大英博物館は多くのものを提供してくれたものの、資本主義の機能を理解することにかけては、マンチェスターの綿産業界の実態に代わるものではなかった。「いま経済学に関する研究で、君から実際的な助言が必要な時点に達している。理論的な書物には、関連するものが何も見つからないからだ」と、マルクスは一八五八年一月に書いた。「これは資本の循環に関するものだ。さまざまな事業におけるさまざまな形態や、利潤と価格への影響について。これらに関するなんらかの情報を提供してもらえたら、非常にありがたい」。それから機械設備費と減価償却率、社内での資本配分、会計上での売上高の計算に関する一連の質問がつづいた。「これについての理論的法則はごく単純で、自明のものだ。しかし、実践においてそれがどう機能するのかを知っておくのはよいことだ[61]」。それから五年間というもの、現実の情報を求める依頼は寄せられつづけた。「たとえば君の工場などで雇用されているあらゆる種類の労働者について情報をもらえないだろうか？　またそれぞれどの程度の割合でいるのかについても」と、マルクスは一八六二年に問い合わせた。「私の本のなかで、機械工場では、製造業の土台をなす分業が、A〔アダム〕・スミスが説明したようなかたちでは存在しないことを例示する必要があるからだ……。必要なのは、そうした種類の実例なんだ」[*62]。エルメン&エンゲルス商会でエンゲルスが過ごした年月が、経験にもとづく『資本論』の基礎となったのである。「実践はあらゆる理論に勝るのだから、君がどう事業を経営しているのか、きわめて正確に（事例をあげて）説明してくれるように頼みたい」と、別の一連の質問は始まった[*63]。

エンゲルスの貢献は、彼が生みだされつつあるマルクスの経済哲学の反響板となるにつれ、統計的なものばかりではなくなった。「文章にすると長ったらしくなる複雑な問題について、一言二言、言わせてくれ。それで、これに関する君の見解を伝えてもらうことになるだろう」と、マルクスは一八六二年八月二日付の手紙をそう書きだした。それから彼は不変資本（機械設備）と可変資本（労働）の違いについて説明を始め、「剰余価値」論の初期の考えを提示し、それが『資本論』の基盤となった。エンゲルスは同じやり方で答え、工員の労働の価値と労働賃金率における相対的報酬を計算したマルクスの方法にたいし、方法論的にいくつもの反論をあげた。しかし、厳密に問いつめられるのをマルクスが楽しむことはまずなく、そのような批判は「第三巻にいたるまでは」まともに対処することはできないと軽く答えた。「私があらかじめそうしたすべての反対意見に反論したいなどと思えば、解説の弁証法的方式の全体を損なうことになるだろう」[*64]

『資本論』に関しては膨大な量の書簡が交わされたにもかかわらず、そのような複雑なテーマを書面で追究することは、ときにはあまりにも堪え難いものとなりえた。「数日間でもこちらへくることはできないのかね？」と、マルクスは一八六二年八月二十日に尋ねた。「自分の批評のなかで、旧説をあまりにも多く覆したので、この先に進む前に君に相談したい点がいくつかある。こうした問題を文章で議論するのは、君にとっても私にとってもうんざりするものだ」。そして、精力的なエンゲルスですら、会社で一日仕事をしたあとでは、悟りを得ようとするマルクスの要求はいささか荷が重く感じられた。「この木綿騒ぎなどもあって、地代の理論は僕にとって実際あまりにも抽象的だった」と、彼は一八六二年九月にくたびれた様子で答えた。「いずれもう少し平穏で静かに過ごせるようになってから、この問題は検討しなければならない」[*65]

マルクスの隠し子

この知的、専門的、個人的な資料の宝庫のなかに、エンゲルスが払った最も寛大な犠牲のことで文通が気まずいかたちで途切れた沈黙の時期があった。「一八五一年の夏の初めに、詳しいことには触れませんが、ある事件が起こりました。それは公私にわたって私たちの悲しみを大いに増したものでしたが」と、イェニー・マルクスはヘンリー・フレデリック・デムートの微妙な生い立ちについて示唆した。[*66] その子の母親で、「ニム」と呼ばれたヘレーネ・「レンヒェン」・デムートは、住み込みの家政婦として長いことマルクス家の一員となっていた。ソーホーの最も手狭な住まいで暮らしていた時期ですら、一家にはつねにニムのための居場所があった。それどころか、そのあまりの親密さが危機を引き起こしたのだった。一八五〇年にイェニー・マルクスが家計の金策のために大陸側に旅行をしたことがあり、その留守中にマルクスが二十八歳のこの家政婦に手をつけたのだ。一八五一年六月二十三日に予定どおり、彼らの子であるフレディ・デムートは歓迎されることなくこの世に生を享けた。彼はマルクスの息子であり、出生証明書は空欄のままだったが、非公式に自分の子として認知したのはエンゲルスだった。マルクスの結婚生活の幸せと、より大きな政治的大義のために（亡命者集団は性的スキャンダルによって敵を傷つけることを何にもまして喜んだ）、エンゲルスはマルクスの息子に自分の洗礼名を与え、その過程でみずからの名を汚すことに甘んじたのだ。フレディの養育に関することでは、マルクスは許しがたい振る舞いをし、ロンドン東部の冷淡な里親のもとにこの子を送りつけた。フレディはきちんとした教育を受けることもなく、マルクスがほかの子供たちには与えた知的な養育環境――シェイクスピアの観劇やハムステッド・ヒースでの賑やかなピクニック、社会主義者の気軽な冗談――を楽しむこともなかった。彼は熟練の整備工および旋盤工として、また技術者連合協会の会員として職業人生を送り、政治面ではハックニー労働党の党員となった。エンゲルスが後年ロンドンに引っ越し、マルクスの死後はニムを自分の家政婦に雇うと、フレディとその息子のハリーは勝手口を使って訪問するようになった。ハリーは「地下」にいた「母親的な人物」を記憶していた。しかし、エンゲルスはそのような折にはいつも、家を留守にするよう心がけていた。

マルクスの娘のエリノア（もしくは「トゥシー」と、このころには家庭内で呼ばれていた）だけがフレディの窮状に心を動かされたようだった。「私はとてもセンチメンタルなのかもしれません――でも、フレディは生涯ずっと非常に不当な立場に置かれてきたと思わざるをえません」と、彼女は一八九二年に書いた。彼女はエンゲルスがほかのあらゆる点ではじつに寛大で、拡大家族的な仲間内のすべての人に思いやりを見せていたのに、自分の息子には敵意あるよそよそしい態度をとっていた理由を見出せなかった。トゥシーにとっては衝撃的なことに、すべてはエンゲルスの死の床で明らかにされた。アムステルダム社会史国際研究所の書庫に保管された一八九八年のある手紙に、エンゲルスの最後の家政婦で話し相手であったルイーゼ・フライベルガーが、死の間際にエンゲルスがフレディの生物学上の父親の正体をトゥシーに明かした件について書いている。「将軍［エンゲルス］は私たちに、この情報は自分がフレディを不当に扱ったと非難された場合に限って利用してもよいと許可を与えました。名前を汚されることは望まない、と彼は言いました。とくに、そうしたところでもう誰も得はしないのですから」。その後の年月のなかで、トゥシーはフレディと親しく付き合うことで、傷を修復しようと懸命に努力し、フレディは彼女が最も信頼し同情を寄せる文通相手となった。しかし、そのころにはいい加減な父親としてのエンゲルスの悪評は定着していた。この浅ましい逸話は、エンゲルスが友人を守り、社会主義の遅々とした歩みを速めるために喜んで耐えた個人的犠牲を如実に示している。[*67]

そのような嘘は、彼の中年時代に立ち込めていたさまざまな言い逃れの毒気に加わった霞に過ぎなかった。なにしろ、エンゲルスは二重生活を送っていたも同然だったからだ。昼間は立派な綿業王で、フロックコートを着た中流の上の階級の一員だったが、夜になれば革命派社会主義者で、裏社会の暮らしをこよなく愛する人間となる。事務職を維持して、マルクスを支え、共産主義の理念を失わないようにするために、エンゲルスは礼儀正しく苦痛な外面を保たざるをえなかった。二つの世界を股にかける暮らしは心身を疲労させ、表向きの義務と個人的な信条の矛盾からエンゲルスはやがて病気からうつ状態、そして衰弱へと追い込まれた。

彼の私生活、実生活を繋ぎ止めていた錨は、長年の愛人であるメアリー・バーンズと、その妹のリジーだった。しかし、マンチェスターの社会で自分の地位を保ち、両親から反対されないために、エンゲルスは同僚からも家族からも、アイルランド人姉妹との関係を隠さざるをえないと感じていた(厄介な義弟のアドルフ・フォン・グリースハイムが、この関係とそれがエンゲルスの社会的立場に与える悪影響について苦情を述べた手紙があるので、そのような隠し立てが完全に成功していたわけではないことが窺える)。[*68]マンチェスターに到着すると、エンゲルスはストレンジウェイズ地区のグレートデュシー通り七〇番地にある「魔女の老婆のような大家」のイザベラ・テイタム夫人の家に下宿した。現在はヴィクトリア朝時代の巨大な刑務所が建つ場所の近くである。この不衛生な家に同じく下宿していたのは、靴屋、廃棄物処理人、銀細工師兼セールスマンだった。彼のもとを尋ねてきた父親に、小遣いを（マルクスに注ぎ込んでいるのではなく）賢く使っていることを納得させるために、短期間だけもっと家賃の高い下宿部屋を借りたのちに、エンゲルスは一八五三年三月にバーンズ姉妹とともに引っ越した。エンゲルスのマンチェスター時代を、ロイ・ウィットフィールドが細部にわたって再現しているおかげで、チョールトン・オン・メドロックとモス・サイド地区の救貧税記録に、フレデリック・マン・バーンズ（いかにもエンゲルス流の語呂合わせ）なる人物がバーリントン通り一七番地の住人として記載され、その後セシル通り二七番地に移っていることがわかっている。[*69] だが、一八五四年四月に災難に見舞われた。「俗物どもは、僕がメアリーと暮らしていることを知ってしまった」と、激怒したエンゲルスは「また一人暮らし」に戻らされたときにマルクスに報告した。[*70]

彼のプロレタリア家庭が見つかってしまったあと、エンゲルスは苦しい資金繰りのなかで、一八五四年以降は公私別々の、本宅と別宅を構えざるをえなくなった。本宅は――同僚をもてなしたり、郵便物を受け取ったり、ブルジョワ的節儀を保つために――ラショムのウォルマー通り五番地に定め、バーンズ姉妹はセシル通りに匿っていた。一八五八年には表向きの拠点をソーンクリフ・グローヴに移したため、一八六一年の国勢調査には「近眼のプロイセン商人」として彼はこの場所に記録されている。[*71] 一方、姉妹のほうは、二軒の小さな安普請のテラスハウスを労働者階級が住むヒュームとアードウィックの拡大しつづける郊外に見つけて、そこに移り住まわせた。救貧税記録にはこれらの住所――ライアル通り七番地とハイド・ロード二五二番地――の住人が、フレデリックとメアリー・ボードマンの偽名で、「エリザベス・バーン」なる人物とともにいたことが記されている。エンゲルスは巧みにも自分の愛人とその妹を、本宅からわずか数百メートルの距離に住まわせていたのである。

これらはその後一五年にわたって、バーンズ姉妹のためにエンゲルスが内々に用意した数多くの物件の始まりに過ぎなかった。「僕はできる限り金を使わないために、いまではほぼずっとメアリーと暮らしている」と、彼は一八六二年にマルクスに説明した。「自分の住まいをなくすわけにはいかない。さもなければ、彼女のところに完全に移り住むのだが」。しかし、それは簡単ではなかった。「君の言うとおり、僕はかなりの金欠状態だ」と、エンゲルスはその年の後半に、マルクスからまたもや金の催促を受けて答えた。「ハイド・ロードで家庭中心の生活を送れば、欠乏状態を補えるのではないかと期待して、ここに五ポンド紙幣を同封する」[*72]。一八六四年には、エンゲルスがソーンクリフ・グローヴの家政婦と不仲になったあとで、このキャラバン隊は再び移動し、彼は富裕層の多いオックスフォード・ロードの近隣のドーヴァー通りのアパートに表向きの住居を移し、非公式の家は近くのモーニントン通りに移転させた。別々の住所をもちつづけ、裏表ある暮らしの垣根を誰にも越えさせないように計らうことはいずれも、多忙なエンゲルスにとってはありがたくない重荷となり、彼は費用と苛立ちについて際限なく不満を漏らすようになった。それでも、強引なまでに独立心の強いエンゲルスは、これらの二つの異なる世界から得られた行動の自由を楽しんでいたという印象も受ける。

この私的で内密の環境で、革命家は本性を表わすことができた。ここでエンゲルスは社会主義信奉者や知的議論の相手からなる馴染みの仲間と集まって、ビールを飲み、最新の哲学的進展を議論し、彼らの周囲で散見するブルジョワの歩み寄りを嘆いた。ブリュッセルの共産主義者で、マンチェスターの中流家庭の子供たちの家庭教師になったヴィルヘルム・ヴォルフ（「ループス」）は、親しい友人だった。「何年間も、ヴォルフはマンチェスターで僕自身と同じ見解をもつ唯一の同志であった」と、エンゲルスはのちに追想した。「われわれがほぼ毎日会っていたのも、時事問題に彼がほとんど直感的に正しい評価を下すことに感嘆する機会が、じつにたびたびあったのも、驚くべきことではない」[*73]。

「汚らわしい」ブラッドフォードで事務職に復帰していたゲオルク・ヴェールトも再びこの仲間に入っていたが、商用でハバナに移住した。ほかのお気に入りは、ダーマスタッド生まれのカール・ショールレマーで、オーエンズ・カレッジで有機化学を講義し、王立協会のフェローで、パラフィン炭化水素の専門家という人物だった。この物質はしばしば爆発的に燃えあがり、彼を「あざや傷だらけの顔」にしてエンゲルスを大いにおもしろがらせた。[*74] ショールレマーも熱心な社会主義者で、『資本論』の校正を頼まれるほどマルクスとエンゲルスに信用されていた。土曜の晩には、エンゲルスと一緒に、ニューマーケット・プレイスの王立取引所の角を曲がった場所にあるサッチト・ハウス・タヴァーンのバーにもたれている彼の姿が見かけられた。[*75]

エンゲルスのもう一人の親友でドーヴァー通りのアパートの同居人でもあったのは、サミュエル・ムーアだった。綿事業に失敗したあと、法廷弁護士およびマルクス主義者になった（『共産主義者宣言』を英語に翻訳する仕事という栄誉を与えられた）あと、ムーアはやがて王立ニジェール会社領の裁判長として、不似合いにもアサバ〔ナイジェリア〕でその職業人生を終えることになった。これらの一定の友人とともに、若干のドイツからの亡命者や失業中の共産主義者、遠い親戚などがいたほか、ときおりマルクス自身も訪ねてきた。こうした夜の飲み会が手に負えない事態になることもたまにあった。「酒飲みたちの集まりで……知らないイギリス人から侮辱された。もっていた傘でその男を殴ったら、石突きが彼の目に入ってしまった」と、エンゲルスは報告した。エンゲルスにとって都合の悪いことに、件のイギリス人は彼を暴行容疑で訴え、五五ポンドの賠償金および治療費を請求した。エンゲルスは「スキャンダルとなって、親父さんと一悶着」が起きるのをなんとか避けようとして、その金額を渋々ながら支払った。[*76]

社交生活

エンゲルスの表向きの生活は、そうした飲み屋の喧嘩とはほど遠いものだった。ヴィクトリア朝時代のイギリスで最大規模の狩猟大会であるチェシャー・ハウンズは、「貴族的なその州の一級の紳士たちによるもので」、その起源は、ジョン・スミス＝バリー閣下が一七六三年にベルヴォアとミルトンの血統の猟犬を一群れ集めた時代までさかのぼるものだった。そして、『ザ・フィールド』誌によれば、イングランドでも有数の狩猟のしやすい環境で、彼らは集まっていた。「チェシャー州には公園や大邸宅が多数あり、貴族は大昔から最も熱心な狐狩りの擁護者だった。実際、そうした感情が上流階級のあいだでこれほど万遍なく広まっている州はほかにはない」[*77]。マンチェスターの南のタットン・ホールから、チェシャー州クルーの東のクルー・ホールまで、マージー川沿いのノートン・プライオリーからマクルズフィールドのすぐ外にあるオールダリー・パークまで、チェシャー・ハウンズの狩猟大会は十一月から四月までのシーズン中、週に二、三度は州内を縦横に駆け巡っていた。しかし、これは安い趣味ではなかった。チェシャー・ハント・カヴァート基金、と呼ばれていた団体の会費は年間一〇ポンドだが、厩舎費用は年間七〇ポンドを上回る可能性があった（現在の貨幣価値に換算すると、年間八〇〇〇ポンド近くになる）。さらによい狩猟馬の価格が加算される。「土曜日に馬商人のマリーに会って、何か手頃なものがないか聞きました……七〇ポンドくらいで一四ストーン（約九〇キロ）を乗せて猟犬とともに走れるものです。彼には心当たりがあるようでした」と、ジェームズ・ウッド・ローマクスからエンゲルスに宛てたメモは始まっている。この人物が彼の馬の代理人だったようだ[*78]。ありがたいことに、狩猟のような世間体のよい活動の費用を賄うこととなると、彼はいつでも父親の資金に頼ることができた。「僕へのクリスマス・プレゼントとして親父さんが馬を買う金をくれ、よい出物があったので、先週それを購入した」と、エンゲルスは一八五七年にマルクスに書いた。「でも、君やご家族がロンドンで不運な目に遭っているのに、僕が馬をもちつづけるべきなのか非常に悩ましい」[*79]

誰が最初にエンゲルスをチェシャー・ハウンズに誘ったのかは不明だが、彼はまもなくイングランドでも最高位の貴族たちとともに狩猟場の常連となった。マルクスの娘婿のポール・ラファルグはこう記憶している。「彼は優れた乗り手で、狐狩り用に自分の狩猟馬をもっていた。昔ながらの封建的習慣に従って、近隣の郷紳や貴族が地区内のすべての馬の乗り手に招待状を送ると、エンゲルスはかならず参加した」[*80※]。エンゲルスは自分の趣味を、革命のための戦いを学ぶ「何にも勝る場」だとして、正当化しようと試みた。それどころか、イギリスの騎兵隊のわずかな取り柄の一つは、アカギツネを追いかけてきたその背景にあると考えた。「その大半は熱心な狩猟者なので、本能的に地の利を即座に見てとる能力をもっており、狩猟の訓練が間違いなくそれを与えている」と、彼はイギリスの軍事戦略に関する批評に書いた[*81]。だがいかに取り繕おうと、エンゲルスを明らかに興奮させたのは、追跡

※二〇〇四年に、労働党政権が狐狩りを禁止する法律を導入したとき、エンゲルスがチェシャー・ハントの会員であったことに、狐狩りの弁護側が言及した。「狐狩りをもちだして階級闘争を始めるという考えは、不快であるのと同じくらい哀れであり、フリードリヒ・エンゲルスのようにどちらの問題でも権威である人物によってそのことは如実に示されています」と、クレイグミラーのギルモア卿は狩猟法案の議論のさなかに貴族院で述べた。「そのことは、少なくともある面において、昔の共産主義者のほうがニューレイバー〔新しい労働党〕よりもはるかに良識があったことを示しているのだと思います」。しかも、エンゲルスはヴィクトリア朝時代の左翼で乗馬を好んだ唯一の人物というわけでもなかった。工場改革運動の指導者マイケル・サドラー、農場労働者の指導者ジョゼフ・アーチ、大工・指物師連合協会の総書記ロバート・アップルガースは、みな馬に乗って猟犬とともに狩猟をした。

のスリルだった。そして彼が狩猟場にでるのを恐れたことは一度もなかった。「彼はいつも溝や生け垣などの障害物を先陣を切って乗り越える一団のなかにいた」と、ラファルグは述べている。[*82]「言っておくが、僕は昨日、五フィート数インチはある生け垣と土手の上を馬で飛び越えたんだ。これまでやったなかで最高の跳躍だ」と、エンゲルスは大英博物館で腐りながら机に向かっているマルクスに自慢した。悪路つづきでも、エンゲルスは獲物を追って四五キロの遠乗りを嬉々としてこなした。それどころか、年月とともに彼は明らかに血への渇望のようなものを覚えるようになった。「昨日は、誘惑に負けてグレイハウンドを使った野ウサギ狩りに参加し、七時間、馬に乗りつづけた。全体として、非常に有意義だったが、仕事は手つかずとなった[*83]」

エンゲルスのその他の趣味は、それにくらべてずっと穏やかなものだった。「ここでは誰もがいまや芸術愛好家になっており、話題はすべて展覧会の絵画のことだ」と、彼は一八五七年の夏にトラフォード・パークで話題の重要美術品展を訪れ、ティツィアーノの男の肖像（アリオスト）に惚れ込んだあとマルクスに書いた。「できれば君も、この夏、奥さんと一緒にこっちへきて、これを見るべきだ[*84]」。画廊にでかけるのは、マンチェスターの有力な貿易商としてのエンゲルスの暮らしによく合っていた。洗練された上流ブルジョワの世界であり、夕食会、クラブ、慈善事業の夕べ、それに彼のソーンクリフ・グローヴやドーヴァー通りの住まいに近い、社会的地位のあるドイツ人地区に的を絞った人脈づくりに勤しむ暮らしだった。マンチェスターは一七八〇年代からプロイセン商人のメッカとなっており、一八七〇年には市内で一五〇社ほどの会社が営業しており、ドイツ生まれの住民が一〇〇〇人以上いた。この集団で最も上流の人びとは夜ごとにオックスフォード・ロード沿いのシラー協会《アンシュタルト》に集まっていた。[*85]同協会は一八五九年に行なわれたフリードリヒ・シラーの生誕一〇〇年の記念祭を起源とし、その目的はドイツ人社会に社交の場と祖国からの少しばかりの文化的安らぎを与えることだった。一八六〇年代なかばには、同協会は三〇〇人の会員と四〇〇〇冊の蔵書、ボウリング場にビリヤード室、体育館、多くの蔵書のある読書室、それに男声聖歌隊コンサートから連続公開講座にアマチュア劇の上演まで、きわめて忙しい公演日程を誇るようになった。エンゲルスは一八六一年に参加したが、すぐに司書から送られた本の貸出延滞通知をめぐって管理者側と仲違いした。「この書状を読んだときには、まるでいきなり祖国に移動させられたかのようだった」。そして、それは郷愁の念からではなかった。「これではシラー協会の司書からの連絡というよりは、ドイツの警部補から問答無用の呼び出しを食らったようで、重い罰則を科されて、『二四時間以内に』なんらかの違反の埋め合わせをするように命じられたかのようだった」[*86]。警察の呼び出しをたびたび受けてきたエンゲルスにとっては、無害な図書館の罰金も、高圧的なプロイセン王国をあまりにも連想させるものだったのである。

延滞通知も彼を長く遠ざけることはなかった。エンゲルスはまもなくシラー協会の仕事に積極的に加わるようになり、運営組織の一員に選ばれ、最終的には会長にまで就任した。彼は有能な委員会メンバーとなり、役員会にはビールをもち込み、数多くの小委員会の委員長を務め、マンチェスター会員制貸出図書館からの六〇〇〇冊の書籍購入をきちんと監督した[*87]。しかし、翌年、シラー協会が科学の普及家であるカール・フォークトを招待すると、エンゲルスは完全に手を引いた。招待した委員会には知られていなかったが、フォークトはマルクスとエンゲルスの膨大なブラックリストで、ナポレオン支持のスパイ疑惑で要注意人物にされていたためで、エンゲルスはすぐさま辞任した。

幸いにも、エンゲルスには贔屓にする協会がほかにいくつもあった。サミュエル・ムーアとともに、彼はアルバート・クラブの会員にもなっていた。「われらの最も優雅な女王の夫君に因んでふさわしく命名された」クラブである。その喫煙室——「ここはマンチェスターにあるこの種の部屋では、例外なく、最良の部屋であるとわれわれは信じている」――で有名だった同クラブには、同じくらいすばらしい一連のカード部屋、食事用の個室、それにビリヤード台があった。会員の名簿には、シャウプ、シュライダー、フォン・リンダーロフ、ケーニッヒといった名前があふれており、会員の半数はドイツ人であったことを示している。[*88] さらに、エンゲルスは文芸クラブ、ブレイズノーズ・クラブ、マンチェスター外国図書館、それに王立取引所にまで所属していた。「いまでは君は取引所の会員なのだから、まったく立派になったものだ。おめでとう」と、マルクスは軽い皮肉を交えて書いた。「いつか君がその狼の群れの真っ只中で吠えているのを聞いてみたいものだ」[*89]。講演会や夕食会、コンサートが目白押しのスケジュールにもかかわらず、エンゲルスはマンチェスターの生活の地方気質に辟易しつづけた。「この半年間、ロブスターのサラダを混ぜ合わせる僕の定評ある才能を発揮する機会を、一度も得られていない。なんということか《ケル・オラー》。これではすっかり錆びついてしまう」と、初代シャンパン・コミュニストは語った。[*90]

病に倒れる

一八五〇年代なかばには、仕事量と二重生活があいまって、エンゲルスの耐久力すら脅かし始めた。「いまは三人の若者を監督しなければならず、一日中チェックし、修正し、小言を言い、命令しつづけている」と、彼は一八五六年にマルクスにこぼした。「これに加えて、製造業者との粗悪な糸や納期の遅れをめぐる長期戦に、自分自身の仕事がある」。商業通信の山に、彼の父親とゴットフリート・エルメンからは矛盾する要求を突きつけられるとなれば、エンゲルスは「毎晩八時まで事務所で身を粉にして働かなければならず、仕事にとりかかれるのは夕食後の十時からだ」。ジャーナリスト業は滞り、ロシア語を学ぼうとする試みは行き詰まり、社会主義の理論化作業は一つも進まなかった。

「この夏は、いろいろなことを仕切り直さないとだめだ」と、彼は一八五七年三月にマルクスに告げた[*91]。だが、それはまさにマルクスがチャールズ・デイナの最新の出版企画、『ニューアメリカン・サイクロペディア』に寄稿するという、実入りはよかったとしても、ばかげた契約を引き受けたために、さらなる圧力をかけようと決心した矢先だった。エンゲルスはもちろん、マルクスがお金を稼ぐことについては喜んだ──「これでまたすべてが順調になる」──が、実際に調査しなければならないのは彼だった。一八五七年の夏の初めには、エンゲルスの身体は音をあげていた。「僕は始末の悪い膿瘍がよくなることを願って顔の左半分に亜麻仁の湿布を貼りながら、家でじっとしている……。この一カ月間、顔面のトラブルが絶えない。まずは歯痛で、次は頬が腫れ、それからまたもや歯痛になり、今度はすべてができものになって花開いた」。真夏には彼は疲労と本格的な腺熱（ヴィクトリア朝時代のイングランドでは深刻な事態だった）に苦しみ、妹のマリーに看病されていた。「僕は君の言う本当に惨めな人間の一人だ。腰をかがめ、足を引きずり、弱っていて──たとえばいまは──痛みでわれを忘れている」[*92]。そして、友人の衰弱性疾患にたいするマルクスの反応はどうだったのか？「君もわかってくれると思うが、具合の悪い君を催促することほど、私にとって嫌なことはない」が、彼は『サイクロペディア』に送る原稿が必要で、それも急いでいた。エンゲルスが完全に寝込んで初めて、マルクスは要求の度合いを緩めた。「いまの時点で君にとって主要なことは、もちろん健康を回復することだ。どうすればデイナを待たせられるか検討することにしよう」と、彼は一八五七年七月にはきまり悪そうに書いた。

マルクスがエンゲルスの健康を気遣わなかったと言うのは間違っているだろう。それどころか、病気や投薬、治療、医者に関する議論は、彼らの文通のなかでもたびたび最も細部にわたって熱心に論じられる話題となっていた。さながら〔重病に罹っていると思い込む〕心気症患者のように、二人は自分たちの病気を積極的に楽しんでいた。「咳のほうの具合はどうかね?」というのが、エンゲルスが体調を崩したことを知ったマルクスが最初に問いかけたことだった。大英博物館で「丹念に医学的な研究」を進めたあと（機会があればいつでも『資本論』の執筆を遅らせることに熱心だった）、マルクスはエンゲルスにこう言った。「君が鉄分を摂取しているかどうか知らせてくれ。君のような症状では、その他もろもろの場合と同様、鉄分は苦痛に効くことで知られている」[*93]。エンゲルスは信用せず、鉄分とタラの肝油の利点を比較した事細かい説明を長々と返答したあと、個人的にはノルウェー産（の肝油）のほうが好みだと明かしている。しかしこれは例外的だった。たいていはマルクスの健康問題が中心を占めていた。一連の心因性の疾患（肝臓病から頭痛や不眠症まで）を患いつづけていただけでなく、彼の身体を地雷のように痛めつけていたおできとあまりにも現実的な戦いをつづけていたからだ。マルクスが味わっていた窮状を知るささやかな手がかりが、一八六六年にエンゲルスに宛てた手紙のなかに書かれている。当時、彼は股間の周囲を癰《よう》（細菌感染症の一種）に冒されていた。「この二年半のあいだ、睾丸と臀部のあいだが痒くて引っ掻いてしまい、その結果、皮膚が剝けており、それが何よりも私の気質を苛立たせてきた」。マルクスが好んだ治療方法は、一つひとつの発疹を血と膿が飛びだすまでカミソリで退治することだった。エンゲルスはリン酸カルシウム——もしくは少なくともなんらかのヒ素を使う、いくらか非侵襲的方法を勧めた。彼はマンチェスターで出会った新しい友人で、小児科医のエドヴァルト・グンペルトにも助言を求めた。彼はヒ素を「ある癰の症例と非常に悪性のフルンケル症で用いて、およそ三カ月で完全に治癒させた」[*94]経験があった。

エンゲルス自身の腺熱からの回復は、医療によって緩和されたというよりは、一八五七年にマンチェスターを襲った経済恐慌によってもたらされた。綿の価格が急落して、ペーター・エルメンなどのアマガエルたちがおびえる様子を眺めることが、強壮剤となったのである。「先週、ここの取引所の全体の状況は誠に楽しいものだった。僕の気分が突然、不可解なほどに高揚し始めたことに、仲間たちはすっかり腹を立てている」[*95]。しかし、彼の体調はまだ芳しくなく、一八六〇年三月に父を亡くすと、病気がぶり返した。エンゲルスを苦しめたのは、喪失感というよりは——親にたいする愛情はいちじるしく希薄だった——エルメン&エンゲルス商会の経営をめぐってその後に起きた親族間の争いだった。ゴットフリート・エルメンは間髪をいれず、会社からエンゲルス家の息子を追いだそうと試みた。エンゲルスが自分の将来の交渉をし、仕事を失うまいと必死になると、サウスゲートの事務所内ではたちまち人間関係が崩れた。エルメンの商才を相手に、「身体の調子がこれほど悪いため、健全な精神状態で能力を遺憾なく発揮して、即座の判断を下すことができない状態では」、まともな合意形成はできないことを彼は知っていた。彼は恥を忍んで——「慧眼で、意志強固で、状況を完全に把握している」——弟のエミールを呼び寄せて交渉に当たらせ、自分の将来を保証させた[*96]。

だが、事態はさらに悪化した。彼らの母親が腸チフスと疑われる症状で倒れた機に乗じて、弟のルドルフとヘルマンが、長男で跡継ぎであるフリードリヒを、エンゲルスキルヒェンのより実入りのよい家業から手を引かせたのである。「すでに七週間にわたって、僕はずっと緊張と興奮状態のなかにあって、いまやそれが最高潮に達している——これほどひどかった試しはない」と、彼は一八六〇年五月にマルクスに書いた[*97]。自分の弟たちに裏をかかれ、エンゲルスは病床の母を喜ばせるために、まったく不公平な——すべての権利をエルメン&エンゲルス商会のドイツ側に委ねさせる——調停に合意した。「愛する母上、僕はこうしたことすべてだけでなく、さらに多くの問題も母上のために承諾しました。この世のいかなる事情のためでも、遺産をめぐる家族同士の争いで母上の老後を苦しめるはめになりかねないことはしますまい」と、彼女の長男は愛情を込めて書いた。「僕はほかに一〇〇もの事業を手がけるかもしれませんが、別の母親をもつことは決してないのですから」。だが、彼は母に、「このようなかたちで家業から身を引かざるをえないことが、僕にとってきわめて不愉快であること」は知らせたがった。[*98] 弟たちがマンチェスターの会社に一万ポンドを投資するのと引き換えに、エンゲルスが了承したのは、一八六四年までに〔エンゲルスキルヒェンの〕エルメン&エンゲルス商会の共同経営への関与をやめることだった。病弱な身とあっては、それが彼に望めるすべてだった。

第7章

悪徳商売の終わり

『ドイツ農民戦争』

バーンズ姉妹を囲い、エルメン&エンゲルスで事務作業をこなし、チェシャー・ハウンズに駆けつける合間に、エンゲルスは驚くべきことに、マルクス主義の正典にもいくつかの重要な貢献をはたしている。その最初は、『ドイツ・イデオロギー』で概説された、〈史的唯物論〉の概念をさらに発展させることだった。エンゲルスにとって、過去を研究するうえでのこのアプローチ——財産関係を決定し、それゆえに社会の広範囲の輪郭を決めるものとして、生産様式に着目するもの——は、マルクスの最も重要な功績の一つだった。マルクスは「歴史の運動の大法則」を発見した、とエンゲルスは書いた。「これまでの歴史はすべて階級闘争の歴史であり、それだけ多種多様で複雑な政治闘争のなかで、唯一問題となるのは社会の階級に関する社会的・政治的規則だけだったのである」。したがって、「それぞれの時代の概念や思想は、暮らしの経済的状況、およびその時代の社会・政治的関係から最も単純に説明することができるが、そうした関係もまたこれらの経済的状況によって決定されているのである」[*1]。あるいはマルクス自身が『経済学批判』の序文で述べたように、「物質的生活における生産様式が、社会的・政治的・精神的生活のプロセス全般を決定する……。人びとの存在を決定するのは、人間の意識ではなく、その逆に、社会的に存在していることが彼らの意識を決定するのである」[*2]。そうしたことすべてが間違った意識（「誤っている意識」）という現象を説明するのに役立った。そこから歴史における政治的または精神的変化——たとえば、宗教改革やロマン主義——の背後に本当は唯物論的動機があるのに、なぜかそれが逃れることのできない社会経済の仕組みに起因するのではなく、思想や宗教の自立的役割によるものと誤解されたのだ。同様に、アダム・スミスやデイヴィッド・リカードのように、搾取の真の性質を明らかにすることなく政治経済を分析すれば、部分的な理解しか得られず、思想の政治的な上部構造の下にある社会の唯物論的な基礎まで掘り下げないために現在の誤った意識へとつながったのである。

『ドイツ・イデオロギー』では、マルクスとエンゲルスは唯物論の視点から近代の資本主義社会を検討した。彼らは今回、過去に関心を向け、一つの時代の経済的状況（基礎）——科学技術のレベル、分業、生産手段など——がその法律、イデオロギー、宗教、さらには芸術と科学（上部構造）までをもかたちづくったと主張した。確かに、個人としての歴史的当事者には自由意志があり、選択することができた。しかし、マルクスとエンゲルスが関心をもっていたのは、構造的経済状況によって動機を与えられた多数の個人の決定の産物としての大衆現象や社会変動だったのである。エンゲルスが述べたように、「意思は情熱または熟考によって決定される。だが、情熱か熟考かを即座に決めるレバーは、しばしばまるで異なる種類のものとなる」。マルクスはここでも、より鮮明な言い回しをしている。「人はみずからの歴史をつくるが、ただ自分が気に入るようにつくるのではない」と彼は『ルイ・ボナパルトのブリュメール十八日』に書いた。「彼らは自分たちが選んだ状況下で歴史をつくるのではなく、過去からじかに探しだされ、与えられ、受け継がれた状況下でそれを実践する。死んでいったあらゆる世代の伝統が、生きている者の脳裏に悪夢のようにのしかかるのである」[*3]。マルクスとエンゲルスはカーライルの「英雄史観」は切り捨てた。「これこれしかじかの人が、その人物だけが、とある国の特定の時期に登場するという事実は、もちろんまったくの偶然である」[*4]。ナポレオンがいなければ、誰か別の人が単に彼の地位を占めただろう。偉人の代わりに、階級と階級闘争（主人／奴隷、領主／農奴、資本家／労働者）――それ自体が生産様式の発展のなかの歴史的段階の産物――が、マルクス主義の歴史学を決定づける要因となったのである。ヘーゲルが歴史のページを通して〈精神〉の前進をたどったように、今度はマルクスとエンゲルスが同様の目的論的枠組のなかで、階級闘争の盛衰を記録したのである。歴史は束縛と解放の双方の物語なのであった。プロレタリアートが最終的に救いを得て勝利し、階級闘争が終わるまで戦いはつづく。それは実際には、歴史そのものの終焉である。

　エンゲルスはこの学問の初期の実践者だった。なんと言っても、このアプローチは『イギリスにおける労働者階級の状態』で彼が最初に試みた草分け的な経済史の記述に大きく影響されたものだったからだ。産業革命に関する彼の描写は、生産様式における変化――分業、機械化への移行、家族経営の崩壊、ギルド規制の終焉――が、その時代の政治、宗教、文化の各方面での人びとの姿勢を理解するうえで不可欠な要素となることを予測していた。しかし、彼は晩年、すべてのものを狭義の経済的原因に要約したがる低俗な連中のせいで、この戦略も価値を下げたと案ずるようになる。「唯物史観によれば、歴史における決定的要素は、つまるところ、現実の生命〔を維持する手段として〕の生産《プロダクシヨン》と再生産《リプロダクシヨン》〔すなわち生殖〕なのだ」と、彼は一八九〇年にベルリンの学生、ヨーゼフ・ブロッホ・フォン・バーグニックに宛てた手紙のなかで書いた。「それ以上のことはマルクスも私自身も主張したことはない。もし誰かがこれを、経済的な時期だけが決定的要素だなどと宣言して歪めるのであれば、この命題を無意味で抽象的、かつばかげた戯言に変えることになる」。同じ手紙のなかで、エンゲルスは上部構造――法律、哲学、宗教のつかの間の形態――がどういうわけか経済構造に「相互の影響」を与え、ひいてはそれが歴史の発展にも影響したのだと主張して、史的唯物論の鋳型に新たな変数まで取り入れている。「こうした要素はいずれも歴史的闘争の進路に影響をおよぼし、多くの場合、それらがおおむね形態を決める。これらすべての要素のかかわりのなかで、また限りなく多い偶然の真っ只中で……経済的傾向は最終的に不可避のものとしてみずからを主張するのである」。歴史は、唯物論の画一的な見方で最初に断定していたよりもずっと流動的だったと、彼はマルクス主義の歴史学的思考を大きく見直すかたちで示唆するようになったのだ。弁証法的プロセスは単に原因と結果の問題ではなく、相反するものの相互のかかわりだからである。そのため、経済的背景は「最後には決定的」になっても、政治、文化、「伝統」ですら、人間の判断および歴史をかたちづくるうえで役割をはたしうるのだと、エンゲルスはこのころには考えるようになった。過去は「そのような方法でつくられてきたので、最終的な結果は必然的に多くの個人の意思の衝突によって生みだされる。そしてそれぞれもまた、多種多様な生活状況によってそのような状態になっているのである」。史的唯物論の概念にはそのような注意が喚起されていたので、信頼に足る政治的な道具であるどころか、知的な道具としても効力を失ったかのようだった。そのころには七十歳になり、ヨーロッパの主要な共産主義の予言者として確たる地位を築いていたエンゲルスは、内省的な気分になり、観念論的歴史観にたいする闘いゆえに、彼とマルクスはかつて唯物論的な要素を強調しすぎたきらいがあったかもしれないと認めていた。「もし後輩たちが必要以上に経済的側面を重視していたのであれば、マルクスと私にある程度は責任がある。われわれはそれを否定しようとする相手を前にして、この主要な原則を強調しなければならなかったし、相互に関係するその他の要因を公平に評価するだけの時間や場所、機会がいつもあったわけではなかった」と、彼は特別に訴えかけるくだりで書いた。おそらく自分の歴史の法則が凡庸な自明の理（誰でも当然、時代の経済的背景をある程度は考慮しなければならないという意味で）になりはてるか、すべてを単純に経済で説明しようとする魅力に欠ける還元主義になる危険に気づいていたのだろう。[*5]

一八五〇年代のマンチェスターでは、エンゲルスはまだそのような微妙な違いを気に留めてはいなかった。それどころか彼は、史的唯物論を積極的に振りかざす作品『ドイツ農民戦争』（一八五〇年）を執筆している。この作品は、「この時代のドイツの政治構造とそれにたいする反乱、およびそのころの農業、産業、道路、水路、消耗品や金融の取引の発達段階の、原因ではなく結果としての、当時の政治と宗教理論」を描こうと試みたものだった。[*6] 彼の目的は実際には、歴史（および歴史家のヴィルヘルム・ツィンマーマンの近著）を昔ながらの方法で借用して、当時の政治論争を支援することだった。この場合は、一五二〇年代の農民戦争を、一八四八年から四九年の敗北で意気消沈しているドイツの急進派を鼓舞するものに仕立てあげることだった。「二年にわたる闘争のあと、目下そこかしこでつづいている落ち込みを前にして、いまこそドイツ国民に大農民戦争の不器用なれど、力強く粘り強かった人物たちを思いださせる時期がきた」。[*7] 彼は元祖唯物論者ならではのがさつさを発揮して、それをやり遂げた。

皮肉なことに、エンゲルスの歴史の英雄は、カーライルが「偉人」として取りあげ、プロテスタント急進派の「優れた人物」であったトマス・ミュンツァーだった。ドイツの千年至福説の伝統に則って各地を巡回する神秘主義者だったミュンツァーは、一五二〇年代初めに宗教改革の急進派と伝統的な農民反乱を結びつけ、不信心な者にたいする敬虔な人びとのキリスト教同盟の結成を試みた。彼が神の苦悩を強調し、精神的平等とともに社会的平等を重視して、マルティン・ルターの「中流階級による宗教改革」を攻撃したために、貧しい農民は、聖職者が課す高額の十分の一税や不人気な土地改革にたいする怒りをかきたてられた。聖職に就くための訓練を受け、ヴィッテンベルクで学び、長年、アルシュテット、プラハ、ツヴィカウで説教をしていたミュンツァーは、プロテスタントの神学に深くもとづいた社会改革の考え方を提案していた。しかし、エンゲルスはそんなことはまるでお構いなしだった。もちろん、「当時の階級闘争は宗教的な標語を掲げるものだった」ということは彼も認めたが、それを支えた唯物論的な基礎を忘れてはならないのであった。[*8] よって、エンゲルスは十六世紀初めのドイツ社会の経済的基盤をやたらに詳述し、階級の分離――封建貴族とブルジョワのプロテスタントの宗教改革派と小作農のあいだの分離――が、この革命時代をいかに決定づけたかを語った。ミュンツァーはただ平民分子に彼らの階級意識をもたせることができただけなのだ。正しく理解するとすれば、彼は萌芽期のマルクス主義煽動家で、農民のなかでも最も進歩的な一派を階級闘争に向けて集結させるのに成功した人物なのであった。「ミュンツァーの宗教哲学が無神論に近づくにつれ、彼の政治綱領は共産主義に近づいた。……ミュンツァーはこの神の王国によって、階級差も、私的所有も、社会の構成員からも独立した、またそれとは異質の国家権力もない社会を意味していた」。[*9] 彼の不運は、生産様式よりも先回りしてしまったことだった。「急進的な党の指導者が陥りうる最悪のことは、運動が時期尚早のうちに権力を掌握せざるをえなくなることだ」。[*10] たとえミュンツァーが英雄のように雄弁を振るい、政治的な組織化をはかっても、封建的な社会制度も農業経済も革命的共産主義を受け入れる準備はできていなかった。そのため、彼の寄せ集めの農民軍は一五二五年のドイツ東部のフランケンハウゼンの戦場で、ルターの同盟軍の刃に倒れた。この場合は、ブルジョワから

「背中を刺される」というエンゲルスの決まり文句があまりにも的を射ていたのである。

軍事評論家への道

一五二五年と一八四八年から四九年の失敗は、経済的な基盤と政治的上部構造の分裂だけが原因ではなかった。軍事的な大失態も一役買っていた。そのため戦争に関する研究が、エンゲルスにとって次に学術的な関心をもつべき分野となった。マンチェスターに移り住んでから数カ月後には、彼はフランクフルトのヨーゼフ・ヴァイデマイヤーに手紙を書いて、軍事史に関する本数冊〔彼は後日プロイセンの引退した将校の蔵書を買いあげることで、それらの本を確保した〕を依頼している。「少なくともあまり恥をかかずに理論的な議論に加われるくらいには」軍事科学を習得するためであった。[*11] 戦争はエンゲルスの「とっておきのテーマ」となり、いつもながら徹底的に指導部の機能や戦略の本質、地形学の役割、科学技術、軍の士気の研究に没頭した。理論上では「偉人」を毛嫌いする割には、エンゲルスは偉大な将軍のこととなると、自分を抑えられなかった。彼はガリバルディ〔イタリア統一運動を推進〕とネイピア〔インドのシンド州を征服〕を少年のようなひたむきさで敬愛していたが、本当に魅了されていたのはナポレオンとウェリントンのあいだのマニ教的な善悪の争いだった。自分の唯物論的なあらゆる傾向に反して、エンゲルスはワーテルローの戦いの英雄――「常識が天才の高みにまで昇ることが不可能でなければ、彼が天才となっただろう」――を崇めており、一八五二年にはイギリスで最も反動的な将軍であった政治家の逝去を公の場で悼んだ。[*12]

軍事史を研究して過ごした年月は、一八五〇年代なかばにクリミア半島が英・仏・露軍にとって惨めな泥沼状態となった折に収穫をもたらすことになった。エンゲルスはイギリスきっての机上の将軍の一人として、第二の成功したキャリアを歩み始め、軍事関連の学識で、マンチェスターから抜けだす道が開けるのではないかとすら期待した。一八五四年に戦争が勃発すると、エンゲルスはすぐさま『デイリー・ニュース』の編集者に応募書類を送った。「おそらく現時点では、貴紙の軍事部門への寄稿の申し出がそれなりに快く迎えられるだろうと思うのは、私の考え違いではないかと存じます」と彼は書いてから、短い軍歴――プロイセン砲兵隊での兵役に始まり、「南ドイツの反乱戦争中の戦地勤務」にいたるまで――を記した。ロシア軍が徹底的に打ちのめされることを願う一方で、政策については「できる限り軍事評論とは」混同しないことを約束した。しかし、そのように請け合ったにもかかわらず、この仕事が実現することはなかった。「『デイリー・ニュース』とはもうおしまいだ」と、彼はエルメン&エンゲルス商会から抜けだす命綱がもう一本消えてゆくのを眺めながら、マルクスに怒って手紙を書いた。すべて――原稿料や校正の日程、さまざまな条件など――が決まったかのように思われたのに、「最終的な回答がきて、記事があまりにも専門的すぎる」ので、軍事専門の雑誌に問い合わせてみるべきだと言われたのだ。エンゲルスは珍しく純粋に怒りを爆発させて、ロンドンにいるドイツ人移住者のあいだの噂話で、彼の軍事経験が軽んじられ、チャンスが台無しにされたせいだとした。「軍人エンゲルスを、一年だけの元志願兵で、共産主義者で、本業は事務員に過ぎない人物として描くことで、すべてに待ったをかけるほど簡単なことはない」[*13]。自分の立場が忌まわしい悪徳商売であるというあらゆる屈辱感がよみがえって、彼を苦しめた。しかし彼にたいする中傷作戦があったという証拠はほとんどない一方で、マルクスのために書いた『デイリー・トリビューン』の囲み記事には、彼の軍事評論が分析過剰で無味乾燥の文体であった証拠はいくらでもある。クリミア戦争のなかでもきわめて悲惨で劇的だった〈軽騎兵旅団の突撃〉に関する彼の記事は、その恰好の例である。「カーディガン伯爵が自陣の向かい側の谷に軽騎兵旅団を率いて進んだ」ことを説明したあとで、エンゲルスは淡々と彼らが抹消された状況を伝える。「進撃した七〇〇名のうち、戦闘可能な状態で戻ってきたのは二〇〇名に満たなかった。軽騎兵旅団は、新たな増援兵で再編成されるまでは壊滅したものと見なしてよいだろう」[*14]。『デイリー・ニュース』がこのような一本調子の原稿を見送ったのは、さほど不思議ではない。

幸い、エンゲルスの文体は熟達し、一八五〇年代末にはイタリア統一問題をめぐるプロイセン、オーストリア、フランス間の緊張が高まったおかげで、彼は匿名で『ポー川とライン川』と題した小冊子を執筆して、この分野に再び入り込むことができた。政治情報やアルプスの地形、戦争の準備状況などを手際よく概観し、エンゲルスは仏墺戦争が起きた場合に生じるさまざまな軍事シナリオを前にして、プロイセンがどんな立場をとるべきかを述べた。「すべて読んだ」と、この小冊子を受け取ってすぐにマルクスは書いた。「非常によくできている[*15]。政治面も見事に書かれているが、あれはじつに難しかった。この小冊子は大成功を収めるだろう」。そして、実際にそのとおりとなり、ドイツとオーストリアの新聞で褒めそやされ、報道されたほか、噂によれば、ジュゼッペ・ガリバルディ将軍がこの小冊子を大量に購入したという。実際、『ポー川とライン川』は非常に情報に通じたものだったため、匿名の著者をめぐって数多くの軍司令部が推測ゲームをすることになった。「君の小冊子は高級および最高級の軍事関係者のあいだで（なかでもカール・フリードリヒ公のもとではとくに）プロイセンの匿名の将軍が書いたものとされている」と、喜んだマルクスはエンゲルスに報告し返した[*16]。しかし、マンチェスターの事務員のことは、苛立たしいほど知られないままだった。

フランスとオーストリアのあいだで高まる敵対心は、ボナパルト家が権力を掌握した劇的な外交的結果の一つに過ぎなかった。ナポレオン三世は即位した当初より、フランス帝国の領土を拡大することに熱心であり、一八五〇年代末（わずかながらイギリスと関係した暗殺未遂事件のあと）には、ナポレオン三世がイギリスの侵略も画策しているかもしれないと考える人がイギリスの軍部のなかにでてきた。自発的な軍事組織による驚くべき行動で、一七万人の義勇兵がイギリス国民のために志願し、「アイルランド部隊」、「職人部隊」、「自治都市衛兵隊」、それに「報道衛兵隊」までが立ちあがった。[*17] パーマストン卿がイギリス海峡沿いに一連の要塞（いわゆる彼の「フォリー」〔無用の大建築〕）を建造して、侵略してくる艦隊を防ごうとするなかで、イギリスの練兵場や公園では義勇兵の足並の揃わない軍靴の音と士気高揚のための反仏の歌が鳴り響いた。エンゲルスはつねづねイギリス人の好戦的な気質――「これほど多くの狩猟者や密猟者、つまりなかば訓練された軽歩兵と狙撃手がいる場所はない」――については確信しており、ボナパルト派の反動的な政権に対抗する草の根の抵抗運動を熱心に支援した。[*18] 彼はとりわけ義勇兵たちが受ける訓練を支援していた。なにしろ、バーデンの戦いの経験者が黒い森を逃走しながら何かを学んだとすれば、兵站支援と、きちんとした指揮系統、および基本的な軍事技術の重要性だったからだ。「経験が教えてくれることは、大衆の愛国心がどれほど強くても、現実には総じて、彼らは武器をもたず、もっていたとしても使い方を知らず、緊急事態にはその気質が価値のほとんどないものになるからだ」と、彼は「フランス軍はロンドンを略取できるか？」という大げさな題名をつけて『デイリー・トリビューン』の寄稿記事に書いた。[*19] 幸い、当局もそのような事態に対処すべく、きわめて効果的な視察と訓練プログラムによって着々と準備を進めていた。「大体において、三年を経たいま、実験は完全に成功したと考えられるだろう」と、エンゲルスは一八六二年に述べた。「政府がほとんど費用を負担せずに、イギリスは国防のために一六万三〇〇〇人の組織化された軍隊を生みだしたのだ」。[*20] 彼の熱中ぶりがいくらか冷めたのは、ロンドンからマンチェスターに列車で戻る道中で、「ライフル弾が窓を粉々にし、僕の胸から三〇センチも離れていない場所を抜けて車両を貫通するという、余分な楽しみを味わって」からだった。「どこかの義勇兵がおそらくまた、自分には銃器など託されるべきではないことを証明したがったのだろう」[*21]

しかし、エンゲルスが義勇軍を支援したのは、彼のなかで激しい反ボナパルト感情が共産主義イデオロギーに勝るにつれ、ときおり支持すべき階級を混同していたことを示すもう一つの例だったと言える。義勇軍は確かにフランスの侵略にたいする抵抗の前線に立ってはいたが、彼らは本質的に反動的な勢力だった。大挙して志願したのは労働者ではなく、自分用の武器を調達し、「すべての経費を負担」して、毎年、二四日間の訓練に参加できる人びとだけだったからだ。プレストン義勇軍は、「労働者階級分子が皆無」であることで有名だったし、第四〇（マンチェスター）ランカシャー・ライフル義勇軍は圧倒的に「ジェントルマン」、小売商人、事務員、職人で占められていた。[22]これは地元の貴族や実業家によって率いられた金持ちの軍だったのである。それどころか、彼らは、政治改革から注意をそらすための「トーリー党の策略」だとして、ロッチデールやオールダムの労働者階級の急進派が烙印を押した人びとだった。義勇軍は実際には、ブルジョワが支配するヴィクトリア朝中期のイギリスの、もう一つの構成要素だったのだ。中流階級の主意主義の団体が、既存の階層化をそれとなく承認していたのである。本能的に将校的な見方をするエンゲルスは、ボナパルト派の敵にたいする軍備状況ばかりに関心が向くなかで、この従属的要素を見落としていたのだった。[23]

義勇兵たちは間違いなく大いに失望しただろうが、ナポレオン三世のゲーム・プランにはイギリス海峡越えはまったく含まれていなかった。彼は代わりに、大陸ヨーロッパで領土拡大を目論む別の大国、ビスマルクのプロイセンとの衝突コースを進むことにした。この北ドイツ連邦の宰相はすでにシュレスヴィヒ＝ホルスタインの入り組んだ問題をめぐって一八六六年にオーストリアと戦火を交えており、六〇年代末にはフランスとの衝突も避けられないと思われた。エンゲルスはこの鉄血宰相が権力を掌握した当初、ビスマルクの決意を見くびっており、一八六六年の戦争でオーストリアが勝利するとすら考えるという、注目すべき判断間違いを犯した。だが、一八七〇年七月になると、もはやビスマルクの好戦的な性質や戦略力について誤解をいだくことはなかった。実際には、普仏戦争は軍事専門家としてのエンゲルスの経歴上の頂点となったのである。

今回はマルクスが『ペルメル・ガゼット』紙の軍事評論家の地位に就けてくれたおかげで、エンゲルスは自分の見解を発表する適切な場をもつことができた。エンゲルスはまだ明らかに『デイリー・ニュース』での失敗から立ち直り切れておらず、仕事の申し出にこう応じた。「『ペルメル・ガゼット』には戦争に関する記事を週に二本書いて、それなりの現金収入を得ようかと思う」。フランス軍の移動経路をプロイセン軍が追う状況を記した彼の当初の記事は、前線からの報告とさまざまなヨーロッパの新聞をもとにしたものだった。しかし、七月末には、エンゲルスはドイツ軍の機動作戦に関するスクープを、友人のエドヴァルト・グンペルトのいとこが「第七七連隊の中隊長」として派兵されていたおかげで入手することができた。その結果、フランス軍とプロイセン軍が最初に大規模な交戦をする場所の一つはザールブリュッケンの近くだろうと、彼は的確に予測した。「プロイセン軍の作戦計画を同封する。すぐに馬車を手配して、『ペルメル・ガゼット』に届けて欲しい。そうすれば月曜の夕刊には掲載できるだろう」と、必死に特ダネを狙うエンゲルスはマルクスに命令した。「そうなれば、僕も『ペルメル・ガゼット』もとてつもなく有名になるだろう。この種の記事では、遅れはいまや致命的だ」。ロンドンのすべての新聞――『タイムズ』から『スペクテイター』まで――がこぞってこの情報を取りあげると、彼が正しかったことが証明された。「戦争が一定期間は継続すれば、君はすぐにロンドンでも屈指の軍事権威として認められるだろう」と、マルクスは誇らしげに返答した。[*24] エンゲルスの権威は、セダン〔スダン〕でフランス軍が敗北し、ナポレオン三世が捕虜となることを一八七〇年八月に予測したことで、さらに強まった。エンゲルスはたびたび正確な読みをしていたために、マルクス家から「参謀《ジェネラルスタッフ》」――もしくはただ「将軍《ジェネラル》」――というあだ名をつけられることになった。このあだ名はすぐに定着し、まもなく社会主義者仲間の多くのあいだでも使われるようになった。これはエンゲルスの軍事政策面の能力をよく捉えているだけでなく、身体面の忍耐強さ、見事な自制心、個人としての信頼性、戦略的感性、そして何よりも彼自身およびマルクスの目的を達成するための徹底した献身ぶりをよく表わしていた。そして、歳月を経てマルクスの体力が衰え始めるにつれ、彼らの理念に厳格に献身しつづけるエンゲルスの姿勢には、いかにも将軍的な特徴が顕著に表われるようになった。

エンゲルスの分析には、火力や戦略の調査以上のものがあった。レーニンが後年、反乱に関する『ニューヨーク・デイリー・トリビューン』の記事をいくつか再発行したおかげで、エンゲルスはしばしばゲリラ戦の草分け的理論家として見なされている。実際、彼は反乱を、独自のルールをもつ「戦争とさして変わらない芸」として描写している。「最大の決意をもって行動し、それも攻勢にでることだ。守勢に回ることはあらゆる武装蜂起では死をもたらす……敵の軍勢がまだ分散しているうちに奇襲し、たとえ小さなことでも日々、新たな成功を企て……敵がこちらにたいして戦力を結集できる前に退却を強いる。これまで知られるなかで最大の革命政策の達人、ダントンの言葉を借りれば、大胆さが、さらに大胆さが、つねに大胆さが！　必要なのである」[*25]。しかし、エンゲルスは内心ではゲリラ戦には非常に懐疑的だった。それは一部にはバーデンでの不幸な経験ゆえだったが、主として軍事科学にたいする唯物論的アプローチを好んだからだった。

唯物論者からすれば、クリミア半島でイギリス軍が失態を見せたのも、ナポレオン三世がビスマルクに完敗したのも、彼らの軍事組織が古くさい社会経済基盤を反映していたからなのだ。エンゲルスにとって、戦争は――宗教や政治や文化と同様に――上部構造のもう一つの要素なのであり、それゆえに経済基盤によって決定されるものだった。「軍備、社会構成、組織、戦術と戦略は、何よりも生産と通信のレベルがどこまで達しているかに左右される」。戦争が近代の形態になったのは、フランス革命後の年月においてであり、頭角を表わしたブルジョワ階級と解放された小作農が十九世紀の巨大な戦争機構のための資金と人員を生みだしたときだと彼は主張した。したがって、ヨーロッパ各国の軍隊の発展は、それぞれの国民の社会・経済の発展――その階級制度、技術力、財産関係――の産物だった。そのなかで、「天才的な司令官がおよぼす影響力は、せいぜい新しい武器と戦闘員に戦闘方法を適応させることに制限されている」[*26]。軍隊が技術的成果に依存していることを示す顕著な例は近代の戦艦で、これらは「製品であるだけでなく、近代の大規模産業、あるいは浮く工場の見本なのである」[*27]

イギリス軍の場合、その部隊の状態もまた、退廃的で華美な旧態依然とした政治制度を露呈していた。「古きイングランドそのもののように、不正や虐待がはびこり、イギリス軍の組織は芯まで腐っている」と、彼はクリミアに出兵した軍について書いてから、お金を払えば任官できること、プロ意識の欠如、将兵の階級分離、体罰への異様な執着などを挙げ、いずれも女王陛下の連隊では顕著に見られるとした[*28]。唯物論的な観点からすれば、壊滅した〈軽騎兵旅団の突撃〉は戦場におけるカーディガン伯爵の個人的失策というよりは、イギリスの上層部が近代産業時代に適応し損ねたせいで、内部に構造的弱点があった結果であった。不必要な犠牲者をだす無能な「イギリス軍のお粗末な指導部は、時代遅れの寡頭政治による支配が必然的に引き起こした結果なのである」[*29]

植民地の抵抗を支持する

エンゲルスが報告した戦争のじつに多くが、そもそも帝国によるものだったので、当然ながら彼は植民地主義の本質についてより広く考えるようになった。二十世紀にはこのテーマに関するマルクスとエンゲルスの著作が何よりも彼らの不朽の政治遺産となり、毛沢東からホー・チ・ミン、カストロまで、「自由の闘士たち」が、植民地解放に欠かせない要素としてマルクス主義を奉ずるようになった。共産主義へ転向したときと同様に、マルクスとエンゲルスはこうした思想にも後年になって到達した。帝国主義の残忍さや不正にたいする批判は、トマス・ペインやウィリアム・コベット以来、イギリスの急進派の定番となってきたが、エンゲルスに関しては帝国主義の侵略に抵抗してきたこれらの「非歴史的な」人びと――「一八四八年の革命時のスラヴ人のように、歴史の流れに逆らうこれらの民族の生き残り」――を高圧的に片づけた点がより際立っている。「アルジェリアの征服は文明の進歩にとっては重要かつ幸運な事実である」と、彼は一八四八年に書いた。「そして、砂漠のベドウィン族の自由が奪われたことを悔やむのであれば、この同じベドウィンが盗賊からなる民族であることを忘れてはならない」。彼はさらに、「現代のブルジョワは、文明や産業、秩序を伴い、少なくとも相対的に啓蒙されているので、封建的領主やうろつき回る盗賊よりは好ましい[*30]」ことを忘れてはならない、とつづけた。資本主義的帝国主義の利点――後進的な人びとを強制的に歴史の後流に誘導し、それによって彼らを階級意識や階級闘争などもろもろのことへ向かわせること――は、その侵略軍がもたらす不幸な行為よりも重要だったのである。マルクスとエンゲルスが『共産主義者宣言』で述べたように、「その［資本主義が生みだす］消費財の安い価格は重砲であり、万里の長城をもなし崩しにし、頑なに外国人を嫌う未開人たちをも降伏させる」

これは確かに南アジアに関する彼らの見解だった。「インド社会にはなんの歴史もなく、少なくとも知られている歴史はない」と、マルクスは政治経済学者のジェームズ・ミルとジャン＝バティスト・セイ、およびヘーゲルの思想を引用した小論文に書き、インド亜大陸の人びとは静的で、歴史をもたず、強制的に解放する必要のある人びととして分類した。「その歴史と呼ばれるものは、歴代の侵入者たちの歴史で、彼らは抵抗もせず、変化もしない社会という受け身の土台の上に帝国を築いていた」。というわけで、大英帝国はインドにおいて二重の任務を遂行しなければならなかった。「一つは破壊、もう一つは再生だ。古いアジア社会を全滅させ、アジアに西洋社会の物質的基盤を敷くことである」[*31]。同様に、工場主のエンゲルスは、インドの「原住民の手工芸が……ついにイギリスとの競合で打ち負かされた」ことを歓迎の意を込めて語った[*32]。一八五七年のインド大反乱（すなわち最初の独立戦争）が起こると、マルクスはすぐさま残虐行為の理由を、帝国のもとで何十年間も虐げられてきた背景と結びつけた。「セポイたちの振る舞いがいかに悪名高いものであれ、それはイギリス自体がインドで行なってきたことが、凝縮されたかたちで表われた反射作用に過ぎない」[*33]。しかし、マルクスもエンゲルスも独立への闘争を完全に支援できるとは感じていなかった。経済的進歩と帝国の近代性の必要は、インドの自治のような限られた権利よりも優先するものだったからだ。

　矛盾するが、マルクスとエンゲルスは一〇年以上にわたってドイツとロシアによるポーランドの抑圧に関しては、民主的な自決の否定であり、醜い自国至上主義《ショーヴィニズム》で、侵略国内のプロレタリアの感受性を傷つけるものとして非難していた。「他民族を抑圧する民族は、みずからを解放することはできない。他民族を抑圧するのに必要な力は、最終的につねに自国民に向けられるからだ」[*34]。ポーランドの大義は、ドイツの労働者階級の大義なのである、と彼らは宣言した。ドイツの労働者が植民地的な考え方を捨て、ポーランド人との共通の大義に気づくまで、ポーランドは封建主義の足枷を振りほどくことは決してできないのであった。一八五〇年代末のある時点で、マルクスとエンゲルスは労働者階級の連帯と民族解放という共同運命へのこうした信念を、西洋の「古い、文化のある国」から非ヨーロッパの民族にまで拡大した。彼らは同時に、植民地主義経済学を再解釈するようになった。マルクスとエンゲルスはそれまで、植民地主義は原始社会で資本主義的蓄積を推進させる重要な一助になると見なしていたが、このころにはグローバル資本主義の不公正な要素と捉え、それによって原材料と無防備な市場が本国の支配者階級を支えていると主張するようになった。植民地主義は近代化を促進する勢力ではなく、ブルジョワが主導権を握るための道具だったのだ。つまるところ、一八五七年の大暴落が革命に発展しなかったのは、イギリスの商業が植民地の未開拓の市場へ乗り込んだからなのである。

非歴史的民族という概念を捨てたとき、エンゲルスは植民地抵抗運動の原則を是認し始めた。以前はヨーロッパ文明の推進を主張していたが、一八六〇年になると彼は第二次アヘン戦争でイギリスにたいする中国人の闘争を支持するようになった。彼は〔ジャマイカの〕モラント湾暴動におけるエドワード・エアー総督の残虐ぶりに衝撃を受け（「郵便がくるたびに、ジャマイカでのさらにひどい残虐行為のニュースがもたらされる。非武装の黒人を相手にした英雄行為を語るイギリス人士官たちの手紙は言語に絶する」）、「ベルギーの人道的で文明化した国際協会」がアフリカのコンゴで働いたグロテスクな残虐行為を皮肉って誉めたたえた[*35]。完全に方向転換をした彼は、アルジェリアの「アラブと〔ベルベル系の〕カビル族」の抵抗すら称賛する（もちろん、昔から略奪をつづけるベドウィンなのだが？）一方で、フランスの「人類や文明、キリスト教のあらゆる命令に背いた……未開の戦争制度」を非難した[*36]。「先住民が暮らし、単に支配下に置かれているインド、アルジェ、オランダやポルトガル、スペインの領地」のような国々では、エンゲルスはいまや「できる限り急速に独立」に向かう革命的な労働者階級の反乱計画を支持していた。一八七〇年代には、二十世紀に多くの人びとを鼓舞するものとなるプロレタリア主導の植民地抵抗というマルクス主義の展望が、ついに定まったのである[*37]。

エンゲルスがいかに熱心に自分の職業人生を政治活動から切り離そうとしても、植民地にたいするこの新たな急進的立場には解決できない矛盾があった。エルメン&エンゲルス商会の所有者の一人として、彼は通商や帝国の世界に内通する共犯者となっていたからだ。ヴィクトリア朝中期のマンチェスターにおける綿産業の急成長はエンゲルスの懐を大いに潤したが、これは輸出市場によるもので、植民地がなければ成し遂げられないものだった。アメリカ南部の奴隷制大農園からもたらされる安い綿花は、完成品として帝国の隅々に再輸出された。一八五八年から五九年には、インドはイギリスの綿製品輸出の二五・八％を占める輸出先となり（そのあとにアメリカ、トルコ、中国がつづいた）、利益を押しあげ、通常は周期的に訪れる不況に欠かせない拮抗勢力として一役買うようになった。その間、インド産のキャラコ〔無地の平織り綿生地〕は破格の関税を課せられヨーロッパ各国への輸入を禁じられたままで、かたやアジア市場はイギリスからの輸入品の受け入れを強いられていた。一八五七年のインド大反乱後、最後に残っていたインド亜大陸の綿産業の自立性は打ち砕かれた。反帝国主義と自由貿易を奉ずる古典的なマンチェスター学派の考えは崩された。綿業王たちは、インドをさらに服従させ、有利な貿易条件を継続させるために軍事予算の拡大を主張した。[*38] エンゲルスの暮らす工場と貿易商の世界は、この政治的合意から多大な利益を得ていた。必然的に、彼は惑わされたイギリスのプロレタリアートが帝国の儲けを着服していることは非難した――「労働者たちはイギリスが世界市場と植民地を独占するこのご馳走に嬉々として与っている」――が、帝国内の自身の立場に、敢えてはっきりと疑問の目を向けることはなかった。[*39]

メアリーの死

一八六三年の強烈な冬には、そのような偽善行為もエンゲルスにとってほとんど問題ではなかったのである。

親愛なるムーア、
メアリーが死んだ。昨晩、彼女は早く床に就いたのだが、リジーが真夜中少し前に寝ようと思ったときには、すでに息絶えていた。なんとも突然のことだ。心不全か脳卒中だろう。僕も今朝はまだ知らされていなかった。月曜の夜は、彼女もまだかなり元気だった。僕がどんな気持ちでいるかは、とても伝えることはできない。あの可哀想な娘は僕を心底から愛してくれた。

まだ一八六〇年の不調から回復しきっていないところに、メアリーの突然の死は手痛い打撃となった。女遊びにふけり、派手な外見ではあったが、彼はメアリーには献身的なパートナーだった。青年ヘーゲル派の若者が初々しい顔で初めてマンチェスターにやってきて、ソルフォードの工場で仕事をしていた時代以来、彼らは二〇年にわたって――くっついたり離れたりしつつ――付き合ってきた。木綿都市《コットンポリス》の下層社会に彼が入るきっかけをつくったのは彼女であり、エンゲルスが最もくつろげるのは彼女やその仲間といるときだった。エンゲルスにとって彼女の死は「自分の青春の最後の名残を葬った」かのように感じられた。同じくらい不安な気持ちにさせたのは、メアリーが永眠したことにたいするマルクスの反応だった。彼はお悔やみの手紙を礼儀正しく次のように書きだした。「メアリーの訃報に、私は動揺したのと同時に驚いた。彼女はじつに気立てがよく、機智に富み、君にぴったりと寄り添ってきた」。そこで咳払いをしてから、彼は自分自身の不運――高額な授業料や家賃の急き立て――について、完全に場違いな冗談半分の陰気な口調《オラー》で、きわめて自己中心的に長広舌を始めた。「こんなときにこのようなひどい話を君にする私は、恐ろしく利己的だ。しかし、これは同毒療法《ホメオパシー》なんだ。何か悪いことがあれば、別の悪いことからは気がそらされる」と、彼は書いてから陽気に「それでは《サリュー》!」と結びの挨拶をして署名した。おそらくメアリーを一度も社会的に同等の人、もしくは〈将軍〉にふさわしい連れ合いとして認めていなかったせいで、マルクスは彼女の死を些細な出来事だと考えたのだ。エンゲルスはその冷淡さに愕然とし、この手紙は二人の友情に最大の亀裂をもたらした。「このたび僕自身の不幸と、それにたいする君の冷ややかな態度ゆえに、これ以上早く返事を書くことがまるで不可能であったことは、君もしごく当然のことと思うだろう」と、彼は五日ほど置いてから返答した。エンゲルスの「俗物の知人たち」——長年、彼がメアリーの存在を隠しつづけてきた人びと——のほうが、彼の大の親友よりも多くの同情と愛情を示していた。「君はそれを自分の〈私情をはさまない気質〉の優越性を主張するのにふさわしい場と考えたのだ。よろしい《ソワ》！」

マルクスは当然ながら恥じ入った。「君にあの手紙を書いたのは、私がひどく間違っていた。手紙を送ってすぐに後悔したよ。しかし、そうなったのは決して薄情さゆえではない」と、彼は一週間後に返事を書いて、彼の家庭の悲惨な状況を言い訳にした。ぎこちない頭の下げ方ではあったが、マルクスはここで珍しく詫びており、傷心のエンゲルスはそれを即座に受け入れた。「率直に言ってくれてありがとう」と、彼は返答した。「一人の女性と何年間もずっと暮らせば、その死によって恐ろしい打撃を受けないはずはない……。君の手紙が届いたとき、彼女はまだ埋葬もされていなかった……。今回の手紙はその埋め合わせとなり、メアリーを失ったあげくに、僕のいちばん古い親友まで失わずに済んだことをうれしく思う」。口論は終わり、二人の友情を再確認するために、エンゲルスはエルメン&エンゲルス商会から一〇〇ポンドをくすねてマルクスを救済した。[*40]

　エンゲルスは過ぎたことにこだわる人間ではなかった。彼はマルクスを許し、メアリーのことも徐々に忘れていった。一八六四年の秋には、マルクスから「マダム・リジー」の健康や幸せに関する問い合わせが増えてきた。ヴィクトリア朝時代の習慣では、男性が他界した妻からそのオールドミスの姉妹に乗り換えることはごく一般的で、一年半のあいだのいつの時点かに、エンゲルスもリジー・

バーンズを家政婦から愛人へと格上げすることで、まさしくそれに倣った。リジーに関しては、メアリーよりもはるかに多くのことがわかっている。それはおもに彼女がトゥシー〔エリノア〕・マルクスと「揺るぎない友情」を築いたおかげだった。「彼女はほとんど無学で、読み書きができませんでした」と、カール・カウツキーに宛てた手紙でトゥシーは彼女について書いた。「でも、彼女は出会える限りで最も本当の、正直な、ある意味では立派な心構えの女性でした……確かに彼女もメアリーも、晩年は飲み過ぎていました。でも、うちの両親はいつも、これに関しては彼女たち二人と同じくらいエンゲルスの落ち度でもあると言っておりました」[*41]。一方、エンゲルスはリジーの労働者階級としての資質を好んで強調し、彼女を「純粋なアイルランドのプロレタリアの血筋」として描き、読み書きができない微妙な問題を認めつつ、「自分の階級にたいする彼女の情熱、生まれながらの感情は、僕にとってはブルジョワ階級の教養と分別のある娘たちの堅苦しさや屁理屈とはまるで違い、計り知れないほど大きな価値をもっていた」[*42]と語った。

気性の激しかったメアリーの後をリジーが継いだことで最初に効果が表われたのは、マルクス家とエンゲルス家の関係が大いに改善したことだった。マルクス自身はおおむねメアリーの存在を無視していたが、彼の手紙はこのころには「バーンズ夫人にくれぐれもよろしく」などの社交辞令が散見するようになった。エンゲルスのほうも、リジーとの関係についてはずっとおおっぴらになり、彼女を「僕の大切な配偶者」と呼び、彼女からのよろしくの言葉——および奇妙なアイルランド語——をマルクス夫人と娘たちに伝えるようになった。マルクス家の娘たち——ラウラ、イェニーおよびトゥシー——は、花開きつつあるこの友情を支える鍵だった。幼いころから、トゥシーは〈天使おじさん〉が大好きだった。ある伝記作家が書いているように、「彼女はもう一人の父親として彼のことを見ていた。人生を幸せにするものをくれるのは彼だった。彼からはワインや切手、楽しい手紙が子供時代

もう一人の父親であり、人生を幸せにするものをくれたエンゲルス（後列左)。マルクスとその娘たちと一緒の「将軍」──（左から）ラウラ、エリノア、イェニー──1864 年の休暇（Topfoto）

を通してずっと送られてきた」[43]。そして、いまや彼女はリジー〈おばさん〉を受け入れたのである。一八六九年の夏に、彼女はエンゲルスとリジーと非常に幸せな数週間を過ごし、マンチェスター近辺で買い物や観劇、散策を楽しんだ。「僕はトゥシーと、連れていけるだけの家族を、人間も犬も含め一緒に引き連れてあちこちを歩き回ります」と、エンゲルスは彼女の母親のイェニー・マルクスに書いた。「トゥシー、リジー、メアリー・エレン〔もしくは〈パンプス〉と呼ばれたリジーの姪〕、僕、それに二匹の犬たちで、この二人の気立てのよい女性たちがそれぞれグラスに二杯ずつビールを嗜んだことをあなたにお伝えするよう、特別に申しつけられました」[44]。なにしろ、のちにリジーのアルコール依存症を軽蔑する意見を述べているものの、トゥシーは自分自身も少量の酒なら拒まず、厳格なマルクス家では味わえなかった行動の自由をエンゲルス家で楽しんでいたからだ。トゥシーによれば、ある夏の日、あまりにも暑かったため、家中の女性たちが「一日中、床の上に横になり、ビールやクラレット〔ボルドー産赤ワイン〕などを飲んで」いるところへエンゲルスが帰宅した。「おばさん〔リジー・バーンズ〕、サラ〔・パーカー、女中〕、私、それにエレン〔パンプス〕……全員が床にごろりと横になり、コルセットもブーツも身につけずに、ペチコートと綿のドレス一枚しか着ていなかったのです」[45]。エンゲルスは、女性に占領された自由奔放でいかがわしいこの環境をこよなく愛しており、マルクスのそれぞれの娘たちのそばにいるときが最も幸福だとよく感じていた。エンゲルスは彼女たちの結婚式を執り行ない、記事の執筆を奨励し、哲学的・知的な言葉のやりとりを楽しみ、自宅の炉棚の特等席には彼女たちの肖像写真を飾っていた。ヴィクトリア朝中期に大いに人気を博した〈告白〉という室内ゲームのかたちで、娘のほうのイェニー・マルクスがエンゲルスから内面の秘密を聞きだすことができた理由を、この愛情だけが説明する。伝記作家には、その結果はかけがえのない性格描写を提供するものとなる。

最も好む美徳　陽気さ
　男性には　他人事に口出しをしない
　女性には　ものの置き場を間違えない
おもな特徴　あらゆることを生半可に知っている
幸せとは　一八四八年もののシャトー・マルゴー
不幸とは　歯医者に行くこと
許せる悪徳　あらゆる種類の過剰
嫌いな悪徳　口先だけの言葉
嫌悪するもの　取り澄まして、気取った女性
最も嫌いな人物　〔チャールズ・ハッドン・〕スパージョン〔影響力のあったバプティスト派の牧師〕
好きなこと　からかったり、からかわれたりすること
好きなヒーロー　「なし」
好きなヒロイン　いすぎて一人に絞れない
好きな詩人　〔『狐物語』の悪賢い〕狐のルナール、シェイクスピア、アリオスト
好きな散文　ゲーテ、レッシング〔ドイツ啓蒙思想の詩人〕、ドクター・サミュエルソン
好きな花　ブルーベル
好きな色　アニリン〔綿の染料〕以外ならなんでも
好きな料理　「冷たい料理――サラダ、温かい料理――アイリッシュ・シチュー」
好きな格言　特になし

モットー　気楽に[*46]

マルクス家の娘たちにとってもリジーの魅力の一部は、彼女のアイルランド人ならではのプロレタリア気質だった。エンゲルスによれば、トゥシーとリジーはマンチェスターで夕べをこんな具合に過ごすことを好んでいた。「お茶の用意をして……そのあとでアイルランド小説を朗読して、それが就寝時間、あるいはその寸前までつづいた。〈有罪を宣告された民〉に関して少々話し込めば別だが[*47]」。エンゲルスはこの憂鬱さを、いかにもアイルランド的だとしてばかにしたかもしれないが、マルクス家の姉妹たちと同じくらい、彼もまた「善悪の区別のつかない島」の話には弱かった。二〇年にわたってバーンズ姉妹と暮らしたおかげで、アイルランド問題に関する彼の思考ははるかに洗練された方向に変わっていた。かつて『イギリスにおける労働者階級の状態』で彼が見せたアイルランド人への偏見に満ちた風刺――その多くはトマス・カーライルから引用したものだった――は、イギリス・アイルランドの関係のはるかに洗練された見方に取って代わり、唯物論的だけでなく植民地的理論によっても大いに肉付けされるようになった。

アイルランドの女性革命家リジー

何よりも重要なことに、エンゲルスはこの島を一八五六年に訪問して、メアリー・バーンズとともにダブリンからゴールウェイまでを旅行し、一八六九年にはリジーとトゥシーを連れて再訪し、ウィックロー山脈、キラーニー、コークなどを旅している。学問好きのエンゲルスは、アイルランドの歴史を書く計画を立て、ゲール語を勉強したあと、この国の法律、地理、地質、経済、および民謡などを書きつけ、ノート一五冊分を埋めた。これは地形と文化、経済面における一国の闘いと、彼が思いがけず親しみを覚えるようになった民族に関する叙事詩的な記録となるはずだった。「天候はその住民のように、激しい性質をしている」と、エンゲルスの未完の歴史書の美文調の一節は語る。「より激しく、より唐突に変化するのだ。空はアイルランドの女性の顔のようだ。ここでは雨も日差しも不意に思いもよらぬかたちで入れ替わり、イングランドの灰色の退屈さはどこにもない」[*48]

おそらくアイルランドの農民たちからは、まだ落胆させられた試しがなかったせいか、エンゲルスは彼らの搾取された状況にたいしては、イギリスの労働者階級の苦境よりもはるかに心を動かされていた。「飢饉がこれほど生々しく現実に感じられるとは思いもしなかった」と、彼は一八五六年の旅行中に書いた。「村がまるごと放棄されていた。そうした村々のあいだに、まだそこで暮らしているほぼ唯一の人びとである小規模な地主のすばらしい庭園がある。大半は法律家だ。飢饉、海外への移住、そしてその合間の撤去が、こうした事態をもたらしたのだ」。イギリス議会が引き起こしたジャガイモ飢饉につづいて、「撤去」――「アイルランド人の自宅からの集団立ち退き」――が行なわれたことで牧畜経済が生みだされ、それによって農村のプロレタリアートは壊滅させられた。理由は定かではないが、エンゲルスはイギリスの措置を、歴史をもたない後進的な人びとにたいする偉大な国家の急進的かつ近代化のための介入とは見なさず、むしろ不当な征服だと考えた。それどころか、アイルランドはノルマン征服にまでさかのぼって、イングランド人から組織的に略奪されたために、「完全に落ちぶれた民族」の状態に貶められたと主張した。[*49] そして以前はそのような侵略を――たとえば、フランスとアルジェリアの場合は――是認していたのにたいし、ゲール人の場合、彼の判断はなぜか違ったのである。むしろ、アイルランド人が英雄的とされたのは、彼らがたとえよろめきながらでも、イギリスの帝国主義に抵抗しつづけたからなのだ。

マルクスがアイルランドおよびイギリスの急進主義に関する考えを体系化するはるか以前から、エンゲルスはイギリスの階級構造を、アイリッシュ海をまたがった帝国の宗主権と結びつけていた。「アイルランドはイングランドの最初の植民地と見なせるかもしれない」と、彼は書いた。そのため、「イングランド人のいわゆる自由は、各地の植民地の抑圧にもとづいているのである」[*50]。アイルランドがもたらす富と力は、エリザベス一世の大農園からイギリスの不在地主の広大な地所にいたるまで、帝国の支配者階級の勢力を計り知れないほど強化してきた。アイルランドの地所からもたらされた収入が、イングランドの主要な貴族を裕福にし、産業化へ移行するのに欠かせない弾みを与えたのである。「アイルランドはイングランドの土地持ち貴族の砦である」と、マルクスは後年それを表現した。「イングランドの貴族がイングランド国内における支配力を維持するための重要な手段《グラン・モワイヤン》である」。そのうえ、アイルランドの経済を骨抜きにしたことで、何十万人もの移民がイギリスの産業都市になだれ込み、賃金を下げ、労働者階級を貧しくさせ、プロレタリアートの革命的精神を自国至上主義の袋小路へと追いやった。「アイルランドの労働者とくらべることで、彼［イングランドの労働者］は自分が支配国側の一員だと感じるようになり、それゆえにみずからアイルランドに対抗する貴族と資本家の手先となり、かえって自分自身が彼らにいっそう支配されている」[*51]というのがマルクスの言葉である。ドイツの労働者階級の進歩がポーランドの解放に左右されていたように、イギリスにおける革命もアイルランドが独立できるか否かにかかっていた。アイルランドはイングランドの最大の弱点であり、それを失うことは大英帝国の解体の始まりであり、イングランドで階級闘争が勃発することなのだった。

しかし、いつもながら、政治情勢はまだ熟してはいなかった。一八五八年三月に発足したアイルランド共和主義同盟もしくは「フィニアン団」（フィン・マックールの中世の英雄物語に登場するフィアナ騎士団に因んで）はアイルランド系アメリカ人の秘密結社で、イギリスの支配を武力で転覆させ、独立した民主的なアイルランド共和国の樹立を目指すものだった。中間所得層の農民、商店主、および小都市の小ブルジョワの息子たちに主導され、この運動は、「イングランドが地球上の悪魔的大国」だという見方と、「アイルランドへの神秘主義的な献身」、および「人びとの心のなかに事実上建設されたアイルランドの独立した共和国に、より優れた道徳的権威があるという信念」を中心に展開されていた。[*52] この運動が実際に意味したのは、イギリス当局によって易々と鎮圧されて失敗に終わった一連の「蜂起」であり、それにつづいてイギリス本国でテロ攻撃、放火、妨害工作などの作戦もとられた。なかでも悪名高いのは、クラーケンウェル刑務所の爆破——および罪のない一二人が殺されたこと——と、一八六七年にフィニアン団の活動家トマス・ケリーとティモシー・デイシーをマンチェスター警察の護送車から大胆にも奪還した事件だった。あいにく、ケリーとデイシーをめぐる争いでイギリスの巡査部長が殺された。数日後に警察は五人のフィニアン団の容疑者を一網打尽にし、たちまち殺人罪で有罪にした。

その他の条件が同じであれば、これこそまさにマルクスとエンゲルスが忌み嫌った種類の自滅的なテロリズムだ。物質的状況が熟さないうちに暴徒が先陣を切り、結果的により広範な社会的革命を遂げられなくなることだ。しかし、彼らの意見はフィニアン団の大義に積極的に関与していたリジーによって揺らいでいた。エンゲルスがのちに書いているように、彼女は「アイルランドの女性革命家」だったのだ。マルクスの娘婿のポール・ラファルグは彼女について「マンチェスターにいる多くのアイルランド人とつねに接触を保ち、彼らの陰謀に関する情報にいつも詳しかった」と述懐し、こう述べてすらいる。「エンゲルスの家で歓迎されたフィニアン団員は一人だけではなく、死刑宣告されたシン・フェインたち［ケリーおよびデイシー］を処刑台に向かう途中で解放しようと試みた指導者が、警察から逃れられたのは彼の妻のおかげだった[*53]」。マックス・ベアも同じ話を語っており、エンゲルスの家は「フィニアンの逃亡者が司法当局から逃れるうえで最も安全な隠れ家で、警察は彼らの潜伏場所についてなんら感づいていなかった」であったと説明した。[*54] リジーが一八六七年の護送車襲撃にかかわっていたことを示唆する補強証拠はほとんどないが、ハイド・ロードの彼らの家は興味をそそられるほど鉄道の高架橋の近くにあり、エンゲルスが述べたように、そこは「フィニアン団の大解放闘争が繰り広げられた」場所だった。おそらく、ひょっとすればだが、リジーとエンゲルスは総勢四〇人のフィニアン団の暴徒の一部を逃がす手助けをしたのかもしれない。

ロマン主義的ナショナリズムにもとづいて創設された不運なテロリストの一団として、アイルランド共和主義同盟は何よりも殉死者を必要としていた。そして、その後、有罪宣告を受けた五人のうち三人のフィニアン——ウィリアム・アレン、マイケル・ラーキン、およびマイケル・オブライエン——が処刑されたことで、まさしくそのとおりとなった。エンゲルスはこれについて次のように正しく予測している。「ケリーとデイシーの解放は英雄行為に変わり、いまにアイルランドでもイングランドでも、アメリカでも、あらゆるアイルランド人の子供のゆりかごで歌われるようになるだろう。アイルランドの女たちは、ポーランドの女性たちがやったように、かならずそうなるように仕向けるだろう」。[*55] それによって待望の後光が約束されたのだが、三人の「マンチェスターの殉教者」が絞首刑に処せられたことで、リジー、トゥシー、イェニーは揃って喪に服すようになった。「イェニーはマンチェスターの処刑以来、喪服を着て、緑色のリボンにポーランドの十字架を下げている」と、マルクスは報告した。「わが家でも黒と緑が基調色になっていることは、言わずともわかるだろう」と、エンゲルスはややうんざりして答えた。[*56]

アイルランドの解放という大義にたいする、マンチェスターの労働者階級の反応は、マルクス家の感情的な娘たちが見せたものとは大きく異なるものだった。アイルランド共和主義同盟と団結し、搾取する支配者階級にたいする共通の大義を宣言する代わりに、マンチェスターの労働者は正反対の方向に進んだ。フィニアン団の「残虐行為」は、一八六〇年代初めにアイルランドからの移民の波が頂点に達して以来、醸成されていた反アイルランド感情をただ高めたのだ。綿飢饉で極端な倹約を強いられたあとで、同市の自由党《リベラル》支持の工場主階級にたいする幅広い嫌悪感と移民問題があいまって、反アイルランド感情はトーリー党に目覚ましい復活を遂げさせた。しかも、新たに参政権を得た都市の労働者階級が、一八六八年の選挙で投票できるようになった時期にである。エンゲルスにしてみれば、これが最終的な屈辱となった。マンチェスターの希望――プロレタリア革命の砦――は永久に消え、かたや帝国主義の反動的なトーリー党が勝利したのだ。「工場地区におけるこれらの選挙について、君はどう思うのかね?」と、彼は憤慨してマルクスに尋ねた。「プロレタリアートはまたもひどい恥さらしをしたのだ。マンチェスターとソルフォードは自由党二名にたいしトーリー党を三名も選出している……。どこでもプロレタリアートは公認政党のなかの烏合の衆であり、新たな有権者から票を得ている党があるとすれば、それはトーリー党なのだ」。この状況が示す現実の選挙学は衝撃的なものだった。「労働者階級票の増加が、単純なパーセンテージ以上にトーリー票を集めており、彼らの相対的な立場を改善したことは否定しようがない」。アイルランドとアイルランド問題は、イギリスの階級構造を骨抜きにしたのではなく、むしろ助長したのであった。[*57]

『資本論』刊行

一八六八年にはまだ、そのような挫折も呑み込むことができた。荒天とストレスがつづき、商業的に呪われた年月もついに、いくらか実を結んだのである。「原稿が発送された暁には、僕は来世まで飲み明かすことにする」と、エンゲルスは一八六五年にマルクスに約束していた。[*58] 必然的に、『資本論』の第一巻――「この経済の糞」――が印刷に回せるようになるまでには、さらに数年がかかった。しかし、それが世に登場したときには、確かな安堵感があった。マンチェスターで過ごした年月の犠牲も退屈さも、空しい苛立ちも無駄ではなかったのだ。「僕はこの事態の展開全体について、まずはそれ自体にたいし、次にとりわけ君と君の奥さんにたいし、それから最後に状況が本当に改善する時期になったことにたいし、とびきり感謝している」と、エンゲルスは心からの手紙をマルクスに書き送った。「この不道徳な商取引から解放されることほど、僕が願ってきたことはない。そのために無駄になったあらゆる時間とともに、これは完全に僕のやる気を失わせている。ここに身を置いている限り、僕はなんの役にも立たないのだから」。「君がいなければ、私は決してこの仕事を終わらせることはできなかっただろう」と、マルクスは一八六七年五月にこの忠実な出資者に後ろめたそうに返信した。「そして、断言するが、君がおもに私のために、そのすばらしいエネルギーを商取引で浪費し、錆びつかせてきたことについては、いつも悪夢のように私の良心にのしかかっていた。おまけに、君は私のつまらない惨事《プティットミゼール》にもすべて付き合わなければならなかったのだ[*59]」。だが、彼はこの作品をエンゲルスには捧げないことにした。マルクスは代わりにその名誉をヴィルヘルム・ヴォルフに、一八六四年に死去し、ありがたいことに八四三ポンドを自分に遺してくれた恩人に与えたのである。

　マルクスの最高傑作にたいするエンゲルスの貢献は、金銭上の問題をはるかに超えたものだった。その基本的な哲学だけでなく、資本と労働の実際の仕組みを探る同書の核となる洞察の多くは、彼が提供したものである（それにマルクスが公式報告書から大量に失敬した情報を付け加えた）。エンゲルスはまた次々に編集、明確化、書き直すべき箇所を提案し、一八六七年の夏に到着した膨大なドイツ語の原稿に青鉛筆を入れた。「思考の流れが図解によって中断されつづけており、図解された要点が図の終わったところで再開されることがないため、読者はつねにある要点の図解から、別の点の説明へと飛躍することになる」と、彼はもっともながら、しばしば支離滅裂になるマルクスの文体について指摘した。「これは恐ろしく疲れるし、よほど注意深くない限り、混乱のもとになる」[*60]。ときにはあまりにも論が急ぎ過ぎていると感じることもあった（「アイルランドについて君が挿入した部分は、ひどくやっつけ仕事だった。あの話題はまともに体を成していない」）し、別の箇所では文体に怒りが込められ過ぎていると思われた（「とくに二枚目には、君の癰《よう》がかなりしっかりと押されている痕跡が見える」[*61]）。幸い、エンゲルスはマルクスが批判を甘んじて受けようとするきわめてわずかな人間の一人だった。

だが、最終的な結果は科学的社会主義の基礎をなす文献となり、西洋の政治思想の古典の一つとなったのである。ロバート・スキデルスキーの適切な要約を拝借すれば、『資本論』は「歴史的段階の弁証法的理論と、史的唯物論（人類の向上においてヘーゲルが主張した思想の闘争に、階級闘争が取って代わったもの）、資本主義文明の経済的および倫理的批判（搾取と疎外のテーマで具体化したもの）、資本主義は（その矛盾ゆえに）崩壊する運命にあるという経済面での証明、革命的行動への呼びかけ、および共産主義が次の――そして最終の――歴史的段階だとする予想（というよりはむしろ確信）[*62]」を網羅している。『資本論』の精神的中枢には、剰余価値の理論があった（エンゲルスはこれを史的唯物論に次ぐ、マルクスの画期的な発見と見なしていた）。これは資本主義経済において、正確にはどのように階級搾取が起こるのかを説明した錬金術師の方程式だった。マルクスにしてみれば、労働者が自分の労働力を、その労働力によって生産された消費財の交換価値よりも安く売らざるをえないことが、一方へ方向づけをするつめ車装置《ラチェット》となり、それによってブルジョワ階級は徐々に裕福になり、プロレタリアートは着実にみずからの労働と人間性からしだいに疎外されてゆくのであった。要するにマルクスは、労働者が六時間で、暮らすのに必要な最低限のものと交換できるだけの生産活動をしているとすれば、一二時間労働のうちの残りの六時間による生産物は、資本家によって彼らの利益のために搾取されていると主張したのである。この搾取的な生産様式――私的所有制度の必然的結果――は不自然であり、歴史的には一過性のもので、暴力的なほど不公平なものだった。『資本論』が約束した解放への大きな希望は、こうした資本主義の不公正な形態が、階級意識をもったプロレタリアートによって破壊されるというものだった。

この転化過程で、あらゆる利益を奪って独占する大資本家の数は絶えず減りつづけるが、その一方で困窮、抑圧、隷属、零落、搾取は増える。しかし、それとともに労働者階級の反乱も増える。つねに数を増やしつづけている階級であり、まさしく資本主義の生産過程そのもののメカニズムによって統制され、団結し、組織化された階級である。資本の独占は、それとともに生みだされ、そのもとではびこった様式にたいする足枷となる。生産手段の集中化と労働の社会化はついに、その資本主義の覆いとは相容れない時点にまで達する。この覆いは破裂してばらばらになっている。資本家の私的所有の終わりを告げる弔鐘が鳴り響く。没収者が没収されるのである。

だが、剰余価値の無味乾燥な理論では、共産主義の理念を広めるには決して充分ではないため、マルクスはエンゲルスが提供したヴィクトリア朝時代の工場の、地獄のような暮らしを詳細に描いて、同書に色づけをしたのだった。「彼らは労働者を人間の断片へと切り刻み、人を機械の付属品のレベルにまで貶め、その仕事に残っていたあらゆる魅力を奪い、嫌な骨折り仕事に変える」というのが、「資本主義的蓄積」の産業的過程に関する彼の説明だった。「労働者の生涯を彼らは労働時間に変貌させ、その妻子も資本の不可抗力の車輪の下に引きずり込む[*63]」。それでも、『資本論』を執筆するために長期にわたって計画を練っているあいだマルクスを支えつづけた資金が、激しく糾弾するこの散文の原動力となったお金が、つまるところ、まさに搾取された労働力——資本の不可抗力であるエルメン&エンゲルス商会の工場の働き手たち——からもたらされたことは、つねに思い起こさずにはいられない。

初めて世にでて以来、『資本論』はさまざまな読者によって数多くの異なった読み方をされてきた。経済学の書として、政治科学、風刺、ゴシック文学、社会学、さらにこれらすべて、もしくはそのいずれでもない作品として。そうした多方面からの解釈の伝統は、エンゲルス自身から始まった。この作品のために人生の一七年間を犠牲にした彼は、これがいつものように沈黙の申し合わせに屈しないようにすべく意を決していた。「この本は登場した瞬間から、本格的な旋風を巻き起こすと僕は確信している」と、彼は一八六七年にマルクスに書いた。「それでも、学問に関心がある中産階級市民や役人の意欲を後押しして立ち上がらせるなど、つまらない方策も軽蔑しないことは非常に重要だろう」。エンゲルスはつねづね小細工をすることに熱心であり、熟練の広報担当者のような狡猾さで、自分のアドレス帳を開いてきちんと報道されるように計らった。「カール・マルクスの著書に、ドイツ系アメリカ人報道関係者と労働者の関心を集めていただけるよう願います」と、彼は一八四八年の反乱をともに戦った仲間で、そのころはアメリカ共産主義運動にかかわっていたヘルマン・マイヤーに書いた。「ドイツの報道機関はいまだに『資本論』に関しては完全な沈黙を守っているので、なんらかの声が発せられることが本当に何よりも重要なのです」と、彼はハノーヴァーのルートヴィヒ・クーゲルマンに訴えた。「これらの論文が間違いなく新聞に掲載されるように、それもとくにヨーロッパの各紙で、反動的な新聞も含め、できる限り同時に取りあげさせることが、われわれの道徳的責務です」[*64]

しまいに、彼はそれを自分でやらねばならないことに気づいた。「この問題をブルジョワの視点から僕が攻撃して、事態を進ませるべきだと思うかい?」と、彼はマルクスに尋ねた。[*65] 注目を集めるうえで最善の策は、「この本を非難させること」であり、報道上で嵐を巻き起こすことだという点で、二人の意見は一致した。現代の数々のメディア操作も本の売り込み術も、マルクスの最も有能な宣伝係によって始められた。自分では同書を非難する気になかなかなれなかったにしろ、エンゲルスはイギリス、アメリカ、ヨーロッパの新聞雑誌のために、次々に書評を生みだした。『ディー・ツクンフト』ではもったいぶった学者的な口調で(「新たに取り入れられた剰余価値というカテゴリーは進歩と見なせるとわれわれは認める」)、『ヴュルテンベルク広報』ではもっと商業的な観点で(「ドイツの実業家なら……本書に多数の情報源を見出し、注意を喚起したことについてわれわれに感謝するだろう」)、『ベオバハター』ではそれにふさわしく愛国的な解釈で(「これはドイツの精神にとって名誉となる功績の一つと言えるだろう」)、『デモクラティッシェ・ヴォーヒェンブラット』では彼の本来の声で(「地上に資本家と労働者が登場して以来、われわれの目の前にあるこの本ほど、労働者にとって多大な価値のある書物は登場したことがない。資本と労働の関係は、現在のわれわれの社会制度全体が回る軸であり、本書で初めて科学的に取り扱われている」)。[*66]

〈将軍〉の再出発

ゴットフリート・エルメンとエンゲルスとの契約は一八六九年六月で切れることになっていた。双方ともこの気詰まりな共同経営を終わらせたがっていた。問題は、いくらで手を打つかであった。エンゲルスが最初に考えたのは、例によってマルクス家の財政だった。「君のところは年間に通常必要な経費として三五〇ポンドでやりくりできるだろうか?」と、彼はエルメンとの契約解除の交渉を始めるに当たって友人に尋ねた。自分には金利で暮らせるだけの適切な収入を、マルクス家には充分な年間の補助金を確保できるだけの合意に達することが彼の目標だった。ゴットフリート・エルメンから約束を取りつけるのは、ストレスの溜る「汚れ仕事」であり、エンゲルスは最も有利な合意案に満たない条件で立ち去らざるをえなくなった。「もし僕がG・エルメンととことんやり合うことを望み、つまり仲違いも厭わず、そのせいで別の事業を始めなければならないのだとすれば、七五〇ポンドほど余計に絞りあげられただろうと思う」と、彼は弟のヘルマンに説明した。「しかし、あと一〇年も昔ながらの楽しい商売に縛られることには、まるで関心がなかった」[*67]。仕事に不熱心な共同経営者が競合会社を設立する可能性がないことをエルメンは知っていたので、強引な駆け引きにでて、最終的にエンゲルスは一万二五〇〇ポンドを一括払いで受け取ることになった（今日の貨幣に換算するとおよそ一二〇万ポンド）。そのような羽振りのよい多国籍企業の共同経営権にしては、大きな額ではなかったが、エンゲルスはどんな値段でも受け入れるつもりだった。ついに、彼は悪徳商売の日々に背を向けるチャンスを得たのだ。「万歳！　今日で穏当な商売《ドゥ・コメルス》はおしまいになり、僕は自由人だ」と、エンゲルスは一八六九年七月一日にマルクスに告げた。「トゥシーと僕は今朝、原っぱを散歩して、僕の最初の自由の日を祝った」[*68]

　商業生活の惨めさ――それに伴うあらゆる個人的およびイデオロギー上の妥協――を拭い捨てたことで、エンゲルスは四十九歳で生まれ変わった。「今日は僕が自由になった最初の日です」と、孝行息子はまだ母親に書いている。「今朝、陰気な市内にでかける代わりに、僕はこのすばらしい天気に数時間、野原を歩きました。そして僕の机のある居心地のよい家具に囲まれた部屋では、窓を開けても煙がそこいらじゅうに黒い染みをつけることもなく、窓辺には花があり、家の前には木があり、居酒屋の中庭に面した倉庫内の陰鬱な事務所とは、まるで違った具合に仕事ができます」[*69]。どれだけ楽しもうと、引退した工場主としてマンチェスター郊外でののんびりと趣味を楽しむ暮らしは、エンゲルスにとって長くはつづかなかった。リジーが残っている家族とあまりにも多くの諍いをしたあとで、二人は一八七〇年の晩夏にロンドンに引っ越した。「この一八年間、僕はわれわれの理念のために何一つじかに行なうことはできず、自分はブルジョワ的活動に従事せざるをえなかった」と、エンゲルスは一八四八年をともに戦ったもう一人の仲間のフリードリヒ・レスナーにかつて謝ったことがある。そうしたことすべてがいま変わろうとしていた。政治活動の自粛という荒野の時代を耐えたあと、エンゲルスはイデオロギー上のバリケードでマルクスの傍らに戻ることを渇望していた。「君のような昔の同志とともに同じ戦場で同じ敵を叩きのめすことは、僕にしてみればいつでも喜ばしいことだ」と、彼はレスナーに約束した。[*70]〈将軍〉は再び行動に移るべく準備を整えていた。

第8章 リージェンツ・パーク・ロードの大ラマ僧

エンゲルスはすぐさまロンドンに慣れたわけではなかった。「暗い雰囲気とおおむね鬱々とした人びとや、〔外部からの〕隔絶、社会問題における階級分離、気候のせいで部屋に閉じこもる暮らしには、なかなか慣れることができない」と、彼は書いた。「大陸からもち込んだ生き生きとした精神をいくらかトーンダウンし、人生の活力のバロメーターを七六〇ミリから七五〇ミリへと、しだいに居心地よく感じ始めるまで落とさなければならない」。それでも、雲が低く立ち込める首都の生活には利点があった。「徐々に溶け込んでいる自分に気づき、ここにもよい側面があることを発見する。人びとはほかの地よりも総じて率直で信頼に値するので、学術的な研究をするにはロンドンほど適した都市はなく、警察から邪魔されないのは欠点を埋め合わせて余りある」[*1]

それどころか、ロンドンはマルクスの顧問と多方面にわたる宣伝係というお気に入りの役割に落ち着くにつれ、エンゲルスにとってこのうえない住処となった。早速、国際労働者協会（一般に〔第一〕インターナショナルとして知られる）の総評議会に選出され、エンゲルスは舞台裏でマルクスの思想面の命令を強制し、イデオロギー上の逸脱を排除すべく仕事に取りかかった。インターナショナルのベルギーとの連絡係として、のちにはイタリア、スペイン、ポルトガル、デンマークも担当するようになったエンゲルスは、ヨーロッパ大陸にまたがるプロレタリア闘争を事実上、調整する役割を担うようになった。街頭政治活動《ストリートポリティクス》への情熱と、組織づくりの手腕、および辛辣な論争の書を次々に生みだす能力のおかげで、彼はヨーロッパの左翼のいがみ合う派閥間の秩序を保つための理想的な選択肢となった。オーストリアの共産主義者ヴィクトル・アドラーの言葉を借りれば、エンゲルスは国際社会主義の「最大の戦術家」としての力量を示したのである。

彼はこの厄介で、分裂した運動を、リージェンツ・パーク・ロード一二二番地の自分の書斎から操った。「毎日、郵便がくるたびに、彼の家にはヨーロッパのあらゆる言語で書かれた新聞や手紙が届けられた」と、マルクスの娘婿のポール・ラファルグは回想した。「そしてほかにあれだけ仕事をかかえながら、彼がそれらすべてに目を通し、きちんと整理し、主要な内容を覚えているのは驚異的だった」。エンゲルスの並外れた言語能力――ロシア語からポルトガル語、ルーマニア語だけでなく、プロヴァンス語やカタロニア語のような方言にいたるまで知っていた――は、連絡担当の秘書として、彼が自分宛に書かれてきた言語で返答できたことを意味した。彼はまた、面目にかけてそうするよう心がけていた。そのうえ、エンゲルスはマルクス主義の正典の公式出版物を編集し、認可する作業も担当していた。「彼の著作物、もしくはマルクスの著作物のいずれかがほかの言語に翻訳されることになれば、翻訳者はつねに彼が監督し修正できるように翻訳原稿を送っていた」。通信とともに、お馴染みの移住者や亡命者、冒険者、信奉者の寄せ集めもやってきて、エンゲルスはそれらの人びとを一人残らず受け入れていた。「それはちょっとしたバベルの塔事業のようだった」というのが、トゥシーの愛人のエドワード・エイヴェリングの弁だった。「ほかの国々からの社会主義者たちがリージ

国際社会主義のメッカ。リージェンツ・パーク・ロード122番地にあったエンゲルスの書斎の今日の様子（photograph by Barney Cokeliss）

エンツ・パーク・ロード一二二番地を彼らのメッカにしていた」[*2]

もはやマンチェスターのブルジョワ階級の社会的道徳観など気にする必要もなくなり、エンゲルスはマルクスの一家からさほど離れていない場所でリジーと堂々と暮らすようになった。何よりも、エンゲルスは政治の世界に戻ってきたのであり、生涯の協力者と肩を並べて共産主義の理念のために闘うようになった。ヨーロッパの急速に産業化する地域一帯に彼らの思想が広まり、当局が許可する地域では社会党が結成されるにつれ、「ロンドンの老人《オールドロンドナー》たち」として知られるようになった彼らの見解は、これまでになく影響力をもつようになった。

プリムローズ・ヒルの邸宅

エンゲルスとリジー・バーンズがプリムローズ・ヒルに住めるようになったのは、イェニー・マルクスのおかげだった。ハワーズ・エンドを初めて目にしたマーガレット・シュレーゲル〔E・M・フォースターの同名の小説にでてくる郊外の邸宅とその女主人公〕にもいくらか似て、興奮したイェニーは一八七〇年七月にエンゲルスにこう書いた。「すばらしく開けた場所にあって、私たちの誰もが気に入る一軒の家を見つけました」。エンゲルスが何を必要としているか、彼女は正確に知っていた。寝室が四室、理想的には五室、書斎、居間が二室、台所、そしてリジーが喘息を患っているため、あまり急勾配でない場所である。「正面の部屋からはいずれも最高にすばらしく開けた景観と空が見えます。そして角を曲がった先の横丁には、あらゆる種類の店があるので、どんな買い物でも奥さまがご自分でできます」。家のなかには立派な台所と「大きな浴槽のある広々とした浴室」があった。「奥さまがすぐに一緒にいらして、ご自分で見られれば」、それがいちばんだとイェニーは考えた。「おわかりでしょうが、彼女がきてくださったら私たちは大喜びです」。エンゲルス自身もこの選択を喜んでいた。内装デザインや買い物の便利さゆえではなく、この場所が「マルクスから一〇分と離れていない」がためだった。地主のロスウェル侯爵と賃借条件で合意すると、二〇年にわたって離れればなれになったあげくに、マルクスとエンゲルスは再びおたがいが角を曲がった先にいる暮らしに戻ったのである。*3

それまでの三〇年間にプリムローズ・ヒルは、まさにエンゲルスが『イギリスにおける労働者階級の状態』で記したような階級別の都市計画の対象になっていた。以前は、小屋と農地があるだけのロンドン周辺の辺鄙な一地区だったが、売春婦と喧嘩で悪名高いチョーク・ファーム・タヴァーンという店の近くにあったせいで、芳しくない評判が立っていた。しかし十九世紀なかばに一帯を高級化する再開発が行なわれ、サウサンプトン卿とイートン・カレッジの地所が模範的な村を築きあげるにつれ、開けた原野は一戸建てもしくは二軒一棟の大邸宅が建ち並ぶ光景に変わった。プリムローズ・ヒルの丘陵地の上まで宅地化する計画が頓挫したのは、王室の不動産管理局が牧草地だったこの一画を購入して、中流階級が上品な娯楽を楽しめるように、草木が植えられ、舗装され、整然とした場所にここを変貌させたためだった。一流業者が土地を開発し、手入れの行き届いた公園（ここではまだプリムローズが咲いていた）ができたため、この一帯はたちまち快適な中流階級の地区になった。

土地開発業者とともに、鉄道もまたエンゲルスの新しい隣近所の形成にかかわっていた。マンチェスターでは、市の輪郭を定めていたのは、リーズ－リヴァプール線による土地の争奪戦だった。プリムローズ・ヒルでは、ロンドン－バーミンガム線がその役目をはたしていた。ユーストン駅（サウサンプトン卿の地所の一つにあるサフォーク州の村にちなんだ名）からバーミンガム・ニューストリート駅までの線路が、北側と東側の境界線となっており、南側はリージェンツ運河が境界線となっていた。華やかなネオ・リージェンシー風の通りの裏側では、雑然とし汚れた産業化の担い手によってかたちづくられたロンドン郊外が存在した。テラスハウスの並ぶ通り沿いの、鉄道の線路に隣接した場所には、機関車の燃料補給と清掃のための広大な車庫があった。近くには主要な機関車整備の作業場となっていたチョーク・ファームの象徴的なラウンド・ハウスがあった。ここは騒々しく、悪臭が漂い、涙目になる環境で、「しばしば幅二・五センチにもなる煤が、黒い極薄のレースのようにつねに漂っており、どこにでも積もっていた」。列車とともに、何百人もの機関士、信号手、灯火係、ポーター、〔ポイント切り替えの〕転轍手、清掃員が、ちょうど轟音を立てる機関車の煙と蒸気のように、漂いながら周辺界隈にやってきた。彼らは小さく区分けされた家の賃借人となり、喉が乾けば多数のパブにやってくる客となった。[*4]

今日、リージェンツ・パーク・ロード一二二番地にはまだ四階建ての家が建っており、大ロンドン市議会のブルー・プラークが掲げられ、エンゲルスのことがやや遠回しに「政治哲学者」として説明されている。建物そのものは一九六〇年代にアパートに改装されたが、周囲を歩き回ると、一八七〇年代にはそこがどんな具合に使われていたのか、いまでも雰囲気を感じとることができる。地下に台所と浴室があり、一階には日中の居間と食堂があって、二重扉で仕切られている。二階――ヴィクトリア朝時代の人びとはたいがい応接間に利用していただろう――はエンゲルスの広い書斎に改造されていた。日当りがよく、風通しのよい仕事部屋は、磨きあげられたノルウェー産松材の床に、天井に届くような本棚と圧倒するような暖炉があり、丈の高い観音開きの窓からは、人通りの多い騒々しい通りが見えた。エンゲルスは彼らしく書斎にはこだわり、いつも整然と片付けられた状態を保っていた。「部屋は学者の書斎というよりは、応接室のようだった」と、訪問者の一人は述べている。その上の二つの階は、彼自身とリジー、女中たち、リジーの姪のパンプス、および来客用に使われていた。そのような客の一人は、ドイツの社会民主主義者エドゥアルト・ベルンシュタインで、彼は一八八〇年代にリージェンツ・パーク・ロードの常連となった。「上の階に上がると、われわれはすぐに政治談議を始め、往々にして非常に活気あふれるものとなった」と、ベルンシュタインは一二二番地の騒々しい夕べについて回想した。「その激しい気性のせいで、エンゲルスの真に気高い性格と、多くの優れた資質は覆い隠されていたが、われわれにはラインラント特有の人生を謳歌する概念のように、率直に表わされていた。『飲みたまえ、若いの!』その言葉とともに、激しい論争のさなかでも彼は私のグラスに、いつも家に備えてあったボルドーワインを注ぎ足した」[*5]

自由奔放な暮らしを好む傾向があったとはいえ、エンゲルスはカルヴァン主義の労働倫理を完全にぬぐい去ることはできず、厳格に日課を守る人間だった。朝食のあと数時間は研究や手紙のやりとりに費やしてから、その日の主要な活動に移った。メイトランド・パーク・ロード〔のモデナ・ヴィラズ〕にいるマルクスを訪問することだ。「エンゲルスは毎日うちの父に会いにきました」と、トゥシーは記憶していた。「一緒に散歩にでかけることもあったけれど、同じくらいよく父の部屋に籠ったまま、それぞれが部屋の片側をゆきつ戻りつして、隅で向きを変えるので、踵で穴が開いていました……。

二人が並んで黙ったまま行ったり来たりすることもたびたびでした。あるいはまた、そのとき自分が最も関心のあることをそれぞれがしゃべり、しまいに顔を見合わせて大声で笑い、それまでの三〇分間は正反対の計画について検討していたのだと認めたりするのです」[*6]。彼らが散歩にでかけるときは、「一・五ドイツ・マイル〔約一一キロ〕」ほどハムステッド・ヒースの丘陵地を早足で歩きまわり、そこでラインラント人たちは「ハノーヴァー全市よりも多くのオゾン」を吸い込んだ。エンゲルスはそれからプリムローズ・ヒルに戻り、残っている手紙があれば夕方の五時半までには投函し、七時にリジーと早い夕食《ディナー》をとった。そのあとさらに読書や酒、おしゃべりの時間を楽しんでから、遅い夕食《サッパー》をとり、午前二時ごろに就寝した。

この毎日の日程には一つだけ例外があった。「日曜日には」、共産主義の亡命者アウグスト・ベーベルは次のように回想した。「エンゲルスは家を開放した。陽気な男たちにはロンドンの暮らしが堪え難いものになるこのピューリタン的な日には、エンゲルスの家はすべての人に開放されていた。そして朝の二時、三時まで帰る人は誰もいなかった」。一二二番地では誰も彼もが――「社会主義者や批評家や物書きたち……エンゲルスに会いたい者は誰でもただ行けばよかった」――ワインを飲みながらの午後の議論に歓迎され、「かなり〈たっぷり《リベラル》〉の肉とサラダ」も堪能することができた。この家の自慢の飲み物は、春の時期にボウルで用意するマイトランク、すなわちクルマバソウで風味をつけたメイワインだった。ピアノを囲んでドイツの民謡が歌われたり、エンゲルスがお気に入りの詩「ブレイの牧師」を朗読したりするかたわら、ヨーロッパの社会主義の精鋭たち――カール・カウツキーからウィリアム・モリス、ヴィルヘルム・リープクネヒトからケア・ハーディまで――が、イギリスのマルクス主義者ヘンリー・ハインドマンが「リージェンツ・パーク・ロードの大ラマ僧」と呼んだ人物のご機嫌をとっていたのである。これはまさしく、ジョゼフ・コンラッドが小説『密偵』のなかで想起させた、亡命者による無政府主義運動――薄汚いパブや秘密の会合、ソーホーのポルノショップの世界――の怪しげなイメージからは最もかけ離れた世界だった。明かりが灯され、鎧戸は開き、ピルスナーが流れでた。ドイツ国会《ライヒスターク》の選挙が行なわれる夜はとりわけ大騒ぎになった。「そうなるとエンゲルスはドイツの特別なビールの大樽を取り寄せ、特別な夕食を用意して、ごく親しい人びとを招いた。そして、夜遅くなってドイツ各地から次々に電報が届くにつれ、どの電報も封が破って開けられ、〈将軍〉によって電文が読みあげられ、当選であればわれわれは飲み、落選しても飲んだ」[*7]。しかし、一年の社交の頂点はクリスマスで、無神論で知られたエンゲルスもこれをアルバート公のごとく熱心に祝った。「エンゲルスもクリスマスはイギリスの流儀に則って遵守していた、とチャールズ・ディケンズが『ピクウィック・ペイパーズ』のなかでうれしそうに描写していた」と、ベルンシュタインは回顧録に書いた。

部屋はあらゆる種類の緑の枝で飾られ、その合間に適宜、下心あるヤドリギが顔をだしており、おかげでその下に立っている異性には誰でも、あるいは通り過ぎるところを見かけただけでも、キスする権利がすべての男たちに与えられる。テーブルにあるいちばんのご馳走は特大の七面鳥で、懐具合がよければ、大きな焼いたハムが追加された。追加のお楽しみがいくつか――その一つはほろ酔い《ティプシー》ケーキとして知られる菓子で、その名前が示すとおり、ブランデーかシェリーでこしらえてある――がでてきたあとで、自慢料理のプラム・プディングとなる。これは部屋を暗くしてから運ばれてきて、ラム酒をかけて火をつける。客人はそれぞれ、上等な蒸留酒でたっぷり洗礼された自分用のプディングを、炎が消える前に受けとらなければならない。これがまず腹に入るので、一緒に飲むワインの量を考慮していない人にとっては、充分に危険なものとなりうる。[*8]

敵の敵は敵

これほど多くの共産主義者が訪ねてくる場所とあっては、エンゲルスがさまざまな公安関係者に監視されていたのは不思議ではない。一八七四年一月のパリの警視庁への報告は、エンゲルスを「ラミ・エ・プロテジェ・ド・カール・マルクス〔マルクスの友人かつお気に入り〕」で、「アン・ノム・ド・レートル〔文筆家〕」としている。一二二番地の向かいで待機していた「ブラットフォード」という暗号名の警察側のスパイは、エンゲルスの活動に明らかに関心をもっており、八月には「エンゲルス・エ・トレ・ゾキュペ〔エンゲルスはとても忙しい〕」と報告し、日々「ボク・デトランジェ〔大勢の外国人〕」と一緒に過ごしていると書いた。資料によれば、その後の年月にブラットフォードが「ジャック」に代わり、エンゲルスの郵便箱に反体制派の雑誌『ル・ソシアリスト』が発見されるなかで、エンゲルスはフランス政府の懸案事項にのぼったり消えたりした。[*9] ロンドン警視庁も、パリからのスパイと並んで物陰からこっそり様子を窺いながら関心を寄せていた。イギリスでは国家から嫌がらせを受けない点をふだん重視していたエンゲルスにとって、これらの哀れな警察官は迷惑というよりは楽しみの源だった。「家の前では、毎晩、巡査が散歩をしている」と、彼は一八八三年にカール・ショールレマーと鎧戸の陰に隠れて含み笑いをしながら言った。「あの間抜け男は間違いなく、われわれがダイナマイトを製造していると思っているのだろう。実際にはウイスキーについて議論しているんだがね」[*10]

一九一六年には、プリムローズ・ヒルの頂上からソンムの戦い〔フランス北部で争われた第一次大戦最大の会戦〕の銃声が聞こえると言われた。一八七一年にはオットー・フォン・ビスマルクの軍がパリを砲撃する低い衝撃音は聞こえなかったが、パリ・コミューンがもたらした幅広い反響は、リージェンツ・パーク・ロード沿いでは確かに感じられた。普仏戦争の勃発当初、マルクスとエンゲルスはひそかにプロイセンを支持する傾向にあった。「ビスマルクはわれわれの仕事を少々こなしてくれている。彼独自のやり方で、意図したわけではないが、それでもともかくそれを実行している」という理由からだった。彼らはナポレオン三世を毛嫌いしていたため、彼を権力の座から引き下ろすためなら、どんな手段でも支持するに値すると見なされた。その後、彼らは敵の敵が、自分の敵にもなりうることを発見した。「思いがけず勝利した結果、ドイツの俗物たちはとんでもなく自国至上主義にかぶれた」と、エンゲルスは一八七〇年九月にセダンで、ビスマルクがフランス軍を破ったあとに述べた。フランス第二帝政が崩壊し、新たにより平和的な国防政府が政権を掌握しても、プロイセン軍はプリムローズ・ヒルの共産主義者たちが願っていたように、ただ自分たちの兵舎に大人しく戻りはしなかった。代わりに、ビスマルクは多大な損害賠償を、すなわちアルザス＝ロレーヌ地方の割譲と、シャンゼリゼでの凱旋行進を要求した。「現実には、人は目先のことしか見えていないものだ」と、エンゲルスは故郷のエンゲルスキルヒェンにいる対外強硬主義の弟ルドルフに書いた。「この先多年にわたって、（つまるところ国境を隔てた先にある）フランスが間違いなく敵国でありつづけるようにしたわけだ」[*11]。ビスマルクによる戦後の懲罰的な要求は、フランスを奮い立たせるのに役立つばかりで、プロイセン軍と再び戦火を交えるために何万人もが国民総動員で立ちあがった。しかし、よく訓練され、軍備も整ったプロイセン軍を相手に勝ち目はなく、フランスの愛国者たちは着実に追いつめられてゆき、やがて国民衛兵が固守する首都をめぐる戦いにまで発展した。だが、プロイセン軍はパリを攻撃する代わりに、備えを固めることにし、二二〇万人の住民を飢えさせて降伏させることを目論んだ。数週間の包囲が数カ月におよぶなかで、禁欲的なパリ市民は食べ物のレパートリーを拡大してドブネズミ、馬、犬、猫までを含め、あげくに市内の動物園のすべての収容動物を、カンガルーも何もかも平らげてもち堪えたことで知られている。パリ周辺でプロイセン軍の締め付けが強まるにつれ、首都内部ではフランスの穏健派の共和主義政治家と革命家のあいだに政治的な亀裂が生じてきた。前者は休戦を勧め、後者は死か栄光かの反撃を主張した。深刻になる一方の窮乏状態が四カ月つづいたあとで、〔臨時の国防〕政府はついに降伏した。一八七一年三月　日に、プロイセン軍は――先にヴェルサイユの鏡の間で行なわれた新ドイツ帝国の成立宣言に勝ち誇って華を添えてから――凱旋行進を実行し、その後腹を空かせ、衰弱し、怒ったパリが自滅するに任せた。

最終的な条約事項が打ちだされているあいだに、〔臨時〕政府は次の仕事に着手した。包囲攻撃によって急進化した首都に規律を取り戻すことだ。一八七一年三月十八日に、フランス常備軍の一分遣隊がモンマルトルの丘を行軍し、パリを防衛している国民衛兵から一連の大砲を押収しようとした。アドルフ・ティエールと国民議会内の穏健派は、パリ市内の兵士と彼らを代表する団体、共和主義国民衛兵連盟〈フェデレ〉〔パリ・コミューンの兵士〕にはびこる急進的な感情をますます憂慮するようになっていたのだ。ティエールは、プロイセン軍が立ち去ったあとはすみやかに武装解除することを望んだ。ところが、労働者階級の住む界隈で女子供も入り交じった〈フェデレ〉に対峙すると、政府軍は銃を置いて地元住民に加勢するほうを選んだ。軍部ポピュリズムのこの象徴的瞬間こそ、パリが必要としていた一押しだった。それに先立つ数十年間にオスマン男爵があらゆる都市整備――障害物のない大通り、労働者階級の界隈の分散化、部隊移動を容易にするよう設計された直線的な通り――を手がけたとはいえ、パリはまだ革命の都市だった。バリケードが築かれ、残りの政府軍はヴェルサイユに大急ぎで引き返し、新しい市議会の発足が発表され、一七九二年の革命時のコミューンを意識的に想起させる〈パリ・コミューン〉の名称がつけられた。「なんという復活力、なんという歴史の率先力、なんという犠牲を惜しまぬ能力がこれらのパリ市民にはあることか」と、マルクスは叫んだ。「パリにおける現在の蜂起は――それが古い社会の狼や豚や汚れた犬どもによって弾圧されても――〔一八四八年〕六月のパリでの反乱以来、われわれの党が関与したなかで最も輝かしい行為である」[*12]

パリ・コミューンとインターナショナル

当初の出来事は、マルクスの楽観主義を裏づけるようだった。四月十九日に、コミューンは「フランス人民への宣言」を行ない、信教の自由と、コミューンの自治に市民が永久にかかわる権利を求め、役人や治安判事には〔給料に上限を定め〕説明責任を要求し、国民衛兵が軍と警察に取って代わり、放棄された工房や工場を「労働者の協同組合」に移転して「そこで雇用される」ようにすることなどを決めた[*13]。エンゲルスは心底から称賛していた。「コミューン〔の議会〕にはほとんど労働者だけが、もしくは労働者の代表として認められた人だけが出席するので、その決定は明らかにプロレタリア的な性格を帯びた」。実際、このつかの間の輝かしい数週間は、「プロレタリアートの独裁」〔二十世紀のヨーロッパ大陸的な独裁ではなく、古代ローマ的な意味で理解されたもの〕の模範を示しており、そのため社会主義革命家を目指すすべての人の模範となった。

とはいえ、市庁舎内では、階級意識がそれほど純粋なものになることは決してなかった。コミューンには、熟練の肉体労働者やホワイトカラーにたいするいちじるしい偏見があり、この集団のプロレタリア色を薄めていた。さらに混乱させたことに、いくつもの政治哲学が競合していた。〔社会主義・無政府主義の〕プルードン的な感情は、パリの職人や小売店主のあいだではいつも歓迎されていたし、コミューンによる労働者の協同組合計画は明らかにこの系譜のものだった。同時に、コミューンの最も好戦的な革命家はマルクス主義者ではなく、ジャコバン派やブランキ主義者だった。もっとも、多くの者は国際労働者協会《インターナショナル》にも同時に参加していたが。さらに、コミューン支持者の考え方には、都市の共和主義的な傾向があり、「民主的で社会的な」共和国を築くことへの献身が見られた。パリ市民によって、パリ市民のために、歴史的に彼らの都市を腐敗させた外部の政治権力から干渉されることなく支配されたパリである。

この思想上の混乱は、最終的にマルクスとエンゲルスにとってはありがたいものとなった。あらゆることが失敗に終わったとき、責めるべき人がほかにいたからだ。きちんと組織された革命派労働者の党が存在しなかったために、コミューン支持者はヴェルサイユの反動的な政府勢力にたいする攻撃を開始するのに失敗し、フランス銀行の占拠を情けないほど遠慮するはめになったのだと、マルクスらはのちに主張した。コミューン支持者は代わりに新たな包囲攻撃に備えたが、一カ月もたず、一八七一年五月末には政府軍に強引に首都へ乗り込まれた。総勢一二万の政府軍が相手では、コミューン側に――バリケードはあったし、ゲリラ戦術も駆使したが――勝ち目はなく、それにつづく血の一週間《スメンヌ・サンギユラント》に推計一万人のコミューン支持者が政府軍に粛清されることになった。フェデレ側もパリの大司教ジョルジュ・ダルボワを処刑してやり返したが、そのような暴挙は、地方からの兵士がコミューン支持者にたいしてさらなる残虐行為を働くために必要としていた口実を与えるばかりだった。「後装式銃ではもはや充分な速さで殺害できなかった。敗者はミトライユーズ〔ライフル弾を連射できる火砲〕によって数百人単位で撃ち殺された」と、エンゲルスは劇的に書いた。「最後の大量虐殺が実行されたペール・ラシェーズ墓地の〈フェデレの塀〉は、今日も立っている。労働者階級が己の権利のために敢えて立ち上がった途端に支配者階級が陥りうる狂気を、沈黙のなかで最も雄弁に物語る証拠として」[*14]

この大量殺戮が招いた結果の一つは、エンゲルスと保守的な母親が珍しく仲違いしたことだった。

コミューンを弾圧するとなると、母親は当然ながら政府側の味方をし、彼にそう告げた。エンゲルスはしばらく時間を置いてから返答した。「これほど長いこと手紙を書かなかったのは、僕の政治活動に関して前便で頂戴したご意見に、母上を怒らせないかたちで答えたかったからです」。それから彼は母親が、「武装解除したあとで、ヴェルサイユ軍が男も女も子供も区別なく四万人を機械で抹殺したこと」を忘れているとして非難した。犠牲者数をエンゲルスが誇張したことはさておき、ここでも彼が惑わされているのだという、昔ながらの決まり文句が見られた。エンゲルスの母親は明らかに、この悲惨な事件全体はマルクス自身の責任だと考えており、自分の無実の息子をそれに引きずり込んだとして立腹していた。つねに家族よりも友人を優先したエンゲルスは、(コミューンそのものは別としても)この残虐行為に関してはマルクスになんの責任もないとした。「たとえマルクスがここにいなくても、あるいは存在すらしなくても、状況は何一つ変わらなかったでしょう。これについて彼を責めるのはじつに不公平だし、僕もずっと以前に、マルクスの親戚から彼を堕落させたと言われたことをいま思いだして、愉快になっています」[*15]。それでも、手紙の最後には、エンゲルスは孝行息子に戻り、母エリーゼにラムズゲートの休暇や、ストランド街のウィーン風ビアホールに行った話を語り、いがみ合う弟たちと彼を仲直りさせるため苦労しつづける母に感謝している。これは彼が母に宛てた最後の手紙の一通だった。彼女は一八七三年の秋にさしたる前兆もなく他界した。母の死によって、大陸にいる家族とのエンゲルスの最後の真の愛情の通ったつながりも消えたのだった。

エリーゼ・エンゲルスだけが、一八七一年の流血の惨事をカール・マルクスのせいにしていたわけではなかった。コミューン支持者にたいする実際の影響力はなく、この闘争でインターナショナルがはたした役割は比較的少なかったものの、マルクスは一八七一年に『フランスの内乱』で論争上の弁護を試みたために、コミューンと決定的に関連づけられるようになった。ヨーロッパ大陸各地で翻訳され、さまざまな版で売られたこの小冊子は、いかがわしく、悪質かつ実態のないインターナショナルが、世界中の労働者階級運動を指導しているという考えを確固たるものにした。「〈インターナショナル〉の影響をおおっぴらに見たり聞いたりすることはほとんどなかったが、これはじつは現実の原動力であり、その隠れた手が、神秘的な恐ろしい力をもって革命の機構全体を導いたのである」というのが、保守的な『フレイザーズ・マガジン』の見解だった。カトリックの週刊誌『タブレット』はこれを、「モスクワからマドリッド、さらには旧世界だけでなく新世界でも無数の人びとがその命令を遵守する結社であり、その信奉者はすでに一つの政府を相手に破れかぶれの戦争に乗りだし、その声明はすべての政府にたいし宣戦布告をしている」[*16]とした。言うまでもなく、マルクスは遅ればせながらこうして有名になったことを喜んでいた。「現在、私はロンドンで最も中傷され、最も脅迫された男になるという栄誉を得た」と、彼は医者の友人ルートヴィヒ・クーゲルマンに書いた。「二〇年間も僻地で退屈な隠遁生活を送ったあとでは、じつにいい気分だ」[*17]

最強のライバル、バクーニン

では、インターナショナルとは、国を揺るがし、政府を転覆させうるこの恐ろしい地下勢力はなんだったのか？　マルクスは通常、その陰謀的なオーラは軽視して、「世界の文明化した国々にいる最も進歩した労働者たちのあいだの国際的な絆に過ぎない」と説明していた。一八六四年にロンドン中心部のセント・マーティンズ・ホールで、ポーランドの反乱とイギリスの労働階級エリート間で増していた国際的連帯感を背景に設立された国際労働者協会は、大部分がヨーロッパの労働者の運動で、プルードン主義者、労働組合員、革命派のブランキ主義者、空想的社会主義者、および若干のマルクス信奉者を、より広い階級闘争のなかで結びつけるものだった。ロンドンでは、組織は当初、ロンドンの建築労働者のほか、イタリアのナショナリストの指導者ジュゼッペ・マッツィーニにも密接に関連づけられていた。マルクスは第一回の会議に渋々オブザーバーとしてでかけたが、その晩の終わりには総評議会のメンバーになり、創立宣言を起草する責任を負うことになった。エンゲルスは当初この集まりにひどく懐疑的で、インターナショナルもまた『資本論』の執筆作業からマルクスの気をそらす望ましくないものであると考えていた。彼はまたこの組織が、左翼にはびこる派閥争いの影響をあまりにも受け易いとも考えた。「この新しい協会ではごく近いうちに、論点がより具体的になった途端、考え方がブルジョワ的な者と、プロレタリア的な者とのあいだで分裂が起きるのではないかと思う」と、エンゲルスは予測した。そして、マンチェスターに支部を置くことについては、まったく乗り気ではなかった。「まるで問題外だ」[*18]。地元の労働階級急進派と政治活動をともにすれば、エルメン&エンゲルス商会における彼の立場をひどく危うくするし、チェシャー・ハウンズの狩猟での立場については言うまでもなかった。

インターナショナルの規模が大きくなるにつれて——一八六〇年代末には正会員が推計で八〇万人に達し、多様な労働組合と戦略的な同盟を結んでいた——エンゲルスの敵意もやわらいだ。彼はとりわけプロレタリアの大義の国際性をこれまでも熱心に信奉してきたためだ。「イングランドの労働者——ついでに言えばフランスでも——は誰一人として、私を外国人として扱うことはなかった」と、彼は一八四五年に『イギリスにおける労働者階級の状態』の序文にイングランドの労働者について書いた。「あなた方がそのとてつもない災いのもとである、国民全般がもつ偏見と愛国の誇りにとらわれていないことを知り、最大の喜びを感じた。こうしたものは結局のところ、まったくの身勝手さ以外の何ものでもない」[*19]。より重要なこととして、マルクスはなんらかの政治的な支えを是が非でも必要としていた。一八六〇年代末を通じて、エンゲルスの友人はマルクス主義をインターナショナルの公式信条にすべく、影響力の強いプルードン主義の派閥と熾烈な縄張り争いを繰り広げていた。ところが、このたびマルクスははるかに手強い相手に直面していた。ミハイル・バクーニンである。

マルクスとエンゲルスを怒らせるためにとくに計算して、一人の人物をつくりあげたとすれば、バクーニン以上にそれをうまく成し遂げることはまず誰もできなかっただろう。高貴な生まれで、奔放なカリスマ性をもち、ロマン主義で衝動的、さらに悪いことにロシア人である彼は、高い組織能力をもつ知的な有力者だった。当然のことながら、彼は二十世紀の歴史家と知識人に――E・H・カーからアイザイア・バーリン、トム・ストッパード〔彼はとりわけ三部作の『ユートピアの岸へ』で、バクーニンと同胞のロシア人亡命者アレクサンドル・ゲルツェンを称賛したことで知られる〕にいたるまで――好まれるようになり、その誰もが事件と冒険の連続であった彼の身の上話に魅了されていた。エンゲルスが最後にバクーニンに会ったのは一八四〇年のベルリンの講堂であり、そこで彼らはほかの青年ヘーゲル派の学生とともに哀れなシェリング老人をいじめていた。それ以来、バクーニンは一八四八年のパリの蜂起に参加し、一八四九年にはドレスデンにいて、革命政権を打ち立てようと試みながらリヒャルト・ヴァーグナーとともにバリケードについていた。ザクセン軍が到着する前に逃げるのに失敗したバクーニンは、逮捕されてしばらく投獄されたのち、オーストリア当局に身柄を引き渡された。チェコ人を煽り立てるために彼を利用したかったのである。オーストリアではオルミュッツ〔オロモウツ〕要塞の壁に九カ月間、鎖で縛りつけられていたが、のちにロシア側に引き渡された。彼が次に滞在したのは、サンクトペテルブルクの野蛮で悪名高いペトロパブロフスク要塞で、彼の健康はそこでいちじるしく損なわれた。新しいツァーリになり、広い人脈をもった家族が嘆願したおかげで、彼は最終的にシベリアへ流刑になった。しかし、シベリア北部の覇気のない役人では、とうていバクーニンにはかなわなかった。一八六一年の春には、彼はアムール川の河口まで逃げだし、そこから船を何度も乗り換えて横浜へ、そしてサンフランシスコへと渡った。イギリスの聖職者から三〇〇ドルを盗んだバクーニンは、アメリカを易々と横断して、一八六一年十二月にはロンドンに戻り、ゲルツェンの家のドアを叩いた。[*20]

バクーニンが長期にわたって投獄されていたということは、一八四八年以降の政治のあらゆる反動勢力の熱狂を知らずにいて、革命への情熱を殺がれないままに政治活動に戻ったことを意味した。しかし、彼はいまでは一八四八年から四九年の革命のナショナリスト的なブルジョワ色にはいっそう懐疑的になっていた。そして共産主義者仲間の多くと同様、闘争の次の段階は国際的な性格のものにしなければならないと結論づけた。彼はまず初めに〈平和と自由同盟〉を創設し、それから独自の〈国際社会民主同盟〉を結成したが、彼の心の目はつねにインターナショナルそのものに入り込むことに向けられていた。バクーニンが人を惹きつける人物でしかなければ、手早く片づけてしまえただろう。マルクスとエンゲルスがより脅威に感じたのは、彼の思想の力だった。彼の無政府主義は、完全な自由の概念、人生の概念であり、「すべての個人、すべての共同体、そして人類全体にとっての、自由に向けた果てしない不屈の試み」と哲学者で歴史家のレシェク・コワコフスキが述べたようなものだった。[*21]バクーニンの見解では、マルクスとエンゲルスの共産主義は、既存のブルジョワの不正行為と同じくらい息の詰まる独裁的な国家権威主義になる可能性を示していた。「私は共産主義者ではない」と、バクーニンは書いた。「共産主義は国家の利益のために、社会のあらゆる勢力を集中させ、それ自体のなかに呑み込むからだ。それは必然的に国家の手に財産を集中させるだろう。かたや、私は国家を撤廃したいのである。権力の原則と国家に特有の庇護を最終的に根絶するのだ。国家はこれまで道徳を説き、文明化するという名目で、人びとを奴隷化し、迫害し、搾取し、腐敗させるばかりだった」。[*22]彼の支持者は産業化時代の社会の最下層民――貧民、小作農、ルンペンプロレタリアート

――で、マルクスの社会主義の中央集権的な理論では決して恩恵をこうむらない人びとだった。バクーニンが彼らに提案したのは、小さな自治的コミューンに編成され、その構成員間は完全に自由という社会の構想だった。政治信条としては、これは資本主義国家の権威をすぐさま撤廃させることを意味していた。それとはいちじるしく対照的に、マルクスとエンゲルスの考えでは、国家は社会革命と一時的な「プロレタリアートの独裁」につづいておのずから消滅する(「衰退する」)というものだった。

マルクスとエンゲルスにしてみれば、バクーニンは物質的、社会経済的な前提条件がまだ整っていないうちに、政治変化を求めるというクーデター的な間違いを犯していた。それでも、彼の人間の自由の保証――エンゲルスの怒りをさらにかきたてたことに、これには全スラヴ民族も含まれた――には、賛同者がいた。バクーニンの社会民主同盟がスイス、スペイン、イタリアで支持者を獲得するにつれ、彼ははるかに影響力のあるインターナショナルとの合併を大胆にも提案した。党組織の主宰であるエンゲルスは即座に胡散臭さを嗅ぎとった。「インターナショナルがこんな詐欺にかかわることができないのは、いかにも明白なことだ。そうなれば総評議会が二つできることになり、大会ですら二つになるだろう。これは国家内の国家となり、最初から紛争が起きるようになる」。しかし、彼はマルクスに慎重に立ち回るよう忠告した。「君がこのロシアの陰謀に力ずくで反対したら、熟練職人のなかに――とくにスイスに――数多くいる政治的な俗物どもを不必要に怒らせ、インターナショナルに害を与えることになる。ロシア人を相手にするときは……決して短気を起こしてはいけない」。それはエンゲルスが「あのデブのバクーニン」と呼んだ男にたいし手加減していたことを示唆するわけではない。それどころか、「この忌々しいロシア人が本当に陰謀を企んで、労働者運動の頂点まで登り詰めようと考えているのなら、奴にふさわしいものをここぞとばかりに与えてやる時期がきた」*23

と、エンゲルスは決心した。

エンゲルスはつねに狩猟の先頭に立ちたがり、バクーニン主義者の企てに対抗する闘争でも、総評議会に選出されて以来、みずから進んで前線に立った。彼らの目論見は、中心となる政策決定機関としてのインターナショナルを弱体化しようとするものだった。軍人的な思考回路で、規律意識がいつの間にか個人的なことから党組織の問題までにまたがる人間であるエンゲルスにしてみれば、この無政府主義者たちの野心——インターナショナルを「単なる連絡と統計のための事務所」として運営すること——は、共産主義の理念全体を堕落させる危険があった。そのうえ、彼はバクーニンの反論をマルクスの権威にたいする真っ向からの侮辱で、代替の権力中枢となりうるものであり、抹消しなければならないものと見なしていた。そこで一二二番地の大理石と松材の優雅な書斎から、道路の向こうに都合よく位置する郵便ポストを利用しながら、エンゲルスは無政府主義者たちを相手にあらゆる種類の手続き上の操作をするようになった。パリの共産主義者同盟を運営した折に学んだすべてのわざが、いまやスペインとイタリアにおけるバクーニン主義者の反乱にたいして展開された。イタリアの『アルマナッコ・レプブリカーノ』紙のために書いた有名な小論で、レーニンが大いに称賛した「権力について」のなかで、エンゲルスは読者に、彼とマルクスが『ドイツ・イデオロギー』で最初に概説したことを思いださせて、無政府主義者の寄せ集めに対峙した。すなわち、階級闘争は困難かつ無慈悲な任務であり、エリート支配層を前にして厳しい規律と組織を必要とするものであるということだ。そして革命は「間違いなく最も権威主義的なものだ。これは一部の国民が別の国民にたいしライフルや銃剣、大砲などの手段で、その意志を押しつける行為なのだ。権威主義的手段などというものが存在するとすれば、まさしくそれである」[*24]。マドリッドにあるスペインのインターナショナルで研修を積んでいたマルクスの娘婿ポール・ラファルグには、エンゲルスは次のように書いた。「もし、規則という権威に服従する気がなければ、誰も持ち場につく必要もないという原則に則って鉄道が運行されていたら、あのお人好しのバクーニンは自分の肥満体を鉄道の客車に安心して委ねられるのか、ぜひ知りたいものだ……。船上の船乗りのあいだで、『あらゆる権威を、たとえ合意によってでも』撤廃しようとしてみるがいい！」[*25]パリ・コミューンが大崩壊したあとで、そのような無政府主義の身勝手さは目先のことしか考えておらず、政治的に危険だった。なにしろ、組織化された労働者の党が存在しなかったことが、その原因だとエンゲルスは考えていたからだ。「折しも、手に入るあらゆる手段で自分たちを守らねばならないときに、プロレタリアートは日々、刻々と迫られる闘争の要求に即して組織化されるのではなく、一部の夢想家が思い描いた未来社会の漠然とした概念に従ってまとまれと言われているのだ[*26]」

敵対感情は一八七二年のハーグ大会で頂点に達した。マルクスとエンゲルスはそこで手段を選ばず、バクーニンと彼のスイスの支持者たちを追放した。エンゲルスはポール・ラファルグに支援されながらバクーニンを、ロシアのギャングを喜んで使うテロリストの工作員であり、かつ「プロレタリア運動を阻止するために立ちあがった」より広い政治的陰謀の一員だとして、その告発の先頭に立った。大会の最終日に投票が行なわれた。「そこで私はエンゲルスに会った」と、ドイツの社会民主主義者テオドール・クーノはのちに回想した。「彼は議長の左に立ち、葉巻をふかし、メモをとり、話者に熱心に耳を傾けていた。私が自己紹介すると、彼は書類から目を上げて、私の両手をつかんでうれしそうに言った。『万事順調だ。われわれが圧倒的多数だ[*27]』」。二七票対七票で、バクーニンは追いだされた。しかし、マルクスとエンゲルスは勝利に浮かれる気分にはほとんどならなかった。投票する以前から、彼らはすでにインターナショナルの総評議会をニューヨーク市に移転することを発表して大会参加者を唖然とさせていた。マルクスはヨーロッパにおける際限ない政治活動でくたびれ果てたと主張した。エンゲルスはプロレタリア的希望にあふれたまっさらな政治情勢のなかで、新たな出発をはかるという展望を強調した。実際にはその移転は、バクーニン一派を前にして、予期しなかった政治的弱点を認めたものだった。無政府主義はインターナショナルに深刻なほど浸透してしまい、組織全体を解散して、最初の原則から再び創設する必要があると、彼らは感じた。マルクスとエンゲルスはバクーニンとの闘いには勝ったが、彼らの政治活動は重大な打撃を負ったのだ。インターナショナルはアメリカでしっかりと根づくことはなく、四年後に消滅した。

反ユダヤ主義への反論

デブのバクーニンだけが、マルクスとエンゲルスが威圧しなければならないカリスマ的イデオローグだったわけではない。風変わりな人物であるフェルディナント・ラッサールも、ヨーロッパの労働者運動の心を奪う新たなライバルとなった。叩きあげのユダヤ人仕立屋の息子で、やはりベルリンの青年ヘーゲル派が生みだした産物であったラッサールは、〈青年ドイツ〉の騎士道物語から完全に卒業することのなかった哲学者であり活動家だった。四八年の失敗のあと、ラッサールはさまざまなプロレタリアの組織とかかわるようになり、やがて一八六三年に全ドイツ労働者協会を創設した。ラッサールは信頼の危機など気にするタイプではなく、政治活動を始めるたびにどこでも、資金流用と同僚への不当な扱いの疑惑がつきまとった。「あの男の優れた能力を考えれば気の毒なことだが、こうした行状は実際ひどすぎる」と、エンゲルスは一八五六年に、デュッセルドルフの共産主義者がラッサールの高圧的なやり方に苦情を述べたあとでマルクスに書いた。「彼はいつでも油断なく見張っていなければならない男だった。それにスラヴの国境地帯出身の本物のユダヤ人らしく、彼はいつだって党を口実に、自分の私的な目的のために誰でも利用しようとしていた[*28]」。ラッサールには『資本論』

の出版社を探すうえで手伝ってもらったため、マルクスは大目に見たがることが多かったが、エンゲルスは一八五九年の仏墺戦争をめぐって彼とは永久に仲違いしていた。エンゲルスはナポレオン三世にたいする闘争を何よりも優先して考えたが、ラッサールはオーストリアの勝利はドイツにおけるナショナリスト的な反動を加速するばかりだとして恐れたのである。

ラッサールはマルクスからも長く気に入られることはなかった。一八六一年に、マルクスは市民権を取り戻そうとしてプロイセンに旅をし、（拒否の）決定を待つあいだ、ラッサールと彼のベルリンの突飛な仲間とともに上流社会の夏を楽しんだ。翌年、ラッサールはその恩返しに、貧困に苦しむロンドンのマルクス家に三週間も滞在し、それによって不安定な家計を一気に破綻させた。偉大な哲学者は、この浪費家で虚栄心の強い見栄っ張りに腹を立てた。不仲になると、彼らの政治面の違いがすべて表面化した。マルサス主義にもとづく「賃金の鉄則」（労働者階級の子供たちが労働市場にさらに入るにつれ、賃金は自然に低く維持される）という考え方から、ラッサールは国家によって設立された生産者協同組合というプルードン主義的将来を主張するようになった。この経済政策と並んで、選挙権拡大に献身するチャーティストのようなところもあり、それが近代の民族国家《フォルクシュタート》の創設に向けた必要なステップとなっていた。そのいずれも、マルクスの考えでは、きわめて重要な任務を評価し損ねていた。つまり、既存の資本主義の秩序を廃止することだ。実際、ラッサールはいつもロマン主義的な、ほとんどヘーゲル主義的な信念を国家にたいしていだいていた。それが人間組織の最高の形態であり、したがって労働者階級を解放しうる最高の代理者というものだ。彼は選挙をめぐる壮大な協定を結ぶことで、この理想の国家を築けるのではないかと考え、ビスマルク首相と秘密会談すらもった。労働者階級とユンカー貴族が、搾取するブルジョワ階級に対抗して団結するという協定で、彼もビスマルクもブルジョワ階級を軽蔑していた。だが、この政治上の大計画を実現できるようになる前に、ラッサールはみずからのドン・ファン的な性向に負けてしまった。一八六四年に求愛していた若い女性の婚約者が怒って、彼の腹に銃を撃ち込んだのだ。不意に、エンゲルスはこの男をいくらか称賛するようになった。「ラッサールがその他の面で人として、作家として、学者としてどんな人間であったとしても、政治家としては、疑いなくドイツできわめて重要な人物であった」と、エンゲルスは訃報を聞いて書いた。「それにしても、なんと突飛な死に様だろうか……。そのようなことはラッサールにしか起こりえない。軽薄さと感傷、ユダヤ人気質と騎士道ぶりが妙な具合に、じつにユニークに交じり合っていた彼にしか」[*29]。しかし、ラッサールがビスマルクと秘密裏に提携していたことを知らされるや否や、すぐさま「イジー男爵」、「ラザルス」、「賢いエフライム」、あるいは彼の浅黒い顔立ちに言及して辛辣に「ユダヤ系黒人」といった侮辱の言葉へと戻った。

政敵にたいするそのような個人攻撃はエンゲルスの常套手段だった。身体的奇形も、性的過ちも、個人的習慣もすべて無情に嘲笑の対象となった。それでも、彼が民族性にとくにこだわった点――彼はマンチェスターのシラー協会にいるユダヤ人の人数について文句を言い、ポール・ラファルグのクレオール〔西インド諸島生まれの白人との混血〕の血筋について親しみを込めつつもこだわり、当時もすでに偏見に満ちた言葉であった「ニガー」を繰り返し使った――には戸惑わされる。彼のような境遇にいた多くの人と同様に、エンゲルスは確かに西ヨーロッパ人はアフリカ人やスラヴ人、アラブ人、アメリカ南部の奴隷よりも文明的で、進歩的、文化的だと考えていた。とはいえ、人種がかかわるむきだしの政治問題となると、エンゲルスはつねに正しい側についた。南北戦争では南軍ではなく北軍を支持したし、前述したように、一八六五年のモラント湾暴動では、エアー総督がジャマイカの反乱者にたいして働いた残虐行為に驚愕した。自分は文化的に反ユダヤ主義に傾きがちでありながらも、一八七〇年代末のドイツで――社会主義者のあいだでも保守派でも――ユダヤ人迫害が再び始まったとき、彼はつねにそれを非難した。実際、彼は反ユダヤ主義を時代遅れの有害なものだとして非難する小論文を書き、「現代社会にたいする中世的、退廃的な社会の階層の反応に過ぎず、反動的な目的しかはたさない」とした。反ユダヤ主義にたいする闘争を、社会主義者が自分たちの闘争にすることを望んでいたのだ。そして彼は社会主義運動がハイネ、ベルネに始まり、マルクス、ヴィクトル・アドラー、およびドイツの主要な社会民主主義者エドゥアルト・ベルンシュタインまで、いかにユダヤ人の恩義を受けているかを簡単に説明した。そして、反ユダヤ主義は最終的には資本主義とともに消滅するだろうと、彼もマルクスと同様に考えた。もっとも、みずからのプロイセン的な本能を完全にぬぐい去ることはできなかったが。[*30]

ラッサールの知的遺産は、それが「ユダヤ人的狡猾さ」に帰するにしろ、そうでないにしろ、間違いなくドイツの労働者階級の政策に重大な影響を遺した。「イジーはこの運動にトーリー＝チャーティスト的な性格を与えてしまい、それを払いのけるのは難しいだろう」と、エンゲルスは彼の死後に悔やみながら記した。[*31] ドイツ諸国が向かっている方向を考えれば、とりわけ危険だった。ビスマルクはどうやらかつての敵のナポレオン三世から学び、いまや大衆に迎合する権威主義というボナパルト主義の様式をうまいこと真似ているようだった。選挙を管理して、厳密に政治的均衡をつくりだすことで、「実際の国家権力」は「将校と官僚からなる特別階級の手に」巧みに委ねられることになった。[*32] ビスマルクが国家による絶対主義を崇拝していることは、いまや世論と参政権の拡大のもとに覆い隠された。ラッサールとその信奉者はその罠に喜んでまともにはまってしまったらしい。

ビスマルクからの弾圧

幸い、マルクスとエンゲルスには、ラッサールによるビスマルク妥協策に対抗できる党があった。

もしくはそう考えた。鉄道、道路、海運業のインフラ整備の巨大プロジェクトが、化学、金属、電気産業のいちじるしい進歩とともに、十九世紀後半に都市部で前例のない労働者階級の拡大を引き起こした。これはルール川流域が活況を呈した時代だった。工場の生産ラインや、広大な鋳物工場、カルテル、四大銀行――ドイツ銀行、ドレスナー銀行、ダルムシュタット銀行、ディスコント・ゲゼルシャフト――を後ろ盾にした株式会社などである。大規模な産業化と都市化が進むとともに、ベルリン、ミュンヘン、ハンブルク、フランクフルトの人口過密の労働者地区で、急進派の政策が新たに支持されるようになった。一八六九年には、これらの有権者はアイゼナハでアウグスト・ベーベルとヴィルヘルム・リープクネヒトが創設したドイツ社会民主労働党において発言力をもつようになった。アイゼナハの党は中道的な中流階級の党と提携することに反対し、プロイセンの拡大に疑念をもち、明らかにマルクス主義的なアプローチで社会主義を奉じていることもあって、マルクスとエンゲルスは同党をこよなく誇りに思い、インターナショナルの理想を最も正統なかたちで、実際的に具現化するものと見なした。イギリスの労働者階級運動を蝕む怠惰さもなければ、フランス人やベルギー人に見られるプルードン主義との混同や、スペインとイタリアにはびこるバクーニン主義の悪影響もなかった。もちろん、〔科学的社会主義の〕創始者たちは、アイゼナハ派が間違った方向に進んでいると思われる点についてはすぐに指摘したし、民主的な党の運営に必然的に伴うさまざまな妥協に関連して、リープクネヒトにはとくに難題を突きつけることが多かった。彼らの批判は一八七五年に頂点に達した。ゴータの会議でリープクネヒトがドイツ社会主義労働党（Sozialistiche Arbeiterpartei Deutschland／SAPD）の旗印のもとで、アイゼナハ派をラッサールの全ドイツ労働者協会と合併させたときのことだ。

リージェンツ・パーク・ロードで、エンゲルスは懐疑的になっていた。マルクスが辛辣な『ゴータ綱領批判』を執筆し、アイゼナハ派が騙されたラッサール派のごまかしを一つひとつ強調するあいだ、エンゲルスはベーベルが労働組合主義への肩入れをやめ、「賃金の鉄則」という欠陥のある考えを受け入れ、社会・政治的不平等を撤廃するという空想的な戯言を支持したことを厳しく批判した。自由奔放で上流生活をこよなく愛するエンゲルスは、決して平等主義ではなかった。「生活水準というものはつねになんらかの不平等を明らかにするものであり、それは最小限に縮められるかもしれないが、決してなくなりはしない。山奥の住民の生活水準は平野部の人間の水準とはいつまでも異なるだろう。社会主義の社会を平等な世界とする概念は、一方的なフランス流の概念だ」。ラッサール主義に浅ましく追従するリープクネヒトが、イデオロギー的に束縛されまいとする兆候を示したため、エンゲルスは尊大な態度でベーベルにこう警告した。「マルクスと私はそのような根拠による新党の結成は認めることはできないし、それにたいしてどんな態度を——公的にも私的にも——とるべきか、きわめて真剣に検討しなければならないだろう。国外ではわれわれが、ドイツ社会民主労働党のありとあらゆる声明と活動に責任をもたされていることを忘れないでくれ」。彼らは自分たちの激しい怒りのほとんどを、「統一を達成し、そのためにはどんな代償も払おうと」切羽詰まっていて、事前に相談しなかったリープクネヒトに向けた。[*33]

ビスマルクはこの組織化され統一された社会主義の亡霊にひどく動揺した。そして皇帝ヴィルヘルム一世の二度の暗殺未遂事件は、運動を鎮圧するのに彼が必要としていた口実をちょうど与えるものとなった。一八七八年に彼は悪名高い抑圧的な社会主義者鎮圧法《ゾツィアリステンゲゼッツ》を導入し、「社会民主主義、社会主義、あるいは共産主義の活動によって既存の政治・社会秩序を覆そうとする」あらゆる組織を禁止した。社会民主主義者は個人として選挙に自由に立候補することはできたが、社会主義者鎮圧法はあらゆる集会と出版を禁じ、労働組合を非合法化し、党員は職場から即座に追放されるようにし、ＳＡＰ

Dの組織を非合法であると宣言した。必然的にこの国家による迫害の嵐は、党員を急進的に変えただけでなく、きわめて効果的な地下組織も生みだすことになった。エンゲルスは投獄された活動家とその家族に深い同情の意を示し（財政的に援助し）たが、この度を超えた弾圧が引き起こした政治的結果には喜んでおり、それによってSAPDをその結成時に伴った数々の妥協から左傾化させられるだろうと期待した。「ビスマルク氏は七年のあいだ、まるでこちらが礼金を支払っているかのように、われわれのために働いてくれ、いまや社会主義の到来を早めるための申し出を手控えることができないようだ」と、彼はロシアの通信員ピョートル・ラヴロフに書いた。[*34] エンゲルスの頭のなかでは、ビスマルクはツークツワンクの手詰まり、つまりどんな手を打っても自滅を早めるばかりであるチェスの局面に陥っているのだった。「ドイツでは、われわれは幸いにも敵側のあらゆる行動がこちら側に有利になる段階に達した」と、彼はベーベルに語った。「すべての歴史的な力がこちらの思いどおりに展開し、何事も、まったく何一つ、そこからわれわれが利益を得ずには起こりえない状況だ……。ビスマルクはまるで本当にトロイ人のように、われわれのために働いている」。最初の果実が落ちてきたのは一八八一年十月の選挙で、社会民主主義者がおおむね都市部で三一万二〇〇〇票を獲得し、国会で一二議席を占めたときだった。「プロレタリアートがこれほど見事な振る舞いを見せたことは、いまだかつてない」と、エンゲルスは断言した。「ドイツでは先例のない迫害と容赦ない圧力を受け、その間どんな形態の公共団体も結成できず、連絡すらまったくとれなかったが、そのような三年間のあと、われわれの仲間が戻ってきた。かつての力を漲らせているだけでなく、実際には以前にもまして強くなって」[*35]。喜ばしいことに、ドイツの労働者階級はついにフランスやイギリスからプロレタリアの主導権を取り返したのである。

しかし、この目覚ましい進展にすらそれ自体の危険が含まれていた。選挙での快挙は政治的権力を戦闘的な草の根の人びとから、合法的な、往々にして中流階級の議会中心の指導部へと傾けることになり、急進的な考えよりも改革主義に感化されやすくなる危険があったからだ。「ドイツの大衆のほうが、指導者たちよりもはるかによい」と、つねづね主張しつづけたエンゲルスは、国会議員グループからの発表に、意志薄弱な日和見主義の兆しがないか入念に調べるようになった。リージェンツ・パーク・ロードの幹部会からはときには連日にわたって、特定の論争においてどのような政治的立場をとるべきか、それぞれの法案にどう投票すべきか（保護関税からシュレスヴィヒ＝ホルシュタイン運河の些細な問題にまでわたり、エンゲルスはこの運河は九メートルでは浅すぎると決めつけた）の指示がだされた。そうした極端なマイクロマネージメントを実施したため、エンゲルスは「革命的な状況に駆り立てられて、プロレタリアートが『度を超える』のではないかとおびえているプチ・ブルジョワの代表たちの声に」神経を尖らせつづけた。みずからのブルジョワ的経歴を隠そうと気を配りつつ、エンゲルスは階級闘争が運動の基礎でありつづけるべきだと断固として主張した。「労働者階級の解放は労働者階級自体によって達成されなければならない」[*36]。そこで彼とマルクスは、一八八〇年にスイスのヴァイデン城でひそかに開かれた社会民主主義会議で、SAPDが国会の改革主義から揺り戻され、「あらゆる手を尽くす」革命的闘争に再び専念することになったときには、大いに安堵した。

有能な証券投資家

エンゲルスは一八七〇年代の大半を、彼のもう一つの生計手段にかかわって過ごした。エルメン＆エンゲルス商会を退職したとき、彼がもらった現金や株式である。もはや綿業王ではなくなったが、今度はマルクス主義が類型的悪党とするタイプ、すなわち金利生活者に変身を遂げていた。たまたま、彼は非常に好都合な時期を選んでいた。イギリス経済は、エンゲルスが北部から南部へ移動したのを反映するように、その利益の中心地を産業地帯の北部から、金融サービス部門のあるロンドンのシティに移行していた。経済史学者は十九世紀末の三〇年余りに、農業が不作で価格が下落した時期を〈大不況〉と呼んできた。しかし、定収入のある人びとにとっては、これは好況時代だった。「当地でわれわれはいま繁栄と好景気の真っ只中にいる」と、エンゲルスは一八七一年に『デア・フォルクシュタート』紙に書いた。「市場には余剰の資本があり、どこでも儲け口を求めている。人類に幸福を与え起業家を潤すために設立されたインチキ会社がキノコのように続々と出現している。鉱山、アスファルト採掘場、大都市の馬車鉄道、および鉄工所が現在のところ最も好まれているようだ」[*37]。エンゲルスは、〔アンソニー・〕トロロープの才気あふれる小説『いまの暮らし方』に描かれたようなロンドンで豊かに暮らしていた。株式による資本主義の都市と騒々しい証券取引所、国際的金融家の面々は、トロロープが描いた風変わりな詐欺師オーガスタス・メルモットによって見事に体現されている。メルモットは「株式を売買することで、どんな会社を興すことも潰すこともでき、自分の好きなようにお金を尊いものにも、安いものにもすることができた」。それは無数にある商業、金融、運輸、保険、不動産の会社を根城とする黒っぽい服を着た事務員軍団がいるロンドンだった。マルクス主義の用語で言えば、イギリス経済は独占資本主義のより凝縮した形態へ移行する途上にあった。「〈会社設立《フローティング》〉——大きな個人商店を有限会社に変えること——は、この一〇年余り常態化している」と、エンゲルスは一八八一年に報告した。「シティにあるマンチェスターの大型倉庫から、ウェールズや北部の鉄工所や炭坑、ランカシャーの工場にいたるまで、何もかもが会社として設立されたか、されつつある」[*38]。そしてこの株式市場で新株発行の結果生みだされた余剰資本は、まもなく世界中で利用されることになった。帝国時代のロンドンは、「世界の手形交換所」となり、ペルーの鉄道やリスボンの馬車鉄道、〔オーストラリアの〕ニューサウスウェールズの鉱山、インドの茶の大農園などに資金を提供していた。一八七〇年から一九一四年のあいだに、イギリスは世界の外国投資の四四%(フランスの一九・九%、ドイツの一二・八%にたいし)を占めるようになり、帝国内の主要なインフラ整備プロジェクトや採掘産業に益々多くの比率が割り当てられるようになった。「イギリスは競争力のある経済というよりは、寄生的な存在になりつつあった」と、エリック・ホブズボームは表現する。「世界市場の独占の名残や、発展途上地域、過去の蓄財、およびライバル国の台頭によって生き延びている……。予言者たちはすでに——そして外れることなく——この経済の衰退と崩壊を予測していた。いまやサリー州とサセックス州の株式仲買人ベルト地帯にある田舎の邸宅《カントリーハウス》によって象徴され、もはや煙の立ち込める地方都市にいる厳つい顔をした男たちによって代表されるわけではなくなった経済である*39」

プリムローズ・ヒルはサリー州からやや離れていたが、エンゲルスは間違いなくこの帝国主義資本家で、株式仲買人の集団の一員だった。矛盾は、工場を辞めた最後の日で終わったわけではなかった。「僕もまた株を保有し、ときおりそれを売り買いしている」と、エンゲルスはエドゥアルト・ベルンシュタインに語ってから、ドイツの亡命中の社会民主主義者による新聞『デア・ゾツィアルデモクラット』に金融専門のページを設けるべきかという、いくらかシュールな議論を始めた。マルクスと同様、エンゲルスは『エコノミスト』を熟読するほうを好んだ。「こうした運用について社会主義の新聞に助言を求めるほど、僕は単純ではない。そんなことをする者は誰でも手痛い目に遭うだろうし、それは当然の報いだ!」エンゲルス自身の株のポートフォリオは、品揃えも豊富で利益の上がるものだった。彼の遺言からは、二万二六〇〇ポンド相当の持ち株(今日の貨幣に換算すれば約二二〇万ポンド)があったことがわかっており、ロンドン・アンド・ノースイースタン鉄道会社、サウス・メトロポリタン・ガス会社、英仏海峡トンネル会社の株のほか、いくつかの帝国関連の投資すら含まれていた。とくに注目すべきは〔世界初の投資信託と言われる〕フォーリン・アンド・コロニアル・ガヴァメント・トラスト・カンパニーの株である[*40]。

　幸いにも、証券取引への投資は、思想面からも健全なものと見なされていた。「証券取引にたいする抗議をプチ・ブルジョワ的と表現することについては、君は正しい」と、彼はもったいぶってベーベルに告げた。「証券取引は労働者階級からすでに盗まれた剰余価値の配分を調整するに過ぎない」。むしろ、証券取引は資本を中央に集中させる傾向があるので、これは本質的に革命の目的にかなうものだった。「それならどんな愚か者でも、いまの経済がどこへ向かうのかを見ることができるからだ」。人はその明白な非道ぶりの先を見通さなければならず、他者の搾取のうえに間接的に暮らすことに恥ずべき点はないことに気づくべきなのだった。「人は証券取引人であるのと同時に、社会主義者にもなれるのであり、それゆえに証券取引人の階級を嫌い蔑むことにもまったく問題がない」。もちろん、エンゲルスは矛盾に満ちた人生はよく知っていた。「自分がかつて工場主たちの会社の共同経営者であった事実について、謝罪すべきだなどと思いいたった試しがあろうか？　その件で僕を責めようとする人間は誰でも、手厚くもてなされるだろう[*41]！」

　いつもながら、問題は税引後の利潤で何をしたかであった。「われわれ貧しい金利生活者は出血させられている」と、エンゲルスは以前に大蔵省の取り分に文句を言ったことがあったが、彼は党の理念にも、個人的な問題にも同じように申し分なく寛大でありつづけた。マルクスへの最低三五〇ポンドの年間補助金に加え、エンゲルスは知り合いであるマンチェスターの工場現場監督ユージーン・デュポンの子供たちの教育費も支払ったし、ソーホーに住む貧しい社会主義者の葬儀費用も負担した。党の機関紙や亡命者のための慈善事業も定期的に支援した。残念なことに、エンゲルスの博愛精神は、彼が最も愛した人びとによってたびたび乱用されていた。彼の弱点はいつもマルクス家の娘たちで、

大いに甘やかされたラウラ・マルクス
(Bridgeman Art Library, London/Roger-Viollet, Paris)

彼女らをさまざまなかたちで裏切ったパートナーたちもやはりそれをよく心得ていた。なかでも最悪であったのが、ラウラ・マルクスの夫のポール・ラファルグだった。医者からプルードン主義者になり、インターナショナルの総評議会のメンバーになった人物だ。スペインでバクーニン主義にたいする闘争でエンゲルスの支援をしたラファルグは、ロンドンに戻ると、のちに『怠けの権利』という小冊子を執筆することになる人物だけあって、自分が説教する内容を実践するようになった。本腰を入れずに創設しようとしたフォトリソグラフィーの工房が、投資家を集められないまますぐに倒産したため、ラファルグは当然のようにエンゲルスおじを頼った。「何度か多額の金を信用貸ししていただいたばかりで、再びしつこくお願いすることを恥じています。しかし、借金を清算し、自分の発明を後押しできるようにするには、六〇ポンドの金額を手に入れることが不可欠なのです」と、彼は一八七五年六月に有無を言わせぬ調子で書いた。ラファルグにとっては幸運なことに、エンゲルスは彼の知性と弁護手腕をかなり高く買っていただけでなく、この自信過剰で強情、かつ官能的な若者へますます親愛の情をいだくようになっていた。一方、ラファルグも自分の厳格な義父に対抗する慈愛にあふれた存在として、より心の広いエンゲルスとの親交を楽しんだ。「シャンパンの瓶を開封する偉大な首切り人で、エールやその他の混ぜ物をした屑飲料を底なしに飲む、スペイン人たちの秘書殿。ご挨拶を申しあげます。善良な大酒盛りの神がお見守りくださいますように」と、ラファルグからの手紙は、通常からかうような書き出しで始まり、そのあとにこんな問いかけがつづいた。「バーンズ夫人は、私がボルドーで購入したベニョワール〔浴槽〕で入浴なさっているでしょうか？　はらわたで燃える火を鎮めてくれるかもしれないあの代物で？」

たいていの場合、こうした手紙は次のように終わっていた。「大家に払うためにさらに五〇ポンドが必要となります」。それから家賃や税金、光熱費、さらには下着に関する要求にまで言及していた。「お送りくださった紙幣は、砂漠の真っ只中で天から授かった食べ物《マナ》のようでした」。ラファルグは（カール・マルクスとよく似た口調で）一八八二年に、社会主義の政治運動のために戻ったパリからそう書いた。「あいにくわれわれはそれを永久に保ちつづけることはできませんでした。ラウラにいくらか下着を買ってやらねばならないので、もう少しお金を送ってくださるようお願い申しあげます」。しかし、一八八八年に彼が「ワインのせいで生じた差額を埋めるために」一五ポンドの小切手を送るようエンゲルスに頼んだときには、明らかに図に乗りすぎていた。[42] それでも、エンゲルスはマルクスの娘たちの頼みはまず断れなかった。作家志望の娘たちを甘やかし、夫たちの保証人になり、舞台女優になるというトゥシーの失敗に終わった冒険すら支援した。「あの娘《こ》は相当な沈着さを見せ、なかなか魅力的に見えた」と、彼はマルクスに誇らしげに報告した。「本当に世間で名を成したいのであれば、間違いなく彼女ならではの名台詞を生みださなければならない。彼女ならうまくやり遂げるだろう」[43] しかし、エンゲルスが自分のお金を使って本当に楽しんだのは、リジーとマルクス一家とともにイギリスの海辺にでかけ、家族の休暇を過ごすために支払うことだった。「景気づけに駅でポートワインを一杯やったあと、彼女〔イェニー・マルクス〕とリジーは砂浜でぶらぶらし、手紙を書かずにすむことを喜んでいた」[44] と、エンゲルスは一八七六年の夏に、ラムズゲート旅行に加わらなかったマルクスに報告している。

エンゲルス夫人の死

リジー・バーンズ。唯一のフリードリヒ・エンゲルス夫人は、「純粋なアイルランドのプロレタリアの血筋」で、「自分の階級にたいする情熱」をもっていた（Working Class Movement Library, Salford）

潮風を浴びることは、休暇でくつろぐのと同じくらい療養目的でもあった。リジーは調子のよいときでも虚弱な体質であり、一八七〇年代末には喘息、座骨神経痛、膀胱の悪性腫瘍に冒されていた。一八七八年の夏には、エンゲルスは彼女を海辺まで連れてゆけないのではないかと案じた。「先週、彼女はほとんどベッドで寝たきりだった。状況はきわめて深刻で、ひどくまずい結果になりかねない」と、彼は共通の友人のフィリップ・パウリに書いた[*45]。リジーが衰弱していくこうした暗い晩年に、エンゲルスは手厚く看護する人間であることを示し、彼女のちょっとした要求にも応じ、家事を手伝った。しかし、彼は避けられない運命に抵抗していたのであり、一八七八年の九月十一日の晩には、リジーは死に瀕していた。そのとき、予測もしなかった何やら感動的な事態が起きた。名だたる唯物論者で無神論者であり、ブルジョワ的家族の価値観を鋭く非難してきたエンゲルスが、大急ぎで角を曲がり、セントマークス教会まで行って、W・B・ギャロウェイ牧師を呼んできたのだ。リジーは長年、「ミセス・エンゲルス」として認められてきたものの、彼女の最後の願いは、一五年にわたる関係を神の前で、自分の創造主に会う前に認可してもらうことだった。リージェンツ・パーク・ロードの上階のベッドに瀕死の状態で横たわりながら、彼女とエンゲルスは英国国教会の儀式に則った結婚特別許可によって夫婦となった。それはエンゲルスが思想上の純粋さよりもリジーの願望を優先した、きわめて稀な、愛情に満ちた瞬間だった。彼が心から愛した妻は翌朝午前一時半に息を引きとり、「リディア」として——墓石にケルト十字まで添えられて——ロンドン北西部のローマ・カトリックのセントメアリー墓地に埋葬された。彼女の死は、メアリーが倒れたときにくらべれば突然ではなく、エンゲルスは伴侶の死にはるかに冷静であったように見えた。そして——最後は正式に結婚していたためか、またおそらく彼自身の口やかましい母親がもはや他界していたためか——メアリーの死に際しては省略した正式の死亡通知を、今回は送っても構わないと彼は感じた。「昨晩、妻リディア、旧姓バーンズを死によって失ったことを、ここにドイツの友人諸君にお知らせします」*46

今回、少なくとも表向きには、マルクスは友人の悲しみに関することで非礼を働くことはなかった。しかし、内輪では、リジーの死から数日後にイェニーに送った手紙のなかで、彼はエンゲルスとその無学のアイルランドの愛人を意地悪くからかっていた。

> トゥシーとレンショー夫人〔リジーとエンゲルスの友人〕、パンプス……が故人のがらくたを整理していたとき、レンショー夫人がなかなから小さな手紙の束を見つけ、その場に居合わせたチッティ氏〔エンゲルス〕に手渡そうとした。「いや」と、彼は言い、「焼いてくれ！　彼女の手紙を見る必要はない。僕を欺いたりできなかったのは知っている」。フィガロに（私の言うのはボーマルシェ作の本物のフィガロのことだが）そんなことが証明《トゥルーヴ・スラ》できただろうか？　レンショー夫人はあとからトゥシーにこう言っている。「もちろん、彼女の手紙は彼が書いてやらなければならなかったし、彼女がもらった手紙は読んでやらなければならなかったから、あの手紙の束は彼にとってなんら秘密のものではないとかなり確信していたんでしょう。でも、彼女にとっては、秘密があったか

もしれないわ[47]」

しかし、マルクスの笑いの本当の対象は、リジーの姪のパンプスだった。メアリー・エレン・バーンズは、ドジな道化師のようにエンゲルスの暮らしに取り残されて舞台に登場する。彼女は表向きは軽い気晴らしを与えていたが、実際には周囲のすべての人にとってとてつもない頭痛の種となった。ヘーゲルが歴史に関して悲劇と茶番として述べていたとエンゲルスが考えたすべてが、この「酔いどれの魅惑者」で「愛想のよい飲んべえ」であるパンプスの性格のなかに体現されている。貧しい一〇人きょうだいの長子であったバーンズ姉妹のこの姪は、もともと一八六〇年代なかばに家事手伝いのためにリジーに引き取られた。かわいらしく、浮ついていたところがあり、気まぐれな娘である彼女は、エンゲルスらと一緒に南部に引っ越してきてから、一八七五年に花嫁学校へ通うためにハイデルベルクへ（エンゲルスが費用を負担して）送られた。一八七七年に、大いに自意識過剰になってロンドンに戻ってくると、パンプスは病身のリジーの手伝いとして家事の切り盛りをするのを拒み、マンチェスターにいる両親のもとへ拗ねて帰ってしまった。弟の魚屋で汗をかき、悪臭を嗅ぎながら働く現実に直面して、たちまち自分の選択を見直した彼女は、一八七八年の春にこっそりと南部へ戻ってきた[48]。

リジーの死は、パンプスにリージェンツ・パーク・ロードの支配権を手に入れる好機を与えた。彼女は「すでに五ギニーの喪服を着て、行動はおろか、君臨する王妃《プランセス・レニャント》然としたそぶりまで身につけている」と、マルクスはリジーが永眠して四日後に不機嫌に書いた。「しかしこの喪服は、彼女のお粗末な思いつきによる歓喜を増すばかりだった[49]」。いまや家政婦としての立場を固めた彼女は、マルクスにしてみれば常時厄介な存在であった。それでも、彼女からはマルクスのもとにも一定の噂話が流れつづけてきた。というのも、一二二番地を通り過ぎる社会主義者のうち、彼女の快活な魅力に惑わされない人間はほとんどいなかったからだ。「われわれの仲間のあいだでは何かしら起きている」と、マルクスは娘のイェニー・ロンゲに一八八一年に書いた。「パンプスはまだ〔ケルン労働者協会のフリードリヒ・〕ボイストからの知らせを待っている。その間にも、〔カール・〕〈カウツキー〉に色目を使っていたが、この男はまだ宣言してはいないので、彼女は〔カール〕・ヒルシュが事実上宣言をしただけでなく、断ったあとも、パリへ戻る直前に再び宣言し直してくれたことを、ありがたく思いつづけるだろう」。一カ月後、別の求愛者が嗅ぎ回るようになった。「ハルトマン〔社会主義の亡命者〕は先週の金曜日ニューヨークに向けて出発した。彼が安全な場所に移ったことを私は喜んでいる」と、マルクスはイェニーに近況報告をした。「だが、間抜けなことに、出発の数日前に、彼はエンゲルスにパンプスを妻にもらいたいと願いでたのだ。しかもこれは書面によってであり、同時に自分はそうすることでなんら間違いを犯してはいないと信じていると告げているのだ。アリアス〔原文ママ〕、彼（ハルトマン）はパンプスが自分（ハルトマン）を受け入れてくれるものと信じていたのだ。あの娘は確かにいくらか彼の気を引こうとしていたが、あれはただカウツキーを動揺させるためだったのだ」[*50]

やたらに求婚され、芝居がかった振る舞いをするとはいえ、パンプスはかわいい若い娘であり、彼女の女性的魅力は、おそらくエンゲルスが耐えなければならないばか騒ぎにも勝っていたのだろう。彼女はまた、バーンズ姉妹やマンチェスター時代の過去との生きたつながりでもあった。あいにく、パンプスは愛情を示すことについては少々気前がよすぎて、パーシー・ロッシャーというロンドンのろくでなし男に誘惑されてしまった。エンゲルスはイデオロギー面からブルジョワ的結婚生活の偽善にたいする嫌悪感を大いに表明していたものの、ロッシャーにはけじめをつけさせ、彼女と結婚させた。しかし、その後の年月のあいだ、責任を取らねばならなかったのはエンゲルス自身だった。羽振りの悪い公認会計士であったロッシャーは、マルクスとエンゲルスの周囲にいたほかの不運な義理の息子たちと同様の心づもりでいたようだ。年長者たちから養ってもらう権利があるという確信である。彼は一八八一年に、パンプスをエンゲルスから引き取ったが、喧嘩の絶えない夫婦はまもなく日曜ごとに訪ねてくる常連となり（少なくともこれはエンゲルスを喜ばせ、パンプスの増えつづける家族にたいし、祖父代わりになった）、リージェンツ・パーク・ロードに頻繁に戻ってきて、何日間も滞在するようになった。それでも、パンプスの若い娘ならではの騒々しい行動は、リジーを亡くしたあとの落ち込みからエンゲルスを救いだすうえで役立った。一八七九年の夏には、エンゲルスは本来の自分を取り戻し、マルクスに思わせぶりに、「たまには永遠の女性を振り捨てて、一週間か二週間、どこかへ独身者になりにゆく」のはよい考えだと思わないかと尋ねた。*51

ロシア革命の可能性と期待

エンゲルスは健康を回復すると、共産主義の戦略家としての立場に戻り、バクーニン主義者とラッサール派の異端者の最後の牙城を見つけだし、リープクネヒトとベーベルの活動を監視した。彼はまたロシアで革命が起こる見込みについても、関心を向けるようになった。一八四〇年代にパリで過ごした草創期から、マルクスとエンゲルスはプロレタリア革命を、産業と経済がある程度のレベルに達し、それにつづいて階級意識、階級闘争、および変化をもたらすその他あらゆる前触れがもたらされることで偶発的に生じるものだと考えていた。いちじるしく発展途上の帝政ロシア――あの反動的で封建的な自給自足経済――はとうていその候補地には思えなかった。それでも、つねづね楽観主義であったエンゲルスは、一八七四年にロシア革命を「表面的に現われている以上にはるかに迫っている」と考えた。一年後にはそれは「近い将来」になり、一八八五年には「いずれそのうち、勃発するのは必至である。いつ起こるやもしれない」と確信していた。[*52]

マルクスとエンゲルス、およびロシアのマルクス主義運動全体を悩ませた問題は、革命がどのような形態をとるのかであった。十九世紀末の数十年間には、この問題に関して二つの思想の学派があった。一つ目は、ゲオルギー・プレハーノフが率いる労働解放団のもとで、正統派の路線に沿って、ロシアは西欧の漸進的産業化、労働者階級の貧困化、そして階級意識の発達という過程をたどらなければ、プロレタリア革命は起こりえない（それが結局は、ロシアの小作農の大衆によって支援される）と主張するものだった。二つ目のアプローチは、ナロードニキもしくは〈大衆主義者〉が採用したもので、ニコライ・チェルヌイシェフスキーの著作に感化され、ロシアにはオプシチナとして知られる独特な原始的村社会の伝統があり、それは別の道筋を通って社会主義に到達できることを意味すると示唆するものだった。西洋の資本主義のもとでの移行という恐ろしい事態に耐えるよりは、それなら――とくに若干のテロ的な暴動に誘発されれば――共同土地所有、共同生産関係と基本的な農業社会主義の伝統にもとづいて築かれた、共産主義の将来に向かって加速させることができるだろう。アレクサンドル・ゲルツェンとピョートル・トカチョーフは、ロシアの小作農は実際には、社会主義によって選ばれた民で、生まれながらの共産主義者であり、不精なヨーロッパ人に取って代わることを運命づけられているとすら考えるようになった。

それ以前には、マルクスとエンゲルスは農村部の共同生活の形態などは、まるで眼中になかった。インドやアジアだけでなく、アイルランドに関する著作物においてすら、彼らは村の共同体を「東洋的専制政治」に付属する後進的なもので、社会主義に向かう地球規模の行進を遅らせる時代錯誤のものとして非難していた。しかし、一八七〇年代になって、西欧における革命の見込みが薄れ、どちらも人間の古代史への関心が強まるにつれて（とくにアメリカの人類学者ルイス・ヘンリー・モーガンが一八七七年に発表した影響力のある研究『古代社会、または野蛮から未開を経て文明へとたどる人類の進歩の道筋に関する研究』で彼らが読んだ氏族や部族、共同体的な暮らしの時代)、彼らは原始共産制の政治的な可能性について見直すようになった。反スラヴ的偏見を捨てて、エンゲルスは急にロシア型の革命はもはや無視すべきではないと考えるようになった。「この形態の社会をより高度なものへ押しあげる可能性は紛れもなく存在する」と、彼は一八七五年の小論に書いた。「ロシアの小作農にとっては、ブルジョワ的な小自作農という中間段階を経る必要もない」。そこには一つの条件があった。「しかしながら、これが起こりうるのは、共同所有の形態が完全に崩壊する前に、西欧でプロレタリア革命が成功して、ロシアの小作農がそのような移行をするために不可欠な前提条件が生みだされた場合のみである[*53]」

マルクスとエンゲルスは一八八二年に出版された『共産主義者宣言』のロシア語版第二版の序文で、この手順をさらに書き改めている。「ロシア革命が西洋におけるプロレタリア革命の前兆となり、それによって両者が相互に補えれば、現在のロシアにおける土地の共有制は、共産主義の発展のための出発点となりうるかもしれない」。マルクスはロシアの社会主義者ヴェーラ・ザスーリチ宛の手紙で、限りなく書き直されながら、結局送られずじまいになった書簡のなかで、再びそれを指摘している。

理論的に言えば、ロシアの「田舎のコミューン」は、それが基盤とする土地の共有権を発展させることで、またそれがやはり示唆する私的所有の原則を排除することによって、共同体そのものを保存することができます。それは近代社会が進んでゆく方向の経済制度へまっすぐに向かう出発点となりうるのです。自殺から始めることなく再出発できるわけです。資本主義体制をくぐり抜けることなく、手に入れられるのです。しかも、資本主義の生産が人類を豊かにした果実を、資本主義体制ときたら、それが継続しうる期間という観点からのみ考えれば、社会の歴史のなかでほとんど取るに足らないものなのです。[*54]

マルクスは明らかに晩年には、資本主義による社会経済的進歩の統一過程がすべての民族に当てはまるという論点を、強調しなくなっていたのだ。しかし、エンゲルスはこうした考え直しを残念に思い、二人のあいだの哲学的相違が明らかになるわずかな例のなかで、当初のマルクス主義の理論的枠組に立ち戻っている。自分の良識に逆らって、一度はナロードニキのカリスマ性に惹かれ、帝政ロシアをひどく反動的な専制政治だと見なし、ブランキ主義のテロリズムですら革命を起こすためには正当化されるかもしれないと考えたこともあった。だが、一八八〇年代が過ぎるにつれ、いまや着実に産業化しているロシアの社会は、イギリスやドイツ、アメリカとなんら変わりがなく、まったく同じ経済的発展の悲惨な過程を経ねばならないのではないかと、エンゲルスはますます確信するようになった。「残念ながらオプシチナ［コミューン］は過去の夢として扱い、将来においては資本主義のロシアを考慮しなければならないだろうと思う」と、彼は『資本論』をロシア語に翻訳したニコライ・ダニエリソーンに語った。[*55]何百年ものあいだ存続してきたロシアのコミューンは、前向きに発展する気配はほとんどなく、現実には小作農の進歩の「足枷」となっているのだった。そのうえ、彼はこのころには共産主義革命が「西欧のプロレタリアートの闘争からではなく、ロシアの小作農のいちばんの奥地から生ずる」かもしれないという考えを、「子供じみている」として退けるようになった。「経済的に低い発達段階では、まだ生じていないか、はるかに高い段階になるまで生じえない謎や衝突を解決することは、歴史的に起こりえない」のであった。[*56]

ロシアのマルクス主義者にその歴史的な難問を理解してもらうために、彼は初期の空想的社会主義者ロバート・オーエンの経験と対比させた。オーエンが一八二〇年代にニューラナークの工場で雇っていた作業員は、オプシチナにいるロシアの小作農のように、「崩壊しつつある共産主義的キリスト教徒の社会、すなわちケルト系スコットランドの氏族の制度や慣習のうえに育ってきた」が、彼らは社会主義の原理についてはまったく理解していない[57]。ロシアはただコミューン経由で社会主義にいたる近道はないことを受け入れ、歴史ののろく苦しい行進のもとに屈するよりほかはないのであった。先見の明のあった予言の一つで、エンゲルスは次のように予測した。ロシアで「五〇〇万人ほどの土地所有者と八〇〇〇万の小作農が新たなブルジョワ土地所有者階級に駆逐されるプロセスは、恐怖の苦しみと動乱のもとでしか実施できない。だが、歴史はあらゆる女神のうちで最も残虐なものとも言え、戦争のときだけでなく、平和な経済発展においても、その凱旋車を率いて屍の山を越える[58]」

盟友マルクスの死

マルクスもエンゲルスも、一九一七年のロシアの残虐な動乱とその後の事態を目撃するまで長生きはしなかった。六十代に差し掛かったところで、ロンドンの老人たちに死が忍び寄った。一八八一年の夏にはイェニー・マルクスは癌の圧力を受けて見るからに衰弱しており、十二月二日についに力尽きた。生涯最期の三週間は、彼女の「野生の黒イノシシ」であり、「イカサマ師」であり、「ムーア」と無情にも別れて過ごさなければならなかった。マルクスは激しい気管支炎と胸膜炎を患って、病室に閉じ込められていたためだ。マルクスは、ロンドン北部のハイゲート墓地の、神に捧げられていない一画で行なわれた妻の葬儀にも参列できなかった。彼女が「無宗教の唯物論」を「完全に確信」していたことを惜しみなくたたえる弔辞を述べる役割は、エンゲルスに任され、そこでこう言明した。「彼女の大胆ながら慎重な助言が、自慢にならない程度に大胆で、名誉を損なうほどでもなく慎重であったことを、たびたび懐かしく思いだすことでしょう」[*59]
マルクスもまもなく彼女の後を追うように世を去った。一八七〇年代の後半には、頭痛から癰《よう》や不眠症、腎臓と肝臓の障害まで、一連の病気によってどんどん具合が悪くなり、最後には治癒できないカタルに罹った。これらが身体に深刻な苦痛を与えたのは間違いないが、心因性の症状がぶり返した可能性もあった。マルクスは『資本論』の第二巻と三巻を仕上げてはおらず、それ以前の著作でもそうであったように、書く量が少なくなればなるほど、ほかの話題（アジアの原始的コミューンなど）に気をそらされるようになり、彼の身体も急速に衰えていった。『資本論』の経済学がもはや信用できなく思われたためか、共産主義の政治的な可能性が現実的になったせいか、マルクスは自分の哲学的大プロジェクトからひそかに逃避していたようだった。彼は肝臓障害の治療で（チェコの）カルロヴィ・ヴァリにたびたび湯治に行ったり、ワイト島で鉄分の多い温暖な潮風を浴びたりするようになった。イェニーの死後は、保養地探しが一段と急務になった。暖かく乾燥した気候が、気管支炎を鎮めるにはどうしても必要であったからだ。病気が重くなったことの確かな兆候として、彼はこのとき初めてエンゲルスがそばにいることに気詰まりを覚えるようになった。「エンゲルスの興奮ぶりが、じつは私を苛立たせた」と、彼は娘のイェニー・ロンゲに書いた。「もう我慢はならないと感じた。だから、どんな条件であれ、ロンドンから離れることを切望している！」[*60] 彼はアルジェからモンテカルロ、フランス、スイスへと移り歩き、行く先々で悪天候に見舞われた。気管支炎は慢性的になった。やがて一八八三年一月にさらなる打撃がやってきた。娘のイェニー・ロンゲが膀胱癌で死去したのだ。マルクスは家に帰った。

一八八三年初めの惨めな冬には、毎日午後になるとエンゲルスがリージェンツ・パーク・ロードからわずかな距離を歩いてメイトランド・パーク・ロードまで、生涯の友を見舞う姿が見られた。一八八三年三月十四日午後二時半に、彼が「到着すると家中が涙に暮れていた」。どうやら最期が近いようだった。どうしたのかと僕は尋ね、状況を把握し、慰めの言葉をかけようとした。出血はわずかだったが、彼は突然、急速に衰え始めていた。母親が子供の面倒を見るよりも甲斐がいしく彼の世話をしていた善良なレンヒェンが、上階に上がって彼の様子を見てから下りてきた。なかば眠っているので、なかに入ってもよいと彼女は言った。僕らが部屋に入ると、彼はそこで眠っていたが、二度と目を覚ますことはなかった。彼の脈と呼吸は止まった。その二分のあいだに、彼は安らかに、痛みもなく逝った。[*61]

マルクスの死とともに、エンゲルスのいちばんの親友だけでなく、西洋哲学上の最大の知的パートナーシップも失われた。「君にとっては、通常の喪失、あるいは家族の死ではない」と、エンゲルスの古いチャーティスト時代の仲間ジュリアン・ハーニーが彼に書いている。「君の友情と献身、彼の愛情と信頼は、カール・マルクスとフリードリヒ・エンゲルスの兄弟のような結びつきを、ほかの誰にも例を見ないものにまで押しあげた。二人のあいだに女の愛を超える結びつきがあったことは、ともかく真実だ。君の不幸を思う気持ちを表わす言葉は探しても見つからない。君の悲しみに心から同情している[*62]」

喪失感に打ちのめされたものの、マルクスの死は、彼の人生と同様、その偉大さを伝えるものだったと考えることでエンゲルスは慰めを得た。アメリカにいる共通の友人フリードリヒ・ゾルゲ〔ソ連のスパイとなったゾルゲの大叔父〕に宛てた手紙のなかで、彼はマルクスの勇気をたたえた。「医療技術を用いれば、あと数年は植物人間となって生き延びられたかもしれない。自分では何一つできないま

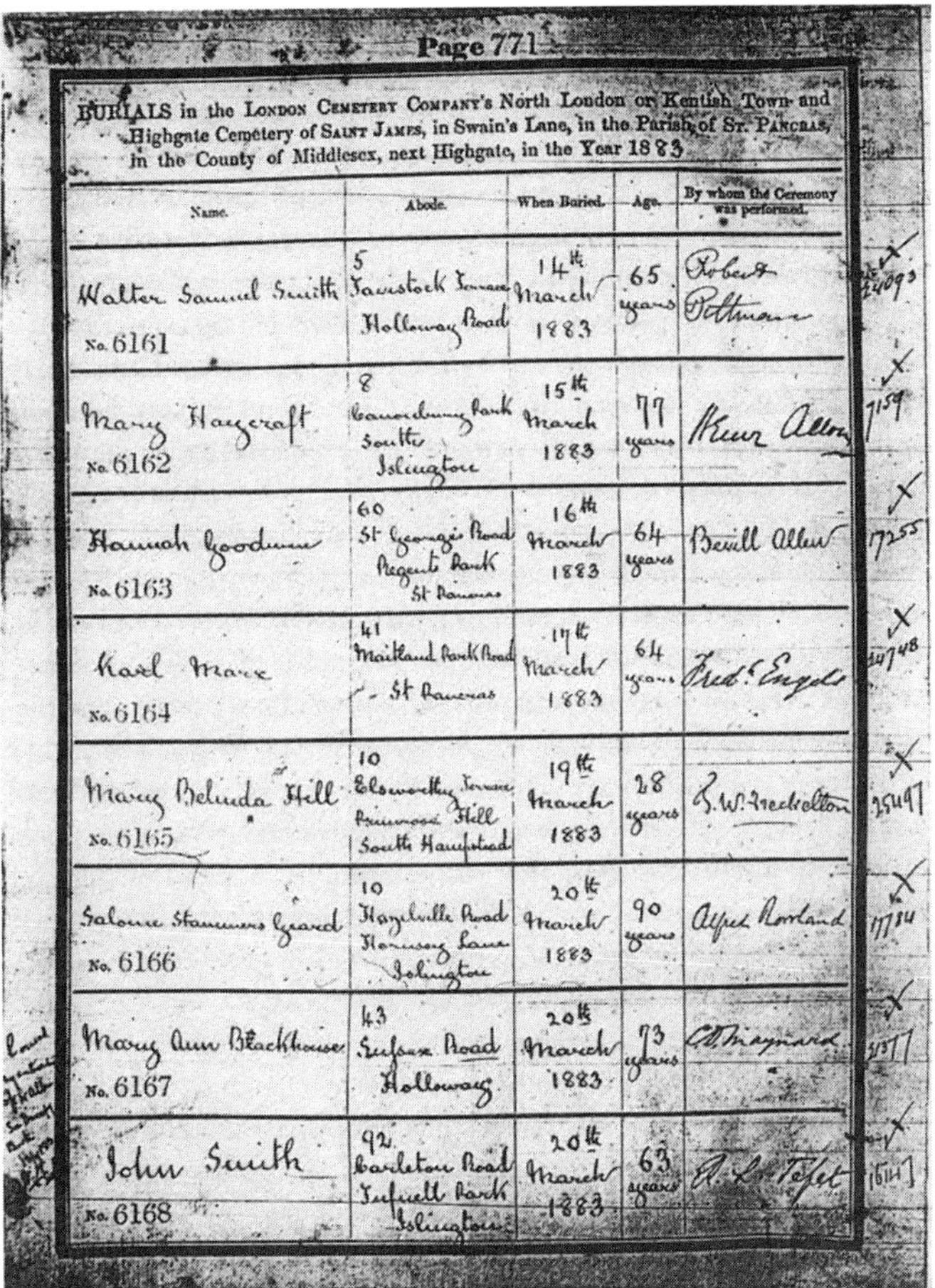

Page 771

BURIALS in the LONDON CEMETERY COMPANY'S North London or Kentish Town and Highgate Cemetery of SAINT JAMES, in Swain's Lane, in the Parish of St. PANCRAS, in the County of Middlesex, next Highgate, in the Year 1883

Name.	Abode.	When Buried.	Age.	By whom the Ceremony was performed.
Walter Samuel Smith No. 6161	5 Tavistock Terrace Holloway Road	14th March 1883	65 years	Robert Pottman
Mary Haycraft No. 6162	8 Canonbury Park South Islington	15th March 1883	77 years	Henry Allon
Hannah Goodwin No. 6163	60 St George's Road Regent's Park St Pancras	16th March 1883	64 years	Bevill Allen
Karl Marx No. 6164	41 Maitland Park Road St Pancras	17th March 1883	64 years	Fredk Engels
Mary Belinda Hill No. 6165	10 Elsworthy Terrace Primrose Hill South Hampstead	19th March 1883	28 years	F. W. Freckelton
Salome Stammers Girard No. 6166	10 Hazelville Road Hornsey Lane Islington	20th March 1883	90 years	Alfred Rowland
Mary Ann Blackhouse No. 6167	43 Sussex Road Holloway	20th March 1883	73 years	C. W. Maynard
John Smith No. 6168	92 Carleton Road Tufnell Park Islington	20th March 1883	63 years	R. L. Tafset

カール・マルクスの埋葬に関する墓地の記録。フリードリヒ・エンゲルスが喪主となっている。(London Borough of Camden, Local Studies And Archives Centre)

まに生きて――医者の技術を勝利させ――唐突にではなく、それでも少しずつ死んでゆくことだ。しかし、われらがマルクスにはそんなことは堪え難かっただろう」[*63]。そして、「死によって硬直した」友人の最期の顔を見てからほんの数時間のうちに、エンゲルスは彼の偉大な才能を確固たるものにしようと考えた。「われわれは誰もが、彼のおかげでいまこうしている。この運動が今日のかたちになったのは、彼の理論上および実際の活動ゆえなのだ。彼がいなければ、われわれはまだ混乱の渦中にいただろう」と、彼はリープクネヒトに飽くまで寛大に告げた[*64]。マルクスがいなくなったいま、難題はそれを見届けることだった。「われわれがここにいる理由がほかにどこにあろうか?」みずからの生涯のじつに多くの歳月を二人の哲学的使命に費やしたあとで、エンゲルスはマルクスの思想を彼とともに死なせるつもりはなかった。

第9章

マルクスのブルドッグ

「ヨーロッパとアメリカ双方の戦うプロレタリアート、および歴史科学は、この人物の死によって、計り知れない損失を被りました」と、エンゲルスは一八八三年三月十七日の朝、マルクスが妻のイェニーと並んで、ハイゲートの傾斜地の東区画の墓地に葬られたとき、陰鬱な見解を述べた。ゴシック様式の大規模墓地と木立のなかの曲がりくねった小道が四方に広がるこの「ヴィクトリア朝時代の戦死者の館《ヴァルハラ》」は、今日では、一九五〇年代に建てられたマルクスの墓碑に引き寄せられる観光客や思想家たちが、定期的に訪れる場所となっている。この墓地の周辺部は共産主義者の砦として賑わっており、イラクや南アフリカの、あるいはユダヤ人の社会主義者たちが、彼らの最初の予言者の陰にみな埋葬されている。一八八三年には、そこはもっと寂しい場所だった。会葬者は一一人しかいなかった。トゥシーと、マルクスの娘婿であるポール・ラファルグとシャルル・ロンゲが、科学者のE・レイ・ランケスターとカール・ショールレマー、昔からの共産主義仲間のヴィルヘルム・リープクネヒト、フリードリヒ・レスナーとともに、墓の傍らに固まっていた。弔電がフランス、スペイン、ロシアから寄せられ、『デア・ゾツィアルデモクラット』と共産主義労働者教育協会からは花輪が送られてきた。しかし、葬儀の中心となったのは、エンゲルスの短い、宗教色を排した追悼の言葉だった。マルクスの結婚生活や子供たちにはほとんど触れず、四〇年にわたる二人の友情に無駄な時間を費やすこともなく、エンゲルスはすばやく話題を変えて、マルクス主義が実際に何を意味していたかをまとめた。それはともに葬儀に参列した人びとに向けてというより、各国に移住しているヨーロッパの共産主義者に向けられた演説だったのであり、イデオロギー上の伝説を構築するためには感情の入り込む余地はなかった。「ダーウィンが有機的自然の発展法則を見出したように、マルクスは人類史の発展法則を発見しました……。しかし、それだけではありません。マルクスは今日の資本主義の生産様式と、この生産様式が生みだしたブルジョワ社会を支配する特別な運動の法則も発見しました……そのような科学の人だったのです」と、エンゲルスは熱く語った。マルクスを失い、ひどく寂しくなるだろう、と。「彼は――シベリアの鉱山からカリフォルニアまで、ヨーロッパとアメリカのあらゆる場所で――革命を目指す何百万もの労働者仲間から愛され、敬われ、嘆き悲しまれながら永眠しました。彼には多くの論敵がいましたが、個人的な敵はまず一人もいなかったと、思い切って申しあげましょう。彼の名は時代を超えて残り、彼の業績もまた然りでしょう！」[*1]

こうしたマルクスの遺産の死後の神聖化は、ハイゲート墓地の小道で終わったわけではない。数週間後には、エンゲルスがイタリアの共産主義者アキレ・ロリアを、マルクスの功績を厚かましくも誤解し、彼の評判を傷つけたとして、口を極めて非難している姿が見られた。「亡き友人の性格を中傷する資格は、あなたにはないし、僕はそれをほかの誰にも決して許すつもりはない」と、エンゲルスは断言してから、「あなたにふさわしい限りの敬意を込めて」と、ロリアへの手紙を締めくくった。[*2]「マルクスが死去したとき、彼［エンゲルス］が何よりも心を砕いたのは、その思い出を守ることだった」と、政治理論家のハロルド・ラスキはそれについて述べている。「自分の卓越性を差し置いて、同僚の偉大さをこれほど熱心に証明しようとする人間は、これまでほとんどいなかった」[*3]

死後も生前と同様に、エンゲルスはマルクスのブルドッグとしての役割を受け入れ、友人の政治的遺産を是が非でも守ろうと決意を固めていた。それでも、葬儀のあとの年月におけるエンゲルスの努力を、歴史家はしばしば懐疑的に見てきた。なかには彼が意図的に共同研究者の作品の意味を書き換えたと主張する人もいた。エンゲルスが墓地でダーウィンの進化生物学やニュートンの運動の法則と対比させたことは、エンゲルスの思考に科学的傾向があり、マルクスの思想を科学の厳密さと関連づけたいと考えていたことを示唆する。その結果、エンゲルスはマルクス主義を誤った方向に再形成したと非難されてきた。彼自身の科学的情熱によって、マルクス本来の真の人間主義的衝動を抑え込み、友人の死後に、社会主義がもたらす感動的な希望のない、機械論的政治学にそれを置き換えた、というものだ。

一部にはその結果、エンゲルスはスターリンのソヴィエト連邦の公式イデオロギーと、マルクス＝レーニン主義の恐怖政治を生みだした責任があるとされてきた。これは都合のよい非難――それによってマルクス主義の「犯罪」からマルクスをうまいこと免除するもの――だったが、それはマルクスとエンゲルスの共同研究の本質を誤解するものだ。この時代の際立って貪欲な知識人であったエンゲルスが、十九世紀の科学の進歩に魅了され、マルクスとともに、自分たちの社会主義を科学的変動の時代のなかに据えようとしたのは確かだ。マルクスの後押しを得て、彼は友人のイデオロギーの正典を、一般向けの理路整然とした理論に体系づける手助けをしたのである。それがヨーロッパの社会民主主義を根本的にマルクス主義の方向へと移行させるのに一役買うことになった。大衆の政治運動としてのマルクス主義は『資本論』とともに、あるいは頓挫した第一インターナショナルとともに始まるのではない。それはエンゲルスの大量の小冊子と一八八〇年代の宣伝活動によって始まったのだ。亡き同志にたいする彼の大いなる貢献は、マルクス主義を人類史において最も説得力と影響力のある哲学の一つに変貌させたことだった。イデオロギーに忠実でありつづけながら、二人がともに発展させたものである。

科学革命の時代に

「人の記憶にそのイメージが定着している偉大な都市は、偉大な思想のようなものだ」と、ベンジャミン・ディズレーリは一八四四年に小説『カニングスビー』のなかで書いた。「ローマは征服を表わす。エルサレムの塔の上には信仰が漂う。アテネは古代世界の卓越した資質——芸術を具現化している」。しかし、世界は変わりつつあると、ディズレーリは考えた。そして新しい文明が近づきつつある、と。「古代世界において芸術が意味したものが、現代においては科学となり、別個の学問分野を形成するようになった。人びとの頭のなかでは、美しいものに有益なものが取って代わった。すみれ色の王冠の都市の代わりに、ランカシャーの村は工場と倉庫が建ち並ぶ広大な地域に拡大した。それでも、正しく理解すれば、マンチェスターはアテネと同じくらい人類の偉大な功績なのである」[*4]

エンゲルスが少年時代をロマン主義に感情的に浸って過ごしたとすれば、彼の中年期は科学、技術、および有益な知識に費やされた。そのような研究に勤しむには、マンチェスターよりもよい場所はまずない。ディズレーリの言う近代の「別個の学問分野」が花開いた場所だ。十九世紀の北ヨーロッパでは、自然・物理科学において一連のパラダイム・シフトが起きていた。化学では、フランスの貴族アントワーヌ・ロラン・ラヴォワジエが定量化学の分野を切り開き、その後、ユストゥス・フォン・リービッヒがこれを有機化合物の領域に取り入れた。生物学では、ドイツの植物学者マティアス・シュライデンが細胞論で一連の進歩を遂げ、それを友人の生理学者テオドール・シュワンが動物界にまで拡大した。物理学では、ウィリアム・ロバート・グローヴが最初の燃料電池で先駆的な研究を行ない、エネルギー保存の理論を予測したほか、ジェームズ・クラーク・マックスウェルがマイケル・ファラデーの電気の研究を電磁気学の統一理論へと発展させた。

マンチェスターはこうした科学革命の多くが生まれた場所だった。ラヴォワジエの定量的研究を現代の原子理論に発展させ、周期表の枠組を定めたのは、マンチェスター・ニューカレッジの講師で、同市の文学哲学協会の熱心な支持者だった化学者のジョン・ダルトンであった（彼の実験の多くはこの協会で実施された）。彼は同市の英雄で、一八四四年に死去した際には市庁舎に亡骸が安置され、一日で四万人のマンチェスターの住民が訪れて弔意を表わした。ダルトンの弟子のジェームズ・ジュールも同じくらい注目に値する人物だった。醸造業を営む裕福な家の息子である彼は、エネルギーは保存しうるのかという論争の的となっていた問題――グローヴもこれに苦戦していた――を研究することにした。一連の入念な実験を通して、実家のビール製造技術を利用しながら、彼は「エネルギー」の全量が、一つの供給源から別のものへ変換されても同じ値を保つことを証明した。彼の場合、それは攪拌する力学的エネルギーが熱に変換されることだった。ウィリアム・トムソン（のちのケルヴィン卿）とドイツの科学者ヘルマン・フォン・ヘルムホルツとルドルフ・クラウジウスはジュールの結果を踏まえて熱力学の最初の二つの法則を定め、エネルギー保存と宇宙のエントロピー増大の法則を打ち立てた。市庁舎のモザイク張りのポルチコにマンチェスター市の重鎮によって設置されたジュールとダルトンの像は、同市が科学的進歩を大いに誇り、情熱をもっていたことをこのうえなく明白に示している。

科学の民主主義、つまり普通の技術者や実業家によって科学が追究されてきたことは、マンチェスターの自己像の本質的な部分を占めた。市の文学哲学協会、地質学協会、自然史協会では、科学は目的をもった実力主義の学問として尊重され、この分野ではマンチェスターの地味な田舎者も、ロンドンやオックスフォード、ケンブリッジのエリートと同じくらい成功することができた。実際には、それ以上であった。同市の技術、産業および商業的実用性という組み合わせは、マンチェスターに高尚な大学都市に勝る知的利点を与えていた。まもなくイングランド北西部とドイツのライン地方の産業化する共同体の間で、科学と技術の専門知識が頻繁にやりとりされるようになり、ドイツの化学者はとくに需要があった。市の学術振興組織や文化会館、討論クラブだけでなく、工場や工房、実験室などでも、科学的な討論は活発でさまざまな発見がなされた。

一八四八年の小説『メアリー・バートン』のなかで、エリザベス・ギャスケルは次のように熱意を込めて描いた。「オールダム界隈には織工や一般の手織り機の織り手たちがいて、飛び杼《ひ》を飛ばす音が絶え間なく聞こえる。もっとも、織機の上にはニュートンの『プリンキピア』が開かれたまま置かれており、仕事中はそそくさと片づけられてしまうが、食事時間や夜になれば大いに楽しまれている」。彼女はさらに、マンチェスターの工員である植物学者——「リンネの分類体系であれ自然の体系であれ、同じように精通している」——や、「粗末に見える網をもって、翅のある昆虫であればなんでも捕まえようと構えていそうな」アマチュア昆虫学者を描写しつづける。[*5] 一八六〇年代なかばには、この増えつづける科学への関心から、ペニー科学講義〔一ペニーで講義内容を印刷したものが買えた〕が始まり、何千人ものマンチェスターの機械工と職人がヒューム公会堂や自由貿易会館に詰めかけて、「血液の循環」について語るT・H・ハクスリーや、W・B・カーペンターの「脳の無意識の活動」について、あるいはジョン・ティンダルの「結晶性分子力」や、ウィリアム・スポティスウッドの「偏光」のなどの講義を聴くのであった。

ソルフォードにやってきて、オーエン科学館で公開実験に出席していた青年期のころから、エンゲルスはこの科学指向の環境を楽しんでいた。「これからシラー協会にいって、委員会《コミテ》で議長を務めなければならない」と、彼は一八六五年にマルクスに書いた。「それはそうと、仲間の一人の化学者が、最近、太陽光に関するティンダルの実験について説明してくれた。これはじつに重要なものだ」[*6]。科学界に彼が足を踏み入れるようになった最も明らかな導入口は社会主義者の友人のカール・ショールレマーで、マルクスとエンゲルスのあいだでは「ジョリーマイヤー」とあだ名をつけられていた化学教授だった。エンゲルスは彼から化学と科学的手法の基礎の手ほどきを受けた。『有機化学の始まりと発展』(一八七九年)の著者であるショールレマーは、炭化水素とアルコール化合物の専門家だった。彼は三〇年間、オーエンス・カレッジの実験室で、科学者で政治家であるサー・ヘンリー・ロスコーの個人的助手として働いた。ロスコーはショールレマーが「化学の両分野にまたがって広く正確に」知識をもっていると考え、「その一方、執筆作業においても実験でも、持久力のある働きぶりはまさしくテュートン人的だった」と評価した。[*7] エンゲルスの科学者仲間にはほかにも、イギリスの地質学者ジョン・ロシュ・デイキンズと、もう一人のドイツ人化学者フィリップ・パウリなどがいた。パウリは〔ランカシャー州〕セントヘレンズのアルカリ製造の会社で働いていた人だったが、のちにスイスのライナウで花嫁学校に通っていたパンプスを下宿させることになった。科学はエルメン&エンゲルス商会の退屈な事務所生活に知的な慰めを与えてくれ、エンゲルスは当時の科学論争に喜んで没頭した。彼は地質学者のチャールズ・ライエルと進化論者のT・H・ハクスリーの著作物を読み(「どちらもきわめて興味深く、なかなかよかった」)、物理学ではグローヴを、化学ではアウグスト・ヴィルヘルム・フォン・ホフマンを読んだ(「欠点は多々あるが、最新の化学理論は古い原子論から確かに大きな進展を示している」)。彼はまた「特定の神経機能とそれらが干渉する影響」を理解する手段として、フランスの生体解剖の実践を早くから支持した。[*8] エンゲルスは友人たちの末期症状にも私情を挟まず、れっきとした分析対象として見なした。「顕微鏡で肺の組織を一度でも調べたことのある者ならば、肺が化膿した場合に血管が切れる危険がいかに深刻であるかわかる」と、彼はマルクスが死亡する二日前に親友の病状についてフリードリヒ・ゾルゲに書いた。[*9] カール・ショールレマーの兄弟に宛てた、ショールレマーの臨終間際に書いた手紙のなかでも、彼は同じように病状を客観的に観察していた。「この数週間というもの、彼の右肺は疑いなく発癌性の腫瘍に侵されており、それが肺の上部三分の一のほぼ全体にまで広がっている」[*10]

ヴィクトリア朝時代の人びとの例に漏れず、エンゲルスもチャールズ・ダーウィンの『種の起原』と自然選択による進化論に魅せられた。「ところで、ちょうどいま僕も読んでいるところだが、ダーウィンはまったく申し分なくすばらしい」と、エンゲルスは同書が発刊されてまもない一八五九年十二月にマルクスに書き送った。「自然における歴史的進化を、これほど壮大な規模で証明する試みがこれまでなされたことはなかったし、間違いなくこれだけのよい効果をもたらしたことはなかった。もちろん、イギリス人らしい荒削りな方法には目をつぶらなければならない」[*11]。マルクスはこの著作がヴィクトリア朝中期の資本主義の残虐性を明らかに反映していると見なし、紛争と闘争にもとづくダーウィンの進化的発展の概念にとくに注目していたので、推奨されるまでもなかった。「ダーウィンが動物や植物のなかに、分業、競争、新しい市場の開拓、発明、それにマルサス主義的な生存競争を特徴とするイングランドの社会を再発見しているところが注目に値する」と、マルクスは数年後、『資本論』を準備するためにリカードとダーウィンの著作を読み直していたときに返信している。[*12] それどころか、マルクスはダーウィンの研究にすっかり魅了され、のちに『資本論』の一版をダーウィン邸に送り、この偉大な進化論者に進呈している。マルクスにとっては残念なことに、〔袋とじになった」そのページはほとんど切られないままに残されていた。ダーウィンは「自然科学を通して社会主義と進化論のあいだに」結びつきがあるというドイツ人の概念は、ただ単に「ばかげた考え」だと思っていた。[*13]

一八七〇年代なかばには、エンゲルス自身は哲学者ハーバート・スペンサーを中心に形成されていた〈社会進化論〉の学派に疑念をいだくようになった。マルクスとは対照的に、彼は動物界の進化論を人間社会に当てはめようとする試みにはずっと懐疑的だった。獣のような状態にあるマンチェスターのプロレタリアートに関する悲惨な報告を書いた『イギリスにおける労働者階級の状態』にまでさかのぼり、資本主義の最大の罪は人を動物の状態に貶めることだというのが、エンゲルスの変わらぬ主張だった。人間社会のなかでは、生存競争の結果——と社会進化論者が考えるもの——は、個々人の「適者生存」ではなく、むしろ一つの階級全体の優占度なのだ、と彼は主張した。「生産階級〔プロレタリアート〕は生産と流通の管理を、従来それを委ねられていながら、もはや処理しえなくなっている階級〔ブルジョワ階級〕から奪うのであり、そこに社会主義革命が起きるのである」[*14]

しかし、科学に関するエンゲルスの最も大きな貢献は、このダーウィン論の勝手な解釈を超えたものだった。それはむしろ、十九世紀なかばの——原子論、細胞生物学、物理的エネルギーにおける——いちじるしい科学的進歩を、マルクスとエンゲルスを最初に共産主義の啓蒙へと導いた人物と結びつけたことだった。

『自然の弁証法』

一八五八年七月に、退屈したエンゲルスはマルクスがもっていたヘーゲルの『自然哲学』を貸してもらえないかと頼んだ。「現在、いくらか生理学をかじっていて、それを比較解剖学と結びつけるつもりだ」と、彼は自分の余暇の研究について書いた（マルクスはそれにたいし、「君が生理学を研究しているのはメアリーにたいしてなのか、それとも別のところで？」なのか尋ねた）。「ここではきわめて推論的なものにでくわす。だが、そのいずれも近年に発見されたばかりのものだ。あの老人がそれらについて、すでにいくらかでも感づいていたのかどうか、僕は非常に興味がある」と、エンゲルスはつづけた。彼はとりわけ、ヘーゲルが哲学書のなかで物理学と化学における近年の飛躍的進歩を予測していたのかどうか知りたがっていた。正確に理解すれば、「細胞はヘーゲルの〈即自存在〉で、その発展はヘーゲルの過程を一段ずつたどって〈イデー〉の最終的な出現——すなわち、それぞれの完成された有機物」になるはずだと、エンゲルスは述べた。[*15] バルメンの寝室でボーレのグラスを片手にヘーゲルを読んでいた少年時代から、エンゲルスは弁証法の方法論をつねに称賛してきた。思考が前進したり、否定されたりする段階を経ながら、〈精神〉が最終的に自己実現する重大なプロセスである。かつてマルクスとエンゲルスは、ヘーゲルの弁証法を歴史、経済および国家の領域に応用したことがあった。『哲学の貧困』（一八四七年）では、マルクスは近代の資本主義のルーツが、いかに以前からある経済制度に埋め込まれていたかを理解し損ねているとして——「競争は封建的独占によって生じた」——プルードンを批判し、ヘーゲルの手法を用いて以下のように明らかにした。

テーゼ　競争以前の封建的独占
アンチテーゼ　競争
ジンテーゼ　現代の独占、これは競争の制度を示唆する限りは封建的独占の否定であり、それが独占である限りは競争の否定である。

したがって、現代の独占、ブルジョワの独占は、総合《ジンテーゼ》の独占であり、否定の否定であり、相反する勢力の統合なのだ。[16]

同様に、弁証法は封建制度からブルジョワの時代へ、そこからプロレタリア革命への歴史的推移を説明するうえでも役に立った。エンゲルスはこのとき、新たに明らかにされた自然・物理科学のプロセスにもヘーゲルの手法の兆候が見つかったと考えた。唯物論者および無神論者として、エンゲルスは科学的出発点として物質の存在を考えた。それは人間の意識とは独立して、それに先立って存在するものだった。自然と人類を静的に捉えていた、十八世紀の機械論的唯物論者とは対照的に、エンゲルスはこの物質がつねにヘーゲル的な変化と転化を遂げる状態にあると見なした。「運動が物質の存在の様式である」と、彼は自然哲学の小論に書いた。「これまでどこにも運動のない物質は存在せず、また存在しうるものでもない」[17]。ここにヘーゲルの天才的な弁証法が利用される。その否定と前進のリズムが、十九世紀の科学革命がいま明らかにする転化について申し分のない説明を与えてくれるからだった。熱からエネルギーになり、サルから人間になり、細胞は分裂することによって。「だが、自然界のさまざまな力のかかわりに関する現代の科学理論（グローヴの『力の相関関係』、おそらく一八三八年刊だと思います）も、原因、結果、相互作用、力などに関するヘーゲルの議論の別の表現、というより確実に立証するものなのです」と、彼は一八六五年にドイツの哲学者フリードリヒ・ランゲに宛てた手紙に書き、物理学における進歩をヘーゲルの哲学にあからさまに結びつけた[18]。エンゲルスはたびたび予言者として「ヘーゲル老人」に戻りつづけた。彼の理論は進化生物学や原子論などの新領域を予測していたのだ。「僕は本質論に深く没頭している」と、彼は一八七四年に物理学者のジョン・ティンダルとダーウィンの知識を広めたT・H・ハクスリーの講演録を読んだあとで、マルクスに説明した。「これで僕は再び弁証法のテーマに引き戻された」。エンゲルスは経験や実験を重視するイギリスの科学界にはとうてい真価がわからないほど、弁証法が「物事のはるかに核心に近いところまで行き着く」と考えた。[*19]

明らかに、こうしたことすべてには一冊の本が関係していた。「今朝、ベッドのなかで、自然科学に関する以下の弁証法的要点が僕の頭に浮かんだ」と、エンゲルスは一八七三年に怠惰な調子でマルクスに書きだしたあと、運動におけるニュートン的問題や軌道の数学、生物と無生物の化学的性質について、うんざりするほど説明をつづけた。[*20] 娘たちの結婚の見込みが芳しくないことをはるかに懸念し、気もそぞろなマルクスは、ほとんどの点について返答しなかった。エンゲルスはそんなことはお構いなしに突き進み、プリムローズ・ヒルでの引退生活を利用して、科学の基礎問題を喜んで追究した。彼は後年こう回想している。「実業から身を引いて、ロンドンの家に転居したとき、僕は数学と自然科学において、［ユストゥス・フォン・］リービッヒが言うように、自分で考えられる限り徹底的な脱皮をはかり、八年間のほとんどをそれに費やした」[*21]

こうした調査から、大量のメモや小論の寄せ集めが生まれ、それが象徴的な題名のつけられた『自然の弁証法』になった。とはいえ、これは一九二七年にモスクワのマルクス＝エンゲルス協会がその寄せ集めを発刊するまで、発表されなかった。エンゲルスの遺作管理者の一人であるエドゥアルト・ベルンシュタインが原稿をアルベルト・アインシュタインに見せると、科学については、とくに数学と物理で誤解があるが、そのような歴史的なメモ全体はより広い読者に読まれるにふさわしいとアインシュタインは考えた。[*22] 一八七二年から一八八三年に執筆された『自然の弁証法』は、ドイツ語、フランス語、英語が入り交じった当時の科学と技術の発展に関するメモ集である。「**電気の粒子**は、**距離の二乗に反比例してたがいに反発する**とクーロンが述べると、トムソンは証明されたものとしてすんなり受け入れる［ゴチック部分は英語、残りはドイツ語で書かれている］」というのが、典型的な一文だった。以前に軍事史に関しても試みたように、エンゲルスは産業化したイギリス、フランス、ドイツから科学の進歩が起きたことを、生産様式の変化にたいする反応として説明を試みた。生涯にわたってバルメンとマンチェスターで綿産業にかかわってきたおかげで、彼は経済的な必要性と染色、機織り、冶金、動力機械などの分野で技術面の突破口が開けたこととの関連を熟知していた。

　エンゲルスの壮大な目論見は、一見したところ別々の科学的発見が十九世紀に相次いだことを、ヘーゲルの弁証法の論理的かつ具体的な成就として説明することだった。ヘーゲルの哲学は〈精神〉の無形の世界のみに限られていたが、エンゲルスの関心は、かつて彼とマルクスが社会経済の変化をヘーゲルの思考に照らし合わせて再解釈したときのように、理論と実践（実習）を結びつけることだった。「自然には無数の変化の渦があるが、歴史上の出来事の見かけの偶然性を支配するのと同様の、運動の弁証法的法則がそこには居座っている」と、エンゲルスは断言し、歴史におけるヘーゲルの〈理性の狡知〉の考えを、実験室で得られた結果の見かけのでたらめさの背後にある理論と結びつけた。[*23] ヘーゲルの体系の大きな利点は、「ここで初めて自然界、歴史世界、知的世界のすべての世界が、一つの過程として、すなわち、一定の運動、変化、転化、発展として表わされたことである」と、エンゲルスは主張した。「そして、このあらゆる動きと発展の連綿とした全体をつくりだす内部のつながりを突き止める試みがなされている」[*24]。ヘーゲルを前面にもちだすことで――観念を自然と歴史の産物と見なすことで――自然界と物質界の見た目のでたらめさが、実際にはきわめて説明のつくものであることを示せるのだ。「物事を裏返してみれば、あらゆることが単純になり、最初は観念論哲学のきわめて謎めいたものに見えた弁証法の法則が、白日のように単純明快になるのである」[*25]

唯物論的科学

科学的真理の三つの分野――エネルギーの保存と細胞構造、ダーウィン進化論――に大きく依存しながら、エンゲルスはニュートンに従って、のちに弁証法的唯物論として知られるようになるものの三つの法則を提案した。[※]「量から質へ、およびその逆への転化について」の第一の法則は、自然界における質的変化は、ストレスの蓄積につづく物質または運動の量的変化の結果であることを提示した。分子の世界で原子数が増えれば、実質的な、質的な変化が起こる（たとえば、酸素の代わりにオゾンとなるなど）。温度が上がれば、H_2Oは固体の氷から液体の水、そして蒸気へと変わる。「対立物の相互浸透」の第二の法則は、ヘーゲル流に忠実にこう言明する。「肯定と否定のような、アンチテーゼの両極は、それらが対立しているのと同じくらい分離しがたいものであり、完全に対立しているにもかかわらず、相互に浸透し合うものである」[*26]。言い換えれば、自然現象のなかに生来備わっている矛盾が、それらを発展させる鍵だということだ。エンゲルスの三番目で最後の弁証法が強調する主張は、「否定の否定の法則」だ。そこではある現象に内在する矛盾が別の体系、つまり敵対するものを生みだすが、今度はさらに高い発展段階へとつづく目的論的過程の一部として、それ自体が否定されることになる。マルクスが『哲学の貧困』で用いたのと同じ、テーゼ－アンチテーゼ－ジンテーゼの形式を使って、エンゲルスは『自然の弁証法』のなかで自然界と物質界の総合的な見解を示し、それを一連のテストケースによって例証した。「たとえば、蝶は卵を否定することによって卵から発生し、いくつかの変態を遂げて性的な成熟に達し、交尾すると今度は否定され、交尾の過程が終わり、メスがたくさんの卵を生むとすぐに死んでゆく」。同様に、「地質学は全体が一連の否定された否定である。つまり古い岩石層がどんどん崩され、新たな層が堆積する一連の過程なのである」[*27]

ダーウィンの恩恵を受けながら、エンゲルスは自分の弁証法の真価を、ヒトの初期の進化に関する唯物論的な報告で試した（「サルからヒトへの移行において労働がはたした役割」と題したこの章は、進化生物学者のスティーヴン・ジェイ・グールドが十九世紀のダーウィン主義思考の傍流のなかでも、際立って印象的なものと見なしていた）[*28]。いつもながら、ヘーゲル主義に関連することでは、エンゲルスは観念論の伝統を攻撃することに狙いを定めた。この場合、それはホモ・サピエンスがもともとその知力ゆえに際立っていた、という誤った学説を意味した。精神ではなく物質こそが、まだこの青年ヘーゲル派の持説なのであった。ヒトの進化における三つの本質的な特徴――言語、大きな脳、直立姿勢――に注目することで、エンゲルスはいかに「労働が人間をつくりだしたか」を証明しようとした。ヒトが木から下りて「ますます直立姿勢をとるようになった」とき、エンゲルスによれば、手が自由になって道具が使えるようになったのだった。「自然の支配は手の発達とともに、労働とともに始まり、進歩を遂げるごとにヒトの視野を広げていった」。労働の要求は徐々に共同体を一つにまとめ、相互援助の制度を育み、言語をはじめとする知的な行為が生じうる環境をつくりだした。ダーウィンは脳の大きさと知力の発達は、二足歩行の発達と道具の使用に先立って起こったと考えたが、エンゲルスにとっては、労働の物質的要求がまず生じ、言語はそのあとにつづいたに過ぎなかった。そして道具をもって狩猟用具を使うようになると、ヒトは「もっぱら菜食から、肉も同時に利用する」ようにな

※エンゲルス自身は弁証法的唯物論という用語は使わなかった。代わりに、『ルートヴィヒ・フォイエルバッハと古典的ドイツ哲学の終焉』のなかで、彼は「唯物論的弁証法」について語っている。二十世紀になってから、ゲオルギー・プレハーノフによってこの用語が普及したために、弁証法的唯物論という名称がマルクス主義の哲学として、正式につけられた。本章では、この用語はやや時代錯誤的に使われているが、エンゲルスが「唯物論的弁証法」で意味したことを示すものである。

り、それによって脳にさらに栄養がゆき渡り、容量が増えたというものだ。[*29]

長くてまとまりに欠くとはいえ、興味をそそられるこの小論のなかで、エンゲルスは動物界と人間社会のあいだの基本的な違いの一つは、人間には自然環境を自分に有利になるように利用する能力が備わっていたことだと述べた。[*30] それにたいし、動物は身の安全と餌を得るために蓄積した、環境に関する知覚的知識を利用するに留まっていた。そうは言うものの、この動物の本能は驚くべき自然の能力であり、エンゲルスはチェシャー州での狩猟でたびたびそれを目にしていた。「イングランドで狐狩りをすると、狐が追っ手から逃れるためにその優れた土地勘をいかに的確に利用するかを、日々観察することができる。そして臭いを消すのに都合のよいあらゆる土地の特徴をいかによく知っていて、利用するかがわかる」[*31]。狐狩りにでかけるための、社会主義者としてのもう一つの確固たる理由だ。

数学的理論にたいするエンゲルスの貢献は、さほど注目に値しない。算術はいつも得意としていたので、一八七〇年代から彼は微積分や幾何、応用数学、理論物理学への関心を高め始めた。数学もやはり十九世紀のあいだに同様の飛躍的な知的進化の過程を遂げ、マルクスとエンゲルスはどちらもそれをしっかりと追いつづけた。微積分はカール・ワイエルシュトラスによって再考され、代数的整数はリヒャルト・デーデキントが新たに理解を深め、微分方程式と線形代数にも進歩が見られた。生物学、物理学、化学への研究と同様に、エンゲルスは弁証法的手法と唯物論的原理は、学問の分野のあらゆる発展を説明するのに不可欠であると考えた。「純粋な数学において、知性がその創作物と想像物しか扱わないというのはまったく真実ではない」[*32]と、彼は自信をもって述べた。「数と形の概念は、現実の世界以外のどこにも由来するものではない」。エンゲルスの頭のなかでは、数学においてもすでに自然のなかに存在しないものは何一つなかった。数学は単に物質界を説明し反映するものに過ぎなかった。その結果、彼はあらゆる種類の数学的モデルを自分の弁証法システムに無理に当てはめようと試みた。「任意の代数値をaとする」と、彼は『自然の弁証法』のある一節を書きだしている。「それを否定すれば、そこから$-a$が得られる。この否定を$-a \times -a$で掛け算することで否定すると、今度は$+a$になる。これは当初の正の値だが、より高い段階に、すなわち二乗されている」[33]。トロツキー主義の学者ジャン・ヴァン・ハイエノートが指摘したように、これはいずれもひどく誤解したものだ。一つだけ例をあげれば、エンゲルスの言う「否定」は、異なった演算のどんな数でも意味しうるようになる[34]。さらに悪いことに、エンゲルスは還元主義の俗物と化して、複雑な数や理論的数学――自然現象の反映を超えた理論的科学の部分――は魔術に似たものだとして顧みなかった。「われわれの頭のおよばないある種の現実を、マイナス1〔の平方根〕だの四次元などと考えることにいったん慣れてしまうと、それよりさらに一歩踏みだして、霊能者の心霊界を受け入れたとしても、さして重大な問題ではなくなる」[35]

エンゲルスの科学的モデルには明らかな限界があるにもかかわらず、二十世紀にはそれが彼の最も永続的な――かつ破壊力のある――遺産の一つとなっていた。何世代もの共産主義者にとって、自然・物理科学に関するエンゲルスの著作は実験室の内外で研究を進めるための指針となっていた。エリック・ホブズボームは、一九三〇年代に科学者たちがエンゲルスの定めた方針に自分の研究がうまく収まることを心から願っていたのを記憶している[36]。ソ連や共産圏では、こうした願望は政府の政策となった。科学は弁証法的唯物論の厳格な枠組内で公式に実践されており、主観論や観念論だと疑われた研究はいずれも「ブルジョワ的科学」として片づけられた。たとえば、一九三一年の有名な論文では、ソ連の物理学者ボリス・ヘッセンがアイザック・ニュートンの重力に関する研究を、衰退する封建制と新興の重商主義および資本主義社会が生みだした必然的な産物だとして再解釈した。同様に、一九七二年に東ドイツで出版されたエンゲルスの伝記は、二十世紀の科学の進歩を完全に『自然の弁証法』の観点から大真面目に説明している。「量子論の分野における発見は、物質の連続性と不連続性の統合に関する弁証法的理論を証明した。物理学の分野では、アインシュタインの相対性理論が物質、運動、空間および時間に関するエンゲルスの哲学的思惑を具体化しており、素粒子論はエンゲルスとレーニンの原子と電子の無限さに関する見解を裏づけた[*37]」

イギリスの共産主義者のあいだの科学的研究もまた、エンゲルスの体系を背景にして進められた。一九四〇年には、『自然の弁証法』の英語版が出版され、イギリスの遺伝学者で共産主義者のJ・B・S・ホールデンが序文を書いて、弁証法がいかに「科学の社会的関係だけでなく、純粋な科学の問題にも応用しうるか」を説明してくれる[*38]。この個人崇拝は戦後、哲学者のモーリス・コーンフォース（『弁証法的唯物論——入門講座』の著者）と少数の共産党科学者の一団がエンゲルス協会を設立すると、さらに加熱した。「マルクス‐レーニン主義の見地から科学の問題に取り組み、発展させることに関心のあるすべての科学労働者」にたいして開かれていることを意図したもので、協会の目的は科学における反動的な傾向と闘い、西側による科学知識の「誤用」に反論し、「現代の実際的な問題から乖離した、きわめて長期的目的には反対する」立場をとり、「崩壊しつつある資本主義の特徴である不可知論と無気力」に反対するものである。ロンドン、バーミンガム、マンチェスター、マージーサイドでグループが設立され、化学、物理学、心理学、それに天文学とともに弁証法が議論された。同協会の討論の一端は、「エンゲルス協会の議事録」の一九五〇年版から覗ける。「観念論的宇宙論に対抗して」と題された論文がそこには掲載されており、著者らはいかに「現代のブルジョワ的天文学が慢性的なイデオロギー的危機の状態に陥っているか」を嬉々として報告し、一方、ソ連の天文学は「宇宙の無限という唯物論的概念にしっかりともとづいている」おかげで、とても健全であるとした。

とはいえ、エンゲルス協会のような熱狂者ですら、〈同志科学者〉スターリンと彼の科学顧問トロフィム・ルイセンコによって着手された作戦には尻込みした。晩年、エンゲルスはたびたびマルクスをあまりに厳格に読む危険をつねに警告していたが、スターリン時代にはマルクスの著作は学問の自由にたいする最も恐ろしい攻撃を正当化するために利用されるようになった。哲学、言語学、生理学、物理学、そしてとくに生物学において、スターリンは科学的調査が「正しい」党路線に従うことを要求した。このことが生物科学において意味したのは、遺伝学の完全な否定だった（ブルジョワ的創造物で、ナチの優生学との明らかな類似性があるとして）。代わりにルイセンコは、環境決定論を信じた二十世紀初頭の農学者イヴァン・ミチューリンの新ラマルク学派の思想を復活させた。一九四八年の全ソ連農業アカデミーの大会で、グレゴール・メンデルとトマス・ハント・モーガンの遺伝子理論は「非科学的」で「反動的」であるとして非難され、この決定に従わない者は誰でも災難に見舞われた。[39]メンデルとモーガンの主唱者であった遺伝学者ニコライ・ヴァヴィロフはすでに労働収容所で殺されており、彼につづく科学者は警告に従った。エンゲルス協会の保存記録には、自由思想のソ連の学者ユーリ・ジダーノフが、おびえたあまり同志スターリンその人に宛てて自己告発した恐るべき事例がある。

現代のダーウィン説の争点に関する講師養成学校の議論への寄稿論文のなかで、私は疑いなくいくつかの深刻な間違いを犯しておりました……。このなかで、さまざまな科学議論において軽々しく自分の見解を述べる「大学的習性」が顔をだしてしまいました……。私が以前もいまも、ミチューリンの確たる支持者でありつづけることを、同志スターリン、貴殿に断言し、貴殿を通じてCPSU（B）のCC〔ボリシェヴィキの中央委員会〕に請け合うことが私の義務であると考えます。私の過ちは、ミチューリン主義を擁護する闘いを組織するために、問題の歴史的側面を充分に研究しなかったことに由来するものであります。これはすべて経験不足と未熟さの致すところです。私は行動によって自分の落ち度を正します。[*40]

エンゲルス協会は感心にも、ルイセンコによる粛清は批判すべきだと考え、信念をもって知的多元主義の抗弁をした。その過程で彼らはロシア政治局の学問への暴力よりも、エンゲルス本来の科学討議と研究への信念にはるかに忠実でありつづけた。

『空想から科学へ』

『自然の弁証法』がエンゲルスの死後にしか出版されなかった理由の一つは、彼が研究を中断して、イデオロギー上のドタバタ劇という彼とマルクスのお気に入りの娯楽に耽ったためだった。「君がおしゃべりするのはまったく結構なことだ」と、彼は一八七六年にマルクスに苛立ったふりをして書いた。「君はベッドにぬくぬくと横になり、何にも邪魔されることなく、一般的な地代について、とりわけロシアの農地の状況などを調べていられる。ところが、僕ときたら硬いベンチに座って、冷たいワインをがぶ飲みし、急に何もかもを中断して、退屈なデューリングに取り組まなければならないのだ[*41]」

彼らの怒りの的であるオイゲン・デューリングは、ベルリン大学の盲目の哲学講師で、彼が説く社会主義はドイツの社会民主主義のなかに深く浸透し始めていた。彼の初期の信奉者のなかには、エドゥアルト・ベルンシュタインもいた。彼以前のバクーニンやプルードンと同様、デューリングはマルクスとエンゲルスによる中央集権制と経済決定論を批判し、代わりに労働者階級がより即座に物質的利益を確保できる漸進的な政治綱領を提案していた。デューリングは「直接的政治力」を信じていて、ストライキ、集団行動、さらには暴力の効力すら、彼が理想とするヴィルツシャフトコミューネン――労働者の自治的コミューン――の社会制度を達成するために強調していた。[*42] デューリングの街頭政治活動には明らかに人を惹きつけるものがあり、ドイツの主要な社会主義者の多くが、マルクスの難解で実現不可能に思われる哲学に代わる魅力的な主張と見なしていた。そうしたことすべてがエンゲルスを腹立たせた。「これほど甚だしい戯言を誰かが書いたことはいまだかつてない」と、彼は一八七六年七月にラムズゲートの夏の別荘からマルクスに書いた。「口先ばかりの決まり文句だ――それ以外の何ものでもなく、まったくくだらないことが書き連ねてあるが、そのすべてがなかなか巧みに、著者が知り尽くした読者向けに取り繕われている。施し物を与え、わずかばかりの努力をするだけで、あらゆることを頭ごなしに命令したがる連中だ[*43]」。さらに厄介なことに、デューリングも「ロンドンの老人たち」と同じくらい攻撃的にイデオロギーを闘わせる人間だった。彼はマルクスを「愉快な科学的人物」として無視したが、本格的な癇癪は「シャム双生児」で、『イギリスにおける労働者階級の状態』で搾取する工場主の肖像を思いつくのに「自分自身を覗き込みさえすればよかった」エンゲルスに向けられた。デューリングはエンゲルスのアキレス腱をじかに狙った。「資本は豊かだが、その資本についての洞察力は乏しい。彼は――エルサレムでかつて打ち立てられた由緒ある説に従って――針の穴を通れないロープだかラクダによくたとえられる輩の一人なのだ[*44]」〔新約聖書マタイ伝一九章二三節ほかの「金持ちが神の国に入るよりも、らくだが針の穴を通る方がまだ易しい」とするイエスの言葉。もとはアラム語でラクダと同音のロープが誤訳された可能性がある〕

ヴィルヘルム・リープクネヒトに後押しされて、盲人を攻撃することにたいし当初いだいた良心の呵責も忘れ（「あの男は途方もなく傲慢なため、僕にはそんなことは考慮できない」）、エンゲルスはデューリングとその著作にたいする連続した非難を、ドイツの主要な社会主義の新聞『フォアヴェルツ』の紙面で始めた。[45] エンゲルスはデューリングの主張を、「誇大妄想症ゆえの精神的無能力」に過ぎないとしてあしらったが、その文章は通常のマルクス‐エンゲルスの毒舌を超えて、「弁証法と共産主義世界の展望の」より広い定義と擁護にまで踏み込んだものとなった。[46] エンゲルスが『自然の弁証法』の雑記帳で研究していた弁証法的唯物論の哲学が、このころには洗練され、磨かれ、『オイゲン・デューリング氏の科学革命』として本の形式に整えられた。これは『反デューリング論』（一八七八年）としてより知られるようになった。デューリングの魅力に対抗して、マルクス主義の科学を生き生きと人を惹きつける言葉で説明して反論するなかで、宣伝と普及活動の担当者としてのエンゲルスの優れた才能が、ことごとく発揮された。数学、生物学、物理学、化学に長年、没頭しつづけたあとで、エンゲルスは自分とマルクスの分析を、同じ科学的枠組に属するものと見なし始めていたのだ。

『反デューリング論』の背景を読者に理解しやすくするために、エンゲルスは一八四〇年代のマルクス主義創設期に読者をさかのぼらせた。ヘーゲルの観念論から、フォイエルバッハの哲学を経て、マルクスの唯物論にいたる移行である。マルクスの際立った点は、エンゲルスがもともと一八五九年の小論で指摘したように、ヘーゲルの観念論を唯物的現実に置き換えたことだった。ヘーゲルは〈精神〉がイデーに向かって進む過程を記したが、マルクスは物質的状況の問題に関心をもった。「ヘーゲルの論理学から、この分野におけるヘーゲルの本当の発見を含む核心部を抜きだす作業を手がけることができたのは、当時もいまもマルクスしかいなかった。そうして、観念論の包みをはがした単純な形式で弁証法が確立されたのであり、そのなかで弁証法は思想を展開するための唯一の正しい方法になった」。[47] マルクス自身が一八七三年に『資本論』のあとがきで述べたように、「弁証法がヘーゲルの手によってこうむった神秘化は、彼が包括的かつ意識的な方法で取り組むその一般的形式を最初に提示した人物であることを、なんら否定するものではない。だが、彼のもとでは、弁証法はさかさまになっている。神秘的な殻の内側にある合理的な核心部を発見しようとするならば、それを正しい方向に戻さなければならない」[*48]。エンゲルスは何年にもわたってヘーゲルの伝統の重要性を軽んじてきたあとで、今度は自分とマルクスがその恩恵をこうむってきたことを率直に書き記すようになった。「マルクスと私は、ドイツの観念論哲学から、自然と歴史にたいする唯物論的思考のために、意識的な弁証法を救いだしたおおかた唯一の人間である」というのが、『反デューリング論』の序文に彼が野暮ったく書いたことだった[*49]。観念論的哲学の形而上学的な混乱状態はうわべをはぎ取られ、科学や歴史から近代の階級対立まで説明するべく純粋な弁証法だけが残されたのである。

『反デューリング論』におけるエンゲルスの本当の功績は、自然科学に没頭して情報をふんだんに得たうえで、弁証法的唯物論を資本主義に応用したことだった。エンゲルスの三つの法則——対立物の確執、量的変化から質的変化への転化、および否定の否定——は、いまや生物学、化学、進化だけでなく、ブルジョワ社会内部に存在する緊張までをも説明できるようになった。「現代の資本主義の生産様式によって生じた生産力も、それによって確立した物資の流通システムも、生産そのものの様式と緊迫した矛盾に陥っている」と、彼は弁証法を用いてとうとうとまくしたてた。「そのあまりに現代社会全体が消滅するのでないとすれば、生産と流通の様式における革命は起こらなければならない。あらゆる階級の区別には終止符が打たれるだろう[*50]」。対立物は対立しなければならず、否定は否定されなければならない。蝶が蛹から羽化するように、新しい社会は内在する古い矛盾から生まれるのであった。社会の果てしなく移り変わる矛盾と、革命の準備の進み具合を読み取るこの重大な道具こそが、西洋思想へのマルクスの決定的な貢献だったのだ。

マルクスにとって、哲学の要点はいつも、世界をただ解釈するだけではなく、変えることだった。そして、弁証法的唯物論が政治的に示唆するものもまた『反デューリング論』の一節に明記されており、それは最終的にエンゲルスによって書き直され、『空想《ユートピア》から科学へ』（一八八〇年、一八八二年）として別個に出版された。科学的社会主義により的を絞ったこの入門書をつくるアイデアは、マルクスの娘婿のポール・ラファルグからでたものだった。彼はフランスで、主要な社会主義の信条としてマルクス主義の足場を固めるのに、ドイツでリープクネヒトが直面していたのと同様の困難に直面していた。フランスの共産主義運動はいわゆる「集産主義者」（ラファルグとジュール・ゲードを中心にしたもの）と、現実的改革主義者《ポッシビリスト》（ベノワ・マロンによって主導）のあいだで分裂していた。後者はイギリスの各都市で発展している都市の社会主義とはやや異なる政治課題を主張していた。マルクスとエンゲルスはゲードが「革命的表現を商売にする」ことを批判――マルクスが有名な台詞、「私にわかるのは、自分がマルクス主義者でないことだけだ！」を吐くことになった――したが、彼らは集産主義の哲学的立場は支持した。マルクスは彼らが一八八〇年のマニフェストの序文を起草するのを手伝い、かたやエンゲルスの小冊子は彼らの思想的立場を裏づけることを意図したものだった。

『空想から科学へ』を構成する三つの章では、マルクス主義の科学的な厳密さが、初期の空想的社会主義者の高尚な妙案と区別されていた（彼にしてみれば、ポッシビリストにもまだ弱点があった）。初めのほうのページは「まったくの空想」とサン＝シモン、ロバート・オーエン、シャルル・フーリエらのユートピア的な夢を冷静に切り離すことに費やされた。それでも、使われている言葉は、一八四〇年代初期のものほど激しくはなかった。大人になったエンゲルスは代わりに、ブルジョワ社会の性的関係にたいするフーリエの批判には、大いに価値を見出した。オーエンの産業による家父長制には、彼は（自分も元工場の雇用主として）称賛の意を表わした。また、経済の現実が政治の形態を定めるやり方についてのサン＝シモンの分析をたたえた。それでも、ユートピア派の重大な失敗は、社会主義を人間の条件に関するなんらかの恒久的な真実だと見なし、単に発見され、それを実行する必要を説かれればよいものだとする誤った見解でありつづけた点にあった。一方、エンゲルスは社会主義を、「まず実際の土台の上に据えなければならない」科学として提示した。[*51] そして、資本主義の生産(余剰価値の理論を通して)および階級闘争の現実(歴史の唯物論的思考を通して)を説明して、実際の唯物論的な土台を提供したのがマルクスだった。マルクスの方法は階級にもとづく資本主義社会の本質をあらわにしたが、彼の弁証法の優れたところは、将来の道筋を描いたことだった。

ストレスが積み重なったのちに、量的な変化が質的なものになると、エンゲルスは説明した。水から水蒸気が発生するように、芋虫が蝶になるように、「資本主義の関係は捨て去られるのではない。むしろ、極限まで推し進められたところで転換するのである」[*52]。資本主義社会にもともと存在する緊張は、つまり経済的基盤と政治的上部構造の分離は、転換点に達する。するとどうなるのか? それにつづく労働者の革命では、プロレタリアートが政治的権力を掌握し、生産手段が国有財産として移管される、とエンゲルスは述べた。「しかし、そうするなかで、プロレタリアートとしての存在はなくなり、あらゆる階級区分と階級対立も撤廃され、国家としての国家も廃止される」[*53]。ここに共産主義が政治にもたらす大きな奇跡が、エネルギーの保存や細胞の生物学と同じくらい驚くべきものがあった。「社会関係への国家の干渉は、分野ごとにしだいに余分なものになり、やがて消滅してゆく。人間にたいする統治は、物にたいする行政と、生産過程の管理に取って代わられる」。サン゠シモンが最初に予言したように、将来の社会主義の支配は従来の政治を解消し、合理的で技術的な管理の問題になる。あるいは、エンゲルスの明らかに生物学的な言い回しを使えば、「国家は廃止されるのではない。萎《しお》れてゆくのだ」[*54]。ついに搾取はなくなり、生存をかけたダーウィン的闘争も終わり、「社会生産における無秩序は系統だった明確な組織に取って代わられる」。プロレタリアートの主導のもとで、人類は動物的本能から解放されて真の自由を達成する。「それは必然の王国から自由の王国へ人類が躍進を遂げたことなのだ」[*55]。これがヘーゲル観念論に関するエンゲルスのあらゆる高尚な推論の、叙情詩的かつ政治的な終着点だった。ここがマルクスの弁証法的唯物論が導くところだった。プロレタリア革命がブルジョワ社会の蛹から出現し、共産主義の夜明けが訪れるのだ。

『イギリスにおける労働者階級の状態』や『ドイツ農民戦争』、あるいは彼の戦争関連の著作すら超える勢いで、『空想から科学へ』はエンゲルスのベストセラーとなった。彼はこの著作がフランスで「強烈な印象」を引き起こしていると、誇らしげに書いた。「大半の人はあまりにも怠け者で『資本論』のような大著は読まないので、本書のような薄い小冊子のほうがはるかに迅速な効果がある」と、彼はアメリカの友人フリードリヒ・ゾルゲに説明した[*56]。この仕事を依頼したラファルグは、同書が「社会主義運動の初期にその方向にたいし決定的な影響」をもったことを見て、同様に喜んだ[*57]。二人のどちらも、その影響力を誇張してはいなかった。『反デューリング論』とともに、エンゲルスの『空想から科学へ』は、大陸ヨーロッパの共産主義を方向づけるうえで非常に重要なものとなった。フランス、ドイツ、オーストリア、イタリア、およびイギリスの社会民主主義者がついに理解可能なマルクス主義への手引書を手にしたのだ。マルクス＝エンゲルス協会の初代会長のダヴィト・リャザーノフによれば、『反デューリング論』は「マルクス主義の歴史において画期的であった。一八七〇年代後半に活動を始めた若い世代は、この本から科学的社会主義がなんであり、その哲学的前提や、その手法がなんであるかを学んだ……。特別な方法および特別な体系としてマルクス主義を普及させるのに、『資本論』そのものを除けば、『反デューリング論』ほど大きな影響をおよぼしたものはない。八〇年代初めに公の舞台に足を踏み入れた若いマルクス主義者はみな、この本を読んで育った」[*58]。アウグスト・ベーベル、ゲオルギー・プレハーノフ、ヴィクトル・アドラー、エドゥアルト・ベルンシュタイン（彼はエンゲルスの著書を読んだあとデューリングへの信念を撤回し、マルクス主義に転向した）

といった人びとともに、カール・カウツキーはエンゲルスの手ほどきを受けてようやく科学的社会主義を充分に理解するようになり、公の舞台にでるようになった世代の一人だった。「『反デューリング論』が自分におよぼした影響から判断すると、マルクス主義を理解するうえでこれほど私に役立った本はほかにはない」と、彼は晩年に入って書いた。「マルクスの『資本論』はもちろん、より説得力のある作品だ。しかし、『反デューリング論』を通して初めて、われわれは『資本論』を理解することを学び、それを正しく読むようになったのだ[*59]」

それでも、西洋のマルクス主義学者のルカーチ・ジェルジに始まり、ジャン＝ポール・サルトルやルイ・アルチュセールとともにつづいた別の思想の流れは、一八八〇年代にエンゲルスが体系化したものは本来のマルクス主義ではなかったと主張してきた。あれは彼の唯物論であり、彼の弁証法で、彼の科学万能主義で、彼がヘーゲルとマルクスを間違って結びつけたものなのだった。「エンゲルスによる弁証法の説明から生じる誤解は、概してエンゲルスが――ヘーゲルの誤った導きに従って――この手法を自然にも応用した事実から生じる」と、ルカーチは述べた。「しかし、弁証法の重大な決定要因――主観と客観の相互関係、理論と実践の統合、カテゴリーの根底にある現実の歴史的変化が思考の変化の根本原因であることなど――は、自然に関するわれわれの知識には存在しない[*60]」。『反デューリング論』や『空想から科学へ』に登場したマルクス主義はしたがって、「エンゲルスの創作」あるいは「エンゲルスの誤った考え」であって、それはマルクス主義思想のとんでもない誤解を表しているのだった。ノーマン・レヴィンの酷評によれば、「マルクス主義から最初に逸脱したのはエンゲルスだった。したがって、のちの独断主義や、後世のスターリンの唯物論的観念論の土台を築いたのはエンゲルス主義だったのである[*61]」。その証拠として、これらの「真のマルクス主義者たち」は、マルクスとエンゲルスの文通が途切れた一連の期間を指摘する。それはマルクスがエンゲルスの後期の著作を決して認めず、友人の気持を傷つけずに、さりげなく距離を置こうとしていたことを示唆するものだった、というのだ。

二十世紀にマルクス主義にどのような大々的な改変が起きたにしろ、エンゲルスが故意にマルクス主義の理論を歪曲したとか、マルクスは彼とのあいだにもろい友情しかなかったため、意見の不一致を表明するのは彼（カール・マルクス！）には堪え難かったとほのめかすのは、マルクスとエンゲルスの関係を読み誤っている。エンゲルスがマルクス主義を大衆化させたことについて、マルクスが恥じていたとか、懸念していた、という証拠はない。それどころか、『反デューリング論』を最初に始めたのはマルクスであり、原稿はすべて読んでもらい、経済学の短い一節に寄稿しており、一八七八年には同書を「ドイツの社会主義を本当に理解するうえで非常に重要」であるとして推薦している。[*62] 実際にはマルクスも、エンゲルスと同様に、当時の科学の進歩に活気づけられていたのだ。「自然科学の分野ではとくに」、ヴィルヘルム・リープクネヒトが次のように追想している。

——物理学と化学を含め——また歴史においても、マルクスは新たに登場したものや進歩を逐一熱心に追っていた。そしてモレスコット、リービッヒ、ハクスリー——彼の「一般向け講義」にわれわれは根気強く出席した——は、われわれの仲間内でリカードやアダム・スミス、マカロック、それにスコットランドとアイルランドの経済学者と同じくらい、よく話題にのぼる名前だった。そして、ダーウィンが自分の調査の結果を引用し、それを世間に発表したとき、われわれは何カ月もダーウィンのことと、彼の科学的征服の革命的な力について語ってばかりいた。[*63]

マルクス自身も一八七〇年代にヘーゲルの研究に引き戻されていたし、弁証法的な法則が自然にも社会にも当てはまることは彼が最初に主張している。『反デューリング論』の壮大な理論体系をどう考えるにせよ、これが、正真正銘の成熟したマルクス主義的見解の表明であったことは否定しようがない。それまでの三〇年間、エンゲルスは〈第一バイオリン〉の作品を説明し普及させることに身を捧げてきたのであり、彼が一八七〇年代になって突然、マルクスの監視のもとで、自分の主人の声をねじ曲げ、偽り、そこから逸れようとする理由はまずないと思われる。[*64] その後の数十年間に、後述するように、ほかの人びとがエンゲルスの解釈を再解釈しているが、それは思想面で彼を責められるようなものではない。

『資本論』第二部の編集

マルクスの死後、エンゲルスは自分の科学的研究を中断して、友人の著作物の財産整理という非常に困難な仕事を進めなければならなかった。「文献からの引用文はなんの順序にもなっておらず、それらの山は一緒くたに固まり、単にあとで選べるように集められている。そのうえ、筆跡ときたら間違いなく僕以外の誰にも解読できないもので、それも苦労のあげくに読み取れるものなのだ」と、彼はメイトランド・パーク・ロードに保管された記録をかき分けて進んだあとで、アウグスト・ベーベルに途方に暮れたように書いた。[*65] エンゲルスが生涯をマルクスに捧げたことも、彼を失って孤独にならざるをえないことも知っていたので、ベーベル、カウツキー、リープクネヒトはみなエンゲルスに、マルクスの葬儀のあとロンドンを離れて、大陸にいる自分たちのもとにくるように促した。イギリスの低気圧の暮らしに慣れて、それを好むようになっていたエンゲルスは、すげなく断った。「僕は自分が国外追放になりうる国に行くつもりはない。だが、これはイギリスとアメリカでしか得られない安全なのだ」と、彼は若い弟子たちに告げ、さらにこう述べた。「論理的な作業をやりつづけるとすれば、それに必要な平穏な暮らしはここでしか得られない」[*66]。プリムローズ・ヒルはグローバル共産主義の組織的中心地へと変貌しており、エンゲルスは「マルクスの書斎へ世界各地から自発的に集まってきた多くの流れ」を損なうまいと心に決めていた[*67]。

エンゲルスは国際的マルクス主義運動と、大黒柱を失ったマルクス一族の双方の家長も務めなければならなかった。それは幸いにも、マルクス家の使用人であるヘレーネ・デムート、つまり「ニム」を、リージェンツ・パーク・ロード一二二番地で家政婦として受け入れることを意味した（そこで二人して思い出に耽りながらマルクスの書簡を選り分け、午前中から酒を楽しんだ）が、あいにく、悲しみに沈み、いがみ合うマルクスの二人の娘たちの相手をすることでもあった。「自分の遺作管理をトゥシーに任せたいとモールがあなたに話していたのかどうか、私に伝えてくださるように、先日、あなたに依頼しました（あなたが公式に宣言しておられるように、私にはその権利があります）」と、怒ったラウラ・ラファルグは一八八三年六月にパリからエンゲルスに書いた。マルクスの知的遺産の相続から自分がはずされるのを恐れていたのだ[*68]。ラウラは、サミュエル・ムーアではなく自分が『資本論』を翻訳するものと考えていて、ロンドンを拠点とするエンゲルスとトゥシーが父親の遺産を一方的に独占していることに立腹していた。「僕としては君の希望をできる限り、あらゆる点で考慮する以外の願望はないことを、君もよくご存じだろう」と、エンゲルスは宥めるように返信した。「われわれ誰もが完成を見届けたいと願うのは、モールの思い出にふさわしい記念碑なのだ。その最初の部分は、彼の遺作の発行であり、そうでなければならない」[*69]

だが、それは単純な問題ではなかった。「こうなるとわかっていたら」と、エンゲルスはベーベルにこぼした。「昼夜うるさく彼をせっついて、すべてを書き終えさせ印刷させておくのだった」[*70]。エンゲルスがマルクスの書斎に入って書類を整理し始めたときに彼が発見し、戦慄と怒りを覚えたのは、

『資本論』の待望の第二部が、マルクスのいつもの言い逃れと、ほとんど関係のないテーマへの没頭という弱点と、さらに多くの証拠を集めることへの飽くなきこだわりに屈していたことだった。意図的にしろ、そうでないにしろ、マルクスは自分の最高傑作を断念していたのだ。「アメリカとロシアからの資料が大量になければ（ロシアの統計だけでも二立方メートルを超える書籍がある）、第二部はずっと以前に出版されただろう。これらの詳細な研究が何年ものあいだ彼に足止めを食らわせた」[*71]。そのため、マルクスの著作の英語、イタリア語、デンマーク語、フランス語への翻訳を監修する作業に加えて（「原書により忠実になるように」と、エンゲルスは『哲学の貧困』に苦戦するラファルグを叱りつけた。「マルクスは自分の原稿を勝手に変更させるような男ではない」）、エンゲルスは『資本論』の第二部、第三部のドイツ語版の監修にも乗りだした[*72]。

リージェンツ・パーク・ロードの自分の書斎で、一八八三年の夏から一八八五年の春まで、彼は無数の書き直しと統計図表、途切れた思想の筋道と理解不能なメモを照合し解読する作業に熱心に取り組み、それがドイツ語版『資本論』の第二部、「資本の流通過程」となった。それは骨の折れる苛立たしい作業だったが、エンゲルスは「この本に取り組んでいるあいだは、彼〔マルクス〕と交流しながら生きていると、本当に言える」感動を大いに楽しんだ[*73]。昔の同志との対話は楽しいものではあったが、マルクスの不可解な悪筆を一行一行編集する作業は、エンゲルスの健康を脅かしていた。そして、エドワード・エイヴェリングによれば、原稿はひどい状態にあった。「推測するしかない略字があり、線で消された部分や数えきれないほどの訂正を解読しなければなりません。紐で括られたギリシャ語のパリンプセスト〔以前の文章が不完全に消されて再利用された羊皮紙など〕を読むくらい困難なものです」[*74]。一八八〇年代なかばには、エンゲルスの目は酷使されて衰弱しており、結膜炎や近眼が進む兆候が見られるようになった。負担を軽減するために、彼は若い世代にマルクスの筆跡の象形文字的な謎を教え込まざるをえなくなった――「二人の有能な紳士」、カール・カウツキーとエドゥアルト・ベルンシュタイン――が、やがてドイツの社会主義者の植字工、オスカル・アイゼンガルテンを雇い、口述筆記をさせるようになった。しかし、エンゲルスはそれでもマルクスの原稿の見直しをしなければならず、一八八七年には慢性の眼炎を患うようになった。そのため自然光のもと以外では、読むのがきわめて困難になった。ありがたいことに、試行錯誤を繰り返したあとで、科学志向のエンゲルスは治療法を見つけた。「昨年からこの八月まで、僕はコカインを使ったが、この効果が薄れてきた〔慣れが生じたため〕ので、$ZnCl_2$〔塩化亜鉛〕に変えてみたところ、これがたいへんよく効く」と、彼は友人の医師であるルートヴィヒ・クーゲルマンに告げた。[*75] しかし、老化の進む身体のことで彼が本当に心配していたのは、ある医師からの警告だった。「僕はもう二度と馬に乗れそうもない――ということは、戦地勤務には適さない、なんということだ！」[*76]

勤勉な性格どおりに、エンゲルスは一八八五年五月に『資本論』の第二部を刊行した。マルクスの死からわずか二年後のことだった。その出版によって、エンゲルスはお馴染みの一連のブルジョワの批評家――なかでもマルクスが盗用したとして非難していたドイツの経済学者ヨハン・カール・ロードベルトゥス――にたいする闘争をつづけることができ、再びマルクス主義と剰余価値の理論を十九世紀の科学のパラダイム・シフトの一部として位置づけられるようになった。「マルクスは、ラヴォワジエがプリーストリーやシェーレに対峙したように、剰余理論で先駆者たちと同様の関係にある」と、エンゲルスの序文は宣言し、彼のお気に入りの化学分野のたとえを使った。「われわれがいま剰余価値と呼ぶ、生産物の価値のなかのその部分の存在は、マルクスよりずっと以前から突き止められてきた……。しかし彼ら〔過去の経済学者たち〕はそれ以上に探究することはなかった……。マルクスはこれを〈脱燃素《フロギストン》化した空気〉でもなければ、〈火の空気〉でもなく、酸素によるものだと考えたのだ」[77]。しかし、第二部が取り組んでいなかったのは、一八六七年にエンゲルスが最初に気づき、マルクスがあとで答えると約束していたもの、すなわち不変資本（機械設備）が剰余価値を通して利益を生みだせるのかという問題であり、またどんな工場でも可変資本と不変資本の割合（労働と機械設備）が異なることを考えると、異なった資本で利益率はどのように決まりうるのかという疑問である。言い換えれば、メグナド・デサイが表現したように、「（非労働）資本は利益性と関連するのかどうか？」である[78]。この難問を解く代わりに、エンゲルスは問題を弱々しくマルクスの批判者たちに投げ返した。「いかに同等の平均的利益率をもたらすことが可能で、またそうでなければならないかを彼らが示せれば、価値の法則に反することがないばかりか、まさにその土台の上で、われわれは彼らとともにこの問題をさらに議論したいと思う」[79]

一八九四年に『資本論』の最後の第三部「資本主義的生産の総過程」を上梓したときですら、問題は未解決のままだった。エンゲルスはひどく心配してはいなかった。彼はマルクスの最高傑作の最終部を、第一部よりもさらに影響力のある重要なものだと見なしていた。「われわれの理論はこれによって初めて否定できない根拠を与えられる一方で、われわれ自身はあらゆる方面でうまく論破できるようになった」と、彼は自信たっぷりにアウグスト・ベーベルに書いた。「これ〔第三部〕が刊行されたらすぐに、党内の俗物たちは再び打撃を受けて、何かしら考えるようになるだろう」[80]。しかし、原稿はそれまでの二部よりもさらに悲惨な状態にあり（「銀行と信用に関する部分は相当に困難だ」）、メモや下書き、言い換え、方程式などがごちゃ混ぜになった、めまいのするような紙の山となっていた。だが、マルクスがいないために、安堵できる一面もあった。エンゲルスはようやく自分がふさわしいと思うように自由に文章を練り、説明を滑らかにし、文章中の目障りなものを取り除くことができるようになったのだ。「最後を飾るこの第三部はじつに見事で、まったく反論の余地のない作品なので、僕は議論の全容が明確に、くっきりと浮き彫りになるようなかたちで、これを世にださなければならないと考えている」と、彼はニコライ・ダニエリソーンに語った。[*81]

一九九三年にマルクスのオリジナルの第三部の原稿が出版され、〔エンゲルスの〕この編集がいかに自由な主導権をもって実施されていたかが明らかになっている。「議論の筋道」を明確にするために、エンゲルスは本文に脚注を組み入れ、節を合体させ、細分割したり彼自身の考えを挿入したりしていたのだ。場合によってはマルクスの意図を変えたところもあり、なかでも議論の的となった第三篇「利潤率の傾向的低下の法則」では顕著に見られた。マルクスはここで資本主義のもとでいかに利潤が減る傾向にあるかを概説した。人手を省く産業技術が、徐々に生きた労働から剰余価値を引きだす余地を減らすためである。マルクスはこの利益性の低下傾向を、資本主義そのものの脆弱性と結びつけた。[*82]だが、マルクスのオリジナルの原稿は資本主義的生産の「動揺」について語っているのにたいし、エンゲルスはより断定的に資本主義の「崩壊」について語った。わずかな変更だが、二十世紀のマルクス主義者にとっては広範な影響力をもたらすもので、彼らは繰り返し資本主義の体系全般の「危機」や「破綻」を追い求め、共産主義の夜明けを迎え入れようとした。マルクスのブルドッグはほんのつかの間、紐からすり抜けたようだが、それはすべて、大義のより大きな利益のためだった。

「エンゲルスは単なる編集者ではなく、マルクスの遺産の管理人と編集者が一体になった存在でありたかったのだ」と、近年のある学者はそれについて述べる。「エンゲルスはマルクスの原稿を、それが対象とした相手である利用者のために読みやすくした版を制作した。理論を知っている労働者と、文献学的に関心をもつ学者にまでまたがる集団である」[*83]。そして、第三部が出版されたことで、彼は少なくとも仕事をやり終えたと、マルクスの思い出は尊重されたと感じたのだった。「マルクスの『資本論』との君の長い航海がほぼ終わったことを喜ばしく思う」と、エンゲルスの古いチャーティスト運動仲間のジュリアン・ハーニーは一八九三年に彼に書いた。「マルクスが君に見出したほど、忠実で献身的な友人および擁護者は、少なくとも近代においては、ほかにはどこにも例を見なかったと私は思う[*84]」

近親者たちのたかり

マルクスの論文が迅速に発表されるのを妨げたのは、エンゲルスの芳しくない健康状態だけではなかった。パンプスの夫のパーシー・ロッシャーが難聴になりつつあって機転の利かないことも、エンゲルスの体力と感情と預金残高を減らしていた。誰もさして驚くことではなかったが、ロッシャーは公認会計士として大きな成功を収めてはいなかった。そのためエンゲルスは、弁証法的唯物論や『資本論』の新刊や、国際社会主義の競争し合う派閥と格闘しながら、ロッシャー家の家計の面倒も見なければならなかった。一八八八年十二月には、エンゲルスは彼の出版物にたかるもう一人の常習犯ポール・ラファルグに、パーシーの問題が「かなり深刻な事態になっている」ので、財政的に厳しい一年になりかねないと警告していた。翌年の秋には不運なパーシーは「すかんぴん」になり、完全に破産するのを避けるために、パーシーの親兄弟と交渉する任務がエンゲルスに回ってきた。「どのような結果になろうと、間違いなく僕が多額の出費を迫られるだろう」と、エンゲルスは内情を知っているかのように予測した[*85]。そして、パンプスとパーシーは――ラファルグ夫妻にとって大いに迷惑なことに――優しいエンゲルスおじから現金を巻きあげるのをやめなかったので、実際そのとおりになった。「パーシーの問題で多くの心配や厄介ごとをかかえているときに、あなたにうるさくせがんで申し訳ありませんが、そうせざるをえないのです。というのも、僕らは万策尽きてしまったからです」と、ポール・ラファルグは一八八九年十一月に、エンゲルスの財源が流用されつつある悪い兆候を見て彼に書いた。[*86]

その後の五年間、当時、世界で最も崇敬された共産主義の戦略家で理論家であったエンゲルスは、ロッシャー家と、彼らのさまざまな金儲けの企み――「〈虹工学会社〉から〈ロッシャー水泳浴場システム〉まで」――の悲喜劇の世界にどんどん引きずり込まれていった。なかでも最悪だったのは、パーシーの父親で雇用主のチャールズ・ロッシャーと取引しなければならないことだった。彼のさまざまな事業計画にたいする融資や「投資」の要求は、一連の図々しい手紙に書かれていた。「彼〔パーシー〕に関係のある人びとのなかで、貴兄のように深い親切心と寛大さをパーシーに寄せる人はいません――私を別とすれば」と、一通の滑稽な手紙は始まった。「個人的にはきわめて慎重に……収支をやりくりせざるをえません……敢えて申せば、パーシーは貴兄からの手当に加えて給料があるので、私よりも多くの収入〔があるの〕です」と、チャールズ・ロッシャーはきわめて明白な表現で、エンゲルスが会社への融資に同意した場合にのみ、パーシーに給料を支払うことをほのめかした。「私に判断の機会が与えられた限りで申せば、彼が私の事業に大いに役立つようになるのは、ずっと先のことでしょう」と、チャールズは、自分の息子のいかにもぱっとしない能力について恥ずかしげもなく結論づけた。[*87]そしてエンゲルスがロッシャーにさらなる資金援助をするのを断ると、パーシーはそのままクビになった。

パーシーはその後、ワイト島で兄弟が経営する建設資材や庭仕事用の会社で働くようになったが、この兄〔弟〕のハワードにしても状況はなんら変わらなかった。一八九〇年代初めになると、融資や現金注入の依頼や、商売上の助言を求める手紙が矢継ぎ早に届いた。「親愛なるエンゲルス様、このようなお願いをするのはたいへん心苦しいのですが、もう一度どうか交換小切手を切っていただけないでしょうか」というのが、ハワード・ロッシャーからのよくある依頼だった。[*88]エンゲルスは自分がお人好しでつけ込まれているのを知っていたが、バーンズ姉妹の思い出を懐かしみ、パンプスを相手にビールを飲んだり、彼女やその子供たちと海辺で休暇を過ごしたりするのを楽しめるようにするため、それには黙々と耐えた。「彼は確かにほろ酔いのパンプスを愛しています」と、トゥシーは姉に説明した。「パンプスにたいして激怒するけれど、それでも愛しているんです」[*89]。しかし、一八九四年になり、パーシーが仕事を辞めて、「(自分のものではない)大金を使い」、借金の保証人にエンゲルスの名前を使って、プリムローズ・ヒルの玄関口に貧窮して現われると、彼の堪忍袋の緒もついに切れた。「彼らのためにこれだけのことを尽くしたあとで、そのような扱いに黙って従うつもりはないので、彼らをあまり歓迎しなかった」と、彼はラウラ・ラファルグに告げた。「パーシーが何をするつもりなのか、それがどのような結果になるのかは、僕の知る限りではありません」[*90]。そして、幸いにも、その後はパーシー・ロッシャーの名前をわれわれが再び聞くことはない[*91]。

『家族・私有財産・国家の起源』

メイトランド・パーク・ロードにあるマルクスの書斎からエンゲルスが運んできた手紙や走り書き、未完の小論の山のなかに、彼の関心をとりわけかきたてた一連のメモがあった。有史以前の社会の本質について、心を躍らせるような考えが多数でてきたのだ。一八八〇年代初期に、マルクスはアメリカの人類学者ルイス・ヘンリー・モーガンの『古代社会、または野蛮から未開を経て文明へとたどる人類の進歩の道筋に関する研究』(一八七七年)について詳細にわたる概要を作成した。ダーウィン主義と唯物論を掛け合わせたようなモーガンの書は、人間の社会組織の進化を原始的な状態から近代までたどろうと試みたものだった。おもにニューヨーク州北部のイロコイ族の連邦の研究に依拠しながら、モーガンは産業技術の発達がおよぼした影響と、部族と家族の構成において所有権の概念が変化する様子を記録した。未開から文明への進歩は、血縁関係の部族から家父長を中心とした「単婚的」所帯（つまり核家族）への容赦ない移行を意味するとモーガンは考えた。

マルクスの膨大な『古代社会ノート』が示すように、これは彼とエンゲルスのあいだで多岐にわたる対話のテーマとなってきた。彼らはそのころには科学分野の数多くの趣味に、人類学も加えるようになっていたからだ。一八六〇年代なかばに二人は、人種の形成に地理と土壌がはたした役割に関する稚拙な因果説を説くピエール・トレモーの『人およびその他の生物の起源と変革』の重要性をめぐって意見が食い違った。一八八二年の初めに、ワイト島で胸の感染症を闘病中のマルクスに、エンゲルスは「タキトゥスのゲルマン人〔高貴な野蛮人〕とアメリカの先住民《レッドスキン》のあいだの類似性について、ようやく整理をつけるために」人類学に関する覚書とともに手紙を送った。[*92] 折しも彼はヒューバート・ハウ・バンクロフトの『北米の太平洋岸州にいる先住民族』（一八七五年）を読んだばかりだった。同書はアメリカの初期の共同体を形成するうえで生産手段よりも血縁がはたした役割を強調していたため、唯物論者であるエンゲルスを苛立たせていた。

しかし、アウグスト・ベーベルの『女性と社会主義』（一八七九年）が出版され、一八八三年には『過去、現在、未来における女性』として再版されたことから、一八八〇年代初めには家族と社会形態の起源がエンゲルスの関心をとりわけ多く占めていた。ベーベルは人間の古代史を深く研究して、「有史以来、女性と労働する男性には抑圧がつきものだった」と主張した。家族が発達する前から、女性はすでに「集団や部族の所有物で、選択権も拒否権もなかった」と、ベーベルは述べた。[*93] これはカール・カウツキーが初期の性的関係に関する一連の小論「結婚と家族の起源」（一八八二〜八三年）で探究したテーマで、エンゲルスはこれに刺激されて初期の土地所有権と結婚制度の関連について考えるようになった。[*94] ベーベルとカウツキーとは対照的に、原始人間社会は家父長制ではなく、むしろ共有の性的関係制度にもとづいていたとエンゲルスは考えた。伴侶と土地の共同所有権は総じて両立するものだった。「おそらく同じように確信をもって主張できるのは、たとえば、フッツワング［収穫から種まきまでのあいだの期間は柵を取払い、牧草地を共有した古代ドイツの伝統］のように、土地が周期的に共同所有に戻っていた場所ならどこでも、かつては土地が完全に共有地だったであろう」と、エンゲルスはカウツキーへの手紙のなかで主張した。「であるから、女性が――象徴的にも現実にも――周期的に内縁関係に戻る場所ではどこでも、かつては妻の共同所有があったと確信をもって結論づけられると僕は思う」。それだけでなく、「性生活の共有が抑圧にもとづくという主張そのものが間違っており、性的領域における共有権が男による女の所有で、男の快楽によるものだとする考えに起因する現代の曲解なのだ。これは原始的な状態とはまったく相容れないものだ。この領域における共有権は、両性のどちらにも手に入れられるものであった[*95]」

モーガンに関するマルクスのノートを発見したことで、エンゲルスはイデオロギー上の逸脱がこれ以上起きないように、何か書かなければならないと確信した。ベルンシュタインが一八八四年初めにリージェンツ・パーク・ロードに滞在していたとき、エンゲルスは「毎晩、夜更けまでマルクスの原稿の一部や、いずれ刊行される本の概要を読んで聞かせた。マルクスの抜粋したものを、彼がアメリカの作家ルイス・モーガンの『古代社会』と関連づけている書だ[*96]」。そのプロジェクトが「命令を達成」するものとなることを、エンゲルスは願った。モーガンの研究をマルクスの唯物論的な歴史の解読と結びつけることだ。そして、その過程で、蝶や昆虫の世界から女性というものや両性の関係にいたるまで、彼自身の生物学的洞察にもいくらか敷衍しようというものだ。いささか意外なことに、女たらしのエンゲルスは社会主義的フェミニズムの基礎となる文章を執筆する結果になった。

『家族・私有財産・国家の起源――ルイス・H・モーガンの研究に関連して』（一八八四年）は、エンゲルスが進歩的なフェミニストの原則だと明らかに見なしていたものから始まる。「唯物論的な概念によれば、歴史の決定要因はつまるところ、直接の生命〔を保つための〕生産と再生産〔生殖〕である」[97]。彼は一刀両断に、女性による人の生命の生産を、生存手段の生産と同じ理論的レベルに据え置いたのである。共産主義の正典では、後者よりも高い美徳は存在しない。彼がとった次の行動は、ヘーゲル流のやり方で家族形態が、それまでの時代には流動的な性質であったことを示してそれを歴史化し、共産主義体制のもとで将来それがどう生まれ変わるかを示すことだった。「家族は〔モーガンによれば〕動的原則を表わすものだ。それが静的であった試しはなく、社会が低い状態から高い状態へ進歩するにつれて、やはり低い形態から高い形態へと進歩する」[98]。プロレタリアートが資本主義は移行的な状態であることを理解しなければならないように、女性は現在の性的不平等が一時的な幕間だと期待できるのであった。

　エンゲルスはモーガンの年代学の唯物論的な基礎を読み解くことから取りかかった。パートナーを共有する部族制度（「無制限の性的自由が一般的で……すべての女性はすべての男性に同等に所属し、すべての男性もまたすべての女性に所属する」）から、近代の「対偶婚家族」の形態までの発展は、生産様式の進歩と密接に関連していた。家族は単に、経済的基盤によってかたちづくられた上部構造のもう一つの構成要素なのであった。エンゲルスによれば、モーガンは「四〇年前にマルクスが発見した歴史の唯物論的概念」を再発見していた。「労働があまり発達しておらず、その生産物の量がより限られていればいるほど、結果として、社会の富もまたより制限され、血縁集団によって支配される社会的秩序も多くなる」[99]。そのため、近代の家族は、そのあらゆる欠点——家父長制、偽善性、欲求不満、ごまかし——とともに、私的所有の産物なのであった。

　エンゲルスの解釈をとりわけ注目に値するものにしていたのは、家族生活に関する彼の説明が女性の視点から探究されており、社会が母系から父系の親族パターンに移行するにつれ、社会的に無力化された女性たちの歴史に目を向けていたことだった。「古い昔ながらの性的関係が、生活の経済状況が発展した結果、その素朴かつ原始的な特質を失うにつれて……女性にとっては屈辱的で、抑圧的なものに感じられたに違いない」[*100]と、彼は書いた。なにしろ、モーガンが概説したように、集団婚と複婚は、近代の俗物的偏見の「売春宿で汚れた想像力」がほのめかすものよりは、はるかに平等主義で自主的なものだからだ。エンゲルスの分析は性差別主義を、歴史的で社会学的な構図と見なしていた。アウグスト・ベーベルは「世の初めから」抑圧が女性にはつきものだったと主張した——そして、実際、私的所有と分業が生じたのは男が利己的に女を「所有」したあとだった——が、エンゲルスは男性優位が比較的近代の現象であり、競い合う私的所有経済の発展と密接に結びついていたことを解明した。「十八世紀の啓蒙主義から受け継がれた最もばかげた概念の一つは、社会の初めには女は男の奴隷だったというものだ」と、彼はベーベルに真っ向から挑んで書いた。「すべての野蛮人や、低い発展段階や中程度の段階だけでなく、ある程度は高い段階にもいるすべての未開人のあいだで、女性の地位は自由であるだけなく、非常に尊重されている」[*101]

〔女性の地位の〕失墜は個人および家族の財産権（より広い氏族や部族の権利とは別に）が導入され、それに伴って男系を通じた相続の慣習が生じるとともにもたらされた。個人による所有と私有財産は、「女性の世界史的な敗北」の前兆となった。夫が手綱を握ると、女性は「品位を失い、隷属させられ、男の欲望の奴隷になり、子供を生むための道具に過ぎなくなった」[*102]。両性の関係は社会格差のもう一つの要素となった。女性はいまや資本主義の生産様式によって抑圧された階級に加わったのだ。「歴史に登場する最初の階級対立は、単婚における男と女のあいだの敵対関係の発展と同時に起こり、最初の階級抑圧は男性による女性の抑圧と同時に起こる」と、エンゲルスは断言した[*103]。家庭内では夫がブルジョワで、妻はプロレタリアであり、残虐な結果が予想された。

エンゲルスがとりわけ念頭に浮かべていたのは、ヴィクトリア朝中期のブルジョワ上流家庭だった。そこでは敬虔な美徳の陰でひどい抑圧、売春、虐待などが横行していた。実際、マルクスとエンゲルスは長年、中流階級の家庭第一主義の偽善に、批判の目を向けつづけてきた。「現代の家庭は、ブルジョワの家庭は、どんな基礎にもとづいているのか?」と、彼らは『共産主義者宣言』で最初に問いかけた。「資本に、私的な利得にである。この家庭が完全に発達した形態で存在するのは、ブルジョワ階級においてのみだ。ところが、こうした状況を補完しているのが、プロレタリアには実質的に家庭が存在しないという現実と、公娼制度なのである」[*104]。『家族・私有財産・国家の起源』のなかで、エンゲルスはこのテーマに戻っている。「このプロテスタントの単婚は、その最善のケースの平均を見ても、単に重苦しく退屈な結婚生活にいたるだけであり、それが家庭のもたらす至福と言われるものなのだ」と彼は、イングランド北部の非国教徒エリートのあいだで二〇年間暮らした者ならではの説得力をもって書いた。「妻が通常の高級売春婦と異なる点と言えば、賃金労働者のように、出来高払いの仕事で自分の肉体を貸しださず、奴隷となって身を一度だけ完全に売り渡すところにある」[*105]。単婚に必然的に伴うもの——弁証法的に言えば、形態に内在する矛盾——は、売春と愛人を囲うことなのだ。原始的な共同体では、性的放縦は男女両性によって恥ずるところなく謳歌されたが、私有財産をもつ家庭では、「不貞を働く権利」は一方的に男性の特権なのであった。エンゲルスがぞんざいに述べたように、性愛は私有財産もなく、ブルジョワの社会規範ももたないプロレタリアートのあいだでのみ可能なのであった。というわけで、エンゲルスは間違っていたにせよ、ロマン主義的な見地から、プロレタリアの結婚生活にはブルジョワの夫婦のような虐待的慣習は見られないと主張した。

歴史を通してさまざまな家族形態の移ろいやすさを提示したエンゲルスは、ここでは性的関係におけるさらなる革命を主張した。それは『イギリスにおける労働者階級の状態』において彼がマンチェスターの工場で女性が雇用されることが家庭におよぼす影響を記録したとき、最初に触れたテーマだった。女性が働き男性が失業するという新たな産業社会の現実が、双方の性的特性を取り除く結果となったのだ。「妻が家族を支え、夫は家にいて、子供の世話をし、部屋を掃いて料理をする」。エンゲルスはランカシャー州セントヘレンズに住む元仕事仲間を訪ねたある友人の体験を報告している。その友人は「座って妻の靴下を、紐通しで繕っていた」。「『いや、これが俺の仕事でないことはわかっている。でも、うちの哀れな女房は工場におるんで……だから俺にできることはなんでも女房のためにやらないと。俺には仕事もないし、もうそんなことが三年はつづいていて、生きているあいだには、もうどんな仕事にも就けないだろうから』。それから彼は大粒の涙を流した」[*106]。それでも、二十四歳の早熟なエンゲルスがここから引きだした結論は、女性は働かないようにすべきだというものではなく（実際、産業化は彼女たちに家庭内の奴隷状態から解放される新しい時代を約束したのだ）、むしろ、「工場制度によって必然的にもたらされる、妻が夫の上に君臨する事態が非人間的だとすれば、原始からの夫による妻の支配もまた非人間的であったに違いない」[*107]というものだった。女性が大量雇用されることが引き起こした家庭内の混乱は、近代の家庭が本質的に不平等であったことをまざまざと示していた。産業化は「自然な」家父長制という上辺を引きはがしたのであり、エンゲルスは楽観的に女性の賃金労働者が増えれば、「どんな種類の男性優位の根拠もプロレタリアの家庭には残らない。例外はおそらく、単婚が始まって以来、広まっていた女性にたいする残虐性のようなものだけだろう」[*108]と、信じた。

資本主義と女性労働にたいするその需要こそが、性的平等を達成するための最も確実な道を提供するかのように見えたが、近代の家庭生活における不公正は共産主義への移行によってのみ、完全に解決されうるのだった。相続される財産が社会的財産として戻され、共有できるようになれば、「対偶婚」家族の狭い経済基盤は崩壊するだろう。エンゲルスが一八八五年の手紙で述べたように、「男女間の真の平等は、資本による両性の搾取が廃止され、家庭内の仕事が公共の産業に移行することによってのみ現実となる」[*109]。女性は、家庭が経済的単位として存在するのをやめ、家庭内の家事労働が社会化した行事になるにつれ、そして——何よりも抜本的に——「育児や養育が公共の業務となる」につれ、家父長の支配のもとから抜けだせる[*110]。私有財産、財貨、それに子供ですら、より広い共同体に共有財産として譲り渡さなければならないのだった。ほとんどフーリエのような勢いで、エンゲルスはそのあとこの性革命がもたらすユートピア的な明るい見通しを示した。女性はお金のためというより、愛のために結婚し（それは「徐々により拘束されない性行為へ発展」し、それとともに「純潔や女性としての恥にたいする世論はおおらかなものになる」）、妻たちはもはや夫婦の財産を失うことを恐れて、夫の不貞に耐える必要はなくなる。結婚生活は相互の愛情と尊敬のうえに築かれ、夫婦は「離婚手続きの無用の泥沼」に陥らなくても済むようになる。フーリエの自由恋愛のファランジュ〔自治共同体〕ほどではなかったが、これはそれと大差ないものであった。

それでも、性的なテーマで、エンゲルスが受けたカルヴァン派の家庭教育が全面的に発揮される問題もあった。エンゲルスが進んで認めようとしなかった自由の一つは同性愛だった。一八六九年にカール・マルクスがドイツの弁護士カール・ウルリッヒの書『アルゴナウティクス』を彼に送ってきた。同性間の欲望は生来のもので、男らしさと女らしさは連続体として見なすべきものだとし、ホモセクシャルまたはレズビアンの恋愛感情を表わす「アーニング」〔ウラニアン〕という用語をつくりだした人物である。エンゲルスはそのような「不自然な新事実」に驚愕した。「男色家が自分たちの数をかぞえ始め、国家内で一つの勢力をなしていることに気づいている」と、彼は大げさに同性愛嫌悪の暴戦争を、尻の穴には平和を」」がいまやスローガンとなった。この党が勝てば、われわれは勝者に肉体で敬意を表さなければならないが、そんな事態を恐れるにはわれわれが年寄り過ぎるのが、せめてもの救いだ……新北ドイツ刑法がドロワ・デュ・キュ〔「尻の穴の権利」〕を認めるまで、待ってみろ……。そうなったら、女好きという子供じみた性向の、われわれのような哀れなフロントサイドの人間にとって、事態は最悪になるだろう」[*111]。それとは対照的に、イギリスの社会主義者エドワード・カーペンターはエンゲルスのブルジョワ家庭への批判を元に別の結論を導き、非生殖的なセックスの美徳を擁護し、それとともに社会主義の解放の広範なプロセスの一環として、同性愛を文化的および合法的に受け入れることを主張した[*112]。カーペンターの「同志関係」の理想は、エンゲルスの自由恋愛と共同体による子育てを中心とするユートピアとは、まるで異なった社会主義を提案したものだった。

弁証法的唯物論ほど浸透した理論になることはなかったが、家族に関するエンゲルスの著作は、それでも二十世紀の社会主義理論に重要な貢献をはたし、ソ連における学校教育と子育ての政策に影響を与えた。それ以上に驚くべきことは、まる一世代にわたって西側諸国のマルクス主義フェミニストのあいだで、『家族・私有財産・国家の起源』が遂げた成功だ。フェミニストで活動家のケイト・ミレットは一九七〇年に出版した自著『セクシュアル・ポリティックス』で、エンゲルスが結婚と家庭を歴史的な制度として扱い、「その他の社会現象と同様の進化の過程の影響をこうむらせたことが……神聖な存在を深刻な批判、分析にさらしただけでなく、抜本的に再編成される可能性すら招いた」と、書いた。「エンゲルスの分析がもたらした過激な結果は、家庭というものが、現在、理解されているような意味では、消え去らなければならないというものなのである」[*113]。同様に、シュラミス・ファイアストーンの『性の弁証法——女性解放革命の場合』(一九七〇年)はエンゲルスの文章を言を吐きながらマルクスに返事を書いた。「ゲール・オー・コン、ペ・オー・トルドゥキュ〔「膣には引用して、家父長制後の共同体の暮らしの証拠とした。多くのフェミニストからエンゲルスのアプローチが称賛された理由は、彼が性差を生物学的に決定されたものではなく、経済的に生みだされたものとして扱った点だった。家父長制はブルジョワ階級社会のもう一つの機能だったのであり、どちらも解体する必要があったのだ。*114

より最近では、エンゲルスの作品はおもに人類学者から批判されてきた。原始社会では男性優位であったのを彼が認識し損ねていたことと、男女間の分業が社会的に構築されたのではなく、生来のものだと、彼の文章が随所で暗にほのめかしているためであった。そのうえ、新たなフェミニストの一派が、エンゲルスは生殖過程とは別個のものとして女性の性的欲望を評価していなかったうえに、女性が本来、永久的な結婚を望むものであるかのように描いたとして批判した。さらに重大なことに、「性衝動、イデオロギー、家庭第一主義あるいは男女間の全般的な分業や権限の分割といった問題にも真剣に」関心を向けていなかった、というものだ。*115 こうした批判はあったとしても、エンゲルス――名うての女たらしで、パリの最高級のグリゼットたちに惚れ込み、モーゼス・ヘス夫人を手荒く誘惑した男――が熱心にフェミニスト的な思想に傾倒していたことは、確かに注目に値する。彼はドイツ国会が売春を非合法にする計画を支持さえする一方で、イギリスの伝染病法の経験から、風俗産業に従事する者に打撃を与えうる余波も警告した。「この問題に対処するには、何よりも現在の社会秩序の犠牲者として女の子たち自身の利害を考慮し、彼女らがどん底に落ちてしまわないようできる限り守るべきだというのが僕の信念だ」と、改心したかつての客はアウグスト・ベーベルに語った。*116

実際には、奔放な若者時代にたびたび婦人の寝室や売春宿に通ってはいたものの、エンゲルスは成年期の大半は自分の信念に従って生きたのである。エンゲルスの職業人生はヘーゲル的矛盾に苦しめられていたが、私生活に関しては、彼はブルジョワの規範に屈しようとはしなかった。リジーの死の床で初めて、彼女の信仰上の不安を静めるために、彼はついにパートナーと結婚したのだ。皮肉屋はこれが相続権とエルメン&エンゲルス商会の株式により関係していたと言うかもしれない。だが、結婚を偽善と見なしてきた彼が、それにたいする信念にもとづく反論ゆえになかなか結婚に踏み切れなかったわけではないとする証拠もどこにもない。エンゲルスはまた、ブルジョワ社会のなかで女性が占める脆弱な立場も敏感に察知していた――そのため彼はパンプスがパーシー・ロッシャーと関係をもつと、結婚によってけじめをつけさせた――し、関係が崩れたあと女性が孤立することも知っていた。一八八八年十月にカール・カウツキーが妻のルイーゼのもとを去って、ザルツブルクで出会った若い女性と一緒になると宣言したとき、エンゲルスは「女性がこうむりうる最も悲惨な打撃」を与えたとして、カールを叱責した。いまの社会で離婚がおよぼす結果について、彼は長々と説明した。夫にはなんら社会的汚名が着せられない一方で、「妻は自分の地位をすっかり失う。女性はすべてを一からやり直さなければならず、しかもより困難な状況でそれをやらなければならないのだ」。エンゲルスはこの問題についてよくよく考え直すように勧め、もしほかに選択肢がないのであれば、「可能な限り思いやりのある方法でのみ」実行するように促した。[*117]

エンゲルスは女性の状況についてそのような称賛に値する同情を示したとはいえ、残念ながら、当時の女性運動にたいするエンゲルス自身の対応によってその模範ぶりも形無しになった。彼がメアリーに惚れ込み、のちにはリジー・バーンズに惹かれた理由の一つは、彼女らの読み書きのできない泥臭さが「ブルジョワ階級の教養と分別のある娘たちの堅苦しさや屁理屈」と対照的であったがためだった。実際、目的意識をもった聡明な女性で、可愛くもなければマルクス姓でもない人たちは、エンゲルスによる女嫌いのいじめの対象となっていた。エンゲルスの手紙には「気取っていて教育を受けたベルリンの女性たち」にたいする生まれもった嫌悪感を表わす多数の言及が見られる。[*118] 彼はとくに中年の女性知識人を嫌っていた。そのため、世俗主義のフェミニストで神智学者のアニー・ベサントは「マザー・ベサント」、ジャーナリストで戦争特派員のエミリー・クロフォードは「マザー・クロフォード」、活動家で性の保健活動家ゲルトルート・ギヨーム＝シャックは「マザー・シャック」と呼んでいた。彼は女性参政権運動などまるで顧みなかったし（「女性の権利についてやかましく叫ぶ、これらの小さいご婦人方」）、彼女らの理念は気を散らすばかりで、その陰で階級支配が盛んになるのだと見なしていた。[*119]「女性が資本家から完全に搾取されるための正式な権利を擁護するイギリスの女性たちは総じて、資本主義が直接的にしろ間接的にしろ、男女の別なく搾取することに関心がある」と、彼は「マザー・シャック」に書き、自分はいまの世代のあいだで正式な平等を確立することよりも、来たる世代に関心を向けているのだと説明した。[*120]それでも、一八七六年にある女性候補がリージェンツ・パーク・ロード一二二番地の階段を駆けあがり、ロンドン教育委員会の選挙でエンゲルスに投票を求めてきたときには（女性も一八七〇年の教育法のあと立候補できるようになった）、彼は自分がもっている七票すべてを彼女に投じざるをえなかった。「その結果、彼女は選挙にでたほかの七人の候補者のなかで、いちばん多くの票を獲得した。ちなみに、教育委員会にいる女性たちは、おしゃべりはほとんどせず、非常によく働く点で際立っていた。平均すると、男三人分は働く」[*121]

アメリカ旅行

五年にわたってマルクスの原稿と素手で懸命に格闘したあとで、目はかすみ、脚はリューマチに冒されつつあるなかで、エンゲルスもついに休暇をとることにした。老境に入っても、彼は旅行にでられることを考えて喜んだ。それどころか、新しい人や考え、場所こそ、エンゲルスの若さの秘訣だった。一八八八年にアメリカ合衆国はその三つのすべてを約束していた。そのうえ、一八八六年に『イギリスにおける労働者階級の状態』のアメリカ版が出版され、何十年間も甚だしい搾取がつづいたあげくに、アメリカの労働者階級は階級意識に目覚めつつあるようだった。「ちょうどいま、私はペンシルヴェニアの一万二〇〇〇人の炭坑夫がコネルズヴィル地区で大々的なストライキを起こした記事が掲載されているアメリカの新聞を読んでいる」と、エンゲルスは同書のアメリカ版の付録に書いた。「まるで一八四四年にイングランド北部で起きた炭坑作業員のストライキを描写した自分の文章を読んでいるかのようだった」[*122]

マーク・トウェインが「金ピカ時代」と名づけたことで知られるこの時代は、悪徳資本家が横行し、都市部にプロレタリアートが出現し、莫大な富と驚愕する不平等が生まれた一時期だった。ヴァンダービルト家、モーガン家、デュークス家、それにカーネギー家（A・カーネギーはハーバート・スペンサーの社会進化論の熱心な擁護者となる）の産業力が職場騒動とともに出現し、社会主義の最初の芽が生まれた。一八八六年の〈大変動〉の年には、賃金引き下げ、機械化、および熟練労働者の不要化をめぐる論争が激しさを増すなかで、七〇万人以上の労働者がストライキに参加するか、雇用者からロックアウトされるはめに陥った。[*123] シカゴでは九万人前後の労働者が、職能労働組合連盟（まもなく米国労働総同盟と改名）の呼びかけで最初のメーデー集会を開き、通りを行進した。力の誇示は三日後には悲劇的な状況になり、ヘイマーケット広場の虐殺が起きた。無政府主義者が爆弾を投げたあとで、警察がデモ参加者に発砲した事件である。イギリスの労働者階級の不活発さにくらべて、米国の労働運動の「アメリカ的活力」はエンゲルスにとって大いに励まされるものだった。「地上にある最後のブルジョワ天国は、急速に煉獄に変わりつつあり、ヨーロッパのようにそれが地獄絵図になるのを防ぐには、生まれたばかりのアメリカのプロレタリアートが、順調な速度で成長するしかない」と、彼は自著のアメリカ人翻訳者、フローレンス・ケリー・ウィシュネウェツキに書いた。「マルクスがこれを見るまで生きてさえいたら！」[*124]

もちろん、アメリカの状況に問題もあった。とりわけ、イデオロギー面の厳格さに欠ける点は残念だった。「理論的に無知であるのは、あらゆる若い国の特質だ」と、エンゲルスは落ち着いて述べた。しかし、若さとともに、ヨーロッパの社会主義をこれほど硬化させている文化的、知的堆積物の欠如という、喜ばしい事態ももたらされる。アメリカには「純粋にブルジョワの機関しかなく、封建的名残や君主制の伝統の影響を受けておらず、先祖代々からの恒久的なプロレタリアートもいない」[*125]。そのため、この国は白紙状態を提供しており、ブルジョワの覇権のあとに迅速なプロレタリア革命がすぐさまつづくことが可能だった。この「より条件のよい土地」では、組織された労働者階級が、ヨーロッパの労働者階級が成し遂げられなかったような政治および選挙における進歩を、数カ月で達成していた。

苛立たしいことに、そのような進歩も急進的な運動内部の、お馴染みの党分裂によって帳消しになる危険があった。メーデーの暴動のあと、職能労働組合連盟は「企業」の労働組合主義へと後退し、資本主義の体制に反対するよりは、狭い意味で組合員の利害を守るようになった。より政治的な活動をする労働者は、ドイツからの亡命者によっておおむね支配された社会主義労働党と、高潔神聖労働騎士団に分かれていた。後者は一八六九年にフィラデルフィアの衣料労働者によって創設されたギルドのような友愛会で、あらゆる〈生産者〉（バーテンダーと弁護士を除く）に開かれていた。エンゲルスは若いころであれば、そのような——協同組合の計画や労働者階級の相互信託などをもつ——騎士団は夢想的で、プルードン主義で、プチ・ブルジョワ的だとして取り合わなかっただろう。だが、政治的に抜け目のない共産主義の長老となったいまでは、彼らをアメリカのプロレタリア政治のためには「避けられない出発点」だと考えるようになった。それにたいし、社会主義労働党は、マルクス哲学においてはきわめて正統派だが、過度に知的な亡命者仲間にありがちな典型的欠点を見せていた。観念論哲学が多すぎて、実践的な政策が不充分なのである。

しかし、エンゲルスはそれを自分の目で確かめたかった。一八八八年八月八日に、彼はシティ・オヴ・ベルリン号でニューヨークへ向けて出航した。彼に同行していたのはカール・ショールレマー、エリノア・マルクス、および彼女の愛人のエドワード・エイヴェリングだった。トゥシーは、六十八歳のエンゲルスが蒸気船の上で上機嫌だったと回想した。「どんな天候でもいつも甲板で散歩をし、ラガービールを飲んでいました。障害物は決して避けて通らず、つねに跳ぶか登るかして、それを越えるのが彼の揺るぎない主義であったようです」[*126]。それでも、アメリカに到着したときには、エンゲルスにはもはや社会主義の大会で演説したり、プロレタリア集団を呼び集めたり、ピッツバーグ鉄道に乗ったり、ペンシルヴェニアの製鋼所を見学したりする願望はなくなっていた。その代わりに、一八四九年の徒歩旅行を彷彿とさせるように、エンゲルスは身分を隠して旅行者になることを選び、一カ月におよぶ旅程でニューヨークからボストンへ、さらにナイアガラの滝からカナダ、オンタリオ湖までを訪ねて回った。

エンゲルスのこの旅行記では、アメリカの生活のスピードと喧噪にたいする、ヨーロッパ人的な表現が口癖のように繰り返されている——「アメリカ人は通りで自分の前を誰かが歩いているのが我慢ならず、その相手を押しのけねばならない」——が、十九世紀末のアメリカの美学に関する彼の驚きも見られる。「アメリカが新しい国だなどと、信じてはいけない。ここは世界で最も旧式の場所だ」と、彼はラウラ・ラファルグに報告している。[*127]東部の海岸線沿いで彼らが耐えながら乗った二輪および四輪の馬車は、十七世紀の代物と言えるほどで、滞在した家やホテルの部屋の装飾では、旧世界の流行の偽物が目についた。「どこもかしこも、椅子やテーブル、戸棚などはたいがい過去の世代の家宝の家具のようだ」[128]

そこに住む人間のほうは、別問題だった。彼自身が貿易を営んできたためか、あるいは生涯の多くを押しつけがましく交易する起業家であふれるマンチェスターで過ごしたためか、エンゲルスはアメリカの移民気風の悪びれることのない活力と社会の流動性を称賛せずにはいられなかった。そして、この憧れを誰よりも体現していたのが、ランカシャー州から移民して、ボストンで新生活を始めていた彼の甥で、パンプスの弟ウィリー・バーンズだった。情けないパーシーとは対照的に、バーンズは「すばらしい男で、聡明で活力にあふれ、運動に心身ともに打ち込んでいる。彼は羽振りがよく、ボストン&プロヴィデンス鉄道（現在はオールドコロニー）で働き、週給一二ドルを稼ぎ、よい妻（マンチェスターから一緒に連れてきた）と三人の子供に恵まれている」。階級の偏見や封建的名残に妨げられることのない自由な土地では、「彼にイングランドへ戻る気を起こさせるものは何もない。まさにアメリカのような国にぴったりの青年だ」[129]

都市計画専門家のエンゲルスにとって、この旅のお目当ては「小綺麗なマサチューセッツ州ケンブリッジ」や「美しく優美な」コンコード（彼はここで監獄を訪問している）ではなく、「資本主義的生産の中心地として見られる限り最大の場所」、つまりニューヨーク市だった。二十世紀に彼のあとにつづいた多くのマルクス主義者のように、エンゲルスはアメリカに最新の資本主義形態のヌ・プリュ・ウルトラ、すなわち超現実を見出したのだ。マックス・ホルクハイマー、テオドール・アドルノ、ヘルベルト・マルクーゼはそれをロサンゼルスのフリーウェイ沿いや、南カリフォルニアの大学キャンパスで発見したが、一八八〇年代には資本主義の未来を指し示していたのは、東海岸だったのである。[130]「ニューヨークには日暮れ後に到着したので、僕は自分がダンテの『地獄篇』の一章に入り込んだのかと思った」と、エンゲルスは幾分予想どおりにラウラ・ラファルグへの報告を始め、そのあとで「高架鉄道が轟音を立てて頭上を走り、路面電車があらゆる場所で何台もチンチンと警笛を鳴らし、騒音を立てながら通り過ぎる」ことへの驚きを綴った。一八四〇年代のマンチェスターでは、資本主義の都市の神髄を表わすのは、蒸気機関を動力とした工場やオックスフォード・ロードのスラム街だった。一八八〇年代のニューヨークでは、人為的な大衆文化と技術を駆使した近代都市という見せ物であった。マンハッタンは、のちにヴァルター・ベンヤミンが表現したように、上層ブルジョワ消費者による商品化の夢の世界なのだった。「すべての船の上に、むきだしの放電灯《アーク》がある」と、エンゲルスは書いた。「辺りを照らすためではなく、宣伝物として人をおびき寄せるものであって、その結果、目が眩まされ、目の前にあるすべてのものに混乱させられる」。要するに、ニューヨークは、「世界で最も下劣な様相の群衆が住むにふさわしい場所で、彼らはみなモンテカルロから解雇されたチップ移動係《クルーピエ》のように見える[*131]」

ニューヨーカーの俗悪ぶりに関しては、いかにもイギリス的にこうした留保をつけているとはいえ、エンゲルスは大西洋を渡ったこの旅を大いに楽しんだ。澄んだ空気、前向きのヤンキー、一流の食べ物、そしてドイツビールが大いに普及していることから、再びこの国を訪ねようと彼は心に決めた。「旅行はとてつもなくよい効果をもたらしてくれた」と、彼は帰路の蒸気船で、仕入れてきたカリフォルニア・リースリングワインを楽しみながら、弟のヘルマンに書いた。「僕は少なくとも五歳は若返った気がする。あちこちの身体の不調はみな影をひそめ、視力ですら回復している[*132]」。ロンドンに戻ってきたときには、身体は元気になり、政治に関してはプロレタリア革命の展望に心浮き立っていた。リージェンツ・パーク・ロードのニムのもとに戻ったときには、彼はその前の一〇年間の科学と哲学は脇へ置いて政治工作に着手し、マルクスの思想を巷に普及させる準備ができていた。一八九〇年代に、七十歳台になったエンゲルスは労働者の闘争に再び全力投球するようになった。彼を非常に喜ばせたことに、この闘争はついにイギリスのプロレタリアートにもおよんでいた。革命の気配を嗅ぎつけようとイギリス海峡を渡ってから半世紀を経て、彼はとうとうイギリスも蜂起の準備ができたことを感じたのだった。

第10章

ついに第一バイオリンに

「一八九〇年五月四日、イギリスのプロレタリアートは四〇年におよぶ冬眠から目覚め、みずからの階級の運動に復帰した」[*1]。初開催されたロンドンのメーデーの行進――これはのちにソ連の軍事パレードの暦と赤の広場の行事に組み込まれることになった――では、首都のヴィクトリア・エンバンクメント〔テムズ川北岸の堤防〕沿いで、夜明けから労働者と活動家が集結して、社会主義者の勇気を誇示する光景が繰り広げられた。行列の先頭に立っているのは、イーストエンドの港湾労働者とガス労働者で、つづいて女性労働組合連盟、ブルームズベリー社会主義協会、ノースカンバーウェル進歩クラブ、イースト・フィンズベリー急進クラブ、ウエスト・ニューイントン改革クラブなど、多数の労働組合の一団がつづいた。ロンドンの商業地区の中心を通ってマーブル・アーチまで彼らと行進をともにしたのは、市会議員、国会議員、教育委員会のメンバー、および社会主義世界のスターたち、すなわち戯曲家ジョージ・バーナード・ショー、社会主義の下院議員ロバート・カニンゲイム・グレアム、ガス労働者の指導者ウィル・ソーン、青年時代のジョージ・ランズベリー、それにエンゲルスその人であった。熱に浮かされた短い一日のあいだ、帝国の中心部は急進的左派の支配下にあった。

行列がハイドパークに入ったころには、参加者の数は二〇万人を超え、過激な横断幕やプラカードが辺り一面に点在していた。ハイドパークは、かつてはロンドン上流社会の華やかな練兵場だったが、十九世紀に「人民の公園」に様変わりした。「僕は壇上《プラットフォーム》4（重量物運搬荷馬車）に乗っていた」と、エンゲルスは回想した。「群衆の一部——五分の一か、八分の一——しか見えなかったが、見渡す限り顔、顔の広大な海だった」。必然的に、個人的な対立や派閥争い、社会主義の序列内部に見られるお決まりの連帯感の欠如が見られた。しかしエンゲルスにとってこの集会は、イギリスの労働者階級の再登場を示す先触れとなった。ヴィクトリア朝中期のにわか景気が崩壊したあとで、彼らもようやくリベラルな混乱状態を抜けだし、チャーティストや社会主義の遺産を取り戻したのである。「この覚醒ぶりをマルクスに見せてあげられるなら、僕はなんだってやっただろう。この同じイギリスの地で、わずかばかりの兆候にも元気づいていた彼に！」と、彼はアウグスト・ベーベルに無念そうに書いた。ほぼ半世紀ぶりに初めて、エンゲルスはイギリスのプロレタリアートの声が鳴り響くのを聞いたのだ。そして、それは彼を大いに楽しませた。「僕は頭を数センチほど高くもたげ、古い荷馬車から降りた*2」

群衆と同じくらい注目すべきであったものは、ハイドパークにおけるエンゲルスの存在だった。マルクスの陰でこれほど長期にわたって働いてきた冷徹な実務担当者が、一八四〇年代のパリ以来、表舞台に立つことのなかった人物が、再び自分としての姿を見せていたのだ。「いまようやく、本人の言葉を借りれば、これまで第二バイオリンであった彼が、自分にできるすべてを見せていた」と、ヴィルヘルム・リープクネヒトは述懐した。国際的な労働者の階級運動闘争における助言者として、推奨者として、よき師として、「彼は第一バイオリンも演奏できることを示したのだ」。「支配者である人民のぶどう畑で働く私たちは、困難に直面するたびに、エンゲルスを訪ねます」と、彼を熱愛するトゥシーは一八九〇年に書いた。「そして、彼への訴えが徒労に終わることは一度もありませんでした。ここ数年にたった一人のこの人物が成し遂げた仕事は、凡人ならば一二人がかりでもこなせなかったでしょう」[*3]。メーデーがヨーロッパ各地で祝われ、マルクス主義が勢いを増す各国の――オーストリアからスペイン、ロシア、アメリカ、そしていまや喜ばしいことにイギリスでも――社会主義政党の公式イデオロギーとして採用されるにつれ、エンゲルスの下す命令（「マルクスが今日まで生きてさえいたら」という嘆きの言葉がよく前置きになった）はますます重みを増していた。リージェンツ・パーク・ロードの大ラマ僧は晩年を精力的に過ごし、社会主義に対抗して現われる知的、組織的な問題について熟考した。資本主義がいまだに活力をもちつづけていることから、福祉国家主義による社会民主主義が突きつける政治的難題や、大衆労働者の党の投票戦略など多岐にわたる問題である。急速に変わりつつある政治情勢を前にして、エンゲルスは驚くほど柔軟な戦術家であることを明らかにし、戦略を考え直すのを恥じることはまずなく、神聖な信条にも疑問の目を向けた。

実際的なことから哲学的なことまで、晩年の〈将軍〉はつねに理念を後押しするために待機していた。彼は人生をこよなく愛するとともに、歴史は自分の味方であり、社会主義の前進がこれまでになく実現可能だという確固たる信念をもちつづけた。あと数年は長生きして、「新しい世紀を覗き見る」のだと、そして自分のライフワークであったマルクス主義の勝利を見届けるのだと、彼は決意を固めていた。

あふれかえる社会主義者

「いまや誰もが社会主義者だ」というのが、一八八〇年代末のイギリスの変わりゆく政治情勢にたい

「リージェンツ・パーク・ロードの大ラマ僧」、1891 年
(David King Collection, London)

する、リベラル派の政治家サー・ウィリアム・ハーコートの暢気な反応だった。かつてはヴィクトリア朝中期の揺るぎない信条であったもの――個人主義や自由放任主義、自助、福音主義的な確信――は、国家の行動改善を望む声の高まりを受けて崩れ始めていた。バーミンガム、グラスゴー、ロンドンの地元市議会は、都市社会主義の急進的な綱領を実験しており、自治体が電気・ガス・水道、交通機関だけでなく娯楽施設まで整備するようになった。オックスフォードでは、イギリスの観念論哲学者T・H・グリーンがヘーゲルを復活させ、国家の漸進的な干渉という新たな哲学を編みだし、それとともにニュー・リベラリズムの知的な基礎が築かれた。土地改革を強く訴えるヘンリー・ジョージの書『進歩と貧困』（一八七九年）は、イギリスとアイルランドで大きな話題を呼んだ。そして、ブルームズベリー〔二十世紀初頭ロンドンの作家や出版業者などの中心地区〕の応接間やシェフィールドの科学館、イーストエンドの急進派クラブで、平等や階級意識に関する社会主義の考えが、四〇年ぶりに熱心に討議されるようになった。エンゲルスにとって、産業革命を生みだし、最初のプロレタリアートを育てた国民のあいだのこうした動きは、遅きに失したものだった。

一〇年前の一八八〇年代の初めに、彼は社会主義が復活の瀬戸際にあると考え、労働組合の機関紙『レイバー・スタンダード』へ寄稿することに同意した。一八八一年の夏中ずっと、エンゲルスは重い足取りで進みながら労働組合に組合員を動員し、偏狭なギルド的な気質を捨てて、一丸となって搾取的な資本家階級に立ち向かうよう奨励していた。「この国の労働者階級が目覚めつつある兆候はたくさんある。このところずっと自分たちが間違った方向に動いていたことに彼らも気づいたのである」と彼は書き、組合の有力者たちに賃上げや労働時間の削減要求を見送り、「賃金体系そのものに集中するよう促した。[*4] しかし、効果はなかった。「なんら進歩は見えない」と、彼は一八八一年八月に機関紙の編集者ジョージ・シップトンに寄稿を辞退する旨を書いた手紙のなかで不満を述べた。[*5]

エンゲルスにとっては腹立たしいことに、イギリスのプロレタリアートは臆病が身に染みついてしまい、これまで以上に扱いにくくなっていた。「丸々五カ月間、『レイバー・スタンダード』を通して僕は努力し、同紙のためにトップ記事を書き、昔のチャーティスト運動を再開して、われわれの考えを広め、それによってなんらかの反応が引き起こせないか試した」と、彼は四八年仲間のヨハン・フィリップ・ベッカーに説明した。その成果は？「皆無だ」[*6]。あいにく現実には、イギリスの労働者階級が大英帝国の産業独占の果実を共有しつづける限り、社会主義の望みはないのだった。彼らは帝国の覇権によって裕福になりつつあり、そのような儲かる現状を台無しにする理由はまず見つからなかったため、自分たちを自由党へ競売にかけたのだ。アメリカとの競争に直面して貧困の時代がつづいて初めて、労働者を行動へ駆り立てることが可能になるだろう。「どんなことがあろうと、ここで本物のプロレタリア運動が進行しているなどと騙されて信じてはいけない」と、エンゲルスは一八八三年にベーベルにこぼした。「世界市場の支配に加担していることが、いまも昔も、イギリスの労働者の政治的な無力さを生みだす経済基盤となっている」[*7]

エンゲルスが大いに驚いた――そして失望した――ことに、イギリスの社会主義の復活は、それが現実に起きたときには、大々的な社会・経済的転換期の結果ではなかった。その反対に、それはきわめて知的な、それどころか精神的な運動ですらあり、困惑するほど中流階級の思想家たちから生まれ、率いられていたのだ。「言うまでもなく、今日、確かにイギリスには社会主義が再び、それもたっぷりと存在する」と、彼は一八九二年に『イギリスにおける労働者階級の状態』の新しい序文に書いた。「あらゆる色合いの社会主義である。意識した社会主義も無意識のも、散文的な社会主義も詩的なものも、労働者階級の社会主義も中流階級のものもある。なにしろ、まさしく、最も忌み嫌うべきものであった社会主義が、世間体のよいものになったばかりか、実際にイブニングドレスをまとって、応接間の小型《コ》ソファ《ザー》にのんびりとくつろいでいるのだ」[*8]。ヘンリー・ハインドマンが描く社会主義者の行動の一日は、そのような批判がいかに適切だったかを明らかにする。「それは奇妙な場面だった。ソフト帽をかぶり、青いスーツを着たモリス、裕福そうなモーニング・コート姿のチャンピオン、フロスト、ジョインズ、労働者の同志が何人か、それに僕自身は、生まれたときから着ていると〔バーナード・〕ショーが言うフロックコートに、シルクハットと上等な手袋という恰好で、誰もがロンドンの最も賑わった大通りで、一日のうちの最も賑わった時間に、一ペニーの社会主義新聞を売ることに真剣に取り組んでいた」[*9]。一八九〇年代イギリスの社会主義の先駆者たちと、彼らが解放したいと願っていた人びととは遊離した階級だったのだ。そこにはキリスト教の、つまり礼典《サクラメンタル》派社会主義の一派で、スチュアート・ヘッドラムの〈セントマシューのギルド〉を中心に集まっている人びとがいた。エドワード・カーペンターの新生活者《ニューライファー》たちのミルソープ共同体という、男らしい同志関係と東洋の神秘主義を奉ずる集団もあった。トマス・デイヴィッドソンのややオーエン主義的な〈新生活友愛会〉(これはやがてフェビアン協会の元となる)もあった。さらに、イーストエンドを拠点とする労働解放同盟から、土地改革連合、英国世俗協会まで多種多様な団体が存在した。これらの自由奔放な急進派と不安をいだき社会主義に向かうブルジョワを惹きつけたものは、フェビアン協会の貴婦人ベアトリス・ウェブによれば、「罪の意識」であった。「高まる不安から、確信にいたったものです。すなわち、途方もない規模で賃借料や金利、利潤を生みだした産業組織が、イギリスの住民の大半にまともな暮らしと許容しうる状況を与えてこなかったというものです」[*10]。イギリスのその他大勢の社会主義者にとって、非国教主義から世俗主義へ、そこから社会主義の倫理観と仲間意識にもとづいた〈人類の宗教〉までは、精神的なベルトコンベヤーに乗ったようなものだった。『資本論』を読んだ人はほとんどおらず、大陸の共産主義との政治的かかわりはごくわずかで、弁証法的唯物論にたいする理解はお粗末なものだった。イギリスの社会主義者のなかで、自分を心からマルクス信奉者だと思える人物は一人しかいなかった。シルクハットをかぶり、上等な手袋をはめたハインドマン、一八八〇年代のロンドンで最も影響力のある社会主義の一派、社会民主連盟（ＳＤＦ）を創設した人物である。問題は、エンゲルスが彼には我慢がならなかったことだ。

ヘンリー・メイアーズ・ハインドマンは、西インド諸島の貿易商の息子で、法学を学び、ジャーナリズムで腕を試し、おまけに良縁に恵まれた。彼が突然の啓示を受けたのは、一八八〇年にフランス語版『資本論』を読み、「十九世紀のアリストテレス」であるカール・マルクスに自己紹介したときのことだった。彼はたちまち、メイトランド・パーク・ロードに入りびたり、エンゲルスからすれば、厄介な存在となった。ハインドマンはつねづね、自分がマルクスと親しい間柄になったために、怒りっぽいエンゲルスを敵に回すことになり、「ライバルによる自分への影響だと思い込んだものを崩すべく」エンゲルスを駆り立てたのだと主張していた。社会主義上層部の権力闘争にはつきものだったが、その多くは結局のところ中傷に終わった。ハインドマンはマルクス－エンゲルスの関係を、後者にたいする前者の財政依存をもとに築かれたものだとして切り捨て、「厳格で、懐疑的で、嫉妬深い」エンゲルスが、（ハインドマンが『資本論』を巧みに利用した表現を借りれば）「彼の現金の交換価値」を友情で要求しているものだと主張した。「マルクス夫人はそれについて考えたくもなかった」と、ハインドマンは自伝に書いた。「彼女は私の妻の前で、一度ならず彼［エンゲルス］のことをカール・マルクスの〈邪悪な天才〉と呼んでいた。そして、夫がこの有能で忠実とはいえ、少しも同情心のない助手に依存しなくてもすむようになることを願っていた」[*11]。そして、ハインドマンは後世のために、こうした見解を述べるのを差し控えはしなかった。彼はたびたび自分のＳＤＦの機関紙『ジャスティス』を使ってエンゲルスを攻撃し、彼の「マルクス主義の徒党」が自分やＳＤＦを支持せず、イギリスに統一した社会党がないことを非難した。「エンゲルスは、正しい理解を損ね、人を不仲にさせる申し分ない才能の持ち主だ」と、彼は罵った。「悪巧みをし、陰謀を企てる者がほかにいなければ、彼は自分自身にたいし悪巧みをし、陰謀を企てる」[*12]

エンゲルスは確かに友情を私物化するところがあったが、ハインドマンを彼が嫌っていたことにはより確かな根拠があった。彼とマルクスはどちらも、ハインドマンが恥知らずにも『資本論』を、著者の同意なしに、自分の共産主義信条『万人のためのイングランド』（一八八一年）に盗用したことを怒っていた。それだけでなく、エンゲルスはハインドマンの社会主義者の仮面の裏に、旧態依然とした保守主義者《トーリー》が潜んでいて、彼の生来の素質はイギリスの労働者階級の政治の水面下につねに存在する、対外強硬派で大衆主義の感情を弄ぶことにあると考えた。「ハインドマンは抜け目がなく、優秀な実業家だが、表面的で、典型的なイギリス人《ストック・ジョン・ブル》だ」と、エンゲルスはカウツキーに打ち明けた。「そのうえ、その才能と功績にはまるで不釣合いな野心をいだいている」[*13]。大衆と完全に打ち解けた試しはないが、ハインドマンはSDFを高圧的な横柄さと厳格で正統なマルクス主義を組み合わせて運営した。それどころか、彼が押しつけた制限は、エンゲルスにすら過剰なものだった。「SDFは実際、まさしく派閥そのものだ」と、突如として多元論的になったエンゲルスはカウツキーに語った。「あの連盟はマルクス主義を厳格な教義として硬化」させ、支持者になる可能性のある人びとを寄せつけなくする危険があった[*14]。何よりも最悪であったのは、ハインドマンに煽動的な虚栄心があることだった。一八八六年二月に、ハインドマン、ジョン・バーンズとその裕福な支援者H・H・チャンピオンがペルメルとピカデリーの通りを抜ける集会を開いたときに、それが危険なかたちで露呈したとエンゲルスは考えた。午後には八〇〇〇人のイーストエンドの失業者による暴動が引き起こされ、〔裕福な〕ウエストエンドを嬉々として破壊する一日となった。「達成されたのは、ブルジョワ市民の心に社会主義を略奪と同一視させることだった。それによって事態がさらに悪化しなかったとしても、われわれを先に押し進めてくれなかったのは間違いない」というのが、〈血の月曜日〉にたいするエンゲルスの辛口の評だった。[15] それはすべてSDFとその社会主義ペテン師の幹部の根本的な問題を指し示していた。彼らは「一夜にして運動を生みだそうと決意を固めているが、それはここでもどこでも、かならず何年にもおよぶ作業を必要とするものだ」。[16] ドイツでリープクネヒトとカウツキーが取り組んできたような、あるいはフランスでラファルグと〔ジュール・〕ゲードが歩んでいるような、着実で組織的、かつイデオロギーにもとづく長い道のりを進める人間は、イギリスには一人もいないかのようだった。

したがって、一八八四年にエドワード・エイヴェリングとウィリアム・モリスがSDFを脱退して競合する社会主義同盟を結成したとき、エンゲルスは喜んだ。彼はすぐさま二人をリージェンツ・パーク・ロードに呼んで、党の運営や規律、宣伝活動について手短に指導した。この手ほどきの結果が、モリスの優雅な雑誌『コモンウィール』と、社会主義同盟支部のネットワークの設立で、この組織は不満をいだくSDFのメンバーを吸いあげるものとなった。しかし、モリスとエンゲルスの関係は決して順調なものにはならなかった。美学的な思考のモリスは、科学的社会主義の合理的、専門的な指針に関心がないことをめったに隠そうとはしなかった。「正直に言えば、私はマルクスの価値学説がどんなものか知らないし、知りたいなどと思うわけがない」と、彼はある市民集会で説明した。「怠けた金持ち階級が金持ちで、労働者階級が貧しいことを知るだけで、金持ちは貧しい者から奪うから金持ちなのだと知るだけで、私には充分な政治経済だ」。[17] 彼のユートピア的小冊子『ユートピアだより』は、産業革命前の過去への回帰を訴えるもので、中世の服装をし、職人の同業者組合を復活させることまで含められていた。ロンドンからは産業を締めだし、国会議事堂は堆肥の山に戻すというものだ。モリスの見解は、共産主義の将来は産業革命によって生産された産業技術の進歩と広範な繁栄に依存するとするエンゲルスの信念とは正反対のものだった。当然のことながら、エンゲルスは当初モリスを「非常に裕福だが、政治的には無能な芸術愛好家」として顧みなかった。SDFから分離したあと、どちらも古代スカンディナヴィアの神話に関心があることを発見してからは、二人の友情はしばらく深まったが、モリスが無政府主義に浮気を始めるとたちまち、エンゲルスは彼を、「まさしくセンチメンタルな夢想家そのものだ」として除名した。モリスに社会主義を教えるには、徹底的な隔週セミナーを開かなければならないとエンゲルスは考えた。「だがそんな時間が誰にあるだろう？それに一カ月でも彼を放っておけば、かならずまた方向を見失うだろう。かりにそんな時間があったとして、彼にそれだけの労を費やす価値があるだろうか？」[*18]

少なくともモリスは、独自の見当違いの方法ながら、労働の価値と資本主義の疎外の影響を強調しつつ、正しい方向へ進んでいた。その点が、フェビアン協会とは異なっていた。ジョージ・バーナード・ショー、シドニー・ウェブ、シドニー・オリヴァー、アニー・ベサント、フランク・ポッドモアなど、この集団の人びとは、エンゲルスの目からすれば、二つの重罪を犯していた。彼らは図々しくもマルクスの経済学を批判していたし、「教養のある、中流階級タイプ」である疑いがあったのだ。「マルクスのような無知の人間のはるかに上を行く、言語道断にうぬぼれた相互崇拝者からなる素人愛好家集団」と、彼は苛立ちながらラウラ・ラファルグにこの一派について書いた。[*19] フェビアン協会がロンドン州議会をより社会主義的な方向へ転換させたこと——基本的な事業の市営化や公共事業政策、およびシティの商業的利益への攻撃——については、なんらかの評価をするつもりでいたが、エンゲルスは概して彼らを、福祉国家主義の自由党の役立たずの派だと見なしていた。のろのろと政治的な普及をはかるその戦略は、階級闘争としては無益な運動となっていた。こうした反論にはもっともな部分もあったが、そのような高圧的な拒絶姿勢も、ハインドマンとモリスにたいする毒舌も、エンゲルスに独自の候補者がいればより信憑性があっただろう。技量と勤勉さを兼ね備え、信奉者も大勢いて、社会主義運動を率いるだけの準備のできた人物が。だが、彼にはいなかった。代わりに、マルクス一族への履き違えた忠義心から、エンゲルスはイギリスの社会主義のなかでも最も酷評され、信頼されなかった人物の一人を支援することにした。

最低の後継者

「ちょっと別のお知らせをしなければなりません……。ご存じでしょうが、私は以前からエドワード・エイヴェリングをとても好いているような気がする——それに彼は私が好きだと言う——ので、私たちは一緒に住み始めることにします……。この決心が安易にいたったものであることは言うまでもないでしょう。でも、これが最善だと思うのです……。私たちを誤解しないでください。彼はとてもいい人なので。それに私たちどちらのことも、あまり悪く考えないで。エンゲルスは、いつもながら、いいことばかりです」。この回りくどい言い回しは、一八八四年にトゥシーがエドワード・ビビンズ・エイヴェリングとの「結婚」を姉のラウラに報告したくだりである。会衆派教会の牧師の四男であったエイヴェリングは、科学者として輝かしい経歴をもち、ロンドン大学ユニヴァーシティ・カレッジの特別研究員であり、比較解剖学の教職に就いていたが、世俗主義を声高に主張し過ぎて終身在職権を失った。一八八〇年代初めに彼は「人民のダーウィン」として身を立て直し、英国世俗協会の壇上に立つようになった。これは労働者階級を中心に、幅広い聴衆を無政府主義とダーウィン主義の思想へと導くための支持団体だった。彼は自分の講演や講義内容を、「学生のダーウィン」や「易しく語るダーウィン」といった一般向けの、わかりやすい一連の小冊子に書き直して一ペニーで販売した。[20]その後のマルクス主義への鞍替えは、一八八四年にエイヴェリングがロンドン教育委員会の政策にかかわりを深めるうちに、ハインドマンとSDFに出会ったことから始まった。彼はたちまち社会主義の理念に尽くす有能で知的で勤勉、かつ根気強い信奉者となった。あいにく、彼は最低な男でもあった。ハインドマンは彼のことを「ひどく性格の悪い男」だと考え、カウツキーは「悪意ある人物」だとし、通常は寛容なベルンシュタインですら「卑劣なごろつき」だとした。[21]ジョージ・バーナード・ショーにとってエイヴェリングは、彼の劇『医師のジレンマ』に登場する魅力的でないアンチ・ヒーロー、「デュベダのモデルに気づかないうちになってくれた数人のうちの一人」だった。エイヴェリングは、「自分の信仰と政治信条に関して病的に几帳面で、その一音節でも撤回するくらいなら、すぐさま絞首刑に処せられたがるような人物だ。しかし、金と女については良心のかけらもない」[22]と、彼は記憶していた。これはトゥシーとの関係では顕著に見られた。彼はきわめて裕福な家禽商の娘、イザベル・キャンベル・フランクと法的にはまだ結婚している状態で、公式には最後まで離婚しなかったにもかかわらず、一八八四年にトゥシーと駆け落ちした。エンゲルスにとって、そのようなブルジョワ的弱点はさほど関心事ではなかった。「実際には、エイヴェリングには法律上の妻がいて、現実にはすでに何年間も彼女と縁を切っているものの、

エリノア・マルクス。愛されたが、運に恵まれなかった「トゥシー」(Jewish Chronicle Archive London/HIP/Topfoto)

法律上は縁を切れないのだ」と、彼は懐疑的なベルンシュタインに手際よく説明し、二人が結ばれたことを祝福して、幸せなカップルにピーク・ディストリクトでの新婚旅行のために五〇ポンドを贈った。[*23] しかし、エイヴェリングはエンゲルスには遠くおよばない親切心しかもち合わせなかった。その後の年月のあいだに、彼はたびたび浮気を重ねてトゥシーを苦しめ、（一八九二年にキャンベル・フランクが死去したのちに）女優と法律上の結婚をしてトゥシーを辱め、最終的に彼女の自殺にかかわった。とは言うものの、エイヴェリングにもいくらかはよい面もあった。初めのころはトゥシーの政治活動を奨励し、彼女の執筆業を支え、父を亡くしてから彼女が失っていた一定の感情的な充足感を与えた。

当初から、トゥシーとエンゲルスはどちらもエイヴェリングの増えつづける借金と、当惑させられるほど増減する財政状況に耐えなければならなかった。エイヴェリングが英国世俗協会を離れるとすぐに、以前の上司チャールズ・ブラッドラフが、協会の資金を横領していたとして彼を告訴した。この申し立ては政治的対立として大目に見られたが、次に突きつけられた一連の告訴状はずっと大きな打撃となった。「エイヴェリングの不払い労働――社会主義者が彼の法外の請求書に憤慨し表明」と、『ニューヨーク・ヘラルド』には見出しがでた。エイヴェリングとトゥシーが一八八六年にアメリカで遊説をした際に使い込んだ一六〇〇ドルに近い費用を、社会主義労働党（ＳＬＰ）が支払ったあとのことだった（今日の貨幣に換算するとおよそ三万五〇〇〇ドルに相当）。「進取の気性に富む社会主義講師たちは貧困を勉強しにボルティモアの一流ホテルへでかけ、ワイン酒場を気前よく贔屓にしたため、二日間の請求書が四二ドルにもなった」と、同紙は充分な情報にもとづく切り崩し工作を進めた。[*24] 訴訟の核心は、アメリカの社会主義者たちがエイヴェリング分の費用だけを負担する取り決めをしていたのに、彼がトゥシーの旅行費用もこっそり付けようとしたことだった。実際には、申し立てとマスコミへの情報漏洩（イギリスのメディアはそれを大喜びで再利用した）は、アメリカの社会主義運動内部の深いイデオロギー上の分裂によっておもに引き起こされたのであり、エイヴェリング夫妻のスキャンダルは単にそれが表沙汰になっただけであった。エンゲルスはそんなことにはまったく耳を貸さなかった。エンゲルスの本を訳したアメリカ人翻訳者で、SLPの著名な機関員フローレンス・ケリー・ウィシュネウェツキに送った痛烈な手紙のなかで、彼は厳しくこう宣言した。「ブルジョワの生まれか、高等教育を受けてから運動に加わりながら、労働者階級の者とはやまって金の貸し借り関係に陥るような人間は、確かに困ったものだ」。彼はそれから筋道を立てて、その後の歳月に主張するようになる考えを説明した。「僕はマルクスから、本人ならそうしただろうと思うかたちで、彼の子供たちに力を貸し、己の力のおよぶ限り、彼らが不当に扱われないように目を光らせる義務を受け継いだ」[*25]。エイヴェリングはいまでは身内企業の保護下にある一員であり、嘆かわしいほど甘いエンゲルスによってたびたび批判から守られていたのである。使途不明金があったり、小切手が不渡りになったり、契約が守られなかったり（かならずそうなった）すると、エンゲルスはそれを「エイヴェリングの自由奔放な文士ならではのいい加減さ」だとして軽くあしらった[*26]。マルクスであれば、理念に傷をつけるとしてエイヴェリングを切り捨てた可能性が高いが、エンゲルスは一族への忠誠心からと、エイヴェリングの傲慢で粋な態度をひそかに称賛していたために、彼から離れはしなかった。エンゲルスはアメリカの友人であるフリードリヒ・ゾルゲに彼のことを愛情をもってこう説明した。「非常に有能で役に立つタイプの男で、じつに正直だが、若い娘のようにひどく感傷的で、ばかげたことをしたくてつねにうずうずしている。まあ、僕も自分が同じような愚か者だったころをまだ思いだせるよ」[*27]

　何よりも、エンゲルスはエイヴェリングの思想上の展望と政治戦略を支持した。エイヴェリングは

『資本論』の翻訳でサム・ムーアを手伝い、お粗末な仕事ぶりを見せたが、それでもエンゲルスはイギリス市場でマルクス主義をきちんと科学的に普及させるうえで手腕を振るうことのできる人物として彼を尊重していた。エイヴェリングの考えでは、マルクスとダーウィンには共通する特徴がある――「どちらも威厳をもった存在感があり……道徳面で二人はよく似ており……双方とも気質は美しく、価値あるすべてのものに愛情をかきたて、愛情を注ぐ」――ばかりでなく、方法論も似通っていた。「ダーウィンが生物学で実践したことを、マルクスは経済学で行なった。どちらも長期にわたる忍耐強い観察、実験、記録、熟考によって、一般化された壮大な概念に到達した。それぞれの科学の分野で、いまだかつて見たことのないような概念である」。エンゲルスなら承認せずにはいられなかったであろう言葉で、彼はマルクスが成し遂げた功績に見られる科学的性質を自分の著書『学生のためのマルクス』(一八九一年)で概説した。「電気にはいまやオームやファラッド、アンペアなど〔の単位〕がある。化学には周期律がある。生理学者は肉体の機能を方程式で表わしている。そしてマルクスが政治経済の概論の多くを数学用語で表現できたということは、彼が先学よりも科学をさらに進展させたことの確たる証拠である」[*28]

また、エイヴェリングはただ話がうまいだけではなかった。英国世俗協会で街頭宣伝をしていた経歴を生かして〔戸外で集会を開き、労働者のクラブで熱心に講義をしていた〕、彼はトゥシーとともに「のけ者たちのロンドン」の非宗教的なスラム街で、れっきとしたプロレタリア労働者独自の党を結成しようと試みた。プリムローズ・ヒルから遠く離れたオールドゲートポンプの東の、ホワイトチャペル、ベスナルグリーン、マイルエンド、およびホクストンの裏通りや貧民窟には、ヴィクトリア朝時代のロンドンの貧困が隠されていた。ユダヤ人、港湾労働者、黒人女性、それに「荒くれ者」の貧民など、切り裂きジャックの異常な犯罪〔ロンドン東部で起きた娼婦の連続殺人事件〕によってその脅威が象徴されたはみだし者たちが住むところとして、一般の人びとが想像する場所である。ここはロンドンの不道徳や酩酊や悪事が起こる場所だった。ハックニー湿原にもつながる優生学の沼地で、首都のそれ以外の場所から最も封じ込められ、忘れ去られてきたところだ。しかしトゥシーにとって、これらの飢えた冷たい通りに見られる貧困は、政治的な見込みにあふれたものだった。一八八七年十一月十三日に空腹に苛まれたイーストエンドが、富豪の住むウエストエンドへ再び行進したとき、その期待は高まった。ロンドンの警視総監サー・チャールズ・ウォレンは即座に警官隊を、ウィリアム・モリスやアニー・ベサント、ジョン・バーンズ、エドワード・カーペンター、トゥシー、エイヴェリングをはじめとする一〇万人のデモ隊に向かわせた。トゥシーはそのあとリージェンツ・パーク・ロードに現われたが、エンゲルスがポール・ラファルグにその様子を語ったところによると、「彼女のコートはズタズタで、帽子はつぶされ、棍棒で殴られたために破れており、巡査に逮捕されたが、警部補の命令で釈放されていた」。エンゲルスは、トラファルガー広場で騎馬警察に立ち向かったことを戦術面で批判したが（「政府に最も都合のよい場所だ……近くに兵舎はあるし、セントジェームズ・パーク——ここに増援部隊を集結できる——は戦いの場の目と鼻の先だ」）、この「血の日曜日」の不当な暴力沙汰によって、それまで何カ月も社会主義者たちが急進派のクラブやパブで空しく普及活動に励んできたイーストエンドは、にわかに活気づいた。[*29]

政治的な気運を押し進めたのは、意外にも、遅まきながら、組合労働者のきわめてありがたい介入だった。一八八九年春には、ベクトン・ガス工場で働く社会主義の火夫ウィル・ソーンが、仲間の労働者を団結させて職場の劣悪な労働条件を改善させようと、〈英国ガスならびに一般労働者組合〉を創設した。規約の作成にトゥシーとエイヴェリングが手を貸したこの組合には、四カ月もたたないうちに二万人ほどが加盟し、ソーンは基本就労時間を一二時間から八時間に減らすことに成功した。労働者階級が住むロンドン東部の結束力の強い社会では、昔からガス労働者が港湾労働者を兼業していた。ソーンがガス工場を譲歩させるのに成功したことで、反動的な港湾会社にたいする圧力も高まった。一八九〇年代には、波止場地域《ドックランズ》が一六キロにわたって——西インド・ドックから聖キャサリンズ・ドック、ミルウォール・ドック、ヴィクトリア・ドックまで——テムズ川の東側の広い河口域沿いに広がり、三万人近くが倉庫、波止場、船だまりや桟橋からなる広大な一帯で雇用されるようになり、それがロンドンを「地球の商業中心地」にしていた。そこでの労働条件は、イギリス国内でもきわめて過酷なものだった。ロンドンの著名な年代記作者ヘンリー・メイヒューは十月のある朝、次のような光景にでくわした。「もみ合い、奪い合い、無数の手が宙に高く突きだされ、仕事の声をかけてくれそうな人物の目に留まろうとする……それは最も冷淡な人間でも悲しませる光景だ。何千もの男たちがたった一日雇われるために争うのを見るのは。そこに集まったうちの何百人もが、その日は必要とされず取り残され、無為に過ごさなければならないと知れば、もみ合いはさらに熾烈なものになる」[*30]。少人数の茶熟練工組合の書記だったベン・ティレットはまもなく男たちに取り囲まれ、ソーンにつづいて波止場の支配者に立ち向かうべきだと言われた。しかし、時給を四ペンスから六ペンスに値上げし、残業代は八ペンスとして、最低雇用時間は半日とする彼の要求は、手配師にあっさりと拒否された。イーストエンドには膨大な労働予備軍がいるので、労働者の団結はいつでも弱められるはずだと彼らは自信をもちつづけた。社会主義の活動家トム・マンとジョン・バーンズ（および裏から支えるエイヴェリングとトゥシー）とともに、ティレットは一八八九年に〈イギリスおよびアイルランド船渠・波止場・河岸ならびに一般労働者組合〉を結成し、彼らが間違っていたことを証明した。港湾労働者の指導者たちはその後、六万人近くを動員して一カ月におよぶ規律のあるストライキを実行し、タワーヒルの野外集会では強力な広報攻勢をかけ、ロンドンのシティを堂々と行進し、救済資金を手際よく集めた。政治意識をもった労働者にたいするこの不安からか、ヘンリー・エドワード・マニング枢機卿が鎮静化をはかる介入をしたためか、オーストラリアの港湾労働者から三万ポンドが送られてきたからか、最終的に波止場の支配者もバーンズによる「港湾労働者の六ペンス《タナー》の満額」要求に屈した。

ロンドンの新聞でストライキに関する報道を読んで、エンゲルスは有頂天になった。「港湾のストは勝利した。これは先の改革法案以来、イギリスで起こった最大の出来事で、イーストエンドにおける完全な革命の始まりを記すものだ」と、彼は一八八九年九月にカール・カウツキーに書いた。[*31]「これまでイーストエンドは貧困にあえぐ停滞状態にあり、その特徴と言えば飢えによって気力も萎え、あらゆる希望を捨てた人びとの無関心だった……ところが、昨年、［ブライアント&メイ社の］マッチ工場の女工たちがストライキをして勝利した。そして今度は数いるなかで最もやる気をなくした連中、港湾労働者たちのこの大規模なストライキだ」と、彼はベルンシュタインに告げた。[*32] 港湾労働者の抗議でじつに心強い点は、長期失業者《ルンペンプロレタリアート》ですらいまや立ちあがる準備ができたことだ、と彼は『レイバー・リーダー』紙で説明した。「マルクスが生きてこれを目にすることができていれば！ 虐げられたこれらの貧しい人びとが、プロレタリアートのくずで、毎朝、渠門で仕事を求めて闘うよろず屋のはみだし者たちが、その彼らが一丸となって、その決意で強大な港湾会社を脅かせるのであれば、まさにわれわれは労働者階級のどの部門にも絶望する必要はない」[*33]。港湾労働者とガス労働者の組合は、労働政治における構造的転換を象徴していた。階級の団結と社会主義思想への信念をもって、新しい労働組合世代が、昔の職能組合によるギルド的な保守主義に挑戦を突きつけたのである。「これらの男女の非熟練工からなる新たな労働組合は、労働者階級貴族の昔ながらの組織とはまったく異なるもので、同じ保守的な方向に陥るはずはない」と、彼はラウラに語ってから、まるで父親のように誇らしげに、イーストエンドを急進化させるうえでトゥシーがはたした英雄的役割について語った。[34] これらがいまではエンゲルスの人民なのだ。SDFのデマゴーグやフェビアン協会の顥鬚をしごいている連中ではなく、イーストエンドの活動家や労働組合員、それに社会主義者たちだ。イギリスの社会主義労働者の党をドイツ流のやり方で率いるのは、彼らだろうと、エンゲルスは期待した。そして、公認した印に、労働組合の指導者たちをリージェンツ・パーク・ロードの自宅に招いた。「イギリス人のなかでは、ウィリアム・ソーンが身内以外で最も歓迎される訪問者だった」と、エドワード・エイヴェリングは追想した。「彼にたいし、エンゲルスは最大級の称賛と敬意と愛情をいだいていた。彼の性格についても、運動にとっての彼の価値も、最大級に評価していた」。[35] エンゲルスはジョン・バーンズについても、よい意味でオリヴァー・クロムウェルと比較していた。一方、労働組合の指導者たちもヨーロッパ社会主義の大御所であるエンゲルスを、メーデーの壇上の貴賓席に招いて称賛した。

結果的には、イギリスの労働運動の指導者の地位は、エイヴェリングでもソーンでも、バーンズでもなく、怒りっぽく厳格な非国教徒の元鉱山労働者、ケア・ハーディに移った。ハーディは「ドイツの国家社会主義者タイプ」には意識的に対抗しており、彼の伝記作家ケネス・O・モーガンの言葉を借りれば、ハーディが推進した社会主義は、「根本的に倫理的な、正義と平等の考え」であって、マルクスの共産主義よりは、ピューリタンの「昔ながらのよき理念」をもとにしたものだった。彼の率いる組織は、一八九〇年代初めの労働組合会議から誕生した独立労働党（ILP）で、とくに社会主義的な目的を掲げるよりは、はるかに自由主義の傾向が強かった。それでも、この党だけが労働者の利益のために献身する信頼に足る、全国的な政治集団と思われたため、エンゲルスは疑わしきは罰せずとすることにした。「その党員の大半は間違いなく第一級で、その重要拠点はあの陰謀の巣窟のロンドンではなく地方にあり、その綱領はわれわれのものと実質的に同一なので、エイヴェリングがこれに参加し、執行部の地位を引き受けたのは正解だった」と、エンゲルスは一八九三年一月にゾルゲに語った。[*36] しかし、ものの数週間でエイヴェリングからハーディに関する悪意ある誤解を植えつけられた結果、エンゲルスはハーディに背を向け、彼が煽動的な野心をもってトーリー党と結託し、財政面でごまかしていると非難し始めた。一八九五年一月には、エンゲルスはＩＬＰにますます苛立つようになり、ハーディを「抜け目がなく、ずる賢いスコットランド人で、ペックスニッフ〔ディケンズの小説にでてくる偽善者〕のような陰謀の主役だが、あまりにも狡猾で、おそらく虚栄心が強すぎる」として切り捨てていた。[*37] ハーディ自身は不興を買っても気に留めなかったし、エンゲルスの死後、リージェンツ・パーク・ロードで歓談した思い出を懐かしんで書き、エンゲルスもマルクスもＩＬＰの政治的発展を承認しただろうと確信しつづけた。[*38]

実際には、このころにはエンゲルスは、主としてエイヴェリングに依存しつづけていたために、イギリスの社会主義で起きていた事態の大半には関与していなかった。イギリスの社会主義陣営のじつに多くがエイヴェリングにたいしていだくようになった、幅広い不信どころか嫌悪感は、いくら強調してもし過ぎることはない。彼らはエイヴェリングを、なりふり構わず出世しようとする野心家で、そのきわめて不道徳な個人的資質が自分たちの政治理念を損ない、労働者階級のピューリタン的道徳規範を揺るがしていると見なしていた。エンゲルスが信頼の置けない変人のエイヴェリングを「イギリスの社会主義および労働運動の指導者として押しつける」ことに憤りを感じ、活動家たちはリージェンツ・パーク・ロードを避けるようになった。[*39] こうしてイギリスの社会主義の政治指針とイデオロギーにたいする、エンゲルスの個人的な影響力はいちじるしく衰えた。「イギリスにはなぜマルクス主義がなかったのか?」というのは、長年にわたる学術上の難問でありつづけた。決定的な原因では決してないにしろ、エンゲルスがエイヴェリングを誤って支持しつづけたことは、明らかに統一したマルクス主義政党が出現しなかった一因になっている。[*40] これはマルクス一族への忠誠心に駆られたゆえの、珍しい政治的判断ミスであった。

ニムとルイーゼ

ヨーロッパ大陸の社会主義運動では、エンゲルスは一連の別な問題に直面した。「僕はヨーロッパの五大国と多数の小国、それにアメリカ合衆国の運動を追わなければならない」と、彼は一八九四年にラウラ・ラファルグにこぼした。「その目的のために、ドイツの日刊紙を三紙、イギリス二紙、イタリア一紙、それに一月一日からはウィーンの新聞を一紙、合計で七紙を購読しています。週刊誌となると、ドイツから二誌、オーストリア七誌、フランス一誌、アメリカ三誌（内英語が二誌、ドイツ語が一誌）、イタリア二誌、それにポーランド、ブルガリア、スペイン、ボヘミアが各一誌で、そのうち三誌は僕がまだようやく学習しつつある言語のものなのです」。[*41] そのうえ、国際郵便がぎっしり詰まった袋や「これ以上になく多種多様な人びとからの要請」がひっきりなしに届いた。一八九〇年代に入ってからもずっと、リージェンツ・パーク・ロードは国際社会主義のメッカでありつづけ、亡命者やロシアの信奉者たちが増えつづけ、一八九三年にはアウグスト・ベーベル、ポール・ラファルグ、およびジョン・バーンズからなる英仏独社会主義サミットの会場になった。プリムローズ・ヒルの人の出入りは一八八八年なかばから増加していた。『デア・ゾツィアルデモクラット』の編集チーム全員――エドゥアルト・ベルンシュタイン、ジュリウス・モッテラー、レイオナート・タウシャー、ヘルマン・シュルター――がチューリッヒからロンドンに大挙して移住し、線路の向こうのケンティッシュ・タウンやタフネル・パークに住み着いたのである。当然のことながら、彼らは日曜日ごとにロンドン北部を歩いて横断して、エンゲルスのもとでピルスナーを飲みながら、政治ゴシップと科学的社会主義を語らう午後に参加するようになった。そのすべてを取り仕切るのは、マルクスの昔ながらの家政婦のニムで、彼女は愛情を込めつつも断固としてエンゲルスの暮らしを切り盛りし、使用人を雇ったり解雇したり、日曜日のテーブルで女主人役を務めたりして、エンゲルスが家庭で自由に政治や哲学プロジェクトに専念できるようにした。一八八〇年代末のエンゲルスの世界を垣間見ることのできる微笑ましい記述が、一八八八年の大晦日に関するエンゲルスの説明にある。「われわれはじつに奇妙な具合にそんなはめに陥った」と、彼はラウラ・ラファルグに語った。

> いつものようにわれわれはパンプスのところへ二輪馬車で向かいました。霧が濃くなっており……真っ暗いなかを一時間はたっぷり走ったあと、パンプスの家にたどり着きました。そこにはサム・ムーア、トゥシー、シュルター家（エドヴァルトはこなかった）、それにタウシャーもいた……。それで、あたりはどんどん暗くなり、新年になるころには、空気はえんどう豆《ピー》スープのように濃くなっていました。もう逃れるすべはない。御者には一時に迎えにくるよう頼んでおいたのに、やってこなかったので、全員がその場に足止めを食らったわけです。それでわれわれは五時半まで酒を飲み、歌をうたい、トランプ遊びをし、笑って過ごし、それからサムとトゥシーはパーシーに付き添われて駅へ行き、始発電車に乗りました。七時ごろには、ほかの者たちも帰り、霧もやや晴れました。ニムはパンプスと一緒に寝て、ショールレマーと僕は予備ベッドを使い、パーシーは子供部屋に寝て（僕らが寝たのは七時過ぎてからです）、十二時か一時ごろにまた起きて、またもやピルスナーなどを飲み……。ほかの人たちは四時半ごろにはコーヒーを飲んでいましたが、僕は七時までクラレットを飲みつづけました。*42

エンゲルスとニムのこの幸せな共同生活——マルクスの思い出や午前中からの飲酒、党の噂話が好きという共通の弱点など、懐かしいものが入り交じった暮らし——には、一八九〇年にニムが子宮癌と思われる病気で倒れたために、突如として終わりがきた。リジーのときと同様に、エンゲルスは死にゆくヘレーネ・デムートを手厚く看護した。「僕の善良で誠実で大切なレンヒェンが昨日の午後、安らかに永眠した。わずかな期間、それも大半は痛みもない病に倒れたのちのことだった」と、彼は一八九〇年十一月五日にゾルゲに悲しい手紙を書いた。「僕らはこの家で七年間ともに楽しく暮らした。一八四八年以前の時代からの最後の生き残りの二人だった。僕はここでまた、一人きりになる」[*43]。この手紙につづいて、彼はニムの判明しているわずかな親戚の一人、アドルフ・リーファーに短い手紙を書き、彼女の遺産の計画について告げた。まだ生きて、息をしている嘘——ニムとマルクスの庶子フレディ・デムート——が遺されていたからであり、慎重かつ忠実なエンゲルスとしては後始末をつけねばならなかったのだ。「故人は遺言を残していて、そのなかで彼女は自分の唯一の相続人としてフレデリック・ルイスを指名しています。亡くなった友人の息子で、まだかなり幼いころに彼女が養子に迎え、徐々に勤勉なよい機械工に育てあげた青年です」。エンゲルスはさらにごまかしをつづけ、リーファーにフレディがいかに「感謝の気持から、彼女の許可を得て」デムート姓を名乗ることに決めたかを説明し、遺言にはそのように名前が書かれているとした[*44]。これがエンゲルスによる言い訳の最終部分であり、マルクスの名誉を死後に弁護した一例だった。ロンドン東部、ハックニーのグランスデン・アヴェニュー二五番地で冷遇されてきたフレディ・デムートは、金額にして四〇ポンドのヘレーネの遺産全額を正当に受け取った。遺産をもらえなかったリーファーにしてみれば、それまで聞いたこともなかった旧友の成人した息子にたいするこの寛大な行為は、少々奇妙に思われたかもしれない。

エンゲルスはヘレーネを、ハイゲートの一族の敷地にカールとイェニー・マルクスと並んで埋葬したあと、深刻なうつ状態に陥った。彼女の死とともに、彼が大切にしてきた愛情豊かで冗談好きな女性の話し相手だけでなく、マルクス家とのもう一つの親密なつながりも失われたのだ。彼はカール・カウツキーの前妻ルイーゼ・カウツキー――離婚に際して彼が騎士道精神を発揮して弁護した女性――からの弔電に、このような落ち込んだ気分で返事を書いた。「このところ僕が何をしてきたかを、人生がいかに希望のない侘しいものに思えたか、そしていまも思えるかを、貴女に語る必要はないでしょう」と、彼は嘆いた。「そこでふと疑問が生じました。これからどうするのか？　すると、親愛なるルイーゼよ、すぐにある人の姿が、快活で気分の安らぐ姿が、僕の目の前に現われて、夜も昼も留まりつづけたのです。それは貴女だった」[*45]。エンゲルスの孤独な状況への思いがけない解決策は、ウィーンで助産婦をしてどうにか暮らしているルイーゼに、リージェンツ・パーク・ロードでニムが以前にやっていた役目を引き受けてもらうことだった。もちろん、「肉体労働」はなく、ただ使用人を監督する役割だけで、ほかに興味のあることがあればまったく自由につづけて構わないのであった。

ルイーゼはその好機に跳びついてロンドンに移住してきたため、喜んだエンゲルスはすぐに新しい女性を人生に迎えることになった。ルイーゼとともに、彼が述べたように、「いくらか日差しが戻ってきた」。エンゲルスの晩年に、二人は非常に実り多い、助け合い、愛情に満ちた関係を楽しんだ。年若いルイーゼは――ニムよりもはるかに多くの――秘書的な助手の役目をはたし、手紙のやりとりを引き受け、書類を整理し、国際報道を監視し、彼の論文の校正までもこなした。世界各国にいるエンゲルスの通信相手への手紙は、彼女への言及にあふれた。まもなく、彼女は手紙に自分のメモも加えるようになり、「魔女《ウィッチ》」と署名するようになった。エンゲルスは機智に富むかわいい三十歳のルイーゼに、仕事上の関心だけをいだいていたのだろうか？　おそらくそうだろう。彼がアウグスト・べーベルに書いたように、「われわれは年齢差ゆえに不倫はもちろん、婚姻関係を結ぶことも不可能なので、あるのはただ以前と変わらぬあの主婦らしさだけだ」[*46]。年月とともに、こうした感情は父親的な愛情に発展し、エンゲルスはルイーゼを「パンプスやトゥシー、あるいはラウラにたいするように、ただ彼女が僕自身の子供であるかのように」見なすようになった[*47]。

しかし、調和のとれたこの場面のなかに、気まずい思いをする者が一人いた。パンプスはルイーゼの出現を少しも喜ばなかった。パンプスは脅威にはならないニムとは充分にすんなりと共存し、落ち着いた寮母のようなニムにたいし、いちゃつく頭の弱い娘を演じていたが、洗練され、魅力的なルイーゼがリージェンツ・パーク・ロードにやってくれば、金づるであるエンゲルスとの関係が損なわれることを、彼女はしっかりと察知していた。マルクスの娘らしく、トゥシーは新たに展開するこの家族ドラマを、包み隠さず大喜びで眺めた。「ついにルイーゼがやってきました」と、彼女はラウラに報告した。「この間に〈将軍〉は勇気を振り絞って障害に向き合い、ルイーゼは私の(!!)招待でやってくるのだから、きちんと待遇しなければならないとパンプスに通告しました」。しかし、その脅しも効き目はなかった。パンプスはルイーゼにたびたび恥をかかせ、あるときそのすべてが頂点に達した。「〈将軍〉の［七十歳の］誕生日に、パンプスは普段にもまして酔っぱらい、ルイーゼに『あなたに行儀よく振る舞わなければならないのはわかってる。さもないと遺言状からはずされるから!』と打ち明けたのです」[*48]。エンゲルスはパンプスと正式な話し合いの場――「僕のお説教と若干のほのめかし」――を設けて「この家での立場は、彼女自身の振る舞いに大きく左右されること」をはっきりと理解させなければならなかった[*49]。ルイーゼも気骨のあるところを見せ、この恥知らずな姪に屈しなかったため、自分がプリムローズ・ヒルを独占していた時代は完全に終わったことをパンプスは受け入れざるをえなかった。

選挙の奇跡と新たな戦略

そのような張りつめた家庭内の駆け引きとくらべれば、ヨーロッパの社会主義の派閥争いへの対処はどちらかと言えば単純なものだった。一八八八年から八九年にかけてエンゲルスは大半の時間を、バスティーユ襲撃の一〇〇周年に当たる一八八九年七月に予定されたパリ大会の準備に費やしていた。問題は、二つの大会が競合していることだった。フランスで寝返った現実的改革主義者《ポシビリスト》がSDFおよびイギリスのさまざまな労働組合と合同して組織する国際労働者会議と、ラファルグ、ゲード、および彼らのフランス労働者党によって組織された公式なマルクス主義の大集会である。エンゲルスの仕事は、ラファルグやフランスの社会主義者とはやや険悪な関係にあるドイツとオーストリアのマルクス主義政党をかかわらせて、後者が確実に前者を凌ぐように計らうことだった。一八八九年の早い時期に、プリムローズ・ヒルとベルリン、ウィーン、パリのあいだでは、不機嫌さを増す手紙が往復していた。「一つだけ確かなのは」と、エンゲルスは、あまりにも多くの感情的な手詰まりが生じたあとで、ヴィルヘルム・リープクネヒトに怒りを爆発させた。「次回の大会は、君らが自分たちで手配すればいい、ということだ。僕はもう手を引くことにする」[*50]。とはいえ、現実にはヨーロッパの共産党を団結させられる人物は、エンゲルスしかいなかった。彼だけが、現役の「第一バイオリン」として、元来、派閥争いをしやすい運動をまとめるだけの名声と権威をもちあわせていた。結果的に、大会はおおむね成功し、二〇カ国の労働党および社会党から送られた四〇〇人近い代表が、フランスの首都で合流することになった。「大会を救ったご自身の手柄を喜んで当然です」とラファルグは、大会への参加を拒否したエンゲルスに宛てて書いた。「貴兄とベルンシュタインがいなければ、ドイツ人たちはわれわれのもとを去って、ポッシビリストに投降したでしょう」[*51]。一八八九年の世界博覧会の商業と帝国主義の低俗な喧噪のなかで、「おぞましい」エッフェル塔の陰になりながら開かれたが、この大会は第二インターナショナルとなる組織の旗揚げを見ることになった。「資本主義者は金持ちや有力者を万国博覧会《エクスポジシオン・ユニヴェルセル》に招き、人間社会がこれまで生みだした最大の富の真っ只中で、貧しい暮らしを強いられた労働者が汗水たらした産物を眺め、称賛させている」と、ポール・ラファルグは、亡き義父を偲ばせる言葉でそれを表わした。「われわれ社会主義者は生産者たちを招き、七月十四日にパリでともに集結できるようにした。われわれの目的は労働者の解放と、賃金労働の撤廃、それにすべての人が男女の別なく、国籍にも関係なく、あらゆる労働者の仕事によって生みだされた富を享受する社会の創造である」[*52]。議論の一部には改革主義的な妥協に傾きがちなところもあったが、エンゲルスはその内容を喜んだ。「われわれの大会が開催されていて、大成功を収めている」と、彼はゾルゲに報告した[*53]。第一インターナショナルが不名誉な終わりを遂げたあとで、パリでは世界的社会主義の闘争がはるかに確実な足場を確保しつつあることが示されたとエンゲルスは感じた。無政府主義の影響力を終わらせ、社会主義理論と労働者の行動主義がうまく解決されただけでなく、政治への関与、男女の平等、組合の権利、およびメーデーを国際的な労働の日として制定することを政策として確約するものである。

パリは第二インターナショナルの誕生の地であったかもしれないが、十九世紀末の社会主義の背後にあった知的・組織的エネルギーは、確実にベルリンとウィーンにあった。ビスマルクには信じがたいことだったろうが、彼の社会主義者鎮圧法は左翼勢力を増大させる役目をはたしたに過ぎず、それが一八九〇年にドイツ社会民主党（ＳＰＤ）となった。警戒したこのドイツの首相は方向を転換し、漸進的な福祉改革プログラムを通して社会主義者の挑戦を骨抜きにしようと試みた。しかし、健康保険と障害保険、老齢・障害年金を導入したにもかかわらず、ＳＰＤの得票率は一八七八年の七・五％

から一八九〇年には一九・七％に急増した。「先週の木曜の晩に、勝利を知らせる電報がここへ次々に送られてくるようになってから、われわれはずっと勝利の酒に酔いつづけている」と、エンゲルスは社会主義者が獲得した驚くべき一五〇万票を勝ち取って、ドイツの国会に三五人の代表を送りだすことになったあとで、ラウラ・ラファルグに書いた。「昔の安定は永久に消え去った」[*54]

選挙権の拡大とともに、本格的な政治勢力となれる見込みが高まり、エンゲルスはSPDがラッサール派の特徴の名残を排除して、正しいイデオロギー路線を採用することが重要だと、これまでになく感じるようになった。なかでも「賃金の鉄則」をやたらに信じ込むことと、プロレタリアの解放は国家の恩恵しだいと確信している点が問題だった。選挙での成功につづいて、一八九一年十月に〔ドイツの〕エルフルトでの大会が予定され、その準備段階でエンゲルスは、彼のあらゆる政治的狡猾さを発揮して、ドイツの社会主義の方向性にたいするマルクスの死後の影響力を確立させた。一八七五年にゴータ綱領を酷評した際にマルクスが書いた「傍注」を、悪戯心で出版したのだ。これはリープクネヒトとベーベルがラッサール派社会主義に屈したことを鋭く批判したものだった。さらにパリ・コミューン時のプロレタリアートの独裁を擁護した、マルクスの『フランスの内乱』を再出版した。エンゲルスはそのうえエルフルトの社会民主主義綱領の最初の草案にも大きく手を入れて、共産主義へは民主的な移行が必要であることへの確信を新たにしつつも、SPDに封建的なドイツ国家との対峙を避けないように促した。「確かなことがあるとすれば、われわれの党も労働者階級も民主的な共和国の形態でしか政権の座に就くことはできないということだ」[*55]

結果的に、イデオロギー面での後退への彼の懸念は根拠のないものとなった。エルフルトの綱領は一連のきわめて実際的、改革主義的な政策（普通選挙、無料教育、累進所得税、医療に法律扶助）を採用したが、ヨーロッパの社会主義運動全体にしてみれば、SPDの大会はマルクス主義のイデオロギー的な勝利を示しており、哲学的な綱領は『資本論』をそっくり真似たものだった。「マルクスによる批判がいたるところで勝利するのを見届けるという満足をわれわれは味わった」と、エンゲルスはゾルゲに、マルクスの生まれ故郷で彼の遺産が尊重されたことに、個人的にきわめて満足しながら書いた。「ラッサール主義は最後の痕跡まで消し去られた」[*56]。エルフルトの大会でSPDが公式に転向したために、マルクス主義が第二インターナショナルを支配するようになった。レシェク・コワコフスキが述べたように、「マルクス主義はその知的推進力の頂点にあったようだった。それは孤立した宗派ではなく、強大な政治運動のイデオロギーなのであった」[*57]

SPDが普通選挙や都市社会主義、比例代表制すら公約していたことは、幅広い政治的転換があったことを強調しており、エンゲルスもはっきりと理解していたように、理論面でも調整する必要があった。四八年の革命の英雄は、社会主義革命を流血の事態も拒まず武力で達成しようとしたバルメンのバリケードの守り手は、大衆民主主義の時代に合わせて自分の政治戦略を軟化させていたのだ。ヨーロッパの経済が――国家カルテルや植民地搾取、巨額の金融取引を基盤にして――産業革命から独占資本主義への移行を成し遂げると、資本主義は以前に想像したよりもはるかに強固なものとして浮かびあがってきた。資本主義制度が差し迫った経済危機によって急激に破綻しそうもないとなれば、プロレタリアの勝利にいたる道には、マルクスとエンゲルスが一八四八年に最初に支持したように、民主主義的な政党政治がかかわってこなければならない。しかし、一八九一年との明確な違いは、いまや民主的社会主義の政党が選挙を通してすぐさま政権をとれるとエンゲルスが考えたことだった。一八四八年の反動的で封建的な時代には必要と思われた、ブルジョワ支配の幕間を我慢する必要がなくなったのだ[*58]。新たに参政権を与えられた労働者階級によって、投票でプロレタリアの政府が権力の座に就けば、社会主義への直接的な移行が起きる本格的な可能性があると、エンゲルスは結論した。

折しも、ドイツではSPDがそうなりつつあるようだった。増えつづける労働者階級の得票数を考えれば、「われわれが政権に就く可能性は、数学の法則に従って確率の計算をするまでである」[*59]。究極的かつ平和的な社会主義の勝利の展望に、エンゲルスは喜んだ。「迫りくる火急さのないこのペース、つまり慎重ながらも容赦なく前進するこの状況には、途方もなく印象的なものがあります。これはヴェネツィアの国家審問で、壁が毎日一インチずつ内側に動いてくる部屋で囚人が体験させられたのと同様の恐怖感を、支配者の心にかきたてずにはいられません」と、彼はアウグスト・ベーベルの妻ジュリーに語った[*60]。

民主主義はもちろん、革命を呼びかけるよりはのろいし、ロマンチックでもないが、エンゲルスは普通選挙が社会主義の武器庫のなかの、立派な武器であると見なすようになっていた。まるで民主主義を奉ずる純粋な乙女のように、エンゲルスは選挙の奇跡をたたえた。それによって社会主義者の力を三年ごとに見せつけることも、党の幹部が労働者とのつながりを保ちつづけることも可能になり、国会内で社会主義を主張する基盤だけでなく、支配する機会すら提供されるのだ。かつてギロチンを備えた人物として自分を戯画化していたエンゲルスは、変わりゆく情勢を前にして、新しい政治戦略を採用することを恐れることなくこう明言した。「奇襲攻撃の時代、意識の高い少数派が意識の欠如した大衆の先頭に立って革命を実行する時代は、過去のものとなった」[*61]。それだけなく、国家軍が圧倒的な勢力を動員できるようになったために、「バリケードと市街戦の時代は永久に去ったのだ」[*62]。レーニンが後年主張したのとは対照的に、エンゲルスは前衛主義ではなかった。彼はヨーロッパで戦争が勃発する兆しに呼応して、ゼネストを実施する計画すら、軍事的弾圧を課そうと手ぐすねを引いているブルジョワ当局を不用意に挑発するとして反対した。「われわれ〈革命家〉、〈転覆者〉は、非合法的な手段や国家転覆よりも、合法的な手段ではるかに成功している。秩序ある政党を自称する連中は、みずから生みだした合法的条件下で消滅しつつある」[*63]

選挙権の拡大によって登場したこの新しい選挙の展望を受け入れるために、エンゲルスは思いがけない類推を試みた。一八八〇年代初めに、書物を手当たりしだい読んでいたエンゲルスはローマ帝国末期のキリスト教会の創設期の歴史にでくわした。青年ヘーゲル派時代に培った聖書批判の伝統を利用して、彼はヨハネの黙示録に関する小論を書き、その過程で「キリスト教が、現代の社会主義と同様に、いかに大衆の心をつかんだか」を述べた。[*64] この考えについてその後聞くことはなかったが、一〇年後にエンゲルスは再びヨーロッパ各国を社会主義が猛進するさまと、ローマ帝国内でキリスト教が止めようもなく広まった事態との類似性にはたと気づいた。攻撃的な無神論者で、十代のころキリスト教徒のグレーバー兄弟をいじめていた彼は、老境に入ってからは少なくともイエスの社会的福音はいくらか信用できると考えるようになった。「初期のキリスト教の歴史と、現代の労働者階級運動とのあいだに注目に値する類似点がある」と、エンゲルスは初期の教会に関する歴史的小論に書いた。「後者と同様に、キリスト教はもともと抑圧された人びとの運動だった。最初は奴隷と解放された人びと、もしくは貧しく、あらゆる権利を奪われ、ローマによって従属または分散させられた人びとの宗教として登場した」。そして、たとえ一方が死後の救済を約束し、もう一方は地上での社会の変革を訴えたとしても、どちらも闘争と殉死〔殉教〕という血にまみれた遺産にたいする抑えきれない欲望を共有していた。「双方とも迫害され、嫌がらせを受けた……。そして、どんな迫害を受けても、それどころかかえって鼓舞されて、彼らは意気揚々と、抗し難い勢いで少しずつ前進する」[*65]

キリスト教徒とは対照的に、マルクスとエンゲルスは決してもう一方の頰を差しだすつもりはなかった。バリケード時代の終わりや武装反乱の無益さについてどれだけ語ったにせよ、エンゲルスは「完全な合法性に全身全霊で従う」ことは断固として拒否し、つねに社会主義者が武力に訴える道徳的権利は注意深く擁護した。合法性は、倫理的に絶対的なものというより、当時のドイツの政治的風潮のなかでSPDにとって意味のある政治戦術だったからだ。「僕はこうした戦術を今日のドイツにたいしてのみ説いており、それも多くの留保をつけたうえでのことだ」と、彼はポール・ラファルグへの手紙で説明した。SPD上層部内に平和的手段を全面的に支持するエンゲルスの見解を誤解する人がでてきたあとのことだった。「たとえば、フランス、ベルギー、イタリア、オーストリアでは、そのような戦術は全体としてとれないだろうし、ドイツでも明日には不適当となるかもしれない」[*66]。エンゲルスにとって腹立たしいことに、こうした警告はその後のエドゥアルト・ベルンシュタインの修正主義のおかげで見過ごされ、彼は後年、好戦的なマルクス‐レーニン主義の行き過ぎた行為だけでなく、SPDの改革主義や政治的漸進主義を標榜したことについても非難されるようになった。エンゲルスは決して、一度も、フェビアン主義になったことはない。大衆労働者の党が選挙で公職に就くことが、社会主義への最も近道であるならば、それはそれで構わなかった。そうでないとすれば、引退したチェシャーの狩猟家としては、いまなお騎兵隊の突撃に加わりたくてうずうずしていたのである。

国際労働者大会での歓迎

第二インターナショナルの社会主義がヨーロッパ大陸をうねり進むなかで、エンゲルスはそれを自分の目で確かめたいと考えた。それが可能な機会は、一八九三年八月にチューリッヒで予定された国際労働者大会で、彼は喜び勇んでルイーゼとともに出発した。社会主義指導者の新しい世代――イタリアのフィリッポ・トゥラーティ、ロシアのパーヴェル・アクセルロッド、ポーランドのスタニスラフ・メンデルソン――およびアウグスト・ベーベルやヴィクトル・アドラーのような旧知の人びとと顔を合わせ、エンゲルスは活動家たちの献身ぶりに大いに感動したことを告げた。しかし、彼が本当に息を呑んだのは、女性代表者たちの美しさだった。「女性たちの代表は見事だった」と、彼はラウラ・ラファルグに報告した。「ルイーゼのほかに、オーストリアは小柄な［アーデルハイト・］ドゥヴォルジャークを送ってきました。あらゆる点で魅力的な若い娘さんで、僕は彼女にかなり惚れ込んだ……。これらのウィーン女性たちは生まれながらのパリジェンヌで、しかも五〇年前のパリジェンヌ、いわゆるグリゼットたちです。それにロシアの女性たち。四、五人、すばらしく美しい輝く目をした女性がいました」[*67]。彼はチューリッヒの討論の細部に関してはひどく退屈だと感じ、複雑な動議がだされると中座し、グラウビュンデン州に住む弟のヘルマンのもとへ急いだ。エンゲルスは一八四八年に蜂起が失敗に終わったあと、反革命軍の司令官だった弟と疎遠になっていた。しかし、少し前から兄弟の関係は改善しており、老人になった二人はこのころには頻繁に文通するようになり、病気や税率のこと、あるいは好色な話題までも手紙でやりとりしていた。

八月十二日に、エンゲルスはチューリッヒに戻り、大会で閉会の辞を述べた。「われわれは大会を終了したかった。最後の投票は猛烈に急いで実施された」と、ベルギーの若い社会党の指導者ヴァンダヴェルデはこの最終日のことを述懐した。「一人の名前が誰もの口にのぼった。フリードリヒ・エンゲルスが会場に入ってきたのだ。歓呼の嵐のなかで、彼は壇上にのぼった」[*68]。これはまさしくエンゲルスが、マルクスの影から踏みだし、彼自身の遺産を社会主義運動に刻んだ瞬間だった。彼がそれまで多大なる努力を重ねて築き、育み、資金を提供してきた運動である。しかし、そうなってもまだ、彼はそれを自分の手柄だとして主張することはなかった。「思いがけず、すばらしい歓迎をしていただき、深い感動を禁じ得ません。私個人ではなく、そこに肖像が掲げられた偉大な人物の協力者として迎えていただいたものとして、これを受け止めます」と、彼は四〇〇人の代表者に説明し、マルクスの写真のほうを指差した。彼とマルクスが最初に『独仏年誌』に諸論文を発表し始めてから五〇年ほどのちに、「社会主義は小さな派閥から強大な党にまで発展し、公認された世界全体を怖気づかせるものになりました。マルクスはもう亡くなりましたが、まだ生きていたら、自分が生涯をかけた仕事をこれほど正当な誇りをもって振り返ることのできる人間は、ヨーロッパにもアメリカにも、彼のほかにはいなかったでしょう」。それから、エンゲルスは「セクトにならないために」、運動内部における議論の自由は必要であると、原則にもとづいた訴えをしてから、満場の拍手と「ラ・マルセイエーズ」の大合唱で沸き返る会場を後にした。[*69]

エンゲルスはチューリッヒのあと大陸ヨーロッパを回りつづけたが、その旅はたちまち〔競技後の〕ウイニング・ランのようなものに変わっていった。ウィーンでは――「女性たちがとくに魅力的で積極的でした」――エンゲルスは六〇〇〇人の熱狂的な群衆の前で演説した。「何年間もフランスやイタリア、アメリカからの口論や小競り合いについて聞きつづけ、こうした人びとのあいだにいると……そこへ目的をもった統一感と、すばらしい組織に熱意を見ると……心を動かされてこう言わざるをえません。ここが労働者階級運動の重心だと」と、彼はラウラに書いた。[*70] 彼の旅はベルリンで頂点に達した。彼が下士官になるための訓練を受け、マルクスとともにほかのすべての人びとに悪態をついた場所である。彼は社会主義の新聞『フォアヴェルツ』に再び迎え入れられた。「今日、七十三歳になるフリードリヒ・エンゲルスが帝国の首都を眺めれば、喜びに満ちた、高揚する気分になるかもしれない。一八四二年のプロイセン国王の化石化した杓子定規な王宮から、力強いプロレタリアの故郷となった都市が発展して、今日の彼を迎えているのだ。社会民主主義のベルリンとして」。[*71] 三〇〇〇人ほどの社会主義者がコンコルディア劇場に詰めかけ、エンゲルスが党のために尽くし、犠牲を払った歴史をリープクネヒトが語るのを聞いた。「私が演説家や国会議員でないのはおわかりでしょう。

私の仕事は別の分野で、おもに書斎でペンを使うものです」と、エンゲルスは謙遜してそれに応じてから、ベルリンがユンカーのベビーサークルから社会主義者の発電所に変貌したことをいかにうれしく思うかを伝えた。[*72]さらにSPDのよく統率された選挙での成功に敬意を表し、産業化とプロレタリア化が着実に進んでいることを考えれば、さらなる勝利に向かっていることを確信している旨を告げた。この大陸ヨーロッパの旅では、大勢の群衆に迎えられ、新聞で華々しく報道され、活動家たちはやる気にあふれていた。エンゲルスがこのとき確信したのは、普通選挙による戦略が正しかったことだった。労働者の投票は後戻りできない勢いで力を増しており、社会主義者が選挙で成功を勝ち取るか、ついにブルジョワ国家との必要な対決を実行するまで、ますます大きな一連の政治的要求を突きつけることが可能になっていた。彼らがやらなければならないのは、度胸をもち、不要な挑発を避け、道からはずれないことだった。

避けなければならない落とし穴が一つだけあった。「ヨーロッパでの戦争は大惨事になると考える。今回、それは恐ろしく深刻なものとなり、今後の歳月にあらゆる場所で自国至上主義《ショーヴィズム》に火をつけるだろう。どの国民も生き残りをかけて争うだろうからだ」と、エンゲルスは一八八二年にベーベルに書いた。「そのような戦争は、革命を一〇年は遅らせると僕は信じる。しかし、その終わりには、社会の激変は疑いなくさらに過激なものとなるだろう」[*73]。こうしたヨーロッパの大災害が反革命的な効果をもたらすことへの懸念もまた、思考の逆転を意味していた。一八七〇年代初めまでマルクスもエンゲルスも、大陸での戦争は当然ながら社会主義の理念を進歩させると、主張して譲らなかった。それによってロシア帝国という大きな反動的障害物が除外されるからだ。一七九〇年代のフランスの戦争が革命的気運を高めたように、大国間の紛争がまた起これば、ヨーロッパの労働者階級は団結し、急進的になるだろうと共産主義者は考えた。しかし、ビスマルクがアルザス＝ロレーヌ地方を併合し、フランスとドイツの二国間でナショナリスト的敵対心が増すにつれ、エンゲルスは戦争がむしろそれらの国の労働者運動を、自国至上主義の許し難い高まりのなかで挫折させるかもしれないと結論づけた。「まさに万事があまりにも順調でありすぎるがゆえに、世界戦争はかならずしも望まない」と、彼はベーベルに書いた。[*74] 労働者の革命が世界戦争の灰から生じたとしても、ヨーロッパの軍隊が産業規模の殺人マシンに変貌した事実を考えれば、この道で共産主義に進むことは、非常に多くの死者をだすことを意味したのだ。「八〇〇万から一〇〇〇万人の兵士がたがいを絞め殺し、その過程でどんな飛蝗《バッタ》の大群よりもひどくヨーロッパ全土を食い荒らすだろう」と、彼は一八八七年にきたる大戦を予知して書いた。「三十年戦争の荒廃が、三年から四年間に凝縮されて起こり、それが大陸全土に広がるのだ。飢饉、疫病、軍隊も人民も極度の困窮から全般的に野蛮な行為におよぶだろう」[*75]

戦争を回避しつつ、これほどむごたらしくない革命を起こす可能性を救いだす方法は、党が考える政治戦略を軍事分野に移行させることだとエンゲルスは信じた。一八七七年にドイツ国会選挙でSPDが成功を収めたあとで、エンゲルスは次のように考えた。「われわれに投票してくれた二十五歳（最低年齢）のこれらの男たちの、半数以上とは言わずとも少なくとも半数は、二、三年間兵役に服してニードル銃や施条砲の扱い方を完璧に心得ている」[*76]。社会主義がさらに多くの大衆の支持を集めるなかで、その哲学がプロイセン軍の大隊や兵舎にも浸透することは不可欠となった。そうなれば、兵士たちもまもなく反動的で好戦的な司令官の命令に疑問をもち始めるだろう。「すべての健常者が軍務につけば、この軍はどんどん大衆の感情や考えを反映するようになる。そして、抑圧の大いなる手段であったこの軍隊は、日に日に確かなものではなくなる。すべての大国の指導者たちはすでに、武装した兵士が自分たちの父親や兄弟を殺すのを拒否する日がくることを、恐怖感とともに予測している」[*77]。かつては民兵制度に断固として懐疑的だったエンゲルスが、いまや国民皆兵を普通選挙権よりもさらに効果的な民主主義の手段として奨励するようになった。社会主義が止まることを知らない前進を遂げると、そのあとに軍隊を引き連れてくるのである。軍隊が社会主義になれば、フランス、ロシア、ドイツの指導者たちが急き立てるような対外強硬主義の戦争は不可能になるだろう。同時に、軍隊の従来の反革命的な機能——パリ・コミューンでじつに残虐に発揮されたもの——は無力化するだろう。「彼がこう言うのを一度ならずと聞いた」と、SDFの活動家アーネスト・ベルフォート・バックスは記憶していた。「三人に一人、つまりドイツ軍で実際に軍務についている者の三分の一を当てにできるようになったらすぐに、党の指導者は革命の行動を起こすべきだ」[*78]

トゥシーの懸念

この当時エンゲルスは七十三歳だった。マルクス主義の理念を押し進め、信奉者を鼓舞し、『資本論』の最新部を発刊し、中露関係、ドイツの農民問題、ロシアのオプシチナ〔共同土地所有〕（一八九一年から九二年の大飢饉を考えれば火急の問題）、ILPとSPDについて分析を行なっていた。彼は一八四〇年代に最初に頭角を現わしたころと変わらず、落ち着きがなく、探究心が強く、多作で情熱的な科学的社会主義の立役者でありつづけた。エンゲルスは教義にも、当たり障りのない表現にもならないように気をつけ、政治に関与するときは、指図し過ぎることもなければ、無用なほど曖昧にもならないように心がけた。いつもながら、彼は社会主義の仲間たちが道を誤れば、なんの遠慮もない言葉でそう告げるのを恐れはしなかった。健康状態は良好でありつづけ、彼らしい豪快なスタイルで誕生日を祝いつづけた。「われわれは朝の三時半まで頑張り通した」と、エンゲルスは七十歳の誕生日についてラウラ・ラファルグに自慢した。「そして、クラレットのほかに、シャンパンを一六本飲んだ。牡蠣を一二ダース分平らげた朝にね。というわけで、まだ僕が生きて、元気にやっていることを示すために、精一杯のことをしたわけだ」[*79]。一八九一年にリージェンツ・パーク・ロードを訪れたある人は、「顎鬚を生やし、目を輝かした、上背のある、元気で愛想のよい七十代の老人」に会い、その人物は「太っ腹で楽しいご主人」であったと書いている[*80]。トゥシーは彼を、「私が知る最も若い男性」と呼んだ。「記憶にある限り、彼はこの二〇年間、少しも年を取っていません」[*81]。彼は毎日ハムステッド・ヒース（「ロンドンのチンボラソ山」〔エクアドルの山で、地球最高峰と考えられていた〕）を毎日歩きつづけたが、だいぶ昔に狐狩りの落馬事故で痛めた足の付け根が痛み始めていた。気管支炎や胃炎、リューマチにもますます苦しめられるようになっていたため、このころには喫煙をやめ、ピルスナーを飲む量も減らさざるをえなくなった。それでも、彼を本当に悩ませていたと思われるのは、「拡大する禿」の不安だった。

家では、パンプスがワイト島に追放されたあと、ルイーゼ・カウツキーが家事全般を仕切っていた。「ご存じでしょうが、〈将軍〉はいつも一家の女主人に支配されています」と、トゥシーはラウラに書いた。「パンプスは一緒に住んでいたころ、ほら、彼の前でだけ行儀よくしていたけれど。いまではパンプスは地位を追われ、ルイーゼは悪いことは何一つできない女王さまですから」。トゥシーはルイーゼがエンゲルスの家によそ者を誘い込んだことに、好感をいだいていなかった。オーストリアの医師で英国自由クラブの会員である彼女の新しい夫、ルートヴィヒ・フライベルガーである。トゥシーは彼が政治的に怪しい傾向のある反ユダヤ主義者だと考え、リージェンツ・パーク・ロード一二二番地を笑いのあふれた社会主義者の砦から、窮屈なウィーン人の愛人同居《メナージュ・ア・トロワ》の三人家族の家に変えているのだと考えた。「私なら彼の優しい慈悲にたかる蝿は信じません」と、彼女は一八九四年三月に怒りを込めてラウラに書き、フライベルガーのさまざまな裏工作について長々と書き綴った。「彼はイカサマ師そのもので、私はルイーゼを心から気の毒に思います」[*82]。彼女は一八九四年の秋に、フライベルガー夫妻が七十四歳のエンゲルス老人を説得して、引っ越しをさせたときには、さらに憤慨した。ルートヴィヒとルイーゼの結婚から子供が一人生まれ、一二二番地は彼らが家族生活を送るには手狭になったと考えたのだ。そこで、年間家賃を二五ポンド余計に支払うことで、四人は通りを五〇〇歩ほど行った先の四一番地に移った。表面的には、エンゲルスは住居に関するこの些細な変化を気に留めていないように見えた。「一階には共同の居間があり、二階には僕の書斎と寝室が、三階にはルイーゼと夫、それに赤ん坊の娘が住んでいる」と、エンゲルスはゾルゲに間取りを説明した。「四階には二人の女中に物置部屋、それに来客用の部屋がある。僕の書斎は正面を向いていて、窓が三つあり、じつに広いのでほぼすべての本を置くことができる。それだけの広さがありながら、非常に快適で暖房するのも簡単だ。要するに、はるかにいい暮らしになった」[*83]。パンプス、ラウラ、およびイェニーの子供たちを全員、祖父のように溺愛したエンゲルスにとって、乳幼児と同じ家に住むことはなんら問題ではなかった。ルイーゼには愛情を注ぎつづけ、彼のさまざまな病気にたいするフライベルガーの「医療面の厳格な監督」を感謝してすらいた。しかし、みずからも家庭内の危機と闘っていた、繊細で感情的なトゥシーにとっては、自分のもとから〈将軍〉が奪われてしまったように思われた。彼女はますますエンゲルスを、邪悪なフライベルガー夫妻に自分の意思に反して捉えられた弱々しい老人として思い描くようになった。「気の毒な老将軍は、ご自分がどんな状況に追いやられているのか、完全に気づいてすらいないのだと思います。彼は怪物夫婦の手のなかで子供扱いされた状態に陥っています」と、彼女はラウラにこぼした。「これには年寄り過ぎるとか、あれには年寄り過ぎるとつねに思いださせることで、あの二人がいかに彼をいじめて脅しているか、あなたが知っていれば……そして彼がいかにすっかり気落ちして、孤独で、惨めかを見ていたら」[*84]。トゥシーはとりわけ自分の父親の原稿がフライベルガー夫妻の手に渡ってしまうのを危惧していた。自分の死後は、マルクスの書類はすべてまっすぐトゥシーに手渡されるだろうと、エンゲルスは繰り返し断言していたのだが。

トゥシーはルイーゼが自分とエイヴェリングの噂を広め、ロンドンのマルクス主義仲間のなかに余計な首を突っ込んでいると非難もしており、この確執はエンゲルスにとって懸念材料であったに違いない。トゥシーを弁護すれば、フライベルガー夫妻は確かに、日曜の午後に集まる人びとがエンゲルスに会うのをやたらに管理し、制限すらしていたように見える。彼らはまた自分たちの家主の財産にときどき目をつけていたようにも思われる。しかし、それまでの年月のあいだ、ラファルグ夫妻もエイヴェリング夫妻も、クリスマスや夏の休暇を一緒に過ごさないかという、孤独なエンゲルスからの心のこもった招待をたびたび無視してきたことを考えれば、トゥシーの怒りは明らかにエンゲルス自身への心配に駆られた以上のものであった。エンゲルスの孤独に関する彼女の大げさな記述と、マルクスの原稿にたいする彼女の強い危惧（これは一八九四年のクリスマスにエンゲルスとエイヴェリング夫妻のあいだで、激しい口論に発展した）は、〈天使おじさん〉を失ってしまうことへの、そして彼とともに、いまは亡き愛するモールとの深い不変のつながりも失われるという、彼女のより深い不安の置き換えだったのかもしれない。おそらくトゥシーは、フライベルガー医師がそれまで見逃していたこと、すなわちエンゲルスの死期が近づいていることを察知していたのだろう。

〈将軍〉の死

フリードリヒ・エンゲルスの並外れた生涯はドイツの産業革命の中心地で、ヴッパータールの糸の漂白場や繊維工場のあいだで始まった。彼はその生涯の終わりを、デヴォンシャー公爵の潔癖なまでにイギリス的な海辺の静養地イーストボーンの、ヴィクトリア朝時代の優雅さに囲まれながら過ごしていた。一八八〇年代までに、この紳士的なリゾート地は彼が休暇を過ごすお気に入りの場所となっていた。彼はキャヴェンディッシュ・プレイス沿いの立地条件のよい家を借りて、ニムやショールレマー、パンプスとその子供たち、それに運がよければラウラかトゥシーを招くのを好んだ。人生を幸せにするものと幸福な時間をこよなく愛したエンゲルスはそこに座り、パンプスの子供たちを膝の上に乗せたりして這い回らせ、栓を抜いたピルスナーの瓶をすぐそばに置き、いつも書きかけの手紙をもって、八月の霧や雨のなかでも満足して座っていた。一八九四年の夏、彼は休暇中に軽い脳卒中を起こしたようで、待ち望んでいた新しい世紀を覗けなくなることを不安に感じ始めた。「ここだけの話だが、僕の七十五年目の年はこれまでほど多くの明るい見通しはない」と、彼はゾルゲ宛に厳しい調子で書いた。[*85] 翌年の春には、ありがたくない合併症が起きていた。「少し前から首の右側が腫れていたが、しばらくするとそれがなんらかの原因で、奥深くにある一連の腺に入り込んでいった」と、彼はラウラに淡々と書き送った。医学的話題のときに彼が好んで使う口調だった。「神経上にあるその固まりを直接押すと痛みが生じるが、その圧力をかけなければ、もちろん痛みはただ消える」。[*86] 回復を早めるために、エンゲルスは一八九五年六月に、いつもより早めにイーストボーンに出発した。彼はそこで自分の『ドイツ農民戦争』の新版に取りかかり、近日刊行されるカウツキーの『社会主義の歴史』をいくらか手直しするつもりだった。

生理学に熱心なエンゲルスが気づいていなかったのは、すでに食道と咽頭が悪性の癌に冒されていたことだった。フライベルガーがそれに気づいたのは一八九五年三月初めのことで、彼はオーストリアの医師で社会主義者のヴィクトル・アドラーに相談した。患者には伝えないのがいちばんだと二人は考え、その後の数週間は、健康回復の兆しが現われるたびにエンゲルスがそれに跳びついたため、痛ましい手紙がやりとりされることになった。「手紙をありがとう。いくらか改善が見られたが、弁証法の原則に従って、肯定的な面と否定的な面がどちらも蓄積する傾向を見せている」と、彼は一八九五年七月初めに、科学論文のような文体でベルンシュタインに冗談を言った。「僕は力がついてきたし、食べられるようになり、食欲もでてきて、非常に元気に見える、あるいはそう言われる。よって、全体的な症状は改善している」。彼はすでに嚥下に支障があったが、その一方で、「僕は気まぐれな食欲にいくつかの弱点を見つけ、ブランデー入りのレ・ドゥ・プル〔エッグノグ〕、煮込んだ果物を添えたカスタードプディング、一日九個までの牡蠣などを摂取している」*87。しかし、七月二十一日には彼の症状はきわめて深刻になった。マンチェスター時代からの旧友サム・ムーアが、イーストボーンから列車で戻ってきたルートヴィヒ・フライベルガーに会い、トゥシーに報告した。「残念ながら、彼の報告は少しも朗報ではありませんでした。病状はかなり進行しており、〈将軍〉の年齢を考えると、危険な状態とのことです。頸部の病んだ腺とは別に、心臓の衰弱もしくは肺炎による危険もあります。そしてそのどちらの場合も、最期は唐突なものでしょう」*88。健康状態が急速に悪化したため、エンゲルスはイーストボーンからロンドンへ連れ戻された。「明日、われわれは戻ります」と、彼はリージェンツ・パーク・ロードで待機していたラウラに、知られているなかで最後の手紙に書いた。「ついに僕の首の芋畑に危機が訪れているようです。これで腫れた部分が開けば、救済措置がとれるかもしれない。ついにだ！　だから、この長い道にも転機が訪れる希望があります」。彼はさらに最近の総選挙でSDFとILPがどちらもお粗末な選挙結果だったことを嘲ってから、エンゲルス流に古めかしく手紙を締めくくった。「年代物コニャックで景気づけたレ・ドゥ・プルで、君の健康に乾杯*89」

　快活《ボノミ》に振る舞い、空威張りしてはいたが、エンゲルスは死期が迫り、近づいていることを感じており、自分の遺言に新たな補足はしっかりと加えていた。いかにも彼らしく、どちらの書類も事務的で、実用的で、彼の周囲で愛情を注いでくれる人びとにたいし、驚くほど寛大なものだった。彼の財産は八分割され、そのうちの三つはラウラ・ラファルグに、三つはトゥシーに、残りの二つはルイーゼ・フライベルガーに渡ることになった。遺産は相続税を引いても二万三七八ポンドの価値があった(今日の貨幣で四〇〇万ドルほど)ので、これはトゥシーとラウラのそれぞれにたっぷり五〇〇〇ポンド(彼女たちの割当分の三分の一を、姉のイェニー・マルクス・ロンゲの遺児のための信託ファンドに当てたあとで)の額となり、ルイーゼには五一〇〇ポンド近い金額になった。*90 トゥシー、ラウラ、およびイェニーの子供たちは、『資本論』の販売による印税が生じれば、それも受け取ることになった。パンプスにもたっぷり二二三〇ポンドが遺され(その資金で彼女はアメリカへ移民した)、ルートヴィヒ・フライベルガーには医療費として二一〇ポンドが、そしてルイーゼにはリージェンツ・パーク・ロードの家財道具とともにそこに賃借しつづける権利が与えられた。パンプスとパーシー、ラウラとポール・ラファルグ、それにエドワード・エイヴェリングにたいするすべての融資は返済免除になった。何よりも重要なことに、エンゲルスはマルクスの論文に関しては、娘たちの希望に応じた。マルクスのすべての原稿と家族の手紙が、遺作管理者としてトゥシーに手渡されることになっただけでなく、自分の手元にあるマルクス宛の手紙もすべて彼女に渡すよう、彼はいまでは命じていた。名前のわかる通信員からエンゲルス自身がもらった手紙は、それぞれに返却されることになり、残りは彼の遺作管理者であるアウグスト・ベーベルとエドゥアルト・ベルンシュタインに渡されることになった。さらに、彼はベーベルとポール・シンガーにSPDの候補者を助けるための選挙運動資金として、一〇〇〇ポンドを追加で割り当てた。彼の肉親の弟ヘルマンには、彼らの父親の油絵が手渡された。

遺言が読まれる日もそう遠くはなかった。八月初めには、〈将軍〉も液状のものでしか栄養がとれなくなり、意識もうつらうつらし、話す能力も失っていた。ベーベルが見舞いにゆくと、彼はまだ

「石版を使って悪い冗談を書く」ことができた。[91] 彼は死の床で、フレディ・デムートの本当の父親が誰であるかを、取り乱したトゥシーにチョークで書き示し、この特別な不祥事に関する自分への嫌疑を晴らした。八月五日の午後十時過ぎに、ルイーゼ・フライベルガーが着替えのために彼のベッド脇からつかの間離れた。彼女が戻ったときには、「すべては終わっていた」[92]。「こうして彼は打ちのめされた」と、ヴィルヘルム・リープクネヒトは嘆いた。

マルクスとともに科学的社会主義の基礎を築き、社会主義の戦術を教えたあの巨大な知性が、二十四歳の若さで古典作品『労働者階級の状態』を書き、『共産主義者宣言』の共著者となった人が、カール・マルクスの分身となって国際労働者協会〔第一インターナショナル〕の誕生を手伝い、『反デューリング論』を、考えることのできる者なら誰でもわかるあの明解な科学の百科事典を執筆し、『家族の起源』をはじめ多数の著作、小論、新聞記事を書き、友人であり、助言者であり、指導者であり、闘士であった、その彼が死んだ。[93]

葬式はエンゲルスが望んだようなものではなかった。計画では、親しい仲間だけが内輪で弔い、火葬を見届けるはずだったが、葬儀の噂が広まって八〇人近い人がロンドン・アンド・サウスウェスタン鉄道のウェストミンスターブリッジ駅にある、ネクロポリス社の部屋に詰めかけた。エイヴェリング夫妻、ラファルグ夫妻、ロッシャー夫妻、ロンゲ家の子供たち、フライベルガー夫妻、それにエンゲルスの親戚が何人か参列したのに加え、SPDからはリープクネヒト、シンガー、カウツキー、レスナー、ベルンシュタインが、オーストリアの党からはアウグスト・ベーベルが、ロシア人ではヴェーラ・ザスーリチが、そして社会主義同盟からはウィル・ソーンが出席した。ベルギー、イタリア、オランダ、ブルガリア、フランスの社会党からは花輪が届けられ、エンゲルスの甥のグスタフ・シュレヒテンダールとサミュエル・ムーアなどが弔辞を読んだ。非宗教的な告別式が終わったあと、エンゲルスの遺体を乗せた列車はロンドンを出発して、単線軌道を通ってウォーキング火葬場に向かった。

「イーストボーンの西で海岸沿いの断崖は徐々に高くなり、一八〇メートルほどの高さにもなるビーチーヘッドの白亜の大きな岬を形成している。てっぺんに草が生い茂ったこの場所は、最初はなだらかに傾斜しているが、やがて突然、水辺まで一気に落ち込む。下方にはあらゆる種類の窪みや散らばった固まりが見える」。このいかにもイギリス的な場所へ、「秋のひどく荒れた日に」、エドゥアルト・ベルンシュタインはトゥシー、エイヴェリング、フリードリヒ・レスナーとともに旅をした、と追想する。これら四人の垢抜けない社会主義者たち――上品なイーストボーンには不似合いな四人組――は小舟を借りて、イギリス海峡に向かって着実に漕いでいった。「ビーチーヘッドから八、九キロほど離れた場所」で、彼らは向きを変えてサウスダウンズの見事な海岸線と向き合い、それから遺言の明確な指示に従って、フリードリヒ・エンゲルスの遺灰の入った骨壺を海に投げ入れた。死後も生前と同様に、マルクスの栄光から人びとの注目をそらすものは何もなくなった。これほど魅力的な矛盾をかかえ、限りない犠牲を払った男には、ハイゲートの墓石も、家族の墓も、公的な記念碑もない。晩年の短い期間、第一バイオリンを奏でたあとで、エンゲルスはオーケストラに戻っていったのである[*94]。

エピローグ　ふたたびエンゲリス市へ

エンゲリスの栄光と転落

ヴォルガ川の岸にあるエンゲリス市に、ここで再び戻ることにしよう。その凡庸で陰鬱な近代的町並みを見れば、この町の輝かしい起源が十八世紀なかばのエカチェリーナ大帝の治世にあったことは容易に忘れられてしまう。ヨーロッパ生まれのロシアの女帝として、エカチェリーナ二世は西洋文化をロシアの血流に注ぎ込み、この国の経済の生産性を高め、無法状態のヴォルガ地域に頼りになる勤勉な定住者を入植させようと意を固めていた。これは何千人ものドイツの農民、労働者、職人にヘッセンの町や村を捨て、ロシア南部の肥沃な平原へ移住するよう呼びかけることを意味した。一七六〇年代にわたって三万人ほどのドイツ人が勧誘され、ヴォルガ川流域の三二〇キロ以上にまたがる入植地で、新生活を送る選択をした。[*1] なかでも人気の高かった目的地の一つがサラトフ付近で、ここは土地がとくに肥沃なことで知られていた。そして川の対岸にはポクロフスカヤの小さな定住地があり、塩の輸送路上にある実入りのよい交易と貯蔵の中心地として発展していた。何世代ものあいだに、ヴォルガ・ドイツ人は自分たちの地域をロシア帝国で最も繁栄した平和な土地に変貌させた。一九一四年に、まだ併合されていなかったこの入植地は、聖処女マリアをたたえて（保護用の布またはベールを意味するポクロフに因んで）公式にポクロフスクと命名されたが、一九一七年のロシア革命のあと、ここはサラトフと合併して、ヴォルガ・ドイツ人自治ソビエト社会主義共和国の愛国的な一地域となった。

一九三一年には、さほど合意にもとづかない状況下で、町の名前は再び変えられた。ソ連政権はヴォルガの共和国には寛容ではなかったためだ。一九二〇年代初めのロシア内戦のあと、この地域は大飢饉に見舞われた。草も根も、樹皮も獣皮も藁もみな、以前は食糧の豊富だったこの地域の主要な食糧となった。死亡率が急増して集団移民が起きたため、人口は三分の一近く減った。その後、ちょうど土壌も回復し始め、再び収穫高も増えてきたときに、一九二七年の共産党大会によって、新たに過酷な農民政策が始まった。ソ連経済を確実に産業化させるために、ヨシフ・スターリン書記長は食糧の都市への移動を命じ、地方での穀類の貯蔵を禁止し、農業を集産化した。この農業・産業革命を引き起こすために、スターリンは富農《クラーク》階級にたいする容赦ない戦争を始めた。地方の小自作農で、二、三ヘクタールほどの土地をもち、若干の家畜を飼って手伝いの人を雇い、平均よりいくらか上の生活をどうにか送っていた人びとである。「われわれはクラークの搾取的な傾向を制限する政策から、階級としてのクラークを廃絶する政策へ移行した」と、スターリンは一九二九年に農学部の学生への演説で豪語した。[*2] 小自作農は刑罰のような重税、穀類拠出の要請、土地の強制配置転換を強いられた。やがて夜間に秘密警察がドアをノックするようなり、強制労働収容所《グラーグ》はしだいに満員になっていった。一九三〇年には、ヴォルガ地域の私有地の八〇％近くが地元の集団農場に強制的に統合されており、ヴォルガ、コーカサス、およびロシア南部から五〇万人ほどの入植者が追放された。

反クラークの恐怖政治は何百万人もの生活を破壊したが、スターリンの五カ年計画によって経済面の進歩があったことも明らかだ。サラトフとポクロフスクは急速に産業化していった。この地には短期間に鉄道の修理倉庫、レンガ工場、パン焼き工場、接着剤の工場が建設され、航空機の組み立てラインも導入され始めた。骨加工工場の特別作業隊と、鉄道連絡駅のスタハノフ〔労働生産性向上〕運動の労働者は、ソ連政府の「生産財政計画」に見合うようさらなる努力を重ねることを誓った。そして、まさしくそのような進歩を祝うと同時に、ヴォルガが誇るゲルマン人の遺産を記念するために、一九三一年十月にソ連中央執行委員会の幹部会がポクロフスクを、プロイセンで二番目に偉大な社会主義者エンゲルスに因んで改名することを決定した（近くのエカテリネンシュタットの町がすでにマルクスシュタットの名称を使ってしまっていた）。ある公式声明によれば、ポクロフスクという名称は「その母親――〈処女マリア〉――のように黄ばんで枯れていった」。科学的なソ連時代には、その名称は封建的で迷信的な時代の恥ずかしい名残となり、「労働者の大衆を不当に隷属させるための偽装工作として国教を利用した、ツァーリ支配下の残虐な時代」を想起させるものとなった。[*3]

改名すれば、ソ連の偉大な事業を近代マルクス主義の第一の使徒との関連を強調する機会に恵まれるようになる。なにしろ、スターリンの将来を見越した政策――クラークやメンシェヴィキや「ブルジョワのナショナリスト」を弾圧し、農地を集産化し、生産を合理化し、近代産業的将来に向けて「大躍進」を遂げること――は、フリードリヒ・エンゲルスの名のもとに忠実に実行されてきたのではないか？　ソ連の宣伝組織にはなんら疑いはなかった。あるヴォルガの新聞の主張によれば、エンゲリスという名は、「整理統合された集産主義化と、階級としてのクラーク主義の一掃にもとづく農業の社会主義的改革のなかでわれわれが達成してきたもの、およびこれから達成するものにふさわしい」ものだった。[*4]別の社説は、「エンゲリス市は、整理統合された集産化による最初の国民共和国の中心地であり、その産業的発展とともに強大な全国プロレタリアの中核を生みだす鍛冶場となった中心地であり、カール・マルクスと闘ってきた同志であり友人の名にふさわしく、社会主義的発展を遂げる国のプロレタリアの中心地の仲間入りをはたすであろう」と述べた。[*5]

この名誉ある称号には、責任が伴わないわけではなかった。「社会主義制度を築くうえでわれわれが直面するあらゆる任務を、たゆみなく遂行することが求められる。われわれのヴォルガ・ドイツ・コムソモール［党の青年組織］は穀物供給を達成し、目標以上を実現すべく、まさしく取っ組み合うことによってそれに応えなければならない……社会主義者の育成問題を解決し……十月革命の記念日に間に合うよう非識字をたゆまず一掃するのである」。そのような無私無欲の勤勉さだけが、彼らの新しい守護聖人の意欲をかきたてる生涯を正当にたたえられるのであった。なにしろ、「マルクスが勝利したのは、ひとえにエンゲルスが自己犠牲をなんら厭わなかったからだ……充分に稼いで、マルクスを生涯の大作に邪魔されることなく専念させるために、彼は忌まわしい商業に従事しつづけたのだ」。エンゲリスの住民はみな、そうした高潔な手本に従うよう努力することになった。「仕事だ、コムソモールよ！　国際プロレタリアートのために驚くほど多くを成し遂げたこの革命家の名を、ヴォルガ・ドイツ共和国の中心に移動させるだけの価値がわれわれにあることを示すのだ！　かつてここには、ポクロフスクがあった。だが、見給え。いまやエンゲリスがある！」[*6]

ところが、一〇年後、ヒトラーがバルバロッサ作戦に乗りだし、一九四一年六月にロシアを侵略するという暴挙にでて、スターリンがナチス・ドイツとの全面戦争の不安に立ち向かうようになると、そのようなイデオロギー上の献身はなんら温情を施されるものではなくなった。一九四一年八月二十八日に、ソ連の幹部会は別の法令、「ヴォルガ地区にいるドイツ人の再定住に関連して」を発布した。「軍事当局が入手した信頼に足る情報によれば」と、この法令は不気味な口調で始まる。

ヴォルガ地域に住むドイツ系住民のあいだには、何万人もの破壊活動家とスパイがおり、ドイツからの指令を受けて、ヴォルガのドイツ人が居住する地域で妨害工作を実行することになっている……ヴォルガのドイツ人は誰一人として、ソ連当局にそのような大勢の破壊活動家とスパイが存在することを報告していない。したがって、ヴォルガ地域のドイツ系住民は、ソ連国民およびソ連当局の敵を自分たちのあいだに隠しているのである。

典型的なソ連式の論理で、この法令は、彼らが自分たちの仲間内にいるナチの裏切り者と思われる人物を差しださなかったので、全員が有罪であり、誰もが痛い目に遭わなければならないと宣言した。「ドイツからの合図を受けてヴォルガ地方にいるドイツ系破壊活動家とスパイによって実施される破壊活動に関しては、ソ連政府は有事法に従って、ヴォルガ地方のドイツ系住民全体に懲罰的措置を講じざるをえないであろう」[*7]。ドイツ国防軍がウクライナ、クリミア半島、南ロシアを抜けて無情に進軍してくると、スターリンはこの地域の忠実で勤勉なヴォルガ・ドイツ人を一斉検挙する命令を下した。集産化と大飢饉、大恐怖政治の惨禍を生き抜いたあげくに、今度は全面退去させられたのだ。この自治区はソ連の地図から公式に消され、その市民はスターリンが好ましくないとする人物――右翼、トロツキー主義者、妨害工作員、破壊者、内通者、および〈第五列〉〔敵国の進撃を助ける者〕――の増えつづけるリストに加わり、真夜中に秘密警察に叩き起こされ、シベリアの西端に追い払われた。そして、ちょうどポクロフスクの住民をかつてのソビエトの残虐行為から聖処女マリアが守れなかったように、今度は共産主義者としてのエンゲルスの後光もドイツ系住民を覆い包むことはなかった。ヴォルガ・ドイツ人は何十万人もの単位で、スターリンの国家による産業規模の残虐行為を示す、もう一つの統計上の証拠になったのである。

エンゲルスの責任

マルクスの〈将軍〉の伝記であれば、エンゲルスという人物がなんらかのかたちで、エンゲリス市のたどった運命の責任を負っているのかを確かに問わなければならない。ヴォルガの宣伝ビラが主張したように、彼の哲学がスターリンのソ連の輪郭を形成するうえで役立ったのだろうか？　マルクスとエンゲルスの哲学の説得力を弱めるために、彼らの論敵が採用した常套手段はこれまでずっと、安直に強制労働収容所《グラグ》に結びつけることだった。古い社会から新しい社会を生みださせるうえではつねに武力が一役買ったなどと言及すれば、読者はたちまちクラスノヤルスクの収容所を思い浮かべるのである。「自身の特異な方法で、彼〔レーニン〕は実際のところ、マルクスとエンゲルスの学説や行動にこれ以上にないほど忠実だった」と、ロバート・サーヴィスは共産主義の近代史のなかで表現している。「マルクス主義の共同創始者たちは暴力革命、独裁制、および恐怖政治を承認していた……レーニン主義の多くの前提は十九世紀なかばのマルクス主義からじかに生じたものなのだ」*8。そのうえ、ソ連や東側ブロックの政治指導者の多くも、当時の反帝国主義を掲げる共産主義運動も、とりわけエンゲルスの作品を通して自分たちのマルクス主義に到達した。彼の著作——『反デューリング論』と、『空想から科学へ』の要約版、『フォイエルバッハ論——ルートヴィヒ・フォイエルバッハとドイツ古典哲学の終結』——は、『資本論』の背後にある複雑さに容易に到達できる手段を提供するものだった。そしてロシアでは、それがどこにもまして顕著であった。

　前述したように、マルクスとエンゲルスはつねづねロシアでプロレタリア革命が起こる見込みについては、慎重でありつづけた。オプシチナ〔共同土地所有〕の役割に関する説明がはてしなく変わることや、専制政治にたいする東洋的な傾向への懸念、産業化のスピードをめぐる議論、および小作農の役割などから、マルクスはロシアが社会主義にいたる道があるとすれば、先進的な西欧でそれを補完するプロレタリア革命が同時に起きた場合のみだろうと結論づけた。エンゲルスはこれを認めすらしなかっただろう。晩年になっても、彼はまだ封建的なツァーリの国家は、大規模な産業化と、労働者階級の貧困化、およびブルジョワ支配という中間的段階をすべて経なければ、革命のどんな見込みも現われないと頑なに信じつづけた。

しかし、歴史はロシアに早く到着し、一九一七年にはレーニンのボリシェヴィキが大衆の革命を彼らの途方もないイデオロギー実験へと方向転換させるのに成功した。この人民委員会議の初代議長は確かに彼なりにマルクスを知っていたが、しばしば彼なりのエンゲルスをより好んだようだった。それどころか、レーニンは「エンゲルスの著作をすべて考慮しなければ、マルクス主義を理解し、それを完全に提唱するのは不可能」だと考えていた。[*9] レーニンに最初にマルクス主義の信条を教え、そしておそらくは最も影響力をもっていた人物は、労働解放団の亡命ロシア人指導者ゲオルギー・プレハーノフだった。ジュネーヴの拠点から、プレハーノフはロシアでマルクス主義を実践するための最も効果的な方法について、何度となくエンゲルスに哲学面と戦略面の助言を求めた。「まず初めに、どうか〈先生〉は勘弁してください。僕の名前はただのエンゲルスです」と、〈大ラマ僧〉はプレハーノフのとくに鼻につく問い合わせに答えた。[*10]

プレハーノフがエンゲルスを読んで理解したことは、歴史、自然科学、経済学、そして何よりも政治行動を説明しうる完全な理論体系として、マルクス主義を信奉することだった。プレハーノフはマルクス主義に〈弁証法的唯物論〉の称号を与えた最初の人であり、彼がそれによって意味していたのは、マルクスとエンゲルスによるヘーゲルの弁証法の応用にもとづいた厳格な世界観であった。段階を追って矛盾を説明し、量的変化から質的変化になり、否定を否定する弁証法的唯物論は、ロシアの革命家たちに明確な政治地図を与えてくれるように思われた。しかし、プレハーノフはつねに知識人としての純粋さを保ちつづけた。社会主義を――ロシアでもどこでも――一夜にして押しつけることはできず、ブルジョワ民主主義の支配と持続する産業発展の時代を経なければならないとするエンゲルスの確信から、プレハーノフが逸脱することはなかった。資本主義社会の矛盾が共産主義への変貌に必要な前提条件だと信じていたプレハーノフは、レーニンの主張する前衛に立つエリートが引き起こすトップダウン方式の社会主義革命を心底から嫌っていた。ロシア社会でそのような熱病的暴動が起きれば、その結果は、「古代中国やペルシャの帝国のやり方に倣った政治的堕胎――共産主義の土台にツァーリの専制政治が復活」することになるだろうと、プレハーノフは恐れた。[*11]

レーニンはそのような留保は無視したが、間違いなくエンゲルス流のマルクスをプレハーノフ流に解釈したものには固執した。伝言ゲームの哲学版にも似た状況で、エンゲルスのマルクス主義は――修正もありうると、謙虚を装いながら――〈教義〉へと変容したのである。「弁証法こそが（ヘーゲルと）マルクス主義の知識の理論なのである」と、レーニンは断言した。[*12] レーニンにとってのマルクス主義は「鋼鉄の固まり」にも似た理論の完全な体系なのであって、そこからは「一つの基本的前提も一つの必須部分も、客観的真実から乖離することなしに、ブルジョワの反動的な嘘の餌食にならずに削除することはできないのである」。[*13] 弁証法による不変の自然法則は、社会主義の避けられない科学的な興隆を説明していた。いったん権威をもてば――そして正しく理解されれば――それらの法則は共産主義の統治のための完全な綱領を提示していたのだ。「マルクス主義の完全性に関するこの主張は、プレハーノフからレーニンが受け継いだもので、それがソ連の国家イデオロギーの一部となった」[*14]と、レシェク・コワコフスキは考える。弁証法は革命家レーニンに深い知的な自信を与え、イデオロギーに恐ろしいほどの厳格さを認めたのである。『カール・マルクスの教え』の熱のこもり過ぎた一節で、レーニンは弁証法的唯物論の刺激的な神秘をダーウィンの進化論と好意的に比較している。

発展は、いわばすでに過ぎた段階を繰り返すようだが、異なった方法で、より高い次元で(「否定の否定」)で繰り返す。それは言うなれば、一本の直線ではなく、螺旋を描いて発展する。跳んで跳ねる発展、大惨事、革命である。「段階制の合間」だ。量から質への転化、矛盾によって授けられた、発展への内なる衝動、特定の機構や、特定の現象内部、あるいは特定の社会のなかで反応する異なった勢力と傾向の軋轢。相互依存、およびすべての現象のあらゆる側面間の最も緊密で解消できない結びつき(歴史はすべての新しい側面をあらわにする)、法則に従って進む一つの世界的な運動プロセスを提示する結びつき――そうしたものが、進化の学説として、現在の学説よりも充実した意味をもつ弁証法のいくつかの特徴なのである。[*15]

ヨシフ・スターリンは、弁証法的唯物論をさらに高度な次元で実践に導入した。ソ連政権がマルクスとエンゲルスの原則――疎外の終焉、国家の衰退、共産主義のグローバルな要求――からさらに激しく逸脱したと思われるなかで、その公式雄弁術《レトリック》はより鼻につくかたちで正統性を主張するようになった。「マルクス主義は社会主義の理論であるだけではない。これは完全な世界の展望で、哲学的体系であり、マルクスのプロレタリア的社会主義はそこから論理的につづくものだ」と、スターリンは明言した。「この哲学体系は弁証法的唯物論と呼ばれる」[*16]。彼はさらにソ連の公式文献のなかでもきわめて重要な出版物、『ソ連共産党歴史小教程』(一九三八年)への個人的な寄稿文のなかで、意図したことを明確に概説した。スターリンが書いた章、「弁証法的、史的唯物論」は、ソビエト体制のマルクス原理主義を説くもので、人民委員の法令の厳格な権威をもって始まった。「弁証法的唯物論はマルクス-レーニン主義の党の世界的展望である」。エンゲルスの『自然の弁証法』から直接引用した、さまざまな科学的転化——水から蒸気、酸素からオゾンなど——を使って、スターリンは形態におけるこうした急激な変化が、自然は関連し合い統合された全体をなしていて、変化が急速に突如として起こる連続した運動状態にあり、その発展を動かすものはあらゆる自然現象に特有の内在する矛盾だとするエンゲルスの主張をいかに裏づけるかを説明した。エンゲルス、レーニンのいずれよりも格段に細かく、スターリンは弁証法的唯物論が政治におよぼす影響を、改革主義や社会民主主義的な解釈には真っ向から挑戦するかたちで詳述した。「ゆっくりとした量的変化が急速かつ突然の変化に移行するのが発展の法則であるならば、抑圧された階級によって起きた革命はかなり自然で不可避の現象であることは明らかである」と、彼は推論した。「したがって、資本主義から社会主義への移行と、資本主義のくびきからの労働者階級の解放は、ゆっくりした変化や、改革によって実行することはできず、資本主義制度を革命によって質的に変化させることによってのみ達しうるのである」[*17]

完全なイデオロギー的正当性を強調しようとして、スターリンはソ連の国家の行動をマルクス-レーニン主義の科学的原則に密接に結びつけた。「科学と実際の活動のあいだの絆が、理論と実践とのあいだのその統一性が、プロレタリアートの党を導く星となるはずである」[*18]。そして共産党は、どの点から見てもスターリンの意思を意味しており、当然ながらプロレタリアートの真の利害を体現しているので、党が遂行するすべての政策は、必然的にマルクス主義的神聖さをもつものとしてイデオロギー面で認可されることになった。コルネリュウス・カストリアディスはソ連の論理的根拠を最もよく説明している。「歴史の真の理論が存在するとすれば、物事に理性が働いているとすれば、こうした発展がとる方向はこの理論の専門家に、この合理性の技術者に任せるべきであるのは明らかである。党の絶対的権力には哲学的な地位がある……。この概念が正しければ、この権力も絶対的であるに違いいない」。[*19] ソビエト体制では、党が命令したことはすぐさま科学的真実となった。

恐怖と全面支配を背景に、スターリン主義の国家はマルクス哲学の微妙な意味合いや複雑さを硬直した正当性へと変え、それがロシアの文化、科学、政治だけでなく人びとの私生活にいたるまで、ほぼあらゆる方面に影響をおよぼした。[*20] エンゲルスは社会主義の発展を初期のキリスト教会と比較したが、ソ連においてはそれは異端狩りをする中世のカトリック教義の最悪の形態によく似たものになり、全体主義的な典礼に、逸脱を許さない儀式、勢揃いする共産主義の聖人たちを伴うものとなった。疑問をはさむ余地はなかった。この「信仰」が進むべき道と真実、生命、それに社会の救済の完全な構想を与えたのである。スターリンの『小教程』はその聖典であり、社会主義思想のすべての問題に関する正しい党路線を明記した、マルクス－レーニン主義の議論の余地のない解説だったのである。「これはどこでもひっきりなしに出版され、教えられた」と、コワコフスキは回想する。「中等学校の上級形態や、あらゆる高等教育の場や、党の講義などで、何かが指導されるときはどこでも、『小教程』がソビエト国民の主要な知的糧となった」[*21]

ソ連の地政学的な勢力範囲が拡大するにつれ、『小教程』も洗練された表紙と、モスクワの高品質の印刷で何千万という部数で世界に広まっていった。その効果は、弁証法的唯物論を二十世紀で最も影響力のある哲学の一つにし、プノンペンからパリ、ロンドン北部にいたるまで、共産主義者のあいだで暗記され、暗誦されるものとなった。その冷徹な確実さのなかに、ラファエル・サミュエルという名の歴史家志望の若者は浸っていた。「社会の科学として、それはすべてを網羅する決定論として登場し、そこでは偶発的出来事が不可避なものとして明らかにされ、原因は結果によって容赦なく追及された」と、彼はグレートブリテン共産党のロンドン社会に育ったことを追想しながらのちに書いた。「推論の様式として、われわれには理解と普遍的なルールが先験的に与えられている――行動への指針でもあれば、予言的な権威の源でもある思考の法則である」。しかし、マルクス哲学の要点はまだ世界を変えることにありつづけた。「スターリンの格言、〈実践を伴わない理論は不毛だ。理論を伴わない実践は盲目だ〉は、弁証法の講義におけるエンゲルスの沸騰するやかん〔水から蒸気への変化を、量から質への変化として例証したもの〕と同じくらい共産主義者の世代には慣れ親しんだものとなった」[*22]。スターリンの『小教程』は『反デューリング論』から幅広く引用していたし、プレハーノフとレーニンはマルクスよりもエンゲルスの著作を手軽に引用することが多かった。また、ソビエト指導のグローバル共産主義運動を推進する哲学を提供したのは――剰余価値の理論よりもはるかに――弁証法的唯物論であった。「ソビエト・マルクス主義では、弁証法を説明するためにしばしば引用された権威ある典拠は『自然の弁証法』だった」と、ヘルベルト・マルクーゼは一九五〇年代に報告した[*23]。

したがって繰り返すが、エンゲルスはマルクス‐レーニン主義の旗印のもとで実践された恐ろしい悪事の責任を負っていたのだろうか？　歴史上の蛮行への謝罪が盛んな現代においてすら、その問いは否定されなければならない。エンゲルスにしろ、マルクスにしろ、何世代ものちのこれら歴史上の人物たちによる犯罪にたいして、理解しうるかたちで責任を負わせることはできない。アダム・スミスが自由市場の欧米の不平等を咎められるべきでないように、あるいは現代のプロテスタント福音主義の本質をマルティン・ルターのせいにしたり、オサマ・ビン・ラディンの残虐行為を預言者ムハンマドのせいだと考えたりできないように、スターリン主義によって（あるいは毛沢東の中国や、ポルポトのカンボジア、メンギスツのエチオピアで）抹殺された何百万もの人びとは、十九世紀のロンドンにいた二人の哲学者のせいで命を落としたのではない。

これはその問責が単に時代遅れになったためでもない。エンゲルスは前衛が先導するトップダウン方式の革命を大いに疑問視してきた。二十世紀に各国で共産党が権力を掌握したような方法だ。彼はつねに労働者階級そのものによって（知識人やプロの革命家ではなく）指導された労働者の党を信じていたし、プロレタリアートは資本主義制度の矛盾と政治的自意識の発達を経て社会主義に到達するのであって、自己選出の共産主義臨時政府によってそれを課されるのではないと断固として主張しつづけた。「こちらの社会民主連盟〔SDF〕とあなた方の〈ドイツ－アメリカ社会党〉だけが、マルクスの発展の理論を硬直した正統派信仰に単純化してしまった政党という特質を共有している。労働者がみずからの階級意識のおかげでそこに到達することは期待されていない。むしろ、早急に、準備もなしに、信仰箇条として喉元に押し込められることになる」と、彼は一八九四年五月にフリードリヒ・ゾルゲにあからさまに文句をつけた。[*24] 大衆の解放は外部の仲介者の産物には決してなりえなかった。たとえV・I・レーニンという姿で現われたとしても、政治的な機会仕掛けの神《デウス・エクス・マキナ》の産物にはなりえないのだ。そのうえ、ドイツのSPDへの助言で示唆したように、エンゲルスは晩年に向かうにつれ、バリケードよりは投票箱を通して、平和的、民主的な道で社会主義に向かうことを主張する傾向があった（つねに反乱を起こす道徳的権利は主張しつづけたが）。ロシアの状況で言えば、プレハーノフが一九一七年後に掲げた〈メンシェヴィキ〉の要求、すなわち社会主義国家に本格的に移行するには、ブルジョワ支配の時代と資本主義の発展が必要だとしたことが、権力を目指したボリシェヴィキよりも、エンゲルスの考えと合致していた可能性が高いだろう。

　反共産主義者とマルクス擁護者の双方から風刺の対象にされつづけたとはいえ、エンゲルスは二十世紀のソ連のイデオロギーが絶賛したような、偏狭で非人間的な弁証法的唯物論の立案者では決してなかった。〈エンゲリズム〉とスターリン主義のあいだには、途方もない哲学的な隔たりが存在する。科学的社会主義のオープンで批判的かつ人道的な見方と、倫理的な感覚が恐ろしく欠如した科学崇拝の社会主義の違いである。哲学者のジョン・オニールが主張したように、エンゲルスの社会主義は二十世紀の国家マルクス主義とは、かならずしも関係がない。なぜならば、そのつながりは「方法論的な確実性」と「学説的正統性」に徹する科学の断固とした概念をエンゲルスが堅持したことによるものだからだ。いずれも、科学的探究と史的唯物論の場合においては、エンゲルスが否定したものだ。[*25]スターリンの『小教程』の閉鎖的な論理は、絶えず探究心旺盛だったエンゲルスにとっては忌み嫌うものだっただろう。軍人的な振る舞いの陰で、〈将軍〉は挑戦しがいのある考えに興味をもち、新しい傾向を追い、自身の立場を考え直すこともしばしばあった。「いわゆる〈社会主義社会〉は、僕の考えでは、いつの時代にも結晶化した状態でありつづけるのではなく、その他すべての社会状況と同様、恒常的な変化と転化の過程にあるものとして見なすべきである」と、彼は一八九〇年に書いた。「この革命を一つの時代にわたって、つまり徐々に実践することに、いかなる困難もないと考える」。[*26]いろいろな意味で、エンゲルスの考えはマルクスのものよりはるかに経験則にもとづき、硬直化していないものだった。『反デューリング論』では、彼は科学的調査で最も貴重な結果は、「われわれの現在の知識について大いに不信感をいだかせ、人間はおそらくまだ人類史の始まりあたりにいると思わせるほどである点なのだ」。[*27]そして、彼は科学も誤りうるという問題に関し、原ポッパー主義のようなものを採用した。「真実であると無条件で主張する知識は一連の相対的な誤りのなかで理解されている。それもこれも、人間の存在の果てしなくつづく時間を通してしか、完全に理解されることはない」。[*28]史的唯物論に関しても、彼はやはりある通信員に「前述の僕のすべての言葉を絶対に正しいものだと思い込む」のはやめて欲しいと懇願し、別の人物には「歴史についてのわれわれの見解は、何よりもまず研究のための手引きであり、ヘーゲルを手本に何かを構築する道具ではない」と告げた。[*29]これは新しいリヴァイアサン〈巨大国家〉の建設を渇望し、全体主義的で閉鎖的な政治哲学者の言葉ではない。そのうえ、エンゲルスはマルクス主義を密封してこれ以上の討議の的になるのを防ごうとするマルクス主義政党――ハインドマンのＳＰＤや、若い好戦的なメンバーによるＳＰＤのいわゆるユンゲン派、あるいはアメリカのドイツ社会主義労働党など――を繰り返しじかに批判し、「われわれの理論を、正統性を主張する派閥の硬直した教義に変えている」とした。[*30]

ある意味では、エンゲルスとソ連など他の地域の非正統な信奉者たちとの違いは、それぞれの出発点にあった。エンゲルスとマルクスは、ダーウィン主義をはじめとする自然・物理科学の進歩と照らし合わせて、史的唯物論を再定義しようとする試みの一環として、一八六〇年代、七〇年代に自分たちの政治哲学を科学的に評価するようになった。彼らの知的枠組の大半は、ヘーゲルを読んできた若い時代にさかのぼるもので、自分たちの思想を新興の科学の流行と結びつけようとしたころには、完全に形成されていた。それとは対照的に、社会主義者の次の世代は、まるで異なったイデオロギー的軌道をたどってマルクス主義に到達した。カウツキーの言葉を借りれば、「彼らはヘーゲルから始めたが、私はダーウィンから始めた」のである。カウツキー、ベルンシュタイン、アドラー、エイヴェリング、プレハーノフ、レーニン、および第二インターナショナルの政治指導者たちといった面々――彼らがイデオロギーに目覚めたのは、チャールズ・ダーウィン、ハーバート・スペンサー〔社会進化論を唱えた社会学者〕、実証主義のオーギュスト・コントの作品に没頭したことから始まった――は、マルクスとエンゲルスをすでに進化論を含めた視点から読んだのである。[*31] イタリアの共産主義者エンリコ・フェリの『実証科学と社会主義』（一八九四年）、ルートヴィヒ・ヴォルトマンの『ダーウィンの理論と社会主義』（一八九九年）、カール・カウツキーの大きな影響力をもった『倫理と唯物史観』（一九〇六年）およびレーニンがこれらを抜粋したもの〔彼は「発展、進化の考えは、社会の意識にほぼ完全に浸透した」と考えていた〕などは、ダーウィン主義とマルクス主義の結びつきを想定した、急増する共産主義文献に貢献した若干の例に過ぎない。これらの作品が、十九世紀末のマルクス主義からソ連が正統とする弁証法的唯物論のあいだに不可欠な知的架け橋を提供したのである。異なった哲学的、科学的前提の上に育ったのちの世代がエンゲルスの著作に読み取ったものにたいし、彼が責任を負うことは明らかにできない。

エンゲルスと今日の世界

この世を去る数カ月前に、エンゲルスはドイツの政治経済学者ヴェルナー・ゾンバルトに、非常に明確な表現でこう語った。「マルクスの全体的な考え方は、学説というよりは手法なのだ。それは出来上がった教義を提供するよりは、むしろさらなる探究を手助けし、そのような探究のための手法を与えるものなのだ」[*32]。エンゲルスは、マルクス同様、自分を党派的な狭義のマルクス主義者だと考えることはめったになかった。むしろ彼は、もっと壮大な真実としてマルクス主義に向き合っていたのであり、それは一部の党の信奉者がすでに実践し始めていたような、身構えて平身低頭を要求するものではなかった。

同じくらい重要なことに、エンゲルスの人としての本質的特徴——彼の著作からは断片的にしか表われないもの——は、マルクス‐レーニン主義の鉄面皮の非人間性とはまったく相容れないものだった。彼は自分の飼い犬だけに優しい人間ではなかった。あれだけの科学的情熱をもち、合理性の進歩を信じ、技術の発展に熱心だったにもかかわらず、エンゲルスは空想的社会主義の伝統（それに対抗して、自分とマルクスの取り組みを自意識過剰に定義したが）と彼が十代のころに捨てたプロテスタントの終末論的遺産の双方の要素をもちつづけた。彼の目的因〔アリストテレスが説いた四種の原因の一つ〕は、グローバルな階級闘争が弁証法的に頂点に達することだった。国家の衰退、人類の解放、そして人間の充実と性的可能性に満ちた労働者の楽園――要するに、必然の王国から、自由の王国への躍進である。平等主義でもなければ国家統制主義でもなく、豊かな暮らしをこよなく愛し、個性を熱心に擁護し、文学でも文化でも、芸術でも音楽でもアイデアを公然と闘わせることに信念をもっていたこの人物は、スターリン主義者がどれだけ彼を父と仰ぐと主張したとしても、二十世紀のソ連の共産主義には決して賛成しなかったであろう。

彼はまた現在の状況も決して受け入れなかっただろう。われわれがいま二十世紀のマルクス＝レーニン主義によって付着したもの、つまり社会正義の井戸をこれほど毒で汚染した「弁証法的逸脱」をはぎとって、十九世紀ヨーロッパの本来のエンゲルスに戻れば、きわめて異なった、驚くほど現代にも通ずる声が再び聞こえてくる。マンチェスターの綿産業の砦から、エンゲルスはほかのどんな社会主義者にも劣らないほど、のさばる資本主義の本当の顔を理解していた。そして、一九八九年以降の自由貿易と民主主義というわれわれのリベラルなユートピアが、宗教的正統性と自由市場原理主義の双方からの重圧でよろめくなかで、彼の批判は時代を超えて響きわたる。政府と資本の馴れ合い的な癒着、未熟練の安い労働をむさぼる企業、市場の傾向に合わせた家族生活の再構築、さらに資本の要求に従ったわれわれの都市の設計――いずれも、一世紀前にエンゲルスによって予見され細かく分析されたものだった。そして、世界の株式市場と金融部門で起きている近年の出来事は、エンゲルスの批評にさらに多くの注目を集めている。

資本主義の破壊的プロセスにたいするエンゲルスの容赦ない非難は、規制のない世界市場に関することでは、とくに的を射ている。「その消費財の安い価格は重砲であり、万里の長城をもなし崩しにする」と、彼は『共産主義者宣言』で説明した。「それ〔ブルジョワ階級〕はあらゆる国の民を、滅亡したくなければ、ブルジョワ的生産様式を採用せざるをえない状況に追いやる。人びとはブルジョワ階級が文明と呼ぶものを自国に導入させられる。すなわち、彼らもまたブルジョワにならざるをえない」。マルクスとエンゲルスは今日のグローバル化そのものへの反対は非論理的だと見なしただろうが、資本主義が人間におよぼすツケにたいするエンゲルスの批評は、世界経済の先端にある国々——とりわけブラジル、ロシア、インド、中国からなる新興市場——では、朗々と鳴り響いている。なにしろ、そこには無規制の産業化の惨状——資本主義が社会関係を変貌させ、古い風習や習慣を破壊し、村を都市に、工房を工場に変える状況——が、十九世紀のヨーロッパでかつて繰り広げられたのと同じ残虐さで生じているからだ。中国が「世界の工場」を自認し、広東省の経済特区や上海で公害、健康被害、政治的抵抗運動、社会不安が広がる現状は、エンゲルスのマンチェスターとグラスゴーの報告を不気味に思い起こさせるようだ。研究者の李静君が試みたように、一八四〇年代の綿工場の雇用状況に関するエンゲルスの描写を比較対照してみよう。

綿と亜麻の紡績工場には、空気が綿毛と埃まみれの多くの部屋がある……もちろんこの問題に関して職工にはなんの選択肢もない……工場の埃を吸入したことによる通常の結果は、喀血、荒く激しい呼吸、胸の痛み、咳、不眠など……。機械がそこいらじゅうにある部屋で働くため、職工は事故にも巻き込まれる……。最もよくある怪我は、指を一関節失うものだ……。マンチェスターでは手足の不自由な者を多数見かけるだけなく、多くの労働者は腕や脚、足の全部または一部を失ってもいる。

二〇〇〇年に深圳にいた中国からの移民労働者の証言は以下のとおりだ。

定まった仕事のスケジュールはない。最低でも一日一二時間労働だ。急ぎの注文が入れば、われわれは三〇時間以上もぶっつづけで働かなければならない。昼も夜も……これまでノンストップで働いた最高に長いシフトは四〇時間だった……。その間ずっと立ちっぱなしで、デニムの布を引っ張ってまっすぐに延ばさなければならないので、非常にくたびれる。脚がいつも痛い。作業現場には座る場所もない。昼休みにも機械は止まらない。班内の三人の働き手が一人ずつ交代で食事をするだけだ……。作業現場には埃が厚く溜まっている。室内で昼も夜も働くので、身体は真っ黒になる。仕事が終わって唾を吐くと、それが真っ黒だ。*33

中国共産党がエンゲルスに認可されたことだとしてどれだけ主張したがろうと、その政策によって引き起こされた野放しの搾取は明らかに、決してエンゲルスが描いた理想社会の概念ではない。豊かさと貧困の狭間で、バルメンの漂白場の惨状や零落状態を見ながら過ごした十代のころから、彼は近代の人類にはもっと尊厳のある場所が存在すると確信していた。彼とマルクスにとって、資本主義がもたらした歓迎すべき豊かさは、もっと公平な制度を通して分配されてしかるべきものだった。世界各地の何百万もの人びとにとって、その希望はまだ潰えていない。ベルリンの壁が崩壊し、国家共産主義が世界的に破綻してから二〇年ばかりを経た今日、自己犠牲と矛盾に満ちたヴィクトリア朝時代のあの傑出した人物、フリードリヒ・エンゲルスならばきっと、否定が否定されることを、そして彼のよき友人カール・マルクスの見通しが実現することを、再び予言するだろう。

謝辞

本書の調査や執筆、制作に当たって寛大な援助をいただいたことについて、著者から以下の方々にお礼を申しあげたい。アリス・オースティン、サラ・バーシュテル、フィリップ・バーチ、ジョージーナ・カペル、マイケル・V・カーライル、バーニー・コークリス、ベラ・クーニャ、アンドルーとテレサ・カーティス、ダーモット・デイリーとチェシャー狩猟《ハント》、ヴァージニア・デイヴィスおよびロンドン大学クイーン・メアリー・カレッジ歴史学部、トマス・ディクソン、オーランド・ファイジーズ、ジャイルズ・フォーデン、トム・グレーヴス、マイケル・ハーバート、エリック・ホブズボーム、ジュリアンとマリラ・ハント、スティーヴン・キングストン、ニック・マンスフィールド、エド・ミリバンド、シェイマス・ミルン、リュドミラ・ノヴィコヴァ、アラステア・オーエンズ、スチュアート・プロフィット、キャロライン・リード、スティーヴン・リグビー、ドナルド・サスーン、ソフィ・シュロンドーフ、ロズリン・シュロス、ビル・スミス、ガレス・ステドマン・ジョーンズ、ジュリエット・ソーンバック、グレゴリー・トフビス、ベンジャミンとユリア・ウェグ＝プロッサー、フランシス・ウィーン、ビー・ウィルソン、マイケル・イェフーダーの各氏である。さらに、大英図書館、ヴッパータールのエンゲルス・ハウス、アムステルダムの国際社会史研究所、ロンドン図書館、ロンドンのマルクス記念図書館、マンチェスターの民衆歴史博物館、ソルフォードの労働者階級運動図書館の職員の方々にも感謝している。

訳者あとがき

「エンゲルスの伝記を訳している」と告げると、私の知人、友人はみな一様にポカンとした表情を浮かべた。「マルクス‐エンゲルスの？」と、ためらいがちに尋ねてから、「なんでまた？」と目で問いかける人もいた。エンゲルスはもはや、時代遅れか、忘れられた存在のようだ。私自身、社会主義思想はおろか、ドイツ哲学にも疎く、エンゲルスの伝記と聞いて頭に浮かんだのは、晩年のむさ苦しいイメージと、実家の書棚にあった『空想から科学へ』の題名くらいしかなかった。無謀と知りつつこの仕事を引き受けしてしまったのは、ひとえに読んでみた原書がそれだけおもしろく、著者のトリストラム・ハント氏がいかめしい学者風情ではなく、俳優のような甘いマスクの青年で、そのギャップに興味をそそられたからだった。執筆当時まだ三十代前半だった彼は、ケンブリッジのキングスカレッジとシカゴ大学で学んだあと、ロンドン大学で教鞭をとっていた。二〇一〇年以降はイギリス労働党の下院議員になり、いまや党の幹部として活躍中だ。エンゲルス自身も、豊か過ぎる顎鬚を除けば実際にはかなりの伊達男で、若いころは名うての女たらしだったらしい。わずか二十四歳で『イギリスにおける労働者階級の状態』を書いたエンゲルスに、著者のハントが興味をもったのは、どこか彼自身に似たところがあるからだろうか。

この本の原書にはじつはイギリス版とアメリカ版があり、題名が違うだけでなく、中身も二割近く異なる。イギリス版の原題は The Frock-Coated Communist: The Life and Times of the Original Champagne Socialist といい、著者が描こうとしたエンゲルスの意外な素顔がこの題名に凝縮されている。エンゲルスは、敬虔な福音派キリスト教徒のブルジョワの両親のもとに生まれ、自分が忌み嫌う実業家として人生の多くの年月を過ごしただけでなく、高位の貴族とともに狐狩りを楽しみ、死後には酒屋に彼専用のワインが一四二ダースも残されていたほどの大酒飲みという、およそ共産主義者らしからぬ人物だった。一方、アメリカ版は、Marx's General: The Revolutionary Life of Friedrich Engels という、通常の人が思い浮かべる彼のイメージに近い題名になっている。ロマン主義者で歴史上の偉大な軍人に惹かれ、志願兵として一年間入隊していたほか、一八四八年の革命では戦闘にも加わり、軍事評論家としての側面をもつ彼は、〈将軍〉というあだ名で呼ばれていた。邦訳に当たっては、もともとイギリス版で一通り翻訳したあとで、アメリカ版と内容が大きく異なることがわかり、米版のほうが読み易く書き直され編集されていたため、変更箇所を洗いだして訳し直すことになった。したがって、本書の底本は最終的にアメリカ版になっている。

また、エンゲルスの伝記ともなれば当然のことながら、膨大な著作物が随所に引用されているので、翻訳に際しては、廣松渉著『エンゲルス論』（ちくま学芸文庫）、土屋保男著『フリードリヒ・エンゲルス――若き日の思想と行動』（新日本出版社）、『マルクス・コレクション』（筑摩書房）、『イギリスにおける労働者階級の状態』（岩波文庫）をはじめ、邦訳されているさまざまな書籍や、ネット上で独自の翻訳を試みている方々の解釈も参考にさせていただいた。なかでも、五三巻からなる大月書店の『マルクス＝エンゲルス全集』のオンライン版の存在は非常にありがたかった。この全集は東独のディーツ社の Marx-Engels Werke を底本とし、一九五九年から三二年の歳月をかけて、多くのマルクス研究者によって翻訳された傑作である。あいにく、著者が利用した英語版の五〇巻からなるMarx-Engels Collected Worksは、この大月書店版とは編集が異なるため、ページ数はもとより、巻数もまったく対応しておらず、初期の新聞記事や書簡などは、該当するものが見つからないこともあった。訳者にドイツ語の知識がないのでわからないが、既訳と英語版をくらべる限りではニュアンスが異なることが多々あったうえに、訳文もすでにやや古めかしくなっているため、本書ではいずれもそのまま引用はせずに、英語版から新たに訳出した旨をお断りしておく。たとえば、「弁証法はヘーゲルにあっては頭で立っている」と訳されていた箇所は、「彼のもとでは、弁証法はさかさまになっている」と平易にし、「唯物論的な見解によれば、歴史を究極において規定する要因は、直接の生命の生産と再生産とである」というくだりは、リプロダクションを再生産ではなく生殖を意味する可能性も考え、「現実の生命〔を維持する手段として〕の生産と再生産〔すなわち生殖〕」と私なりの解釈も加えてみた。

彼らが生きた十九世紀のヨーロッパは、産業革命や農業革命によって社会が根底から変わった時代だ。貴族のエリート層が封建制や従士制によって築いてきた主従関係に代わって、生産手段と資本金を手にしたブルジョワ階級が台頭し、世の中の価値観が経済中心に様変わりしたころだ。「それ〔ブルジョワ階級〕はあらゆる国の民を、滅亡したくなければ、ブルジョワ的生産様式を採用せざるをえない状況に追いやる。人びとはブルジョワ階級が文明と呼ぶものを自分らのなかに導入させられる。すなわち、彼らもまたブルジョワにならざるをえない」という、『共産主義者宣言』の一節は、その波が一気に押し寄せた幕末から明治の日本を念頭に書かれたかと思えるほどだ。

エンゲルスの生まれ育ったラインラントのヴッパー川沿いでは、この世における成功こそが選ばれた者であることの確かな証拠だとする、カルヴァンの予定説にもとづく敬虔主義に支配されていた。その偽善的な俗物の倫理観にたまりかねて信仰を捨てたエンゲルスが、その心の空虚を埋めるべく、シュライアマハーの神学、シュトラウス、ヘーゲル、フォイエルバッハの哲学にのめり込み、やがて社会主義思想と科学に目覚めていく過程は、宗教も哲学も政治思想も科学も、真理や生きる道筋を探し求める人間の精神活動が形を変えたものであることを再認識させる。晩年、エンゲルス自身が初期のキリスト教と共産主義に類似性を見出し、「マルクスの全体的な考え方は、学説というよりは手法なのだ。それは出来上がった教義を提供するよりは、むしろさらなる探究を手助けし、そのような探究のための手法を与えるものなのだ」と語っている。「われわれの理論を、正統性を主張する派閥の硬直した教義に変えている」と憤慨もしていた。科学を重視した人ならではの言葉だ。

マルクスとエンゲルスは革命家だと言われる。しかし、社会を変えるには革命しかないと頑なに信じていた若い時代にすら、革命は適切な経済状況になって初めて起こりうると唯物論に立って主張し、前衛が先導するトップダウン方式の革命には懐疑的だった。無政府主義者のバクーニンは、「共産主義は国家の利益のために、社会のあらゆる勢力を集中させ、それ自体のなかに呑み込む」と非難したが、マルクスとエンゲルスにしてみれば無政府主義は「物質的、社会経済的な前提条件がまだ整っていないうちに、政治変化を求めるというクーデター的な間違いを犯して」いるのであって、「国家は社会革命と一時的な〈プロレタリアートの独裁〉につづいておのずから消滅する」はずであった。晩年のエンゲルスは民主主義のもつ可能性に期待し、「普通選挙が社会主義の武器庫のなかの、立派な武器であると見なすようになっていた」。波乱の時代を七十四歳まで生きた彼が最終的に到達したこれらの見解は無視され、のちの世紀にレーニンやスターリン、毛沢東など、まるで異なる社会で育った人びとによって、彼らの都合に合わせてつくり変えられ、それが二十世紀以降に生きる多くの人間にとっての共産主義となったのだ。

マルクス＝レーニン主義のプロパガンダを盲信してきた人も、アレルギーのような反共主義者も、危うきに近寄らずを決め込んできた人も、一度、本書を手に取ってみてほしい。そこから将来の道筋が見えてくるかもしれない。

「エンゲルスなんて、マルクスの横でアジをぶつイメージしかないんですがね」と、ご自身も半信半疑ながら本書の翻訳を依頼してくださり、訳文をいつもながら細かくチェックし、わかり易く書き換え、既訳を探し、もろもろの便宜を図ってくださった筑摩書房の田中尚史さんに、末筆ながらこの場を借りて心からお礼を申しあげたい。

東郷えりか

二〇一六年二月

———. "The Political Ideas of the Young Engels, 1842–1845." *History of Political Thought* 6, no. 3 (1985).

Cohen-Almagor, Raphael. "Foundations of Violence, Terror, and War in the Writings of Marx, Engels, and Lenin." *Terrorism and Political Violence* 3, no. 2 (1991).

Gemkow, Heinrich. "Fünf Frauenan Engels' Seite." *Beiträge zur Geschichte der Arbeiterbewegung* 37, no. 4 (1995).

Kapp, Yvonne. "Frederick Demuth: New Evidence from Old Sources." *Socialist History* 6 (1994).

Kessler, Mario. "Engels' Position on Anti-Semitism in the Context of Contemporary Socialist Discussion." *Science & Society* 62, no. 1 (1998).

Kitchen, Martin. "Friedrich Engels' Theory of War." *Military Affairs* 41, no. 1 (1977).

Krishnamurthy, A. "'More Than Abstract Knowledge': Friedrich Engels in Industrial Manchester." *Victorian Literature and Culture* 28, no. 2 (2000).

Levine, Norman. "Marxism and Engelsism." *Journal of the History of the Behavioural Sciences*, 11, no. 3 (1973).

———. "The Engelsian Inversion." *Studies in Soviet Thought* 25 (1983).

McGarr, Paul. "Engels and Natural Science." *International Socialism* 65, no. 2 (1994).

Neimanis, George. "Militia vs. the Standing Army in the History of Economic Thought from Adam Smith to Friedrich Engels." *Military Affairs* 44, no. 1 (1980).

O'Boyle, L. "The Problem of an Excess of Educated Men in Western Europe. 1800–1850." *Journal of Modern History* 42, no. 4 (1970).

Paul, Diane. "'In the Interests of Civilization': Marxist Views of Race and Culture in the Ninetheenth Century." *Journal of the History of Ideas* 42, no. 1 (1981).

Paylor, Suzanne. "Edward B. Aveling: The People's Darwin." *Endeavour* 29, no. 2 (2005).

Rubinstein, William. "The Victorian Middle Classes: Wealth, Occupation, and Geography." *Economic History Review* 30, no. 4 (1977).

Skidelsky, Robert. "What's Left of Marx?" *New York Review of Books*, 16 November 2000.

Smethhurst, J. B. "Ermen and Engels." *Marx Memorial Library Quarterly Bulletin* 41 (Jan. -March 1967).

Stedman Jones, Gareth. "Engels and the End of Classical German Philosophy." *New Left Review* 79 (1973).

———. "The Limitation of Procletarian Theory in England before 1850." *History Workshop* 5 (1978).

Stepelelvich, Larence. "The Revival of Max Stirner." *Journal of the Hitory of Ideas* 35, no. 2 (1974).

Taylor, A. J. P. "Manchester." *Encounter* 8, no. 3 (1957).

Thackray, Arnold. "Naturaql Knowledge in Cultural Context: The Manchester Model." *American Historical Review* 69 (1974).

Trat, Josette. "Engels and the Emancipation of Women. " *Science and Society* 62, no. 1 (1998).

Vollgraf, Carl-Erich, and Jürgen Jungnickel. "Marx in Marx's Words?" *International Journal of Political Economy* 32 (2002).

Wittmütz, Volkmar. "Friedrich Engels in der Barmer Stadsdchule, 1829–1834." *Nachrichten aus dem Engels-Haus* 3 (1980).

Sayers, Janet, Mary Evans, and Nanneke Redclift. *Engels Revisited: New Feminist Essays*（London, 1987）.
Service, Robert. *Comrades: A World History of Communism*（London, 2007）.
Sheehan, Helena. *Marxism and the Philosophy of Science: A Critical History*（Attlantic Highlands, 1993）.
Sheehan, James. *German History, 1770–1866*（Oxford, 1989）.
Singer, Peter. *Hegel*（Oxford, 1983）.（『ヘーゲル入門：精神の冒険』ピーター・シンガー著、島崎隆訳、青木書店）
———. *A Darwinian Left*（London, 1999）.（『現実的な左翼に進化する』ピーター・シンガー著、竹内久美子訳、新潮社）
Sperber, Jonathan. *Rhineland Radicals*（Princeton, 1991）.
———. ed. *Germany, 1880–1870*（Oxford, 2004）.
Stack, David. *The First Darwinian Left*（Cheltenham, 2003）
Steger, Manfred, and Terrell Carver, eds. *Engels after Marx*（Manchester, 1999）.
Stepelevich, Lawrence, ed. *The Young Hegelians*（Cambridge, 1983）.
Stedman Jones, Gareth. "Introduction." *The Communist Manifesto*（Harmondsworth, 2002）.
Stokes, John, ed. *Eleanor Marx: Life, Work, Contacts*（Aldershot, 2000）.
Taylor, Ronald. *Berlin and Its Culture*（London, 1997）.
Thompson, Edward. *William Morris*（London, 1997）.
———. *The Poverty of Theory and Other Essays*（London, 1978）.
Toews, Jonathan. *Hegelianism: The Path toward Dialectical Humanism, 1805–1841*（Cambridge, 1980）.
Tombs, Robert. *The Paris Commune*（London, 1999）.
Trachtenberg, Alan. *The Incorporation of America*（New York, 1982）.
Trevor-Roper, Hugh. *The Romantic Movement and the Study of History*（London, 1969）.
Ullrich, Horst. *Der Junge Engels*（Berlin, 1961）.
Webster, Angus. *The Regent's Park and Primrose Hill*（London, 1911）.
Wheen, Francis. *Karl Marx*（London, 2000）.（『カール・マルクスの生涯』フランシス・ウィーン著、田口俊樹訳、朝日新聞社）
Whitfield, Roy. *Frederick Engels in Manchester: The Search for a Shadow*（Salford, 1988）.（『マンチェスター時代のエンゲルス：その知られざる生活と友人たち』ロイ・ウィトフィールド著、坂脇昭吉ほか訳、ミネルヴァ書房）
Williams, Raymond. *Keywords: A Vocabulary of Culture and Society*（London, 1998）.（『完訳キーワード辞典』レイモンド・ウィリアムズ著、椎名美智ほか訳、平凡社）
Wilson, Edmund. *To the Finland Station*（London, 1991）.（『フィンランド駅へ：革命の世紀の群像』エドマンド・ウィルソン著、岡本正明訳、みすず書房）
Zipes, Jack. *The Brothers Grimm*（London, 2002）.（『グリム兄弟：魔法の森から現代の世界へ』ジャック・ザイプス著、鈴木晶訳、筑摩書房）

【論文】

Adamiak, Richard. "Marx, Engels, and Dühring." *Journal of the History of Ideas* 35, no. 1（1974）.
Cadogan, Peter. "Harney and Engels." *International Review of Social History* 10（1965）.
Carver, Terrell. "Engels' Feminism." *History of Political Thought* 6, no. 3（1985）.
Claeys, Gregory. "Engels' Outlines of a Critique of Political Economy（1843）and the Origins of the Marxist Critique of Capitalism." *History of Political Economy* 16, no. 2（1984）.

Marcus, Steven. *Engels, Manchester, and the Working Class* (London, 1974).
Marcuse, Herbert. *Soviet Marxism: A Critical Analysis* (London, 1958).（『ソビエト・マルクス主義：抑圧的工業社会のイデオロギー批判』ヘルベルト・マルクーゼ著、片岡啓治訳、サイマル出版会）
Mayer, Gustav. *Friedrich Engels: Eine Biographie* (The Hague, 1934).
———. *Friedrich Engels* (London, 1936).
McKibben, Ross. *The Ideologies of Class* (Oxford, 1994).
McLellan, David. *The Young Hegelians and Karl Marx* (London, 1969).（『マルクス思想の形成：マルクスと青年ヘーゲル派』D. マクレラン著、宮本十蔵訳、ミネルヴァ書房）
———. *Engels* (Sussex, 1977).
———. *Karl Marx: His Life and Thought* (London, 1983).（『マルクス伝』D. マクレラン著、杉原四郎ほか訳、ミネルヴァ書房）
———. *Karl Marx: A Biography* (London, 1995).
———. ed. *Karl Marx: Interviews and Recollections* (London, 1981).
Miller, Susanne, and Heinrich Potthoff. *A History of German Social Democracy* (New York, 1986).
Millet, Kate. *Sexual Politics* (London, 1970).（『性の政治学』ケイト・ミレット著、藤枝澪子ほか訳、ドメス出版）
Moggach, Douglas, ed. *The New Hegelians: Politics and Philosophy in the Hegelian School* (Cambridge, 2006).
Nova, Fritz. *Friedrich Engels: His Contribution to Political Theory* (London, 1968).
Noyes, P. H. *Organization and Revolution: Working-Class Associations in the German Revolution of 1848–49* (Princeton, 1966).
Old Hughes Oliphant. *The Reading and Preaching of the Scriptures in the Worship of the Christian Church* (Cambridge, 1998).
Olsen, Donald J. *The Growth of Victorian London* (London, 1976).
Payne, Robert, ed. *The Unknown Karl Marx* (London, 1972).
Pelling, Henry. *Origins of the Labour Party* (Oxford, 1965).
Perkin, Harold. *Origins of Modern English Society* (London, 1991).
Pickering, Paul. *Chartism and the Chartists in Manchester and Salford* (London, 1995).
Pinkney, *David. Decisive Years in France, 1840–1847* (Princeton, 1986).
Prawer, Siegbert. *Karl Marx and World Literature* (Oxford, 1978)
Pringle, Peter. *The Murder of Nikolai Vavilov: The Story of Stalin's Persecution of One of the Great Scientists of the Twentieth Century* (New York, 2008).
Read, Anthony, and David Fisher. *Berlin* (London, 1994).
Richie, Alexandra. *Faust's Metropolis* (London, 1999).
Rigby, S. H. *Engels and the Formation of Marxism* (Manchester, 1992).
Rosdolsky, Roman. *Engels and the "Nonhistoric" Peoples: The National Question in the Revolution of 1848* (Glasgow, 1986).
Rowbotham, Sheila. *Edward Carpenter: A Life of Liberty and Love* (London, 2008).
Ryazanov, David. *Marx and Engels* (London, 1927).
Samuel, Raphael. *The Lost World of British Communism* (London, 2007).
Sassoon, Donald. *One Hundred Years of Socialism* (London, 1996).

ス伝』フィリップ・ヘンダースン著、川端康雄ほか訳、晶文社）
Henderson, W. O. *Engels as Military Critic* (Manchester, 1959).
———. *The Lancashire Cotton Famine* (Manchester, 1969).
———. *The Life of Friedrich Engels* (London, 1976).
———. *Marx and Engels and the English Workers* (London, 1989).
Hirsch, Helmut. *Friedrich Englels in Selbstzeugnissen und Bilddokumenten* (Hamburg, 1968).
Hobsbawm, Eric. *Industry and Empire* (London, 1990).（『産業と帝国』E. J. ホブズボーム著、浜林正夫ほか訳、未來社）
———. ed. *The History of Marxism* (Brighton, 1982).
Holmes, Richard. *Shelley: The Pursuit* (London, 1987).
Howe, Anthony. *The Cotton Masters* (Oxford, 1984).
Hunley, James D. *The Lift and Thought of Friedrich Engels* (London, 1991).
Hunt, Richard N. *The Political Ideas of Marx and Engels* (Pittsburgh, 1974).
Hunt, Tristram. *Building Jerusalem: The Rise and Fall of the Victorian City* (London, 2004).
Ionescu, Ghita, ed. *The Political Thought of Saint-Simon* (Oxford, 1976).
Ivanon, N. N. *Frederick Engels: His Life and Work* (Moscow, 1987).
Jenkins, Mick. *Frederick Engels in Manchester* (1951).
Johnston, Francis. *Eccles* (Eccles, 1967).
Jones, Colin. *Paris; Biography of a City* (London, 2004).
Judt. Tony. *Reappraisals: Reflections on the Forgotten Twentieth Century* (London, 2008).
Kapp, Yvonne. *Eleanor Marx*. Vol. 1: Family Life (London, 1972).
———. *Eleanor Marx*. Vol. 2: The Crowded Years (London, 1976)
Kargon, Robert. *Science in Victorian Manchester* (Manchester, 1977).
Katznelson, Ira. *Marxism and the City* (Oxford, 1992).
Kidd, Alan. *Manchester* (Keele, 1996).
Kiernan, Victor. *Marxism and Imperialism* (London, 1974).
Knieriem, Michael, ed. *Über Friedrich Engels: Privates Öffentliches und Amitliches Aussagen und Zeugnisse von Zeitgenossen* (Wuppertal, 1986).
Koch, Fred C. *The Volga Germans* (University Park, 1977).
Koestler, Arthur, et al. *The God That Failed* (London, 1965).
Kolakowski, Leszek. *Main Currents of Marxism* (London, 2005).
Krieger, Leonard, ed. *The German Revolutions* (Chicago, 1967).
Kuczynski, Jurgen. *Die Geschichte der Lage der Arbeiter unter dem Kapitalismus* (Berlin, 1960).（『世界経済の成立と発展』J. クチンスキー著、久保田英夫訳、評論社）
Kupisch, Karl. *Vom Pietismus zum Kommunismus: Historische Gestalten, Szenen und Probleme* (Berlin, 1953).
Lee, Ching Kwan. *Against the Law: Labor Protests in China's Rustbelt and Sunbelt* (Berkeley, 2007).
Levin, Michael. *Marx, Engels, and Liberal Democracy* (London, 1989).
Lukás, Georg. *History and Class Consciousness* (London, 1971).
Mann, Gottfried. *The History of Germany since 1789* (London, 1996).
Mansel, Philip. *Paris between empires* (London, 2001).
Manuel, Frank. *The Prophets of Paris* (Cambridge, 1962).

———. *The Cambridge Companion to Marx* (Cambridge, 1991).
Castoriadis, Cornelius. *The Imaginary Institution of Society* (Cambridge, 1987).
Claeys, Gregory. *Citizens and Saints* (Cambridge, 1989).
Clark, Christopher. *Iron Kingdom: The Rise and Downfall of Prussia* (London, 2006).
Cole, George Douglas Howard. *Chartist Portraits* (London, 1941).(『チャーティストたちの肖像』G. D. H. コール著、古賀秀男ほか訳、法政大学出版局)
Cummins, Ian. *Marx, Engels, and National Movements* (London, 1980).
Davis, Mike. *City of Quartz* (London, 2006).(『要塞都市LA』マイク・デイヴィス著、村山敏勝ほか訳、青土社)
———. *Planet of Slums* (London, 2006).(『スラムの惑星:都市貧困のグローバル化』マイク・デイヴィス著、篠原雅武ほか訳、明石書店)
Deak, Istvan. *The Lawful Revolution: Louis Kossuth and the Hungarians* (New York, 1979).
Desai, Meghnad. *Marx's Revenge: The Resurgence of Capitalism and the Death of Statist Socialism* (London, 2002).
Evans, Richard, and Pogge von Strandmann, eds. *The Revolutions in Europe, 1848-1849* (Oxford, 2000).
Farnie, Douglas. *The English Cotton Industry and the World Market, 1815-1896* (Oxford, 1979).
Fergusson, Gordon. *The Green Collars: The Tarporley Hunt Club and Cheshire Hunting History* (London, 1993).
Figes, Orlando. *The Whisperers: Private Life in Stalin's Russia* (London, 2007).(『囁きと密告:スターリン時代の家族の歴史』オーランドー・ファイジズ著、染谷徹訳、白水社)
Foot, Paul. *Red Shelley* (London, 1984).
Fortescue, William. *France and 1848* (Oxford, 2005).
Foster, Roy. *Modern Ireland* (London, 1989).
Friends of Chalk Farm Library. *Primrose Hill Remembered* (London, 2001).
Frow, Edmund, and Ruth Frow. *Frederick Engels in Manchester* (Salford, 1986).
———. *The New Moral: Robert Owen and Owenism in Manchester and Salford* (Salford, 1986).
Gallie, W. B. *Philosophers of Peace and War* (Cambridge, 1978).
Gemkow, Heinrich, et al. *Frederick Engels: A Biography* (Dresden, 1972).
Glasier, John B. *William Morris and the Early Days of the Socialist Movement* (London, 1921).
Gould, Stephen Jay. *Ever Since Darwin* (London, 1978).(『ダーウィン以来:進化論への招待』スティーヴン・ジェイ・グールド著、浦本昌紀ほか訳、早川書房)
Greaves, Ralph. *Foxhunting in Cheshire* (Kent, 1964).
Gunn, Simon. *The Public Culture of the Victorian Middle Class* (Manchester, 2000).
Hahn, Hans Joachim. *The 1848 Revolutions in German-Speaking Europe* (London, 2001).
Hammen, Oscar J. *The Red '48ers* (New York, 1969).
Hannay, Alastair. *Kierkegaard: A Biography* (Cambridge, 2001).
Hayek, F. A. *The Counter-Revolution of Science* (Glencoe, 1952).(『科学による反革命』ハイエク著、渡辺幹雄訳、春秋社)
Heijenoort, Jean van. *Selected Essays* (Naples, 1985).
Heinig, Karl. *Carl Schorlemmer: Chemiker und Kommunist Ersten Ranges* (Leipzig, 1974).
Hellman, Robert. *Berlin: The Red Room and White Beer* (Washington, 1990).
Henderson, Philip. *William Morris: His Life, Work, and Friends* (London, 1973).(『ウィリアム・モリ

Working Class Movement Library, Salford ソルフォード、労働者階級運動図書館
State Archives, Wuppertal ヴッパータール、州立公文書館

【二次資料】

Arthur, Christopher J. *Engels Today* (London, 1996).
Attali, Jacques. *Karl Marx, ou l'esprit du monde* (Paris, 2005).
Avineri, Shlomo. *The Social and Political Thought of Karl Marx* (Cambridge, 1968).(『終末論と弁証法:マルクスの社会・政治思想』シュロモ・アヴィネリ著、中村恒矩訳、法政大学出版局)
———. *Moses Hess* (London, 1985).
Ball, Terence, and James Farr. *After Marx* (Cambridge, 1984).
Barrett, Michelle. "Introdution," *The Origin of the Family, Private Property, and the State* by Friedrich Engels (Harmondsworth, 1986).
Beecher, Jonathan, and Richard Bienvenu. *The Utopian Vision of Charles Fourier* (London, 1975).
Beiser, Frederick C. *The Cambridge Companion to Hegel* (Cambridge, 1993).
Benn, Tony. *Arguments for Socialism* (London, 1979).
Berger, Martin. *Engels, Armies, and Revolution* (Hamden, 1977).
Berger, Stefan. *Social Democracy and the Working Class in Nineteenth and Twentieth Century Germany* (Harlow, 2000).
Berlin, Isaiah, *Karl Marx: His Life and Environment* (Oxford, 1978).(『人間マルクス:その思想の光と影』I. バーリン著、福留久大訳、サイエンス社)
———. *Against the Current* (London, 1997)(『ロマン主義と政治』〔抄訳〕バーリン著、福田歓一ほか訳、岩波書店)
Bigler, Robert M. *The Politics of German Protestantism* (Berkeley, 1972).
Blackbourn, David. *The Fontana History of Germany* (London, 1997).
Blanchard, Marc Eli. *In Search of the City* (Stanford, 1985).
Blyth, H. E. *Through the Eye of a Needle* (Manchester, 1947).
Bradshaw, L. D. *Visitors to Manchester* (Manchester, 1987).
Brazill, William J. *The Young Hegelians* (London, 1970).
Briggs, Asa. *Chartist Studies* (London, 1959).
———. *Victorian Cities* (London, 1990).
Bull, Stephen, "*Volunteer!" The Lancashire Rifle Volunteers, 1859-1885* (Lancashire, 1993).
Calhoun, Charles W., ed. *The Gilded Age: Perspectives on the Origins of Modern America* (Wilmington, 1996).
Carlton, Grace. *Friedrich Engels: The Shadow Prophet* (London, 1965).
Carr, E. H. *Michael Bakunin* (London, 1975).(『バクーニン』E. H. カー著、大沢正道訳、現代思潮新社)
Carver, Terrell. *Engels* (Oxford, 1981).(『エンゲルス』テレル・カーヴァー著、内田弘ほか訳、雄松堂出版)
———. *Marx and Engels: The Intellectual Relationship* (Brighton, 1983).(『マルクスとエンゲルスの知的関係』テレル・カーヴァー著、内田弘訳、世界書院)
———. *Friedrich Engels: His Life and Thought* (London, 1991).

———. *The Communist Manifesto* (Harmondsworth, 2002).(『共産主義者宣言』カール・マルクス著、金塚貞文訳、柄谷行人付論、平凡社)
Marx-Engels Collected Wroks [*MECW*], 50 vols. (Progress Publishers, Moscow, in conjunction with International Publishers, New York, and Lawrence & Wishart, London, 1975–2005).(『マルクス=エンゲルス全集』オンライン版、大月書店)
Mayhew, Henry. *The Morning Chronicle Survey of Labour and the Poor: The Metropolitan Districts* (1849–50; rpt. London, 1980).
Müller, Max. *My Autobiography: A Fragment* (New York, 1991).
Pagenstecher, C. H. A. *Lebenserinnerungen von Dr. Med. C. H. Alexander Pagenstecher* (Leipzig, 1913).
Parkinson, Richard. *On the Present Condition of the Labouring Poor in Manchester* (Manchester, 1841).
Reminiscences of Marx and Engels (Moscow, 1958).
Roscoe, Henry E. *The Life and Experiences of Sir Henry Enfield Roscoe* (London, 1906).
The Sack; or, Volunteers' Testimonial to the Militia (London, 1862).
Saunders, William Stephen. *Early Socialist Days* (London, 1927).
Southey, Robert. *Letters from England by Don Manuel Alvarez Espriella* (London, 1808).
Staël, Madame de. *Germany* (London, 1813).(『ドイツ概観』スタール夫人著、梶谷温子ほか訳、鳥影社・ロゴス企画部)
Stalin, Joseph. *Dialectical and Historical Materialism* (Moscow, 1939).(『弁証法的唯物論と史的唯物論:無政府主義か社会主義か?』イ・ヴェ・スターリン著、マルクス=レーニン主義研究所訳、大月書店)
———. *Leninism* (Moscow, 1940).(『レーニン主義の基礎』スターリン著、全集刊行会訳、大月書店)
———. *Anarchism or Socialism?* (Moscow, 1950).(『無政府主義か社会主義か』スターリン著、片山サトシ訳、暁明社)
Stirner, Max, *The Ego and Its Own* (Cambridge, 1995).
Sue, Eugène. *The Mysteries of Paris* (Cambridgeshire, 1989).(『パリの秘密』ウジェーヌ・シュー著、江口清訳、集英社)
Taine, Hippolyte. *Notes on England* (London, 1957).
Tocqueville, Alexis de. *Journeys to England and Ireland* (London, 1958).
Watts, John. *The Facts and Fictions of Political Economists* (Manchester, 1842).
———. *The Facts of the Cotton Famine* (London, 1866).
Webb, Beatrice. *My Apprenticeship* (London, 1926).
Weerth, Georg. *Sämtliche Werke* (1956–57).
The Writings of the Young Marx. Trans. and ed. Lloyd D. Easton and Kurt H. Guddat (Garden City, 1967).

【記録保管所】

Engels-Haus, Wuppertal ヴッパータール、エンゲルス・ハウス
International Institute of Social History, Amsterdam アムステルダム、国際社会史研究所
Marx Memorial Library, London ロンドン、マルクス記念図書館
People's History Museum, Manchester マンチェスター、民衆歴史博物館
State Archives of the Russian Federation, Moscow モスクワ、ロシア連邦国立公文書館(GARF)

F. Engels' Briefwechsel mit K. Kautsky (Vienna, 1955).
Friedrich Engels–Paul and Laura Lafargue Correspondene (Moscow, 1959-63).
Gaskell, Elizabeth. *Mary Barton* (Harmondsworth, 1996).（『メアリー・バートン：マンチェスター物語』エリザベス・ギャスケル著、直野裕子訳、大阪教育図書）
Hecker, Carl. *Der Aufstand in Elberfeld im Mai 1849 und mein Verhaltniss zu Demselben* (Elberfeld, 1849).
Hegel, Georg Wilhelm Friedrich. *Philosophy of Right* (Oxford, 1942).（『法の哲学：「法の哲学」第四回講義録：1821/22年冬学期、ベルリン：キール手稿』G. W. F. ヘーゲル著、尼寺義弘訳、晃洋書房）
Heine, Heinrich. *Sämtliche Werke* (Hamburg, 1867).（『伊太利紀行』ハインリッヒ・ハイネ著、藤村義介訳、ゆまに書房、オンデマンド版）
Henderson, W. O., and W. H. Chaloner, eds. *The Condition of the Working Class in England.* By Friedrich Engels (London, 1958).
Herzen, Alexander. *My Past and Thoughts* (London, 1968).
Hess, Moses. *Rom und Jerusalem* (Leipzig, 1899).
———. *Briefwechsel* (Amsterdam, 1959).
———. *Philosophische und sozialistische Schriften, 1837-1850.* Ed. Auguste Cornu and Wolfgang Mönke (Liechtenstein, 1980).
Hyndman, Henry. *The Record of an Adventurous Life* (1911; rpt. London, 1984).
Jones, Wilmot Henry [Geoffrey Gimcrack]. *Gimcrackiana; or, Fugitive Pieces on Manceshter Men and Manners* (Manchester, 1833).
Kautsky, Karl. *Die Entstehung der Ehe und Familie* (Stuttgart, 1882).
Kay, James Phillips. *The Moral and Physical Condition of the Working Classes Employed in the Cotton Manufacture in Manchester* (Manchester, 1969).
Kliem, Manfred, ed. *Friedrich Engels: Dokumente seines Lebens* (Leipzig, 1977).
Knieriem, Michael, ed. *Die Herkunft des Friedrich Engels: Briefe aus der Verwandtschaft, 1791-1847* (Trier, 1991).
Körner, H. J. M. *Lebenskämpfe in der Alten und Neus Welt* (Zurich, 1866).
Leach, James. *Stubborn Facts from the Factories by a Manchester Operative* (London, 1844).
Lenin, Vladimir Ilyich. *Collected Works* (London, 1908-).（『レーニン全集』ソ同盟共産党中央委員会付属マルクス＝エンゲルス＝レーニン研究所編、マルクス＝レーニン主義研究所訳、大月書店）
Liebich, André, ed. *Selected Writings of August Cieszkowski* (Cambridge, 1979).
Liebknecht, Wilhelm. *Karl Marx: Biographical Memoirs* (London, 1975).
Marx, Karl. *The Early Texts* (Oxford, 1971).
———. *Capital* (Harmondsworth, 1990).（『資本論』カール・マルクス著、マルクス＝エンゲルス全集刊行委員会訳、大月書店）
———. *Early Writings* (Harmondsworth, 1992).
Marx. Karl, and Friedrich Engels. *Werke* (Berlin, 1964-68).（『マルクス＝エンゲルス全集』大内兵衛、細川嘉六監訳、大月書店）
———. *On Colonialism* (Moscow, 1968).
———. *On Ireland* (London, 1971).

参考文献

【一次資料】

Arnold, R. Arthur. *The History of the Cotton Famine* (London, 1864).

Aveling, Edward. *The Student's Marx* (London, 1907).

Balzac, Honoré de. *Old Goriot* (Harmondsworth, 1951).（『ゴリオ爺さん』バルザック著、平岡篤頼訳、新潮文庫）

Banfield, T. C. *Industry of the Rhine* (New York, 1969).

Bax, Ernest Belfort. *Reminiscences and Reflexions of a Mid and Late Victorian* (London, 1918).

Bebel, August. *Woman in the Past, Present, and Future* (London, 1988).

Beer, Marx. *Fifty Years of International Socialism* (London, 1935).

Bernstein, Eduard. *My Years of Exile: Reminiscences of a Socialist* (London, 1921).

Black, F. G., and R. M. Black, eds., *The Harney Papers* (Assen, 1969).

Born, Stephan. *Erinnerungen eines Achtundvierziger* (Leipzig, 1898).

Burke, Edmund. *Reflections on the Revolution in France* (Harmondsworth, 1986).（『フランス革命の省察』エドマンド・バーク著、半澤孝麿訳、みすず書房）

Carlyle, Thomas. *Past and Present* (New York, 1965).（『過去と現在』トマス・カーライル著、谷崎隆昭訳、山口書店）

———. Selected Writing (Harmondsworth, 1986).

Chadwick, Edwin. *Report on the Sanitary Conditions of the Labouring Population of Great Britain* (Edinburgh, 1965).（『大英帝国における労働人口集団の衛生状態に関する報告書』エドウィン・チャドウィック著、橋本正己訳、日本公衆衛生協会）

Chaloner, W. H., and W. O. Henderson, eds. *Engels as Military Critic* (Manchester, 1959).

Cooper, Thomas. *The Life of Thomas Cooper, Written by Himself* (London, 1873).

The Daughters of Karl Marx: Family Correspondence, 1866-1898 (London, 1982).

Disraeli, Benjamin. *Coningsby* (London, 1963).（『春鶯囀：政黨餘談：繪入合冊』ジスレリー著、関直彦訳、日報社）

———. *Sybil; or, The Nations* (London, 1981).

Dronke, Ernst. *Berlin* (Frankfurt, 1846).

Dühring, Eugen. *Kritische Geschichte der Nationalokonomie und des Socialismus* (Leipzig, 1879).（『ドューリング氏教育學』オイゲン・デューリング著、吉田熊次訳、育成會）

Engels, Frederick, *Dialelctics of Nature* (London, 1940).（『自然の弁証法』フリードリヒ・エンゲルス著、秋間実ほか訳、新日本出版社）

———. *Anti-Dühring* (Peking, 1976).（『反デューリング論：オイゲン・デューリング氏の科学の変革』エンゲルス著、粟田賢三訳、岩波文庫）

———. *The Condition of the Working Class in England* (Harmondsworth, 1987).（『イギリスにおける労働者階級の状態』エンゲルス著、浜林正夫訳、新日本出版社）

———. *The Origin of the Family, Private Property, and the State* (Harmondsworth, 1986).

Faucher, Léon. *Manchester in 1844* (Manchester, 1844).

Fourier, Charles. *The Theory of the Four Movements* (Cambridge, 1996).（『四運動の理論』フーリエ著、巌谷國士訳、現代思潮新社、古典文庫）

93 *Reminiscences of Marx and Engels*, p. 147.
94 Eduard Bernstein, *My Years of Exile: Reminiscences of a Socialist* (London, 1921), p. 192.

エピローグ

1 Fred C. Koch, *The Volga Germans* (University Park, 1977) を参照。
2 "Address to the Conference of Marxist Students of the Agarian Question," in Joseph Stalin, *Leninism* (Moscow, 1940), p. 323.
3 "Engels," *Nachrichten des Gebietskomitees der KP (B) SU und des Zentralkomitees der ASRR der Wolgadeutschen*, 1931 年 10 月 21 日付。
4 "Engels' zum Gruss," *Rote Jugend: Organ des GK des LKJVSU der ASRRdWD*, 1931 年 10 月 24 日付。
5 "Zur Umbenennung der Stadt Prokrovsk in Engels," *Nachrichten des Gebietskomitees der KP (B) SU und des Zentralkomitees der ASRR der Wolgadeutschen*, 1931 年 10 月 24 日付。
6 "Engels' zum Gruss."
7 Koch, *Voga Germans*, p. 284 に引用。
8 Robert Service, *Comrades* (London, 2007), pp. 52–3.
9 V. I. Lenin, *Collected Works*, vol. 21, p. 91.（『レーニン全集』ソ同盟共産党中央委員会付属マルクス＝エンゲルス＝レーニン研究所編、マルクス＝レーニン主義研究所訳、大月書店）
10 *MECW*, vol. 50, p. 303.【39–220】
11 Leszek Kolakowski, *Main Currents of Marxism* (London, 2005), p. 625 に引用。
12 Lenin, *Collected Works*, vol. 38, p. 362.
13 同上、p. 14, p. 326.
14 Kolakowski, *Main Currents of Marxism*, p.629.
15 Lenin, *Collected Works*, vol. 21, p. 54.
16 Joseph Stalin, *Anarchism or Socialism?* (Moscow, 1950), p. 13.
17 Joseph Stalin, *Dialectical and Historical Materialism* (Moscow, 1939), p. 12.
18 同上、p. 18.
19 Cornelius Castoriadis, *The Imaginary Institution of Society* (Cambridge, 1987), p. 59.
20 Orlando Figes, *The Whisperers: Private Life in Stalin's Russia* (London, 2007), pp. 155–56.（『囁きと密告：スターリン時代の家族の歴史』オーランドー・ファイジズ著、染谷徹訳、白水社）を参照。
21 Kolakowski, *Main Currents of Marxism*, p. 862.
22 Raphael Samuel, *The Lost World of British Communism* (London, 2007), pp. 49, 94.
23 Herbert Marcuse, *Soviet Marxism: A Critical Analysis* (London, 1958), p. 144.（『ソビエト・マルクス主義：抑圧的工業社会のイデオロギー批判』ヘルベルト・マルクーゼ著、片岡啓治訳、サイマル出版会）
24 *MECW*, vol. 50, p. 301.【39–219】
25 John O'Neill, "Engels without Dogmatism," in Christopher, J. Arthur, ed., *Engels Today* (London, 1996) を参照。
26 *MECW*, vol. 49, p. 18.
27 *MECW*, vol. 25, p. 80.
28 Friedrich Engels, *Anti–Dühring* (Peking, 1976), p. 108.
29 *MECW*, vol. 50, p. 267; vol. 49, p. 8.【39–187】
30 *MECW*, vol. 50, p. 356.
31 デイヴィッド・スタックが言うように、「社会主義とその後の半世紀に起こった社会主義運動は、ダーウィン主義が実証済みの〈精神的調度品〉の一部であった時代に形成された」。Stack, *The First Darwinian Left* (Cheltenham, 2003), p. 2 を参照。Gareth Stedman Jones, "Engels and the History of Marxism," in Eric Hobsbawm, ed., *The History of Marxism* (Brighton, 1982), vol. 1 も参照。
32 *MECW*, vol. 50, p. 461.【不明】
33 Ching Kwan Lee, *Against the Law: Labor Protests in China's Rustbelt and Sunbelt* (Berkley, 2007), p. 235.

24.
49 *MECW*, vol. 49, p. 76.【37-437】
50 *MECW*, vol. 48, p. 290.【37-150】
51 *Friedrich Engels–Lafargue Correspondence* (London, 1959-63), vol. 2, p. 20.
52 *MECW*, vol. 48, p. 319.【不明】
53 同上、p. 352.【37-214】
54 同上、p. 454.【37-313, 314】
55 *MECW*, vol. 27, p. 227.【22-241】
56 *MECW*, vol. 49, p. 265.【38-151】
57 Leszek Kolakowski, *Main Currents of Marxism* (London, 2005), pp. 355-56.
58 Eric Hobsbawm, "Marx, Engels, and Politics," *The History of Marxism* (Brighton, 1982), vol. 1.
59 同上、p. 265.
60 *MECW*, vol. 48, p. 36.【36-552】
61 *MECW*, vol. 27, p. 520.【22-519】
62 *MECW*, vol. 50, p. 21.【38-443】
63 *MECW*, vol. 27, p. 522.【22-521】
64 *MECW*, vol. 26, p. 112.【不明】
65 *MECW*, vol. 27, p. 447.【22-449】もちろん20世紀には、世俗の信条としての共産主義の概念は、聞き飽きるほど繰り返されたお馴染みの表現であった。「共産主義への転向の主たる動機が絶望と孤独だとすれば、キリスト教的良心によってそれはますます強化されていた」と、リチャード・クロスマンはアーサー・ケストラーらの『神は躓く』の序文に書いた。「共産主義が感情に訴えるのは、それがまさしく転向者に——物質的にも精神的にも——犠牲を求めるからだ……。共産主義の魅力は、精神的自由をあきらめることを含め、それが何一つ与えることなく、すべてを要求する点にあった」。かつて本格的な信奉者であったラファエル・サミュエルは次のように要約する。「共産主義は闘争の理論として、贖罪を約束することにもとづいていた。社会主義は崇高な本質で、精神の完璧な状態であり、超越的な目的であり目標なのであった。社会主義は人間発展の最高の状態を、精神の頂点を、進歩の成就を、人間の偉大さの発見を表わしていた」。Arthur Koestler et al., *The God That Failed* (London, 1965), pp. 5-6; Raphael Samuel, *The Lost World of British Communism* (London, 2007), p. 51 を参照。
66 *MECW*, vol. 50, p. 490.【不明】
67 同上、pp. 182-83.【39-104, 105】
68 Gustav Mayer, *Friedrich Engels: Eine Biographie* (The Hague, 1934), vol. 2. pp. 529-30 に引用。
69 *MECW*, vol. 27, p. 404.【22-407, 408】
70 *MECW*, vol. 50, pp. 187, 190.【39-109, 12】
71 *Frederick Engels: A Biography* (Dresden, 1972), p. 547 に引用。
72 *MECW*, vol. 50, p. 409.【不明】
73 *MECW*, vol. 46, p. 514.【35-362, 363】
74 *MECW*, vol. 47, p. 489.【36-463】
75 *MECW*, vol. 26, p. 451.【21-357】
76 *MECW*, vol. 24, p. 173.【19-98】
77 *MECW*, vol. 27, p. 177.
78 *Reminiscences of Marx and Engels*, p. 307.
79 *MECW*, vol. 49, p. 76.【37-437】
80 William Stephen Saunders, *Early Socialist Days* (London, 1927), pp. 80-81.
81 *Reminiscences of Marx and Engels*, p. 187.
82 *Daughters of Karl Marx*, pp. 247, 251.
83 *MECW*, vol. 50, p. 355.【39-270】
84 *Daughters of Karl Marx*, pp. 253, 255.
85 *MECW*, vol. 50, p. 377.【39-292】
86 同上、p. 507.【不明】
87 同上、pp. 517, 525.【不明】
88 同上、p. 535.【不明】
89 同上、p. 526.【39-430, 431】
90 エンゲルスは地下室に227ポンド相当の「ワインおよびその他の酒類」も遺した。そのうえ、彼が使っていた酒屋トゥウィッグ&ブレット社の貯蔵室にはフリードリヒ・エンゲルスの所有物として、142ダース分の瓶入りワインがあった。これにはクラレットが77ダース、ポート48ダース、シャンパン13ダースが含まれていた。
91 *Frederick Engels: A Biography*, p. 579 に引用。
92 Kapp, *The Crowded Years*, pp. 597-99 を参照。

ーヨークで遭遇した体験を新たに書き換えたかのようだ。「夜間にロサンゼルス上空を飛行する経験に比類するものはない。ヒエロニムス・ボスの地獄だけが、その地獄絵図的な効果に比肩しうるだろう」

131 *MECW*, vol. 48, p. 211.【不明】

132 同上、p. 219.【37-80】

第10章 ついに第一バイオリンに

1 *MECW*, vol. 27, p. 61.【22-58】

2 *MECW*, vol. 48, pp. 493-95.【37-351〜353】

3 *Reminiscences of Marx and Engels* (Moscow, 1958), pp. 147, 187.

4 *MECW*, vol. 24, p. 387.【19-253】

5 *MECW*, vol. 46, p. 123.【35-176】

6 同上、p. 197.【不明】

7 *MECW*, vol. 47, p. 55.【36-52】

8 Friedrich Engels, *The Condition of the Working Class in England* (Harmondsworth, 1987), p. 45.

9 Philip Henderson, *William Morris* (London, 1973), p. 308.(『ウィリアム・モリス伝』フィリップ・ヘンダースン著、川端康雄ほか訳、晶文社)に引用。

10 Beatrice Webb, *My Apprenticeship* (London, 1926), p. 180.

11 Henry Hyndman, *the Record of an Adventurous Life* (1911; rpt.London, 1984), p. 279.

12 "A Disruptive Personality," *Justice*, 1891年2月21日付。

13 *MECW*, vol. 47, p. 155.【36-151】

14 *MECW*, vol. 49, p. 494.【38-370】

15 *MECW*, vol. 47, p. 427.【36-408】

16 同上、p. 408.

17 J. B. Glasier, *William Morris and the Early Days of the Socialist Movement* (London, 1921), p. 32に引用。

18 *MECW*, vol. 47, pp. 155, 471, 484.【36-151, 448, 466】

19 *MECW*, vol. 48, p. 108.【36-616】【37-309, 343】

20 Suzanne Paylor, "Edward B. Aveling: The People's Darwin," *Endeavour* 29, no. 2 (2005) を参照。

21 W. O. Henderson, *The Life of Friedrich Engels* (London, 1976), pp. 685-86 に引用。

22 Yvonne Kapp, *Eleanor Marx: Family Life* (London, 1972), p. 271 に引用。

23 *MECW*, vol. 47, p. 177.【36-173】

24 Yvonne Kapp, *Eleanor Marx: The Crowded Years* (London, 1976), pp. 171-73.

25 *MECW*, vol. 48, pp. 16-17.【36-532, 533】

26 *MECW*, vol. 49, p. 87.【37-445】

27 *MECW*, vol. 48, p. 91.【36-601】

28 Edward Aveling, *The Student's Marx* (London, 1907), pp. viii, ix, xi.

29 *MECW*, vol. 48, p. 113.【36-620】

30 Henry Mayhew, *The Morning Chronicle Survey of Labour and the Poor: The Metropolitan Districts* (1849-50; rpt. London, 1980), vol. 1, pp. 71-2.

31 *MECW*, vol. 48, p. 377.【37-237】

32 同上、p. 364.【37-224】

33 *MECW*, vol. 26, p. 545.【不明】

34 *MECW*, vol. 48, p. 389.【37-248】

35 *Reminiscences of Marx and Engels*, p. 313.

36 *MECW*, vol. 50, p. 82.【39-7】

37 同上、p. 434.【不明】

38 *Labour Leader*, 1898年12月24日付を参照。

39 Ernest Belfort Bax, *Reminiscences and Reflections of a Mid and Late Victorian* (London, 1918), p. 54.

40 この問題の典型的な解説は、以下を参照のこと。Ross McKibben, *The Ideologies of Class* (Oxford, 1994).

41 *MECW*, vol. 50, p. 386.【29-300, 301】

42 *MECW*, vol. 49, p. 243.【37-104】

43 同上、p. 67.【37-431】

44 同上、p. 70.【不明】

45 同上、p. 68.【37-432】

46 同上、p. 346.【不明】

47 同上、p. 416.【不明】

48 *The Daughters of Karl Marx: Family Correspondence, 1866-1898* (London, 1982), pp. 223-

引用。

90 *MECW*, vol. 50, p. 331.【39-247, 248】

91 実際には最後にもう一度、どんでん返しがあった。パーシー・ロッシャーはエンゲルスを説得して（パンプスの子供たちの将来を保証するために）自分に生命保険を掛けさせていた。パーシーはなんら皮肉な意味はなく、エンゲルスの死後、彼の遺産財団を、未払いの積立金が87ポンドあるので訴えると脅した。

92 *MECW*, vol. 46, p. 395.【35-102】

93 August Bebel, *Woman in the Past, Present, and Future*（London, 1988）, pp. 7, 9.

94 Karl Kautsky, *Die Entstehung der Ehe und Familie*（Stuttgart, 1882）を参照。

95 *MECW*, vol. 46, pp. 438, 452.【35-378, 393】

96 Eduard Bernstein, *My Years of Exile: Reminiscences of a Socialist*（London, 1921）, p. 168.

97 *MECW*, vol. 26, p. 132.【21-27】

98 Friedrich Engels, *The Origin of the Family, Private Property, and the State*（Harmondsworth, 1986）, p. 60.【21-36】

99 同上、pp. 35-36.【21-27】

100 同上、p. 162.【21-58】

101 同上、p. 158.【21-53】

102 同上、p. 165.【21-62】

103 同上、p. 173.【21-70】

104 Karl Marx and Friedrich Engels, *The Communist Manifesto*（Harmondsworth, 2002）, p. 239.【4-491】（『共産主義者宣言』カール・マルクス著、金塚貞文訳、柄谷行人付論、平凡社）

105 同上、p. 179.【21-75, 76】

106 Friedrich Engels, *The Condition of the Working Class in England*（Harmondsworth, 1987）, p. 167.

107 同上、p. 168.

108 同上、p. 103.

109 *MECW*, vol. 47, p. 312.【36-304】

110 *MECW*, vol. 26, p. 183.【不明】

111 *MECW*, vol. 43, p. 296.【32-256, 257】

112 Sheila Rowbotham, *Edward Carpenter: A Life of Liberty and Love*（London, 2008）を参照。

113 Kate Millett, *Sexual Politics*（London, 1970）, p. 120.（『性の政治学』ケイト・ミレット著、藤枝澪子ほか訳、ドメス出版）

114 Lise Vogel, "Engels's Origin: Legacy, Burden, and Vision," in Christopher J. Arthur, ed., *Engels Today*（London, 1996）.

115 Michelle Barrett, "Introduction," in Engels, *Origin of the Family*, p. 28. Josette Trat, "Engels and the Emancipation of Women," *Science and Society* 62, no. 1（1998）; Nanneke Redclift, "Rights in Women: Kinship, Culture, and Materialism," in *Engels Revisited: New Feminist Essays*（London, 1987）, ed. Janet Sayers, Mary Evans, and Nanneke Redclift; Terrell Carver, "Engels's Feminism," *History of Political Thought* 6, no. 3（1985）.

116 *MECW*, vol. 50, p. 67.【38-483】

117 *MECW*, vol. 48, pp. 224, 232.【37-85, 93】

118 たとえば以下を参照。*MECW*, vol. 47, p. 355.【不明】

119 *MECW*, vol. 48, p. 253.【37-113】

120 *MECW*, vol. 47, p. 312.【36-304】

121 *MECW*, vol. 45, p. 197.【不明】

122 *MECW*, vol. 26, p. 402.【21-259】

123 Eric Arnesen, "American Workers and the Labor Movement in the Late Nineteenth Century," in *The Gilded Age: Perspectives on the Origins of Modern America*, ed. Charles W. Calhoun,（Wilmington, 1996）を参照。

124 *MECW*, vol. 47, p. 452.【36-431, 432】

125 同上。

126 *Reminiscences of Marx and Engels*（Moscow, 1958）, p. 187.

127 *MECW*, vol. 48, p. 210.【不明】

128 *MECW*, vol. 26, p. 585.【不明】

129 *MECW*, vol. 48, p. 207.【37-72】

130 Mike Davis, *City of Quartz*（London, 2006）, pp. 46-54を参照。実際、デイヴィスが引用したジャン・ボードリヤールのロサンゼルスの描写は、まさしくエンゲルスがニュ

Scientists of the Twentieth Century (New York, 2008) を参照。
40 "Report on Engels Society–June 1949"; "Transactions of the Physics Group": "Transaction of the Engels Society, no. 4, Spring 1950"; "To the Central Committee of the CPSU (B), to Comrade Stalin. Youri Zhdanov," CP/CENT/CULT/5/9, Archives of the People's History Museum, Manchester を参照。
41 *MECW*, vol. 45, p. 122.【34-16】
42 Richard Adamiak, "Marx, Engels, and Dühring," *Journal of the History of Ideas* 35, no. 1 (1974) を参照。
43 *MECW*, vol. 45, p. 175.【34-19, 20】
44 Eugen Dühring, *Kritische Geschichte der Nationalokonomie und des Socialismus* (Leipzig, 1879), p. 547.(『ドェーリング氏教育學』オイゲン・デューリング著、吉田熊次訳、育成會)
45 *MECW*, vol. 45, p. 175【34-182】
46 Engels, *Anti-Dühring*, p. 422.
47 *MECW*, vol. 16, p. 474.【13-477】
48 *MECW*, vol. 35, p. 19.【23-23】
49 Engels, "Preface to Second Edition" (1885), *Anti-Dühring*, p. 11.【21-11】
50 Engels, *Anti-Dühring*, p. 201.
51 *MECW*, vol. 24, p. 297.【19-198】
52 同上、p. 319.【19-219】
53 同上、p. 320.【19-220】
54 同上、p. 321.【19-221】
55 同上、p. 323.【19-223, 224】
56 *MECW*, vol. 46, pp. 300, 369.【35-344】
57 *Friedrich Engels–Paul and Laura Lafargue Correspondence* (London, 1959-63), vol. 3, p. 335.
58 David Ryazonov, *Marx and Engels* (London, 1927), p. 210.
59 *F. Engels' Briefwechsel mit K. Kautsky* (Vienna, 1955), p. 4.
60 Lukács Georg, *History and Class Consciousness* (London, 1971), p. 24.
61 Norman Levine, "Marxism and Engelsism," *Journal of the History of the Behavioural Sciences* 11, no. 3 (1973): 239. 同じ問題に関するより洗練した主張は以下を参照のこと。Terrell Carver, *Marx and Engels: The Intellectual Relationship* (Brighton, 1983).
62 *MECW*, vol. 45, p. 334.
63 Wilhelm Liebknecht, *Karl Marx: Biographical* Memoirs (1896; rpt. London, 1975), pp. 91-2.
64 このアプローチに関する最も説得力がある詳細な説明は、なんと言っても以下である。S. H. Rigby, *Engels and the Formation of Marxism* (Manchester, 1992).
65 *MECW*, vol. 47, p. 53.【36-50】
66 同上、p. 16.【36-17】
67 同上、p. 17.【36-18】
68 *Engels-Lafargue Correspondence*, vol. 1, p. 142.
69 *MECW*, vol. 47, p. 41.【36-39】
70 同上、p. 53.【不明】
71 同上、p. 43.【36-41】
72 同上、p. 117.【36-113, 114】
73 同上、p. 265.【不明】
74 *MECW*, vol. 48, p. 521.【37-459】
75 *MECW*, vol. 27 p. 428.【37-286】
76 *MECW*, vol. 47, p. 301.【不明】
77 *MECW*, vol. 36, p. 20.【24-24】
78 Meghnad Desai, *Marx's Revenge* (London, 2002), p. 60.
79 同上、p. 23.【不明】
80 *MECW*, vol. 47, p. 271.【不明】
81 *MECW*, vol. 48, p. 347.【37-209】
82 Desai, *Marx's Revenge*, pp. 74-83 を参照。
83 Carl-Erich Vollgraf and Jürgen Jungnickel, "Marx in Marx's Words?" *International Journal of Political Economy* 32 (2002): 67.
84 F. G. Black and R. M. Black eds., *The Harney Papers* (Assen, 1969), p 351.
85 *MECW*, vol. 48, p. 398.【37-101】
86 *Engels-Lafargue Correspondence*, vol. 3, p. 344.
87 *Marx-Engels Papers*, L5461, International Institute of Social History, Amsterdam.
88 同上、L5473.
89 *The Daughters of Karl Marx: Family Correspondence, 1866-1898* (London, 1982), p. 230 に

64　同上、p. 458.【35-400】

第９章　マルクスのブルドッグ

1　*MECW*, vol. 24, pp. 467-68.【19-331〜333】
2　*MECW*, vol. 47, p. 25.【36-16】
3　*Manchester Guardian*, 1945 年 8 月 4 日付。
4　Benjamin Disraeli, *Coningsby* (London, 1963), p. 127.
5　Elizabeth Gaskell, *Mary Barton* (1848; rpt. Harmondsworth, 1996), p. 39. マンチェスターの科学文化に関するより幅広い説明は、以下を参照のこと。Robert H. Kargon, *Science in Victorian Manchester* (Manchester, 1977); Arnold Thackray, "Natural Knowledge in Cultural Context: The Manchester Model," *American Historical Review* 69 (1974).
6　*MECW*, vol. 42, p. 117.【31-76】
7　Henry E. Roscoe, *The Life and Experiences of Sir Henry Enfield Roscoe Written by Himself* (London, 1906), p. 107.
8　*MECW*, vol. 41, p. 465; vol. 42, pp. 383, 323.【31-219, 255】
9　*MECW*, vol. 46, p. 461.【35-402】
10　*MECW*, vol. 49, p. 433.【38-309, 310】
11　*MECW*, vol. 40, p. 551.【29-409】
12　*MECW*, vol. 41, p. 381.【30-203】
13　David Stack, *The First Darwinian Left* (Cheltenham, 2003), p. 2 に引用。
14　*MECW*, vol. 45, p. 108.【34-140】
15　*MECW*, vol. 40, p. 326.【29-263】
16　*MECW*, vol. 6, p. 195.【4-169】
17　Friedrich Engels, *Anti-Dühring* (Peking, 1976), p. 74.
18　*MECW*, vol. 42, p. 138.【31-394】
19　*MECW*, vol. 45, p. 123.【33-105】
20　*MECW*, vol. 44, p. 500.【33-69】
21　Engels, *Anti-Dühring*, p. 11.
22　*Philosophical Quarterly* 2, no. 6 (1952): 89 を参照。
23　Engels, *Anti-Dühring*, p. 12.
24　*MECW*, vol. 24, p. 302.【19-202】
25　*MECW*, vol. 25, p. 356.【20-379】
26　*MECW*, vol. 24, pp. 300-01.【20-379】【19-201】
27　Engels, *Anti-Dühring*, p. 173.
28　Stephen Jay Gould, *Ever Since Darwin* (London, 1978), pp. 210-11 を参照。
29　*MECW*, vol. 25, pp. 452-65.【20-482, 484, 487】
30　ピーター・シンガーは、自然環境をどれだけ支配できるかを根拠にエンゲルスが動物と人間を区別したことに反論し、蟻は自分たちの活動がなければ存在しなかったであろう特別な菌類を育て、食べていると指摘した。Peter Singer, *A Darwinian Left* (London, 1999), pp. 21-4.(『現実的な左翼に進化する』ピーター・シンガー著、竹内久美子訳、新潮社）を参照。
31　*MECW*, vol. 25, p. 460.【20-491】
32　Engels, *Anti-Dühring*, p. 47.
33　*MECW*, vol. 25, p. 127.
34　Jean van Heijenoort, "Friedrich Engels and Mathematics," *Selected Essays* (Naples, 1985), pp. 123-51.
35　*MECW*, vol. 25, p. 354.【20-377】
36　2007 年 11 月の個人的な会話より。イギリスにおけるこの現象の顕著な例の一つは X 線結晶構造解析を先駆けた J. D. バーナル（1901-71）だろう。「科学はその研究努力において、共産主義である」と彼は考えた。Helena Sheehan, *Marxism and the Philosophy of Science: A Critical History* (Atlantic Heights, 1993) を参照。
37　*Frederick Engels: A Biography* (Dresden, 1972), p. 414. 近代の科学の実践と理論に関するエンゲルスの知見をより最近に擁護した例としては、以下を参照のこと。Paul McGarr, "Engels and Natural Science," *International Socialism* 65, no. 2 (1994)、および http://www.marxists.de/science/mcgareng/index.htm
38　J. B. S. Haldane, Preface, in Frederick Engels, *Dialectics of Nature* (London, 1940), p. vii.
39　Peter Pringle, *The Murder of Nikolai Vavilov: The Story of Stalin's Persecution of One of the Great*

12 *MECW*, vol. 44, p. 131.【33-174】
13 Robert Tombs, *The Paris Commune* (London, 1999) を参照。
14 *MECW*, vol. 27, p. 186.【不明】
15 *MECW*, vol. 44, pp. 228-29.【32-240, 241】
16 Francis Wheen, *Karl Marx* (London, 2000), p. 333 に引用。
17 *MECW*, vol. 44, p. 157.【33-198】
18 *MECW*, vol. 42, pp. 20, 157.【31-14, 15, 339, 340】
19 Friedrich Engels, *The Condition of the Working Class in England* (Harmondsworth, 1987), p. 28.
20 Edmund Wilson, *To the Finland Station* (London, 1991), pp. 264-68.(『フィンランド駅へ：革命の世紀の群像』エドマンド・ウィルソン著、岡本正明訳、みすず書房) を参照。
21 Lesek Kolakowski, *Main Currents of Marxism* (London, 2005), p. 205.
22 E. H. Carr, *Michael Bakunin* (London, 1975), p. 341.(『バクーニン』E. H. カー著、大沢正道訳、現代思潮新社) に引用。
23 *MECW*, vol. 43, pp. 191, 193, 336.【32-186〜188, 281】
24 *MECW*, vol. 23, p. 425.【18-305】
25 *MECW*, vol. 44, pp. 295, 286.【33-293】
26 *MECW*, vol. 23, p. 66.【不明】
27 *Reminiscences of Marx and Engels*, p. 209.
28 *MECW*, vol. 40, p. 27.【28-27】
29 *MECW*, vol. 41, p. 558.【30-337】
30 *MECW*, vol. 27, p. 51.【22-51】Mario Kessler, "Engels' Position on Anti-Semitism in the Context of Contemporary Socialist Discussions," *Science & Society* 62, no. 1 (1998) も参照。
31 *MECW*, vol. 42, p. 88.【不明】
32 *MECW*, vol. 23, p. 363.【18-254】
33 *MECW*, vol. 45, pp. 64, 94.【34-110】
34 同上、p. 317.【34-271】
35 *MECW*, vol. 46, pp. 10, 152.【34-366】【35-198】
36 *MECW*, vol. 24, pp. 267, 269.【35-220】【34-330】【19-169】
37 *MECW*, vol. 23, p. 34.【17-430】
38 *MECW*, vol. 24, p. 417.【19-282】
39 Eric Hobsbawm, *Industry and Empire* (London, 1990), pp. 192-93.(『産業と帝国』E. J. ホブズボーム著、浜林正夫ほか訳、未來社)
40 "Engels, Frederick," IR 59/166, National Archives, Kew.
41 *MECW*, vol. 46, pp. 434, 435, 448-49.【35-373〜375】
42 *Friedrich Engels–Paul and Laura Correspondence* (London, 1959-63), vol. 1, pp. 21, 51, 54, 110; vol. 2, p. 91.
43 *MECW*, vol. 46, p. 104.【35-5】
44 *MECW*, vol. 45, p. 139.【34-25】
45 同上、p. 315.【34-269】
46 *MECW*, vol. 24, p. 567.【不明】
47 *MECW*, vol. 45, p. 324.【34-275】
48 Herman Gemkow, "Fünf Frauen an Engels' Seite," *Beiträge zur Geschichte der Arbeiterbewegung* 37, no. 4 (1995); Yvonne Kapp, *Eleanor Marx: Family Life* (London, 1972) を参照。
49 *MECW*, vol. 45, p. 321.【34-274】
50 *MECW*, vol. 46, pp. 89-90, 95.【35-155, 161】
51 *MECW*, vol. 45, p. 379.【34-86】
52 *MECW*, vol. 24, pp. 11, 43; vol. 47, p. 280.【18-520】
53 同上、p. 48.【18-560, 561】
54 同上、p. 354.【19-394】
55 *MECW*, vol. 49, p. 384.【38-264】
56 *MECW*, vol. 27, pp. 422, 426.【22-420, 424】
57 同上、p. 426.【22-424】
58 *MECW*, vol. 50, p. 112.【39-36】
59 *MECW*, vol. 24, p. 420.【19-287】
60 *MECW*, vol. 46, p. 224.【35-250】
61 同上、p. 464.【35-399】
62 F. G. Black and R .M. Black, eds., *The Harney Papers* (Assen, 1969), p. 296.
63 *MECW*, vol. 46, p. 462.【35-402】

31 Karl Marx and Friedrich Engels, *On Colonialism* (Moscow, 1968), pp. 81-82.
32 *MECW*, vol. 39, p. 82. 【28-41】
33 Marx and Engels, *On Colonialism*, 1968, p. 152.
34 *MECW*, vol. 24, p. 11. 【18-520】
35 *MECW*, vol. 42, p. 205; vol. 47, p. 192. 【31-134】
36 *MECW*, vol. 18, p. 67. 【不明】
37 *MECW*, vol. 46, p. 322. 【35-307】
38 D. A. Farnie, *The English Cotton Industry and the World Market, 1815-1896* (Oxford, 1979), p. 105 を参照のこと。
39 *MECW*, vol. 46, p. 322. 【35-307】
40 *MECW*, vol. 41, pp. 441-47. 【30-249〜254】
41 Karl Kautsky Papers, International Institute of Social History, Amsterdam, DXVI, p. 489.
42 *MECW*, vol. 49, p. 378. 【38-257, 258】
43 Yvonne Kapp, *Eleanor Marx: Family Life* (London, 1972), p. 107.
44 *MECW*, vol. 43, p. 311.
45 *The Daughters of Karl Marx: Family Correspondence, 1866-1898* (London, 1982), p. 51 に引用。
46 *MECW*, vol. 43, p. 541. 【不明】
47 同上、p. 311.
48 Karl Marx and Friedrich Engels, *On Ireland* (London, 1971), p. 14. エンゲルスの「未発表のアイルランド史」からの抜粋はのちに『アイリッシュ・デモクラット』紙上で連載された。*Irish Democrat*, new series, 71、72 号（1950 年 11 月、12 月）を参照。
49 *MECW*, vol. 40, pp. 49-50. 【29-45, 46】
50 同上、p. 49. 【29-45】
51 *MECW*, vol. 43, pp. 473-74. 【32-549, 550】
52 Roy Foster, *Modern Ireland* (London, 1989), p. 391.
53 *Reminiscences of Marx and Engels* (Moscow, 1958), p. 88.
54 Max Beer, *Fifty Years of International Socialism* (London, 1935), p. 78.
55 *MECW*, vol. 42, p. 474. 【31-325】
56 同上、p. 483. 【31-329, 332】
57 *MECW*, vol. 43, p. 163. 【32-164, 165】
58 *MECW*, vol. 42, p. 178. 【31-117】
59 同上、p. 371. 【31-244, 245, 248】
60 同上、p. 406. 【不明】
61 *MECW*, vol. 43, p. 160; vol. 42, p. 381. 【31-253, 281】
62 Robert Skidelsky, "What's Left of Marx?" *New York Review of Books*, 2000 年 11 月 16 日付。
63 Karl Marx, *Capital* (Harmondsworth, 1990), p. 799.
64 *MECW*, vol. 42, pp. 363, 451, 467-68. 【31-244, 470, 471】
65 同上、p. 426. 【不明】
66 *MECW*, vol. 20, pp. 208, 227, 224, 231. 【不明】
67 *MECW*, vol. 38, pp. 170, 187, 194. 【不明】
68 *MECW*, vol. 43, p. 299. 【32-259】
69 同上、pp. 302-03. 【32-507〜509】
70 同上、p. 252. 【32-492, 493】

第８章　リージェンツ・パーク・ロードの大ラマ僧

1 *MECW*, vol. 47, p. 355. 【不明】
2 *Reminiscences of Marx and Engels* (Moscow, 1958), pp. 310-311.
3 *MECW*, vol. 43, p. 561; vol. 44, p. 142. 【32-588, 589】
4 Angus Webster, *The Regent's Park and Primrose Hill* (London, 1911); Friends of Chalk Farm Library, *Primrose Hill Remembered* (London, 2001) を参照。
5 Eduard Bernstein, *My Years of Exile: Reminiscences of a Socialist* (London, 1921), p. 153.
6 *Reminiscences of Marx and Engels*, p. 186.
7 同上、pp. 335, 316.
8 Bernstein, *My Years of Exile*, p. 197.
9 Marx-Engels Archives, M33, International Institute for Social History, Amsterdam.
10 *MECW*, vol. 47, p. 5.
11 *MECW*, vol. 44, pp. 47, 66, 120. 【33-36, 49, 163, 164】

ブルジョワ的な娯楽と社交の概念——コンサートホール、紳士クラブ、慈善事業、教育機関など——は、マンチェスターのプロレタリアートがいだく過激な野心を巧みに摘みとることに一役買っていた。エンゲルスがそれに気づいていたにせよ、気づいていなかったにせよ、彼はマンチェスターを、武力に訴えるチャーティストのるつぼから、ハレ管弦楽団の穏やかな夕べに変える文化的支配に積極的に手を貸していた。

91　*MECW*, vol. 40, pp. 82, 104, 105.【29-66, 86】

92　同上、pp. 131, 149.【29-109, 118, 121, 125】

93　同上、p. 151.【29-126】

94　*MECW*, vol. 42, pp. 231, 225.【31-147, 152】

95　*MECW*, vol. 40, p. 202.【29-168】

96　*MECW*, vol. 47, p. 229.【36-225】

97　*MECW*, vol. 41, p. 138.【不明】

98　同上、pp. 260, 267, 266.【30-470, 472, 473】

第７章　悪徳商売の終わり

1　*MECW*, vol. 24, p. 192.【不明】

2　*MECW*, vol. 29, p. 263.【13-6】

3　*MECW*, vol. 11, p. 103. マルクスが書いた『ルイ・ボナパルトのブリュメール18日』の有名な序文——「世界史におけるあらゆる重大な出来事と人物は、いわば二度、現われると、ヘーゲルがどこかで述べている。だが彼はこう付け加えるのを忘れている。一度目は悲劇となるが、二度目は茶番に終わる、と」——は、この作品に取り組んでいた1851年12月に彼がエンゲルスから受け取った手紙に着想を得ていた可能性が大いにあることは、指摘しておく価値があるかもしれない。「だが、昨日あんな状況を見たあとでは、人民を当てにすることはできない。あれは本当にヘーゲル老人が、〈世界精神〉を装って、墓から歴史の進む方向を、あらゆることが二度繰り返して上演され、一度は大悲劇として、二度目は腐った茶番劇となるよう、最大限に根気よく腐心しているかのようだった」というのが、ナポレオン三世のクーデターにたいするエンゲルスの反応だった。*MECW*, vol. 38, p. 505.【8-107, 302】【21-302】

4　*MECW*, vol. 50, p. 266.【39-186】

5　*MECW*, vol. 49, pp. 34-6.【37-401〜403】

6　*MECW*, vol. 21, p. 94.【16-388】

7　*MECW*, vol. 10, p. 399.【7-335】

8　同上、p. 412.【7-349】

9　同上、p. 422.【7-360】

10　同上、p. 469.【7-409】

11　*MECW*, vol. 38, p. 370.【27-468】

12　同上、p. 332.【不明】

13　*MECW*, vol. 39, pp. 423-25, 434-36.【28-276, 277, 486, 488】

14　*MECW*, vol. 13, p. 524.【10-568】

15　*MECW*, vol. 40, p. 400.【29-318】

16　*MECW*, vol. 41, p. 280.【30-131】

17　W. H. Chaloner and W. O. Henderson, eds., *Engels as Military Critic*（Manchester, 1959）を参照。

18　*MECW*, vol. 11, p. 204.【8-210】

19　*MECW*, vol. 17, p. 437.【15-101】

20　*MECW*, vol. 18, p. 540.【15-515】

21　*MECW*, vol. 42, p. 399.【不明】

22　Stephen, Bull, "*Volunteer!' The Lancashire Rifle Volunteers, 1859-1885*（Lancashire, 1993）を参照。

23　義勇軍にたいする当時の別のアプローチの好例は、以下を参照のこと。*The Sack; or, Volunteers' Testimonial to the Militia*（London, 1862）.

24　*MECW*, vol. 44, pp. 7, 17, 32.【33-13, 14】

25　*MECW*, vol. 11, pp. 85-6.【8-91, 92】

26　*MECW*, vol. 25, pp. 154-55.【不明】

27　Friedrich Engels, *Anti-Dühring*（Peking, 1976）, p. 221.

28　*MECW*, vol. 14, p. 416.【11-430】

29　同上、p. 545.【11-550】

30　*MECW*, vol. 6, p. 472.【補1-235】

129】
59 *MECW*, vol. 38, p. 494.【27-321】
60 *MECW*, vol. 41, p. 14.【30-14】
61 *MECW*, vol. 40, pp. 256, 283.【29-213, 234】
62 *MECW*, vol. 41, p. 351.【30-183】
63 *MECW*, vol. 43, p. 160.【32-162】
64 *MECW*, vol. 42, p. 390.【不明】
65 *MECW*, vol. 41, pp. 394, 411, 414.【30-228, 230】
66 Marx, J., "Short Sketch," p. 126.
67 この一件の詳しい記述およびそれに関する史学的議論については、以下を参照のこと。McLellan, *Karl Marx: A Biography*, pp. 264-74; Wheen, *Karl Marx*, pp. 170-75; Terrell Carver, *Friedrich Engels: His Life and Thought* (London, 1991), pp. 166-69; Yvonne Kapp, *Eleanor Marx: The Crowded Years* (London, 1976), pp. 430-40; Kapp, "Frederick Demuth: New Evidence from Old Sources," *Socialist History* 6 (1994).
68 Kliem, *Friedrich Engels: Dokumente Seines Lebens*, p. 488 を参照。
69 Roy Whitfield, *Frederick Engels in Manchester: The Search for a Shadow* (Salford, 1988) を参照。
70 *MECW*, vol. 39, p. 443.
71 ソルフォードの労働者階級運動図書館の資料に、都市計画担当官のジョン・ミラーが、この家に記念プレートをつけたいというルース・フロウの要求にたいし 1970 年に書いた手紙がある。解体されてしまうことを考えれば、「あまり意義はない」と彼は考えた。"Engels in M/CR" box を参照のこと。
72 *MECW*, vol. 41, pp. 344, 427.【不明】
73 *MECW*, vol. 24, p. 170.【19-95】
74 *MECW*, vol. 27, p. 305.【不明】ショールレマーの生涯については、Karl Heinig, *Carl Schorlemmer: Chemiker und Kommunist Ersten Ranges* (Leipzig, 1974) を参照のこと。
75 W. O. Henderson, "Friends in Exile," *The Life of Friedrich Engels* (London, 1975).
76 *MECW*, vol. 40, p. 490.【不明】
77 Ralph Greaves, *Foxhunting in Cheshire* (Kent, 1964); Gordon Fergusson, *The Green Collars* (London, 1993) を参照。
78 Marx-Engels Archives, R49, International Institute of Social History, Amsterdam.
79 *MECW*, vol. 40, p. 97.【29-79】
80 *Reminiscences of Marx and Engels*, p. 88.
81 *MECW*, vol. 14, p. 422.【11-436】
82 *Reminiscences of Marx and Engels*, p. 88.
83 *MECW*, vol. 40, pp. 264-65.【29-220, 221】
84 *MECW*, vol. 40, p. 131.【29-109】
85 Alan Kidd, *Manchester* (Keele, 1996) を参照。
86 *MECW*, vol. 19, p. 360.【不明】
87 Marx-Engels Archives, M17, International Institute of Social History, Amsterdam.
88 *Sphinx*, 1869 年 5 月 1 日付を参照。
89 *MECW*, vol. 39, p. 479.【不明】
90 同上、p. 249. マンチェスターの市民社会をエンゲルスが擁護したのは皮肉である。批判理論家のユルゲン・ハーバーマスによると、19 世紀ヨーロッパの奉仕的社会は、「ブルジョワ劇」と彼が呼ぶもののための「芝居じみた足場」を提供していた。アルバート、ブレイズノーズ、シラー協会のようなクラブが社会でリーダーシップを発揮したため、中流階級は都市の公共領域で文化面の主導権を握るようになった。それによって階級間の関係を体系づけるとともに、エンゲルスが忌み嫌ったヴィクトリア朝中期の安定を支えていたのである。マンチェスターを蜂の巣状にしていた無数の中流階級の市民協会は、歴史家のマーティン・ヒューイットによれば、労働者階級をそれとなく、だがしっかりと現状につなぎ止める「道徳的帝国主義」を築くうえで役に立ったのである。彼らは集団で社会を支配し、文化面で脱プロレタリア化する戦略を打ち立てた。労働者階級は階級意識をもち、ブルジョワを自分たちの階級の敵と見なす代わりに、合理的な気晴らしと有益な知識をもつ中流階級の倫理を真似るようになった。

第6章　さまざまな灰色のマンチェスター

1 *MECW*, vol. 40, p. 236.【29-196】
2 *MECW*, vol. 38, p. 250.【不明】
3 *MECW*, vol. 42, p. 172.【31-111】
4 Alexander Gerzen, *My Past and Thoughts* (London, 1968), vol. 3, p. 1045.
5 *MECW*, vol. 10, p. 381.【7-323】
6 *MECW*, vol. 38, p. 222.【27-442】
7 *MECW*, vol. 24, p. 12.【18-521】
8 *MECW*, vol. 10, p. 24.【不明】
9 同上、p. 283.【7-255】
10 *MECW*, vol. 38, p. 289.【27-167】
11 Jenny Marx, "A Short Sketch of an Eventful Life," in Robert Herzen, ed., *The Unknown Karl Marx* (London, 1972), p. 125.
12 イェニー・マルクスからヨーゼフ・ヴァイデマイヤー宛の1850年5月20日付の手紙。Francis Wheen, *Karl Marx* (London, 2000), p. 158に引用。
13 *MECW*, vol. 38, p. 241.【27-130】
14 W. O. Henderson, *Marx and Engels and the English Workers* (London, 1989), p. 20.
15 Gustav Mayer, *Friedrich Engels* (London, 1936), p. 130に引用。
16 *MECW*, vol. 38, p. 379.【不明】
17 A. J. P. Taylor, "Manchester," *Encounter* 8, no. 3 (1957): 9.
18 *Manchester Guardian*, 1851年10月11日付。
19 *MECW*, vol. 38, p. 255.【27-139】
20 同上、p. 281.【不明】
21 Thomas Cooper, *The Life of Thomas Cooper, Written by Himself* (London, 1873), p. 393.
22 *MECW*, vol. 40, p. 344.【29-280】
23 *MECW*, vol. 38, p. 264.【27-146】
24 *MECW*, vol. 41, p. 465.【30-271】
25 Manfred Kliem, ed., *Friedrich Engels: Dokuments Seines Lebens* (Leipzig, 1977), p. 114.
26 *MECW*, vol. 38, p. 250.【不明】
27 同上、p. 302.【不明】
28 Gustav Mayer, *Friedrich Engels: Eine Biographie* (The Hague, 1934), vol. 2, p. 12.
29 *MECW*, vol. 38, p. 379.【29-236】
30 同上、pp. 383, 401.【27-254, 477】
31 *MECW*, vol. 42, p. 88.
32 Ernst von Eynern, "Friedrich von Eynern: Ein bergisches Lebensbild," *Zeitschrift des Bergischen Geschichtsvereins* 35 (1900-01): 1-103.
33 *MECW*, vol. 42, pp. 192, 195.
34 J. B. Smethhurst, "Ermen and Engels," *Marx Memorial Library Quarterly Bulletin* 41 (Jan-March 1967): 10に引用。
35 *Frederik Engels: A Biography* (Dresden, 1972), p. 332.
36 *MECW*, vol. 42, p. 172.【31-111】
37 *MECW*, vol. 41, p. 332.【30-168】
38 *MECW*, vol. 39, p. 581.【28-524】
39 David McLellan, *Karl Marx: A Biography* (London, 1995), p. 264.
40 *MECW*, vol. 42, p. 172.【29-301】【31-111】
41 Marx, J., "Short Sketch," pp. 130-31.
42 *MECW*, vol. 39, p. 590.【不明】
43 Wheen, *Karl Marx*, p. 84.
44 *Reminiscences of Marx and Engels* (Moscow, 1958), p. 185.
45 *MECW*, vol. 38, pp. 321, 395, 451.【27-193, 249】
46 *MECW*, vol. 39, p. 58.【不明】
47 *MECW*, vol. 41, pp. 74, 197, 203, 230.【29-62】【30-163】
48 同上、p. 141.【不明】
49 同上、p. 423.【30-238】
50 R. Arthur Arnold, *The History of the Cotton Famine* (London, 1864), p. 113.
51 W. O. Henderson, *The Lancashire Cotton Famine* (Manchester, 1969), p. 107に引用。
52 John Watts, *The Facts of the Cotton Famine* (London, 1866) を参照。
53 *MECW*, vol. 38, p. 409.【27-255】
54 同上、p. 419.【27-262】
55 McLellan, *Karl Marx: A Biography*, p. 284.
56 *MECW*, vol. 39, p. 391.【不明】
57 同上、p. 164.【28-117】
58 同　上、p. 212; vol. 40, pp. 451-52.【28-

Working-Class Associations in the German Revolution of 1848–49 (Princeton, 1966), pp. 286–87 に引用。

9 Jonathan Sperber, *Rhineland Radicals* (Princeton, 1991) を参照。

10 Oscar J. Hammen, *The Red '48ers* (New York, 1969) を参照。

11 *MECW*, vol. 26, p. 122.【21–18】

12 *MECW*, vol. 38, pp. 171, 173.【27–481】

13 *MECW*, vol. 26, p. 123.【21–19】

14 *MECW*, vol. 11, p. 40.【8–43】

15 Philip Mansel, *Paris Between Empires* (London, 2001); Hammen, *The Red '48ers*.

16 *MECW*, vol. 7, pp. 124, 130, 128.【5–113, 他不明】

17 同上、pp. 131–32.【5–114, 115】

18 同上、p. 587.【不明】

19 *MECW*, vol. 38, p. 541.【不明】

20 *MECW*, vol. 7, p. 460.

21 *Neue Rheinische Zeitung*, 1848 年 11 月 7 日付。David McLellan, *Karl Marx: His Life and Thought* (London 1983), p. 189 に引用。

22 *MECW*, vol. 7, p. 514.【5–463】

23 同上、pp. 518–19.【5–466, 467】

24 同上、pp. 526–29.【5–475〜478】

25 Istvan Deak, *The Lawful Revolution: Louis Kossuth and the Hungarians* (New York, 1979); Ian Cummins, *Marx, Engels, and National Movements* (London, 1980).

26 *MECW*, vol. 7, p. 423.【5–395〜397】

27 Roman Rosdolsky, *Engels and the "Nonhistoric" Peoples: The National Question in the Revolution of 1848* (Glasgow, 1986), p. 135 に引用。

28 *MECW*, vol. 8, p. 234.【6–168】

29 同上 , p. 366.【6–270】

30 *MECW*, vol. 46, pp. 206–207.【35–237, 238】

31 *MECW*, vol. 8, p. 238.【6–172】

32 *MECW*, vol. 26, p. 128.【21–24】

33 *MECW*, vol. 8, p. 439.【補 2–132】

34 *MECW*, vol. 9, p. 171.【不明】

35 Sheehan, *German History*, p. 691.

36 同上、p. 399.

37 同上、p. 447.

38 Sperber, *Rhineland Radicals* を参照。

39 C. H. A. Pagenstecher, *Lebenserinnerungen von Dr. Med. C. H. Alexander Pagenstecher* (Leipzig, 1913), vol. 3, p. 63.

40 *MECW*, vol. 9, p. 448.【6–489, 490】

41 *MECW*, vol. 10, pp. 602–03.【不明】

42 Pagenstecher, *Lebenserinnerungen*, p. 66.

43 Carl Hecker, *Der Aufstand in Elberfeld im Mai 1849 und mein Verhaltniss zu Demselben* (Elberfeld, 1849), p. 38.

44 *Elberfelder Zeitung*, 1849 年 6 月 3 日付。

45 このエピソードはバルメンの工場主の息子エルンスト・フォン・アイネルンが書いたヴッパータールの古文書内の短い報告に由来する。"Friedrich von Eynern: Ein bergisches Lebensbid," *Zeitschrift des Bergischen Geschichtsvereins* 35 (1900–01): 1–103.

46 Pagenstecher, *Lebenserinnerungen*, p. 66.

47 H. J. M. Körner, *Lebenskämpfe in der Alten und Neues Welt* (Zurich, 1866), vol. 2, p. 137.

48 *MECW*, vol. 9, p. 448.【6–491】

49 同上、p. 449.【6–491】

50 Manfred Kleim, *Friedrich Engels: Dokumente seines Lebens* (Leipzig, 1977), p. 280 に引用。

51 *MECW*, vol. 10, p. 172.【7–130】

52 同上、pp. 193, 202.【7–151, 161】

53 *MECW*, vol. 38, p. 204.【27–430】

54 同上、p. 203.【27–429】

55 *MECW*, vol. 10, p. 211.【7–170】

56 同上、p. 224.【7–185】

57 *MECW*, vol. 38, p. 203.【27–429】

58 Martin Berger, *Engels, Armies, and Revolution* (Hamden, 1977), p. 37 を参照。

59 *MECW*, vol. 10, p. 237.【7–200】

60 *MECW*, vol. 38, p. 203.【27–429】

61 同上、p. 207.【27–126】

62 *MECW*, vol. 10, pp. 150–51.【7–108, 109】

63 *MECW*, vol. 38, pp. 213.【27–128】

52 *MECW*, vol. 5, p. 47.【3-29】
53 *MECW*, vol. 26, pp. 313-14.【21-212】
54 *MECW*, vol. 6, p. 5.【27-429】
55 Born, *Einnerungen*, p. 72.
56 *MECW*, vol. 6, p. 79.【4-42】
57 同上、p. 56.【不明】
58 同上、p. 529.【4-518】
59 *MECW*, vol. 26, p. 320.【21-218】
60 *Reminiscences of Marx and Engels*, p. 270 に引用。
61 *MECW*, vol. 26, p. 318.【21-217】
62 同上、p. 319.【21-218】
63 *MECW*, vol. 38, pp. 39-40.【27-382, 383】
64 P. J. Proudhon, *Confessions d'un révolutionnaire* (Paris, 1849), Francis Wheen, *Karl Marx* (London, 1999), p. 107 に引用。
65 *MECW*, vol. 6, p. 512.【4-500】
66 Born, *Erinnerungen*, p. 47.
67 Eugène Sue, *The Mysteries of Paris* (Cambridgeshire, 1989), p. 9.(『パリの秘密』ウジェーヌ・シュー著、江口清訳、集英社)
68 Colin Jones, *Paris* (London, 2004), p. 349 に引用。
69 David H. Pinkney, *Decisive Years in France, 1840-1847* (Princeton, 1986); Philip Mansel, *Paris Between Empires* (London, 2001).
70 *MECW*, vol. 38, pp. 80-83.【27-56, 58, 59, 64】
71 同上、p. 91.【27-67】
72 同上、p. 16.【不明】
73 同上。【27-14】
74 Born, *Erinnerungen*, pp. 51-52.
75 *MECW*, vol. 5, p. 559.【4-281】
76 *MECW*, vol. 38, p. 115.【27-78】
77 Isiah Berlin, *Against the Current* (London, 1997), p. 219.
78 *MECW*, vol. 38, pp. 56, 65, 108, 153.【27-33, 42, 72, 102, 103】
79 エリノア・マルクス=エイヴェリングからカール・カウツキー宛の 1898 年 3 月 15 日付の書簡。さらに事態を悪化させたのは、エンゲルスが騎士道精神に駆られてフランスのある伯爵に干渉したあと、パリを離れなければならなくなったことだと、シュテファン・ボルンは書いている。手切れ金もなしに愛人と別れたこの伯爵が、その後、政府内で言いなりになる大臣数人に連絡を取ったため、エンゲルスは国外追放になった。Born, *Einnerungen*, p. 71 を参照。
80 Born, *Einnerungen*, p. 49.
81 *MECW*, vol. 6, p. 98.【補 1-208】
82 同上。【補 1-209】
83 同上、p. 102.【補 1-212】
84 *MECW*, vol. 38, p. 139.【27-94, 95】
85 *MECW*, vol. 6, pp. 345, 348, 351, 354.【4-385, 387, 391, 394】
86 *Reminiscences of Marx and Engels*, p. 153 に引用。
87 *MECW*, vol. 26, p. 322.【21-220】
88 Wilhelm Liebknecht, *Karl Marx: Biographical Memoirs* (London, 1975), p. 26.
89 『イギリスにおける労働者階級の状態』と『共産主義者宣言』のあいだの文章および思想上の差異に関する分析は、以下を参照のこと。Terrell Carver, *Friedrich Engels: His Life and Thought* (London, 1991).(『エンゲルス』テレル:カーヴァー著、内田弘ほか訳、雄松堂出版)
90 *MECW*, vol. 6, p. 487.【4-478, 479】
91 同上、p. 558.【4-546】

第5章 限りなく豊作の四八年

1 *MECW*, vol. 6, p. 559.【4-546】
2 同上、p. 647.【不明】
3 *MECW*, vol. 38, p. 169.【不明】
4 同上、p. 159-60.【27-108】
5 Christopher Clark, *Iron Kingdom* (London, 2006); James J. Sheehan, *German History, 1770-1866* (Oxford, 1989), p. 658 を参照。
6 David E. Barclay, "Political Trends and Movements, 1830-50," in Jonathan Sperber, ed., *Germany, 1800-1870* (Oxford, 2004) を参照。
7 *MECW*, vol. 26, p. 123.【21-19】
8 P. H. Noyes, *Organization and Revolution:*

にとって模範的社会であるこの最後の生き残りが、徐々に金持ちの下品な成り上がり者の侵入に屈するか、そうした人物によって堕落してゆくさまを描く」と、エンゲルスは文通相手であるマーガレット・ハークネスへの1888年の手紙に書いた（*MECW*, vol. 48, p. 168【37-36】)。

2 David McLellan, *Karl Marx: His Life and Thought* (London, 1983), p. 57 に引用。

3 David McLellan, ed., *Karl Marx: Interviews and Recollections* (London, 1981), p. 8 に引用。

4 Shlomo Avineri, *The Social and Political Thought of Karl Marx* (Cambridge, 1968), pp. 140-41 に引用。【27-369】

5 Isaiah Berlin, *Karl Marx: His Life and Environment* (Oxford, 1978), p. 60.

6 Karl Marx, "Paris Manuscripts," *The Early Texts* (Oxford, 1971), p. 148.

7 *MECW*, vol. 26, p. 317.【21-216】

8 *Reminiscences of Marx and Engels* (Moscow, 1958), p. 64 に引用。

9 Gustav Mayer, *Friedrich Engels: Eine Biographie* (The Hague, 1934), vol. 1, p. 175.

10 *Reminiscences of Marx and Engels*, p. 92 に引用。

11 同上、p. 91。

12 *MECW*, vol. 26, p. 382.【21-296】

13 *MECW*, vol. 47, p. 202.【36-198】

14 *MECW*, vol. 46, p. 147.【35-192】

15 *MECW*, vol. 29, p. 264; vol. 26, p. 382.【13-7】【21-296, 297】

16 *MECW*, vol. 5, pp. 36-7.【3-22】

17 *MECW*, vol. 4, p. 241.【2-546】

18 同上、p. 7.【2-5】

19 同上、p. 7, 93.【2-5, 16】

20 *MECW*, vol. 38, p. 6【27-8】

21 同上、18, 28, 17-18, 25.【27-15, 16, 22】

22 同上、pp. 29, 3.【27-5, 26】

23 同上、pp. 3, 4.【27-5, 6】

24 *MECW*, vol. 4, pp. 230-31.【2-538】

25 *MECW*, vol. 38, p. 4.【27-6】

26 同上、p. 232.【不明】

27 同上、p. 23.【27-20】

28 Gustav Mayer, *Eine Biographie*, pp. 215-17.

29 *MECW*, vol. 4, p. 243.【27-21】【2-563】

30 同上、p. 252.【2-572】

31 同上、p. 255.【2-575】

32 同上、p. 263.【2-583, 584】

33 *MECW*, vol. 38, p. 572.【不明】

34 Heidelberg University Library, manuscript 2560 (Cod. Heid. 378 XXX), Michael Knieriem, ed., *Über Friedrich Engels: Privates, Öffentliches und Amtliches Aussagen und Zeugnisse von Zeitgenosen* (Wuppertal, 1986), p. 8 に引用。

35 *MECW*, vol. 38, p. 39.【不明】

36 *Reminiscences of Marx and Engels*, p. 194 に引用。

37 *MECW*, vol. 38, pp. 29, 33.【27-26, 378】

38 *MECW*, vol. 43, p. 518.【32-417】

39 *Guardian*, 2006年2月4日付。

40 F. G. Black and R. M. Black, eds., *The Harney Papers* (Assen, 1969), p. 239.

41 E. H. Carr, *Michael Bakunin* (London, 1975), p. 146 に引用。

42 Stephan Born, *Erinnerungen eines Achtundvierzigers* (Leipzig, 1898), p. 74.

43 Max Beer, *Fifty Years of International Socialism* (London, 1935), p. 78.

44 Born, *Erinnerungen*, p. 73.

45 エリノア・マルクス＝エイヴェリングからカール・カウツキー宛の1898年3月15日付の書簡。Karl Kautsky Papers, International Institute of Social History, Amsterdam, DXVI, p. 489.

46 Max Stirner, *The Ego and Its Own* (Cambridge, 1995), p. 323. Lawrence S. Stepelevich, "The Revival of Max Stirner," *Journal of the History of Ideas*, 35, no. 2 (1974) も参照のこと。

47 *MECW*, vol. 38, p. 12.【27-11】

48 *MECW*, vol. 5, pp. 36-7.【3-22】

49 *MECW*, vol. 6, p. 166.【4-133】

50 *MECW*, vol. 5, p. 90.【3-58】

51 *The Writings of the Young Marx*, trans. and ed. Lloyd D. Easton and Kurt H. Guddat (Garden City, 1967), p. 431 に引用。

95 *Guardian*, 2006年2月4日付。エイザ・ブリッグズの次のコメントも参照のこと。「エンゲルスがマンチェスターではなくバーミンガムに住んでいたら、彼の〈階級〉の概念と階級史の役割に関する彼の理論は大きく異なっていたかもしれない」(Briggs, *Victorian Cities* [Lonon, 1990], p. 16)。それにたいし、W. O.ヘンダーソンはエンゲルスの動機をこう説明する。「彼は癇癪もちの青年で、工場制度を激しく非難することで自分の怒りをぶちまけた……。彼の抑えの利かない言葉の暴力と、自分とは大きく異なる見解をまったく理解しなかった点は……エンゲルスが途方もない欲求不満に苦しんでいた事実から説明がつくかもしれない」。Henderson and W. H. Chaloner, eds., *The Condition of the Working Class in England* (London, 1958), p. xxx を参照のこと。

96 Engels, *Condition of the Working Class*, p. 61.

97 同上、pp. 143-44. レーニンにとって、この本がはたした目覚ましい功績は、プロレタリアートが単に「苦しんでいる階級」であるだけでなく、「実際には、プロレタリアートが置かれている恥ずべき経済状況こそが、彼らを抗し難く前進させ、最終的な解放に向けて戦わざるをえなくしている」ことを明らかにした点にあった。*Reminiscences of Marx and Engels*, pp. 61-2 を参照のこと。

98 Engles, *Condition of the Working Class*, p. 52.

99 Gareth Stedman Jones, "The First Industrial City? Engels' Account of Manchester in 1844," 未発表論文、p. 7. Stedman Jones, "Engels and the Industrial Revolution," in Douglas Moggach, ed., *The New Hegelians: Politics and Philosophy in the Hegelian School* (Cambridge, 2006) も参照のこと。

100 Engels, *Condition of the Working Class*, p. 100.

101 Tocqueville, *Journeys to England and Ireland*, p. 108.

102 *MECW*, vol. 23, p. 324.【18-212】

103 Engels, *Condition of the Working Class*, p. 64.

104 同上、p. 243.

105 同上、p. 291.

106 *MECW*, vol. 23, p. 347.【18-237】

107 Friedrich Engels, *Anti-Dühring* (Peking, 1976), pp. 385-86.(『反デューリング論:オイゲン・デューリング氏の科学の変革』、エンゲルス著、粟田賢三訳、岩波文庫)

108 *MECW*, vol. 23, p. 389.【18-283】

109 *Der Bund der Kommunisten, documents and materials*, vol. 1 (Berlin, DDR), p. 343, Michael Knieriem, ed., *Über Friedrich Engels: Privates, Öffentliches und Amtliches Aussagen und Zeugnisse von Zeitgenossen* (Wuppertal, 1986), p. 27.

110 Jürgen Kuczynski, *Die Geschichte der Lage der Arbeiter unter dem Kapitalismus* (Berlin, 1960), vol. 8, pp. 168-69 に引用。

111 Karl Marx, *Capital* (Harmondsworth, 1990), vol. 1, p. 349.(『資本論』カール・マルクス著、マルクス=エンゲルス全集刊行委員会訳、大月書店)

112 この作品の重要性を正しく評価するには、以下を参照のこと。S. H. Rigby, *Engels and the Formation of Marxism* (Manchester, 1992), p. 63.

第4章　少々の忍耐と若干の威嚇

1 Honoré de Balzac, *Old Goriot* (1834; rpt. Harmondsworth, 1951), pp. 304, 37-8).(『ゴリオ爺さん』バルザック著、平岡篤頼訳、新潮文庫)。マルクスと同様、エンゲルスはバルザックの大ファンで、ゾラ以上に彼を好んでいた。「『人間喜劇』はフランスの〈社会〉の最も素晴らしく現実的な歴史を示してくれる。とりわけ、パリの社会について、1816年から1848年までほぼ一年ごとに年代順に、貴族社会のうえに新興のブルジョワ階級が徐々に進出する様子を描写する。貴族社会は1815年後に勢力を取り戻し、昔ながらの上品なフランスの規範をできる限り再現させた。バルザックは自分

とくに田舎でありながら、きわめて国際的な都市」で、外国の住民がいることで知られていると描写している。「ブラッドフォードで最も有名なクラブの一つがシラー協会だったころを覚えている。当時はロンドンっ子の姿のほうが、ドイツ人より珍しく……われわれの不快な水路、つまりドブ川には、ライン川とオーデル川が少々流れ込んでいた」。Priestley, *English Journey*（1933; London, 1993）, pp. 123–24 参照。

57 エリノア・マルクス＝エイヴェリングからカール・カウツキー宛の 1898 年 3 月 15 日付の書簡。*Karl Kautsky Papers*, International Institute of Social History, Amsterdam, DXVI, p. 489.

58 Whitfield, *Engels in Manchester*, p. 70 を参照。

59 Edmund Wilson, *To the Finland Station*（London, 1991）, p. 159. W. O. ヘンダーソンも同意見である。彼はメアリーを「アンコーツ地区のジョージ・リー通りから入ったコットン通り 18 番地に住むアイルランドの工場労働者」として描く。Henderson, *Marx and Engels and the English Workers*（London, 1989）, p. 45 を参照。

60 Max Beer, *Fifty Years of International Socialism*（London, 1935）, p. 77.

61 Heinrich Gemkow, "Fünf Frauen an Engels' Seite," *Beiträge zur Geschichte der Arbeiterbewegung* 37, no. 4（1995）: 48.

62 Engels, *Condition of the Working Class*, p. 182.

63 Edmund Frow and Ruth Frow, *The New Moral World: Robert Owen and Owenism in Manchester and Salford*（Salford, 1986）.

64 Weerth, *Sämtliche Werke*, vol. 1, p. 208.

65 Engels, *Condition of the Working Class*, p. 170.

66 Whitfield, *Engels in Manchester*, p. 21.

67 Engels, *Condition of the Working Class*, p. 30.

68 *MECW*, vol. 3, pp. 418, 423, 441.【1–543, 548, 566】

69 同上、p. 440.【1–565】

70 同上、p. 399.

71 *MECW*, vol. 4, p. 32.【1–531】

72 同上、pp. 431, 424.【1–549, 556】Gregory Claeys, "Engels' Outlines of a Critique of Political Economy（1843）and the Origins of the Marxist Critique of Capitalism," *History of Political Economy* 16, no. 2（1984）も参照のこと。

73 エンゲルスの「国民経済学批判大綱」に含まれた考えの多くは、マルクスの『経済学・哲学草稿』に再び登場し、そのなかでヘス〔の作品〕とともに、「この分野では興味をかきたてる唯一のドイツ独自の作品」として描かれている。Karl Marx, *Early Writings*（Harmondsworth, 1992）, p. 281 を参照のこと。肝心な点は、マルクスがそこで疎外の概念を労働活動そのものにまで拡大したことである。

74 カール・マルクスからフリードリヒ・エンゲルス宛の 1863 年 4 月 9 日付の書簡。*MECW*, vol. 41, p. 466.【30–275】

75 *MECW*, vol. 38, p. 10.【27–10】

76 Engels, *Condition of the Working Class*, p. 31.

77 *Reminiscences of Marx and Engels*, p. 137.

78 *MECW*, vol. 38, p. 13.【不明】

79 Engels, *Condition of the Working Class*, p. 31.

80 *MECW*, vol. 38, pp. 10–11.【27–10】

81 Engels, *Condition of the Working Class*, p. 30.

82 同上、pp. 89, 92.【不明】

83 同上、p. 98.【不明】

84 *MECW*, vol. 3, p. 390.【1–520】

85 Engels, *Condition of the Working Class*, p. 125.

86 同上、pp. 193–94.

87 同上、p. 184.

88 同上、pp. 31, 174, 216, 69.

89 同上、p. 275.

90 同上、p. 86.

91 同上、p. 87.

92 *MECW*, vol. 23, p. 365.【18–256】

93 Steven Marcus, *Engels, Manchester, and the Working Class*（London, 1974）, p. 145.

94 Simon Gunn, *The Public Culture of the Victorian Middle Class*（Manchester, 2000）, p. 36. Marc Eli Blanchard, *In Search of the City*（Stanford, 1985）, p. 21.

17 Hippolyte Taine, *Notes on England* (1872; rpt. London, 1957), p. 219.

18 J. P. Kay, *The Moral and Physical Condition of the Working Classes Employed in the Cotton Manufacture in Manchester* (1832; rpt. Manchester, 1969), p. 8.

19 Edwin Chadwick, *Report on the Sanitary Conditions of the Labouring Population of Great Britain* (Edingburgh, 1842), p. 78.（『大英帝国における労働人口集団の衛生状態に関する報告書』エドウィン・チャドウィック著、橋本正己訳、日本公衆衛生協会）

20 同上、p. 111.

21 Wilmot Henry Jones [Georrfrey Gimcrack], *Gimcrackiana; or, Fugitive Pieces on Manchester Men and Manners* (Manchester, 1833), pp. 156-57.

22 *Manchester Guardian*, 1857 年 5 月 6 日付。

23 Bradshaw, *Visitors to Manchester*, p. 28 に引用。

24 R. Parkinson, *On the Present Condition of the Labouring Poor in Manchester* (Manchester, 1841), p. 85.

25 Faucher, *Manchester in 1844*, p. 69.

26 Benjamin Disraeli, *Sybil; or, The Two Nations* (London, 1981), p. 66.

27 *MECW*, vol. 2, p. 370.【1-497】

28 Engels, *Conditions of the Working Class*, p. 68.

29 *MECW*, vol. 2, pp. 370, 373, 378.【1-500〜505】

30 Engels, *Conditions of the Working Class*, p. 182.

31 F. R. Johnston, *Eccles* (Eccles, 1967), p. 88.

32 エルメン＆エンゲルスについては、以下を参照のこと。"Ermen and Engels," *Marx Memorial Library Quarterly Bulletin*, 41 (1967); Roy Whitfield, *Frederick Engels in Manchester: The Searh for a Shadow* (Salford, 1988); W. O. Henderson, *The Life of Friedrich Engels* (London, 1976).（『マンチェスター時代のエンゲルス：その知られざる生活と友人たち』ロイ・ウィトフィールド著、脇坂昭吉ほか訳、ミネルヴァ書房）

33 *MECW*, vol. 38, p. 20.【27-18】この手紙に言及されていた工場は実際にはエンゲルスキルヒェンの工場だが、いだいた感情は変わらない。

34 Engels, *Condition of the Working Class*, p. 27.

35 *MECW*, vol. 4, p. 226.【2-561】

36 Faucher, *Manchester in 1844*, p. 25.

37 Engels, *Condition of the Working Class*, p. 245.

38 *MECW*, vol. 3, pp. 387. 380.【1-510, 他不明】

39 同上、pp. 380, 387, 388.【1-518, 他不明】

40 *MECW*, vol. 25, pp. 346-47.【20-369, 370】

41 John Watts, *The Facts and Fictions of Political Economists* (Manchester, 1842), pp. 28, 35, 36, 13.

42 *Manchester Guardian*, 1838 年 9 月 26 日付。

43 Engels, *Condition of the Working Class*, p. 241; *MECW*, vol. 2, p. 375.

44 G. D. H. Cole, "George Julian Harney," *Chartist Portraits* (London, 1941) を参照。

45 *Reminiscences of Marx and Engels* (Moscow, 1958), p. 192.

46 F. G. Black and R. M. Black, eds., *The Harney Papers* (Assen, 1969), p. 260.

47 Engels, *Condition of the Working Class*, p. 160.

48 James Leach, *Stubborn Facts from the Factories by a Manchester Operative* (London, 1844), p. 40.

49 *MECW*, vol. 6, p. 486.【4-477】

50 Engels, *Condition of the Working Class*, p. 242; *MECW*, vol. 3, p. 450.

51 Thomas Carlyle, "Signs of the Times," *Selected Writing*, p. 77.

52 Thomas Carlyle, *Past and Present* (1843; rpt. New York, 1965), p. 148.

53 *MECW*, vol. 3, p. 463.【1-598】

54 *MECW*, vol. 10, p. 302.【7-260】

55 Engels, *Condition of the Working Class*, p. 276.

56 George Weerth, *Sämtliche Werke* (Berlin, 1956-57), vol. 5, pp. 111, 128. これはおそらくやや公平さを欠くだろう。より公共心に富んだ J. B. Priestley はのちに、ブラッドフォードは「イギリスの地方都市のなかでもとフランク・マニュエルは示唆する。「独身のフーリエは屋根裏部屋に一人で住み、リヨンの安食堂で定食を食べ、子供とクモが嫌いで、花と猫を愛した……。誰が書いたものを見ても、彼は変人だった……情念引力のシステムを考えだしたこの人物が、それを一度でも経験したことがあったのか疑問に思うのである」(*The Prophets of Paris* [Cambridge, 1962], p. 198)
47 *MECW*, vol. 24, p. 290.【19-191】
48 *MECW*, vol. 4, p. 643; vol. 24, p. 290. 空想的社会主義者にたいするエンゲルスの考え方は歳月とともに変化した。1875年には、彼らが共産主義にはたした貢献についていちじるしく寛大になり、次のように述べた。「ドイツの理論的社会主義は、サン=シモン、フーリエ、オーエンの肩に乗っていたことを決して忘れまい。空想的な概念とユートピア主義を奉じていたにもかかわらず、希代の傑出した思想家にかぞえられる人びとであり、彼らの天賦の才は数多くの事柄を予測しており、その正しさがいまや科学的にわれわれによって証明されつつある」(*MECW*, vol. 23, pp. 630-31)【19-191, 他不明】
49 Isaiah Berlin, "The Life and Opinions of Moses Hess," in *Against the Current* (London, 1997), p. 214.
50 Moses Hess, *Rom und Jerusalem* (Leipzig, 1899), p. 16.
51 Shlomo Avineri, *Moses Hess* (London, 1985), p. 11.(『終末論と弁証法:マルクスの社会・政治思想』シュロモ・アヴィネリ著、中村恒矩訳、法政大学出版局)
52 Berlin, *Against the Current*, p. 219.
53 André Liebich, ed., *Selected Writings of August Cieszkowski* (Cambridge, 1979).
54 McLellan, *The Young Hegelians and Karl Marx*, p. 10に引用。
55 "Über die sozialistische Bewegung in Deutschland," in Moses Hess, *Philosophische und sozialistische Schriften, 1837-1850*, ed. Auguste Cornu und Wolfgang Mönke (Liechtenstien, 1980), p. 293.
56 Gareth Stedman Jones, "Introduction," *The Communist Manifesto* (Harmondsworth, 2002) を参照。
57 Avineri, *Moses Hess*, p. 61に引用。
58 同上、p. 84.
59 *MECW*, vol. 3, p. 406.【1-537】
60 "Die Europäische Triarchie," in Hess, *Philosophische und sozialistische Schriften*, p. 117.
61 Moses Hess, *Briefwechsel* (Amsterdam, 1959), p. 103.

第3章　黒と白のマンチェスター

1 *Manchester Guardian*, 1842年8月27日付。
2 *Manchester Times*, 1842年7月7日付。
3 Friedrich Engels, *The Condition of the Working Class in England* (Harmondsworth, 1987), p. 239.
4 Alan Kidd, *Manchester* (Keele, 1996) を参照。
5 *The Life of Thomas Cooper, Written by Himself* (London, 1873), p. 207.
6 Engels, *Condition of the Working Class*, pp. 82, 156.
7 *MECW*, vol. 3, p. 392.【1-523】
8 *MECW*, vol. 26, p. 317.【21-216】
9 *Reasoner*, vol. 5 (1850), p. 92.
10 Kidd, Manchester; W. D. Rubinstein, "The Victorian Middle Classes: Wealth, Occupation, and Geography," *Economic History Review* 30, no. 4 (1977) を参照。
11 Alexis de Tocqueville, *Journeys to England and Ireland* (1835; rpt. London, 1958), pp. 94, 107.
12 L. D. Bradshaw, *Visitors to Manchester* (Manchester, 1987), p. 25に引用。
13 Léon Faucher, *Manchester in 1844* (Manchester, 1844), p. 16.
14 Thomas Carlyle, "Chartism," *Selected Writings* (Harmondsworth, 1986), p. 211.
15 Robert Southey, *Letters from England by Don Manuel Alvarez Espriella* (London, 1808), p. 83.
16 Bradshaw, *Visitors to Manchester*, p. 54に引用。

Karl Marx: His Life and Thought（London, 1983），pp. 1-104（『マルクス伝』D. マクレラン著、杉原四郎ほか訳、ミネルヴァ書房）; Francis Wheen, *Karl Marx*（London, 1999）, pp. 7-59; および *The Dictionary of National Biography* 内の Eric Hobsbawm の小論。

31 Stephan Born, *Erinnerungen eines Achtundvierzigers*, p. 68.

32 "Ink in His Blood," *Times Literary Supplement*, 2007 年 3 月 23 日付 , p. 14.

33 *MECW*, vol. 50, p. 503.【不明】

34 Marx-Engels Papers, M4（M2/1）, International Institute of Social History, Amsterdam.

35 *MECW*, vol. 2, p. 586.【不明】

36 Eric Hobsbawm, "Marx, Engels, and Pre-Marxian Socialism" in Eric Hobsbawm, ed., *The History of Marxism*（Brighton, 1982）, vol. 1 を参照。または、コワコフスキが述べるように、「プロレタリア革命の理論家としてマルクスが登場したころには、社会主義思想にはすでに長い歴史があった」（Kolakowski, *Main Currents of Marxism*, p. 150）

37 社会主義者と共産主義者に関してもう一言。1830 年代と 40 年代に、サン＝シモンとシャルル・フーリエを支持するフランス人が社会主義者として広く知られるようになった。一方、パリでフランス革命を理想としたエティエンヌ・カベとルイ＝オーギュスト・ブランキの思想をもとに組織された秘密結社は、共産主義者と呼ばれた。1840 年代初めからなかばにかけて、マルクスとエンゲルスは当時の慣習に従って、しばしば共産主義と社会主義を明確に区別せずに使用していた。レイモンド・ウィリアムズの言葉を借りれば、「1850 年ごろまで、この言葉［社会主義者］はまだ新しすぎて、特定の意味で使用するには一般的な名称すぎたのである」。後述するように、マルクスとエンゲルスは好戦的な労働者階級の共産主義者同盟と政治的に手を組み、より「プロレタリア」的な社会主義の形態を信奉していたために、1840 年代後半には一時期、自分たちは共産主義者であるととくに主張するようになり（『共産主義者宣言』など）、フーリエ、サン＝シモン、およびロバート・オーエンの空想的社会主義と区別していた。しかし、19 世紀後半には、共産主義が一般の人びとに反乱を連想させるようになり（とくに 1871 年のパリ・コミューン後に）、ミハイル・バクーニンの無政府主義の哲学が勢力を増すようになると、マルクスとエンゲルスは「社会主義者」を──ときには「科学的社会主義者」すら──を名乗るようになった。「共産主義者」が再び完全に使用されるようになったのは、1918 年にロシア社会民主労働党が 1917 年のロシア革命後にロシア共産党に改名し、ヨーロッパの社会民主主義と明らかに区別されるようになってからのことである。詳しい説明は、レイモンド・ウィリアムズの『完訳キーワード辞典』（平凡社ライブラリー）を参照のこと。

38 この伝統の好例については、以下を参照のこと。Tony Benn, *Arguments for Socialism*（London, 1979）, pp. 21-44.

39 Henri de Saint-Simon, *Letters from an Inhabitant of Geneva*, in Githa Ionescu, ed., *The Political Thought of Saint-Simon*（Oxford, 1976）, p. 78.

40 同上、p. 10.

41 F. A. Hyaek, *The Counter-Revolution of Science*（Glencoe, 1952）, p. 121 に引用。

42 Saint-Simon, *The New Christianity*, in Ionescu, *The Political Thought of Saint-Simon*, p. 210.

43 *Oeuvres Complètes de Charles Fourier*（Paris, 1966-68）, vol. 6, p. 397, Jonathan Beecher and Rechard Bienvenu, eds., *The Utopian Vision of Charles Fourier*（London, 1975）, p. 119 に引用。

44 Gareth Stedman Jones, "Introduction," in Charles Fourier, *The Theory of the Four Movements*（Cambridge, 1996）を参照。

45 Beecher and Bienvenu, *Fourier*, pp. 116-17 に引用。

46 フーリエ自身の彩りに欠けた凡庸な人生が、彼の孤高の人生観に影響をおよぼした

69 *MECW*, vol. 2, p. 489.【41-464】

70 Gareth Stedman Jones, "Engels and the History of Marxism," in Eric Hobsbawm, ed., *The History of Marxism* (Brighton, 1982), vol. 1, p. 301 を参照のこと。

71 *MECW*, vol. 2, pp. 99, 169.【41-157】

第2章 竜の種

1 *MECW*, vol. 2, p. 181.【41-175】

2 E. H. Carr, *Michael Bakunin* (London, 1975), p. 95; Alastair Hannay, *Kierkegaard: A Biography* (Cambridge, 2001), pp. 162-63.

3 *MECW*, vol. 2, p. 187.【41-183】

4 *MECW*, vol. 26, p 123.【21-19】

5 1963年に兵舎はフリードリヒ・エンゲルス兵舎と改名され、東独の国家人民軍の「フリードリヒ・エンゲルス衛兵連隊」の駐屯地になった。

6 Anthony Read and David Fisher, *Berlin* (London, 1994); Robert J. Hellman, *Berlin: The Red Room and White Beer* (Washington, 1990); Alexandra Riche, *Faust's Metropolis* (London, 1999) を参照。

7 Heinrich Heine, *Sämtliche Werke* (Hamburg, 1867), vol. 1. p. 240.

8 *MECW*, vol. 3, p. 515.【不明】

9 *MECW*, vol. 26, p. 357.【21-269, 275】

10 Peter Singer, *Hegel* (Oxford, 1983), p. 32 に引用。(『ヘーゲル入門:精神の冒険』ピーター・シンガー著、島崎隆訳、青木書店)

11 Leszek Kolakowski, *Main Currents of Marxism* (London, 2005), p. 61.

12 John Edward Toews, *Hegelianism* (Cambridge, 1980), p. 60.

13 Christopher Clark, *Iron Kingdom* (London, 2006), p. 434.

14 *MECW*, vol. 26, p. 363.【21-275】

15 *MECW*, vol. 6, pp. 162-63.【21-275】【4-130】

16 同上、pp. 359-60.【21-271】

17 *MECW*, vol. 2, p. 197.【41-188】

18 *MECW*, vol. 26, p. 364.【21-276, 277】

19 David McLellan, *The Young Hegelians and Karl Marx* (London, 1969), p. 88; William J. Brazill, *The Young Hegelians* (London, 1970), p. 146; *MECW*, vol. 3, pp. 462-63 に引用。【1-415, 596】

20 Ludwig Feuerbach, *Provisional Theses for the Reformation of Philosophy*, Lawrence S. Stepelevich, ed., *The Young Hegelians* (Cambridge, 1983), p. 156 に引用。

21 同上、p. 167.

22 *MECW*, vol. 2, p. 537.【41-510】

23 同上、p. 550.【41-521】

24 *MECW*, vol. 48, pp. 393-94.【37-252】

25 Brazill, *The Young Hegelians;* Hellman, *Berlin* を参照。

26 Stephan Born, *Erinnerungen eines Achtundvierzigers* (Leipzig, 1898), pp. 26-7.

27 青年ドイツから彼が決別した証拠は、1842年7月7日付 *Rheinische Zeitung* に掲載されたエンゲルスの小論「アレクサンダー・ユング『ドイツ現代文学講義』」を参照のこと。

28 〔喜歌劇『ペンザンスの海賊』中のこの歌の詩を〕ご存じない方のために。

> 私は数学的問題にも詳しく
> 方程式なら一次も二次も理解している
> 二項定理ならあふれんばかりの情報をもち
> 斜辺の平方なら心躍る多くの事実を知っている
>
> 微積分はじつに得意で
> 微小動物は学名を知っている
> すなわち、植生、動物、鉱物に関することなら
> われこそ現代の少将の鑑なのだ

29 *MECW*, vol. 2, pp. 321, 322, 335, 336.【41-306, 308, 323〜325】

30 マルクスの少年時代に関するこの記述の多くは以下より引用した。David McLellan,

19　*Die Herkunft des Friedrich Engels*, p. 463, 464, 470.
20　*MECW*, vol. 6, p. 259.【不明】
21　*MECW*, vol. 2, p. 553.【41-524】
22　*MECW*, vol. 38, p. 30.【27-27】
23　*MECW*, vol. 2, p. 582.【不明】
24　同上、pp. 20, 585.【1-464】Volkmar Wittmütz, "Friedrich Engels in der Barmer Stadtschule, 1829-1834," *Nachrichthen aus dem Engels-Haus* 3（1980）も参照のこと。
25　Hugh Trevor-Roper, *The Romantic Movement and the Study of History*（London, 1969）, p. 2.
26　Ceila Applegate, "Culture and the Arts," in Jonathan Sperber, ed., *Germany 1800-1870*（Oxford, 2004）を参照。
27　Madame de Staël, *Germany*（London, 1813）, p. 8.（『ドイツ概観』スタール夫人著、梶谷温子ほか訳、鳥影社・ロゴス企画部）
28　Sheehan, *German History, 1770-1866.*
29　Jack Zipes, *The Brothers Grimm*（London, 2002）, p. 26.
30　Christopher Clark, *Iron Kingdom.*
31　*MECW*, vol. 2, p. 33.【41-18】
32　同上、p. 95.【41-70】
33　同上、p. 585.【不明】
34　同上、p. 399.【不明】
35　*Reminiscences of Marx and Engels*, p. 193 に引用。【41-370】
36　*MECW*, vol. 2, p. 117.【不明】
37　同上、pp. 499, 503.【41-478, 479】
38　同上、p. 528.【41-502】
39　*Reminiscences of Marx and Engels*, p. 192, 174 に引用。
40　同上、p. 94.
41　*MECW*, vol. 2, p. 511.【41-487】
42　同上、p. 530.【41-504】
43　Sheehan, *German History, 1770-1866*, p. 573 に引用。
44　*MECW*, vol. 2, p. 421.【41-394】
45　Friedrich Engels, *The Condition of the Working Class in England*（Harmondsworth, 1987）, p. 245.（『イギリスにおける労働者階級の状態』エンゲルス著、浜林正夫訳、新日本出版社）
46　Richard Holmes, *Shelley, The Pursuit*（London, 1987）を参照のこと。
47　James M. Brophy, "The Public Sphere," in Sperber, ed., *Germany, 1800-1870* を参照。
48　*MECW*, vol. 2, p. 558.【不明】
49　Paul Foot, *Red Shelley*（London, 1984）, p. 228 に引用。エリノア・マルクスは恋人のエドワード・エイヴェリングとともに、のちに共同執筆した作品 *Shelley and Socialism*（1888）のなかでシェリーのバトンを受け継ぐことになる。
50　Heinrich Heine, *Sämtlich Werke*（Hamburg, 1867）, vol. 12, p. 83.（『伊太利紀行』ハインリッヒ・ハイネ著、藤村義介訳、ゆまに書房、オンデマンド版）
51　*MECW*, vol. 2, p. 422.【41-395】
52　Mayer, *Eine Biographie*, vol. 1, p. 17.
53　*MECW*, vol. 2, p. 392.【41-363】
54　同上、p. 135.【41-113】
55　Sheehan, *German History, 1770-1866*, pp. 646-47.
56　*MECW*, vol. 2, p. 9.【1-451】
57　*MECW*, vol. 24, p. 114.【不明】
58　*Frederick Engels: A Biography*, p. 30.
59　*MECW*, vol. 2, p. 25.【1-470】
60　同上、p. 426.【41-399】
61　同上、p. 454.【41-428】
62　David McLellan, *The Young Hegelians and Karl Marx*（London, 1969）, p. 3 に引用。（『マルクス思想の形成：マルクスと青年ヘーゲル派』D. マクレラン著、宮本十蔵訳、ミネルヴァ書房）
63　*MECW*, vol. 2, pp. 426, 454, 461-62.【41-398, 435〜437】
64　同上、p. 471.【41-445】
65　同上、p. 528.【41-500】
66　同上、p. 486.【41-460, 461】
67　William J. Brazill, *The Young Hegelians*（London, 1970）を参照のこと。
68　*MECW*, vol. 16, p, 474.【13-476】

原註

序文

1 *Reminiscences of Marx and Engels* (Moscow, 1958), p. 185.

2 *Frederick Engels: A Biography* (Dresden, 1972), p. 9.

3 Paul Lewis, "Marx's Stock Resurges on a 150-Year Tip," *New York Times*, 1998 年 6 月 27 日付。

4 *Times* (London), 2008 年 10 月 20 日付。

5 Meghnad Desai, *Marx's Revenge: The Resurgence of Capitalism and the Death of Statist Socialism* (London, 2002).

6 *Marx-Engels Collected Works* (New York, 1975-2005), vol. 6, pp. 486-87.【4-478】[以　下 MECW と略す]〔なお大月書店刊行の『マルクス＝エンゲルス全集』全 53 巻のオンライン版があるが、英語版とは編集が異なり、ページ数はもとより巻数も対応していない。本書では英語版より新たに訳出したが、わかるものについては、大月書店版全集の巻数・頁を【巻数-頁】として付記した〕

7 "Marx after Communism," *Economist*, 2002 年 12 月 21 日付。

8 Francis Wheen, *Karl Marx* (London, 1999).(『カール・マルクスの生涯』フランシス・ウィーン著、田口俊樹訳、朝日新聞社)

9 以下を参照。Gustav Mayer, *Friedrich Engels: Eine Biographie* (The Hague, 1934); *Friedrich Engels* (London, 1936); Grace Carlton, *Friedrich Engels: The Shadow Prophet* (London, 1965); *Frederick Engels; A Biography*; W. O. Henderson, *The Life of Friedrich Engels* (London, 1976); David McLellan, *Engels* (Sussex, 1977); Terrell Carver, *Engels* (Oxford, 1981); and *Friedrich Engels: His Life and Thought* (London, 1991); J. D. Hunley, *The Life and Thought of Friedrich Engels* (London, 1991).

10 E. P. Thompson, *The Poverty of Theory and Other Essays* (London, 1978), p. 261.

11 Richard N. Hunt, *The Political Ideas of Marx and Engels* (Pittsburg, 1974), p. 93.

12 Norman Levine, "Marxism and Engelsism," *Journal of the History of the Behavioural Sciences* 11, no. 3 (1973): 239.

13 *MECW*, vol. 26, p. 382.【21-297】

14 Tony Judt, *Reappraisals* (London, 2008), p. 125.

15 *MECW*, vol. 26, p. 387.【21-302】

第 1 章　シオンのジークフリート

1 *MECW*, vol. 2, pp. 578-79.【不明】

2 *Reminiscences of Marx and Engels* (Moscow, 1958), p. 183.

3 Michael Knieriem, ed., *Die Herkunft des Friedrich Engels: Briefe aus der Verwandtschaft* (Trier, 1991), pp. 39-40 に引用。

4 *Frederick Engels: A Biography* (Dresden, 1972), p. 16 を参照。

5 T. C. Banfield, *Industry of the Rhine* (1846; rpt. New York, 1969), pp. 122-23.

6 *MECW*, vol. 2, p. 8.【1-449】

7 Banfield, *Industry of the Rhine*, p. 142.

8 Christopher Clark, *Iron Kingdom* (London, 2006), p. 125.

9 *Die Herkunft des Friedrich Engels*, pp. 555, 600.

10 Hughes Oliphant Old, *The Reading and Preaching of the Scriptures in the Worship of the Christian Church* (Cambridge, 1998), vol. 5, p. 104.

11 *MECW*, vol. 2, p. 555.【41-525】

12 *Die Herkunft des Friedrich Engels*, p. 21.

13 Gustav Mayer, *Friedrich Engels: Eine Biographie* (The Hague, 1934), vol. 1, p. 7 を参照。

14 Manfred Kliem, ed., *Friedrich Engels: Dokumente seines Lebens* (Leipzig, 1977), p. 37 に引用。

15 *MECW*, vol. 44, p. 394.【33-393】

16 *MECW*, vol. 2, p. 14.【1-457】

17 *Die Herkunft des Friedrich Engels*, p. 463.

18 James J. Seehan, *German History, 1770-1866* (Oxford, 1989) を参照。

【事項索引】

索引

【人名索引】

著者　トリストラム・ハント Tristram Hunt
一九七四年イギリス生まれ。歴史家。ケンブリッジ大学、シカゴ大学を卒業後、ロンドン大学クィーン・メアリー校の英国史学講師。著書に『Building Jerusalem』『The English Civil War at First Hand』『Ten Cities that Made an Empire』などがある。二〇一〇年より労働党議員を務める。

訳者　東郷えりか（とうごう・えりか）
翻訳家。上智大学外国語学部フランス語学科卒業。訳書にフェイガン『人類と家畜の世界史』、マクレガー『100のモノが語る世界の歴史』、ダートネル『この世界が消えたあとの科学文明のつくりかた』ほか多数。

エンゲルス　マルクスに将軍《しょうぐん》と呼《よ》ばれた男《おとこ》

二〇一六年三月二五日　初版第一刷発行
二〇一七年五月一五日　初版第二刷発行

著者　トリストラム・ハント
訳者　東郷えりか
発行者　山野浩一
発行所　株式会社　筑摩書房
東京都台東区蔵前二―五―三　郵便番号一一一―八七五五
振替　〇〇一六〇―八―四一二三
装幀者　間村俊一
印刷　株式会社精興社
製本　牧製本印刷株式会社

筑摩書房サービスセンター
さいたま市北区櫛引町二―六〇四　〒三三一―八五〇七
電話　〇四八―六五一―〇〇五三

ISBN978-4-480-86132-0　C0023

●筑摩書房の本●

〈筑摩選書〉

マルクスを読みなおす

徳川家広

世界的に貧富の差が広がり、再び注目を集める巨人・マルクス。だが実際、その理論に有効性はあるのか。歴史的視座の下、新たに思想家像を描き出す意欲作。

〈ちくま新書〉

マルクス入門

今村仁司

社会主義国家が崩壊し、マルクス主義が後退した今、マルクスを読みなおす意義は何か？　既存のマルクス像からはじめて自由になり、新しい可能性を見出す入門書。

時間・労働・支配

マルクス理論の新地平

モイシェ・ポストン

白井聡／野尻英一 監訳

グローバルな経済危機を招来し、絶えざる世界変容を駆動する資本主義＝近代。その深層構造を明らかにし、従来のマルクス理論を刷新する〈社会理論〉の金字塔！

〈ちくま学芸文庫〉

経済思想入門

松原隆一郎

スミス、マルクス、ケインズら経済学の巨人たちは、どのような問題に対峙し思想を形成したのか。その今日的意義までを視野に説く、入門書の決定版。

◉筑摩書房の本◉

〈筑摩選書〉
ヨーロッパ文明の正体
何が資本主義を駆動させたか
下田淳

なぜヨーロッパが資本主義システムを駆動させ、暴走させるに至ったのか。その歴史的必然と条件とは何か。近代を方向づけたヨーロッパ文明なるものの根幹に迫る。

〈ちくま新書〉
ポストモダンの共産主義
はじめは悲劇として、二度めは笑劇として
スラヴォイ・ジジェク
栗原百代訳

9・11と金融崩壊でくり返された、グローバル危機という掛け声に騙されるな――闘う思想家が混迷の時代を分析、資本主義の虚妄を暴き、真の変革への可能性を問う。

〈ちくま学芸文庫〉
経済の文明史
カール・ポランニー
玉野井芳郎／平野健一郎／
石井溥／木畑洋一／
長尾史郎／吉沢英成訳

市場経済社会は人類史上極めて特殊な制度的所産である――非市場社会の考察を通じて経済人類学に大転換をもたらした古典的名著。
解説　佐藤光

〈ちくま学芸文庫〉
ビギナーズ
『資本論』
ビギナーズ・シリーズ
マイケル・ウェイン
チェ・スンギョン画
鈴木直監訳　長谷澪訳

『資本論』は今も新しい古典だ！　むずかしい議論や概念を、具体的な事実や例を通してわかりやすく読み解き、今読まれるべき側面を活写する。
解説　鈴木直